CHANGSHU YEARBOOK

常熟年鉴

2023

常熟市地方志编纂委员会办公室　编

方志出版社
Publishing House of Local Records

图书在版编目（CIP）数据

常熟年鉴. 2023 / 常熟市地方志编纂委员会办公室编. 北京 : 方志出版社, 2023.11
ISBN 978-7-5144-5909-8

Ⅰ. ①常… Ⅱ. ①常… Ⅲ. ①常熟－2023－ 年鉴
Ⅳ. ①Z525.33

中国国家版本馆CIP数据核字(2023)第214960号

责任编辑：丛珺
责任校对：张玉霞
责任印刷：梅中英
出 版 者：方志出版社
地　　址：北京市朝阳区潘家园东里 9 号（国家方志馆 4 层）
邮　　编：100021
网　　址：http://www.zgfzcb.cn
发　　行：方志出版社图书营销中心（010-67110500）
印　　刷：南京凯德印刷有限公司
开　　本：889 毫米 ×1194 毫米　1/16
印　　张：19.75
字　　数：800 千字
版　　次：2023 年 11 月第 1 版
印　　次：2023 年 11 月第 1 次印刷
定　　价：258.00 元

常熟市地方志编纂委员会

《常熟年鉴（2023）》编辑部

常熟经开区成立30周年新貌

◆ 常熟经济技术开发区1992年成立，2010年11月被国务院批准成为国家级经济技术开发区。经过30年发展，开发区落户20多个国家和地区投资的外资企业641家，外资总投资456亿美元，拥有29家世界500强企业投资的项目59个，其中总投资超百亿元特大型项目5个，形成汽车及零部件、精细化工、电力能源、高档造纸、海工装备、特殊钢铁为代表的特色制造业集群。区内拥有全国十大内河港之一的常熟港，设有国家级常熟综合保税区和常熟国际物流园。

常熟经济技术开发区俯瞰　　（王　健　摄）

2022年，常熟经开区实现地区生产总值1184亿元，在江苏省经开区科学发展综合考评中位列第6位。图为经开区一隅 （王　健　摄）

至2022年末，常熟港建成万吨级以上泊位24个，与全球592个国际口岸通商通航，形成钢材、纸浆、化工品等特色货种，是长三角区域进出口钢材重要中转港和全国第二大纸浆集散港。图为常熟港远眺 （王　健　摄）

2022年，苏州·中国声谷，引进10个由院士、国家级人才领衔的高级科研团队，搭建国际声研究院、国融中心、苏州产研院常熟创新基地等高端创新平台，集聚声学产创项目152个，总投资超220亿元。图为苏州·中国声谷展厅（经开区 提供）

2022年，国际声学产业技术研究院引进声学产创项目92个，总投资120亿元。图为研究院外景（经开区 提供）

至2022年末，常熟精英创新创业园引进海内外科技项目400多个、领军人才团队200多个。图为常熟精英创新创业园外景　　（经开区　提供）

新经济总部大厦　　（经开区　提供）

亨通国际海洋产业园　　（市融媒体中心　提供）

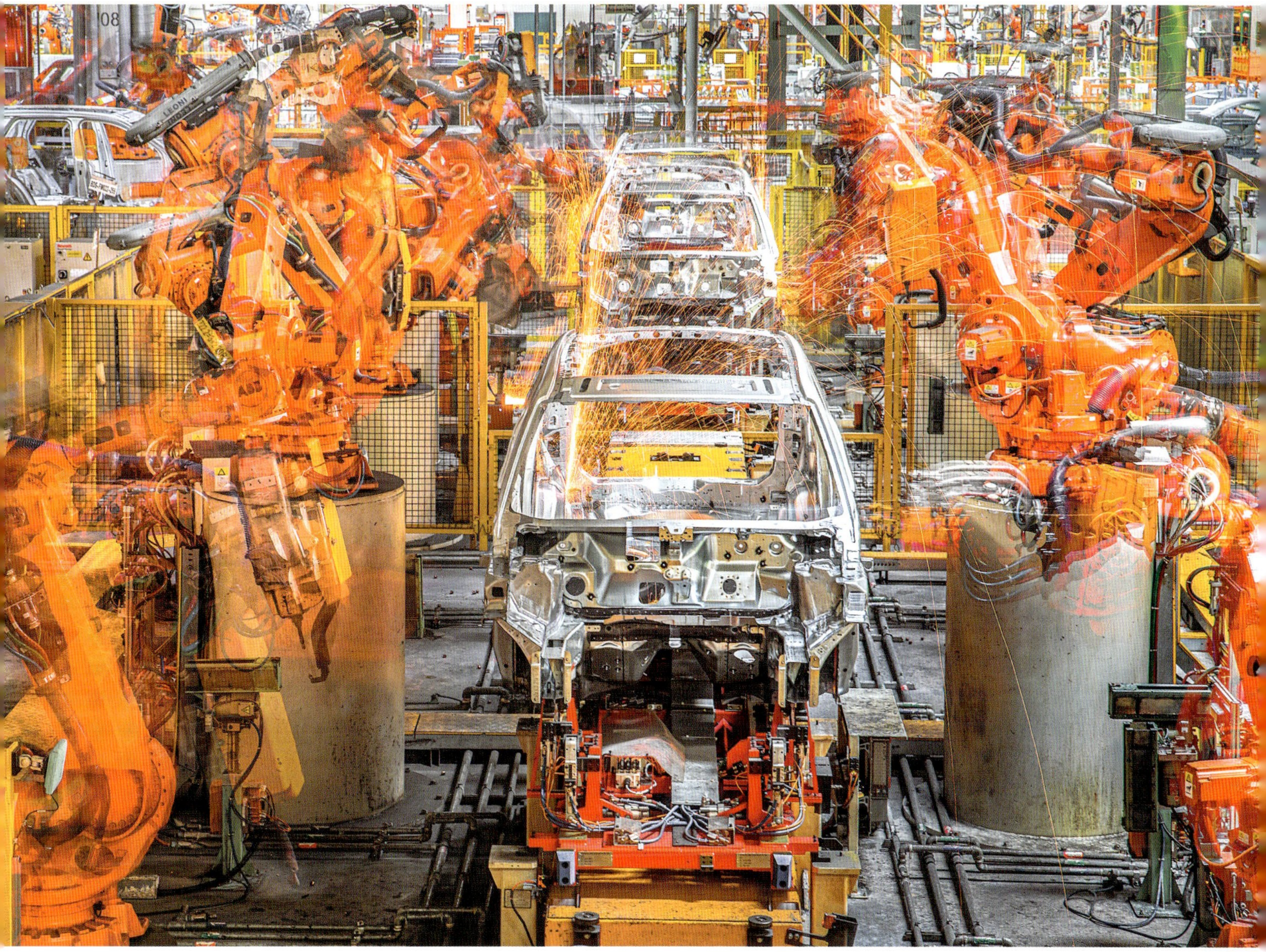

常熟经开区有汽车零部件企业70多家，涵盖整车、动力总成、底盘系统、车身及内外饰、电子电器、新材料、汽车检测等领域。2022年，汽车产业实现销售额超500亿元。图为奇瑞捷豹路虎汽车有限公司生产线　（经开区　提供）

至2022年末，经开区18所学校、27个基层医疗卫生机构、350万平方米高档农民安置房小区建成投用。图为康桥学校常熟校区（市融媒体中心　提供）

经开区文体中心（王　健摄）

12月8日，常熟经济技术开发区成立30周年晚会在常熟大剧院举行（市融媒体中心 提供）

滨江夜景（王 健 摄）

湿地城市

◆ 2022年是中国加入《关于特别是作为水禽栖息地的国际重要湿地公约》(简称《湿地公约》)30周年。30年来,常熟市持续加强湿地保护,生态文明建设成果丰硕,成为全国首批国际湿地城市之一,大小湿地如同一颗颗绿宝石镶嵌在常熟版图上。

2022年11月，在《湿地公约》第十四届缔约方大会开幕式上，央视CGTN《纪事东八区》栏目播出纪录片《湿地：我们的家园》，向国内外观众展示常熟湿地保护成就。会上，以常熟经验为蓝本的《加强小微湿地保护和管理》决议获通过。图为尚湖国家城市湿地公园 （钱 伟 摄）

长江湿地　　（刘文忠 摄）

沙家浜国家湿地公园　（市融媒体中心 提供）

2022年，常熟市湿地总面积2.99万公顷，自然湿地保护率67.5%。图为昆承湖湿地保护小区　（钱 伟 摄）

沙家浜小微湿地 （沙家浜镇 提供）

望虞河清水通道保护小区 （刘文忠 摄）

泥仓溇湿地公园 （董浜镇 提供）

尚湖水上森林 （钱 伟 摄）

在常熟拍摄到的国家一级保护动物东方白鹳

（市融媒体中心 提供）

在常熟拍摄到的国家二级保护动物小天鹅

（市融媒体中心 提供）

在常熟拍摄到的世界极度濒危物种黄胸鹀
（市融媒体中心 提供）

在常熟拍摄到的世界近危物种罗纹鸭
（市融媒体中心 提供）

在常熟尚湖拍摄到的白鹭
（钱 伟 摄）

年度十大新闻

◆ 2022年，常熟市开展年度十大新闻暨身边的“城市英雄”评选，活动历时1个多月，经专家评审结合网络投票，确定年度常熟十大新闻，其中包括：常熟掀起学习贯彻二十大精神热潮、加快建设更高品质“江南福地”；常熟加速南向发展融入苏州市域一体化；琴湖溪里开业点亮城市“会客厅”；“苏州 · 中国声谷”发展再添“新引擎”；常熟通过首批创新型县（市）验收；“常优粳10号”刷新省内杂交粳稻育种纪录；常熟二院跻身三级甲等综合医院行列；虞山文化旅游度假区成功创建国家级旅游度假区；常熟湿地保护创新模式获“保尔森可持续发展奖”；常熟多管齐下打造最优营商环境、获评“企业家幸福感最强市”。

10月16日，全市教育系统组织收听收看中国共产党第二十次全国代表大会开幕会直播　　（市融媒体中心 提供）

9月28日，苏州市委常委会会议暨专题调研常熟市工作会议召开 （市融媒体中心 提供）

6月24日，建筑面积12万平方米的琴湖溪里商业中心开业。该项目是常熟首例滨湖文商旅体综合体，作为琴川“会客厅”的核心商业体

（王 健 摄）

7月，由中国科学院院士、武汉大学教授、博士生导师徐红星牵头成立的苏州市产业技术研究院声光微纳技术研究所在常熟经开区揭牌，为“苏州 · 中国声谷”发展再添“新引擎”。图为苏州 · 中国声谷一隅　（经开区 提供）

8月30日，科技部发布全国首批创新型县（市）验收通过名单，常熟以全国第二高分入选。图为虞山高新区创新智造产业园
（市融媒体中心 提供）

10月25日，由常熟水稻育种专家端木银熙带领团队历时12年育成的杂交粳稻新品种——“常优粳10号”在盐城市盐都（稻麦）推广示范基地实产验收，平均亩产达981.4千克，成为江苏省育成的杂交粳稻最高亩产品种
（市农业农村局 提供）

11月22日，江苏省卫生健康委员会正式发文，确定常熟市第二人民医院为三级甲等综合医院。9月，市二院还获得国家自然科学基金面上项目立项。图为常熟市第二人民医院台山路院区（顾君磊 摄）

11月，常熟虞山文化旅游度假区被文化和旅游部公示为新一批国家级旅游度假区，是2022年江苏省唯一入选的旅游度假区。图为虞山文化旅游度假区一隅（虞山街道 提供）

12月15日，2022年“保尔森可持续发展奖”揭晓，“江苏常熟城市发展与湿地保护创新模式”获得保尔森自然守护类别唯一年度大奖。图为沙家浜国家湿地公园 （钱 伟 摄）

12月21日，常熟获评“企业家幸福感最强市（区）”。近年来，常熟制定落实各类惠企服务政策，为人才提供全方位宜居宜业贴心服务，全力打造最优营商环境。图为第五届全球跨境电商节暨第七届深圳国际跨境电商贸易博览会常熟展馆 （市融媒体中心 提供）

荣誉常熟 2022

◎ “2022中国最具幸福感城市”系列榜单企业家幸福感最强市（区）

◎ 2021—2025年全国科普示范县（市、区）

◎ 全国首批创新型县（市）

◎ 2022年度全国科技创新百强县市第三名

◎ 2022年“保尔森可持续发展奖”自然守护类别年度大奖

◎ 第二十二届全国县域经济基本竞争力百强县第3名

◎ 中国文旅融合创新典范城市

◎ 中国最佳绿色休闲旅游名城

◎ 2022年全国县域旅游综合实力百强县第二名

常熟高新区

数字常熟 2022

◎	行政区域面积	1276.32	平方千米
◎	年末户籍人口	105.66	万人
◎	地区生产总值	2773.97	亿元
◎	第一产业增加值	41.45	亿元
◎	第二产业增加值	1402.74	亿元
◎	第三产业增加值	1329.78	亿元
◎	人均地区生产总值	164213	元
◎	规模以上工业总产值	4848.53	亿元
◎	一般公共预算收入	220	亿元
◎	社会消费品零售总额	1200.37	亿元
◎	进出口总额	240.04	亿美元
◎	接待境内游客	352.8	万人次
◎	全市城乡居民人均可支配收入	68421	元

编辑说明

一、《常熟年鉴》是由常熟市地方志编纂委员会办公室承编的年度资料性文献，创刊于1996年，每年公开出版1卷，本卷为第28卷。

二、本卷年鉴以马克思列宁主义、毛泽东思想、邓小平理论、“三个代表”重要思想、科学发展观、习近平新时代中国特色社会主义思想为指导，坚持辩证唯物主义和历史唯物主义的立场、观点和方法，系统记述2022年常熟市自然、政治、经济、文化、社会和生态建设基本情况和发展情况，旨在为社会各界和海内外人士了解常熟提供基本信息、为宣传常熟提供基本资料、为研究常熟提供基本素材。

三、本卷年鉴记述起讫时间原则上为2022年1月1日至2022年12月31日。

四、本卷年鉴依据本行政区域经济社会发展特点，参照有关分类标准，采用分类编排法，设类目、分目、次分目、条目4个层次，条目为记述的基本层次，条目标题加【 】标识。与2022卷年鉴相比，2023卷年鉴在类目上有部分调整，取消口岸、应急管理类目，相应内容移入开放型经济、公共安全类目；新增人力资源、公共安全类目；原收入与消费类目改名为收入与分配。

五、本卷年鉴在彩页部分设常熟经开区30周年新貌、湿地城市、2022年度十大新闻3个专题。全卷设专记、大事记、城市概览、中国共产党常熟市委员会、常熟市人民代表大会、常熟市人民政府、中国人民政治协商会议常熟市委员会、中共常熟市纪律检查委员会 常熟市监察委员会、民主党派・工商联、群众团体、法治、军事、经济管理、开发园区、开放型经济、区域合作、农业、工业、建筑业、商贸服务业、常熟服装城、房地产业、信息服务业、旅游业、金融业、城市建设与管理、乡村振兴、交通・水利、生态建设、科学技术、教育、历史文化名城保护、文化、卫生健康、体育、人力资源、收入与分配、社会事务、公共安全、街道・镇、人物、附录、索引43个类目。设分目262个、次分目10个，收入条目1319条、随文图照103张、表格94张。

六、本卷年鉴数字用法、标点符号用法分别采用国家标准《出版物上数字用法》（GB/T 15835—2011）、《标点符号用法》（GB/T 15834—2011），计量单位采用国家技术监督局1993年12月发布的《量和单位》系列国家标准。一次文献中数字、计量单位等保持原貌。

七、本卷年鉴中的全市综合性统计资料，由市统计局提供。

八、本卷年鉴稿件资料按照常熟市地方志编纂委员会审定的纲目，由全市各有关部门、单位和镇、街道专人撰写，并经各单位负责人审阅。为全面反映相关领域的发展情况，《常熟年鉴》编辑部采编和补充了部分内容，并以“年鉴编辑部”署名。

九、本卷年鉴的检索方法有目录和索引两种。目录在卷首，编排至条目；索引在卷末，设主题索引、表格索引和随文图片索引3种。

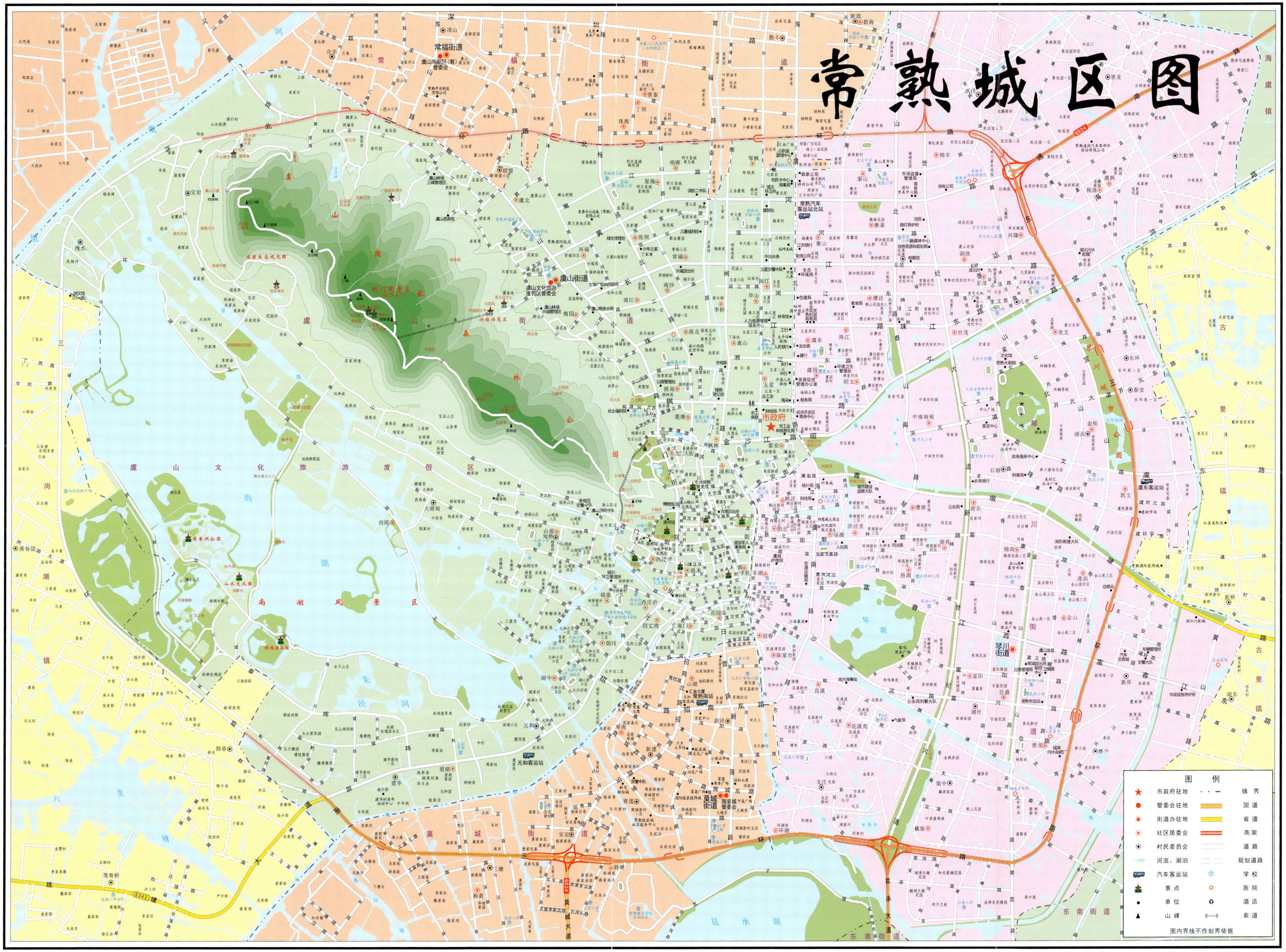

审图号：图苏E审（2022）049号

江苏智慧城市数字科技有限公司 江苏图博地理信息科技有限公司 编制

常熟市地图

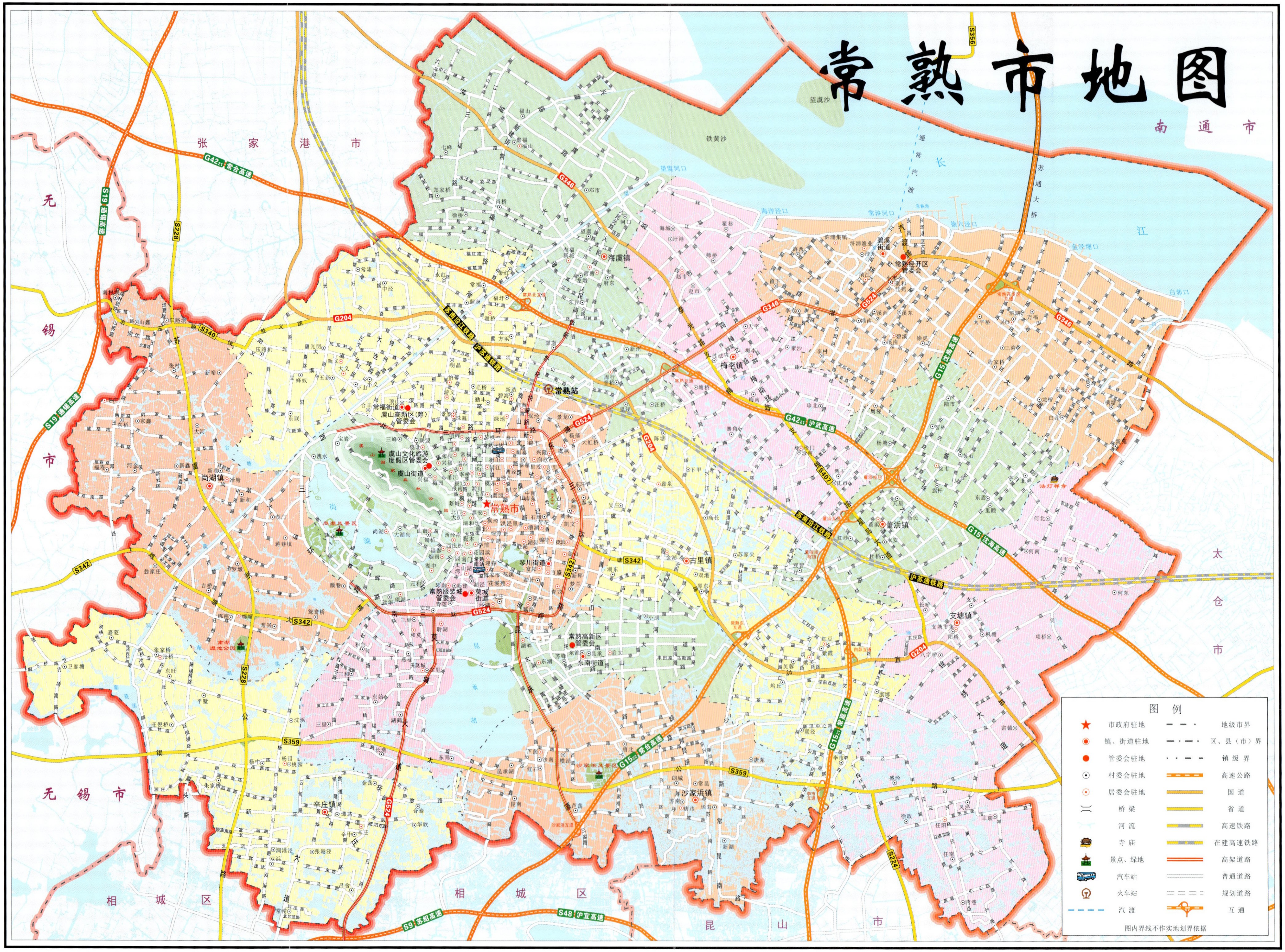

审图号：图苏E审（2022）049号

江苏智慧城市数字科技有限公司 江苏图博地理信息科技有限公司 编制

总　　目

目 录

专 记

大 事 记

城市概览

中国共产党常熟市委员会

常熟市人民代表大会

常熟市人民政府

中国人民政治协商会议常熟市委员会

中共常熟市纪律检查委员会 常熟市监察委员会

民主党派·工商联

群众团体

法　　治

军　　事

经济管理

开发园区

开放型经济

区域合作

农　业

工　业

建筑业

商贸服务业

常熟服装城

房地产业

信息服务业

旅游业

金融业

城市建设与管理

乡村振兴

交通·水利

生态建设

科学技术

教　育

历史文化名城保护

文　化

卫生健康

体　育

人力资源

收入与分配

社会事务

公共安全

街道·镇

人　物

附　录

索　引

2022年江苏省常熟虞山文化旅游度假区创建国家级度假区纪实

虞山文化旅游度假区（以下简称度假区）位于江苏省苏州市常熟市城区西部，成立于2008年7月，2014年获批省级旅游度假区，原名“虞山尚湖旅游度假区”，2019年经江苏省人民政府批准更名为“虞山文化旅游度假区”。2022年，在江苏省文旅厅发布的省级旅游度假区2021年度发展评价中，度假区名列优秀等级，全省通报表扬。是年11月7日，度假区成功入选文化和旅游部公布的“2022年新一批国家级旅游度假区拟公示名单”。

2022年，虞山文化旅游度假区常态化做好培训、督查、迎检等工作，营造国创氛围，增强国创合力，做到部门联动、措施得力、冲刺有力，确保国创工作顺利完成。年内，国创办组织对创建工作进行现场督查。督察组围绕国创氛围营造、国创知识知晓率、基础设施和公共服务设施运行管理等方面，实地查看尚湖景区、游客中心、文化场馆、沿线景观节点、旅游厕所等国创迎检重点场所、重点项目，发现问题52条，要求相关单位提升工作标准，细化工作任务，加快落实问题整改，并对照创建标准要求，自查自纠，确保问题整改到位。虞山文化旅游度假区还与无锡江南古运河旅游度假区、启东市启隆镇人民政府、吴中经济开发区开展交流学习，就旅游发展、文旅招商和经营管理模式等方面展开交流探讨，通过交流互促，推动景区提质升级。

2022年，虞山文化旅游度假区以文旅融合为重要依托，对标完善项目建设、活化利用存量资源、创新打造特色平台、提质升级酒店民宿、不断擦亮文化名片，探索具有虞山特色的文旅融合高质量发展之路。1月，度假区域内常熟市图书馆、常熟评弹艺术馆全新上线。图书馆总馆恢复开放后，以全新的城市文化空间，给市民带来沉浸式智能化的互动体验。常熟评弹艺术馆升级改造完善后，由内而外焕然一新，在保留传统元素的同时，融入现代化的手段。新建洩水村鲶鱼村、洩水村大颜线和大湖甸横楼里厕所3座。旅游服务能力日益提升，年内，常熟阅山轩假日休闲酒店有限责任公司等3家饭店被江苏省旅游星级饭店评定委员会批准为银鼎级文化主题旅游饭店。常熟阅山轩酒店成为常熟首家五钻级餐厅，并在2022全国饭店业绿色发展大会暨第七届中国国际饭店业大会上，成为苏州地区首家“国家五叶级文化主题饭店”。在苏州市文化广电和旅游局组织开展的2022年度苏州乡村旅游十大精品民宿评选活动中，虞见·唐宅与公望·马宅2家民宿获评2022年度“苏州乡村旅游十大精品民宿”。将非物质文化遗产与人文旅游相结合，打造沉浸式体验产业，新增建成虞源山居、云游山涧2家精品民宿。

2022年，虞山文化旅游度假区充分挖掘常熟历史文化的独特魅力。培育夜经济，打造尚湖“遇尚·夜宴”夜游项目，推出“一见倾S520主题”、“六一怀旧派对”经典重现、“青春远航音你而来”live毕业演唱会、“诗画尚湖”中秋活动等系列主题夜游活动，开展《尚湖英雄大会》《尚湖花月宴》沉浸式实景剧演出133场。打造“中秋专场”“国庆嘉年华”等特色琴川塔弄夜市，为市民游客献上全新夜游体验。2022年中秋至国庆期间，虞山城墙景区推出“夜公园”灯展活动，设有“荷塘月色”“龙腾虎跃”“双狮戏球”等主题彩灯，形成“灯中有景、景中有灯”的绚烂场景。常熟文庙推出“虞歌畅晚——文旅消费系列夜市活动”，在文庙逛夜市、赏文创、玩游戏、赢奖品，多彩活动点亮文庙夜。推进“环虞山文化创意产业带”建设，以“文化+产业”理念持续推进“蓝·原茸森林”文旅产业园、“艾克”数字文创产业园等载体的旧改更新，打造出一条环虞山文化创意产业带。年内，“蓝·原茸森林”文旅产业园被评为市级文化产业园。大力推进“体育+旅游”系列项目，让体育品牌赛事与休闲旅游相融合。以尚湖半马为代表的品牌赛事，逐渐成为常熟文化软实力和营商环境提升的重要体现方式，全方位展现常熟文化底蕴、城市特色以及经济发展成果。2022年11月，湖甸龙舟基地在江苏省农业农村厅集中推介的10类乡村休闲旅游农业特色模式典型项目中被评为乡村休闲运动基地。

虞山文化旅游度假区旅游产业呈现出多种新业态，将当下网红潮流、热点融入景区、产业园、餐饮酒店，全新打造多个体验式场景空间。燕园、阅山轩酒店和金海华酒店推出早茶系列套餐，带给市民游客不一样的度假体验。燕园推出“虞晨燕缘”私人订制特色游园活动，让游客体味园林中的慢生活。阅山轩酒店推出不同价位早茶套餐，搭配南瓜、山药、包子、果盘各式点心，纯正自然的食料开启美好一天。金海华酒店的早茶品类众多，集粤港经典、淮扬精粹、虞城乡味于一体。早茶主厨的细腻手工，加上古法传承的烹饪工艺，将治味变为精妙艺术，在满庭芳享受这份美学、文化交融的精工早茶味道。尚湖风景区、望虞台、南苏院文创空间、时叶茶业紧跟潮流，相继推出网红围炉煮茶套餐，结合应季水果、新式茶点，让市民游客在茶香氤氲中，沉浸式体验度假区茶文化。度假区在尚湖风景区、虞山公园、蓝·原葺森林文旅产业园打造露营旅游，吸引市民游客游玩打卡。通过“露营+旅游”“露营+美食”“露营+运动”促进景区、产业园的立体化建设。9月28日，常熟尚湖角乐士乐园于对外开园。乐园位于国家AAAAA级旅游景区常熟虞山尚湖风景区边，距市区仅30分钟车程，项目占地22.67公顷，是集“交互玩乐”“自然美学”“匠艺潮玩”“亲密社交”于一体的无动力主题乐园，倾情献礼于城市近郊亲子出游家庭。常熟尚湖角乐士乐园以角乐士（Joelux Park）IP人物“爱小乐”（独角兽灵宠）和尚湖IP人物“飞熊先生”为依托，探索古老传说与自然妙趣为主题的故事，一期开园打造“飞野树”“奇趣大陆”“哒哒坝”“比乐集”三大核心游乐休闲组团，是亲子出游的好去处。

虞山文化旅游度假区以“一城山水自在生活”为主题形象，2022年，通过官媒宣推、线下展会等形式精准营销，做好度假区产品、形象的线上线下推广。年内，虞山文化旅游度假区官方微信公众号发布头条200余篇，阅读量超30万人次；官方微博发布作品1000余条，粉丝总量8.3万，阅读量达547.2万；官方抖音共发布作品80余篇，点击总量超过600万人次。大力营造国创氛围，提高国创知晓率，充分利用全市宣传阵地，包括常熟火车站、无锡高铁站、电子屏、公交车身广告、出租车、高炮、灯箱等，全方位做好创建国家级旅游度假区推广，提升“一城山水 自在生活”的度假氛围形象宣传效果。举办“小城大爱 常来常熟”上海虹桥站常熟城市形象展厅、常熟虞山文化暨沙家浜旅游节·“江南福地”虞城云GO节等活动，参加“常来常熟”常熟城市品牌上海推介会、第四届大运河文化旅游博览会、长三角（上海）惠民市集等推介活动，形成标识性强、知名度高的文旅品牌，打响品牌效应。

（顾雪怡）

虞山文化旅游度假区尚湖风景区水上森林　　（2022年11月21日　朱琪　摄）

2022年常熟市抗旱纪实

2022年汛期，长江流域出现1961年以来最严重气象干旱，常熟市也经受了干旱的考验，5~9月常熟站累计雨量524.8毫米，较常年偏少31%，8月中旬常熟市气象干旱达中旱等级。在全市各级各部门共同努力下，通过加大引水力度、加强灌溉用水管理、做好引水上山等，旱情得到有效缓解。

浒浦闸开闸引水　　（市水务局　提供）

一是做好抗旱工作部署。2022年梅雨期偏短、雨量偏少，常熟市6月23日入梅，7月8日出梅，梅长15天、较常年偏短6天，梅雨量92.6毫米（常熟站）、较常年梅雨量少65%。出梅后，高温日数偏多，7月平均气温31.0度，比历史平均偏高2.8℃，8月平均气温31.4度，比历史平均偏高3.2℃。8月上旬常熟市旱象逐渐显现，8月4日，市水务局组织长江处、望管所、水务中心、中法水务有限公司等单位召开高温天气引排调度与供水安全会议，专题会商饮用水源保供事宜；8月22日，市防汛抗旱指挥部下发《关于进一步做好当前抗旱工作的通知》，要求各地各部门密切关注雨情、水情、墒情，加强监测预警，落实应对措施。在满足常熟市抗旱需求的基础上，市防汛抗旱指挥部办公室调拨市防汛仓库20台抗旱泵，用于支持苏州市吴中区金庭镇抗旱。

二是做好水利工程调度。市防汛抗旱指挥部办公室密切跟踪中长期天气情况，及早部署和运用水利工程进行水量调度。长江沿线闸站全力引水，2022年汛期沿江闸站引水6.83亿立方米，较2021年多2.54亿立方米，通过多引少排的方式，适当抬高河湖水位。望虞河两岸闸站利用“引江济太”契机，按照总量控制、按需分配、科学轮换的原则，向两岸支河引入江水约2亿立方米，其中为尚湖水源地补水共计630万立方米，满足望虞河沿线乡镇农业用水需求。精细调度城区防洪大包围和畅流活水工程，做好城区活水“大循环”和片区活水“微循环”，汛期引换水量0.16亿立方米，保证了高温天气城区生态用水需求。

海洋泾枢纽引水　　（市水务局　提供）

三是开展虞山抗旱作业。受高温影响，8月上旬，虞山东麓区域约有20公顷林木出现旱情，主要集中在桃源涧经虞山公园至宝岩牛角湾一线，虞山街道第一时间组织7支队伍上山，利用消防管网和消防车进行抗旱浇灌，累计出动872人次，车辆80台次，浇灌174公顷。8月12日、22日，市防汛抗旱指挥部办公室分别发布《关于组织参加虞山东麓抗旱的通知》和《关于组织参加虞山龙殿区域抗旱的通知》，组织市水务服务中心、蓝天救援队、市政养护所等队伍，出动48人次，架设高扬程抗旱泵2台套，汽油泵2台，采取逐级翻水上山，接力浇灌的方式，累计浇灌虞山公园林木25公顷，有效控制了旱情发展。

（解学敏）

大 事 记

1月

4日 常熟市入选太湖流域片县域节水型社会达标建设“十佳案例”。

△ 常熟海关签发首份《区域全面经济伙伴关系协定》（RCEP）原产地证书。

6—9日 中国人民政治协商会议江苏省常熟市第十五届委员会第一次会议在常熟会议中心举行。

7—10日 常熟市第十六届人民代表大会第一次会议在常熟会议中心举行。

11日 常熟市第八届体育运动会闭幕。

13日 常熟市发布《关于做好春节期间稳岗惠企工作的实施方案》（稳岗惠企十条）。

14日 2022江苏—日本装备制造领域线上技术对接交流会在常熟国家大学科技园举行。

18日 2022年常熟市文化科技卫生“三下乡”活动启动。

△ 南沿江城际铁路常熟段箱梁架设完成，南沿江城际铁路常熟段正线全部贯通。

21日 常熟“环射衔接”立体交通工程入选2021第二十届“苏州十大民心工程”。

△ 常台高速常熟东互通改扩建项目投用，常台高速常熟东新收费站启用，原收费站同时关闭。

24日 新世纪大道北延高架至中新海虞花园城项目全线贯通。

25日 全市首个村级“新市民之家”——辛庄镇杨中村“新市民之家”揭牌。

2月

3日 2021年度苏州市特色田园乡村（特色康居乡村）及特色康居示范区名单公布，常熟250个自然村获命名。

15日 受新冠疫情影响，全市中小学幼儿园暂缓开学转为线上教学，并启动线上防疫知识与心理健康教育的校本指导。

16日 常熟出现当年度首个新冠肺炎确诊病例。

21日 南大（常熟）研究院有限公司的“基于NbS的湿地生态修复成套技术”入选2021“科创中国”先导技术榜（资源环境领域）。

23日 常熟市首批4个移动式核酸检测实验室投用。

3月

1日 《常熟市住宅小区人防工程维护资金管理实施细则（试行）》实施。

3日 省委常委、苏州市委书记曹路宝到常熟检查疫情防控措施落实情况，调研重大项目建设、企业复工复产等工作。

7日 常熟市一网统管事件协同应用轻运用平台上线。

17日 江苏省政府援疆项目——克州—江苏实验学校第二批学生校服启运仪式在波司登物流园举行。

18日 “虞”您相约2022年常熟市云引才直播招聘季——汽车及零部件行业专场举行。

20日 央视《新闻联播》栏目关注常熟市交通口岸物流运行情况，报道快速通行线上管理平台——“访易安”系统。

29日 苏州富士莱医药股份有限公司（股票简称：富士莱，股票代码：301258）在深圳证券交易所创业板上市。

4月

1日 2022年“智惠常熟，共创未来”苏州·常熟全国创新创业大赛启动。

△ 常熟首张台湾居民个体工商户营业执照颁发。

8日 《常熟市2022年度重点产业紧缺人才需求目录》发布。

10日 澳门广播电视股份有限公司开始播放常熟市融媒体中心摄制的10部以“人文·传承·风情”为主题的原创纪录片。

18日 南京大学—常熟市线上技术对接交流会举行。

22日 2022年常熟市职工阅读节“云”开幕暨最美职工书屋评选活动启动。

△ 《常熟市住宅房屋搬迁定向房票安置实施办法（试行）》出台。

23日 2022年第十五届常熟市阅读节暨第十二届常熟市少儿阅读节启动仪式在常熟图书馆举行。

27日　常熟市“调研通”和“供求通”2个系统模块上线，并通过线上视频培训向全市企业推广。

28日　常熟市重点项目“云签约”仪式在常熟广播电视塔举行。总投资151.4亿元的57个项目签约落户常熟。

5月

1日　南沿江城际铁路常熟站站房混凝土主体结构封顶。

2日　常熟市首个企业自主核酸采样点——江苏博涛智能热工股份有限公司自主核酸采样点启用。

6日　常熟市《科技支撑疫情防控促进企业健康发展若干措施》发布。

△　常熟国家大学科技园二季度线上签约仪式举行，总投资约2亿元的8个重点科技项目集中签约。

10日　《常熟市妇女发展规划（2021—2025年）》《常熟市儿童发展规划（2021—2025年）》颁布实施。

13日　大跨度弧形光伏建筑一体化项目在常熟市龙腾特种钢有限公司完成并网发电。

14日　“复工复产进行时”（民声汇）大型新闻实景访谈暨“看常熟”App“美生活”百姓服务综合平台上线仪式举行。

19日　市水务服务中心成立。

21日　常熟市《关于加强人才引领产业高质量发展的若干政策举措》发布。

26日　大型纪实文学丛书《常熟实践》首发暨赠书、座谈会举行。

27日　苏州市人大常委会主任李亚平率队到常熟调研人大工作。

28日　2022年常熟市复工复产暨高校毕业生招聘洽谈会在市人力资源市场举行。

30日　位于支塘镇的王淦昌故居入选首批全国科学家精神教育基地。

6月

1日　常熟市居民服务“一卡通”启动仪式举行。

△　常熟市民政综合服务中心揭牌启用。

5日　常熟市2022年度“全国放鱼日”水生生物增殖放流活动举行，放流鱼苗680万尾。

8日　中国工程院院士、科技部原副部长徐南平一行到常熟调研江苏集萃先进金属材料研究所。

△　明朝吏部侍郎赵用贤墓志铭在尚湖镇罗墩村出土。

9日　“松下数字智慧科技产业中心”项目落户常熟。

10日　常熟市文体旅局公布由北京大学考古文博学院出具的碳14测试报告，报告显示常熟市梅李镇何村的土壤样本中存有马家浜文化时期遗迹，距今6700多年。该鉴定结果将常熟地区人类活动史前推1200多年。

11日　常熟市第27次全民健身月启动仪式暨2022年常熟市全民健身网络运动会颁奖仪式举行。

14日　苏州市政协主席朱民率队到常熟，就委员企业复工复产和政协工作进行专题调研，并对基层政协贯彻落实中央政协工作会议精神进行“回头看”。

15日　苏州市“礼赞新时代　追梦复兴路”主题宣讲活动启动仪式在常熟举行。

18日　2022年“虞城烟火”夏季购物节“琴川不夜天　嗨享生活节”启动暨世茂星空集荟开街活动举行。

△　由常熟市人民政府、常熟理工学院合作主办的电商产业学院暨新媒体电商创新创业教育中心在常熟理工学院商学院揭牌。

△　位于琴川街道的重点民生实事项目——江南·美好汇生活广场开业。

20日　苏州市委副书记、市长吴庆文到常熟检查白鹤滩—江苏±800千伏特高压直流工程虞城（姑苏）换流站项目建设情况。

21日　苏州市产业技术研究院高强激光智能制造技术研究所成立。

24日　第二届“常熟工匠”寻访活动启动暨劳模（工匠）智库发布仪式举行。

△　琴湖溪里商业中心开业。

7月

1日　白鹤滩水电站常熟虞城换流站投运。

2日　位于虞山街道的“蓝·原葺森林”文旅产业园开园。

6日　《常熟市第一批地名文化遗产保护名录》公布。

7日　沙家浜革命历史纪念馆举行“勿忘国耻，牢记使命”——纪念全民族抗战爆发85周年活动。

10日　“人才福地，智惠常熟”——2022年（第十四届）苏州（常熟）国际精英创业周开幕。

11日　2022苏州（常熟）国际精英创业周暨“智惠常熟共创未来”苏州·常熟全国创新创业大赛——清华校友专场路演举行。

12日　常熟市启动气象灾害（高温）Ⅳ级应急响应，下午等级提升至Ⅲ级，当天最高温度39.8摄氏度。

△　长三角（常熟）人力资源服务产业峰会在常熟会议中心举行。

△　《西门子中国零碳智慧园区白皮书》全球首发暨常熟数字化赋能中心投运仪式举行。

16日　2022虞山文化论坛——言子与江南文化学术研讨会举行，《言子与江南文化》首发。

18日　常熟市工人文化宫主体建筑封顶。

22—23日　在第四届中国西部国际投资贸易洽谈会·2022中国服务业开放论坛上，常熟“市采通”平台入选“2021—2022服务创新实践案例”。

23日　2022常熟虞山文化暨沙家浜旅游节·“江南福地”虞城云GO节开幕式在常熟广播电视塔举行。

25—29日　江苏省第二十届运动会青少部跳水比赛在常熟市体育中心跳水馆举行。

26日　农业农村部副部长张桃林在常熟调研种业振兴工作。

△　“喜迎二十大奋进新征程”2022年常熟“学习强国”达人挑战赛举行。

28日 中国农金30人论坛·农商银20年改革发展年会在常熟召开。

29日 常熟经开区举行重点项目集中签约仪式,26个集中签约重点项目累计投资额106.15亿元。

△ 常熟通润汽车零部件股份有限公司(股票简称:常润股份,股票代码:603201)在上海证券交易所主板上市。

8月

3日 中国·常熟数字智能产业园暨松下协创中心项目奠基仪式举行,常熟数字智能产业园·高端智造产业创新联盟签约。

5日 阿里巴巴全球速卖通(常熟)跨境电商产业园开园。

5—7日 第19届全国青少年体育舞蹈锦标赛在常熟举行。

8日 市委十四届四次全体(扩大)会议暨经济工作会议召开。

10日 "创响虞城、资汇常熟"常熟新兴产业项目路演暨创星智谷农发创投科创中心揭牌仪式在常熟创源科技园举行。

12日 苏州市相城区与常熟市签署协同发展战略合作框架协议。

15日 全省首个直播电商法律援助工作站在莫城街道(服装城)启用。

19日 中国·常熟智慧能源创新中心项目在虞山高新区奠基。

20日 第十七届全国大学生智能汽车竞赛航天智慧物流总决赛暨第三届"航天杯"移动机器人AI创新技术挑战赛在常熟理工学院落幕。

22日 第十五届"三菱电机杯"大学生电气与自动化大赛全国总决赛开幕式在常熟理工学院举行。

23日 省委常委、苏州市委书记曹路宝到常熟调研。

26日 524国道常熟莫城至辛庄段改扩建工程地面道路通车。

27日 常熟中医药博物馆(迁址)开馆暨虞山医派研究会成立仪式在古里镇举行。

30日 苏州市姑苏区与常熟市历史文化名城"双城联袂"签约仪式举行。

9月

2日 "协同发展两区联动"昆山市与常熟市战略合作签约仪式举行。

△ 西环线高压天然气管道全线贯通。

3日 "铭记历史砥砺奋进"纪念中国人民抗日战争胜利77周年主题活动在沙家浜革命历史纪念馆举办。

8日 全市首家基层卫生人员实训室——谢桥社区卫生服务中心基层卫生人员实训室启用。

13日 苏州工业园区管委会与常熟市人民政府签署战略合作框架协议,常熟市人民政府、常熟高新区与中新集团签署中新昆承湖园区商务总协议。

△ 第25届全国推广普通话宣传周苏州系列活动开幕式在常熟举行。

14日 2022年常熟市汽车制造技能大赛在奇瑞捷豹路虎汽车有限公司举行。

15日 2022年常熟市"全国科普日"活动开幕式暨常熟市第四届科普创意剧巡演活动在公望小学举行。

16日 欧美同学会(中国留学人员联谊会)党组书记、秘书长王丕君一行到常熟调研苏州地区留学归国人才工作和"UWC+"创新岛欧美同学会(中国留学人员联谊会)品牌基地申建情况。

21日 省科协党组书记、副主席孙春雷一行到常熟检查2021—2025年度全国科普示范县(市、区)创建工作。

△ "厅地共建护江治太"党建联盟在常熟成立。

22日 2022年首届常熟市"三农"法治文化"一镇一品"暨纪法同行优秀文艺节目汇报演出在支塘镇蒋巷村举行。

23日 2022年常熟市中国农民丰收节(省级重点活动)在支塘镇蒋巷村开幕。

24日 苏州(常熟)跨境电商企业服务中心成立仪式暨常熟跨境电商金秋服务月启动仪式举行。

26日 "新消费新未来新品牌"——2022中国服装成长型品牌大会在常熟举行。

27日 2022年常熟市水上防污染综合演习举行。

28日 苏州市委常委会会议暨专题调研常熟市工作会议召开。

△ 常熟市第十八届百对金银婚夫妻代表大会在市广播电视塔举行。

28—30日 2022年常熟市中小学生田径运动会在支塘镇举行。

10月

1日 位于琴川街道的清晖公园对外开放。

9日 总投资15亿元、总产出超50亿元的仁烁光能新一代高效光伏电池系列项目签约落户常熟经开区。

19日 常熟市首批15个红色地名公布。

21日 苏州市种业创新创优推进会暨水稻自主创新好品质展示观摩活动在常熟举行,活动现场发布《2022—2023年苏州市稻麦主推品种推介目录》。

23日 2022江苏省城市龙舟公开赛在沙家浜风景区举行。

△ 2022年健康城市月大型宣传活动在支塘镇蒋巷村举行。

24日 常熟高新区驰援新疆巴州防疫物资启运捐赠仪式在高新区管委会举行。

25日 苏州市科技镇长团学习党的二十大精神座谈会暨第十五批科技镇长团团长联席会议在常熟召开。

27日 莲花路贯通工程(四期)竣工通车。

△ "精管善治绣花功,时尚城市共缔造"常熟市垃圾分类时尚行暨环卫工人节活动在海虞镇铜官山举行。

28日 "海棠新业·菁社暖'新'"党建项目发布暨新就业形态劳动者社会保障宣传月活动启动仪式在广播电

视塔举行。

29日 第二届长三角体育节城市风筝邀请赛在碧溪街道举行。

△ 省重点水利工程——徐六泾江边枢纽工程建成投运。

30日 常熟银行2022常熟尚湖半程马拉松嘉年华开幕，近5000名运动爱好者参赛。

31日 市委常委会召开会议，学习贯彻中共二十大精神和习近平总书记系列重要讲话精神，审议《常熟市贯彻落实苏州市委常委会专题调研常熟市工作重点任务分解方案》，部署推进苏州市域一体化（常熟）融合创新区建设常熟任务分解工作，听取关于2022年三季度全市安全生产情况的汇报，研究部署当前重点工作。

11月

1日 四川省梓潼县与常熟市签订协同发展合作协议。

3日 全市首个以天然气为燃料的热电联产项目在常熟高新区点火启动，市昆承热电有限公司最后一台燃煤机组关停熄火。

3—5日 林草科技创新战略研讨会在常熟举行，中国工程院院士张守攻、陈温福、张洪程、蒋剑春、张佳宝、李培武出席研讨会。

4日 国际纺织服装服饰品牌中心签约落户常熟。

△ 发现之旅——常熟汽车产业及城市零碳发展投资说明会在常熟高新区平谦产业园举行，来自6个国家的40多位外企高管出席活动。

△ 常熟市党政代表团赴中国（上海）自由贸易试验区临港新片区，实地考察学习临港新片区在产业规划、运营体制机制等方面的生动实践和创新成果。

5日 常熟市退役军人关爱基金揭牌仪式举行。

7日 共青团常熟市第二十次代表大会召开。

9日 “119”消防宣传月启动仪式暨常熟市中天路专职消防救援站揭牌仪式举行。

11日 常熟市第四批历史建筑名单公布。

△ 2022年常熟市“市长杯”青少年校园足球联赛在常熟职业教育中心校开幕。

12日 2022年中国农民丰收节重点活动——第二届“中国新农民”故事会在海虞镇铜官山村举行。农业农村部副部长张兴旺，全国人大常委会委员、全国人大农业与农村委员会副主任委员刘振伟在开幕式上发表视频致辞。

13日 2022年全国“行走大运河”全民健身走暨常熟市第九届市民（职工）徒步大赛在南湖湿地公园举行。

14日 江苏省第十三届新人书法篆刻作品展颁奖仪式在常熟举行。

15日 卡尔斯鲁厄理工学院（KIT）中国研究院办事处签约落户常熟高新区。

△ “传播体育文化弘扬体育精神”2022江苏省体育集邮进校园主题巡回展览（第三站）在市实验中学昭文校区开幕。

17日 中国科学院院士、南京大学党委书记谭铁牛一行到常熟考察“苏州·中国声谷”发展情况。

△ 7名常熟赴日招商小分队成员与苏州招商团前往日本东京，实现近三年来常熟市首次组队出国招商。

18日 2022年中国中小城市高质量发展指数研究成果发布，常熟市名列综合实力百强县市第四、绿色发展百强县市第三、科技创新百强县市第三、新型城镇化质量百强县市第二。海虞镇、古里镇入列千强镇前100位。

△ 苏州市人大常委会主任李亚平以苏州市人大代表身份到常熟市董浜镇参加“统一接待日”活动。

△ 苏创湾·常春藤国际人才港开工奠基。

△ K7“第二人民医院（北区）快线公交”开通运行。

22日 省卫健委发文确定常熟市第二人民医院为三级甲等综合医院。

23日 中国冶金矿山企业协会双碳工作推进委员会成立大会暨冶金矿山“双碳”工作培训班在常熟举行。

25日 省委常委、苏州市委书记曹路宝到常熟市梅李镇、董浜镇、古里镇调研检查疫情防控和经济社会发展工作。

28日 2022年“智惠常熟共创未来”苏州·常熟全国创新创业大赛总决赛举行。

△ D7、D8路城乡公交通勤快线开通运营。

12月

3日 市政府公布第十二批常熟市文物保护单位和调整一处文物保护单位名称，唐市繁荣街叶复泰腌腊店旧址、原城隍庙后楼及花园遗址、王之麟墓3处被列为第十二批常熟市文物保护单位，“七弦河宗教（基督）建筑”更名为“圣巴多罗买堂旧址”。

4日 常熟服装城数贸中心（常熟市城市配送中心二期项目）开工。

7日 国务院联防联控机制综合组公布《关于进一步优化落实新冠肺炎疫情防控措施的通知》，常熟根据上级“新十条”要求进一步调整防控措施。

15日 中国共产党常熟市第十四届委员会第五次全体会议召开。

△ 全市首座商用换电站——黄河路新能源电动车换电站启用。

18日 “保护珍稀水生生物，共建生态美丽常熟”长江中华鲟、胭脂鱼增殖放流活动举行。

21日 常熟市在2022中国幸福城市论坛上被推选为“2022企业家幸福感最强市（区）”。

30日 市委经济工作会议召开。会议落实中央、省委、苏州市委经济工作会议要求，分析当前形势，安排部署2023年经济工作。

责任编辑　汤　涵

城市概览

自然环境

【位置面积】 常熟市境域地处北纬31°31′—31°50′、东经120°33′—121°03′，南北最大距离为37千米，东西最大宽度为49千米，位于江苏省东南部，北濒长江，与南通市隔江相望，东邻太仓市，南接苏州市相城区和昆山市，西连无锡市锡山区和江阴市，西北与张家港市接壤。总面积1276.32平方千米，其中长江水域面积102.39平方千米。

【地质地貌】 常熟境域地层归属江南地层区，已知有古生界、中生界与新生界。境域所在地区属于扬子准地台，属地壳相对较稳定的构造单元。在扬子准地台范围内，包孕常熟及其邻近区域的次一级构造单元，为下扬子—钱塘褶皱带，是曾经历地壳运动较显著的地带，在下扬子—钱塘褶皱带的东部，发育有一系列中生代的断褶凹陷与隆起，均属更次一级的构造单元。

常熟境域南部偏低，属太湖水网平原，为阳澄湖、昆承湖等浅水湖群的分布区域；西北部与东北部略高，属长江冲积平原，为江口段南岸冲积物的覆盖区域，其中西北部地面多分布老冲积物，东北部地面多分布新冲积物。境域的平原为长江三角洲的一部分，土地平旷，地势低洼，水网交织。地势大致由西北向东南微倾，海拔多在3—7米，少数低洼区域为2.5米左右，局部高亢地段可达8米，地面几乎全部为第四系沉积物所覆盖。依地表结构，常熟境内平原通常析为沿江平原、昆承平原和虞西平原3片。境域内山丘有虞山、顾山、殿山、铜官山和西山等，依其形态，虞山属低山类型，余者形体矮小，属零星散布的孤丘。虞山略呈长条状，大致由西北向东南延伸，山脊线长约6400米，主峰为锦峰，峰顶海拔261.1米。

【自然资源】 常熟市农用地5.63万公顷，占国土面积44.12%；建设用地4.47万公顷，占国土面积35.03%；未利用地2.66万公顷，占国土面积20.85%。常熟市典型地带性植被为亚热带常绿落叶阔叶混交林，是由中亚热点常绿阔叶林向温带落叶阔叶林的过渡类型。野生植物资源有乔木、灌木、药材、草、蕈菌5大类200多种；野生乔木主要有紫檀、柘树；野生灌木主要有山楂、金樱子；野生药材有何首乌、蒲公英等765种；草类繁多，有芦苇、野燕麦等20多种；蕈菌类有松树蕈等。野生动物主要有哺乳类、鸟类800余种。 （徐　勉）

【气候水文】 常熟位于北亚热带湿润地区东部，四季分明，气候温和，雨量充沛。

2022年，常熟市全年平均气温17.9摄氏度，比常年值（1991—2020年）偏高1.2摄氏度；全年降水量1045.9毫米，比常年值偏少176.2毫米；全年平均风速为1.9米/秒，较常年值偏小0.5米/秒。

气温　8月为全年最热月份，月平均气温为31.4摄氏度，年极端最高气温为40.3摄氏度，出现在8月13日；12月为全年最冷月份，月平均气温为5.2摄氏度，年极端最低气温为零下4.3摄氏度，出现在12月18日。年平均气温日较差为7.8摄氏度，比常年值高0.3摄氏度。

表1　2022年常熟市部分气象数据统计表

月份	最高气温（摄氏度）	最低气温（摄氏度）	日照百分率（%）	平均相对湿度（%）	平均风力（米/秒）
1	13.8	−2.2	29	75	1.6
2	22.1	−2.2	32	69	1.5
3	28.3	3.9	45	70	2
4	34.1	5.1	45	65	2
5	31.5	12.4	44	63	1.8
6	36.1	18.8	42	72	2.2
7	39.8	23.2	50	71	1.9
8	40.3	21.5	49	69	1.8
9	34.9	17.4	30	77	2
10	36.7	8.5	46	70	1.8
11	28.9	1.7	33	82	1.9
12	14.5	−4.3	49	64	1.8

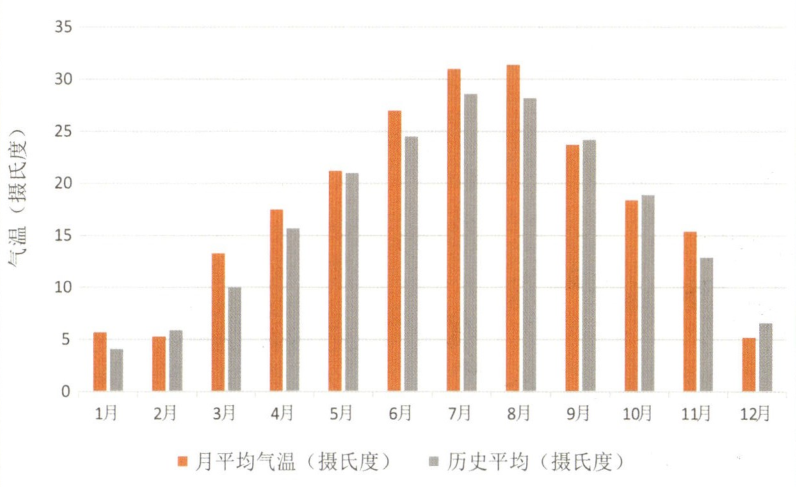

图1　2022年常熟市月平均气温与常年值对比示意图

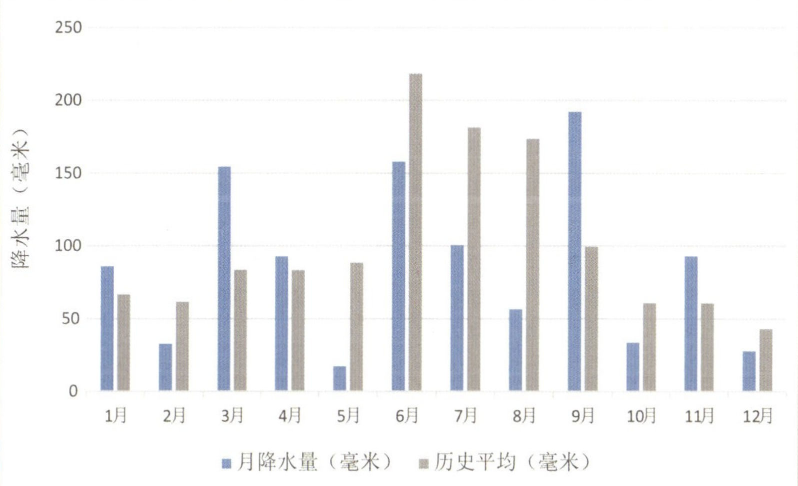

图2　2022年年常熟市月降水量与常年值对比示意图

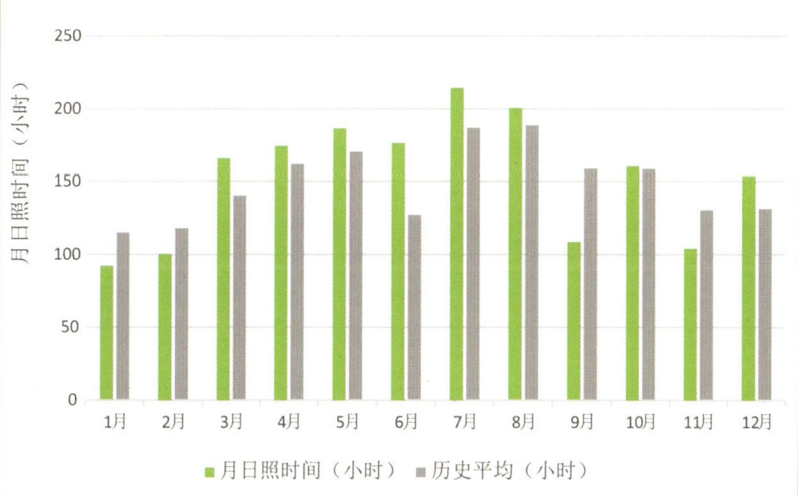

图3　2022年年常熟市月日照时间与常年值对比示意图

降水　月降水量最多的是9月，为192.2毫米，月降水量最少的是5月，为17.5毫米。年降水日数为115天，比常年少12天。6月23日入梅，比常年偏晚7天，7月8日出梅，比常年偏早2天，梅雨期15天，较常年偏短6天，梅雨量92.6毫米，较常年偏少65.8%。

风速　年极大风速出现在7月26日，为19.8米/秒。

相对湿度　全年平均相对湿度为71%，较常年值偏低5%。

日照　全年日照时数为1840.7小时，比常年值偏多50.7小时，年日照百分率为41%，与常年持平。

（钱琦雯）

【自然灾害】 2022年，常熟市有个别极端天气发生。

高温　2022年夏季，受副热带高压影响，出现持续高温天气。6月11日—8月23日，全市平均气温较常年偏高3摄氏度（异常偏高），平均降雨量偏少58.4%（显著偏少），高温日数44天，极端最高气温40.3摄氏度（8月13日，仅次于2017年的40.9摄氏度），高温日数创常熟气象站建站以来历史新高。其间出现4段区域性持续晴热高温天气（7月5—15日、7月25—29日、7月31日—8月16日、8月18—23日），高温持续日数达17天。高温热浪少雨叠加，导致8月上旬后期旱象逐渐显现，8月中旬旱情发展，全市大部分地区达中旱等级。

飑线　7月常熟市气温异常偏高，在持续极端高温影响下，大气能量充沛，受高空槽和低层切变线的触发，7月26日华东地区发生1次飑线过程，其自西南向东北影响常熟市，伴有雷暴大风和短时强降水等强对流天气。该飑线系统发展速度快、影响时间短、影响剧烈。7月26日14时至17时，常熟市出现小到中雨，最大小时雨量14.9毫米（海虞镇），常熟市2个自动气象站观测到9级以上大风，10个自动气象站观测到8级以上大风，最大风力21.6 米/秒（9级，琴川街道）。14时50分，常熟市气象台史

1月28日夜，常熟迎来2022年第一场雪。图为1月29日的虞山剑门风景区
（市融媒体中心　提供）

上首次发布雷暴大风红色预警。（钱琦雯）

历史人文

【建置】 常熟古称琴川、海虞、南沙等，简称虞、虞城。商末为勾吴北境。西周时期，常熟地方属吴国。春秋战国时，先后属越、楚、秦。秦代常熟属会稽郡吴县。西汉时期，常熟境内设有虞乡。东汉时属吴郡吴县，境内有虞乡、南沙乡，在南沙乡设司盐都尉，是地方设吏治的开始。

三国时期，在虞乡设虞农都尉。西晋太康四年（283），以虞乡设置海虞县，县治设海虞城（今虞山街道），常熟境域开始有县治。

东晋咸康七年（341），在南沙乡建立南沙县，隶属晋陵郡。南朝齐永泰元年（498），海虞县北境设置海阳县，隶于晋陵郡。南朝梁大同六年（540），南沙之地置常熟县，县治设南沙城（今海虞镇福山），隶于信义郡，常熟县名由此始。

隋朝建立后变州、郡、县三级制为州、县两级，废信义郡，以海阳、前京、信义、兴国、海虞、南沙六县并入常熟县，县治设南沙城，隶属吴州（今苏州）。隋代开皇九年（589），以常熟县置常州，设常州理。不久，常州理移至晋陵县，常熟复为县，隶于苏州。

唐代武德七年（624），常熟县治由南沙城移至海虞城。元代元贞元年（1295），常熟县升为常熟州（中州），属平江路。明代洪武二年（1369）常熟州复为县，隶苏州府。

清代雍正四年（1726），常熟县析分为常熟、昭文两县，同城分治。1911年辛亥革命后，常熟、昭文两县合并为常熟县。

1949年4月27日，常熟解放。5月，以常熟县城区及近郊设常熟市，市、县合署办公。1958年4月，撤销常熟市，常熟市境归常熟县管辖。1983年1月18日，撤销常熟县建置，以常熟全境设立常熟市（县级），归苏州市管理。2022年，常熟市人民政府所在地为虞山街道金沙江路8号。（年鉴编辑部）

【区划】 2022年，常熟市有镇（街道）14个、村民委员会214个、社区居民委员会135个。（徐之佼）

表2　　2022年常熟市行政区划一览表

行政区	村委会名称	社区名称
梅李镇	胜法村、聚沙村、天字村、寨角村、梅南村、塘桥村、沈市村、珍南村、珍北村、新丰村、圩港村、海城村、赵市村、瞿巷村、师桥村	梅李社区、赵市社区、珍门社区、天和社区
海虞镇	河口村、府东村、东泾村、望虞村、龙墩村、邓市村、聚福村、福山村、铜官山村、徐桥村、新州村、虞南村、香桥村、汪桥村、里泾村、郑家桥村、肖桥村	王市社区、福山社区、周行社区、海福新城社区、南塘社区、海洲社区、丽都社区
古里镇	苏家尖村、新桥村、湖东村、琴东村、双港村、高长村、下甲村、吴庄村、陈塘村、李市村、联泾村、康博村、紫霞村、芙蓉村、坞坵村	淼泉社区、紫芙社区、双港社区、金湖社区、红豆社区
沙家浜镇	横泾村、红石村、昆南村、芦荡村、昆承湖村、沙南村、苏南村、华阳村、朗城村、常昆村、新湖村、唐东村、唐北村	唐市社区、芦荡社区
支塘镇	八字桥村、窑镇村、枫塘村、长桥村、阳桥村、支东村、丰联村、盛泾村、凤泾村、徐政村、蒋巷村、任南村、何东村、何南村、项桥村、何北村	市镇社区、任阳社区、何市社区
董浜镇	观智村、红沙村、天星村、新民村、永安村、杜桥村、陆市村、智林村、旗杆村、东盾村、北港村、黄石村、里睦村、杨塘村	市镇社区、徐市社区
尚湖镇	河全村、车路坝村、福寿村、东桥村、张村村、家鑫村、南村坝村、山鑫村、大河村、新和村、新鑫村、新巷村、湖庄村、蒋巷镇村、新裕村、常兴村、鸳鸯桥村、罗墩村、吉桥村、练南村、颜巷村、翁家庄村	王庄社区、冶塘社区、练塘社区

续表2

行政区	村委会名称	社区名称
辛庄镇	吕舍村、金荡村、华欣村、合泰村、辛中村、常南村、潭荡村、张港泾村、沈浜村、双浜村、洞港泾村、朱家桥村、杨中村、桃园村、东旺村、张家桥村、嘉菱村、旺倪桥村、平墅村、卫家塘村	辛庄社区、杨园社区、张桥社区、辛阳社区
碧溪街道	溪南村、港南村、溪东村、溪西村、周泾村、李村村、小市村、太平桥村、万福村、泗湖村、三湾村、周家桥村、留下村、浒东村、浒西村、李袁村、新苑村、龙桥村、中南村、白莲村、横塘村、徐虎村	浒浦集镇社区、碧溪社区、吴市市镇社区、东张社区、滨江社区、浒浦渔业社区、聚和佳苑社区、阅江佳苑社区
东南街道	苏锋村、东渔村、昆承村、小康村	湖畔社区、东湖社区、启文社区、金麟社区
虞山街道	宝岩村、甸桥村、元和村、浅水村、大湖甸村、建华村	花园浜社区、四丈湾社区、学前社区、报本社区、清和坊社区、北门大街社区、西泾岸社区、西庄街社区、烟雨社区、南门社区、湖中社区，尚湖社区、山前社区、菱塘社区、常福社区、甬江社区、泰安社区、五星社区、琴枫社区、阆江社区、张坝社区、星海社区、李桥社区、兴福社区、明晖社区、报南社区、报北社区、华山社区、南沙社区、枫林社区、虞北社区、望湖社区、梅园社区、福泰社区、嵩山社区
琴川街道	渠中村、湖圩村、新库村、梦兰村、戈庄村、泰慈村、东环村、泰安村、石墩村、浦浜村、九里村、景龙村、新造村、泯泾村、大虹桥村	藕渠社区、枫泾社区、颜北社区、绿源社区、洪泾里社区、阜湖社区、漕湖社区、湖苑社区、迎春社区、花溪苑社区、荷花社区、庞浜社区、环湖社区、青龙社区、花溪社区、锦荷社区、金山社区、富阳社区、胜湖社区、昭文社区、衡山社区、兴隆社区、虞园社区、虞东社区、杨荡社区、漕泾社区、泰山社区、世茂社区、珠江社区、润欣社区、衡泰社区、中南南苑社区、虞枫社区、锦丰社区、百盛社区、星茂社区、凯文社区、金桂社区、竞文社区、静海社区、陈家市社区、前港社区
莫城街道	东青村、东始村、三塘村、言里村、长瑞村、燕巷村、安定村、和甸村、湖鹤村、三星村、三和村、湖泾村、新建村、青莲村	山湖社区、琴南社区、莫城社区、和莫社区、聆湖社区
常福街道	合丰村、联盟村、顶山村、永红村、常福村、新红村、毛桥村、明晶村、勤丰村、翻身村、福圩村、方浜村、小山村、五新村、常隆村、中泾村、蜂蚁村、小义村、东联村、压路机村、光明村	丁坝社区、谢桥社区、绿地社区、大义社区、景泰社区、碧海社区、新义社区 、怡馨社区、游文社区 、珠海社区、景华社区

（资料来源：市民政局）

【人口】 截至2022年年底，全市总户数为31.93万户，总人口为105.66万人。其中，男性为51.13万人，占48.39%；女性54.53万人，占51.61%。全市外来人口86.6万人，比上年增长7.7%。全年出生4036人，出生率3.82‰；死亡10067人，人口死亡率9.528‰，人口自然增长率-5.708‰。

（范炟奇）

【民族】 2022年，全市有户籍少数民族人口2696人，族别39个，其中人口数量较多的有壮族、土家族、回族、苗族、满族等；外来流动少数民族人口25616人，族别51个。

【宗教】 常熟市是江苏省宗教工作重点县（市）之一，境内有佛教、道教、天主教、基督教等。2022年，全市依法登记的宗教活动场所50处，其中佛教32处、道教2处、天主教9处、基督教7处。

（王　玉）

【人文】 常熟是吴文化的发祥地之一，1986年被国务院公布为国家历史文化名城。常熟境内尚存属于马家浜文化时期距今约6738年的何村遗址、属于崧泽文化时期距今约5500年的钱底巷遗址、属于良渚文化时期距今4000多年的罗墩遗址。商末陕西岐山周族首领古公亶父的次子仲雍带部分族人迁徙至常熟一带，与其兄太伯共同建立勾吴国，任第二任君主，逝后葬于常熟虞山。常熟素有“人文昌盛之邦，文物著于江南”之称，涌现出孔子南方弟子、兴东吴文教的先驱言偃，清代“两朝帝师”、史称“状元宰相”的翁同龢等一大批名贤，“虞山派”的诗、琴、画、印享誉华夏，明清两代常熟有藏书家近300人。常熟历史上产生过状元8人、宰相10人及进士486人，1955年以来常熟籍两院院士（含原中国科学院学部委员）有26人。常熟现有宋代方塔、明代綵衣堂、清代中国四大藏书楼之一的“铁琴铜剑楼”和曾赵园、燕园等一批文物古迹。

【习俗】 常熟岁时习俗有：立春（又名逢春）、二月二、花朝、观音生日、上巳日、轧神仙、立夏、看杨梅，夏至、七夕、立秋、中元节，以及十月朝、冬至、过廿四夜等。礼仪习俗有：婚嫁、丧葬、取名、寿庆、造房、待客、忌讳等。祈年成方面习俗有：打春牛、祭土地、做青苗、祭田神、加田财、看参星、照田蚕等；生育习俗有：催生、吃满肚饭、吊宿姆、坐月子、开奶、做三朝、剃胎发、去娘舅家、做期果、寄命等。社会习俗有：伦理与公德、开业、析产、承嗣、祭祖、谢灶、祀神等。饮食习俗有：春饼、撑腰糕（煎年糕）、粽子、巧果、糖芋艿、月饼、重阳糕、腊八粥、冬酿酒、团子等。

【方言】 常熟方言为吴语方言的一种，属吴语太湖片苏沪嘉小片，和苏州话、上海话等北吴其他方言等基本能互通。常熟方言是吴方言中保留古音最完整的方言，有33个声母、50个韵母，清浊、尖团音、平翘判然有别，有整齐的八声调，接近中古发音，和唐朝语言较为接近，是一种较为独特而又颇具代表性的吴语次方言。

【特产】 常熟阳澄湖大闸蟹 阳澄湖是常熟渔民传统渔场，常熟阳澄湖大闸蟹以“青壳、白肚、黄毛、金爪”为特征，将其置于平滑玻璃上也能悬空撑立，爬行自如。这种蟹健壮有力，肉质鲜嫩，脂厚膏盈，蟹黄凝结成块，尤以“九月团脐十月尖”为珍，即农历九月的雌蟹和农历十月的雄蟹最肥美。螃蟹的烹饪方法有清蒸、水煮、酒醉、油炸、面拖（裹上面粉烹制）、红烧等，各具风味。

常熟叫化鸡 又称“叫花鸡”。民国初期，由常熟城区山景园饭店推出。其主材选用常熟“三黄”（黄羽、黄嘴、黄脚）母鸡，配以鸡肫、鲜肉、干贝、火腿、香菇等作鸡腹填料，然后用猪网油紧包鸡身，外加荷叶包扎，再用细草绳扎紧呈枕形，整鸡外面涂上揉黏黄泥，在火上烘烤4至6小时即成。打开泥壳，满屋飘香，入口酥烂肥嫩，风味独特。此菜是常熟地区传统名菜，也是苏州三鸡（叫化鸡、西瓜童鸡和早红橘酪鸡）之一。1957年，“叫化鸡”被江苏省商业厅编入《江苏菜谱》，1960年被商业部编入《中国名菜谱》，2008年，叫化鸡制作工艺被列入苏州市第三批非物质文化遗产名录。

常熟鸭血糯 又名红莲糯，为名贵水稻品种。因米粒外表殷红如鸭血，故名。该品种由清康熙年间栽培的稻种变异而来，曾作为朝廷贡米。经常熟农业科研单位多年培育改良，于1983年定型，称矮鸭血糯，并开始推广种植。鸭血糯富含蛋白质，有强身补血之功效，营养价值很高。民间视鸭血糯为补食，饭店常用其制作点心，鸭血糯八宝饭、炒鸭血糯因色泽美观、香甜可口而成为筵席上的特色食品。2014年，常熟鸭血糯获得中国绿色食品认证。2022年，常熟鸭血糯入选全国名特优新农产品名录，鸭血稻作文化系统入选江苏省第二批重要农业文化遗产。

王四桂花酒 又称常熟桂花酒，是常熟著名特产。其酿制工艺独特，所酿之酒，一般要陈伏3年以上才可上堂供饮。桂花酒色呈琥珀晶莹，酒质味甜香醇，品质优，酒度低，入口有桂花香，微甜。100多年来，王四桂花酒已成为常熟市民馈赠和到访客人饮用的佳品。

虞山绿茶 虞山（古称乌目山）种植茶树始于明清之际。民国时期，虞山祖师庙后、兴福寺两侧山地均有茶树种植。1958年常熟建立虞山茶场，从闽、浙、皖引进茶苗，初植于虞山山麓平地，继向山坡、山脊扩展。每年清明至谷雨期间茶农采摘嫩芽，加工炒制成绿茶，虞山绿茶以“香气浓、汤色绿、滋味醇”为特色，尤以“剑毫”“茗毫”“珍毫”为珍品，誉为“乌目三毫”，还有用白叶茶树的新生叶片制作的茶品——“剑门太白”“虞山白茶”。1996年，“剑门绿茶”获评苏州市第一批绿色食品。

桂花栗子 常熟虞山兴福一带的村民有将栗子树与桂花树混栽的传统。每至中秋时节，桂花盛开，浓香扑鼻，这时大批的栗子逐渐成熟采收，一树桂花香，一树栗子黄。其出产的桂花栗子以色白、肉厚而闻名。有“顶山之栗，质而香囊，自古著名，其嫩时剥而食之，犹带有桂花香也”的说法。

王庄西瓜 民国《重修常昭合志》中就有常熟种植西瓜记载，王庄西瓜是尚湖镇的传统农产品，以“皮薄、汁多、味甜、口感爽、脆”而著称。早在20世纪五六十年代，王庄西瓜在上海、苏州、南京等地就有很高的声誉度。王庄西瓜果实近圆球形，单果重6—8千克。果皮绿色，覆盖墨绿色窄条带。瓜皮厚8—10毫米。瓜瓤鲜红色，色泽均匀，肉质细嫩，瓤沙松脆，汁多味甜。瓜子少，黝黑色，分布均匀。王庄西瓜2002年被省农林厅认定为“无公害农产品”，2006年被中国绿色食品发展中心认定为“绿色食品”，2020年被农业农村部批准实施国家农产品地理标志登记保护。

董浜黄金小玉米 董浜黄金小玉米种植历史悠久，为董浜镇传统品种。种植时间为3月上旬到7月上旬。果实金黄，果穗小巧，籽粒排列整齐，果穗长10—13厘米，穗行数12—16行，穗粗3—4厘米，单果带壳鲜重100—120克，单果去皮鲜重75—85克。烹煮时

2022年，董浜镇黄金小玉米种植面积267公顷。图为5月28日，董浜农民采摘黄金小玉米 （周建华 摄）

香味四溢，口感香糯。董浜黄金小玉米2020年被农业农村部批准实施农产品地理标志登记保护。

董浜筒管玉丝瓜　果实均匀顺直，形似纺纱筒管，长30—35厘米，直径4—5厘米。果皮薄、皮色翠绿，有浅条纹，果肉白玉色。熟制后果肉淡绿色，不易褐变，肉质细嫩无筋，口感爽滑，清香微甜。董浜筒管玉丝瓜2020年被农业农村部批准实施国家农产品地理标志登记保护。

（年鉴编辑部）

经济发展

【古代经济】 常熟地理位置、气候条件、土壤水系适宜农耕养殖，自古以农为本。6700多年前常熟境内就有人类活动。5000年前，常熟已种植水稻。常熟境内湖荡密布，每遇洪涝，东南低区常成为泽国。春秋时期，常熟境内即围垦洼地。

南朝梁大同六年（540）设常熟县，当时北方士族南下，加速了太湖流域的开发。经过多年的治理，常熟一带水利达到较高的水平，旱涝无忧，“常熟其田”。

唐代，常熟商业逐步发展，有茶、盐、酒等税收。

北宋时，常熟已是“县庭无讼乡间富，岁岁加收常熟田”的丰饶之区，商业遍布城乡。朝廷在城区及福山、梅李、浒浦等地设务，征收商税。南宋时期，国家政权重心南移，江南开发加快，农业经济发展迅速，常熟成为全国粳稻的主要产区之一。南宋晚期，境内浒浦港成为重要的渔、盐集散地。

元末明初，常熟沿江开始引种棉花，形成棉麦两熟制。随着棉花的引种，纺织品交易形成市集。有“陆海盐絺鍜冶之饶，闻于东南”之称。

明清时期，常熟是国家粮赋重地、财税渊薮。明朝建立后，常熟大量荒地得到开垦，水稻种植面积扩大。常熟商业活动渐趋繁荣，市集增多，县城商业初具规模，且多数与农副产品有关；唐市地区形成粮食集散地。

【近现代经济】 清代中期后，受西方影响及上海工商业辐射，外地到常熟开店经营的商人增多，常熟工商业得到快速发展。清末，常熟开始出现近代工业。宣统年间，常熟有商贸服务行业近40种。20世纪30年代中期，苏常公路与锡沪公路建成通车，常熟餐饮业、旅馆业一度繁荣。后受日本侵华战争影响，常熟诸业凋敝。抗战胜利后，常熟商业一度复兴。后因通货膨胀，物价上涨，美国剩余物资倾销，商业遭受灾难性打击。中华人民共和国成立前夕，常熟多数行业处于萧条状态，全县有纺织、机械加工等工业企业近600家。

【当代经济】 中华人民共和国成立后，常熟逐步建立起工业体系和国民经济体系。中共十一届三中全会后，常熟抓住改革开放契机，农村面貌发生巨变，农民生活大为改善，被誉为“苏南四小龙”之一。1979年，常熟预算内财政收入超过1亿元。1980年，常熟工业产值占工农业总产值的比例上升至76.8%，工业成为常熟经济的主体产业。1983年，常熟成为江苏省首个农村储蓄超1亿元的县。20世纪80年代，常熟大力发展乡镇企业，“碧溪之路”成为苏南模式的代表。1986年，全市第一家中外合资企业建成投产。20世纪末，常熟民营经济突飞猛进，全市经济形成民营经济、外贸经济、品牌经济“三驾马车”齐头并进的格局。2002年，常熟财政收入首次超过40亿元。至21世纪初，常熟全部达到省定全面小康指标，形成基本实现现代化的初步形态。

中共十八大以后，常熟坚持推动经济高质量发展，经济发展水平继续保持全国前列，连续多年跻身全国县级市前五。2022年，常熟市实现地区生产总值2773.97亿元，比上年增长2%。按常住人口计算，人均地区生产总值164213元。

（年鉴编辑部）

责任编辑　归岳嵚

中国共产党常熟市委员会

综　述

【概况】 2022年，市委坚持以习近平新时代中国特色社会主义思想为指导，深入学习贯彻中共二十大精神和习近平总书记系列重要讲话精神，全面落实"疫情要防住、经济要稳住、发展要安全"重大要求，高效统筹疫情防控和经济社会发展，统筹发展和安全。将迎接中共二十大、学习宣传贯彻中共二十大精神作为全年的鲜明工作主线，充分发挥市委常委会示范带动作用、市委理论学习中心组领学促学作用，全覆盖安排市管干部轮训、党员干部专题培训、农村党员冬训等各层面学习。纵深推进全面从严治党。落实党委意识形态工作责任制，守住意识形态阵地，积极争创全国文明典范城市；坚持事业至上配班子选干部，完成换届工作，推进干部交流任职，实施"登峯"计划，深化"海棠讲坛"。优化综合考核体系，创新实施"一亮点两问题"工作推动机制；全面加强基层党组织建设，实施"重抓基层党建提质增效"35项重点任务，项目化推动各领域基层党组织整体建强。统筹推进廉洁常熟建设。严格执行中央八项规定及其实施细则精神，不断提升"三不腐"一体推进的综合效能。

【中共二十大精神贯彻落实】 2022年，中共二十大胜利闭幕后，市委组织传达学习大会精神，把学习宣传贯彻中共二十大精神作为首要政治任务。采取党委（党组）理论学习中心组学习、主题党日、书记上党课等多种形式，面向全体党员干部开展多形式、分层次、全覆盖的全员培训，市委常委会、理论学习中心组3次召开会议集体学习。组建"虞燕名师""芦荡薪火"等宣讲队，开展"芦荡理'响'稻田飘香"微宣讲、"虞青说"青春宣讲、"学习强国"快闪推广等特色宣讲，1000多人参与各级各类宣讲队伍，开展宣讲1500余场，受众6万多人。结合"强国复兴有我"群众性主题宣传教育活动，融媒体全平台广泛宣传报道，立体式、全方位、深覆盖推动二十大精神入脑入心。深入推进新时代党的建设新的伟大工程，推进全面从严治党，推进党建引领乡村治理、重点村分类管理、红色美丽村庄建设等全国试点任务，创新建立"一亮点两问题"工作机制，推动各级党组织和党员干部队伍转作风、提能力。

重要会议与活动

【党史学习教育总结会议】 1月15日，常熟市党史学习教育总结会议召开，市委书记周勤第出席会议并讲话。会议传达中央、省和苏州市党史学习教育总结会议精神。会议指出，要从百年党史中汲取智慧和力量，以强烈的历史主动精神，奋进新征程、建功新时代，加快建设更高品质的"江南福地"。要全面总结党史学习教育成功经验，进一步坚定历史自信、汇聚奋进力量。要巩固拓展党史学习教育成果，持续凝聚加快建设更高品质"江南福地"的强大动力。会议强调，学好党史、用好党史，是一项长期任务，必须融入日常、抓在经常。

【2021年度综合考核工作总结暨作风建设大会】 2月8日，常熟市2021年度综合考核工作总结暨作风建设大会召开，市委书记周勤第出席会议并讲话。会议强调，新的一年，各地各部门要用好四把"刀"、提升四个"力"，以作风建设的新实践、新成效，推动经济社会发展的新提升、新跨越，为建设更高品质的"江南福地"作出新的更大贡献。市委副书记、市长秦猛部署下一阶段工作。会议通报2021年度综合考核结果，宣读纳税百强企业、亩均税收五十强企业、纳税十强金融企业表彰决定，并对一批先进集体、先进个人进行颁奖。

【市委国安委会议】 3月12日，市委国安委会议召开，市委书记周勤第主持会议。会议审议相关文件。会议强调，要提高政治站位，坚持把思想认识统一到党中央关于贯彻总体国家安全观各项决策部署上来，始终将推动国家安全工作贯穿经济社会发展各方面、全过程；要聚焦中心大局、政治安全和体系建设，统筹做好各领域国家安全工作，持续推进重大风险防范化解、分析评估、研判预警等工作走深走实，加快构建全领域覆盖的国家安全工作网络；要强化责任传导，严格落实国家安全工作责任制，对标工作要点、重点任务职责清单，形成各司其职、齐抓共管的国家安全责任体系。

【市委深改委会议】 2022年，常熟市召开市委深改委会议4次，会议由市委书记周勤第主持。内容涉及审议市委深改委2022年工作要点及相关文件、国资国企改革、三级社会矛盾纠纷调处化解中心建设、应急管理综合行政执法改革及国有粮食企业改革等。

【市委人才工作会议】 5月21日，市委人才工作会议召开，市委书记周勤第出席会议并讲话。会议指出，要坚持“城市与人才共进”，全力建设同频共振、互相成就的“共同体”；要坚持“人才与产业共融”，全力打造以产聚才、以才兴业的“智高点”；要坚持“真金与真心共给”，全力营造如鱼得水、如鸟归林的“大生态”。会议强调，要进一步认清形势、提高站位，坚持党对人才工作的全面领导，努力做好新时代人才工作。市委副书记、市长秦猛部署下一阶段工作。会议播放人才工作专题片，发布《关于加强人才引领产业高质量发展的若干政策举措》，举行表彰仪式。

【市委十四届四次全体（扩大）会议暨经济工作会议】 8月8日，市委十四届四次全体（扩大）会议暨经济工作会议召开。会议以习近平新时代中国特色社会主义思想为指导，深入学习贯彻习近平总书记在省部级主要领导干部专题研讨班上的重要讲话精神，全面落实省委、苏州市委工作会议要求，总结上半年工作，部署下半年经济工作和各项任务，动员全市上下进一步坚定信心、鼓足干劲，团结一致、拼尽全力，决战决胜“三增三进”，完成全年目标任务，以实际行动迎接党的二十大胜利召开。市委常委会主持会议。市委书记周勤第代表市委常委会向大会作题为《全力冲刺“三增三进”必成目标，以实际行动迎接党的二十大胜利召开》的报告。会议审议通过《中国共产党常熟市第十四届委员会第四次全体（扩大）会议决议》，并研究其他相关事项。

【苏州市委常委会专题调研常熟市工作会议】 9月28日，苏州市委常委会会议暨专题调研常熟市工作会议召开，省委常委、苏州市委书记曹路宝主持会议。苏州市委常委会实地调研常熟经济社会发展情况，并专题听取常熟工作情况及提请明确的有关事项汇报。会议肯定近年来常熟务实低调求实效取得良好工作成果，以及高效统筹疫情防控和经济社会发展取得的成绩。会议强调，苏州沿江三市要研究、学习、对标临港新片区，强化先进制造业主导地位，加快传统产业转型升级，积极导入更多优质增量。常熟要加大产业转型升级力度，进一步提升城市治理能力。会议还研究其他事项。

【市委十四届五次全会】 12月15日，中国共产党常熟市第十四届委员会第五次全体会议召开。全会高举习近平新时代中国特色社会主义思想伟大旗帜，全面贯彻落实党中央、省委、苏州市委部署要求，总结2022年以来工作，对全市深入学习贯彻中共二十大精神进行全面部署，动员全市上下更加深刻领悟“两个确立”的决定性意义，增强“四个意识”、坚定“四个自信”、做到“两个维护”，在新征程上全面推进中国式现代化常熟新实践，加快建设更高品质“江南福地”，更好地“扛起新使命、谱写新篇章”，为全面建设社会主义现代化国家、全面推进中华民族伟大复兴作出常熟更大贡献。全会由市委常委会主持，市委书记周勤第代表市委作工作报告并讲话。全会审议通过《中共常熟市委关于深入学习贯彻党的二十大精神在新征程上全面推进中国式现代化常熟新实践的决定》和全会《决议》。全会书面审议《中共常熟市委常委会2022年度落实全面从严治党主体责任情况的报告》。

【市委经济工作会议】 12月30日，市委经济工作会议召开。会议深入学习贯彻中共二十大精神，认真落实中央、省委、苏州市委经济工作会议要求，分析当前形势，安排部署2023年经济工作。市委书记周勤第出席会议并讲话。会议强调，要把握发展新阶段，明确发展新任务新要求；要坚持以经济建设为中心，紧紧抓牢高质量发展首要任务；要强化统筹协调，凝聚抓经济工作的整体合力。市委副书记、市长秦猛具体部署岁末年初工作。

【常委会会议】 2022年，常熟市第十四届市委常委会举行会议37次，市委常委会传达学习习近平总书记系列重要讲话和指示批示精神，传达学习省十三届人大五次会议精神等会议精神，研究讨论《〈长江三角洲区域一体化发展规划纲要〉常熟行动方案（2021—2025）》《常熟市“十四五”服务业发展规划》、疫情防控工作、人事安排等文件和事项等；听取全市经济运行、安全生产工作、重大项目推进等情况汇报。 （李　宵）

8月8日，市委十四届四次全体（扩大）会议暨经济工作会议召开

（市融媒体中心　提供）

表 3　　2022 年常熟市第十四届市委常委会会议一览表

会议名称	时间	议题内容
第十四届市委常委会第 17 次会议	1月10日	关于中共二十大代表候选人推荐人选酝酿推荐情况的汇报；有关干部事项的汇报
第十四届市委常委会第 18 次会议	1月15日	学习贯彻习近平总书记系列重要讲话和指示批示精神；听取当前常熟市疫情防控工作情况汇报，部署春节前后疫情防控工作；听取关于2021年全市安全生产工作情况的汇报；听取关于《〈长江三角洲区域一体化发展规划纲要〉常熟行动方案（2021—2025）》编制情况的汇报；听取关于《常熟市"十四五"服务业发展规划》编制情况的汇报；听取关于《常熟市"十四五"工业经济发展规划》编制情况的汇报；听取关于《常熟市交通运输"十四五"规划》编制情况的汇报；听取关于2022年全市重点会议活动安排情况的汇报；听取关于制定《中国共产党常熟市委员会工作规则》和修订《中共常熟市委常委会议事决策规则》相关事项的汇报；听取关于《十四届常熟市委巡察工作规划（试行）》起草情况的汇报；听取有关案情的通报
第十四届市委常委会第 19 次会议	1月18日	有关干部事项的汇报
第十四届市委常委会第 20 次会议	1月25日	学习贯彻习近平总书记系列重要讲话和指示批示精神；传达学习省十三届人大五次会议精神；听取同级人大、政府、政协、法院、检察院党组2021年工作情况以及2022年工作计划的汇报；听取关于2021年度综合考核情况的汇报；听取关于规范公务员工资、津贴补贴的有关情况说明；听取关于事业单位绩效考核奖发放建议方案的汇报；听取关于2021年度关工委工作情况的汇报；听取关于建立市委常委"两在两同"基层联系点制度的汇报；听取关于2021年度担当作为好干部评选工作的汇报
第十四届市委常委会第 21 次会议	2月9日	学习贯彻习近平总书记系列重要讲话和指示批示精神；通报市委常委会党史学习教育专题民主生活会情况；听取关于《中共常熟市委常委会2022年工作要点》起草情况的汇报；听取关于2021年全市纪检监察工作、组织工作、宣传工作、统战工作、政法工作情况以及2022年工作计划的汇报；听取关于《关于加强人才引领产业高质量发展的若干政策举措》起草情况的汇报；听取关于深入学习领会《关于更加有效发挥统计监督职能作用的意见》精神及全市贯彻落实工作建议的汇报；听取关于学习贯彻省委农村工作会议精神的汇报；听取关于2022年度常熟市党政领导干部接待群众来访工作建议方案的汇报；听取关于上级纪委全会精神及全市贯彻落实建议的汇报；讨论十四届市纪委二次全会工作报告
第十四届市委常委会第 22 次会议	2月26日	学习贯彻习近平总书记关于疫情防控工作的重要指示批示精神，传达学习省委、省政府主要领导听取关于"苏州02.14疫情"指示批示精神，贯彻落实苏州市委常委会会议部署要求；听取常熟市疫情防控工作情况汇报，研究部署下一步工作任务；关于常熟市当前经济运行情况以及企业复工复产、建筑工程复开工情况的汇报；听取关于市人大常委会、市政协及市有关领导、市级机关部门、各板块2022年"十项"重点工作安排的汇报；听取关于《关于推进产创融合"十百千"平台载体建设工程行动计划（2021—2025）》编制情况的汇报；听取关于2021年被巡察党组织巡察整改工作落实情况的汇报；关于2021年度苏州对下综合考核结果分析和问题整改建议的汇报；听取关于《常熟市关于宗教"两个专项"工作集中整治情况》的汇报
第十四届市委常委会第 23 次会议	3月12日	学习贯彻习近平总书记系列重要讲话和指示批示精神；传达学习苏州市委书记曹路宝检查调研常熟有关指示精神；听取关于《常熟市贯彻落实〈苏州市贯彻落实江苏省第十四次党代会报告重点任务分解方案〉的实施细则》起草情况的汇报；听取关于2022年市委、市政府重点工作的汇报；听取关于《中共常熟市委关于贯彻落实〈中国共产党领导国家安全工作条例〉的实施办法》起草情况的汇报；学习贯彻习近平总书记关于粮食安全的重要论述，通报省委涉粮问题专项巡视和苏州市委涉粮问题专项巡察反馈问题，部署下一步整改落实工作；听取关于第二轮省生态环境保护例行督察相关情况的汇报；关于全市工业企业安全生产风险报告工作开展情况及近期安全生产情况的汇报；关于常熟市第五届专家咨询团换届工作情况的汇报；听取关于《关于做好2022年全面推进乡村振兴重点工作率先基本实现农业农村现代化的实施意见》起草情况的汇报；听取关于疫情防控工作中有关案件处理情况的通报；有关干部事项的汇报
第十四届市委常委会第 24 次会议	3月20日	学习贯彻习近平总书记系列重要讲话和指示批示精神，传达学习全国新冠肺炎疫情防控工作电视电话会议精神，部署当前全市疫情防控工作；听取关于《建立"一亮点两问题"工作推动机制的意见》汇报；听取关于《产业项目（招商）协同推进机制建议方案》汇报；听取关于《重点企业重点服务机制工作方案》汇报；听取关于《常熟市"十四五"生态环境保护规划》编制情况的汇报；听取关于全市环境空气质量百日攻坚提升行动情况汇报；听取关于《常熟市贯彻落实江苏省统计局第3统计督察组督察反馈意见整改方案》汇报；关于《常熟市住宅房屋搬迁定向房票安置实施办法》汇报；听取关于《"苏州·中国声谷"2022年建设工作方案》汇报；听取关于组建常熟市港口管理服务中心的汇报；听取关于《中共常熟市委2022年度全面从严治党主体责任清单》汇报；听取关于2022年常熟城市形象全媒体外宣方案的汇报
第十四届市委常委会第 25 次会议	3月27日	学习贯彻习近平总书记关于统筹疫情防控和经济社会发展的重要论述，研究部署当前工作；学习贯彻习近平生态文明思想，听取关于全市贯彻落实中央生态环境保护督察工作要求和迎检工作方案的汇报，审议《常熟市贯彻落实省第二生态环境保护督察组督察反馈意见整改方案》；听取关于组织实施2022年常熟市文明城市常态长效建设整治提升行动的汇报；学习贯彻全省县区财政运行暨财经秩序专项整治行动工作会议精神，听取关于化债工作方案的汇报，研究部署常熟市贯彻落实举措；传达学习上级统战部长会议、对台工作会议精神，研究部署常熟市贯彻落实举措；听取关于清理规范公务员工资津贴补贴相关情况的汇报；审议《市委领导班子落实意识形态工作责任制主要职责任务清单》《市委领导班子成员意识形态工作责任清单》《2022年度全市意识形态工作重点任务清单》

续表3

会议名称	时间	议题内容
第十四届市委常委会第26次会议	4月9日	学习贯彻习近平总书记系列重要讲话和指示批示精神；学习贯彻习近平总书记关于安全生产的重要指示精神，传达学习全国安全生产电视电话会议精神，听取2022年一季度全市安全生产情况的汇报；学习贯彻苏州"两会"精神；听取市委全面深化改革相关工作情况的汇报；听取全市党的建设相关工作情况的汇报；听取全市武装工作相关情况的汇报；听取省、苏州市特殊困难群体救助帮扶和妇女儿童权益保障问题专项排查整治工作部署会议精神和常熟市贯彻落实情况的汇报；审议《常熟市关于苏州市委巡察指导督导反馈意见的整改工作方案》
第十四届市委常委会第27次会议	4月25日	学习贯彻习近平总书记系列重要讲话和指示批示精神；听取近期全市疫情防控相关情况汇报，研究部署下一阶段工作；听取学习宣传贯彻《信访工作条例》有关情况汇报；听取一季度全市信访和安全稳定情况汇报；听取第二轮中央生态环境保护督察有关情况汇报；审议《关于深化完善常熟精英创业联盟常态长效工作机制的实施意见》；听取关于"我为群众办实事——五一面对面"新时代文明实践活动方案的汇报
第十四届市委常委会第28次会议	5月8日	听取有关干部事项的汇报
第十四届市委常委会第29次会议	5月20日	学习贯彻习近平总书记系列重要讲话和指示批示精神；听取全省安全生产大检查动员部署电视电话会议精神及常熟市贯彻落实情况的汇报；深入学习贯彻习近平总书记对湖南长沙居民自建房倒塌事故作出的重要指示精神和李克强总理批示要求，传达贯彻全国、全省自建房安全专项整治电视电话会议精神，听取全市建筑施工安全生产和自建房等既有建筑安全隐患排查整治工作汇报，研究部署下一阶段工作；听取全国、全省防汛抗旱工作电视电话会议精神的汇报，研究部署常熟市防汛防台工作；听取省文明委文明城市创建工作座谈会精神的汇报，研究部署下一阶段工作；听取关于常熟市实施事业单位管理岗位职员等级晋升制度有关情况的汇报；审议《市委常委会成员、市政府领导班子成员2022年安全生产重点工作清单》；听取有关干部事项的汇报
第十四届市委常委会第30次会议	5月29日	听取有关干部事项汇报
第十四届市委常委会第31次会议	6月2日	学习贯彻习近平总书记系列重要讲话和指示批示精神；传达学习全国、省、苏州市稳住经济大盘电视电话会议精神和李克强总理讲话精神，部署下一阶段经济工作；传达贯彻省委书记吴政隆在苏州调研时的讲话精神，部署当前重点工作；传达学习省委人大工作会议精神；听取关于全市推进融资平台公司经营性债务管理工作情况及加强国有企业监管有关建议的汇报；审议《常熟市幸福河湖（生态美丽河湖）建设实施方案》；审议《常熟市民办义务教育结构调整和布局优化三年行动计划》；听取2022年度市政府重大行政决策目录编制情况汇报；学习贯彻省委国安委会议和全省党委国安办主任会议及苏州市委国安委会议和苏州市党委国安办主任会议精神，审议《市委国安委2022年工作要点》《市级层面政治安全工作协调机制2022年重点任务安排》（同时作为市委国安委会议议题）；审议《市委常委会党史学习教育专题民主生活会查摆问题整改方案》；听取关于市监委向市人大常委会报告专项工作的汇报
第十四届市委常委会第32次会议	6月18日	学习贯彻习近平总书记系列重要讲话和指示批示精神；传达学习苏州市委人大工作会议精神，听取《中共常熟市委关于新时代坚持和完善人民代表大会制度加强和改进人大工作的实施意见》起草情况的汇报；听取关于"喜迎二十大 强国复兴有我"群众性主题宣传教育活动工作方案的汇报；审议《常熟市印染行（企）业高质量发展提升计划》；审议《常熟市民办义务教育结构调整和布局优化三年行动计划》；听取关于庆祝中国共产党成立101周年活动安排相关事项的汇报；听取有关案件情况的汇报；听取有关干部事项的汇报
第十四届市委常委会第33次会议	7月2日	学习贯彻习近平总书记系列重要讲话和指示批示精神；听取常熟市新冠肺炎疫情防控工作情况汇报，研究部署下一阶段工作；传达学习省委、苏州市委网信委会议精神，审议《2022年常熟市网信工作要点》《2022年常熟市网络安全工作要点》《常熟市加强网络文明建设的实施方案》；学习贯彻上级党内法规工作会议精神和机要密码工作有关文件精神；审议《常熟市优秀年轻干部培养选拔"登峯"计划》
第十四届市委常委会第34次会议	7月11日	听取有关干部事项汇报
第十四届市委常委会第35次会议	7月16日	学习贯彻习近平总书记系列重要讲话和指示批示精神；审议《关于深化拓展常熟市新时代文明实践中心建设的实施意见》；审议《关于新时代加强和改进思想政治工作的实施方案》；审议《2022年常熟市全民国防教育工作要点》；听取常熟市近3年行政诉讼案件有关情况汇报；听取关于全市实施事业单位管理岗位职员等级晋升制度相关文件修改完善情况的汇报；听取有关干部事项的汇报
第十四届市委常委会第36次会议	7月24日	学习贯彻习近平总书记系列重要讲话和指示批示精神；学习贯彻李克强总理对全国安全生产电视电话会议作出的批示要求和全国、全省、苏州市安全生产电视电话会议精神，听取全市上半年安全生产和消防安全工作情况汇报，研究部署下一阶段工作；听取全市上半年信访工作暨"信访突出问题攻坚化解年"行动情况汇报，研究部署下一阶段工作；听取关于贯彻落实《关于新时代推进全市国有经济布局优化和结构调整的工作意见》有关建议的汇报

续表3

会议名称	时间	议题内容
第十四届市委常委会第37次会议	7月30日	学习贯彻习近平总书记系列重要讲话和指示批示精神；听取上半年全市纪检监察工作、组织工作、宣传工作、统战工作、政法工作情况汇报；审议《常熟市党的二十大维稳安保工作方案》；听取第二季度全市信访和安全稳定情况汇报；听取2022年市级投资（含国企）项目年中调整情况汇报；听取有关干部事项的汇报
第十四届市委常委会第38次会议	8月5日	学习贯彻习近平总书记系列重要讲话和指示批示精神；听取关于市委十四届四次全会暨经济工作会议报告、工作部署材料起草情况及会议筹备工作情况的汇报
第十四届市委常委会第39次会议	8月21日	学习贯彻习近平总书记系列重要讲话和指示批示精神；审议《关于推动党史学习教育常态化长效化的实施方案》；学习贯彻有关上级工作部署会议精神，听取全市相关工作开展情况的汇报，审议《常熟市相关工作实施意见》；听取关于国务院、省政府对落实有关重大政策措施真抓实干成效明显地方予以督查激励通报中常熟获评情况的汇报；听取当前相关工作情况汇报，研究部署当前重点工作；审议《常熟市新增制造业用地项目评价推进机制方案（试行）》；听取关于全市职业教育资源整合情况的汇报；听取关于观致汽车相关工作情况的汇报
第十四届市委常委会第40次会议	9月2日	学习贯彻习近平总书记系列重要讲话和指示批示精神；传达学习吴政隆同志的有关讲话要求；听取关于2022年高质量发展综合考核系列文件的汇报；传达学习省委全面依法治省委员会会议和苏州市委全面依法治市委员会会议精神，审议《常熟市法治政府建设实施方案（2021—2025年）》《关于开展领导干部法治素养提升行动试点工作的实施方案》《中共常熟市委全面依法治市委员会2022年工作要点》；审议《常熟市推进数字经济时代产业创新集群建设2025行动计划》《常熟市汽车产业创新集群建设实施方案（2022—2025年）》《常熟市新能源产业创新集群建设方案（2022—2025年）》《常熟市声学产业创新集群建设实施方案（2022—2025年）》《常熟市产业创新集群协同推进机制方案》；审议《常熟市“十四五”教育事业发展规划》；审议《2022年常熟市金秋经贸洽谈会系列活动建议方案》；审议《常熟市2022年“中国农民丰收节”活动建议方案》；听取有关干部事项的汇报
第十四届市委常委会第41次会议	9月12日	学习贯彻习近平总书记系列重要讲话和指示批示精神；审议《省纪委监委监督检查江苏常熟新材料产业园反馈问题整改方案》；听取关于昆承湖片区开发建设有关事项的汇报；听取关于省委第一轮巡视期间巡察工作专项检查发现共性问题自查情况的汇报，审议《十四届市委第三轮巡察工作建议方案》；传达学习中央、省委、苏州市委审计委员会会议精神，听取关于审计整改情况的汇报，审议《关于建立健全审计查出问题整改长效机制的实施意见》；听取关于苏州市委常委会专题调研常熟市工作相关准备工作情况的汇报
第十四届市委常委会第42次会议	9月22日	听取有关干部事项的汇报
第十四届市委常委会第43次会议	9月24日	学习贯彻习近平总书记系列重要讲话和指示批示精神；传达学习全国、全省安全生产电视电话会议精神，听取关于全市消防安全“331”治理工作情况的汇报，研究部署下一阶段工作；听取关于当前全市疫情防控工作情况的汇报；听取关于2022年度苏州市综合考核半年度评估反馈情况的通报；审议《关于健全完善市、镇（街道）、村（社区）三级社会矛盾纠纷调处化解中心的实施方案》；听取关于首届中国声学产业创新发展大会暨常熟经济技术开发区成立三十周年大会筹备工作情况的汇报；审议《省纪委监委监督检查常熟经济技术开发区化工园区反馈问题整改方案》；听取关于审计机关公务员纳入专业技术类管理的情况汇报
第十四届市委常委会第44次会议	9月30日	传达学习苏州市委常委会专题调研常熟市工作会议精神，研究推进苏州市域一体化（常熟）融合创新区建设相关工作
第十四届市委常委会第45次会议	10月15日	学习贯彻习近平总书记系列重要讲话和指示批示精神；听取关于中共二十大维稳安保工作暨第三季度全市信访和社会安全稳定形势的汇报；听取关于常熟市近期疫情防控工作情况的汇报；审议《关于深化全市应急管理综合行政执法改革的实施方案》；听取关于融资平台公司数量压降及增速管控的汇报；审议《关于以“千村美居”工作为引领 统筹推进乡村建设重点工作的实施意见》；审议《常熟市国有粮食企业改革实施方案》
第十四届市委常委会第46次会议	10月26日	集体学习贯彻中共二十大精神；听取关于常熟市加强未成年人思想道德建设工作情况的汇报；研究关于废止和宣布失效一批涉计划生育市委、市政府文件；审议《常熟市残疾人联合会第七次代表大会方案》；听取关于常熟市共青团基层组织改革工作的汇报；审议《共青团常熟市第二十次代表大会方案》
第十四届市委常委会第47次会议	10月31日	学习贯彻习近平总书记系列重要讲话和指示批示精神；审议《常熟市贯彻落实苏州市委常委会专题调研常熟市工作重点任务分解方案》，部署推进苏州市域一体化（常熟）融合创新区建设常熟任务分解工作；听取关于2022年第三季度全市安全生产情况的汇报；听取关于轨道交通苏虞张线工作情况的汇报；听取关于印染行（企）业高质量发展提升推进情况的汇报；审议《常熟市国土空间规划委员会工作规则》；审议《常熟市昆承湖开发建设有限公司高质量发展三年行动计划（2023—2025年）》；听取有关干部事项的汇报
第十四届市委常委会第48次会议	11月13日	学习贯彻习近平总书记系列重要讲话和指示批示精神；传达学习全国、全省、苏州市新冠肺炎疫情防控工作电视电话会议精神，部署当前常熟市疫情防控工作；审议《中共常熟市委关于认真学习宣传贯彻党的二十大精神的通知》《中共常熟市委学习宣传贯彻党的二十大精神工作安排建议》《关于认真做好学习贯彻党的二十大精神宣讲工作的通知》；审议《常熟市关于深入打好污染防治攻坚战工作方案》；听取有关案件情况汇报

续表3

会议名称	时间	议题内容
第十四届市委常委会第49次会议	11月26日	学习贯彻中共二十大精神和习近平总书记系列重要讲话和指示批示精神；审议《关于贯彻落实党委（党组）意识形态工作责任制的意见》《关于贯彻落实〈党委（党组）网络意识形态工作责任制实施细则〉的通知》；听取关于第二轮中央和省生态环保督察交办问题整改情况的汇报；审议《常熟市市级国有企业职业经理人选聘办法（试行）》；审议《常熟市城市经营投资有限公司高质量发展三年行动计划（2023—2025）》；审议《江南集团高质量发展三年行动计划（2023—2025）》；审议《常熟经开控股有限公司高质量发展三年行动计划（2023—2025）》；听取有关案件情况汇报
第十四届市委常委会第50次会议	12月4日	听取有关干部事项汇报
第十四届市委常委会第51次会议	12月10日	学习贯彻习近平总书记系列重要讲话和指示批示精神；解读疫情防控“新十条”，汇报贯彻落实情况；听取市委十四届五次全会筹备工作情况汇报，审议有关文件材料；审议《全市基层党组织学习宣传贯彻党的二十大精神实施方案》；传达学习上级统战工作会议精神，审议《关于加强新时代统一战线工作的实施方案》；审议《常熟市关于推进重点村分类管理试点工作的实施方案》；听取关于《常熟市新增制造业用地项目评价推进机制方案（试行）》修订情况的汇报；听取2022年常熟市金秋经贸洽谈会情况总结汇报；审议《常熟市文学艺术界联合会第十次代表大会方案》；听取有关干部事项的汇报
第十四届市委常委会第52次会议	12月13日	学习贯彻习近平总书记系列重要讲话和指示批示精神；听取关于市委十四届五次全会报告和2022年度全面从严治党主体责任报告起草情况的汇报；听取关于常熟市十四届省人大代表候选人、十三届省政协委员人选（中共）推荐提名工作情况的汇报
第十四届市委常委会第53次会议	12月17日	学习贯彻习近平总书记系列重要讲话和指示批示精神；听取关于2022年和2023年市级投资（含国企）项目情况的汇报；听取关于2022年和2023年民生实事项目情况的汇报；听取关于市级2022年财政预算执行情况和2023年财政预算草案编制情况的报告；听取关于市十六届人大二次会议筹备工作和市人大常委会工作报告起草情况的汇报；听取关于市政协十五届二次会议筹备工作和市政协常委会工作报告起草情况的汇报；审议《常熟市城市更新试点工作实施方案》；听取关于拟授予2022年常熟市荣誉市民名誉市民称号情况的汇报；听取市委党校2022年度工作汇报；听取关于常熟市第十六届人民代表大会第二次会议组织机构等有关建议人选名单的汇报
第十四届市委常委会第54次会议	12月29日	学习贯彻习近平总书记系列重要讲话和指示批示精神；审议市委经济工作会议有关文件材料；听取关于《常熟市2022年国民经济和社会发展计划执行情况与2023年国民经济和社会发展计划草案的报告》编制情况的汇报；听取提请市第十六届人大二次会议审议的政府工作报告和市法院、市检察院工作报告起草情况的汇报；听取关于近期疫情防控工作情况及下一阶段工作安排的汇报；听取关于冬季防火工作和元旦春节期间安全生产防范工作安排的汇报；传达上级乡村建设工作会议精神，审议《关于促进农民增收 培育“百万收入家庭农场”的实施意见（2023—2025年）》；听取关于河湖长制有关事项的汇报；听取关于常熟赴日、欧招商以及经贸活动开展情况的汇报；听取关于2023年春节困难群众走访慰问送温暖工作方案的汇报；审议《常熟市发展投资有限公司高质量发展三年行动计划（2023—2025年）》《常熟市环境保护科技有限公司高质量发展三年行动计划（2023—2025年）》；审议改革有关文件

（资料来源：市委办）

巡察工作

【概况】 2022年，市委巡察机构立足政治巡察职能定位，融入巡视巡察上下联动工作格局，强化巡察监督与其他监督贯通融合，完成对3个镇（街道）、12家机关部门、67个村（社区）的巡察工作，完成十四届市委两轮常规巡察任务。年内，市委巡察机构配合做好上级涉粮问题专项巡视巡察反馈问题整改落实工作，落实苏州市委巡察指导督导反馈问题整改工作要求，整改到位反馈指出具体问题12个。

【党组织巡察】 2022年，根据十四届常熟市委巡察工作规划，常熟市完成两轮常规巡察任务。上半年十四届市委第二轮对12家市级机关部门开展政治巡察，下半年十四届市委第三轮对3个镇（街道）、67个村（社区）开展巡察工作。累计发现各类问题1102个，移交问题线索24条，下发立行立改通知书7份。深化巡视巡察移交问题线索办理，全年立案27件、27人，巡中成案2人。年内，市委巡察机构制定出台《关于加强市委巡察机构与市财政（国资）部门协作联动工作的实施方案》《关于加强市委巡察机构与市统计部门协作联动工作的实施方案》等文件，梳理形成《村情民意调查表》37套，全年累计收取巡察调查问卷1722份，收到干部群众意见建议40条。

【巡察问题整改】 2022年，常熟市开展十三届市委巡察整改制度建设和执行情况专项督查，组织开展两轮巡察整改专项监督，督查检查情况向市委常委会专题汇报，市委书记作出专题批示，并下发整改通报4份。常熟市将巡察整改落实情况纳入新一届市委各轮巡察监督重点清单，着力查找上一届市委巡察反馈问题整改过程中存在的问题和不足，对1名整改不力党组织负责人实施党纪问责。针对巡察中发现职工子女医药费用报销不规范、政府采购不规范等问题，市委巡察机构制发巡察建议2份，督促财政部门加强监督管理。梳理巡察中发现人力资源市场及公益性岗位管理相关情况，形成专题报告2份。推动取缔非法人力资源机构7家，责令4个政府采购项目重新采购，责令2家部门党组分别向市委作出书面检查。

【巡察整改监督“1361”模式】 2022年，常熟市健全完善巡察整改提示建议工作机制，紧盯“1361”四个关键时间节点（即反馈1个月研究制定整改工作方案和“三清单”、3个月集中整改并报送整改情况报告、6个月基本整改到位、1年原则上全部整改到位），围绕巡察反馈、整改、报告以及长效管理等环节，厘清被巡察党组织、市纪委监委、市委组织部、市委巡察组等有关责任单位在巡察整改全过程中的职责任务，以条目式共性“清单”加个性化“清单”提醒的方式，推动被巡察党组织、整改监督职能部门明晰职责任务，形成对被巡察党组织巡察整改全流程常态化监督。全年向各相关责任主体制发巡察“提示单”4份。 （张文静）

组织工作

【概况】 2022年，全市有基层党组织5768个，其中党委247个、党总支318个、支部5203个；全年新发展党员808人，转入党员2998人，转出党员2319人，有党员78083人。年内，市委组织部学习宣传贯彻中共二十大精神，推动习近平新时代中国特色社会主义思想在常熟走深走实。推进“党课开讲啦”活动，开设《海棠之声》专栏，制作“奔赴二十大”系列党课16期，开展党员政治生日仪式教育，营造喜迎二十大浓厚氛围。举办“学习贯彻党的十九届六中全会精神，加强政治能力建设”网上专题班。完成市、镇人大、政府和政协换届工作。制订优秀年轻干部培养选拔“登峯”计划，细化19项具体措施，形成制度化、规范化、常态化培养选拔路径。贯彻落实全省“五聚焦五落实”深化提升行动，实施“重抓基层党建提质增效”35项重点任务，提升各领域党建工作质量。建立市委常委“两在两同”基层联系点制度，27名市四套班子领导、7000多名镇村干部参与“村村到、户户进、人人访”集中走访，推动解决各类问题诉求2000多个。

【干部队伍建设】 2022年，全市有市管干部1370人，其中女干部247人，占比18.03%；非中共党员44人，占比3.21%。完成市镇人大、政府和市政协换届工作。建立不设定具体职位、不立即任用的“无任用推荐”干部工作机制，分层分类建立干部储备库。推进开发区、板块及国企干部交流任职，统筹做好女干部和党外干部工作。完善市管干部任前“政治体检”，开展案例印证及综合研判。制订优秀年轻干部培养选拔“登峯”计划，出台中层干部队伍建设专门文件，招录定岗特选专业人才34名。深化“海棠讲坛·四说一会”品牌建设，举办主体班13期、“干部说”10期、院士课堂3期，推动2700多名中层以上干部走上讲台。创新建立“一亮点两问题”工作推动机制，查找亮点工作398项、问题事件超600个。开展“四个不力”人选排查，推动干部“能上能下”。

【公务员管理】 2022年，全市编制公务员考录职位计划130个，其中市级机关（含参公管理）79个，乡镇（街道）机关51个；实际录用130个。在全省县级市中率先试点公务员聘任制，招录12名聘任制公务员。落实“海棠蓓蕾”培育工程，开展“蓓蕾花开，福地有我”年轻公务员主题实践活动。选树“最美公务员”，制定四级主任科员晋升工作指导意见，举办优秀公务员健康休养活动、市级机关公务员荣退仪式。开展清理规范公务员工资津贴补贴工作，清算发放公务员基础绩效奖、国标工资调整和休假补贴，做好2021年度受处分人员工资执行情况自查工作。

【综合考核】 2022年，市委组织部出台《2022年度综合考核实施办法》，实现对板块、部门、国企全覆盖考核。精简合并重复指标，考核指标数量少于苏州。针对全市各板块资源禀赋、产业基础、发展定位等差异性，提高个性指标考核权重，开展差异化考核。运用季度监测和半年评估制度，将考核等次作为领导班子和领导干部年度考核依据。

【农村党建】 2022年，常熟市推进全国党建引领乡村治理试点工作，落实落细30项重点项目，优化网格治理体系，推动各类资源力量集聚下沉，相关做法得到中央电视台、《中国组织人事报》等媒体宣传推介。开展中组部重点村分类管理试点工作，探索建立重点村全周期分类管理监督体系。抓好芦荡村红色美丽村庄试点，激活芦荡红色元素，聚焦教育培训、农文旅融合发展，推动与红色沙家浜一体联动。优化村（社区）党组织“先锋指数+”考核体系，制定出台指导意见，突出差异性和精准化考核，督促各镇（街道）优化考核指标设置，确保精准反映工作实绩。深化基层干部专业化建设，开展新一轮优秀村（社区）书记选聘事业人员工作，9名优秀村（社区）书记进入事业编制，新申报姑苏乡土治理人才11名。

【机关党组织建设】 2022年，常熟市有市级机关党组织52个，其中机关党委10个、党总支14个、党支部28个；有党员3592人，其中女党员1190人，具有大专以上学历党员3108人。全年新发展预备党员39人，预备党员转正67人。全年组织机关单位申报52个“揭榜挂帅”党组（党委）“书记项目”，项目完成质量纳入党建考核内容。推进党建与业务深度融合，实施机关党建“托举工程”，支持机关基层党组织开展创造性创新性实践，确定12个重点项目，45个入库项目，评选产生10个示范项目。

【国有企业党组织建设】 2022年，常熟市有国有企业党组织185个，其中党委14个、党总支10个、党支部161个；有党员2175人，其中女党员641人，具有大专以上学历党员1901人。全年新发展预备党员51人，预备党员转正123人。建立国有企业“组织有力、协同有序、担当有为、治企有方、创业有美、廉洁有度”党建体系，一体推进国企党建“六大行动”，开展国有企业“一企一品”党建品牌创建工作，举办国有企业“强国复兴·强企有为”主题论坛，推动常熟国有企业融入长三角一体化和苏州市域一体化发展。

【“两新”党组织建设】 2022年，常熟市有“两新”党组织2869个，年内新建“两新”党组织73个；有党员19614人，其中女党员7004人。全年新发展预备党员358人，预备党员转正550人。结合全省两新组织“双有”目标提升行动，完成全市第四轮“两新”组织专项排查工作，建立“一企一档”数据库。持续健全非公企业党组织“五进”机制，引导重点联系民营企业“党建入章”。在苏州市首个制定下发《关于加强常熟市注册会计师行业党建工作的意见》。开展“百人万里行”体验式调研，制定加强新业态新就业群体党建工作“新业十条”，落实镇、街道属地兜底管理责任，排摸新业态、新就业群体底数，排查出在册党员191名，联合行业主管部门成立市道路运输、外卖配送、网约车、快递4个行业党委，组建实体党组织31个、流动党组织17个。推出“乐居、乐业、乐活、乐行、乐学”五大领域16项特色服务，在全省率先制定新业态新就业人员伤害保险办法，线下建设100个“蜂享吧”驿站，打造“蜂起虞城”云端阵地，推动新就业群体认领治理岗位。

【党建品牌建设】 2022年，常熟市升级“海棠铺子”惠农惠企惠民平台，开设3家实体店和直播间，实施“颐享惠购”惠老助老项目，开展线下活动超1000场次，带动消费超7000万元。深化“党建惠企”专项行动，推出“常有伴”惠企服务政策9类163项、辅导课30节，举办专场招聘115场。举办“海棠有约 共商共办”议事协商活动74场，解决“停车难”问题14个、重点民生项目7个。推进党建引领基层治理现代化“根系工程”，依托2万多名专兼职“海棠先锋”网格工作力量和“先锋领治”等线上平台，开展入户走访4.3万次。试点建设社区营造中心，建成“海棠里”城市驿站市级先锋阵地，深化“一轴两翼”城市先锋阵地群建设，推动1100多个党群服务中心（站点）提档升级。开展“海棠薪传”常新计划，吸收50多名新生代企业家纳入“常新班”培育库。3部作品获第十六届全国党员教育电视片观摩交流活动一等奖、1部获二等奖，《小钢球淬炼记》获评中组部优秀新媒体作品。

7月4日，常熟市道路运输行业、网约车行业、外卖配送行业和快递行业党委揭牌成立
（市委组织部 提供）

【人才工作】 2022年，常熟市完善人才工作机制，成立市委人才工作领导小组，召开市委人才工作会议，发布“人才新政15条”。全年新增市级以上双创领军人才253个，其中省“双创计划”拟立项14个、增长180%，苏州“姑苏计划”入选76个，创业类立项数列苏州市第二，亨通海洋团队获评姑苏顶尖人才团队。举办第14届苏州（常熟）国际精英创业周活动，179个创新创业项目落户注册。整合引才活动与市场资源，打造苏州·常熟全国创新创业大赛品牌活动，开展城市赛、产业赛、高校赛15场，对接项目超500个。推进人才归谷项目落地，打造UWC+创新岛与常春藤国际人才港两大高能级载体，推进高品质人才社区布局。开展党建引领产业创新集群建设行动，成立半导体、氢能源、智能座舱、储能产业4个功能型党委，建好用好“六联六促”（组织联建、党员联育、阵地联用、活动联办、资源联享、品牌联创，促党建提优、队伍提能、保障提级、服务提质、要素提档、效能提升）运行机制，开展工作项目32个。推进“人才服务推广年”系列活动，省内率先实施1%人才购房补贴政策，上线“昆承英才伙伴计划‘马上办’”线上平台，助推富士莱创业板上市、英华特IPO过会。（郑 桦）

宣传工作

【概况】 2022年，常熟坚持以习近平新时代中国特色社会主义思想为指导，全面贯彻落实中共十九大和十九届历次全会精神，深入贯彻落实习近平总书记对江苏、苏州工作重要讲话指示精神，突出迎接宣传贯彻党的二十大工作主线，着力深化思想理论武装，着力推进媒体融合发展，着力巩固壮大主流思想舆论，着力推动文化繁荣发展，着力加强精神文明建设，加

强意识形态责任落实，加强党对宣传思想文化工作的全面领导。

【理论武装】 2022年，常熟市制定《2022年度全市党委(党组)理论学习中心组专题学习计划》，市委中心组开展专题学习会4次、集体研讨学习9次。组织学习贯彻党的十九届六中全会精神市委宣讲团成员开展集中宣讲57场，开展省第十四次党代会精神宣讲3场。组织开展苏州市“百名局长百场宣讲”活动23场、“虞燕送理 政奋人心”宣讲活动60场。打造冬训样板工程“虞燕送理 联学有你”品牌项目，冬训期间开展主题大讨论658场次，形成心得体会和成果965篇，征集“冬训优秀主讲人”视频105个，在省理论之光刊播视频6个，制作“虞燕送理”冬训云课堂10期。全市基层理论宣讲名师、“百姓名嘴”等理论宣讲队伍63支，开展线下宣讲78场，线上宣讲1856场，全市党员冬训参训率100%。“学习强国”学习平台全年供稿4736篇，苏州平台录用1384篇，江苏平台录用458篇，全国平台录用64篇。承办苏州市“礼赞新时代 追梦复兴路”主题宣讲活动启动仪式，联合举办“青春礼赞新时代 青年追梦复兴路”主题宣讲暨“虞青说”理论宣讲名师青苗选拔赛，组织举办“礼赞新时代 追梦复兴路”2022年常熟市百姓名嘴主题宣讲比赛初赛4场和决赛1场。全市各镇(街道)和部门单位组织“百姓名嘴”开展“礼赞新时代 追梦复兴路”基层理论宣讲625场次，受众人数34808人次。启动苏州市新时代基层理论宣讲名师工作站(常熟市)孵化对象拔节培育推进工程，建立沙家浜芦荡理“响”分站、碧溪街道分站等12家工作站分站，新增1人获评苏州市理论宣讲名师、2人入选名师培育对象。名师工作站成员及孵化对象全年赴基层理论宣讲289场，受众超5.8万人次。

【重大主题报道】 2022年，常熟市围绕迎接宣传贯彻中共二十大工作主线，精心策划“奋进新征程 建功新时代”重大主题宣传报道，印发《“奋进新征程 建功新时代”重大主题宣传工作方案》《习近平总书记省部级主要领导干部专题研讨班重要讲话精神宣传报道方案》《学习贯彻党的二十大精神宣传报道方案》等文件，常熟媒体全平台分阶段推出“非凡十年”“党代表话十年”“喜迎二十大 文明润万家”“让我们荡起双桨”“二十大时光”“学习宣传贯彻落实党的二十大精神”等系列专题报道260多篇。与新华社温度工作室联合摄制的“喜迎二十大”全媒体系列报道《非凡十年——让我们荡起双桨》专题，全网传播量超过1.1亿次。策划“建设更高品质‘江南福地’”主题宣传，全平台推出相关报道200多篇。策划“市域一体化”宣传报道，组织市级媒体推出系列报道、专访及评论近40篇，在新华社、《新华日报》等上级主流媒体推出《江南佳绝地 何以爱常熟》《常熟：世上湖山看不尽，城市向南诚可期！》等文章10多篇。

【对外宣传】 2022年，常熟市制作《常熟概览2022》，拍摄《江南福地，创业热土》《梦想很大，常熟正好》《你还好吗》3部招商片。开展金秋经贸洽谈会、国际精英创业周、虞山文化暨沙家浜旅游节、言子与江南文化研讨会等全市重大会议活动的对外宣传，聚焦市委、市政府中心工作，在苏州市级以上主流媒体推出相关报道300多篇。对接上海、苏州自媒体，推介常熟营商环境、房产项目。举办首届“物语常熟”文化创意设计大赛，评出金奖作品6件、优秀奖作品12件，落地开发常熟大米和虞山绿茶包装设计等文创产品，并在全家城市联名店开展“家在常熟，爱在全家”联名展示活动。实施上海虹桥枢纽“乡愁小栈”城市客厅改陈布展。与新浪微博、抖音等头部平台合作开展“#江边有座城，虞美盼君赏”大V行、“开放常熟 万有引力”城市品鉴团采风行及创作者峰会等活动。

【“江南文化”品牌建设】 2022年，常熟市开展江南文化研究，《言子与江南文化》入选苏州市“江南文化”品牌塑造2022年度专项项目任务，年内完成编辑出版并举行首发赠书仪式；推进《常熟老招牌》出版；《(崇祯)常熟县志》(点校本)入选2022年度全省点校整理的历代旧志文献类优秀成果。加强江南文化遗存保护，完成西泾岸核心区4处文保控保建筑修缮方案。建设提升江南小书场，打响“龙园书场·龙园会书”文化品牌。孵化江南原创文艺精品，表演唱《书香江南》等4部作品入围第十五届江苏省“五星工程奖”终评，《书香江南》摘奖并获最佳网络人气奖。创作广播剧《红色电波》，讲述新中国广播事业奠基人、中国科学院首批学部委员(后称院士)李强和电波相关的革命故事。实施江南文化数字化工程，博物馆馆藏精品文物三维互动体验系统项目，完成常熟博物馆数字化保护利用项目二期涉及藏品的二三维数据采集。

【版权管理】 2022年，常熟市出台《常熟市知识产权综合奖励实施细则(试行)》，开发上线“常熟版权”微信小程序。全年一般作品著作权登记数量2600件。《波司登潮流系列图案》服饰产品转化项目入选江苏省优秀版权作品产业转化重点培育项目。中服焦点“小微企业免税出口综合服务平台”软件(简称市采通)V2.0获评苏州市优秀版权奖一等奖。苏州晓创光电科技有限公司入选2022年度苏州市版权工作示范单位推进计划项目。魔元术新零售一体化系统软件及快速开发平台研发项目入选2022年度苏州市重大版权推广运用计划项目。年内，获上级版权资金40万元。

【网络宣传】 2022年，常熟市开展“清朗2022”专项行动引领的活动30多个，清理网上不良信息1900多条。开展直播产业党委试点项目，部署开展直播行业排查整改，开展新业态新就业群体党建情况排查摸底工作。深化拓展“i常熟”全网传播矩阵，做优网评品牌“全民所有‘智’”栏目，全网和省级以上平台推送文章3篇，苏州平台录用稿件100余篇。

【新时代文明实践】 2022年，常熟市有新时代文明实践中心1个，新时代文明实践所14个，新时代文明实践站333个，市级新时代文明实践点138个，年内，新命名市新时代文明实践点18个。年内，召开新时代文明实践现场推进会2次，开展“五一面对面”实践活动。编印文明实践年度汇编《薄发》，发布第八季文明实践创新案例18个，征集第九季创新案例，发布第四批市级实践点20个。依托文明实践阵地开设“家门口的暑托班”167个。

【文明创建】 2022年，常熟市召开争创全国文明典范城市推进会暨文明城市建设点评交办会、巩固全国文明城市创建成果推进会、“喜迎二十大，文明润万家”全国文明城市建设专题会议。印发年度精神文明建设工作要点等系列文件，表彰2021年度文明创建创新案例。组织贯彻落实《苏州市文明行为促进条例》现场推进会。升级“文明365”行动，全员参与传递文明。

【志愿服务】 2022年，常熟市组织“文明实践暖新春”志愿服务，开展“3·5”学雷锋志愿服务系列活动，扶持重点扶持志愿服务项目4个与重点培育项目36个，表彰2021年度常熟市志愿服务“四个十佳”，发布2022年度常态化阵地化志愿服务项目菜单，嘉许激励年度高时长志愿者1068人。超28万人次志愿者参与疫情防控志愿服务，其中参与护苗志愿服务超10000人次，志愿服务时长4.3万小时。开展“抗疫同心，关爱同行”人文关怀志愿服务专项行动，组建24小时在线的心理援助热线志愿队伍2支。成立应急志愿者协会，在琴川街道设立全市首个应急驿站。开展“邻里守望，牵手暖巢”活动。“做您身边的安全管家”失独家庭水电维修志愿服务入选苏州市2022年慈善助老志愿服务项目。

【未成年人思想道德建设】 2022年，常熟市印发《2022年常熟市未成年人思想道德建设工作方案》。连续17年组织开展“缤纷的冬日”“七彩的夏日”寒、暑假社区未成年人教育实践活动。全市各单位、村（社区）、爱国主义教育基地组织开展各类活动230多项，参与活动超2.8万人次。承办苏州市2022年“缤纷的冬日”未成年人寒假系列活动启动仪式。组织学生参与“新思想·我来学”江苏省青少年学习打卡融媒行动。组织全市中小学校开展重温习近平总书记给淮安市新安小学少先队员重要回信一周年纪念活动120多场。举办常熟市2022年入学仪式、成长仪式、青春仪式、成人仪式全市观摩展示活动。组织开展常熟市第三届“心向阳光，健康成长”未成年人心理健康教育宣传月活动。印发《常熟市乡村“复兴少年宫”建设实施方案》，选取首批30个市级试点。推进“文明常熟·快乐成长”未成年人社会实践平台建设，中小学生平台注册人数超8.1万人，全市中小学、职业学校覆盖率100%。新增白茆山歌传习馆、常熟市烈士陵园、中华鲟监测救护中心等第二批“文明常熟·快乐成长”常熟市未成年人社会实践活动站14个。孙王悦含、李梓萱、姚杰晨3人获评2022年“新时代苏州好少年”。

【文明典型选树】 2022年，常熟持续推选苏州市级以上典型，获评江苏好人4人，获评苏州时代新人6人。年内，市委宣传部深入实施公民道德建设工程，开展2022年新春慰问道德模范身边好人活动，举办“喜迎二十大 文明润万家”常熟市2022年公民道德宣传日主题活动暨学习贯彻习近平总书记给“中国好人”重要回信精神主题活动、“芦荡·对话”公民道德宣传日专题访谈活动等。 （王旻晥）

表4 2022年常熟市获苏州市级以上文明典型一览表

类别	姓名	获奖时间	工作单位或社会身份
江苏好人	顾卫红	3月	常熟市沙家浜卫生院
	周文燕	5月	常熟市东南街道湖东社区
	李　俊	6月	常熟云开智能科技有限公司
	苏建琼	12月	喜多席美容美发形象设计店
苏州时代新人	顾卫红	3月	常熟市沙家浜卫生院
	张　涛	4月	常熟理工学院
	胡见刚	6月	个体户
	苏建琼	9月	喜多席美容美发形象设计店
	徐克彪	10月	常熟中服物业服务有限公司
	时伟兴	12月	常熟市辛庄镇华欣村居民

（资料来源：市委宣传部）

统战工作

【概况】 2022年，市委统战部贯彻落实《中国共产党统一战线工作条例》要求，加强统一战线工作。制订年度市委双月座谈会及联合调研计划，引领统战成员围绕“普惠性服务供给”和“数字经济时代产业创新集群发展”等课题开展联合调研60多场次，编报双月座谈会简报6期，形成专题调研报告3篇。持续开展“同心献智”活动，整理汇编《同心献智成果集》，4篇调研成果被《市情研究》等刊录。

【常熟精英工作】 2022年，市委统战部启动“探矿选矿”行动，筛选精英信息，整理常熟高质量发展顾问、外资企业区域高管信息等100多条。按照“成熟一区、发展一区”原则，新发展西安、杭州、厦门、广州、成都5个精英联盟分区。市委、市政府主要领导牵头成立常熟精英创业联盟工作联席会议，颁布实施《关于深化完善常熟精英创业联盟常态长效工作机制的实施意见》。开发运行常熟精英信息智慧管理平台，设立人员信息库、产业（人才）项目信息库、双向需求库3个功能库。实施“精英领办、共美常熟”项目。联合部门板块赴南京、北京、西安、合肥、杭州开展专项推介活动5场次，70多位精英代表参加推介，领办涉及声学、激光、医疗等领域30多个项目。接待回乡精英30多人，开展“精英面谈”20多场次。实施“同心助力”项目。将“地方所需、精英所能”结合起来，把精英项目信息、投资意向等与板块精准匹配，促成中集（常熟）智能制造产业园、松下数字智慧科技等项目落地，投资总额50多亿元。

【统一战线思想政治引领】2022年，市委统战部聚焦中共二十大，学习贯彻习近平新时代中国特色社会主义思想，围绕“同心向党”“同心筑梦”“同心聚力”三大主题，开展“同心铸辉煌·光影颂华章”主题摄影创作、“风雨同舟·翰墨开明”“同心同向·同绘新蓝图”书画摄影作品展等统一战线群众性主题宣传教育活动30多场次。组织民主党派开展“讲多党合作故事，献礼中共二十大”短视频大赛，选送参赛作品10个。印发《关于贯彻〈中国共产党统一战线工作条例〉的实施方案》，出台《关于加强和改进新时代党外知识分子思想政治工作的实施意见》。指导各民主党派制定《关于开展“矢志不渝跟党走、携手奋进新时代”政治交接主题教育活动方案》，依托市社会主义学校开设“同心（云）讲堂”，举办中共二十大精神、十九届六中全会精神等宣讲活动10余场，300多名党外人士参加培训。组织民主党派开展“走基地、忆初心、传薪火”“同心向党·同忆峥嵘岁月”现场教育活动。

【民主党派和无党派人士工作】2022年，市委统战部调整完善市委常委与党外代表人士联系交友名单，编印联系交友手册。开展联系交友活动40多次。指导协助市各民主党派、知联会与对口联系单位加强联系和合作，会同市政府有关部门开展对口联系活动60多场次。召开民主党派基层组织建设座谈会，建立完善领导班子成员联系基层组织制度，参加基层组织活动，加强工作指导。加强党派机关建设，坚持民主党派秘书长（负责人）联席会制度。组织对全市党外干部调查摸底，完善全市中层及以下党外干部信息库。召开教育系统党外人士座谈会和党外干部座谈会，成立全省首家教育系统知联会。支持民主党派、无党派人士参与新时代文明实践活动，组织开展同心助学、拥军，绿色公益团志愿服务、健康科普行、优秀电影进基层公益展映等“同心公益”活动70多场次。

【新阶层人士和党外知识分子统战工作】2022年，市委统战部引导新阶层人士“四大群体”加强行业自律，组织“律师同心公益服务团”和“新媒体联盟”开展“尊崇法规，坚守底线”行业自律倡议实践活动。召开国企系统党外知识分子工作座谈会，建立健全统战部业务指导、系统党（工）委监督管理、单位党组织负主体责任的三方联动机制。将国企系统党外代表人士队伍建设纳入全市干部队伍建设总体规划，国企党外知识分子中有市人大代表1名、市政协委员3名。创新做好留学归国人员统战工作，依托UWC+创新岛，积极申建欧美同学会（中国留学人员联谊会）品牌基地，打造“昆承归谷”品牌。与南京大学欧美同学会签订合作共建协议。深化网络人士统战工作，举办网络人士短视频大赛，收到优秀作品20个，累计流量超45万。

【民族宗教工作】2022年，市委统战部深化宗教活动场所安全工作专项整治，开展安全工作专项整治“三年行动”，抓好宗教活动场所消防安全、天然气安全和既有建筑C、D级专项整治，完成危房整改2处。推进宗教活动场所安防信息化建设，排查宗教场所安全隐患596处，全部整改到位。举办全市民族宗教政策法规学习月活动。在全市宗教领域开展全面排查整改工作，排查各类宗教活动场所、民间信仰点等600多处，相关问题整改到位。推进宗教界全面从严治教，指导宗教团体健全完善各项制度，指导市三自爱国运动会完成换届工作。推进全市宗教界开展“爱党爱国爱社会主义”主题教育活动和“四史”学习活动，开展崇俭戒奢教育活动。开展民族团结进步创建工作，推进“省红石榴家园”和苏州市“民族团结进步创建示范基地”创建工作。开展铸牢中华民族共同体意识宣传教育，举办民族团结进步宣传月活动，做好城市民族工作，持续开展清真食品补贴工作。慰问少数民族困难家庭35户。

【侨务工作】2022年，市委统战部聘请首批5名常熟籍精英为常熟海外人才合伙人，为人才信息、项目对接牵线搭桥。对接中美科创中心、上海海创园、上海瞳人科技等专业引才机构，组织开展“智惠常熟·共创未来”2022常熟创新创业海外专场赛活动，促成3个项目达成初步落户意向。举办第四届侨界文化月活动，聘请首批“常熟市侨文化交流使者”，推出“芳华之路·与侨有约”5条特色线路。组织开展“书写侨文章·同心向未来”主题征文、“法治伴我行·护侨促和谐”侨界法治集中宣传等活动。组织开展常熟海外学子家乡行活动。支持海外同乡联谊组织建设，指导在日本的常熟人联谊会成立。整合海外侨务资源，刊发《欧洲华人报》常熟专版，开设海外青少年“云游铁琴铜剑楼”夏令营直播课程，协助常熟特色面饮食文化走进意大利罗马，与阿联酋江苏侨商总会合作建立全省县级市首家“海外书房”。联合侨商会开展“花开疫散·遇见侨爱”防疫健康包捐赠活动。成立首支常熟市侨界志愿者队伍。（王　玉）

调查督查

【调研工作】2022年，市委研究室围绕产业转型、重点片区开发、苏州市域一体化等市委中心工作，开展各类调研57次，形成《加快南向发展，推动融合创新，在苏州市域一体化上展现更大作为》《常熟市关于城市更新的实践与启示》等调研成果，调研报告《以“人才出彩”创“发展精彩”——常熟打造全国“人才福地”的路径探索》发表于苏州《市情研究》，《对标学习上海临港，推动常熟成为苏州沿江先进制造业高地》发表于苏州《调研与参考》，《常熟丰富政策供给 加快既有建筑更新提升》入选《江苏省城市更新与农村人居环境整治提升案例选编》。

【督查工作】 2022年，市委督查室围绕市委重点工作、重要部署，把握督查职能定位，全面落实督查要求。保障中办督查室、省委督查室等在常熟开展专题调研督查活动6次，受理完成苏州市委交办件16件，抓好苏州市委常委会专题调研，建立“清单制+责任制”工作机制，推动苏州市委常委会调研常熟工作精神落实见效。健全市委主要领导批示办理反馈机制，全年办理市委领导批示345件，刊发《领导批示办理动态（督查）》12期、《常办简报（督查）》15期。对市委主要领导交办件采取“一事一交办”工作模式，累计工作交办59件。抓好“苏州市委书记信箱”来信办理，办理来信135件，办结率、及时率100%。

（李　宵）

机构编制

【基层管理体制改革】 2022年，常熟市建立全市统筹协调基层管理体制改革联动机制，指导相关镇（街道）深化“1+4”改革措施，优化镇（街道）职能机构和股级职数设置，完善权力清单管理，构建起扁平高效的基层治理架构。召开全市深化基层管理体制改革现场会，推广常福街道深化改革“三年行动计划”，出台经济发达镇改革配套支持政策，推荐辛庄镇入选全省经济发达镇培育对象。定向下达277名事业编制至各镇（街道），理顺镇域综合执法体制。

【事业单位改革】 2022年，常熟市分类制定水务、农业农村、文体旅、矛盾纠纷化解、总工会等领域改革方案，精简事业单位24家，收回事业编制94个。明确水务服务中心、农业技术推广中心、文化艺术中心、文化博览中心、体育发展中心5家单位副科级建制，调整事业人员332名。

【重点领域体制机制调整】 2022年，常熟市持续推进开发区（功能园区）规范化管理，调优常熟经开区、新材料产业园有关机构设置；组建常熟港管理服务中心；理顺虞山高新区与所在街道管理体制；在常熟高新区设立行政审批局首批承接36项市级管理权限。深化应急管理综合行政执法改革，形成市镇两级应急管理工作体系。明确发改委、市场监管局涉粮行政处罚事项权属。深化国防动员体制改革，推动构建国防动员新格局。

【事业机构编制资源管理】 2022年，市委编办探索完善“周转池”以及“大中心一体化运作”等管理模式。跨经费渠道调剂412个事业编制用于义务教育学段，调整全市99家义务教育学段学校编制，吸纳民办生源1809人；调优卫生系统事业人员招录计划，统筹25个专项事业编制用于保障一线抗疫力量。组建市矛盾纠纷调处化解中心。重点保障基层公共服务岗位开发，为帮扶困难家庭高校毕业生就业提供岗位33个。理顺医保、社保信息化管理相关职能，助力国家医保信息平台上线及改造工作。加强对全市编制资源的分析管理，采取“实地调研+实名制库分析”相结合的调研手段。探索建立事业单位机构编制“双问效”机制，对水务、农业农村等近期涉及机构编制调整的14家事业单位开展“回头看”。

【编外用工管理】 2022年，市委编办会同财政局、人社局落实三部门联席会议制度，集成建设编外用工实名制管理信息系统，实现动态化管理和全流程监管。强化纪委监委、编办、人社、财政、审计等部门间协调约束机制，做好全市编外用工规范化管理的指导、协调、监督检查工作。完善全市编外用工“1+3”规范管理制度，规范用工数量、人员分类、选聘管理、薪酬分配，着力构建编外人员管理市镇村三级管理网络。

【事业单位登记管理】 2022年，市委编办公示全市527个事业单位法人2021年年度报告，完成事业单位法人新设立登记4个、登记变更397个、注销登记41个、证书补领5个，完成机关、编办直接管理机构编制的群众团体的统一社会信用代码赋新设及变更登记30个。做好事业单位法人证书要素核查工作，完成机关事业单位域名注册续费工作，注销清理已撤销单位域名。开展公立医院及公立学校信用等级评价工作。

【市级机关绩效管理】 2022年，市委编办围绕县级考核重点和上级考核指标，研究制定《高质量发展绩效评价考核指标体系》，优化指标设置、权重配置、程序办法、结果运用等方面，精准完善考核方案。强化考核工作组织实施，召开专题会议解读考核指标体系与程序办法，督促考核责任单位按计划落实日常监测与监督考核，完善年度考核各环节操作办法，稳步推动各项考核任务有效落实。开展机关绩效年度考核工作，配合考核办组建集中考核组，完成部门“10件事”考核的定格与赋分，协调责任考核部门完成责任指标综合评价，并做好考核结果统计分析。

（冯　剑）

【常熟市基层管理体制改革推进会】 10月31日，常熟市基层管理体制改革推进会在常福街道召开。会议宣读关于在苏州市宣传推广常福街道管理体制改革“三年行动计划”的有关通知，部署下阶段常熟市基层管理体制改革重点工作；发布并解读《常福街道管理体制改革三年行动计划（2022—2024年）》。梅李镇、辛庄镇、古里镇、常福街道分别交流发言。常福街道与周边县市有关镇进行合作共建签约。

（殷梦怡）

老干部工作

【概况】 2022年，全市有离休干部135名，其中抗日战争时期参加革命的15名，解放战争时期参加革命的120名。年内，离休干部去世25名。有副科级以上退休干部1748名，其中副县处级以上干部154名。市委老干部局落实中办《关于加强新时代离退休干部党的建设工作的意见》精神，在做好常态化疫情防控同时，全面做好离退休干部工作。市委老干部局获评“全省老干部工作先进集体”。

【离退休干部思想政治建设】 2020年，市委老干部局举办全市离退休干部党支部书记培训班暨“迎接二十大 争当新征程银发先锋”主题党日和“学习贯彻党的二十大精神”主题活动。举办“云”上大学堂，发布多场网上专题辅导、报告会。全年组织老干部阅读文件10多次，为离退休干部发放政治理论读本、征订报纸杂志。组织老干部参加重要会议和重大活动，召开全市离退休干部大会、全市老干部情况通报会，组织离退休干部赴经开区等地参观考察经济社会发展成果。

【离退休干部组织建设】 2022年，市委老干部局举办全市离退休干部党支部书记培训班，开展星级党支部评定和“六有一提升”达标创优“回头看”，实施“银雁领航”培训计划，开设线上“银雁领航”老书记论坛，打造“虞城晚霞红”银龄示范阵地（点）3个，成立“虞城晚霞红”老党员工作室12个。

【离退休干部服务保障】 2022年，市委老干部局开展离退休干部“两心三和”服务基层专项行动。做好离休干部看病就医“三有一落实”工作，在市第一人民医院建立老干部病区，探望住院老干部40多人次，做好老干部临终关怀服务，协助处理26名老干部丧事。春节、高温逐户走访慰问老干部，开展“情暖九〇后、关爱送到家”活动，为15名90岁老干部上门祝寿，组织开展离退休干部健康体检、义诊咨询活动。

7月15日，离退休干部“两心三和”服务基层专项行动启动

（市委老干部局　提供）

【离退休干部文体活动】 2022年，市委老干部局组织全市离退休干部开展“喜迎党的二十大”系列活动，举办第八届“虞城彩虹韵”老干部文化体育节。老干部大学全年开设11个兴趣班，参与老干部230人次。刊印《彩虹桥》简报4期和《迎接二十大 学习二十大 争当新征程银发先锋——2022年常熟老干部工作特刊》，制作《用心用情，精准精细，全面做好离退休干部工作》电视片。在常熟电台“我们退休啦”栏目开设“银发生辉，银龄行动”节目。

【离退休干部“迎接二十大、学习二十大”系列活动】 2022年，市委老干部局举办全市离退休干部党支部书记培训班暨“迎接二十大，争当新征程银发先锋”主题党日和“学习贯彻党的二十大精神”主题活动。承办“迎接二十大·‘艺’心抗疫，争当银发先锋”苏州市老干部书画作品展暨交流活动，举办“喜迎二十大，丹青颂党恩”常熟市老干部老园丁书画作品展、“春暖花开”常熟市老干部书画小品展、“新时代颂”美术摄影主题联展、“喜迎二十大，诵读新征程”诗文朗诵会、“喜迎二十大，方寸见党史”红色邮品展、“老少同心颂党恩”联欢会、全市离退休干部“喜迎二十大，奋进新征程”主题征文等活动。

【离退休干部“两心三和”服务基层专项行动】 7月15日，离退休干部“两心三和”服务基层专项行动启动。市委老干部局、市委离退休干部工委通过“党组织报到+志愿服务”模式，引导离退休党员干部在服务基层、服务群众中“守初心、连民心”，推动“家庭和美、邻里和睦、社区和谐”，以助力发展强信心、讲好故事聚人心、志愿服务暖民心、文艺创作筑同心、培育新人践红心为服务内容，鼓励老党员、老同志“二次任职”，重点引导离退休党员干部在助力疫情防控、法治宣传教育、救助弱势群体、调解邻里纠纷、文明城市创建、共建平安常熟、关心下一代等方面，向社区认领“三件事”，发挥离退休党员干部的积极作用。全市113个离退休干部党支部单独或联合签订服务协议61份。

【“云约”模式服务离退休干部】 2022年，市委老干部局举办“云”上大学堂，发布多场网上专题辅导、报告会，组织3000多人次离退休干部收听收看，开展线上感想体会交流。开启“云”上微课堂，老干部大学推出线上课程，实现学习不断线。亮相“云”上美食堂，邀请民俗专家现场讲解、“东乡蒸菜”传承人操作示范，展示虞城时令点心菜肴制作技艺。集聚“云”上读书会，开展7期《常熟文库》读书会，展示虞城历史文化，拓宽离退休干部阅读资源。接通“云”上心声热线，通过电话微信及时掌握离休干部健康状况、思想动态等。开设“云”上心理辅导，邀请市第三人民医院心理健康领域专业医师开展线上心理健康辅导，提供专业心理健康关爱。实施“云”上健康监测，为患高血压等慢性病的48名离休干部配备智能联网血压计，测压数据即时反馈家庭医生手持终端，协助判断健康情况。加强“云”上抗疫事迹宣传，利用微信工作群组织全市离退休干部支部报送老同志参与抗疫志愿服务情况，通过微信公众号介绍全市离退休干部党员、退休医护人员等老同志冲向“抗疫”一线志愿服务的先进事迹。

【“银发生辉，银龄行动”电台节目开播】 6月21日，常熟电台“我们退休啦”特别节目之“银发生辉 银龄行动”开播。市委老干部局做客直播间，与主持人一起讲述常熟老干部工作四十年和新时代老干部工作新发展。“银发生辉，银龄行动”电台节目设置每月一期，邀请离退休干部党组织书记、老干部团（组、协会）负责人、“银发先锋”红色宣讲团成员代表等，向全市听众介绍离退休干部党的建设、作用发挥等方面工作和成绩。（吴静君）

党校工作

【概况】 2022年，市委党校举办市内培训班50期，培训5930人次。其中，主体班14期，培训1468人次；联办班36期，培训4462人次。承接山东、安徽、江苏等省市培训班21期，培训887人次。党校教师赴基层理论宣讲540场，受众53695人次。新增沙家浜镇芦荡村、董浜镇智林村、苏州·中国声谷展示中心、莫城街道直播产业党群服务中心4个现场教学基地。编辑4期《市情研究》；报送7期《信息专报》。年内实施“在全市党员干部教育培训中加强廉政教育”党建创新项目，“实施‘红色赋能’工程 助推党史教育常态长效”机关党建“托举工程”。立项“江苏省社科应用研究精品工程”市县专项课题1项，江苏省委党校课题1项，2021—2022年度环太湖研究中心课题1项，2022—2023年度环太湖研究中心课题1项，苏州市委党校协作课题6项；完成常熟市社科联课题15项，常熟市委党校校内课题17项。全校教师公开发表文章22篇，其中省级以上刊物9篇、《苏州日报》1篇。教师参评课题获江苏省社科应用研究精品工程优秀成果二等次和苏州市第十六届哲学社会科学优秀成果三等奖。

【师资队伍建设】 2022年，市委党校更新市委党校“师资库”，发布48名兼职教师名单，对外发布由30名专家组成的干部教育培训师资专家库，其中各级领导在主体班授课比例达50%。实施“135”青年教师培养工程。围绕中共十九届六中全会、习近平新时代中国特色社会主义思想、常熟市情、总体国家安全观等不同类型主题，组织年轻教师开展12次校内试讲评教活动，4名年轻教师走上党校主体班讲台进行授课。

【教学方式改革】 2022年，市委党校在常熟市文秘综合能力素质提升培训班、市财政局“鸿鹄展翅”能力提升专题培训班等相继采用研讨式、案例式、行动式教学方法，继续探索电梯演讲、读书分享会等新型教学方式。围绕2021—2022年度基层党员冬训6个主题，向社会推出系列视频微党课10讲。向全市发布“礼赞新时代 喜迎二十大”全市主题宣讲活动党校课程菜单、“学习贯彻党的二十大精神”宣讲菜单。与市委组织部联合拍摄的《“黄金小玉米”铺成的农村共同富裕之路》入选中组部网络干部学院基层干部培训优秀网络课程。

【苏州市新时代基层理论宣讲名师工作站（常熟市）】 2022年，苏州市新时代基层理论宣讲名师工作站（常熟市）建立沙家浜芦荡理“响”分站、碧溪街道分站、辛庄分站、常福街道分站、董浜分站、莫城街道分站、海虞分站、虞山街道分站等9个分站，构建“全域型”宣讲网络。年内启动“喜迎二十大，宣响进行时”孵化对象拔节培育推进工程“热力一夏·尽显‘孵’力”试说试讲活动。聚焦中共十九届六中全会、《习近平谈治国理政》第四卷等内容，构建进企业——匠心宣讲、进校园——慧心宣讲、进机关——初心宣讲、进农村——知心宣讲、进社区——暖心宣讲的“五进五心”宣讲体系，开展“喜迎二十大，强国复兴有我”流动微宣讲活动。

【“熔炉”党建联合体建设】 2022年，市委党校将“成立‘熔炉’党建联合体，服务企业高质量发展”列入年度十项重点工作和基层党建“书记项目”。该项目依托市级机关十佳党建品牌之一的“熔炉”工作法，联合市委党史工办、市档案馆发起组建，有共建企业13家。年内邀请专家为党建联合体党员讲授“中国共产党为什么‘能’的根本”红色主题教育课程、“深入学习党的二十大精神”讲座。组织教师赴奇瑞捷豹路虎、恒翔建设、通润驱动等结对企业及其他企业开展宣讲72场次，受众4322人次。组织教师赴企业开展专题调研，撰写《长三角一体化背景下沪虞国企党建联盟引领人才共育的路径探析——以江南集团为例》《打造幸福企业文化助力建设更高品质“江南福地”——以文旅公司为例》等惠企课题。与恒翔建设联合开展植树节活动、“迎‘七一’，送‘筑’福”和“喜迎二十大，奋进新征程”主题党日活动。

【"红色赋能"工程实施】 2022年,市委党校将"实施'红色赋能'工程 助推党史教育常态长效"列为机关党建"托举工程"。全年组织年轻教师校内试讲评教活动12次。建设"实景、云上、移动"多维课堂。做好全市23个党史学习教育阵地维护,开发红色精品研学线路。组织教师围绕党史学习教育、"四史"教育开展宣讲188场,受众19778人次。推进"名师工作站""红色讲师团""史志驿站""飞燕有约"4个党史宣教品牌建设,发布市委党校"礼赞新时代,喜迎二十大""学习贯彻党的二十大精神"主题宣讲菜单,开展"点菜式"宣讲,推动全市党史学习教育常态化制度化。通过项目实施,形成编撰一套党史主题系列读物、建强一批党史宣教实景基地、挂牌一些综合性史志驿站、推出一系列党史学习教育微党课的实践成果。

(胡敏玉)

党史工作

【概况】 2022年,市委党史工办举办"喜迎二十大,奋进新征程"庆七一主题活动、纪念苏南东路抗日游击根据地创建82周年活动、常熟市第四届红色故事宣讲大赛等各类主题活动,做好中共常熟党史馆对外展陈工作。推出年度系列"菜单式"专题讲座23个,到基层开展宣讲20多场。指导全市沙家浜革命历史纪念馆等红色场馆布展。成功申报苏州市党史教育基地5个。"史志先锋"联盟服务项目入选全市"强国复兴有我"群众性主题宣传教育活动特色项目,红色场馆志愿讲解培训项目入选苏州市社科普及惠民扶持项目。

【党史书籍编纂】 2022年,市委党史工办编纂完成《常熟红色文物》《激流中的呐喊》《常熟撤县设市四十周年发展图志》,完成《常熟党史资料(1926—1949)》数字化汇编。年内,《岁月峥嵘——常熟百位革命人物事迹选编》获全省党史部门党史优秀成果二等奖、全省党员教育培训优秀教材。主编图书连续两年成为全市公务员荣退仪式推荐书籍。

【中共常熟党史馆】 2022年,中共常熟党史馆根据新冠肺炎疫情防控要求部分时间闭馆,全年接待团队181个,比上年下降75.64%,参观人数8200人次,比上年下降61.58%。年内,中共常熟党史馆挂牌市党史研究名师工作室1个,入选全省党史教育基地。

(狄惠华)

关心下一代工作

【概况】 2022年,市关工委学习贯彻中共中央办公厅、国务院办公厅《关于加强新时代关心下一代工作委员会工作的意见》精神,以喜迎中共二十大胜利召开和贯彻中共二十大精神为主线,开展主题教育,印发《常熟市加强新时代党建带关工委建设的实施意见》,开展常熟市关工委成立30周年纪念活动,编印文集《关爱与奉献》、画册《托起明天的太阳》。

【青少年主题教育活动】 2022年,市关工委按照《苏州市关工委关于开展"老少心向党,喜迎二十大"主题教育活动的通知》精神,部署开展全市青少年主题教育活动。市关工委联合市文明办、市教育局和市少工委在报慈小学举办常熟市"励志奋进成才,强国复兴有我"主题教育暨"万枚画信喜迎二十大"优秀作品展活动。发动各镇(街道)关工委和"五老"参与青少年主题教育活动,根据时间节点组织开展清明节网上祭英烈、"喜庆二十大,筑梦向未来"老少同乐联欢会、"党是阳光我是花"书画展等活动。

【常熟市关工委成立30周年纪念会议】 10月26日,市关工委成立30周年纪念会议举行,市委书记周勤第出席会议并讲话。会议强调,要坚持以自身建设为基础,焕发关工委组织的新动能、新活力。要畅通机制,完善和落实"党建带关建"工作机制,建立健全关工委成员单位联席会议制度,推动形成党委统一领导、党政齐抓共管、关工委主动作为、有关部门积极配合、社会各界广泛参与的工作格局。会议通报表彰30个"最美关工人",168个关工工作优秀集体、168个关工工作优秀个人和30个校外教育辅导站(基地)、30个优秀辅导员。

(钱雨扬)

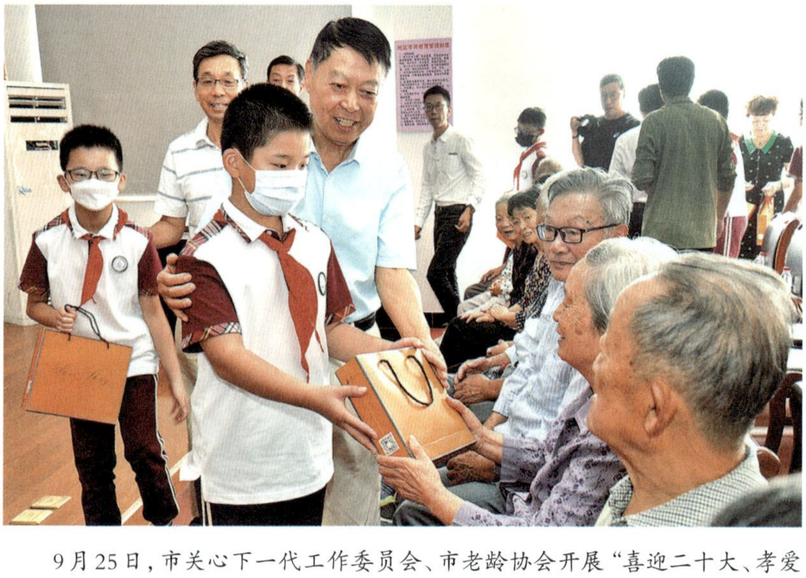

9月25日,市关心下一代工作委员会、市老龄协会开展"喜迎二十大、孝爱伴我行""家乐汇"尊老孝老康健关爱行动,弘扬社会文明新风,传承孝爱文化,促进社会和谐

(市融媒体中心 提供)

责任编辑 汤 涵 张莉莉

常熟市人民代表大会

综　述

【概况】 2022年，常熟市人大常委会召开常委会会议7次、主任会议9次，开展执法检查5次、专题询问1次、专项视察7次、集体调研7次，听取和审议“一府一委两院”专项工作报告49项，依法任免国家机关工作人员81人次，作出决定决议7项，完成市十六届人大一次会议确定的各项目标任务。

【人大代表及组织机构】 2022年，常熟市有全国人大代表1名，省人大代表6名，苏州市人大代表79名。常熟市第十六届人民代表大会实有代表411名，其中中共和预备党员266人，占64.7%；民主党派人士51人，占12.4%；妇女130人，占31.6%。常熟市第十六届人民代表大会下设社会建设委员会、法制委员会、监察和司法委员会、财政经济委员会4个专门委员会；其常设机构有人大常委会主任1人，人大常委会副主任4人，常务委员会委员42人，设人事代表联络工作委员会、监察和司法工作委员会、财政经济工作委员会、农业农村工作委员会、城建环保工作委员会、教科文卫（民宗侨台）工作委员会6个工作机构。

【重要事项决定】 常熟市十六届人大常委会第四次会议通过关于批准常熟市2021年财政决算的决议，通过关于批准常熟市本级2022年预算调整方案的决议。常熟市十六届人大常委会第五次会议通过关于批准2022年市级政府重大投资新开工项目调整情况报告的决议。常熟市十六届人大常委会第六次会议通过关于批准常熟市本级2022年第二次预算调整方案的决议。常熟市第十六届人民代表大会常务委员会第七次会议决定：常熟市第十六届人民代表大会第二次会议于2023年1月3日至5日举行，会期3天。

【国家机关工作人员任免】 2022年，市人大及其常委会依法任免地方国家机关工作人员84人次，其中人大工作机构1人次，市政府系统32人次，市监察委员会4人次，市法院系统43人次，市检察院系统4人次。

重要会议

【常熟市第十六届人民代表大会第一次会议】 1月7—10日，常熟市第十六届人民代表大会第一次会议在常熟会议中心举行。大会以无记名投票方式依法选举王建国为常熟市人大常委会主任，张建强、张月明、浦梅萍、陈邵东为常熟市人大常委会副主任，选举秦猛为常熟市人民政府市长，吴晓红、万晓军、杨晓峰、史纲、程锋、王志军、徐正、俞翔为常熟市人民政府副市长，选举薛啸为常熟市监察委员会主任，选举祁锋为常熟市人民法院院长，选举明文建为常熟市人民检察院检察长，选举常熟市第十六届人大常委会委员38人，选举常熟市出席苏州市第十七届人民代表大会代表80人。当选人员进行宪法宣誓仪式。大会审议并表决通过《关于政府工作报告的决议》《关于常熟市2021年国民经济和社会发展计划执行情况与2022年国民经济和社会发展计划的决议》《关于常熟市2021年财政预算执行情况和2022年财政预算的决议》《关于常熟市人大常委会工作报告的决议》《关于常熟市人民法院工作报告的决议》

1月7—10日，常熟市第十六届人民代表大会第一次会议召开

（市融媒体中心　提供）

《关于常熟市人民检察院工作报告的决议》以及《关于实施“加快推进生态美丽河湖建设，打造更高品质‘江南福地’”代表议案的决议》。大会还票决确定10项2022年民生实事项目。

【市委人大工作会议】 6月20日，市委人大工作会议召开。市委书记周勤第出席会议并讲话，强调要深入学习贯彻习近平总书记关于坚持和完善人民代表大会制度的重要思想，全面落实习近平总书记在中央人大工作会议上的重要讲话和中央、省委、苏州市委人大工作会议精神，努力开创新时代人大事业新局面，为建设更高品质“江南福地”作出新的更大贡献，以实际行动迎接中共二十大胜利召开。会议系统回顾近年来市人大工作成效，就高质量做好新时代全市人大工作提出意见。会上，市人大常委会人事代表联络工作委员会、常福街道人大工委、古里镇人大作交流发言。市委、市人大常委会、市政府、市政协领导；尚未办理退休手续的市十五届人大常委会领导；市法院、市检察院、市纪委监委负责人；各板块、市有关部门和单位主要负责人；市十六届人大常委会组成人员；在常全国人大代表、省人大代表、部分苏州、常熟市人大代表等参加会议。

【市人大常委会会议】 市十六届人大一次会议至市十六届人大二次会议期间，共召开7次市人大常委会会议，即市十六届人大常委会第一次会议至第七次会议。

第一次会议 3月9日召开。会议审议通过市人大常委会2022年工作要点和工作安排、市十六届人大常委会各工作委员会成员名单、市十六届人大常委会组成人员联系人大代表的方案。会议还通过有关人事任免：市法院系统19人次，市检察院系统1人次。

第二次会议 4月22日召开。会议听取审议关于常熟市2021年度环境质量状况及生态环境保护目标完成情况、依法打好污染防治攻坚战和贯彻实施环境保护法情况的报告，关于“八五”普法启动工作情况的汇报，关于常熟市城乡生活污水处理提质增效精准攻坚“333”行动工作情况的汇报。会议还通过有关人事任免：人大工作机构1人次，市政府系统27人次，市法院系统12人次。

第三次会议 5月30日召开。会议传达学习省委人大工作会议精神；听取审议关于整治群众反映强烈的问题工作情况的报告、关于常熟市农业农村现代化推进情况的汇报、关于常熟市义务教育“双减”工作落实情况的汇报、关于常熟市三甲医院创建工作情况的汇报。会议还通过有关人事任免：市政府系统2人次，市法院系统1人次。

第四次会议 7月28日召开。会议听取审议关于常熟市2022年上半年经济社会发展情况和下半年重点工作安排的报告、关于常熟市2021年财政决算（草案）的报告、关于常熟市2021年度市级预算执行、决算草案及其他财政收支情况的审计工作报告、关于常熟市本级2022年预算调整方案的报告；审议关于常熟市2022年上半年国民经济和社会发展计划执行情况的报告、关于常熟市2022年1—6月份财政预算执行情况的报告；审议通过《常熟市人民代表大会常务委员会议事规则》、关于《劳动争议调解仲裁法》贯彻实施情况的执法检查报告、关于《苏州市供水条例》贯彻实施情况的执法检查报告；听取关于法官检察官履职情况的报告并进行无记名测评。会议还通过有关人事任免：市检察院系统2人次。

第五次会议 9月23日召开。会议听取审议关于市十六届人大一次会议代表书面建议和重点督办建议办理情况的汇报、关于常熟市基本医疗保险和生育保险苏州市级统筹工作开展情况的汇报、关于常熟市国企改革三年行动实施方案推进情况的汇报、关于常熟市创建苏州市特色康居示范区工作情况的汇报、关于2022年度市政府民生实事项目部分子项目暂缓实施的说明、关于2022年市级政府重大投资新开工项目调整情况的报告；听取市工信局、市民政局、市司法局、市住建局、市水务局5个受评议部门工作情况的汇报并进行无记名测评；以无记名投票方式表决通过2022年市级政府重大投资新开工项目调整项目、有关决议草案。会议还通过有关人事任免：市政府系统3人次，市监察委员会4人次，市法院系统9人次。

第六次会议 11月30日召开。会议听取审议关于常熟市2021年度市级预算执行、决算草案及其他财政收支审计查出问题整改情况的报告，关于常熟市本级2022年第二次预算调整方案的报告，关于常熟市重点水利工程建设情况的汇报；审议通过关于《中华人民共和国专利法》《中华人民共和国长江保护法》《江苏省长江水污染防治条例》《苏州市道路交通安全条例》贯彻实施情况的执法检查报告；通过有关决议草案。会议还通过有关人事任免：市检察院系统1人次，市法院系统2人次。

第七次会议 12月27日以网络视频会议形式召开。会议听取审议关于市级政府重大投资新开工项目2022年完成情况及2023年计划草案编制情况的报告，表决通过2023年市级政府重大投资新开工项目计划；听取关于2022年度民生实事项目实施情况和2023年度民生实事候选项目安排的汇报，并进行测评和初审；听取关于常熟市2022年财政预算执行情况和2023年财政预算草案的报告，并进行初审；听取关于部分街道人大工委工作情况的汇报；审议通过关于候补代表资格的审查报告和关于代表变动情况的报告；讨论提请市十六届人大二次会议审议通过的各项文件草案和建议名单；决定市十六届人大二次会议列席人员名单；讨论市人大常委会工作报告。

【市人大常委会主任会议】 2022年，市人大常委会召开主任会议9次，议题涉及保障经济稳健运行、助推发展转型提升、守护财政资金安全、维护宪法法律权威、推进法治政府建设、提升社会治理水平、推动民生福祉增进、助力城市能级提升、促进生态环境改善等。

表 5　　2022 年常熟市人大常委会主任会议情况一览表

时间	会议名称	主要议题
1月25日	常熟市十六届人大常委会第一次主任会议	讨论市人大常委会领导工作分工方案、市十六届人大常委会各工作委员会成员名单、市人大常委会2022年工作要点和工作安排、市人大常委会2022年“十件事”
2月15日	常熟市十六届人大常委会第二次主任会议	讨论关于人大代表联系监督2022年度民生实事项目实施的工作方案、市十六届人大一次会议重点督办建议名单及市十五届人大五次会议提出优秀建议先进个人和议案、建议办理先进单位名单、市十六届人大常委会代表资格审查委员会组成人员名单、关于市十六届人大常委会组成人员联系人大代表的方案、关于常熟市一二三次产业融合发展及农业重大项目建设情况的视察活动方案
4月27日	常熟市十六届人大常委会第三次主任会议	听取关于“加快推进生态美丽河湖建设，打造更高品质‘江南福地’”代表议案实施方案的汇报、关于《中华人民共和国食品安全法》贯彻实施情况执法检查报告办理情况的汇报，讨论关于对法官检察官开展履职评议的实施方案、关于开展《劳动争议调解仲裁法》贯彻实施情况的执法检查活动方案、关于开展《苏州市供水条例》贯彻实施情况的执法检查活动方案
6月10日	常熟市十六届人大常委会第四次主任会议	讨论关于组织人大代表评议部门工作的实施方案、关于《劳动争议调解仲裁法》贯彻实施情况的执法检查报告、关于《苏州市供水条例》贯彻实施情况的执法检查报告、关于常熟市创建省级安全发展示范城市工作情况的视察活动方案、关于常熟市公共文化服务体系建设情况的视察活动方案、关于开展常熟市传统制造业智能化改造和数字化转型情况专题询问工作的实施方案，听取关于全市政府性债务管理情况的汇报
8月9日	常熟市十六届人大常委会第五次主任会议	听取关于法官检察官履职评议情况的汇报、关于部门工作评议调研情况的汇报，讨论关于《专利法》贯彻实施情况的执法检查活动方案、关于《长江保护法》《长江保护条例》贯彻实施情况的执法检查活动方案、关于《苏州市道路交通安全条例》贯彻实施情况的执法检查活动方案、关于联动开展“喜迎二十大，代表在行动”系列主题实践活动的工作方案
10月10日	常熟市十六届人大常委会第六次主任会议	听取受评议部门关于评议整改落实情况的汇报，关于常熟市2021年度环境质量状况及生态环境保护目标完成情况、依法打好污染防治攻坚战和贯彻实施《环境保护法》情况的审议意见办理情况的汇报，关于民生实事项目监督工作情况的汇报；讨论关于《专利法》贯彻实施情况的执法检查报告，关于《长江保护法》《长江保护条例》贯彻实施情况的执法检查报告，关于《苏州市道路交通安全条例》贯彻实施情况的执法检查报告，关于“加快推进生态美丽河湖建设，打造更高品质‘江南福地’”代表议案实施情况的视察活动方案，关于政府重大投资项目推进情况的视察活动方案，关于G524地面道路及新世纪大道北延工程建设情况的视察活动方案
11月28日	常熟市十六届人大常委会第七次主任会议	听取关于2022年度民生实事项目实施情况和2023年度民生实事项目候选项目安排的汇报，讨论2023年市级政府重大投资新开工项目计划草案
12月12日	常熟市十六届人大常委会第八次主任会议	讨论补选市十六届人民代表大会代表相关事宜
12月27日	常熟市十六届人大常委会第九次主任会议	讨论提请市十六届人大二次会议审议通过的议程、日程（草案），《常熟市第十六届人民代表大会第二次会议选举办法（草案）》，《常熟市第十六届人民代表大会第二次会议民生实事项目票决办法（草案）》和提请市十六届人大二次会议审议通过的建议名单，市人大常委会工作报告（讨论稿）

（资料来源：市人大办）

人大监督

【视察调研】 2022年，市人大常委会组织专项视察7次，视察内容包括：一、二、三产业融合发展及农业重大项目建设情况、公共文化服务体系建设情况、创建省级安全发展示范城市工作情况、政府重大投资项目推进情况、G524地面道路及新世纪大道北延工程建设情况等。组织集体调研7次，内容涉及城区村居一体化治理、职业教育发展、医药生命健康产业发展、“一图一表”推进、公安工作、城乡社区治理工作、中医药传承创新发展和镇（街道）人大工作等，调研法院、检察院、经开区、高新区、市监察委慈善总会、国网常熟市供电公司等单位部门工作。

【执法检查】 2022年，市人大常委会开展执法检查5次，分别对《劳动争议调解仲裁法》《苏州市供水条例》《中华人民共和国专利法》《中华人民共和国长江保护法》《江苏省长江水污染防治条例》《苏州市道路交通安全条例》在常熟市的贯彻实施情况进行执法检查。

【政府部门工作评议】 6—10月，市人大常委会组织代表对市工信局、民政局、司法局、住建局、水务局5个部门开展工作评议。常委会组成评议调研组，通过广泛动员、个别谈话、召开各类座谈会、开展问卷调查等形式，就被评议部门在依法履职用权、服务地方发展、深化政务公开、部门协作配合、队伍自身建设等方面情况，听取代表、基层群众和服务对象的意见，在此基础上形成评议意见，由市十六届人大常委会第五次会议审议通过，送交市政府及被评议部门予以整改，并对各被评议部门整改落实情况进行跟踪督查，市十六届人大常委会举行第六次主任会议听取受评议部门关于评议整改落实情况的汇报。

【预决算审查监督】 2022年，市人大常委会审查和批准财政决算、预算执行、两次预算调整方案的报告，听取审议市级财政预算执行和其他财政收支审计工作、“同级审”审计整改等情况的报告。首次听取全市政府性债务化解情况汇报。推进预算联网监督实践，预算监督向纵深推进。

【法官、检察官履职评议】 5—8月，市人大常委会对市人民法院、市人民检察院6名员额法官和6名员额检察官履职情况进行调研和评议。在两院进行全面民主测评，组织市人大常委会组成人员现场旁听庭审并进行庭审评议，组织案卷评查小组随机抽查案件60件。市十六届人大常委会第四次会议听取被评议法官、检察官履职情况的汇报，并进行满意度测评。综合民主测评、案卷评查和满意度测评分值，邓刚、高少波2名法官，徐芳、刘新2名检察官获评“优秀”等次，其余法官、检察官获评“称职”等次。

【传统制造业智能化改造和数字化转型情况专题询问】 9月16日，市人大常委会就传统制造业智能化改造和数字化转型情况开展专题询问，听取市政府关于本市传统制造业智能化改造和数字化转型情况的专题汇报。市人大常委会组成人员、部分人大代表就高端人才引进、财政金融支持、审批流程简化等问题进行询问，市政府相关职能部门及相关企业负责人现场应询。专题询问采取“网络直播+在线互动”的方式接受市民线上提问，超8万名市民在线观看。

9月16日，市人大常委会组织传统制造业智能化改造和数字化转型情况专题询问　（市人大办　提供）

代表工作

【议案和建议办理】 2022年，常熟市人大常委会做好“加快推进生态美丽河湖建设，打造更高品质‘江南福地’”议案实施督办，推动全市范围建成超过400条美丽河湖。常熟市十六届人大一次会议至二次会议期间，市人大常委会收到人大代表建议、批评、意见186件，涉及政府口建议179件、党群口建议6件、法检口建议1件。其中，社会建设类建议34件、城建环资类建议29件、教科文卫类建议16件、综合管理类建议25件、农业农村类建议31件、财政经济类建议33件、监察司法类建议1件，其他17件。建议按时办结率100%，其中采纳（问题已解决或基本解决）117件，占62.9%；纳入计划（正在解决或已列入计划）58件，占31.2%；解释（不符合法律、政策规定或受条件限制暂时解决不了）9件，占4.8%；留作参考的2件，占1.1%；代表反馈的满意和基本满意率99.5%。

表6　“喜迎二十大，代表在行动”——“市民最满意的人大代表建议”一览表

序号	案　由	主提议人
1	关于常熟市历史街区整理更新的几点建议	李　梅
2	关于改善世茂商圈“停车难”问题的建议	曹　盈
3	关于加大古城区新兴产业的引进和培育的建议	周晓东
4	关于能否加大动迁安置新村千村美居提升工程政策资金扶持的建议	曹继军
5	关于恢复实行农路提档升级工程资金补助的意见	张雪燕
6	关于加强本市对创投基金的引导和管理的建议	石沁艳
7	关于尽快完善204国道有关道口信号灯布置的相关建议	谭建元
8	关于出台政策加强荒废河道清淤排泥场整治的建议	周文明
9	关于解决企业用工难的建议	吴敏阳
10	关于城市数字化及智改数转建设中提升数据安全管理的建议	蒋　伟

（资料来源：市人大办）

【代表联络】 2022年，市人大常委会制定出台《五级代表进网格“察民情、听民意、话民声、解民忧”实践活动的工作方案》，1584名代表以选区或工作单位为参照编入全市城乡社区网格，织密工作联系和民意传导“两张联络网”，开发应用网上履职管理和代表建议办理“两个平台”，系统建立代表视察调研、优秀建议评选等配套制度，融合运用传统媒体和新媒体展现代表风采，健全业务（工）委对口联系代表机制，制度化开展主任接待代表日、代表统一接待日、代表联系行政村等活动。推进代表之家（站、点）迭代升级，在全省首创设立“人大代表驻法院检察院联络站”，巩固扩大“人大代表公益会”运营成效。出台专门意见深化“双联系”工作，指导镇街人大总结形成“四同”“五单”等一批工作法，其中梅李人大“四同工作法”获省人大常委会副主任樊金龙批示肯定。在高新区建立开发区人大代表联席会议制度并落地运行。

【代表履职】 2022年，市人大常委会邀请15名代表列席常委会会议，54名代表参加执法检查、视察等活动，市镇两级人大协同组织2560人次代表开展政治教育和业务培训。围绕“喜迎二十大，奋进新征程——人大代表助民企”活动，发动人大代表实地走访企业1506家，推广注册“政策计算器”超6200家。全国人大代表王嘉鹏参加第十三届全国人民代表大会第五次会议期间，提出“关于加强精神残疾老人托养机构的建设”“进一步完善残疾评定标准”的建议以及关于“无障碍设施建设”的议案。

【人大代表之家】 2022年，市人大常委会制定出台《关于推进人大代表之家（站、点）提档升级的实施意见》，布局“1+14+N”建设体系，规范“八有二定”（即有活动阵地、有统一标识、有规章制度、有工作计划、有台账记录、有学习资料、有办公设施、有线上平台，定专人负责、定经费保障）建设标准，并组织各镇、街道人大负责人员赴浙江宁波、杭州、湖州等地考察学习，统筹推进市、镇（街道）、村（社区、企业）三级代表之家（站、点）迭代升级。年内全市各镇、街道新建和提升改造规范化的人大代表之家（站、点）69个。

【代表之光公益会】 2022年，常熟市人大代表之光公益会有14个分会，会员1018名，年内新筹集130余万元专项基金，发放36万元用于助学扶弱帮困等公益活动，组织会员开展“老代表关爱行动”，聚焦关爱“一老一小”、公益助力疫情防控、“喜迎二十大，公益在行动”等活动。 （陈传法）

12月15日，虞山街道人大代表之家新址、常熟首个践行全过程人民民主基层单元揭牌成立

（虞山街道　提供）

责任编辑　归岳嵚

常熟市人民政府

综　述

1月10日，第十六届人民代表大会第一次会议选举产生的市政府市长、副市长等进行宪法宣誓　（市融媒体中心　提供）

【概况】 2022年，市政府以习近平新时代中国特色社会主义思想为指导，坚持稳中求进工作总基调，落实“疫情要防住、经济要稳住、发展要安全”的重大要求，聚焦绘就“六美集大美”精彩画卷、建设更高品质的“江南福地”目标，统筹疫情防控和经济社会发展，完成市十六届人大一次会议确定的各项目标任务。谋划苏州市域一体化（常熟）融合创新区，构筑“一轴六组团”城市新格局，探索国企改革、职技融通等改革新路径。筑牢疫情防控平安防线，成功抵御“2·14”“11·21”等新冠疫情冲击，安全生产事故起数和死亡人数实现“双下降”，群众安全感指数再创新高，主要经济指标保持稳健。三甲医院实现零的突破，首批国家创新型县（市）通过验收，创建成功国家级旅游度假区。全市获国家级荣誉161项、省级荣誉464项。全市实现地区生产总值2773.97亿元，比上年增长2.0%，同口径一般公共预算收入250.4亿元，比上年增长4.4%，社会消费品零售总额1188亿元，全社会固定资产投资715亿元，增长1.5%，进出口总额238亿美元，综合实力保持全国百强县第四。

【政府民生实事】 2022年，市政府民生实事项目10个大项、22个子项，总投资39.6亿元，当年计划投资22.86亿元，全年完成投资22.81亿元，达年度计划的99.8%。

表7　2022年常熟市政府民生实事项目实施情况一览表

序号	项目名称	项目内容	项目性质	项目总投资（万元）	计划投资（万元）	实际完成投资（万元）	实施情况
1	美丽宜居家园建设	“千村美居”工程：全年完成700个以上村（组）优化提升，实施道路铺设、河道清淤、游园绿化等，提升农村人居环境；加强高标准农田建设，统筹推进村庄改造，打造田美乡村示范点，优化农业农村整体风貌	新建	100000	100000	100000	已开工852个，有800个自然村组通过验收，完成年度目标
		老住宅小区综合整治工程：完成4个片区改造，建筑面积17.09万平方米，涉及居民1423户，完成外立面整饰、市政绿化等配套设施改造等，提高人民群众居住满意度	续建	8950	5370	5370	改造工程已全部结束并完成综合验收

续表7

序号	项目名称	项目内容	项目性质	项目总投资（万元）	计划投资（万元）	实际完成投资（万元）	实施情况
1	美丽宜居家园建设	城区安置房新建：在元丰园二区、海丰家园、新丰家园等3个小区新建1726套安置房，通过统一规划、集中安置的模式，提升被拆迁住户的居住条件	续建	236428	86428	86428	元丰园二区、海丰家园、新丰家园3个小区1726套安置房竣工投用
2	交通出行便利改造	农村公路（市道）大中修：对碧沙线、常昆线等进行路面维修；对虞新线曹泾河桥、四号桥等隐患桥梁进行解危改造，消除安全隐患，提升农村公路通行安全性	新建	2000	2000	2000	常昆线、三爱福路已施工完成；虞新线四号桥完成铺装，曹泾河桥、碧沙线钱家门至虞东路、任蒋线工程基本完成
		莲花路贯通工程（划船浜路—元和塘）：打通城市"断头路"，推动路网结构更加科学合理，创造有序畅通的交通环境	续建	19242	2000	2000	于10月底全面竣工通车
		区域道路配套建设：建设金山路、宝渠路、花港路等，开拓文化片区、花溪东片区道路网络，为周边居民出行提供便利	续建	25280	5780	5780	金山路（昭文路—青墩塘）已通车；宝渠路（渠中路—三环路）、花港路（香山南路—金山路）工程基本完成
		重点区域推进停车便利化工程：在城区菜场、商圈、商业街、医院、窗口单位等重点区域，通过价格杠杆提升泊位周转率，缓解城区停车难（年内新增30处）	新建	580	290	290	全部建成投用
3	城市连接快速化	新世纪大道北延工程：S1标段（人民路至海虞北路）建成通车，进一步缩小城市半径，减少市区往海虞方向的通行时间，提升交通能级，促进区域经济发展	续建	415938	21000	21000	工程建设和交工验收均已完成
4	水环境质量提升	新建洪洞水质净化厂：集中高效处理城铁片区、海虞、梅李、古里等集镇片区的生活污水和工业废水，满足城市快速增长的污水处理需要，2022年完成一期土建工程	续建	147548	53200	53200	一期土建工程全部完成，项目总体进度90%，完成年度目标
		城区河道水环境提升工程：对石家浜、泯泾坝和毛泾塘3条河道开展综合治理，通过周边生活污水收治、河道景观提升等措施改善城区水环境	新建	380	380	380	石家浜、泯泾坝和毛泾塘3条河道完成综合治理
		供水条件改善工程：对农村老旧管网和低压区实施供水管网改造，完善区域供水主管网，提升农村居民用水服务满意度（年内完成改造5000户）	新建	2000	2000	2169	完成改造5155户
5	防汛除险能力提升	移位重建徐六泾江边枢纽，实施北福山塘整治工程，改建青墩塘沿线闸站等，增强区域防洪除险能力	续建	23305	15017	15017	徐六泾江边枢纽工程、北福山塘工程、青墩塘沿线闸站已全部建成投用
6	城市舒适度提升	城区绿化工程：打造南部新城绿化慢行系统、建成城铁片区森林公园，通过绿化种植、地形改造和水生态系统的构建，为广大市民提供更多运动休闲场地	续建	10874	5574	5574	南部新城北片区绿化慢行系统一期工程于9月完工并向市民开放；城铁片区清晖公园于10月1日正式开园
		生态美丽河湖白茆塘工程：新改建护岸约2.8公里，在新世纪大道至三环路段，增设亲水平台设施，建设滨河漫步道，种植绿化带，增加滨水开放空间，局部打造滨河带状公园，2022年度完成总体进度的60%	新建	2000	1200	1200	完成总体形象进度的90%，超额完成年度60%的目标
		城区道路沿线绿化景观提升工程：对黄河路、虞山北路、元和路等城区道路沿线进行绿化景观提升、新建口袋公园，提升城区道路整体形象	新建	575	575	575	黄河路、虞山北路、元和路的城区道路沿线绿化景观提升全面完工，4个新建口袋公园建成开放

续表7

序号	项目名称	项目内容	项目性质	项目总投资（万元）	计划投资（万元）	实际完成投资（万元）	实施情况
7	教育优质均衡发展	新建实验中学清晖分校、实验小学清晖分校，改扩建琴湖幼儿园，完善区域内教育设施配套布局，满足教育发展需求，努力解决适龄孩童就近入学问题	续建	45925	29425	29425	实验中学清晖分校、实验小学清晖分校已建成投用；改扩建琴湖幼儿园工程已完工
8	养老医疗能力提升	综合为老服务中心：建设常熟市、常福街道、琴川街道3家综合为老服务中心，为老年人提供日托、全托、康复护理、助餐助浴、文化娱乐等全方位服务，打造有生命力的社区居家养老新模式	新建	1000	1000	870	3家综合为老服务中心均已完成装修改造
		社会心理服务体系建设：保障市、镇、村三级心理咨询室运行率达到90%，特殊人群个体化心理疏导覆盖率达到60%，全年开展心理咨询活动2400次	新建	100	100	100	市、镇、村三级心理咨询室运行正常，累计开展心理咨询活动2611次，完成年度目标
		市级医院硬件设施提升：改造市二院门急诊及住院综合楼、改建市中医院急诊科、新建市一院直线加速器机房，努力满足人民群众看病就医需求	续建	5099	3596	3067	二院门急诊及综合楼改造工程、中医院急诊科综合改建工程已完成；一院直线加速机房已完成桩基施工和静载实验
9	就业服务能力提升	解决企业用工3.5万人，实现规上企业缺工10人以上响应率100%，服务满意率90%以上，新增高技能人才发证5000人以上	—	—	—	—	解决企业用工5.27万人，实现规上企业缺工10人以上响应率100%，服务满意率90%以上；新增高技能人才数9198人
10	文体及纪念设施改造	文体场馆建筑维修：常熟大剧院及常熟市文化馆建筑维修维护工程，消除安全隐患，提升场馆基础设施条件	新建	160	160	160	常熟大剧院及常熟市文化馆建筑维修工程已于9月完成竣工验收
		烈士陵园整体修缮：新建英烈堂、改造纪念馆等，更好地继承弘扬革命先烈宝贵精神财富	新建	1000	1000	1000	主体工程已全部完工

（资料来源：市政府办）

政府会议

【概况】 2022年，市政府召开政府常务会议14次，市长办公会5次。

【市政府常务会议】 2022年，市政府召开政府常务会议14次，审议一批重要政策事项，作出相关决定，开展集体学习活动。 （袁继威）

表8　　2022年常熟市政府常务会议一览表

时间	会议名称	会议内容
1月20日	市政府第1次常务会议	研究分析2021年安全生产事故情况、听取2022年安全生产工作思路，听取2022年度苏州市、常熟市两级政府挂牌督办重大安全生产事故隐患项目工作情况，深入学习领会《关于更加有效发挥统计监督职能作用的意见》精神、听取全市贯彻落实工作建议，审议《常熟市“昆承英才”宣传文化人才计划实施细则》
2月8日	市政府第2次常务会议	审议《产创融合“十百千”平台载体建设工程行动计划（2021—2025）》《关于加强人才引领产业高质量发展的若干政策举措》
3月10日	市政府第3次常务会议	听取关于政府系统承办十六届人大一次会议代表建议、市政协十五届一次会议提案工作情况、全市环境空气质量百日攻坚提升行动工作情况、在建数据中心高质量发展工作的汇报；通报省委涉粮问题专项巡视和苏州涉粮问题专项巡察反馈问题并部署下一步落实整改工作，通报近期安全生产相关情况并研究全市工业企业安全生产风险报告工作；审议《关于做好2022年全面推进乡村振兴重点工作率先基本实现农业农村现代化的实施意见》《常熟市“十四五”生态环境保护规划》《常熟市“十四五”太湖流域综合治理规划》《常熟市城区住宅小区管道天然气接入“瓶改管”提升行动方案》《常熟市人才购房补贴实施细则》；专题学习常态化疫情防控下法律法规、《习近平法治思想学习纲要》

续表8

时间	会议名称	会议内容
4月8日	市政府第4次常务会议	听取近期安全生产情况的汇报，审议《市级“健康驿站二期”建设方案》《尚湖人防疏散基地隔离点二期改造方案》
5月18日	市政府第5次常务会议	传达全省安全生产大检查动员部署电视电话会议精神并听取全市安全生产大检查方案拟定等相关工作，传达全国、全省自建房安全专项整治电视电话会议精神并研究常熟市建筑施工安全生产和自建房等既有建筑安全隐患排查整治工作，听取2022年度市政府重大行政决策项目初审意见、生活污水管网运维管理体制等工作汇报，审议《常熟市人民政府行政复议委员会工作规则》《常熟市人民政府行政复议委员会案件审议会议议事规则》《常熟市人民政府行政复议委员会成员名单》《常熟市生态美丽河湖（幸福河湖）建设实施方案》《常熟市污水治理提质增效三年行动实施方案》《常熟市劣Ⅴ类水体整治实施意见》《2022年秋季高中、初中、小学、幼儿园招生计划及办法》，学习《中华人民共和国审计法》《中华人民共和国市场主体登记管理条例》
5月31日	市政府第6次常务会议	研究交通运输领域安全生产情况并布置下阶段工作，审议《常熟市2022年富民增收工作要点》《常熟市全民科学素质行动规划（2021—2035）》《常熟市印染行（企）业高质量发展提升计划》《常熟市社会保障“扩面提质”专项行动实施方案》《2022年五大产业高地建设工作方案》《常熟市制造业智能化改造和数字化转型2022年行动计划》《关于推进产创融合“十百千”平台载体建设工程行动计划2022年工作方案》《建设工程消防设计审查验收历史遗留问题处置指导意见》《长江常熟段水上搜救奖励办法》，解读《中华人民共和国噪声污染防治法》
6月24日	市政府第7次常务会议	听取上半年度工矿商贸和危化品领域安全生产工作情况、废止部分行政规范性文件工作情况的汇报，审议《常熟市“十四五”残疾人事业发展规划》《常熟市人防工程专项控制性详细规划》《苏州高铁北城综合开发项目实施方案》，学习《江苏省铁路安全管理条例》《江苏省中小企业促进条例》《关于加强新时期全省毒品问题治理体系建设的指导意见》
7月27日	市政府第8次常务会议	听取《江苏省行政规范性文件管理规定》实施工作及常熟市相关情况、推行工业用地弹性年期出让工作情况的汇报，审议《常熟市推进整市屋顶分布式光伏开发工作实施方案》《常熟市分布式光伏发电项目补贴办法》《常熟市全域旅游发展规划（2021—2030）》《常熟市新增制造业用地项目评价推进机制方案（试行）》《2022年市级投资（含国企）项目计划年中调整情况》《常熟市既有建筑改造安全管控工作指导意见》，学习《中华人民共和国家庭教育促进法》《信访工作条例》
8月26日	市政府第9次常务会议	听取关于常熟市推进产业创新集群建设、城镇燃气安全监管、常熟市集贸市场改造提升等工作情况的汇报，审议《常熟市“十四五”（2021~2025年）教育事业发展规划》《常熟市公办幼儿园保教费标准的调整方案》《常熟市镇（街道）综合执法赋权事项评估报告》《常熟市法治政府建设实施方案（2021—2025年）》，学习《中华人民共和国医师法》
10月9日	市政府第10次常务会议	听取关于电力和油气输送管道安全生产、争创省法治政府建设综合示范地区、明确经开区六项规划建设类权限拓展至碧溪街道全域等工作情况的汇报，审议《关于深化全市应急管理综合行政执法改革的实施方案》《常熟市河道岸线退让范围综合利用管理实施办法》《常熟市生态美丽河湖项目生成机制实施办法》《关于以“千村美居”工作为引领、统筹推进乡村建设重点工作的实施意见》《常熟市国有粮食企业改革实施方案》《常熟市突发水污染事件应急预案》《常熟市集中式饮用水水源地突发环境事件应急预案》《常熟市突发固体废物污染环境事件应急预案》《常熟市重污染天气应急预案》《关于进一步强化协同施策深化“散乱污”整治、推动低端低效产能淘汰的指导意见》《关于推进常熟市一刻钟便民生活圈建设的实施意见》《关于进一步完善委托管理国企国资监管机制的意见》，学习《高层民用建筑消防安全管理规定》
10月31日	市政府第11次常务会议	听取关于《常熟市基层执法专项行动工作手册》编制执行、养老护理和救助安全生产工作、第四批拟公布常熟市历史建筑情况的汇报，审议《关于深入打好污染防治攻坚战的工作方案》《常熟市国家知识产权强县建设试点县工作方案（2022—2025年）》《常熟市住宅室内装修结构改造安全管控工作指导意见》《常熟市昆承湖开发建设有限公司高质量发展三年行动计划（2023—2025年）》《常熟国家气象观测站气象探测环境保护专项规划》《常熟市城乡居民基本养老保险实施细则》，学习《中华人民共和国安全生产法》
11月19日	市政府第12次常务会议	解读《二十条优化措施》，听取关于常熟市疫情防控工作及民爆物品与船舶修造安全生产工作情况、2023年度新市民积分管理有关政策调整方案的汇报，审议《常熟市关于推进农业农村重大项目建设的奖励实施办法（试行）》《常熟市政府购买服务实施细则》《常熟高新区拟承接事项清单》《常熟市城市经营投资有限公司高质量发展三年行动计划（2023—2025）》《江南集团高质量发展三年行动计划（2023—2025）》《常熟经开控股有限公司高质量发展三年行动计划（2023—2025）》，学习《苏州市住宅区物业管理条例》
11月29日	市政府第13次常务会议	审议《常熟市方舱医院建设方案》
12月15日	市政府第14次常务会议	听取关于《政府工作报告》起草情况、常熟市2022年财政预算执行和2023年财政预算草案编制情况、《常熟市2022年国民经济和社会发展计划执行情况与2023年国民经济和社会发展计划草案的报告》编制情况、2022年和2023年市级投资（含国企）项目情况、2022年民生实事项目实施情况和2023年民生实事项目建议方案、苏州市救助政策调整对常熟市相关影响情况、旅游安全生产专业委员会工作情况、拟授予2022年常熟市荣誉市民名誉市民称号情况、2022年第二批“昆承英才”科技创新创业领军人才计划项目评审情况的汇报，审议《关于促进农民增收 培育“百万收入家庭农场”的实施意见（2023—2025年）》《常熟市水域保护规划》《常熟市水域保护示范区建设试点实施方案》《常熟市城市更新试点工作实施方案》《常熟市住宅小区管道天然气接入“瓶改管”提升行动第二阶段方案》

（资料来源：市政府办）

政务服务

【行政审批工作】 2022年，常熟市市镇两级政务服务大厅办件166.1万件，满意率99.99%以上。新登记各类市场主体4.09万户，比上年增长3.51%；实有各类市场主体27.85万户，较上年年底期末数增长10.85%。企业固定资产投资项目立项2379个，意向投资额1276.88亿元。政务服务指标中的不见面办理情况、最多跑一次办理情况、在线服务提供情况列苏州第一。推进常熟市中介超市平台建设。推出“立项+节能”、深化“立项+水保”联动审批，累计服务2379个项目。推出市场主体“1+N”套餐式注销服务，将食品经营许可、公共场所卫生许可、人力资源许可等10个高频许可事项纳入注销套餐。为10家市场主体办理歇业备案。优化“线下一窗式，线上全链通”服务，实现企业开办0.5个工作日办结。调整新开办企业公章刻制费用补贴政策，7479余家企业享受减免，补贴金额335.87万元。推进营业执照全城通办通取，改造证照登记自助一体机，引入登记机关电子印章。推出个体工商户登记智慧审批，整合登记申请、电子签名、智能审核等功能，实现“现场办、自动批、照秒拿”。在苏州市率先推行居民服务业个体工商户集中登记。全年新登记市场主体40919户，比上年增长3.51%，全流程办结7300余件，全程电子化率91%。

【公共资源交易】 2022年，常熟市14个镇（街道）公共资源交易平台整合一张网，全市统一使用限额以下交易模块，推动市镇两级公共资源交易一体融合。年内，市级公共资源交易平台完成交易项目2023宗，交易金额312.34亿元，节约金额20.95亿元，“不见面”交易占比98%；各板块使用限额以下平台完成交易项目1308个，交易额8.36亿元。

【“放管服”改革】 2022年，常熟市将“固定资产投资项目节能评估和审查”权限赋予经开区、梅李镇、海虞镇，明确赋予经开区的6项规划建设类权限同步拓展至碧溪街道全域，36个事项下放常熟高新区，开展新一轮常福街道赋权。加强中介服务机构监管、“双随机一公开”监管、信用管理、法制保障等，规范市场秩序，提高监管效能。持续优化服务，推进“一件事”集成改革、工程建设项目审批制度改革、商事制度改革等重点领域改革，推动区域评估、升级“跨域通办”。

（赵瑜梦）

8月10日，常熟市首张“全城通办通取”营业执照在常福街道出证

（常福街道　提供）

【“一件事”集成改革】 2022年，常熟市推出“汽车充电桩报装一件事”“民宿一件事”等13个“一件事”套餐，全年办件13.7万件。累计推出93个“一件事”套餐，推进线上全流程办理，并逐步向移动端延伸，89个可网上申请办理，57个可“掌上办”。不动产登记、便利店等5个“一件事”被列入省政务中台应用试点场景，不动产交易、开运输企业“一件事”已上线试运行。全省首创“引进人才子女入学一件事”“出生一件事”全程网办，身份证、户口簿、出生医学证明、结婚证等电子证照直接系统调用。将“出生一件事”下沉各派出所、“退休一件事”下沉村（社区），实现全域覆盖的“就近可办”，“一件事”向基层延伸的创新做法获全省推广。

【政府信息公开】 2022年，常熟市出台《常熟市2022年政务公开工作考核办法》，在全市层面对政务公开工作实行百分制量化考核。按要求向社会公布上年度政府信息公开工作年度报告。“常熟市人民政府”网站发布信息14548条，回应公众关注热点或重大舆情16次，开设在线访谈44期。政务微博“常熟发布”发布信息107条，政务微信“i常熟”发布信息1223条。全市各行政机关处理政府信息公开申请275件。全年制定行政规范性文件16件，现行有效规范性文件有279件。

（陈　兵）

【“12345”热线】 2022年，常熟市社会治理现代化综合指挥中心（常熟市便民服务中心）“12345”热线平台受理群众诉求190.4万件，比上年增长7.32%，派发工单至联动部门办理29.18万件，及时签收率99.75%，及时办理率99.09%。在市级层面归并优化非紧急类政务服务热线27条，实现非紧急类政务服务热线“一号对外”。建立热线应急体系，配合苏州市热线平台一体化建设，完成统一受理、调度平台改造，实现数据全量贯通，构建热线应急工作体系。开通“尚贤”人才服务热线，对接纪委“监督一点通”

平台，与市检察院合作建立公益诉讼案件线索移送机制，强化与“110”报警服务台等紧急热线合作联动。做好工单咨询答复和诉求流转，群众满意率99.16%。加强诉求研判分析，定期梳理研判重大疑难和高频突出群众诉求，形成分析报告105份。疫情防控期间，通过完善话务力量增援体系、建立健全防控政策专项知识库有效解决企业群众诉求，受理疫情类诉求59.31万件，疫情类诉求接通率保持在90%以上，直接答复率92.27%。（袁　萍）

【市中介超市平台建设】2022年，常熟市中介超市平台新增50个中介服务事项，进驻事项扩容至165个，企业需求量高的环保类、安全类、职业病危害类3类中介服务全部进驻中介超市。11个板块发文推广中介超市应用，全年成交项目2938个，比上年增长74.26%，成交金额6195.93万元，比上年增长10.57%，累计成交项目6407个，成交金额1.6亿元，成交规模稳居全省县级市第一。（赵瑜梦）

数字政府

【数字政府基础建设】2022年，常熟市构建政务云网统一资源池，全年新开392台政务云主机，至年末为全市55家委办局194个业务系统提供政务云资源服务。实现政务外网IPv6改造，加快委办局独立专网并入政务外网。加快政务数据整合和共享，完成76个部门的数据资源目录1890项梳理，落地归集数据6.2亿条，支撑48个部门114个业务应用实现数据共享服务。

【数字政府应用建设】2022年，市政府调研数字政府应用需求，实现应用项目按需按时实施。36个数字政府项目均已启动建设，安排预算约5000万元。重点推进市场主体、实有人口、既有建筑“三位一体”的全生命周期管理服务平台建设，为加快助推业务流程跨部门数字化应用夯实基础。

（钱　钢）

【“一网统管”平台建设】2022年，常熟市社会治理现代化综合指挥中心（常熟市便民服务中心）完成“一网统管”平台一期建设，接入公共安全、住建、交通、生态环境、卫生健康等领域19个部门、154类、1470万余条数据，对接视频监控3.6万余路。推广“基层赋能系统”，向基层开放数据549万余条。扩展“事件协同轻应用平台”应用场景，接入住建局“既有建筑改造安全管控”、组织部“先锋接力”轻应用，累计流转工单235条，完成闭环处置199条。（袁　萍）

【“一网通办”平台建设】2022年，常熟市印发《关于加快电子证照应用推动两个免于提交的通知》，规范电子证照归集应用，归集电子证照151类、121万张，累计调用22.6万余次。拓展“免证办”场景，梳理20个“无证明”事项和282个“两个免于提交”事项，通过政府内部信息共享深化“减证便民”。开通政务服务网页端和移动端，分别覆盖政务服务事项1553项和328项。建成“1+9”个24小时自助服务区，自助终端覆盖企业个体工商户开业设立登记、不动产登记查询、医保社保查询等政务服务和公共服务。

（赵瑜梦）

【数字政府联合创新中心启用】9月14日，常熟市大数据中心（数字政府联合创新中心）载体启用。常熟市大数据中心载体建设以支撑数字政府建设、赋能数字经济与数字社会为主要目标，培育从场景发掘、规划咨询、软件研发、云网安维到应用展示为一体的互动、创新、协作的持续性生态系统。启用仪式上，市场主体全生命周期管理服务平台（一期）上线，董浜镇《数字乡镇一网统管平台建设规范》地方标准启动创建，市人社局大数据分中心及数字政府联合创新实体化专班成立，南京大学建筑与城市规划学院介绍相关合作授牌情况。

（常　融）

【全面推进数字常熟建设实施方案出台】8月5日，市委办、市政府办印发《关于全面推进数字常熟建设的实施方案》的通知。方案明确构建“数字经济、数字社会、数字政府”三位一体的总体框架，“政务主体、法人、自然人”高效协同的运行体系，“数字底座、应用场景、数据资源”开放融通的支撑体系。具体工作包括实施数字产业集群培育工程、智改数转支撑工程、产业数字化融合发展工程、数字科技创新引领工程；拓展数字社会服务，搭建智慧城市大脑，推进数字乡村建设，打造未来数字社区；完善“一网通用”平台，提升“一网通办”效率，健全“一网统管”体系；夯实数字基础设施，促进数据要素开发，打造数字安全体系，试点数字标准化建设。

（年鉴编辑部）

外事工作

【概况】2022年，常熟市人民政府外事办公室举办、承办或参与外事活动14场次；协助接待外宾1批、4人次；妥善处置涉外事（案）件1起；做好因公出国（境）管理；授予10人“常熟市荣誉市民”、2人“常熟市名誉市民”称号。

表9　　2022年常熟市主要外事活动一览表

时间	活动内容
2月9日	在线参加德国友好交流城市弗莱堡市举办的“绿色城市对话2.0活动”之“城市中心的吸引力”议题
4月6日	在线参加德国友好交流城市弗莱堡市举办的“绿色城市对话2.0活动”之“都市农业与食品供应”议题

续表9

时间	活动内容
6月24—25日	参加第10届德国弗莱堡国际友好城市展会
6月28日	在线参加省友协举办的新时代中日地方友好组织领导人特别会晤
8月25日	与韩国友城务安郡举办第一届青少年围棋视频交流赛
9月16日	举办"江苏这十年"在江苏外国人摄影大赛常熟专场活动暨"爱上常熟"在常外国友人第三次联谊活动
9月28日	参加2022年度在常日资企业恳谈交流会
11月2日	参加无锡市举办的2022江苏省国际城市与城镇绿色创新发展大会,常熟市海虞镇、沙家浜镇以及虞山街道分别同意大利圣吉奈西奥市、格拉达拉市、帕列那市等6个特色城市云端续签友好合作协议书
11月4日	在线参加全国友协主办的第23届中日韩友好城市交流大会
11月9日	在线参加德国弗莱堡市举办的"绿色城市对话2.0活动"之"经济适用房"议题
11月19日	报送国际友城工艺作品参与"苏州国际日——中日韩工艺文化展"
12月9日	举办常熟市第一中学与韩国务安郡南岳中学校长视频交流会

(资料来源:市政府外事办)

【涉外接待】 2022年,市外事办配合有关部门接待外宾1批、4人次。11月7日,芬兰驻华大使孟蓝(Leena-Kaisa Mikkola)一行4人到访常熟。

【因公出国(境)管理】 2022年,市外事办申办因公出国(境)团组7批、19人次,其中自组团4批、14人次,上组团3批、5人次。按照"事由充分且确属当前必要"原则,做好外国人来华邀请工作,完成2批、3人次邀请函申请。做好APEC卡申办和使用管理,扩大旅行卡惠及面,全年完成APEC卡申报20批、44张,已取卡14张。 (李 丹)

港澳台工作

【概况】 2022年,市委统战部组织在常熟的香港同胞开展观牡丹、游世联、赏尚湖等活动。举办"聚爱在常熟·筑梦新时代"在常香港同胞国情考察。开展中华优秀传统文化澳门行"江南雅韵——锡剧精品展演活动"、"中秋月·同心圆"2022港澳台侨中秋联谊游园、"有木共笃·缘启东方"第五届黄公望主题两岸文创设计大赛暨吴历画作两岸木雕巡展、"跨越山海·奔赴春天"常熟市侨界大拜年直播活动等海外联络联谊和文化交流活动。完善常熟香港同胞数据库,成立苏州香港同胞联谊会常熟分会。在澳门城市大学设立"常熟离岸科技中心"。推进常台两岸文化经贸交流,开展台企走访联系服务。组织台胞台属开展端午、中秋联谊活动,指导市台湾同胞投资企业协会举行成立十九周年联谊活动。举办"常台青联杯"两岸青年篮球邀请赛、台青行业交流学习会等活动。 (王 玉)

【苏州香港同胞联谊会常熟分会成立】 11月12日,苏州香港同胞联谊会常熟分会成立大会召开。大会审议通过《苏州香港同胞联谊会常熟分会第一届理事会成员建议名单》,李国清当选常熟分会首任会长。

【澳门常熟共建海外离岸创新中心成立】 12月13日,"人到苏州必有为"苏州人才日活动在澳门城市大学举办,活动现场,澳门城市大学与常熟市签订共建海外离岸创新中心框架协议,活动由苏州海外联谊会、苏州市人才工作领导小组办公室、常熟海外联谊会、澳门城市大学主办,澳门苏州联谊会协办。苏州市委常委、统战部部长、苏州海外联谊会会长王飏,澳门城市大学校长刘骏等参加活动。常熟市与澳门城市大学商定,通过在海外布局飞地载体、引才哨点,吸引各类创新资源驻留集聚,不断构筑"创新研发在海外、孵化落地在国内"产创融合体系。

11月12日,苏州香港同胞联谊会常熟分会成立 (市委统战部 提供)

【第五届黄公望主题两岸文创设计大赛暨吴历画作两岸木雕巡展启动】 9月28日，“有木共笃·缘启东方”第五届黄公望主题两岸文创设计大赛暨吴历画作两岸木雕巡展在江苏南京启动。大赛作为第二届海峡两岸青年文化月和首届海峡两岸（江苏）青年文化创意节系列活动之一，分别在南京、台湾设立会场，通过视频连线方式同时举行。大赛以“有木共笃·缘启东方”为主题，时间为2022年9月至2023年3月，预计2023年8月举行颁奖典礼。其间将举行第三届两岸高校文创论坛、《富春山居图》木雕及吴历画作木雕巡展、两岸民间文艺家协会交流等系列活动，进一步扩大高校间的文化交流互动，为两岸青年创新创业、交流融合搭建平台，共同传承和弘扬中华优秀传统文化。

（年鉴编辑部）

信访工作

【概况】 2022年，市信访局争创全国信访工作“示范县（市、区）”，开展集中治理重复信访、化解信访积案专项工作，统筹开展省委“信访突出问题攻坚化解年”行动和苏州市“信访积案和矛盾问题排查化解”专项行动，深化信访改革创新，优化信访运行机制，夯实信访基层基础，解决突出信访问题，完成各项信访专项攻坚任务。全市信访部门接收信访事项4110批（件）次，先后被江苏省信访工作联席会议表彰为2022年度全省信访工作示范县（市、区）和治理重复信访、化解信访积案专项工作先进单位。

【信访积案化解】 2022年，市信访局收到中央信访联席办交办第二批重复信访治理件68件、省信访突出问题攻坚化解年交办件25件，全部化解报结，化解报结率100%。 （汪瑶瑶）

机关事务

【办公用房管理】 2022年，市级机关事务管理中心完成121处党政机关办公用房统一权属工作。开展党政机关办公用房年度专项督查，对管理范围内55幢党政机关办公用房既有建筑安全隐患进行排查。与乡镇板块就税务系统6处办公用房进行三方交接及资产入账、调拨，会同市审计局、城建公有资产经营有限公司，完成环城南路28号办公用房三方交接协议签订工作。

【公务用车管理】 2022年，市级机关事务管理中心落实公务用车购置以及旧车处置要求，审核公车购置及旧车处置审批单272份，完成14辆旧车拍卖工作。完成全市87家党政机关2021年度公务用车统计报告。下发《常熟市党政机关事业单位公务出行租赁车辆指导意见（试行）》等文件11个。升级改造公务用车智能化平台，率先实现苏州市级平台购置审批无纸化。在全市开展规范公务用车配备使用及公务出行车辆租赁行为专项治理，与中秋、国庆期间作风建设监督检查相结合，杜绝“车轮腐败”。

【公共机构垃圾分类与节能管理】 2022年，常熟市级机关大院集中办公区在苏州各行政中心集中办公区中首家投用合同能源托管项目，合同节能目标8.22%，合同期内预计节电290万千瓦时。组织14家单位开展节约型机关创建，1家申报“省级公共机构节能低碳示范单位”，1家申报“省级公共机构能耗领跑者”，2家被评为苏州首批“公共机构生活垃圾分类示范单位”，组织评选全市首批公共机构生活垃圾分类示范点20家。开展“全民追圾”垃圾分类挑战赛，参与人数12万人。组织开展新能源车进机关和公共机构节能宣传签名活动。组织全市公共机构开展“光盘打卡”等活动。每月对全市公共机构分组开展联合督查，对13个板块184家二级公共机构进行垃圾分类工作督查，完成2022年度全市88家公共机构节能考核和82家公共机构垃圾分类考核工作。 （唐凯雯）

责任编辑 汤 涵

中国人民政治协商会议常熟市委员会

综　述

【概况】 2022年，中国人民政治协商会议常熟市委员会（以下简称市政协）召开常委会会议5次，主席会议5次，主席专题视察3次，举行主席集体调研12次，对口协商、界别协商各1次，政情通报会2次，“有事好商量”基层协商56场，对5个市职能部门探索实施政协民主监督与纪委监委专责监督贯通协同，撰写建议案6篇、调研报告3篇、民主监督评议报告5篇。全年收到以提案形式反映的书面意见和建议347件，立案256件，规定时间内全部办复，委员总体满意率达100%。选取5件提案进行“再协商”。全年处办社情民意信息362篇。完成新一届委员全员轮训。举办“艺心向党·翰墨情深——常熟市政协迎接党的二十大书画作品展”，参与长三角四地政协书画联展。

【政协委员及组织机构】 2022年，政协常熟市第十五届委员会有界别23个，委员396人，其中，中共界别委员26人、民盟界别委员12人、民建界别委员14人、民进界别委员12人、农工界别委员16人、无党派人士界别委员9人、共青团界别委员15人、总工会界别委员15人、妇联界别委员15人、工商联界别委员20人、科协界别委员15人、台胞台属界别委员10人、侨联界别委员11人、文化艺术界别委员19人、科学技术界别委员24人、社会科学界别委员16人、经济界别委员40人、农业和农村界别委员23人、教育界别委员18人、医药卫生界别委员16人、社会福利和社会保障界别委员12人、民族宗教界别委员9人、特邀人士界别委员29人。截至2022年年底，市政协有主席1人、副主席4人、秘书长1人、常务委员71人。市政协机关设办公室（研究室、委员联络工作办公室）1个和提案委员会、经济科技和农业农村委员会、城乡建设委员会、社会事业委员会、港澳台侨（民族宗教）委员会、文化文史委员会6个专委会。

【委员工作】 2022年，市政协完成新一届委员全员轮训，开展委员集中学习33次，组织“喜迎二十大，政协在行动”系列活动16场。出台、修订《协商工作规则》《委员履职工作办法》等文件，建立政协常委提交履职报告制度，探索实施界别组长向常委会述职办法，落实政协党组定期听取机关党组、专委会履职党支部党的建设情况汇报制度，提高议政性协商会议小组讨论频次等。对委员参加政协会议、调研视察、撰写提案、反映社情民意等履职情况进行动态分析管理、实时通报。年内，市政协建成“示范委员工作室”6处，在公共安全治理、农文旅融合、市域一体化等方面发挥“前哨”作用。市政协利用23个界别特色和14个镇（街道）工委资源优势，形成“基层吹哨、政协报到”的协同履职机制，实现界别和镇（街道）工委“双轮驱动”。组织政协委员组团式入驻全市214个村、135个社区。建立由主席会议成员联系领导，专委会协调指导，界别组长、乡镇工委主任、村居主要负责人为成员的领导小组，每月在各板块召开调度会，协调跨界联合、优化委员

5月19日，市政协2022年“界别联镇（街道）、委员联村（社区）”暨“悦读虞城·书香政协”第三季委员读书活动启动仪式举行　（市政协办　提供）

组团，推进“双联·双进”常态、有序、高效开展。举办“艺心向党·翰墨情深——常熟市政协迎接党的二十大书画作品展”，组织委员参与长三角四地政协书画联展。

【文史工作】 2022年，市政协完成文史专辑《常熟老招牌》编撰出版。启动《共同富裕之路——乡镇企业发展口述史》和《回味常熟》征编工作。文史资料专辑《汲古流芳》，获苏州市第十六届哲学社会科学优秀成果奖三等奖。

【“书香政协”建设】 2022年，市政协开展“悦读虞城·书香政协”第三季委员读书活动，选树“政协读书活动示范基地”8个，举办“常熟政协讲堂”5期，组织委员与社会读者开展共读活动98场，参与委员2500多人次、撰写读书心得200多篇。会同市融媒体中心录制委员读书访谈音频节目，网上点击量超120万次。

重要会议

【政协常熟市第十五届委员会第一次会议】 1月6—9日在常熟会议中心召开。会议学习和讨论中共常熟市委书记周勤第在开幕式上的讲话。全体政协委员列席常熟市十六届人大一次会议，听取并赞同市委副书记、代市长秦猛所作的《政府工作报告》以及其他报告。会议审议并同意沈晓东所作的《市政协十四届常务委员会工作报告》，审议并同意姚丽英所作的《市政协十四届常务委员会关于提案工作情况的报告》。会议选举产生政协常熟市第十五届委员会主席、副主席、秘书长和常务委员。

1月6—9日，中国人民政治协商会议江苏省常熟市第十五届委员会第一次会议召开

（市政协办　提供）

【市政协常委会会议】 2022年，市政协召开常委会会议5次。

1月9日，市政协召开十五届一次常委会会议，审议通过市政协副秘书长、办公室正副主任、专委会正副主任名单。

5月26日，市政协召开十五届二次常委会会议，通报协商“构建适应常熟产业发展的人才体系”议题。市委组织部代表市委作专题通报，3名市政协委员分别从健全人才政策体系、提升人才培育适配性、强化人才引进匹配度、发挥好企业引才育才主体作用等不同角度进行建言。

7月22日，市政协召开十五届三次常委会会议，审议并通过《政协常熟市委员会委员履职工作办法》。市委副书记、市长秦猛代表市政府通报2022年上半年全市经济社会发展情况，并对提案办理情况作介绍。

9月27日，市政协召开十五届四次常委会会议，通报协商“因地制宜、多措并举，加快推进全市普惠性托育机构建设”课题。市政府副市长徐正代表市政府通报全市普惠性托育机构发展情况。与会人员进行分组讨论并提出建议；3名委员围绕课题作重点协商建言。会议协商通过增补赵东方为市政协十五届委员会委员。

12月20日，市政协召开十五届五次常委会会议。会议听取市政府关于《政府工作报告》（征求意见稿）起草情况的说明；分组协商讨论《政府工作报告》（征求意见稿）、《政协常委会工作报告》（讨论稿）、《提案工作情况报告》（讨论稿）、政府系统办理政协提案的情况通报（书面）以及市政协各专门委员会工作报告（书面）；审议并原则通过《政协常委会工作报告》和《提案工作情况报告》，并通过报告人；听取关于市十五届政协委员调整的说明；协商通过市十五届政协委员调整名单；协商决定召开市政协十五届二次会议的有关事项；部分界别组长和政协常委开展年度履职述职交流。

【市政协主席（扩大）会议】 2022年，市政协召开主席（扩大）会议5次，会议主题包括打造“美丽乡村”的常熟样板、推动科技创新与产业发展深度融合、促进常熟中医药传承创新发展、推进工业用地提质增效等。

表10　2022年常熟市政协十五届主席（扩大）会议情况一览表

时间	会议名称	会议内容
4月28日	市政协十五届一次主席（扩大）会议	围绕“打造‘美丽乡村’的常熟样板”议题进行专题协商，3名市政协委员分别从建好管好用好“千村美居”工程、强化基层社会治理、优化农村一、二、三产业有机融合等方面进行建言

续表10

时间	会议名称	会议内容
5月24日	市政协十五届二次主席（扩大）会议	围绕“推动科技创新与产业发展深度融合”议题进行专题协商，市科技局代表市政府就产创融合工作进行专题情况通报，3名政协委员分别从补齐产创融合短板，发挥科技创新载体支撑作用，以声学产业培植创造能力、集聚创新资源等方面进行建言
6月17日	市政协十五届三次主席（扩大）会议	围绕“促进常熟中医药传承创新发展”议题进行专题协商，市卫健委代表市政府作专题情况通报，3名市政协委员分别从推进中医医疗机构建设、健全中医药服务体系、促进中医药产业发展等方面进行建言
7月27日	市政协十五届四次主席（扩大）会议	围绕“推进工业用地提质增效”议题进行专题协商，市政府副市长史纲代表市政府作专题情况通报，3名委员分别从把好供地入口关，提升资源利用率、强化批后履约监管，切实提升用地质效、多管齐下盘活资源，提升存量产出效益等方面进行建言
12月16日	市政协十五届五次主席（扩大）会议	听取市政协十五届二次会议筹备工作情况的汇报；协商讨论《常委会工作报告》（讨论稿）和《提案工作情况报告》（讨论稿）；协商决定2022年市政协优秀提案、提案先进承办单位、优秀提案工作者表彰名单；协商决定2022年市政协“双岗尽责”优秀委员、先进界别活动组、先进镇（街道）工委、示范委员工作室表彰名单；协商决定2022年市政协新闻宣传优秀工作者、社情民意信息优秀工作者、政协读书活动示范基地表彰名单；协商讨论市政协十五届二次会议议程（草案）、日程（草案）；协商讨论市政协十五届二次会议秘书处组成人员名单（讨论稿）；协商讨论市政协十五届二次会议各组召集人名单（讨论稿）

（资料来源：市政协办）

协商议政

【民主协商】 2022年，市政协落实主席联系常委、常委联系委员制度，定期召开市各民主党派、工商联、无党派人士座谈会，常态化开展走访联谊，组织其参加协商议政活动95人次，安排全体会议、常委会议等大会发言38人次，组织对口协商、界别协商各1次。市政协十五届一次会议以来，各民主党派、工商联和无党派人士参与政协调研视察活动100多人次，提交提案127件、撰写社情民意信息183篇。

【政情通报会】 2022年，市政协举行政情通报会2次。

6月28日，市政协举行政情通报会，通报昆承湖沪苏协同创新发展示范区建设情况。常熟高新区作专题情况通报，3名政协委员分别围绕协同机制和发展路径、产业定位和主导产业发展方向、资源导入和人才引育等方面进行提问咨询，相关部门负责人作解答。

7月29日，市政协举行政情通报会，专题通报全市“一图一表”推进落实情况。市资规局代表市政府作专题情况通报，3名政协委员分别围绕拆旧复垦年度任务如何完成、村级集体经济组织权益保障、资金筹措运营管理情况等内容进行提问咨询，相关部门负责人作解答。

【民主监督专项评议】 2022年，市政协对市资规局、商务局、文体旅局、发改委、行政审批局开展民主监督专项评议工作，探索实施政协民主监督与纪委监委专责监督贯通协同，撰写建议案6篇、调研报告3篇、民主监督评议报告5篇。围绕重大项目引进推进、国土空间开发利用、营商环境持续改善、文体旅融合发展等内容，邀请座谈500多人次，征求各方意见建议370多条，列出重要工作改进意见33条。

【“有事好商量”协商载体】 2022年，市政协发动界别委员在驻点村居开展送文化、送科技、送法律等特色服务活动，由专委会牵头，跨党派、跨界别多次组织的“送医下乡”活动，受益群众达千人次。参与美丽乡村建设、全国文明典范城市创建、城市更新建新等基层治理工作1200多人次，并围绕涉及公共事务、公共利益、公益事业的基层焦点，开展“有事好商量”协商议事活动56场，参与委员380多人次、群众500多人次，推动实际问题解决78个。

建言献策

【主席专题视察】 2022年，市政协组织主席专题视察3次，主席集体调研12次。

5月31日，市政协围绕“推进基层公共文体服务设施特色化提升”主题开展主席专题视察活动。与会人员现场视察常熟评弹艺术馆、常熟博物馆和山湾里文化产业园。市文体旅局代表市政府就全市公共文体服务设施建设情况作通报，3名政协委员分别从海虞镇的具体实践、“琴川弦谈”特色项目和亲水运动3个方面对基层公共文体服务设施特色化提升作协商建言。

8月11日，市政协围绕“以‘专精特新’为抓手，推动常熟传统制造业转型”主题开展主席专题视察活动。与会人员现场视察常熟市泓博通讯技术股份有限公司和新华盛节能科技股份有限公司。会议听取市委常委、市政府副市长万晓军代表市政府作的专题情况通报，3名市政协委员围绕主题进行协商建言，与会人员作交流发言。

10月28日，市政协围绕“培育壮大新型农业经营主体，推进农业农村现代化”课题开展主席专题视察活动。与会人员视察梅李镇何向明家庭农场、虞美润农业专业合作社、莫凡农庄等，听取市政府副市长俞翔代表市政府作的专题情况通报，3名市政协委员围绕协商主题进行协商建言。

【在常熟的苏州政协委员视察】 7月1日，市政协组织在常熟的苏州市政协委员开展视察调研活动。委员们实地调研琴湖溪里商业中心、溪南村凌家巷、国际声学产业技术研究院、苏州英特模汽车科技有限公司，实地感受常熟市经济发展、环境改善、科技创新的变化，并就如何加强农文体商旅融合，扩大品牌效应，推动创新发展等建言献策。

【市政协委员民生实事项目线上视察】 12月，市政协组织开展2022年度市政协委员民生实事项目线上视察活动。政协委员通过扫码观看的方式了解项目情况，察看在建项目建设进度、已完成项目运转情况。委员们对民生实事项目建设取得的成绩表示肯定。

【提案工作】 2022年，市政协收到以提案形式反映的书面意见和建议347件。经审查，立案256件，并案20件。转为社情民意42件，转为意见建议16件。遴选重点提案14件。256件立案提案中，集体提案86件、联名提案57件、委员个人提案113件。立案提案交由57个承办单位（41个主办单位）办理，全部在规定时间内办复。其中，所提问题已经解决或基本解决的168件，占65.63%；列入计划拟解决的82件，占32.03%；因条件所限，暂时难以解决，留作参考的6件，占2.34%。从收到委员反馈意见看，总体满意率达100%。组织开展“回头看”，选取青少年视力保护、电商产业高质量发展等5件提案进行“再协商”。全年表彰优秀提案20件、提案承办先进单位10个。

【社情民意信息工作】 2022年，市政协处办社情民意信息362篇，比上年增长13%，其中转报省政协109篇，转送全国政协31篇，比上年分别增长25%、210%。创新开展社情民意信息沙龙活动7期，通过“走出机关、走进委员”“边看边谈、边读边写”等形式，提高反映社情民意信息的质量和水平。

（陈　晨）

表 11　市政协十五届一次会议以来优秀提案一览表

序号	提案者	案由及案号
1	姚亮、顾勇涛、夏瑜、朱克明等5名委员	关于加大吸引各类人才来常创业就业的建议（1号）
2	市工商联	深化改革激活力，产创融合促发展（2号）
3	民革市基层委	关于高起点建设昆承湖沪苏协同创新发展示范区的几点建议（3号）
4	民建市委	完善制造业用地全生命周期监管模式（5号）
5	市无党派知识分子联谊会	借力电商产业，赋能地方经济发展（6号）
6	顾建江、王宏等3名委员	农村公路提档升级，助力乡村振兴（7号）
7	政协海虞镇工作委员会	关于做深做实基层网格化管理的建议（8号）
8	民进市委	全面贯彻落实“双减”政策，提升学校课后服务水平（9号）
9	农工党市委	推进医养融合，助力健康养老服务高质量发展的建议（12号）
10	民盟市委	探索适应“十四五”发展的常熟职业教育（13号）
11	顾志军、朱奕、张卫	关于加强青少年精神卫生干预的建议（45号）
12	市政协文化艺术界别组	“双减”政策背景下学校体育的思考（49号）
13	郭健、刘伟峰	以江苏服装品牌强链建设为契机，做实做大做强常熟服装产业（64号）
14	唐佩军等2名委员	关于改善我市城乡发展进程中农村养老问题的建议（81号）
15	政协虞山街道工作委员会	关于多元拓展历史街区整理更新路径的建议（121号）
16	政协莫城街道工作委员会	构建电商产业多维度立体化发展新格局（166号）
17	沈成等2名委员	健全保护非遗传承体系，推动传统文化创新性发展（174号）
18	谷成立	多措并举促进民营医疗机构健康发展（197号）
19	陆益佳等6名委员	关于推进我市儿童青少年护眼工程建设的建议（209号）
20	徐静霞	关于社区（基层）应急响应体系构建的几点建议（217号）

（资料来源：市政协办）

责任编辑　归岳嵚

中共常熟市纪律检查委员会 常熟市监察委员会

综　述

【概况】 2022年，中共常熟市纪律检查委员会、常熟市监察委员会组织学习宣传贯彻中共二十大精神系列活动，坚持正风肃纪反腐，发挥监督保障执行、促进完善发展作用，推进党风廉政建设和反腐败斗争。年内，召开常熟市第十四届纪律检查委员会第二次全会，研究部署党风廉政建设和反腐败工作重点任务。修订《2022年派驻机构、市直属企事业单位纪委落实全面从严治党监督责任评价方案》及评价细则，开展“双述双比双评”活动。举办各类培训班、直播课、微党课，提升干部监督执纪能力。深化“廉”通企业机制，推动职能部门解决涉企诉求。建设廉洁商圈、廉洁村居、廉洁社会组织、廉洁国企、廉洁机关等，深耕廉政文化品牌。依托基层廉勤监督体系和信息化监督手段，开展各类专项督查，推动派驻监督全覆盖，提升案件审理工作质效。

【纪检监察队伍建设】 2022年，市纪委监委以能力建设为核心深化全员培训，举办年轻干部监督执纪实务培训班、审理论坛直播课、业务讲坛和微党课，用好跟班锻炼、导师帮带等方式，选派干部参与上级案件查办、巡视巡察等工作，训战结合增强业务本领。全年累计参训770人次，全员培训工作获评全市组织工作改革创新“登峯奖”。年内，市纪委监委制定《关于加强和改进市纪委委员履职工作的意见》，厘清市纪委委员工作职责。印发《关于开展一线实训加强镇纪委委员履职能力建设的实施方案》，配套制定一线实训工作清单。指导乡镇纪委出台村（社区）纪检干部工作规范化建设实施办法，明确村（社区）纪检组织和纪委委员职责权限、履职方式等事项。

【市第十四届纪律检查委员会第二次全会】 2月10日，中共常熟市第十四届纪律检查委员会第二次全体会议召开。全会学习贯彻第十九届中央纪委六次全会、第十四届江苏省纪委二次全会、第十三届苏州市纪委二次全会精神，审议通过薛啸代表市纪委常委会所作《忠诚履行职责使命，努力建设廉洁常熟，为建设更高品质“江南福地”提供坚强保障》工作报告，研究部署党风廉政建设和反腐败工作重点任务。出席会议的市纪委委员17人，列席会议203人。薛啸主持会议，市委书记周勤第出席会议并讲话。

党风廉政建设

【概况】 2022年，市纪委监委落实上级纪委和市委部署要求，监督护航中心工作、回应群众关心关切、持续推进廉洁单元建设，筑牢全面从严治党根基，营造风清气正政治生态。年内，深化“廉”通企业机制，推动职能部门解决涉企诉求95条。建设廉洁商圈，促进200多家企业完成信用修复。出台《关于推进全市廉洁村居建设的实施方案》《常熟市廉洁村居评价工作指引》，召开“大美常熟·廉洁村居”工作推进会，打造“碧波潋滟，廉行村居”廉洁文化品牌，形成特色点位13个。运用基层廉勤监督平台，推动解决群众诉求3599件，形成监督促治典型案例89个。推动市工商联制定《关于建设廉洁民企、廉洁商会的实施方案》，对48家社会组织进行专项审计。制定国有企业全面从严治党责任清单和规范化工作手册，开展节假日作风建设督查和专项审计“回头看”，推行国有企业“码上督”，推动解决群众诉求40余件。

【政治生态监测评估】 2022年，市纪委监委完善全面从严治党4张“责任清单”，协助市委召开2022年度履行全面从严治党主体责任述职会，推动“四责协同”贯通融合。开展政治生态监测预警与分析研判工作，做好监测数据组织报送和审核把关，累计报送数据1692条。市纪委监委会同市委办召开政治生态监测工作推进会，及时反馈薄弱指标，督促落实管党治党主体责任，推动政治生态培优补差。组织开展“衡镜”系统数据复核工作，督促严把数据报送口径要求，确保数据真实准确。

【“1+X”作风建设】 2022年，市纪委监委依托“1+X”作风监督机制，紧盯重要节点开展专项督查，通报曝光违反中央八项规定精神问题16批、62人。推进酒驾、醉驾及其背后“四风”问题专项治理，紧盯津补贴发放、工会经费使用情况开展专项检查，深化公务用车、办公用房问题排查整治。配合上级纪委严查快处节日期间违规接受宴请顶风违纪案件，整治利用企业、社会组织报支违规吃喝费用和违规收受礼品礼金等行为，查处享乐主义、奢靡之风问题46起、57人。严肃纠治“慢作为”“走过场”“一刀切”等行为，查处形式主义、官僚主义问题7起、9人。

【“五位一体”干部激励保护机制】 2022年，市纪委监委全年实施容错纠错19例、改革创新风险备案17例、澄清正名24例，多件案例入选苏州市《“三项机制”典型案例选编》。开展诫勉谈话121人次，提醒谈话198人次，发挥预警、监督、纠错和保护作用。

【廉政教育】 2022年，市纪委监委组织开展“青廉有为”年轻干部系列教育活动，汇编年轻干部风纪手册、下发青年廉洁倡议书、开设“镜鉴自省，青廉有为”专栏、刊载“青廉寄语+青廉说”等形式。拍摄“纪法小课”短视频和年度警示教育片《走好赶考路，莫做掉队者》，协助市委召开全市领导干部警示教育大会，全年各地各部门累计借阅警示片127批次，观看人数达23800余人。围绕“清慎勤”主题，开展“5·10训廉日”活动，组织云参观政德教育基地、纪法微考场、举办“时光里的政德观”征文大赛、廉政书目推荐等开展集中训廉教育。

【“碧水琴川”廉政文化品牌】 2022年，市纪委监委持续打造“碧水琴川”廉政文化品牌，开展“村规民约倡廉洁”、纪法同行文艺展演等活动。创作廉洁村居主题曲《清风拂万家》和非遗微视频《清风百里，谜海千年》，牵头组织撰写《福地仁风——历史上常熟籍清官廉吏》，传承和弘扬常熟古代清官廉吏的崇高精神和优秀品质。组织参加由中国纪检监察杂志社、浙江省纪委监委、中央广播电视总台浙江总站、浙江日报报业集团等单位联合主办的第四届“玉琮杯”清廉微电影微视频大赛，《初心日记》获微视频类铜奖。

【“虞居廉行”家风文化专线】 2022年，市纪委监委围绕纪法宣传、红色文化、政德文化、家风家训、廉洁常熟建设等主题，挑选5条公交专线、10座公交站台打造常熟廉洁交通线。举办“虞居廉行”常熟家风文化专线启用仪式，规划线路串联起市政德教育基地、沙家浜革命传统和廉政教育基地、“碧水琴川”廉洁文化主题公园等一批“廉地标”，实现旅游观光、廉洁文化传播、廉政教育深度融合。

11月1日，常熟市纪委监委举办“虞居廉行”常熟家风文化专线启动仪式
（市纪委监委　提供）

监督检查

【监督制度建设】 2022年，市纪委监委制定《关于开展房屋征收领域专项监督工作的实施方案》，聚焦“合法安置面积”“临时安置费”，依托大数据手段对房屋征收安置专项资金使用情况进行监督；建立社会保险基金领域失业保险金发放专项监督模型，构建短暂参保数量异常、参保与个税缴纳一致等数据监督规则，严查党员干部公职人员利用职务便利截留套取、欺诈骗保、违规收受礼金礼卡回扣等违纪违法问题。建立突发疫情防控责任倒查机制，严肃查处党员干部、公职人员违反防疫规定、落实防疫责任不力等问题，形成“监督检查—问题反馈—再监督再检查”闭环管理机制。

【派驻监督】 2022年，市纪委监委推动派驻监督全覆盖，全年处置问题线索41件，下发意见建议书49份，纪检监察建议6份，运用“第一种形态”处置99人次，党纪政务立案60起，实施驻点监督项目19个，反馈问题356条，发现问题线索数13条，立案查处4人。针对发现的制度漏洞和薄弱环节，制发意见建议书9份，通报1份，运用“第一种形态”处理9人，推动建章立制50个。

【派出监察员办公室监督】 2022年，市纪委监委完善派出监察员办公室工作机制，通过兼职监察员跟班上挂、问题线索集体讨论等方式，强化工作协同联动。全年在综合行政执法领域查处党员干部97人，其中移送司法机关3人，推动制发纪检监察建议8项，推动出台制度11项。在城管环卫领域查处党员干部10人，其中移送检察机关2人。在科技项目申报领域立案查处党员干部15人，其中移送检察机关1人。

【农村集体“三资”监管】 2022年，市纪委监委聚焦镇属企业、村（社区）股份经济合作社及其投资的村集体企业（公司）、专业合作社等经济组织监管薄弱、管理制度缺失等问题，开展镇、村集体企业现状排摸。依托“1+X”作风建设机制，统筹派出监察员办公室、财政稽查大队、派驻纪检监察组、国企纪委等监督力量，对镇（村）企财务管理、资产管理、人员管理等方面开展重点检查，严肃查纠“靠企吃企”、违规转嫁吃喝费用、违规发放福利待遇、挪用侵占集体资金等问题，检查镇（村）企22家，立案11人。

【专项监督】 2022年，市纪委监委分别组织失业保险金发放、交通运输行政执法领域、房屋征收领域、环卫领域有偿服务收费、“一图一表”、富民创业担保贷等专项监督。失业保险金发放专项监督中立案查处7人，其中问责3人，采取留置措施2人，向公安机关移交涉嫌诈骗失业保险待遇线索4条，追缴资金70余万元。交通运输行政执法领域专项监督中收集道路行政处罚明细600余条，走访调研3次，访谈相关人员10余次，立案查处24人。房屋征收领域专项监督对房屋征收安置专项资金使用情况进行监督，锁定超面积安置搬迁户、错算面积未足额发放临时安置费等问题线索，立案5人，挽回经济损失97万元。市纪委监委以环卫领域“有偿服务收费”为切口开展专项监督，建立“商户底数”“履约情况”数据模型，立案查处8人，其中移送司法机关2人，追缴涉案资金59万余元。推动“人工盯防”向“智慧技防”转变，完善环卫信息系统，实现全流程监管及事先预警。市纪委监委落实市委“一图一表”暨违法建设治理工作推进会精神，对工作推进脱幅较大9个镇（街道）开展2轮次现场督查，制发督查反馈单16份，向市委专题呈报督查专报4份。对公职人员违规享受创业担保贷款和财政贴息问题进行清理排查，先后核查富民创业担保贷专项疑似问题信息81个，党纪立案4人。

调查审查

【腐败案件查办】 2022年，市纪委监委坚持不敢腐、不能腐、不想腐一体推进，始终保持严的主基调，实践拓展“系统查、查系统”工作法，更加精准有力惩治腐败。全市各级纪检监察组织立案442件，给予党纪政务处分334人，其中科级干部42人、“一把手”案件23件，办理留置案件8件，移送检察机关19人，开除党籍或开除公职38人，查处行贿人员11人，为国家和集体挽回经济损失1551万元。

【信访举报工作及问题线索管控】 2022年，市纪委监委深化重复举报治理和疑难复杂信访举报问题化解，推广运用“监督一点通”平台，联动衔接“寒山闻钟”“12345”，推动解决各类问题2412件。全年接收信访举报数、万人信访率持续下降。年内，市纪委监委细化对各乡、镇（街道）纪（工）委、派驻纪检监察组自办案件绩效考核要求，强化线索案件督办力度，提升线索意识和办案成效。深化“党风室+监督室+审查室”的“一事一议”模式，以重点领域典型个案推动专项监督，以专项监督发现线索反哺办案工作。

【协作联动机制】 2022年，市纪委监委强化协作联动，落实《关于进一步加强市纪委监委与市审计局协作配合工作的意见》，健全《关于加强市纪委监委与市财政局监督办案协作工作的实施方案》，全年接收审计移送处理书3份、财政检查整改通知4份。

【智慧纪委监委建设】 2022年，市纪委监委成立监督审查技术室，组建兼职监督审查技术人员队伍，建成大数据查询研判中心、分析研判应用平台，获中国电子数据取证大赛团体二等奖。坚持数据筛查比对与专项监督深度融合，加强基础数据资源库建设，建立房屋征收、惠农补贴等监督模型7个，通过碰撞比对立案25人、移送检察机关4人，失业保险金发放监督模型获评苏州市纪委精品建模案例。

（张文静）

责任编辑 张莉莉

民主党派·工商联

中国国民党革命委员会常熟市基层委员会

【概况】 2022年，中国国民党革命委员会常熟市基层委员会（简称民革基层委）下属7个支部，年内新发展党员4人，现有党员107人，党员平均年龄48.1岁，退休人员19人，在职党员中100%为大专以上学历（其中博士10人，硕士15人），副高级以上职称26人，女党员40人，占37.4%，有苏州市人大代表1人，苏州市政协委员1人，市人大代表2人，市政协委员14人，党员主要分布在政府机关、文教、经济和社会组织等单位。

【组织建设】 2022年，民革基层委修订《民革常熟市基层委员会党员履职评比实施办法》《关于调研学习经费使用的规定》等制度；优化调整参政议政、组织建设、学习宣传和社会服务4个工作委员会人员配备。内部监督委员会对基层委及支部各项重大决策部署和贯彻落实情况开展督查30次。民革基层委组织骨干党员参加民革苏州市委、常熟市委统战部举行的多期培训班，开展“同心云”讲堂学习。

【参政议政】 2022年，民革基层委参加市委组织召开的双月座谈会、专题协商会、通报会等各项会议8次，围绕“中新昆承湖园区规划建设”“数字政府建设”“全市多层次人才服务保障体系建设”等专题建言献策，提出的一批意见建议被吸纳为市委、市政府的政策措施。2022年市政协十五届一次会议上，民革基层委提交提案30件，其中提案《关于高起点建设昆承湖沪苏协同创新发展示范区的几点思考》被列为市政协主席督办提案。全年各支部开展“一支部一调研”活动，调研课题获民革苏州市委2022中山议政会二等奖。与农业农村局、司法局、生态环境等对口联系单位建立常态化联系机制，开展走访座谈6次。

【社会服务】 2022年，民革基层委利用常熟民革社会服务品牌“绿色公益团”和百姓城管志愿服务总队民革志愿服务大队等载体，全年组织党员开展各类社会服务和公益活动12次，累计参与党员153人次；组织党员赴支塘镇等地开展绿色公益知识宣讲活动，向群众倡导绿色环保低碳生活理念。 （王　韵）

中国民主同盟常熟市委员会

【概况】 2022年，中国民主同盟常熟市委员会（简称民盟常熟市委）有基层支部16个，盟员345人，年内发展盟员10人，盟员以教育、科技、文化为主界别，其中，教育界172人，占49.9%，科技界41人，占11.9%，文化界33人，占9.6%，法律界5人，占1.4%，经济界12人，占3.5%，医卫界52人，占15%，行政30人，占8.7%。中高级以上职称330人，占96%，本科以上学历266人，占77%。有常熟市人大代表4人（其中常委1人）；江苏省政协委员1人，常熟市政协委员33人（其中常委9人）。机关内设职能处2个（秘书处、组织处），设有工作委员会5个（参政议政、社会服务、青年工作、老年工作、妇女工作）和内部监督委员会。年内，民盟常熟市委获评民盟江苏省2021—2022年度新媒体建设先进集体二等奖，民盟苏州市委先进集体；盟员获国家级奖项1项，省部级奖项13项，地市级奖项27项，其他奖项67项。

【组织建设】 5月，民盟常熟市委召开民盟新联会第三届全体大会，产生民盟新联会第三届领导班子。9月，实验中学支部、市中支部、一中支部、尚湖高级中学支部、医联支部5个基层支部进行届中调整，选举产生各支部新的支部班子。

【参政议政】 2022年，民盟常熟市委在市政协十五届一次会议上提交集体提案19件，盟内政协委员提交个人提案36件、人大建议4件，内容涉及完善城市管理、保护古树木、土地使用等。民盟常熟市委在市政协十五届一次会议上书面发言材料《深化“一网统管”，为高品质“江南福地”提供优良发展环境》和大会交流提案《探索适应“十四五”发展的常熟职业教育》分别由市委、市政府领导领办。参加双月座谈会3期，分别围绕党风廉政建设和反腐败工作、提高拆旧地块的复垦质量、推动科技创新与产业发展深度融合等方面提出建议。盟员参加民盟省委举办的研讨会和论坛，报送论文8篇；上报各类社情民意38条。1名盟员获省民盟参政议政先进个人，2名盟员获苏州民盟参政议政工作先进个人、9名获论坛研讨先进个人称号，5名获苏州民盟社情民意信息二等奖和三等奖。

【社会服务】 2022年，民盟常熟市委开展“烛光行动”助学助教，其中盟员周皞每月对甘肃、贵州30多名孩子结对资助生活费，提供服装和学习用品等；盟员吴彦彰、查雪明资助贵州从江潘同学生活和学习费用1.02万元；盟员陈丽洁在苏州卫校每年出资5万元设立奖助学金，奖励并助学研究生、本科生、大专生。民盟一院支部和医联支部的多名专家到虞山街道清和坊社区、辛庄工业园开展义诊活动。年内，民盟书画家先后赴富阳社区、泰山社区、练南村、三峰村、宝岩村、辛庄镇吕舍村、翁同龢纪念馆等地送春联800多副。

【“益路黔行”贵州省精准扶贫助学计划】 2022年，常熟民盟与常熟市流水琴川义工协会、常熟市流水琴川和爱社会工作发展中心共同发起“益路黔行”（原“授渔计划”）贵州省精准扶贫助学计划，盟员资助贵州贫困学生189人，发放助学金22.82万元。“益路黔行”通过“爱心义卖、图书授渔、储蓄养鱼、鸿雁传情、黔苏成长营、润心课堂、捐资助学、暖冬包裹”等子项目，拓展山区留守孩童兴趣，激发其潜能，促进其发展，逐步实现“知识改变命运，知识让生活更美好，知识让家长更美好”，用知识建设家园、引领人们在保护好青山绿水的同时把家园建设得更加美丽、富饶。 （顾菊芳）

8月30日，民进江苏省委副主委、民进苏州市委主委钱振明（右三），民进苏州市委专职副主委於亚萍（右二）到常熟走访调研 （民进常熟市委 提供）

中国民主建国会常熟市委员会

【概况】 2022年，中国民主建国会常熟市委员会（简称民建常熟市委）有会员449名，支部18个。会员平均年龄53.2岁，年内发展会员13人、去世2人。在职会员318人，占70.8%；本科以上学历300人，占66.8%，其中博士10人、硕士47人；女会员122人，占总数27.2%；中高级职称247人，占55%；有苏州市人大代表7人、政协委员3人，常熟市人大代表13人（常熟市人大常委会副主任1人、常委1人）、政协委员38人（常委7人）。会员以经济界为主，分布在政府机关、水农系统、建设系统、交通系统、文教系统、医卫界等。民建常熟市委机关设工作委员会5个（参政议政、社会服务、青年、老年、妇女）以及处室3个（组织处、宣传处、秘书处）。建立“常熟民建会员实践基地”、文化支部“会员之家”、政协民建界别“有事好商量”协商议事室。《常熟民建》期刊每季度出版；“常熟民建”公众号全年编发178期，宣传报道被各级民建组织、常熟地方等刊载107篇次。

【组织建设】 2022年，民建常熟市委增补内部监督委员会委员2名；交通支部增补委员1名。参政议政工作委围绕各个调研课题开展全年调研工作、社会服务工作委协助开展系列社会服务、老年工作委集体学习防止金融诈骗、青年工作委组织开展“薪火相传，砥砺前行”主题活动、妇女工作委举行“疫情早日散，人人有绿码”妇女节主题活动。财经支部与国营常熟市棉花原种场党总支、经济支部与中共常熟市档案馆支部、综合支部与中共常福街道党委机关党政人大支部、水农支部与虞山林场宝岩管理区党总支、企业界支部与常熟市农村产权交易中心、工商支部与市民族团结进步促进会和民革常熟市基层委员会二支部开展共建活动。调整年度“五好”支部考核细则，全年开展线下支部活动95次，活动频率和出席率均在民主党派地方组织中处于前列。企业界支部被民建江苏省委评为“民建江苏省委特色基层组织”。

【参政议政】 2022年，民建常熟市委在政协常熟市第十五届委员会第一次会议上提交2篇大会发言、10篇集体提案、50篇个人和联名提案，5名民建委员获评双岗尽责先进委员，3篇提案获评优秀提案。其中《关于加大吸引各类人才来常创业就业的建议》由市委书记领办；《完善制造业用地全生命周期监管模式》《农村公路提档升级助力乡村振兴》被列为市政府领导领办提案；《关于常熟地方农业作物种质资源保护的建议》被列为政协提案“回头看”重点提案。在常熟市十六届人民代表大会第一次会议上提交《注重智能“适老化”，温暖普惠“慢跑者”》等多篇人大建议。全年围绕声学产业集群发展、直播电商产业、人力资源服务体系建设、中新昆承湖园区建设等开展调研。加强对口联系工作，与市法院、工信局、财政局、人社局、交通运输局、统计局、城投公司联合开展多个调研活动。市政协民建界别组分别走进圣益律师事务所和董浜镇开展“读书、履职”和“界别联镇·委员联村”调研活动。全年形成联合调研成果1篇，双月座谈会调研成果6篇，政协相关调研材料3篇，“一支部一调研”完成15个调研课题。全年收到社情民意信息稿件56篇，其中被民建中央单篇录用2篇，民建省委单篇录用4篇、综合录用5篇，民建苏州市委录用21篇、省政协录用2篇。《关于加快落实服务业市场主体纾困解难相关政策措施的建议》和《我市建设工程留存地方税收流失现象亟需关注》作为社情民意专报受到中共常熟市委书记周勤第的批示。民建常熟市委2022年度获民建苏州市委“反映社情民意信息工作先进集体二等奖”，张月明获苏州市“反映社情民意信息工作先进个人三等奖”。

【社会服务】 2022年，民建常熟市委开展“同心”战疫，号召全体民建会员带头作好表率、坚决扛起责任担当，为防疫捐款捐物近50万元；会员骨干志愿服务超过1000人次；组织会员参加无偿献血。推进“常熟民建爱心慈善基金”品牌建设，开展“关爱未来，成就梦想”爱心助学，向碧溪街道、尚湖镇的20名贫困学生送上慰问金并组织参观学习；与6个失独困难家庭开展结对帮扶20余次；连续9年开展“爱心轮椅”捐赠活动，向董浜镇捐赠爱心轮椅9辆；连续3年结对宿迁市王官集镇花园村贫困家庭开展定点帮扶。开展“同心”拥军活动，连续4年开展“关爱老兵，祝拜新年”活动，赴古里镇新年慰问8名老兵，为行动不便的老人赠送爱心轮椅；开展“同心喜迎二十大，军民团结一家亲”主题活动，前往驻常部队开展夏日慰问，并安排会内医生现场问诊；慰问参与应对9月最强台风的虞山消防救援站指战员；赴古里镇苏家尖村看望慰问92岁的抗战老兵张素英。做好爱心志愿工作，赴明日星城城欣园小区为居民送“福”到家，并慰问困难家庭8户；开展“守护虞山福地”环保公益行动；赴辛庄镇张家桥村开展农宅翻建科技下乡；组织支部赴尚湖镇新和村、职教中心等处结对帮扶贫困学生。（盛　晔）

中国民主促进会常熟市委员会

【概况】 2022年，中国民主促进会常熟市委员会（以下简称民进常熟市委）有会员382人，支部16个，年内新发展会员9人。会员平均年龄56.8岁，在职会员237人，占62%；本科以上学历295人，占77.2%；其中博士5人，硕士21人；中高级职称222人，占58.1%；女会员176人，占总数46.1%；有苏州市人大代表1人，政协委员2人，常熟市人大代表4人，政协委员35人。年内，民进常熟市委获民进江苏省委“民进信息化建设先进集体”称号，机关获民进江苏省委2022年度县级市（区）委机关目标考评二等奖。2人获民进中央“民进信息化建设先进个人”称号；《我们，愿成为彩虹的一个段落》在“风雨同舟向未来——讲多党合作故事、献礼中共二十大”短视频活动中获民进江苏省委二等奖、苏州市委统战部二等奖。周颖怡被评为苏州民进宣传思想工作先进个人。2人入选“姑苏教育人才计划（分层培养）”。

【组织建设】 2022年，民进常熟市委抓好“会员之家”建设，把会员之家打造成为会员学习、交流、联谊、议政、服务的平台，创新探索会员轮值制度，为市委及各基层组织常态化利用“会员之家”提供便捷。全年虚拟机关成员参与轮值75人次，利用“会员之家”开展活动15次。

【参政议政】 2022年，民进常熟市委在“双月座谈会”等高层次政治协商和参政议政活动中，通过调研和收集民意，发出民进好声音。全年开展线上线下社情民意信息工作全员会议3次，理工支部蔡瑞林有关种业产业和劳动教育基地建设等2篇调研报告分别呈送省和苏州两级政府。开展“全议政”论坛，通过师徒结对的方式，让更多的会员参与到参政议政工作。课题《完善保障体系，促进老年人再就业》被评为民进江苏省委关注课题一等奖；民进集体提案《全面贯彻落实“双减”政策，提升学校课后服务水平》和顾志军个人提案《关于加强青少年精神卫生干预的建议》被评为市政协十五届一次会议以来优秀提案。全年向民进省委会报送信息170篇，3条被民进中央采用，1条获苏州市市长批示。全年完成民进省委理论研究课题1个，关注课题1个，苏州市重点课题2个。顾志军、蔡瑞林、金沁、陆祎为等撰写的课题获民进江苏省委2021—2022年度参政议政成果二等奖；1人撰写的信息被全国政协采用，获苏州民进社情民意信息成果一等奖，2人撰写的信息被民进中央采用，获苏州民进社情民意信息成果二等奖，3人被评为2022年度苏州民进优秀信息员。

【社会服务】 2022年，民进常熟市委组织会员参与疫情防控工作，医卫支部会员坚守一线，参与病毒消杀等工作，会员中的书画家、艺术爱好者以抗疫为主题创作10余幅书画作品慰问抗疫志愿者。民进界别组利用“双联”“有事好商量”等政协履职平台，组织会员中的政协委员下沉基层，服务基层，与康桥学校签署结对协议，常态化送教帮扶2名听障儿童。持续开展彩虹行动，春节期间向贵州常熟希望小学老师送“福”字书法，儿童节通过邮递等形式送去民进市委的祝福；联合徐州商会企业，为金沙县沙土镇的6个村级小学提供700多件价值10万元的儿童服装。全年开展书画服务进学校、社区、军营7次，为巡特警大队送书画作品及夏日慰问品。全年开展“送医下乡”2次，受惠群众超200人。通过微信号推出“云健康”讲座。

【“同心向党，翰墨开明”——沿江三地民进喜迎二十大书画名家邀请展】 9月28日—10月12日，由民进江苏省委、民进四川省委、民进常州市委、民进常熟市委共同举办的“同心向党，翰墨开明”——沿江三地民进喜迎二十大书画名家邀请展（常熟站）在常熟市新峰美术馆举行。此次邀请展展出沿江三地民进书画家作品94件。

（俞丹洁）

中国农工民主党常熟市委员会

【概况】 2022年，中国农工民主党常熟市委员会（简称农工党常熟市委会）有党员425人，总支1个，支部委员会16个。党员平均年龄57岁，年内新发展党员17名，党派界别特色占比56%，中高级职称占比93%，是全国农工党党员人数最多的县级基层组织。党员中有苏州市人大代表1人，常熟市人大代表9人，苏州市政协委员2人，常熟市政协委员27人。农工党常熟市委会机关设秘书处、组织处、宣传处3个工作部门和参政议政、青年工作、社会服务、老龄和妇女4个工作委员会及内设的农工党常熟书画院。年内，农工党常熟市委会被农工党中央表彰为2018—2022年先进集体，6名党员获省级表彰。

【组织建设】 2022年，农工党常熟市委会加强领导班子建设，健全领导班子工作机制，坚持以民主集中制为根本组织制度，全面落实领导班子集体领导和分工负责制，做好联系基层、民主生活会、述职和民主评议等各项履职机制；加强内部监督和自我管理。钱向前、韩冷、徐醒尉、王俊良出席农工党江苏省第十三次代表大会，钱向前当选为农工党江苏省第十三届委员会委员和农工党十七大代表，并于12月上旬赴京参会。上半年，16个基层支部完成换届工作，所有基层组织统一升格为支部委员会，尚湖高级中学支部调整为教育综合支部。

【参政议政】 2022年，农工党常熟市委会在市政协十五届一次大会期间，提交包括医卫健康、文旅融合、安全生产、新兴产业发展等内容的集体提案10件，委员个人提案、联名提案近30件，参提率达到100%，其中《关于促进公立医院发展的几点建议》作为大会发言，《推进医养融合，助力健康养老服务高质量发展的建议》入选市政协领导督办提案。《加强政策引导，高质量推进普惠性托育机构体系建设》“有事好商量”协商议事案例获评政协苏州市委员会2022年度协商议事优秀典型案例，课题获评农工党苏州市委会2022年调研课题二等奖；《引航员群体工作期间存在疫情防控漏洞亟须重视》社情民意信息被农工党中央《信息专报》采用上报全国政协。《补齐公共卫生应急体系短板，筑牢生命健康安全防线》《关于我市既有建筑更新改造的相关建议》（秦建清等3名委员的联名提案）获评市政协十四届五次会议以来优秀提案。1人获评2021年“为常熟高质量发展作贡献，为新时代人民政协添光彩”双岗尽责先进委员。

【社会服务】 2022年，农工党常熟市委会出台《常熟农工“健康有约”社会服务方案》，把“健康有约”作为社会服务品牌名称并长期贯彻实施，对接“社会所需”与“农工所能”开展“健康有约”送医行、心守护、科普行、云咨询等。在第五个中国医师节，组织开展“健康有约”社会服务品牌启动仪式暨“‘医’心向党，踔厉奋进”中国医师节义诊咨询服务；成立陈永昌、祝敬溪2个委员工作室，各基层组织开展“健康有约”社会服务。“健康有约”品牌社会服务获评农工党苏州市委会“矢志不渝跟党走，榜样引领新征程”评选活动2022年度“十大服务项目”。连续13年资助常熟理工学院10名贫困学生。

【农工党常熟地方组织成立70周年系列活动】 2022年，农工党常熟市委会结合“矢志不渝跟党走、携手奋进新时代”政治交接主题教育，以农工党常熟地方组织成立70周年为契机，开展喜迎二十大·再谱新蓝图——庆祝农工党常熟地方组织成立七十周年“八个一”活动，即开展中共党史、农工党党史学习活动，走访农工党党史教育基地，撰写主题征文、读书心得，组织慰问逢十党员，开展知识竞赛、举办线上+线下书画摄影展、开展户外踏青、组织医疗专家走基层等。该活动获评农工党苏州市委会“矢志不渝跟党走，榜样引领新征程”评选活动2022年度“十大特色活动”。

（杭　丹）

九三学社常熟市支社

【概况】 2022年，九三学社常熟市支社有社员44名，下设高教、科技、医卫3个小组，社员平均年龄48.7岁，年内发展社员3人。社员中博士研究生18人，硕士研究生9人，高级职称社员33人，占75%；主界别31人。社员中有常熟市人大代表2人、常熟市政协委员3人、苏州市政府研究室特约研究员2人、苏州九三文教工作委员会副主任1人、苏州九三文化艺术工作委员会副主任1人、苏州九三理论研究工作委员会委员1人。九三学社常熟市支社被九三学社中央评为“九三学社全国宣传思想工作先进单位”“九三学社江苏省第八届委员会宣传思想优秀基层组织”，被九三学社苏州市委评为“参政议政先进集体”“宣传工作先进集体”“社会服务先进集体”。1人获评“九三学社江苏省第八届委员会社会服务先锋”，1人获评“九三学社苏州市委2022年度社会服务先进个人”。

作品《薪火相传，弦耕不辍》获中共江苏省委统战部视频大赛三等奖。

【组织建设】 2022年，九三学社常熟市支社对3名入社积极分子进行考察。参加庆祝九三学社苏州市地方组织成立70周年庆祝活动、参加九三苏州市委“我的九三学社情”主题征文活动，参加常熟市基层组织座谈会并交流工作。加强新社员的入社教育及相关培训，组织新老社员座谈会。在重阳节、端午节、春节开展退休社员走访慰问活动。倡导“依托名人效应、深化社地互动”，围绕“大力弘扬王淦昌爱国奋斗精神”和“科学家精神”，开展科学精神宣讲、科技招商合作、科技创新调研、科普应用推广等活动，在王淦昌故居举行“九三学社社员之家”揭牌仪式。与九三学社相城基层委、九三学社吴江基层委等举行联学联建活动，共同开展九三先贤——王淦昌、程开甲热爱科学、献身祖国的爱国奋斗精神和科学家精神学习活动。

【参政议政】 2022年，九三学社常熟市支社围绕多层次人才服务保障体系、数字政府建设、常熟历史文化名城保护更新、昆承湖园区建设等专题，提交高质量调研报告。深化与常熟市科技局对口联系工作，联合开展常熟参与离岸课创平台建设课题调研。组织社员中的人大代表、政协委员，到农村、企业、社区开展社会调研。2人参加常熟三大产业群发展及一老一小教育等联合课题的调研，2人参加苏州统战系统“同心矩阵”工作座谈会暨虚拟编辑部培训班。获九三省委培育课题1项，苏州市委参政议政课题3项、常熟市科技局软科学课题1项。向九三学社省委提交建议3篇，向常熟政协提交社情民意及建议8篇。1人获评常熟市政协社情民意信息工作先进个人和双岗尽责优秀委员。

【社会服务】 2022年，九三学社常熟市支社围绕“五一口号”发布、“科技工作者日”“国际科学与和平周”等主题，开展科普宣传、同心义诊、文化普及、文化惠民等活动。2人分别被苏州市和常熟市检察院聘为“益心为公”平台志愿者，1人受聘常欣小学2022—2023学年“欣享五色”社会公益外聘专家，1人为支塘镇退役老兵开展养生保健讲座，1人参加重阳节义诊活动，1人支援宿迁泗洪抗疫，2人捐资助学。常熟支社与支塘镇签订共建合作协议，向王淦昌高级中学、王淦昌中学捐资助学。支社有“江苏省科学家精神宣讲团”成员1人，“王淦昌故居义务讲解员”2人，参与科学家精神宣讲。1人获苏州科协举办的“我说赛先生”科学家精神故事会视频征集大赛二等奖。 （杨秀云）

常熟市工商业联合会（总商会）

【概况】 2022年，常熟市工商业联合会（以下简称市工商联）下属商会53家，会员总数6607家。以“服务民企360”主题活动，引导、助推民营经济发展。完善基层组织网络，推进商会法人治理，新建商会全部实施法人登记，与市民政局做好4家商会抽查工作。全年举办“虞商讲堂”3期。推荐9名常执委企业、5名青年企业家参加苏州市工商联举办的新一届常执委企业家培训。常熟市印染商会获评全省工商联系统商会组织先进集体，常熟市工商联获得江苏省商会商事调解联系协作机制示范单位，31家商会分别获评全国、省、苏州级“四好”商会。年内，11家民营企业入围“苏州民营企业100强”，常熟市龙腾特种钢有限公司、波司登股份有限公司、江苏中利控股集团有限公司入围“2022中国民营企业500强”。

表12　　2022年市工商联“服务民企360”圆桌会议举办情况一览表

时间	活动地点	活动主题
5月11日	沙家浜镇	“海棠有约·虞商红锋”党建惠企沙家浜玻璃模具专场
5月24日	苏州富士莱医药有限公司	“服务民企360”暨“海棠有约虞商红锋”党建惠企新材料产业园专场
6月16日	高新区管委会	“服务企业360”暨“海棠有约·虞商红锋”党建惠企高新区汽车及零部件专场
6月23日	国际饭店报告厅	“聚焦创新集群，服务高成长企业”2022服务民企360圆桌会议
6月27日	梅李镇龙腾特钢党群服务中心	“海棠有约·虞商红锋”党建惠企专项行动暨常熟市装备制造产业党建联盟主题党日活动
7月15日	经开区	“海棠有约·虞商红锋”党建惠企红色代办员“服务企业360”专场活动
8月18日	波司登国际控股有限公司	“服务民企360”暨“海棠有约·虞商红锋”党建惠企暨古里镇纺织服装产业专场活动
8月19日	经开区管委会	2022年“服务民企360”科创企业座谈会
9月2日	支塘镇任南村党群服务中心	“海棠有约·虞商红锋”常熟市级机关红色代办员服务民企360活动支塘专场
9月29日	辛庄镇人民政府	“海棠有约·虞商红锋”党建惠企市级机关红色代办员“服务民企360”辛庄镇成长型企业专场活动
11月16日	董浜镇人民政府	“党建惠企·纪法同行”专场服务暨行政执法党建联盟全生命周期行政指导座谈会

表 13　　2021—2022 年度常熟市“四好”商会创建情况一览表

获奖名称	获评单位
全国“四好”商会	常熟市浙江商会
江苏省“四好”商会	常熟市文化创意产业商会、常熟市印染商会、常熟市台州商会、常熟市支塘镇商会
苏州市“四好”商会	常熟市梅李镇商会、常熟市辛庄镇商会、常熟市海虞镇商会、常熟市尚湖镇商会、常熟市碧溪街道商会、常熟市莫城街道商会、常熟市常福街道商会、常熟市琴川街道商会、常熟高新技术产业开发区商会、常熟市常福街道新一代企业家商会、常熟市纺织服装商会、常熟市无纺业商会、常熟市科技创新创业企业联合会、常熟市餐饮业商会、常熟市跨境电商商会、常熟市中小企业发展促进会、常熟市货架商会、常熟市酒业商会、常熟市闽南商会、常熟市浦江商会、常熟市义乌商会、常熟市青田商会、常熟市江西商会、常熟市宿迁商会、常熟市连云港商会、常熟市河南商会

（资料来源：市工商联）

【组织建设】 年内，新成立常熟市尚湖镇青年企业家联合会、海虞镇青年企业家联合会；常熟市辛庄青年企业家联合会完成换届；常熟市沙家浜商会完成注销登记；常熟市睢宁商会升级为常熟市徐州商会，并完成更名；常熟市闽南商会升格为常熟市福建商会、常熟市虞山装备制造业商会更名为常熟市虞山高新区装备制造业商会。

6月27日，“海棠有约·虞商红锋”党建惠企专项行动暨常熟市装备制造产业党建联盟主题党日活动在龙腾特钢党群服务中心举行　（市工商联　提供）

【参政议政】 2022年，市工商联组织开展区域民营经济营商环境满意度调查；开展年度民营企业上规模调研和社会责任调研，39家民营企业申报；组织中利和龙腾特钢2家民企参加国际化规模较大民营企业调研。组织13个镇（街道）362家民营制造业企业参加生产经营情况线上调研，涉及装备制造、纺织服装、新材料、生物医药等领域，并向常熟市委上报《关于当前常熟民营制造企业生产经营状况的调查分析》调研报告。市无纺业商会形成《疫情对无纺企业的影响和建议》等社情民意信息。建立政协委员联系企业制度，20名工商联界别委员联系2—3家民营企业，不定期走访联系企业，就行业发展难点、企业转型堵点，收集社情民意，提交团体提案7件、联名提案5件、个人提案13件。《关于精准制定政策，吸引大专生、本科生、工程师回常就业的建议》《深化改革活力，产创融合促发展》2个提案分别由市委、市政府主要领导领办。

【惠企助企“双百行动”】 2022年，市工商联根据市委要求，制定《市领导调研民营企业活动的工作方案》。开展工商联班子成员走访活动，面对面了解民营企业家思想状况、民营企业发展状况，走访企业超百家，抽样满意率达100%。落实市委企业疫情防控及消防安全要求，下发商会系统疫情防控工作通知和推进商会系统消防安全方案，召开沙家浜玻璃模具产业、海虞新材料产业、梅李装备制造业、高新区汽车产业、虞山街道文旅产业、古里纺织服装业等专场交流；举办创新集群高成长企业专场、科技创新创业企业专场。年内开展活动12场，参会企业160家，参会部门板块90多家次，收集意见建议180多条。与税务局助力小微企业发展，面向大学生开展“就业创业税费政策解读”云培训；调研商会开展大讨论活动，促进商会创新集群建设；推动金融服务结对商会活动，帮助中小企业纾困解难。

【社会服务】 2022年，市工商联启动“小城大爱·虞商红锋”新时代文明实践示范商会品牌建设工程，成立“虞商红锋”总商会志愿服务队。常熟市印染、江西等9家商会在2022年“爱邮梦想，快乐成长”爱心包裹捐赠活动中捐赠爱心包裹510个；与宣传部联合开展“小城大爱，公益家装”精准帮扶行动，促成7家商会结对7户困难家庭，为每户家庭提供3万元改造费用。推动民营企业及商会参与“万企兴万村”行动，其中4家商会、8家企业与8个贫困村结对。在苏州市推进会上，市工商联组织常熟市辛庄镇商会、捷达消防科技（苏州）股份有限公司常熟分公司作为代表与辛庄镇双浜村结对签约。年内，市工商联组织商会企业捐款捐物，据不完全统计，全市各商会企业捐款捐物价值超千万元。　（吴学明）

责任编辑　李　妍

群众团体

常熟市总工会

【概况】 2022年，常熟市有独立工会4173家，全市新建独立工会122家，其中涉及规上企业75家；涵盖建会企业274家。有实名制会员44.2万人。市总工会做好职工关爱，打造“常工暖‘新’”服务品牌和服务阵地，开展新就业形态劳动者关爱行动。春节期间提供文体活动专项资金和节假日普惠活动专项资金323万元。出台经费政策，助销常熟蔬菜15万千克，销售金额近140万元。“常熟工会”微信公众号关注人数达31万人，实名绑定会员25万人。年内，省、市级民生实事项目——常熟市工人文化宫主体建筑封顶。

【基层工会建设】 2022年，市总工会推进建会“攻坚行动”，成立货车司机工会、直播行业工会，在粮食种植、网约车等行业开展建会试点，规模以上企业建会率80%。完善非公企业工会干部津补贴制度，发放补贴21.56万元。全额返还小微企业工会经费近4400万元。沙家浜红石职工之家、唐东村水产工会职工之家建设分别获省总工会服务基层优质项目二、三等奖。

【职工思想引领】 2022年，市工会开展百名劳模对党说、工会主席讲党课、职工阅读、文艺演出等“喜迎二十大”系列活动5场，800人参加。推出“工人先锋”党建服务清单，开设“工人先锋”讲坛，汇编党员学习资料《赋能》。年内，龙腾特钢和服装城，通过省委组织部、省总工会党建带工建“三创争两提升”省级示范点检查验收。

6月17日，“喜迎二十大·奋进新征程”常熟工会“一起向未来”主题文艺专场在常熟大剧院上演 （市融媒体中心 提供）

【工会先进选树】 2022年，市总工会开展第二届“常熟工匠”寻访活动，评选出“常熟工匠”12名；举办劳模创新工作室论坛，成立劳模（工匠）智库，首批成员24名。年内，获评省级五一劳动奖章1人，五一劳动奖状1家，工人先锋号3个；苏州市级五一劳动奖章24人，五一劳动荣誉奖章1人，五一劳动奖状7家，工人先锋号14个。

【产业工人队伍建设改革】 2022年，市总工会围绕服务高质量发展、服务“354”产业发展、服务产业工人队伍建设改革，整合资源合力打造工匠学院。联系常熟经开区试点成立服务高质量工作专班，跟班服务企业，改进自身工作。年内新增产改重点企业83家，申报“苏州市工匠实训基地”2家。

【职工帮扶关爱】 2022年，市总工会开展夏季“三送”和极端高温天气维护劳动者权益活动，发放的慰问品5700份、慰问金45.8万元，数量及金额均超往年。市总工会与市委组织部联合推进“海棠铺子”平台上线，开展线上普惠服务42场次，共同打造“安康驿站·蜂享吧”户外劳动者驿站80个。出台党建共建服务新就业形态劳动者的实施意见，设立新就业形态劳动者专项关爱基金100万元。开展关爱货车司机主题活动，送出慰问品1400份约7.8万元，送出健康体检200份价值12.76万元。组织200名新就业形态一线职工分3批疗休养；为412名困难职工“送温暖”，投入资金22万元；为54名困难职工发放专项帮扶资金63.7万元，发放"工会创业贷"2240万元。联合常熟市检察院，面向新就业形态劳动者未成年子女，提供心理疏导、司法救助、预防教育等法治教育和体验服务。开展女职工就业"云"招聘专场，吸引近40家企业提供就业岗位约200个，招聘人数近千人。

【职工技能教育】 2022年，市总工会依托微信平台，开展职工才艺、技能培训64场次、会员普惠活动16场次。开展常熟市首届重点工程劳动竞赛；主办化工行业、快递行业、汽车制造和数控车技能竞赛4项主题竞赛。组织参加苏州市工会安全生产和劳动保护技能竞赛，包揽团体一等奖及个人一等奖1个、二等奖2个。

【市工人文化宫主体建筑封顶】 7月，常熟市工人文化宫完成主体建筑封顶。新建常熟工人文化宫项目是2022年全省民生实事建设项目、常熟市重点民生实事项目，总投资4.5亿元，占地3.16公顷，总建筑面积6.35万平方米，设计功能主要包括职工文化中心、职工体育中心、职工培训中心和职工服务中心。 （顾　卓）

共青团常熟市委员会

【概况】 2022年，全市有团员38487人，基层团干部5805人，基层团组织3940个。年内，新发展团员1850人。团市委推报课题《依托本地红色资源赓续红色血脉研究》获评全省思想政治工作课题研究优秀成果二等奖，2021年度常熟市非常精英——高校大学生暑期活动实践方案、常熟市"小城大爱，虞青有志"青年志愿服务项目获评2021年度"青力聚核"苏州共青团创新创优项目，"青春常熟"微信公众号获评2021年度苏州市共青团系统十佳微信公众号，团市委获评2021年度苏州共青团工作先进单位、2021年度苏州市共青团系统宣传思想文化工作先进集体，《共青团常熟市委员会历史大事记》获苏州市档案文化精品评选优秀奖。

【共青团组织建设】 2022年，团市委推进共青团基层组织改革，10月底向市委常委会专题汇报改革实施方案并正式印发。深入推进社会领域特别是"两新"领域、新业态新就业群体团建工作，新建420家社会领域团组织。规范转接团组织关系，学社衔接率达99.9%。年内，组织2场基层团干部培训。开展"两红两优"（五四红旗团委、五四红旗团支部、优秀共青团员、优秀共青团干部）、青年五四奖章评选。评出常熟市优秀共青团员19人，优秀共青团干部55人，优秀团支部书记34人，五四红旗团委36个，五四红旗团支部（总支）30个；苏州市级五四红旗团委1个，五四红旗团支部（总支）2个，优秀共青团员3个，优秀共青团干部2个，优秀团干部（团支部书记专项）2个；省级五四红旗团委2个，五四红旗团支部（总支）1个，优秀共青团员1个，优秀共青团干部1个，优秀团干部（团支部书记专项）1个。

【青少年思想引领】 2022年，团市委围绕中华人民共和国成立73周年、二十大召开、建团百年等时间节点，开展"强国复兴青春行"研学游系列活动2场、"礼赞新时代，追梦复兴路"主题宣讲6场、"青锋助企，青'新'促学"宣讲活动14场、建团百年主题宣讲15场。举行入队入团仪式并开展红领巾寻访、少先队队长学校等实践活动。团市委联合市委组织部、宣传部、党校举办"虞青说"主题宣讲。开展"青年大学习"网上主题团课，年内参学95万余人次。运营"青春常熟"新媒体平台，围绕学习贯彻中共二十大精神、建团百年主题活动、意识形态引领、疫情防控等内容，在微信公众号发布推文352篇，其中原创182篇；在视频号发布视频23部，其中原创视频14部。制作《青春出列 舍我其谁》《建团百年——有我（常熟版）》《校园引才大使》《革命文物青年说》《有我》云合唱等正能量青春视频作品6部。开展"好青年""好少年""最美中学生"等评选活动。挖掘青年典型，青年典型库累计入库400余人。

【青少年关爱】 2022年，团市委实施2022年"梦想改造+"关爱计划，全年完成"梦想小屋"建设数27户；开设青少年暑托班，全市开设点位166个，参与青年志愿者520人，教师志愿者113人，覆盖青少年9789人次；实施青少年立体关护项目，实施"智慧V检"等重点青少年服务项目3个。

【青年人才培养】 2022年，团市委新建"常熟青年人才驿站"15家，开展"飞"常精英——高校大学生暑期实践系列活动，开放100个暑期见习实训岗位为知名高校大学生到苏、到常实习提供保障。扶持青年人才涉农创业，累计发放"新农菁英贷"7400余万元。年内新增一星级全国青年文明号6家，新建"乡村振兴虞青服务站"阵地7个。 （徐鉴棠）

常熟市妇女联合会

【概况】 2022年，全市有镇、街道妇联14个，经开区、高新区妇工委2个，市妇联直属系统妇联、妇委会（妇工委）22个，村（社区）妇联338个。市妇联对接妇儿需求，在妇女思想引领、巾帼创新创业、家庭文明建设、妇女权益保障、妇联改革创新等方面"五力"齐发，团结凝聚全市女性智慧与力量，助力更高品质"江南福地"建设。

【妇女组织建设】 2022年，市妇联联合市委组织部出台《关于深化"党建带妇建"进一步推进新领域新业态新阶层新群体妇联组织建设的意见》，新增常熟服装城直播产业妇联等新兴领域妇联组织37个，婚庆礼仪等行业协会妇联组织5个。承办苏州市推进新业态新就业群体组织建设现场会。试点推行"四新"妇联结对共建，莫城街道、虞山街道、碧溪街道等成立"四新”领域妇联共建联盟平台并发布资源菜单，实施“五微+N”工作法。在成立新领域妇联组织的单位中强化建设“妇女微家”等阵地。“虞新裳城women e+”妇女微家、“飞燕衔新”妇女微家入选江苏省新领域“最美妇女微家”。

【妇女思想引领】 2022年，市妇联开展“奋进新征程·谱写新篇章”主题大讨论、“巾帼大学习·今天我来读”云接力等活动，开展“巾帼心向党·喜迎二十大”系列主题活动，承办“巾帼心向党·献礼二十大”苏州市妇女书画作品展。建立“虞城巾帼好声音”宣讲队伍，累计开展线上+线下宣讲92场次，覆盖人群5000多人次。深化“学习强国进家庭”活动，举办“善学习·传家风·助强国”常熟市学习强国进家庭田园分享会。推进文明实践巾帼志愿阳光站建设，开展2022年常熟妈妈双拥行动。助力疫情防控工作，开展“Women在一起”暖心关爱行动。

【巾帼典型选树】 2022年，市妇联联合宣传部、政法委、农业农村局等10个部门，开展常熟市巾帼“十行百星”寻访，从10个女性聚集的行业（领域）中挖掘推选100名优秀巾帼典型人物，表彰为巾帼三农之星、科技之星、智造之星、教育之星、医卫之星、文体之星、政法之星、城建之星、金融之星和公益之星。开展“永远跟党走·虞城巾帼说”常熟市喜迎二十大巾帼“十行百星”优秀事迹宣讲会，综合运用“常熟女性”微信公众号及全媒体平台立体化讲述先进典型的感人事迹。挖掘推送“苏州时代新人”“常熟3月最美人物”。周燕当选2021年度江苏省三八红旗手。选树常熟市“优秀巾帼文明岗”47个、“巾帼文明岗”102个。古里镇行政审批局（为民服务中心）获评江苏省巾帼文明岗，市慈善总会获评江苏省巾帼建功先进集体。获评苏州市“最美巾帼文明岗”3个，苏州市“最美巾帼建功标兵”2名，2021—2022年度苏州市最美家政人2名。

【女性创新创业服务】 2022年，市妇联实施巾帼科技创新行动，成立常熟市女科技工作者联盟，举办科技创新女性赋能沙龙。成立巾帼科技助农服务团、巾帼科技助企服务团。常熟高新技术产业开发区、北京大学分子工程苏南研究院、江苏国茂纺织科技有限公司3家企业分别入选苏州市巾帼科技创新试点园区、基地、企业，巾帼益企行入选苏州市科技创新巾帼行动工作试点项目。市妇联评选常熟市巾帼新业态助农创新基地、巾帼示范精品民宿等巾帼示范基地7个。平巷里生态旅游有限公司获评江苏省巾帼现代农业科技示范基地，公望·马宅民宿获评江苏省巾帼示范精品民宿。

【家教家风建设】 2022年，市妇联召开家庭家教家风工作座谈会，推动新时代家教家风建设。开展“最美家庭”“文明家庭”寻访活动，选树爱党爱国、绿色低碳、科学教子等最美家庭50户。年内获评全国最美家庭1个，省级特色家庭6个。开展“心相随·伴成长”“菜单式”家庭教育公益巡讲（研学）活动，特聘16位讲师，选取35个主题，创新加入研学内容，线下课程惠及家长1100余人次。线上推送家庭教育“一法一条例”系列微课、“考前减压课”等。拓展创建“三全”（“社区全域、父母全程、家庭全类型”的社区家庭教育）社区试点15个。开展“六一”专题调研，开展海派瓷刻非遗传承、3D科技体验、“虞”你“童”行儿童议事会等活动。

（谢　燕）

表14　2022年常熟市江苏省级以上特色家庭获奖情况一览表

类别	获奖家庭
全国最美家庭	苏洁家庭
江苏省文明家庭	周丽娟家庭
江苏省五好家庭	陈健家庭
江苏省最美家庭	包丽萍家庭
江苏省十佳“教子有方”家庭	钱燕红家庭
江苏省书香家庭	贺倩家庭
江苏省绿色家庭	葛荣林家庭

（资料来源：市妇联）

【“虞居廉行”家风文化专线】 2022年，市妇联推出“虞居廉行”家风文化专线，将常熟的名人故居、家风人文景观、红色教育基地串联，在210路、10路公交车车身、过道和街心花园、言子墓等公交站点灯箱、挡板布置宣传图文。举办启动仪式，邀请16户青年干部家庭代表发出家风弘扬倡议、亲子诵读《家风颂》、展示各自家风家训。通过言子文化宣讲、沙家浜红色传承课程、蒋巷新农村体验项目等站点活动，促进家风传承。

常熟市科学技术协会

【概况】 2022年，市科协有学会（协会）30个，镇（街道）科协14个，年内，新增企业科协14家、“科技人员之家”8家。举办第三十届科普宣传周、2022年全国科普日等活动；开设《走进科创》融媒体专栏。常熟市以苏州第一名的成绩创成2021—2025年度全国科普市范县（市、区），市科协获2022年度县级科协创新发展能力提升计划优秀单位、江苏省“4+1”工作质效评估优秀的县级科协表彰，以全省第二名创成苏州唯一“科创江苏”示范县（市、区）。王淦昌故居获全国、省、苏州市三级“科学家精神教育基地”称号，江苏迎阳无纺机械有限公司董事长、科协主席范立元获2022年江苏省

"最美科技工作者"称号，常熟荣瑞灭菌技术有限公司科协主席朱仪兵获评2022年"科创江苏"企业创新达人。江苏亨通海洋光网系统有限公司科协获评省级示范企业科协。

【学会建设】2022年，市科协实施2022年度学会服务科技创新能力提升计划，资助11个提升计划项目和16个软科学研究课题。新建常熟中医药博物馆、常熟瑞特发展有限公司2个"科技工作者之家"。推动苏州市声学学会成立，市药学会、市技师协会等学会完成换届，新成立虞山医派研究会。

【院士专家服务工作】2022年，常熟市成立"常熟市院士专家服务中心"。市科协做好院士专家等高层次人才助力常熟高质量发展工作，参与2022年常熟国际精英创业周，举办"苏州科学家日——聚力产业发展院士常熟行"活动，邀请范滇元、吕达仁、徐义刚、徐红星、沈政昌等院士出席活动。范滇元院士江苏省企业院士工作站获得省科技厅批准，落户江苏亨通海洋光网系统有限公司，列入市级科技计划项目获得100万元资助。促成范滇元院士和徐剑秋教授团队合作，推动苏州产业技术研究院高强激光智能技术研究所成立。吕达仁、田禾、李培武院士围绕"双碳"战略、数字经济、生命健康等主题，举办"海棠讲坛 院士课堂"4期。（王晓理）

常熟市归国华侨联合会

【概况】2022年，全市有镇（街道）侨联13家、高校侨联1家、开发区侨联2家，有侨商会、侨联法律顾问委员会、华侨文化交流基地、新侨创新创业基地等多个社会团体和工作平台。年内，市侨联持续推进双"五有"侨联组织、侨胞之家和"一镇一品"建设，组织开展侨界活动50余场，覆盖侨界群众1200多人次，走访慰问归侨侨眷、重点侨界人士、新侨人才代表等160人次。开展第四届侨界文化月、常熟侨界法治宣传月活动。组织举办"智惠常熟 共创未来"海外高层次人才对接交流会暨2022常熟创新创业海外专场赛，促成3个优质项目达成初步合作意向并签约。2022年，常熟市侨联获评"江苏省侨联系统先进集体"，孟学军获评"江苏省归侨、侨眷先进个人"，苏州莱茵电梯有限公司获评"江苏省优秀侨资企业"，苏州·中国声谷被命名为"江苏省侨联新侨创新创业基地"，戴逸学术馆被确认为"苏州市华侨文化交流基地"。

【为侨服务】2022年，市侨联组织开展新一轮侨情调查和全市侨资、侨属企业情况调查。开展"纾企困，稳增长，促发展"侨企走访服务行动；开展"花开疫散，遇见侨爱"防疫健康包捐赠活动，为全市700多户侨眷家庭送上防疫茶饮和香包。组建常熟市侨界志愿服务队，指导基层侨联创新启动"馨侨一家"为侨服务公益项目、"侨爱"家庭医生健康服务行动、"幸福来敲门"暖心计划、"孝润侨心，聚沙成塔"侨眷应急出行关爱行动等。市侨联开展常熟侨界法治宣传月活动，组织"法治伴我行 护侨促和谐"系列宣传活动、"云课堂""云听书""云电台""云答题"等系列活动，提高侨界人士法治意识。印发《涉侨法律政策指南》，送法入侨企、入基地、入社区。

【侨界文化建设】2022年，市侨联开展"喜迎二十大，侨心向未来"第四届侨界文化月活动，推出"芳华之路，与侨有约"系列活动。策划拍摄"'侨'这40年"短视频，举办常熟市侨联成立40周年座谈会。组织"书写侨文章，同心向未来"主题征文活动，在"常熟侨"专栏发布征文，展示海内外侨胞在常熟的成长创业故事。聘请海外"一带一路"召集人张方等5名常熟籍侨界人士为首批"常熟市侨文化交流使者"，以中医药文化、书画艺术、非遗技艺为载体，推进中华优秀传统文化的传播与交流。

【侨界联络联谊】2022年，市侨联加强与海外侨社团、"一带一路"侨领等线上、线下沟通联系，深入拓展侨界资源，在常熟籍海外精英中遴选聘请5位海外人才合伙人，牵线引进海外人才项目，服务全市双招双引工作。市侨联举办"跨越山海，奔赴春天"常熟市侨界大拜年直播、"最美不过家乡月·又见琴湖"中秋联谊、"览大美常熟，筑青春梦想"常熟海外学子家乡行、"亲情中华·水乡吴韵"网上夏令营、云游江南"藏书文化"之铁琴铜剑楼等活动，与海外五大洲近20个国家的常熟籍侨胞互动。在海外设立"华侨图书馆 迪拜常熟书房"，构建常熟文化在海外传播的新载体。以"书房"为媒介，牵线常熟侨商会与阿联酋江苏商会缔结友好商会。

【在日常熟人联谊会成立】10月1日，在日常熟人联谊会在日本东京成立。联谊会以爱国爱乡、团结互助、联络联谊、牵线搭桥为办会宗旨，以在日本的常熟籍华侨、华人和留学生为主体。博士李建兴被推举为在日常熟人联合会首任会长。这是继美国大华府常熟联谊会、澳大利亚墨尔本常熟联谊会之后，成立的第三家海外常熟同乡组织。

（李玉萍）

常熟市文学艺术界联合会

【概况】2022年，市文联有注册会员2160人，其中国家级会员134人、省级会员334人、苏州市级会员297人、常熟市级会员1395人。年内，市文联组织"同心筑梦"宿迁画院书画作品邀请展、沈利萍中国画精品展、"仰望经典——纪念王翚、吴历诞辰390周年中国画临摹展"、杏苑礼赞书法展——常熟市50名著名书法家致敬战疫逆行者献艺巡回展、"绘就精彩三十载·碧溪之路传新篇"经开区成立30周年书画展等书画作品展览，组织文艺家读书班，举办江苏省第十三届新人展颁奖仪式、第五届《常熟田》"双年奖"颁奖活动等。全年出刊发行《常熟田》

7期，含增刊1期；《常熟日报》常熟文联专版每月出刊1期，全年12期；常熟市文联微信公众号全年推送信息200余条。

【市文联九届七次全委会召开】 4月21日，常熟市文联召开九届七次全委会。党组书记、主席张怡作工作报告《担当新使命，展现新作为——为建设更高品质的"江南福地"贡献文艺力量》，报告围绕学习宣传贯彻中共十九大以来历次会议精神这条主线，着力强化思想引领、繁荣文艺创作、推出优秀文艺人才、深化文联组织改革，为美丽常熟建设提供文化凝聚力和精神推动力。

【省十三届新人书法篆刻作品展颁奖仪式举行】 11月14日，江苏省第十三届新人书法篆刻作品展颁奖仪式在常熟国际展览中心举行。活动由江苏省书法家协会、苏州市文学艺术界联合会、中共常熟市委宣传部主办，苏州市书法家协会、常熟市文学艺术界联合会、常熟市文体广电和旅游局、常熟市对外文化交流促进会、常熟市慈善总会承办，常熟市书法家协会、常熟市书画院、云裳小镇协办。江苏省新人书法篆刻作品展是江苏省书法家协会的一项重要品牌活动，每两年举办一次。展览共收到各地投稿作品6755件，其中有效投稿6696件。经过初评、交叉复评、终评、文字审读及面试等多重程序，487件入展作品，其中44件被评为优秀作品。

（张妍红）

表15　　2022年度常熟市各文艺门类全国级获奖作品一览表

作品名称	艺术门类	获奖者	颁奖单位	奖项名称
《影·幻》	文学	顾　鹰	冰心奖评委会	获2022年"冰心儿童文学新作奖"大奖
油画《太湖渔泊》	美术	高阿兵	中国美术家协会	入展"悲鸿风度"首届油画双年展
油画《进行中之六》	美术	高阿兵	中国美术家协会	入展全国新文艺群体美术作品展览
草书作品	书法	秦　健 沈群华 唐志昂 袁新乐	中国书协	入展全国第五届草书作品展
楷书、草书作品	书法	寇忠理 葛丽萍	文化和旅游部	入展第十三届中国艺术节全国优秀美术、书法篆刻、摄影作品展览
《开怀》	摄影	邵小峰	中宣部、中国文联、中国摄协	入展"筑梦——我们的新时代"美术摄影作品展
弹词选段《厅堂夺子》	曲艺	金慧新	中国曲协	入围第十二届中国曲艺牡丹奖表演奖

（资料来源：市文联）

常熟市残疾人联合会

【概况】 2022年，常熟市有各类持证残疾人18683人，其中肢体残疾8173人，视力残疾1867人，听力残疾729人，言语残疾65人，精神残疾3567人，智力残疾3135人，多重残疾1147人。年内，市残联通过走访帮扶慰问、举办专场招聘会、职业技能培训、组织文体活动、提供法律咨询及援助等方式，服务残疾人，维护其合法权益。

【残联组织建设】 2022年，市残联组织全市337个基层残协、残联换届，召开常熟市残疾人联合会第七次代表大会。第七次代表大会听取和审议市残疾人联合会第六届主席团工作报告，选举产生常熟市残疾人联合会第七次代表大会主席团主席、副主席和出席苏州市残疾人联合会第七次代表大会代表，选举产生各专门协会主席、副主席，推举产生第七届执行理事会理事长并根据理事长提名产生副理事长。

【残疾人证管理】 2022年，市残联更新"全国残联信息化服务平台"残疾人信息。组织集中残疾评定7场，460人申请者参加残疾评定；开展上门评残4次，服务群众43人。评残定级332人，到期换证783人，受理跨省通办31人。

【残疾人就业服务】 2022年，市残联开设封面摄影、商业摄影、水彩绘画、钩针编织、园艺、西式面点、盲人按摩等项目培训班，全年实名制培训266人，其中农村实用技术14人。组织6名残疾人参加苏州残联组织的盲人按摩和农技培训。市残联举办"阳光助残 放飞爱心"残疾人线上招聘会、"复工促保障，助残稳就业"公益性就业援助专场招聘会、"放飞职业梦想 共创美好未来"高校毕业生洽谈会暨公益性残疾人招聘会、"喜迎二十大，圆梦新时代"公益性就业援助专场招聘会暨高校毕业生洽谈会、"扶残助困暖民心，喜迎党的二十大"公益性残疾人专场招聘会、"暖心就业解民忧，同心共庆二十大"公益性残疾人专场招聘会6场残疾人专场招聘会。全年累计提供212个残疾人工种岗位，达成就业意向残疾人75人。年内，完成残疾人就业315人。

【"残疾人之家"建设】 2022年，市残疾人康复中心在册残疾人员39名，开展职业康复3551人次。新冠肺炎疫情防控期间，市镇两级残联了解残疾人日常生活需求，做好虚拟"残疾人之家”服务，帮助残疾人处理日常问题，免费发放防疫物资。古里镇“残疾人之家”、常福街道“残疾人之家”和沙家浜镇“残疾人之家”通过苏州星级达标创建考核验收。

（丁 力）

常熟市红十字会

【概况】 2022年，常熟市新建社区红十字会2个，对原有村（社区）红十字会进行调整，调整后全市有基层红十字会组织125个，有红十字志愿服务组织9个，注册志愿者数792人，全年开展志愿服务总时长10.09万小时。年内，市红十字会完成初级救护员和普及性应急救护培训1.88万人，依托新时代文明实践所（站、点）开展应急救护公益讲堂20期，市红十字会代表队获2022年苏州市红十字应急救护职业技能竞赛集体三等奖。召开第七届理事会第五次会议，选举徐正为市红十字会会长（兼）。组织开展全市青少年红十字征文、绘画比赛。常福街道景泰社区获评江苏省红十字会优秀博爱家园，常熟理工学院等5所学校通过江苏省红十字示范学校复审。市红十字会获评2022年度中国红十字会总会报刊宣传先进集体二等奖。

【造血干细胞捐献】 2022年，全市有382人报名加入中华骨髓库，杨俊、吴让君成功捐献造血干细胞，成为常熟市第20例、21例造血干细胞捐献志愿者。市红十字会联合恒丰银行常熟支行在红豆山庄举办“虞爱相髓”造血干细胞捐献者关爱活动。周末、节假日方塔东街献血屋常态化开展造血干细胞捐献宣传、登记和采样服务。市红十字会及琴川街道红十字会、流水琴川义工协会3家单位获评苏州市造血干细胞捐献工作先进集体，何建明等5人获评苏州市造血干细胞捐献先进个人。

【遗体（器官、角膜）捐献】 2022年，全市52人报名捐献遗体（器官），实现遗体捐献19例、器官捐献2例、角膜捐献4例。年内，市红十字会先后举行红十字捐献纪念园集体缅怀仪式和遗体捐献志愿者集中报名登记仪式。

【红十字募捐与救助】 2022年，市红十字会接受社会各界爱心捐赠款物257.87万元，发放各类救助金和物资273.39万元，其中接受疫情防控捐赠款物价值103.54万元，第一时间用于疫情防控一线。“99公益日”期间，依托腾讯公益平台开展“AED（自动体外除颤器）健康守护”项目线上筹资募捐活动，筹集款项21万元，采购14台AED完善常熟市公共场所急救设备配备。开展“博爱送万家”活动，博爱助困项目针对困难家庭、重病患者、高龄捐遗志愿者家庭等特殊群体发放款物24.09万元；博爱助学项目发放“常熟开关博爱助学基金”及新成立的“元欣泵博爱助学基金”22.7万元，与四川省内江市东兴区、四川省绵竹市土门镇、贵州省思南县、江西省赣州市赣县区等地结对助学87名困难家庭学生，发放助学金12.5万元；博爱助医项目发放“常熟市小天使关爱基金”“徐婷博爱助医项目”15.2万元；博爱助捐项目向成功捐献造血干细胞、实现遗体捐献的志愿者发放慰问金10万元。

【红十字救援体系建设】 2022年，市红十字救援队参与安全保障服务79场，参与队员158人次，服务时长474小时；开展防疫志愿服务197场，参与队员421人次，服务时长904小时，获评常熟市最美战“疫”志愿服务组织称号。

【市红十字生命健康安全体验教室启用】 9月8日，市红十字会在蒋巷青少年科普馆举行纪念世界急救日主题活动暨红十字生命健康安全体验教室揭牌仪式。红十字生命健康安全体验教室建于常熟市青少年综合实践学校——蒋巷青少年科普馆，是江苏省红十字会支持项目，配备CPR+AED趣味体验学习系统、气道异物梗阻急救成套模型、生命健康安全学习训练系统等设备，能够让青少年在有趣味的体验中学习到应急救护知识和技能。仪式上，市青少年活动中心、蒋巷村2支博爱护蕾志愿服务队成立，王淦昌高级中学学生演示心肺复苏和创伤救护基本技能，红十字志愿者演示体验教室设备使用方法。市红十字会与市教育局签订高中阶段学校应急救护培训常态化合作协议，就高中阶段学校的应急救护技能宣传普及、救护设施配置、救护服务阵地建设等方面开展协同合作，建立常态化合作机制。

（管梦益）

责任编辑 张莉莉

法　治

政法委及综治

【概况】 2022年，市委政法委制定出台《关于加强全市政法系统政治建设的实施办法》，明确12项任务及43项责任清单。印发《政治督察工作实务手册》，对司法局、检察院开展政治督察。创建“虞法政剑”党建品牌，成立“常安红心圆”政法系统党建联盟并联合开展主题活动。深化党风廉政建设，组织新入职政法干警旁听职务犯罪案件庭审，组织观看警示教育片，邀请派驻纪检监察组组长上专题党课。宣传报道“虞城政法先锋”2期，举办政法干部政治轮训班2期，组织镇（街道）政法委员参加全省政治轮训，选派3名中层干警参加苏州青干班培训。举办“海棠讲坛·四说一会”“一亮点两问题”专题会。开展政法领导干部“政治忠诚”剖析，落实新时代政法干警“十个严禁”、防止干预司法“三个规定”，严格执行中组部等6部门关于政法机关领导干部、关键岗位重点职位干部交流轮岗的有关规定，全面推进从严管党治警。推动“一网统管”平台（一期）建设，整合治理资源，通过10大专题模块，整合19个部门154类数据，对接数据2711万余条，对接视频监控4.3万多路，接入不同条线26个专题页面。

【平安常熟建设】 2022年，市委政法委制定《关于深入推进更高水平的平安常熟建设的实施意见》《市委平安常熟建设领导小组专项工作协调小组组成方案》。优化调整“平安指数”指标体系配置，增加“安居超市”红黄隐患按时整治率和“九小场所”消防安全质态评估作为“平安指数”基本项。常态化推进扫黑除恶，开展涉黑涉恶案件线索倒查等工作，推进十大重点行业领域专项整治和“无黑城市”建设。抓好打击整治养老诈骗、特殊困难群体救助帮扶和妇女儿童权益保障问题专项排查整治2个专项行动，紧盯以提供“养老服务”、投资“养老项目”等为名实施的6类现行违法犯罪，侦破养老类诈骗、拐卖及性侵案件171起。推进“智慧社区”建设，6个智慧小区完成建设并验收。

【社会治理效能提升】 2022年，市委政法委注重“一镇一品”“一部门一特色”品牌塑造和特色项目建设，8个特色项目入围苏州市域社会治理创新案例，实现“八心工程”40+项目100%完成。建成运行执法服务中心和涉案财物共管中心，执法效率和规范化水平得到“双提升”。制定《常熟市网格巡查工单质量规范（2022年试行）》《2022年度常熟市网格规范达标率监测评价办法》，推进“精网微格”工程。制定《2022年度全市专职网格员专业化培训的实施方案》，建成14个镇（街道）网格学堂，举办常熟市网格学院网格化社会治理专题培训班，组织专职网格员技能竞赛。将开展养老诈骗专题宣传、保障妇女儿童权益、农村人居环境、交通安全、气象预警等纳入网格化管理，开展网格员信息采集上报、巡查走访等基础工作。实施“纠纷前哨”工程，制定《常熟市“纠纷前哨”工程工作规范》，构建20类非警务矛盾纠纷流转处办闭环流程，全年流转处办9092件，1个工作日内工单签收率100%。

12月15日，常熟市社会矛盾纠纷调处化解中心启用　（市委政法委　提供）

【三级社会矛盾纠纷调处化解中心建设】 2022年,市委政法委制定《关于健全完善市、镇(街道)、村(社区)三级社会矛盾纠纷调处化解中心的实施方案》,推进三级社会矛盾纠纷调处化解中心建设。12月15日,常熟市社会矛盾纠纷调处化解中心启用,为群众提供来访接待、法律咨询、矛盾调解等服务。年末,全市各镇(街道)、村(社区)社会矛盾纠纷调处化解中心建成投运。

【"枫桥式"村(社区)建设】 2022年,市委政法委加强"枫桥式"村(社区)建设,制定《关于加强"枫桥式"村(社区)建设的实施方案》,评选达标"枫桥式村(社区)"242个,其中5个被苏州命名为示范村(社区)。

【社会稳定风险评估】 2022年,常熟市完成140个稳评项目,发放问卷18820余份,走访3254余人,召开群众座谈会138场次,专家评审会87场次,排查化解矛盾45起,帮助群众解决实际困难28个。140个稳评项目中第三方稳评机构完成131个,占总数的93.6%。完成《常熟市烈士陵园整体修缮项目》《常熟国家气象观测站气象探测环境保护专项规划》《编制〈常熟市水域保护规划〉决策项目》《公共场所卫生许可告知承诺制实施办法》等重大行政决策项目备案。9家第三方机构被录入苏州市第三方评估机构库。 (王梦婷)

法治政府建设

【概况】 2022年,常熟市系统推进法治建设重点任务,市委常委会会议及市政府常务会议学法18次。全年审核市政府常务会议议题113件,审查报备市级行政规范性文件7件,审查备案部门、板块行政规范性文件8件,规范性文件报备率、及时率和规范率均达100%。编制2022年度市政府重大行政决策事项目录4件,对2件市政府决策文件组织开展实施后评估。审结行政复议案件192件,办理市政府行政诉讼案件42件,审核市政府信息公开答复书51份。出台《〈常熟市法治社会建设方案(2021—2025年)〉重要举措任务清单》《常熟市法治政府建设实施方案(2021—2025)》,以省法治政府建设示范创建为抓手,全面提升全市依法行政水平。全市335个村(社区)实现"援法议事"全覆盖。常熟市获评"全省法治政府建设示范市"。

【法治化营商环境建设】 2022年,常熟市持续推进"减证便民"行动,深化证明事项告知承诺制工作,建立季报制度,加强与政务信息资源共享、信用体系建设、"互联网+政务服务"等工作的衔接。围绕企业全生命周期便利度改革,推出企业开办、市场主体迁移、"1+N"注销等"一件事",依托"线下一窗式、线上全链通"模式,实现企业开办常态化0.5个工作日办结。在苏州率先推行居民服务业个体工商户集中登记。推行包容审慎监管,推动"两轻一免"清单,从轻、减轻、不予处罚累计金额8084.6万元。编制《常熟市常见涉企服务事项行政指导清单》,汇集财政、人社、公安等27个行政机关153项涉企行政指导事项,助力企业合规经营。

【行政规范性文件审核及清理】 2022年,常熟市编制《2022年度市政府行政规范性文件制定计划》,加强行政规范性文件源头管理。宣传贯彻《江苏省行政规范性文件合法性审核规范》,印发《关于印发〈文件合法性自查自审表〉的通知》等,制定政府行政规范性文件7件,审查备案板块、部门行政规范性文件8件,报备率、及时率和规范率100%。梳理2021年底以前的95件行政规范性文件,按照公开征求意见、合法性审核、政府常务会议审议等程序规定,废止行政规范性文件3件。编纂《常熟市人民政府行政规范性文件汇编》,并向社会公开。

【重大行政决策程序管理】 2022年,常熟市编制《2022年度市政府重大行政决策目录》,编制"黄山路贯通工程""烈士陵园整体修缮项目""编制《常熟市水域保护规划》""编制《常熟市国家气象观测站气象探测环境保护专项规划(新址)》"4件项目列入市政府重大行政决策事项,并实现网上平台运行。委托第三方机构,对2件市政府决策文件组织开展实施后评估,从决策和文件实施的合法性、合理性、操作性、绩效性等开展全面评估。

【基层执法规范化建设】 2022年,常熟市开展基层执法规范化建设年活动,制定并落实《常熟市基层综合行政执法规范化建设专项行动工作方案》。编制《常熟市镇(街道)综合行政执法局建设规范》《常熟市镇(街道)综合行政执法规范文明执法行为规范(试行)》《关于加强镇域(街道)综合行政执法人员及执法辅助人员监督管理的实施意见》等制度。开展新一轮综合行政执法赋权事项评估,编制《基层执法专项行动工作手册》,在全省率先完成镇(街道)综合执法人员统一换装,持续推进"综合执法+纪检监察""综合执法+调解",提升镇域综合执法服务基层社会治理效能。规范执法主体及人员资格管理,梳理确认全市行政执法主体111个,完成2373名行政执法人员全国统一行政执法证换证工作。推进基层行政执法人员法治培训,基层行政执法人员全年学习时长均达到60个学时。

【行政复议规范化建设】 2022年,常熟市推进全市行政复议体制改革,对照行政复议规范化创建47项指标,逐一完善修订。全市行政复议体制改革通过省司法厅考核验收。修订完善行政复议委员会工作规则及案件审议议事规则,调整复议委员会名单,形成"3个100%"工作机制,全年通过案审会审理复议案件10件。出台《关于进一步加强行政争议实质性化解的工作意见》,市司法局与姑苏法院、常熟法院建立行政争议协同化解工作站,构建行政争议协同化解工作站网络框架,加强司法联动共同推进行政

争议实质性化解工作，立案前撤回起诉7件，立案后撤回诉讼或调解结案42件。（吴雨婷）

公 安

【概况】 2022年，市公安局推进大庆安保、疫情防控、公安改革、队伍建设等中心工作，全市刑事案件发案实现15年连降、破案率实现12年连升，道路交通亡人事故和亡人数分别比上年下降11%和11.6%。建成预警处置、融合侦查、基础管控、执法服务、队伍管理、支撑保障六大中心，警务工作效率和核心战斗力得到提升；建成涉案财物共管中心，提高执法规范化水平；组建专业化铁骑队伍，增强路面见警率、管事率和突发事件应急处置能力。在苏州市首创公安窗口实体入驻为民中心，实现全年365天不断档对外服务。为民中心公安窗口节假日办理业务5500多件，全年办理行政许可事项6万多件，提供延时、预约、代办服务1200多次；公安部门创建的“服务企业360”沟通联系机制优化行政服务流程21项，帮助企业从源头堵住违法犯罪漏洞。全年，全市公安机关有8个集体和18名个人受省级以上表彰奖励。

【社会治安管理】 2022年，市公安局搜集各类不安定因素信息7370条，涉及不安定因素433起。强化站点执勤、优化卡口防线，在6个重要环市卡口部署警力24小时定点值守，在环乡镇各重要路段设立32个非常设流动治安堵截卡点。查处治安案件33350起，治安处罚14746人，处置金融、房地产、环境等领域事件120起。按期办结市人大代表建议、市政协委员提案32件，人大代表和政协委员满意率100%。受理各类信访件308件，办结303件，办结率98.4%。交办重复信访和信访积案117件，化解办结117件。借助信息化手段常态化管理生产性废旧金属回收、金银首饰加工置换、二手机交易、汽车租赁等特种行业；检查446家物流寄递网点；开展打击长江流域非法捕捞犯罪专项行动，破获非法捕捞水产品案件16起，采取刑事强制措施21人，破获公安部督办“纪某兵等人涉嫌非法采矿案”，维护长江流域常熟段生态环境。破获食品药品环境和知识产权领域刑事案件76起，采取刑事强制措施114人。办理犬证5248张，办理违法养犬案件2897起。破获赌娼刑事案件78起，采取刑事强制措施242人、公诉135人。

【道路交通管理】 2022年，市公安局开展“道路事故预防减量控大”行动，道路交通亡人事故和亡人数比上年分别下降11%和11.6%，交通运输安全生产事故起数比上年下降33.33%，亡人数持平。查处各类交通违法行为97.3万起，其中现场处罚39.1万多起。查获饮酒驾驶1012起，比上年上升3.7%，其中主动查获980起，事故查获32起。检查“两客一危一校”重点企业492家次，排查专业驾驶人3284人次，车辆1455辆，下发《整改通知书》11份、《抄告函》51份，发放《重点车辆及驾驶人交通安全告知单》249份，约谈“黑榜”企业负责人23家次。全市“两客一危”车辆检验率始终保持100%；重点驾驶人驾驶证审验率保持99%以上、换证率保持99.5%以上。推进全市道路交通安全专项整治行动，发现并整改道路交通安全设施、道路基础设施隐患652处，新增道路交通安全标志626块、标线2.96万平方米，全市建设自适应系统200套，信号灯路口1047个，持续优化绿波带182条，绿波覆盖里程约260千米；新增可变车道13条、潮汐车道1条，左转弯待转车道8条，直行待行区1个；新增转弯不让直行非现场抓拍系统10套，在G204、G346等12条国省县道实行货车靠右通行，建设抓拍系统110套。梳理市区道路及道板停车资源，新增路内停车泊位1000个；新增“蓝窗泊位”（即可变式停车泊位）100个，开通首条校园送学公交专线。查处违法停车47.4万起，电动车、行人违法29.6万起；电动车上牌11万多张。

【刑事案件侦查】 2022年，市公安局立刑侦类刑事案件7184起，比上年下降0.88%，破案3339起，破案率比上年上升0.24%；抓获犯罪嫌疑人5702人，完成全部公诉目标值；刑事拘留723人，批捕461人，取保候审3006人，监视居住215人。抓获网上在逃人员431人，比上年上升82.63%。打击暴力犯罪活动，重大刑事案件立

10月1日，市公安局举行国庆升国旗仪式暨党的二十大安保维稳誓师动员大会（市公安局 提供）

193起，破193起；“两抢”案件立9起，破9起。推进“扫黑除恶”专项行动，破获九类黑恶案件170起，抓获嫌疑人279名，铲除网黑团伙14个。侦办公安部督办“2022.1.10”非法制造枪支弹药案，抓获涉枪嫌疑人63名，缴获各类枪支71支、子弹2000余发；破获涉拐案件6起，帮助27个家庭实现团圆。

【经济犯罪侦查】 2022年，全市接报经济犯罪警情102起，比上年下降0.97%；受理案件154起，比上年上升14.92%；立案135起，比上年上升9.76%；破案83起，比上年下降6.74%；涉案总价值21.77亿元，比上年下降36.99%；抓获犯罪嫌疑人144名，比上年上升14.28%；为国家、企业及个人挽回损失5108.26万多元。依托云端打击模式，抓获犯罪嫌疑人78名。破获涉税案件22起，抓获嫌疑人38名，为国家挽回税款损失644.65多万元；破获职务侵占、挪用资金、合同诈骗等侵犯企业权益类案件38起，抓获犯罪嫌疑人29名，为企业挽回经济损失248.7万元。

【网络犯罪侦查】 2022年，市公安局围绕“专业打职业”改革，强化全市涉网违法犯罪合成侦查，协助破获“7+4”重大涉网案件263起（其中评定为网络重案53起），抓获犯罪嫌疑人647人，比上年分别上升47.75%、33.4%；融侦赋能服务各类案件1132起，破获电信网络诈骗案件592起，抓获嫌疑人873名，比上年分别上升4.8%、14.27%；捣毁境内诈骗窝点61个。

【禁毒工作】 2022年，市公安局组织易制毒化学品单位培训3场，参训单位200多家；组织监管民警培训2场，实现基层监管民警培训全覆盖。组织各类禁毒宣传活动130多场次，市禁毒教育基地接待各类参观人员20万人次。发挥32个禁毒委成员单位、200多名禁毒志愿者作用，创新禁毒宣传活动，以“N+禁毒”形式拓展禁毒宣传覆盖面。借助社会力量破解帮教管理难题，在册吸毒人员管理率100%，社区戒毒（康复）执行率100%。

【城市巡逻防控】 2022年，市公安局巡特警大队抓获各类嫌疑人4102名，其中刑事拘留处理以上987人、网上逃犯256人、行政（治安）拘留993人，抓获流窜盗窃嫌疑人35批、98人。市公安局推动城区交警、巡特警路面警力融合，打造集巡逻防控、秩序维护、应急处突、服务群众等职能于一体的专业铁骑队伍。按照“棋盘式布警、网格化巡逻”工作模式，围绕主城区40个网格单位，巡特警开展24小时不间断路面巡逻；建立常态化巡防联动协作机制，顺畅卡口盘查警力、路面巡逻警力、便衣打处警力沟通衔接，系统提升区域协同打防能力。处置暴力案件6起，查获炸街车38辆，拦截酒驾冲卡车辆24次，处置持刀抢劫案件1起和砍人事件1起。

【流动人口管理】 2022年，全市有外来人口86.6万人，有出租房屋17.46万户；市公安局办理居住证8756张，换发异地居民身份证41913张，其中审核签发省内异地证11980张，审核签发省外异地证29933张。推进“数字门牌”系统建设，绑定实有房屋56万户、实有单位6.2万家、实有人员183.5万人。排查出租房屋17.46万户，其中群租房10187户（包括工地、企业集宿）。整改治安隐患2633处，推送流转其他部门安全隐患28158处，其中对应群租房的隐患推送6660条，处罚房东2015人。签订修订版《房屋出租治安责任保证书》63468份，张贴《关于加强群租房管理消除安全隐患的通告》7956份。引导全市出租房房东、用工企业及新市民通过扫数字门牌开展自主申报登记，登记在册外来人口86.6万人，自主申报63.1万人，申报占比72.86%。

【出入境管理】 2022年，市公安局受理出国境申请4119人次，比上年下降4.6%。办理临时到常熟境外人员申请8316人次，比上年减少17%。办理常住常熟市的外国人申请1588人次，比上年减少0.2%，办理境外人员各类签证（注）1786件次，比上年减少1.6%；办理涉外行政案件35起；立案侦查偷越国（边）境案件30起，破案26起，采取刑事强制措施55人，移送起诉43人。组织境外人员临时住宿登记培训5场，开展境外人员居住线索采集培训4场。核改境外人员临时住宿登记数据8316条，准确率99.9%以上。

铁骑巡逻　　（市公安局　提供）

【单位内部保卫管理】 2022年，全市在册登记内部单位9286家，其中省级重点单位2家、市级重点单位57家、县（区）级重点单位481家。全市公安机关检查企事业单位16030家次，等级以上实有单位检查率100%；发现隐患单位1154家次，隐患数1197个，当场整改8家次，责令限期整改1126家次，责令限期整改并处警告20家次。围绕人防、物防、技防设施落实情况，对校园开展专项安全检查518次，发现并督促整改校园安全隐患37家次。通过银行汇款渠道成功阻止39起电信诈骗案件，避免群众损失154万元。加强管辖刑事案件侦办工作，配合市安监局参与重大安全生产事故调查52起，立案侦查44起，采取强制措施37人，移送起诉32人，公诉31人。健全完善单位案件倒查问责机制，单位内部发案339起，其中下发可防性刑事倒查指令单13份，倒查案件13起。

【车辆及驾驶员管理】 2022年，全市新车上牌45006辆（新能源汽车上牌11715辆）。机动车保有量579404辆，比上年增长4.1%。其中，汽车568698辆（新能源汽车21127辆），比上年增长4.22%。全市机动车驾驶人新增24925人，驾驶人数量达725266人，比上年增长3.41%。全市电动车新增67999辆，保有量1669092辆，其中新车标电动车134809辆。推出24小时车管智能语音应答系统，建设苏州首条新能源汽车查验专用通道，实现货车市区通行证网上申领，简易事故"8+X"网上处理、调解。

【警务装备建设】 2022年，市公安局完成预警处置、基础管控、融合侦查、执法服务、队伍管理、支撑保障六大中心建设；完成涉案财物管理中心、普通国省道货车靠右通行交通管控措施改造工程；推进看守所远程提审项目建设；完成市公安局枪弹库改造、羽毛球场和篮球场改建、食堂改造、宿舍楼改造、市公安局汽车充电桩等建设项目；完成指挥方舱和宿营方舱建设；完成21辆公务用车更新；为各派出所增配4G/5G执法仪，更新完善单车、单警装备。 （范炟奇）

检　　察

【概况】 2022年，市检察院在全国率先建立检察横向一体化机制，建立全省首个"人大代表驻检察机关监督联络站"，相关做法被最高人民检察院、省检察院转发。8件案件获评省级以上典型案例，7项工作经验被最高检、省检察院转发，3项工作成果在全省检察机关会议上作交流，44人次受到市级以上表彰。年内获评全国检察宣传先进单位、国家级"节约型机关"、江苏省文明单位、全省"五好"基层检察院、苏州先进基层检察院。

【刑事检察】 2022年，市检察院受理审查逮捕各类刑事案件418件、577人，批准或决定逮捕346件、463人；受理审查起诉2221件、2805人，提起公诉1665件、2050人。打击故意杀人、抢劫等严重暴力犯罪77件、83人。对6名涉嫌生产、销售伪劣防护服的犯罪嫌疑人提起公诉；依法惩治黑恶势力犯罪2件、3人；办理涉案企业合规案件9件，1件案件获评全国检察机关保护民营企业典型案例。共建苏州首个"知识产权司法保护联盟"，打击侵犯知识产权犯罪29件、46人，1件案件入选省法律服务保障民营经济高质量发展典型案例。对无社会危险性的依法决定不批捕54人，对犯罪情节轻微的依法决定不起诉446人，促成刑事和解52件。与公安机关共建侦查监督与协作配合办公室，依法监督立案26件、监督撤案34件，追诉漏犯24人、追诉漏罪8件，1件案件获评全国检察机关优秀案例，相关经验在全省检察机关会议上作交流。加强刑事审判监督，提出再审检察建议4件。深化刑事执行监督，联合司法行政机关对462名社矫对象开展联合检查，依法监督收监执行3人。落实"行贿受贿一起查"，起诉职务犯罪案件18件、18人，与纪检监察机关配合办理"自洗钱"犯罪1起。

【民事和行政检察】 2022年，市检察院强化民事审判和执行监督，提出再审检察建议7件，提请苏州市检察院抗诉2件。办理虚假诉讼民事监督案件7件。推进大数据法律监督，构建"拒不执行判决、裁定监督模型"推动公安机关刑事立案4件。向市委专题汇报行政检察工作，实质性化解违法建设、劳资纠纷等行政争议25件，1件

3月29日，市检察院探索以"类案集中听证"方式处理多起行政申诉案

（市检察院　提供）

案件入选最高检典型案例。联合市司法局开展专项评查，针对行政执法不规范等情形提出纠正意见6件次，相关经验被省检察院转发。

【公益诉讼检察】 2022年，市检察院开展“公益诉讼守护虞城山水”专项行动。开展水体整治“回头看”，督促整治劣V类水体6条。依法提起刑事附带民事公益诉讼14件，索赔生态环境损害修复费用848.4万元。与市委统战部协作在苏州率先启动“益心为公”志愿者云平台建设，与市便民服务中心建立线索移送机制，办理公益诉讼案件45件，1件案件入选最高检典型案例。与常熟生态环境局会签全省首个磋商见证工作规程。

【特殊群体司法保护】 2022年，市检察院开展打击整治养老诈骗专项行动，起诉4件、8人，指控1件非法集资5000余万元案，经验做法被最高人民检察院转发。从严惩治侵害未成年人犯罪67件、75人。打造“七弦青音”未成年人检察保护体系，获评苏州市“立体关护·成长护航”工程项目一等奖。维护农民工群体合法权益，帮助17名农民工追索劳动报酬36.3万元。严惩侵害妇女权益，起诉63件、63人。关怀生活困难当事人，与市慈善总会构建联合救助机制，向134名救助对象发放救助金118.7万元，相关经验在全省检察机关作交流。“远程司法救助系统”入选2022数字江苏建设优秀成果。

【1件案件入选全省生态环境损害赔偿磋商十大典型案例】 7月22日，常熟市检察院联合苏州市常熟生态环境局办理的“常熟市张某等四人超标排放含铬废水生态环境损害赔偿磋商案”作为典型案例入选江苏省第二批生态环境损害赔偿磋商十大典型案例。2018年8月，张某未经环评伙同孙某租赁一处作坊，私下进行铝氧化生产加工，在作坊内东北侧墙角开挖洞口、私设暗管偷排生产废水至2018年年底。2020年4月，张某将小作坊转租曹某和李某共用，进行铝氧化生产加工。4人将生产过程中产生的废水均通过作坊内原有暗管排入外环境。7月22日，常熟生态环境局执法检查时发现上述违法行为，对现场水样进行采样，废水中含铬污染物超过水污染物特别排放限值三倍以上，涉嫌污染环境罪。8月10日，常熟生态环境局将案件移送公安机关并委托专家出具生态环境损害评估意见。12月8日，常熟生态环境局会同常熟市检察院开展生态环境损害赔偿诉前磋商，推动属地政府与赔偿义务人签订生态环境损害赔偿协议。赔偿义务人支付生态环境损害赔偿费用23.8万元，其中11.4万元用作铝氧化作坊周边村庄环境整治工程建设。该案的典型意义主要有：司法联动，协同推进生态环境损害赔偿；局镇联动，建立完善联动机制；诉前磋商，高效实现生态修复成效。该案例被《检察日报》以《江苏常熟：生态环境损害赔偿诉前磋商解难题》报道。

（蒋国栋）

法　院

【概况】 2022年，市法院受理各类案件31022件，审执结27389件，法官人均办案282.36件。构建新型审判监督管理机制，强化内部监督，发挥审委会、专业法官会议对审判执行重点案件监督指导作用，制定《常熟市人民法院法官会议工作规则》。与市检察院召开法检联席会议并会签《关于强化检察监督保障审判权依法行使的意见》，实现法检对接，邀请检察长列席4次。制定、修订《关于程序转换、审限管理的规定》《防范和清理长期未结案件的规定》等，构建全流程监管闭环。创设《审管提示单》制度，对严重违反审判管理规定的情形进行严厉提醒。1场庭审获评全省法院“百场优秀庭审”。推行互联网办案，集合网上诉讼服务中心、江苏微解纷小程序等载体，网上立案7765件，跨域立案9件，线上送达98278次，电子送达案件适用率98.96%，电子送达任务适用率92.72%。与市资规局建立工作联动机制，实现不动产登记所涉裁判文书线上核实；联合市发展和改革委员会等五部门制定《关于联合推进“数字法人”应用于人民法院执行工作的实施意见》。

【刑事审判】 2022年，市法院审结一审刑事案件1739件，判处五年以上有期徒刑162人。推进扫黑除恶常态化，审结涉黑案件2件。落实“虞城无诈”专项行动，审结电信网络诈骗及关联犯罪刑事案件151件、274人。开展打击整治养老诈骗专项行动，依法惩处涉老诈骗犯罪4件，一案例入选江苏法院打击整治养老诈骗专项行动典型案例。贯彻宽严相济刑事政策，对1936名认罪认罚被告人从宽量刑。推进刑事案件律师辩护全覆盖，为295名被告人指定辩护律师，为1425名被告人提供法律帮助。与多部门会签《适用刑事案件速裁程序实施细则》，审理刑事速裁案件842件，平均审理天数2.92天。加强未成年人保护，对22名轻罪少年犯封存犯罪记录。

【民商事审判】 2022年，市法院审结民商事案件17358件，其中涉企案件9798件。9534件民商事案件以调解或撤诉方式化解。与市工商联、商会建立调解联系协作机制，加强商事纠纷诉源治理，获评“工商联与执法司法机关联系协作机制暨‘万所联万会’机制建设省级示范单位”。审结买卖合同、不正当竞争案件4935件。推行“三审合一”工作机制，打造“劳动天平‘虞’你‘安薪’”品牌，构建和谐劳动关系，依法确认劳动者应得工资等款项2360.53万元。运用在线方式提速办案进程，快审快结95件教育培训合同纠纷系列案。发出2份家庭教育指导令；运用“家事三员”制度助力家事审判新发展，保护未成年子女合法权益。

【行政审判】 2022年，市法院审结一审行政案件492件。与姑苏法院建立常态化协同联动实质化解行政争议工作机制。定期召开政府法院联席会议，发布行政审判白皮书和典型案例，主动就政府重大决策提出法律意见。强化行政机关负责人出庭效果，推动昆山市人民政府副市长在1起行政案件中“出庭出声出力”，促成双方达成调解协议。开展行政纠纷诉前协调，诉前化解涉“声谷”“青墩塘路快速化工程”等重点项目行政争议。

【知识产权审判】 2022年，市法院审结知识产权案件825件。审结侵害商标权纠纷367件，支持赔偿诉请1229.89万元。审结苏州市10年来首例认定侵犯商业秘密刑事案件。开具首个知识产权刑事案件“从业禁止令”。走访企业探索数字经济中新类型知识产权保护新标准，为数字经济新业态发展营造法治环境。

【破产审判】 2022年，市法院推进“执破融合”改革。制定“执破融合”实施意见，裁定受理执转破案件43件，出清僵尸企业31个，消化执行案件1177件，涉及执行标的额超7亿元。审结破产案件100件，处置债权121.90亿元，盘活土地、房产118.46万平方米，缴纳税款4286.55万元，安置分流职工1682人。年内，市法院打造“晓虞新生”破产审判品牌，以预重整、重整、和解方式助力10家困境企业再生；与多单位联合签订“破产企业安全生产工作协作备忘录”；审结首例债务人“自行和解”破产案件；深化“法银协作”，拓宽信贷融资渠道。

【执行工作】 2022年，市法院收到执行案件7328件，执结6959件，执行到位金额11.89亿元。开展“优化法治化营商环境执行年1+4专项行动”，联合市市场监管局等部门，在全国首家“数字法人”应用平台中嵌入专项模块，与江南爱停车共同研发停车场短信自动提醒软件。在苏州市首创向被执行人发送集中送达打击拒执罪通告，移送拒执罪线索23条，判决16件22人。采取措施提升司法网拍效果，一高溢价成交案例被上级法院关注，相关做法和成效通过视频连线方式向全国人大调研最高人民法院领导介绍。

【立案信访】 2022年，市法院成立诉源治理领导小组及办公室，研究制定工作方案，推进诉源治理工作，全年民事案件收案17294件，比上年下降3.05%；诉前调解分流率80.4%，比上年上升16.38个百分点；诉前调解成功率24.02%，比上年上升11.42个百分点。联合市司法局、市残联出台《关于在诉讼活动中切实保障残疾人合法权益的十项意见》，协调立审执全流程保障残疾人诉讼权益，开展司法助残活动6次。打造“有爱无碍”司法助残品牌，为残疾人提供司法服务和保障。深化“互联网+枫桥经验”实践，依托各类专业在线平台，为群众解纷提供“点单式”“一站式”智能化服务。审查网上立案申请9531件，比上年上升201.14%；网上立案6399件，比上年上升174.05%。开展“涉诉信访突出问题攻坚化解年”等专项行动，出台《关于在青年干警中开展加强诉源治理、促进矛盾化解试岗锻炼的实施意见》。

【审判鉴定评估】 2022年，市法院收到各类鉴定评估案件807件，办结835件，完成法医咨询案件321件。办理诉前司法鉴定51件，督促鉴定机构退回不合理收费713387元，申请法律援助4件，减免鉴定费72420元。

【1案例入选江苏法院打击整治养老诈骗专项行动典型案例】 8月12日，市法院审理的1起案例入选江苏法院打击整治养老诈骗专项行动典型案例。2021年7月至9月间，被告人孔某、马某、张某先后至常熟市、江阴市、张家港市等地菜市场，由孔某冒充牙医，由马某、张某负责宣传、劝说，以免费咨询、免费检查牙齿的名义取得被害人信任。待被害人同意检查牙齿后，孔某等人以被害人牙齿存在问题为由，进而将使用自凝牙粉做成、单颗成本仅为一两元的“假牙”，冒充“高科技烤瓷牙”，以几百元一颗的价格向被害人推销，并现场制作安装。3人作案15起，骗得人民币42950元。常熟市人民法院审理后认为，被告人孔某、马某、张某以非法占有为目的，采用虚构事实、隐瞒真相的手段多次诈骗公私财物，数额较大，其行为均已构成诈骗罪。在共同犯罪中，被告人孔某系主犯；被告人马某、张某均系从犯。三被告人均自愿认罪认罚，均可以从宽处

6月9日，市法院审结该院自2006年知识产权庭成立以来首例侵犯商业秘密刑事案件

（市法院 提供）

理。被告人马某、张某有前科，应酌情从重处罚。被告人孔某、马某、张某退出赃款，均可以酌情从轻处罚。据此，依法以诈骗罪分别判处孔某等三被告人有期徒刑二年至一年四个月不等的刑罚，并处罚金。（季梦佳）

司法行政

【概况】 2022年，市司法局开展"法企同行"活动，走访各类企业2760家，帮助企业化解风险、解决问题5670件，为企业挽回经济损失2.96亿元。开展2轮全市政府服务外包清理行动，梳理现行有效的行政管理外包服务合同（协议）185份，涉及外包公司125家。深化涉企免罚清单运用，全市各行政执法机关依据免罚轻罚工作要求，办理不予行政处罚案件2375件，涉及金额2918万余元；办理减轻处罚案件911件，涉及金额8084万余元；办理从轻处罚案件1408件，涉及金额5450万余元。推进综合执法与司法行政共融共享机制，各镇（街道）综合执法局全年办结各类行政处罚案件59648件，收缴罚没款4272.6万，现场纠违61.9万件。

【人民调解】 2022年，全市各类人民调解委员会调处矛盾纠纷18492起，调处成功率99.94%，组织开展矛盾纠纷排查48018次。

【法律援助】 2022年，市法律援助中心办理各类法律援助案件1738件，提供刑事法律帮助2812人次，接待来电咨询11278批次，来访咨询6402批次，为受援人挽回损失近3000万元。

【社区矫正】 2022年，全市有在册社区矫正对象543人，在册刑满释放人员1935人，在册后续照管对象138人。接收社区矫正对象507人，解除社区矫正420人；完成审前、迁居调查、假释评估460件；接收刑满释放人员483人，解除安置帮教627人，组织监狱服刑人员家属远程视频会见481人次。

【普法宣传】 2022年，"常熟·普法"抖音公众号发布短视频175条，累计播放量突破1.7亿次，多次入围全国司法行政系统抖音影响力排行榜。持续推进村（社区）"法律明白人"培育工程，新增培育村（社区）"法律明白人"1143名，累计培育"法律明白人"2300余名，实现三级网格全覆盖、每个网格2名"法律明白人"的任务目标。在全省率先研发"法律明白人掌上通"微信小程序，为"法律明白人"提供便捷高效的学习方式。

【全省首家直播电商法律援助工作站启用】 8月，全省首个直播电商法律援助工作站在莫城街道（服装城）启用。该工作站日常由专人负责，每月定期有律师到站值班，针对辖区的直播电商、网络主播及消费群体等重点对象，提供法律咨询、普法宣传、法律授课、非诉调解等服务，特别是对涉及网络主播权益损害的纠纷，援助工作站将主动介入，并对接市法律援助中心，及时办理法律援助相关手续。

（吴雨婷）

仲　裁

【概况】 2022年，常熟市推进仲裁基层组织建设，培育多家金牌调解组织，乡镇"一窗式"劳动保障维权覆盖率100%。推动"一镇一庭"建设，打造基层专业调解组织，市劳动人事争议仲裁院和乡镇仲裁分庭建设"强基"工程，推出多项改革创新举措，启动繁简分流处理改革，建立速裁机制，创新推出当庭裁决机制，首次推出仲裁建议书。市劳动人事争议仲裁院办理案件2080件，案件结案率98.33%，调解率64.6%。

【案件繁简分流改革】 2022年，常熟市推进案件繁简分流改革，繁简分流后，65%的案件通过调解速裁解决，经过速裁程序可实现案件30天内快速结案，按期结案率95%以上。

【周末仲裁庭】 2022年，常熟市创新开展兼职仲裁工作，常态化运行周末仲裁庭，聘用兼职仲裁员利用周末开庭审理案件，年内兼职调解员和兼职仲裁员通过周六办案257件，参与调解案件368件，调解结案144件，办结率39%。（徐莞月）

责任编辑　汤　涵

军 事

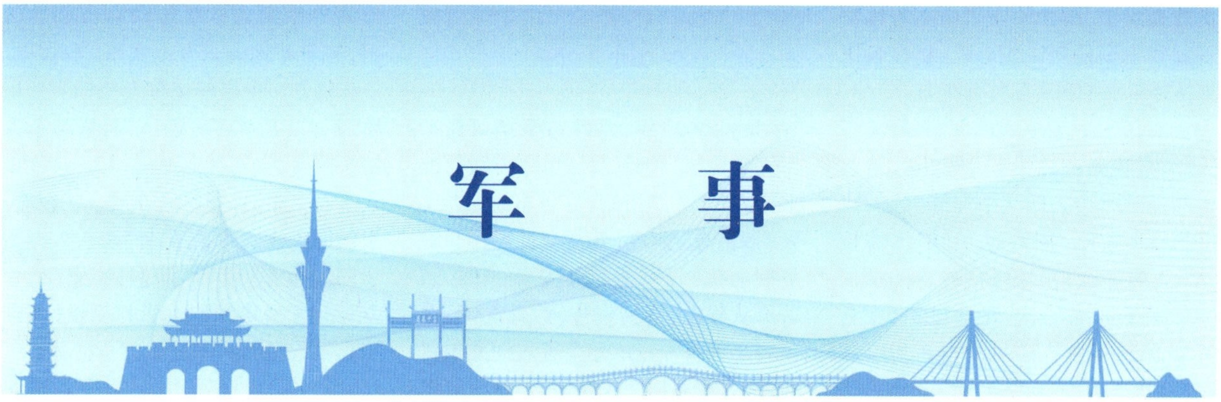

人民武装

【概况】 2022年，市人武部坚持以习近平新时代中国特色社会主义强军思想为指导，深入贯彻江苏省军区、苏州军分区党委和常熟市委、市政府决策部署，紧紧围绕“破平创优、争先创优”奋斗目标，首抓举旗铸魂、主抓练兵备战、常抓强基固本、严抓正风肃纪，稳步推进各项工作。

【军事训练】 2022年，市人武部推进首长机关军事训练，按照新大纲标准、年度训练计划和上级阶段训练指示，抓实军事理论网上常态化学习、基本技能精细化集训和应急应战业务集中领训。依托军事职业教育学习平台展开自学自训，对重难点内容采取专家辅导与集中精练相结合的方式组织，全面提升人员指挥能力。组织民兵集中军事训练，不断提高民兵队伍“平时服务、急时应急、战时应战”能力，完成2022年度民兵训练任务，民兵分队应急应战能力和军事训练水平全面提高。

【民兵整组】 2022年，市人武部贯彻民兵建设“十四五”规划要求，按照上级民兵整组任务部署会精神，以担负的职能任务为牵引，深化后备力量调整改革，完成2022年民兵编组任务。

【兵员征集】 2022年，市人武部贯彻上级征兵工作会议精神和征兵命令，紧贴优化征兵工作“五率”目标，以完成任务为本、提高质量为要、科学指导为法、廉洁征兵为基，强化组织领导、创新工作思路，严格审查把关、狠抓廉洁征兵，完成年度征集任务。入伍大学生占新兵总数的95%，兵员质量得到提升。

【基层武装建设】 2022年，市人武部以江苏省委、省政府、省军区《关于加强和改进新时代基层人民武装部建设的意见》、江苏省《基层人民武装部建设细则（试行）》《民兵基层建设细则（试行）》和苏州市委、市政府、苏州军分区《关于加强基层人民武装部和民兵营（连）建设的意见》为依据，按照典型示范、挂钩帮带、交叉互查、检查验收等形式，全面推进基层人民武装部和民兵营（连）建设，全市各基层武装部建设水平得到全面提升。（张　波）

武　警

【概况】 2022年，武警常熟中队以习近平系列重要讲话精神为指导，贯彻落实习近平强军思想，始终坚持“按照纲要抓建设，按照条令抓管理”，树牢科学发展理念，注重建队育人，强化练兵备战，完成上级赋予的各项工作任务。

【武警训练】 2022年，武警常熟中队落实按纲施训要求，坚持训练制度，组织中队干部骨干参加各类集训，通过抓基础训练和技能训练，提高教练员教学能力；坚持训练评比制度，军事训练月有评比、周有讲评，营造“比、学、赶、帮、超”的训练氛围。

【执勤战备】 2022年，武警常熟中队聚焦使命任务，落实战备制度，抓好常态执勤，及时修订完善战备方案，加强实战化训练，提高履职能力。加强对形势任务的研判，加强战备教育，牢固树立“危险就在身边，任务就在眼前”的敏感意识，完成全年执勤战备工作。

（曹文昶）

人民防空

【概况】 2022年，市人民防空办公室（简称市人防办）按照“战时防空、平时服务、应急支援”的职责使命，坚持“战备为先、防空为要、质量为天”的建设理念，围绕推进人防融合发展、服从服务社会民生的发展要求，融入经济社会发展和城市基础设施建设。年内，出台《常熟市住宅小区人防工程维护资金管理实施细则》《常熟市人防工程专项控制性详细规划》，人防工程建设新立项结建数、新开工数、新竣工数均超额完成年度目标。市人防办被评为“2022年度江苏省人防工作先进单位”“2022年度苏州市人防工作先进单位”。

【人防工程维护管理】 2022年，市人防办推进既有人防工程平时使用证的办理，将人防工程平时使用证办理情况纳入对乡镇板块高质量考核指标。加强各板块人防工程网格化管理协管员管理水平，组织全市人防工程维护管理暨安全使用工作会议，提高各协管员理论水平和实际监管能力。

【通信指挥系统建设】 2022年，常熟市参加苏州市人防集中训练7次。机动指挥所按照“周发动、月出动、季拉动”开展训练，组织电信专业队参加通信保障训练13次，联合昆山、太仓开展2022年度人防机动指挥所区域联动训练，参加2022年度苏州市人防机动指挥所拉练。落实“省—市—县（区）三级联调”，全年完成联调52次，参测率、测通率100%。完成“9·18”防空警报试鸣及系列活动。

【民防知识宣传教育】 2022年，市人防办定期组织演习演练及宣传教育，前往沙家浜镇、碧溪街道聚和佳苑社区、常福街道游文社区普及人防知识，提高居民应对空袭和各种灾害的综合防护能力，现场发放宣传手册140本，并赠送人防宣传纪念品。开展“2022年度常熟市重要经济目标防护演练”活动，通过模拟，提高全市防空警报快速反应。

【《常熟市住宅小区人防工程维护资金管理实施细则》出台】 3月，常熟市出台《常熟市住宅小区人防工程维护资金管理实施细则》，引入社会资本为人防工程维护管理提供经费保障，解决人防工程管护资金缺乏的难题，并与交通银行签订资金监管系统协议，制定操作指南。

【《常熟市人防工程专项控制性详细规划》出台】 7月，《常熟市人防工程专项控制性详细规划》正式实施，规划明确常熟市中心城区建设用地的人防工程规划建设指标与要求，统筹协调全市人防工程建设，构建“规模适当、布局合理、防护可靠、功能完善、平战结合”的防护工程体系，为人防工程规划指标纳入土地出让文件提供强有力的技术支撑。 （杨倩雯　徐宝峰）

双拥工作

【概况】 2022年，常熟市坚持双拥工作优良传统，构建“军地共商、联动推进”双拥工作新机制，完善军地互办实事“双清单”制度，建立双拥工作联络员例会机制，军地互办实事19件，涵盖部队建设、双拥宣传、教育优待、军民共建等内容。承办全省双拥办主任会议，召开双拥工作座谈会、全市双拥模范单位和先进个人表彰暨双拥工作会议，研究部署双拥工作，表彰激励双拥先进。年内，建成苏州市首家拥军示范商圈1个。常熟市获评省级“双拥模范城”，实现九连冠目标。市人武部、市慈善总会获江苏省双拥模范单位表彰。

【拥军优属】 2022年，市退役军人事务局推进社会化拥军，激发社会力量广泛拥军优属。引导社会力量组建首家双拥工作社会组织“沙家浜爱国拥军联合会”；联合市慈善总会，筹募设立为现役军人、退役军人服务的专项基金“常熟市退役军人关爱基金”，26家企业参与首批资金募集，筹款金额近100万元。深入推进“常熟妈妈”双拥品牌，与市妇联联合开展“强国复兴有我，双拥巾帼花开”2022年“常熟妈妈”双拥活动。与市慈善总会、人财保险公司联合，持续开展“慈善拥军”保障服务项目，梳理现役军人因公受伤致残及军人父母重疾理赔，累计理赔金额12.48万元。打造常熟专属“衣食住行”优待证系列优惠服务。在琴湖溪里商业中心打造苏州市首家拥军示范商圈，在常熟服装城、常熟天虹服装城打造首批拥军示范单位。与市慈善总会、琴川护理院、劲牌体验馆、好得家家具城、中国石油、通安汽车检测、中国移动、翔立方体育文化产业有限公司等签订拥军协议。

【双拥创建】 2022年，常熟市调整双拥工作领导小组成员，建立市双拥工作领导小组成员单位联络员例会机制，完善军地需求互办实事“双清单”工作机制。突出解决军人“三后”（后路、后院、后代）问题，定向招聘军人随军家属、安置转业退役军人、接收军人子女入学，保障军人军属合法权益。组织开展现役军人家庭“八一”、春节慰问和边海防官兵家庭常态慰问；建立新兵家庭走访慰问工作制度，实现当年度入伍新兵家庭慰问全覆盖。开展“送立功喜报”、评选“最美退役军人”、悬挂光荣牌等活动；通过网站、微信公众号等宣传双拥工作，在全市主要路口、交通要道、乡镇主干道设置宣传牌。8月，常熟市获评省级“双拥模范城”，实现九连冠目标。

【跨省定点帮扶】 2022年，市退役军人事务局完成帮扶甘肃省临夏回族自治州东乡族自治县凤山乡岭村脱贫攻坚任务。2020年5月受领全国双拥办支持部队定点帮扶任务以来，常熟市共落实帮扶资金250万元。年初，投入12万元为凤山小学282名学生定制春秋、冬季两套校服，投入8万元为凤山小学捐建音乐室和绘画室，投入20万元维修岭村组织活动场所、创建党员活动室，并购置办公家具和办公设备；年内，原帮扶村岭村撤并为二甲村，根据该村实际情况，投入60万元对二甲村村内环境进行改造提升。 （万莉莉）

【琴湖溪里拥军示范商圈揭牌】 7月28日，由市双拥工作领导小组、市退役军人事务局、琴川街道联合常熟琴湖商业管理中心打造的琴湖溪里拥军示范商圈揭牌仪式举行。首批签约59家拥军商户，在餐饮、购物等方面为军人军属和其他优抚对象提供优惠优待。该商圈是苏州市首家致力于服务军人、退役军人和其他优抚对象的拥军示范商圈。

（年鉴编辑部）

责任编辑　李　妍

经济管理

宏观经济调控

【概况】 2022年，常熟市实现地区生产总值2773.97亿元，比上年增长2%，综合实力保持全国百强县第四。实现规模以上工业总产值4848.53亿元，比上年增长4.8%，三大支柱产业完成产值2660.34亿元，比上年增长3.7%，占规模以上工业总产值比重54.9%；苏州八大新兴产业产值2556.87亿元，比上年增长2.3%。全社会固定资产投资完成731.08亿元，比上年增长3.8%，其中工业投资完成330.06亿元，比上年增长1.6%；2个省重大项目、43个苏州市重点项目分别完成投资7亿元和208.6亿元，为年度计划的116.7%和117.9%；344个市级重点产业项目完成投资432.5亿元，为年度计划的103.2%，173个新开工项目已开工164个，开工率94.8%。消费市场持续恢复，社会消费品零售总额完成1200.37亿元、比上年下降1.1%；琴湖溪里、江南美好荟等商业载体相继开业，云裳小镇电商产业集聚区获评省首批县域电商产业集聚区，电商竞争力居全国第六、全省首位。全年商品房销售面积225.46万平方米、比上年下降13.3%。全市实现外贸进出口总额240.04亿美元、比上年增长0.9%；其中，出口166.93亿美元、比上年增长6.5%；进口73.11亿美元、比上年下降9.8%；完成市采贸易出口20亿美元、比上年增长31%；实际到账外资（部口径）6.55亿美元。年末金融机构人民币存款余额4599.76亿元、比年初增长18.2%，本外币贷款规模首次超过4000亿元，制造业、小微企业贷款余额增长超20%。全体居民人均可支配收入68421元、比上年增长4.1%，其中城镇居民人均可支配收入80054元，比上年增长3.5%；农村居民人均可支配收入44308元，比上年增长5.5%。物价水平整体平稳，居民消费价格总水平比上年增长2.3%。营商环境优化提升，17个重点项目实现“拿地即开工”；企业开办0.5个工作日实现常态化，新登记各类市场主体4.1万户，苏州第二，“一件事”办件量8.7万件，苏州第一，在2022中国幸福城市论坛获评“2022企业家幸福感最强市”。

【经济运行监测】 2022年，市发改委强化经济运行分析和政策研究，做好分析监测和预警调度。成立常熟市“保生产、稳发展”领导小组，跟踪经济运行情况、市场主体经营情况、产业链循环畅通情况，研判趋势、挖掘苗头，刊发简报24期。紧盯受影响较大的权重指标，加强部门协同联动，强化地区生产总值、固定资产投资、财税收入、社会消费品零售总额、外资外贸等主要经济指标跟踪监测，每月完成经济运行分析，把握全市经济运行和行业发展情况。研究起草《常熟市关于进一步帮助市场主体纾困解难着力稳定经济增长的若干政策措施》和《常熟市稳住经济大盘工作方案》，由市政府印发。定期赴重点企业开展调研，梳理各类问题诉求，提高服务市场主体效能。（张莹莹）

国有资产监管

【概况】 2022年，常熟市国资系统全面落实“疫情要防住、经济要稳住、发展要安全”的部署要求，推进国企改革三年行动，谋划全市国资国企“十四五”发展规划。截至2022年12月，全市国有企业资产总额2597.87亿元，负债总额1961.47亿元，所有者权益636.4亿元，资产负债率75.5%，实现营业收入136.23亿元，利润总额8.32亿元。其中，市属国有企业资产总额1665.51亿元，负债总额1257.99亿元，所有者权益407.52亿元，实现营业收入111.21亿元，利润总额12.59亿元。年内，编制国企改革发展“十四五”规划，制定《全市国资国企做强做优做大工作方案》，指导各市属国企出台《企业“十四五”发展规划和高质量发展三年行动计划（2023—2025年）》。推动市属国企归并整合，形成7大市级国企架构体系，实体化运营常熟市国有资本投资运营集团有限公司。制定《出资人职责清单及授权放权清单》，出台《关于进一步完善委托管理国企国资监管机制的意见》等文件。开展融资性贸易业务自查及高成本融资金额及压降情况排查，各直属国资公司非标类融资产品压降为零，高成本融资（5.5%以上）全部压降到位。持续监管企业存量债务承接周转及2023年资金周转保障分析预测，会同纪检巡察及审计部门联动开展直属国资公司对外股权投资及投后管理专项检查。（黄煜蕾）

【常熟市城市经营投资有限公司】 2022年，常熟市城市经营投资有限公司公司（集团）实现总营收68.51亿元、利润8.9亿元。2022年承担纳入市级投资计划项目51个，总投资61.82亿元，年内计划完成投资23.39亿元，实际完成投资21.98亿元。新开工支塘思成路二期产业园项目，占地4公顷。完成常熟市常绿园林绿化工程监理有限公司清算注销工作；常熟通达长江汽渡有限公司港方股东退出清算完成，成为城投公司全资公司。下属江苏中法水务股份有限公司“智水琴川”高质量发展运管平台获评住建部科技与商业发展中心“2022年智慧水务典型案例”。（唐　彬）

【常熟市发展投资有限公司】 2022年，常熟市发展投资有限公司实现利润总额2.55亿元，上缴税收5513.95万元。新增对外投资4.89亿元，收回投资2.99亿元。在管基金6个，总规模39.01亿元。“以投带引”推动上海善施、菜根等项目总部落地，服务政府招商引资提质增效；通过投资聚复高分子、英特模、京创、长城轴承等多个项目，推动本地存量企业发展。（蔡月宇）

【江苏江南商贸集团有限责任公司】 2022年，江苏江南商贸集团有限责任公司实现营业收入10.12亿元，减免租金4603万元，利润总额-5460万元，集团资产总规模46.14亿元，国有净资产13.42亿元，资产负债率69.92%。年内，全系统营业收入超5000万元企业5家。利用常熟市常安特种守押保安服务有限公司现有建筑，建设常熟涉案财物管理中心，研发“涉案财物管理系统”；完成王四酒家改造升级；“江南美好汇”生活广场招商开业；完成常熟市安信危化品运输有限公司100%股权转让。（林蒙怡）

【常熟市环境保护科技有限公司】 2022年，常熟市环境保护科技有限公司（原常熟市水务投资发展有限公司）全资及控股企业实现营业收入4.39亿元，比上年增长54.61%；利润总额0.64亿元，比上年增长48.52%；公司资产总规模83.66亿元，比上年增长51.86%。全年投资项目12项，完成投资31.47亿元，其中市级投资工程项目6项，完成投资6.75亿元，投资计划完成率112%。（殷　瑜）

【常熟市文旅发展有限责任公司】 2022年，常熟文旅发展有限责任公司总营收2.21亿元，比上年增长8.33%。推进教育、医养、文旅三大板块主营业务发展，新开办静海、公望、宝山3所普惠幼儿园，投用常福托儿所新校舍，增开静海、金山2个“托幼一体化”办学点，整合0—3科学育儿指导中心和优悠亲子园业务。完成创建“江苏省优质幼儿园”1家、“苏州市优质幼儿园”1家。建成投用老年生活场景体验中心、琴川康复医疗中心。打造尚湖夜公园创意光影水秀、“尚湖英雄大会”沉浸式夜间演艺，开展告白季、毕业季、怀旧季等主题活动；沙家浜“横泾不夜天”立足夜演、夜购、夜游，亮化景观、增加剧目、完善夜游小剧场。（叶　舟）

6月18日，江南美好汇生活广场开业　　（市融媒体中心　提供）

【昆承湖开发建设有限公司】 常熟市昆承湖开发建设有限公司成立于2006年，注册资本16.17亿元，有资产340亿元，下设子公司8个，2022年完成主营业务收入约5.6亿元，实现净利润约4100万元，分别比上年增长5.2%、31.7%。该公司主营园区开发、城市运营与资产管理、文教旅和金融服务。全年开工项目25个，竣工项目8个，昆承湖国际社区项目住宅部分完成交付，日航酒店进入竣工阶段，UWC+创新岛、新建协同创新产业园、金峰智能制造产业园、沪苏低碳数字产业园等重点项目推进中；实施市政道路14条，其中新建道路10条，续建道路1条，完成前期手续待开工道路3条。开展物业服务项目51个，全年主营业务收入约9000万元。新签融资租赁合同4.11亿元，实现主营业务收入10857.66万元。（秦　韬）

【常熟市信息化发展有限公司】 2022年，常熟市信息化发展有限公司牵头建设信息化软件平台项目22个，其中数字董浜、智治虞山、预付资金监管平台、大数据法律监督云平台等在建项目15个，一网统管平台、群租企业整治平台等完工项目7个。与厦门美亚柏科信息股份有限公司共同投资成立子公司“苏州市常信美亚智慧城市建设发展有限公司”。落实知识产权和科技成果转化，获ISO9001、ISO14001、ISO45001体系认证和知识产权贯标，累计获得软件著作权42项。（赵丽冰）

自然资源和规划管理

【空间规划】 2022年，常熟市国土空间总体规划“三区三线”划定成果获批使用。市资规局完成《苏州市内全

7月15日，"海棠铺子"1号店（南门坛上店）与"海棠铺子"2号店（碧溪惠民优选店）、"海棠铺子"3号店（梅李惠民优选店）同时举行开业仪式，"海棠铺子"微信购物小程序同步启动。图为南门坛上店开业仪式　　（市文旅公司　提供）

域一体化背景下常熟空间发展研究》编制，完成苏州市域一体化（常熟）融合创新区规划展示厅布展。综合交通、社会事业专项规划形成中期成果。启动地下空间开发利用、综合管廊等专项规划编制，完成现状资料收集。国土空间生态保护和修复规划、常熟市造林绿化空间调查评估形成初步成果。

【测绘地理和信息化工作】2022年，市资规局完成《常熟市"十四五"基础测绘规划》编制，常熟市联合测绘成果信息管理平台、国土空间基础信息平台及一张图实施监督系统建设。推进城市信息模型（CIM）平台建设，完成"常熟CIM试验区技术服务项目"。开展年度测绘资质单位联合监督检查。市资规局、市场监管局对常熟市公信不动产信息咨询服务有限公司等4家单位开展双随机监督检查，检查结果全部合格。完成地下管线普查数据更新，推进电子地图数据更新和数据融合，完成道路、水系、地名地址等要素常规更新，更新制作矢量电子地图及注记、影像注记等内容。

【发展用地保障】2022年，常熟市《2022年度常熟市预支空间规模指标落地上图方案》《常熟市生态空间管控区域优化调整方案》获江苏省自然资源厅批准。完成2022年度2个批次土地征收成片开发方案报批，涉及13个片区，面积813.33公顷。完成25个增减挂钩、村镇批次，26个城乡建设用地增减挂钩专项规划实施方案，20个单独选址项目报批。供应土地227宗，面积726.67公顷。收储土地92宗，面积71.78公顷。入选全省首批产业园用地整治提升试点，《常熟市产业园用地整治提升试点方案（2023—2025年）》获江苏省自然资源厅批复。出台《关于推行工业用地弹性年期出让的指导意见》，优化工业用地供应管理。深入推行建设用地使用权二级市场转让"预告登记"制度，办理"预告登记"41宗，面积68.93公顷。推进落实"一图一表"，完成原地提升盘活626.13公顷，拆旧复垦429.8公顷。

【规划服务】2022年，市资规局核发建设项目用地预审与选址意见书78本，建设用地规划许可证118本。确认用地性质及红线42件，出具规划条件147件。办理规划相符性审查124件，规划技术审查330件。办理验线审核267件，办理经营性用地项目规划核实94个、涉及建筑面积307万平方米。　　（徐　勉）

财　政

【概况】2022年，常熟市自然口径一般公共预算收入220亿元，还原增值税留抵退税因素后，全市同口径一般公共预算收入250.42亿元，比上年增长4.39%，增幅列苏州市第二。其中，税收收入201.07亿元，比上年减收6.25亿元，税收占比80.29%。全市各板块完成同口径收入205.81亿元，比上年下降3.13%。海虞镇增收4.21亿元，比上年增长29.27%，领先于各板块。全市政府性基金收入115.27亿元，比上年减收68.53亿元；国有资本经营预算收入4.63亿元，比上年减收0.54亿元；社会保险基金收入34.53亿元，比上年增收2.68亿元。全市一般公共预算支出287.81亿元，比上年增支14.41亿元，其中民生支出比上年增长6.57%，占支出的比重为82%，较上年增加1个百分点。全市一般性支出在年初预算定额压缩10%的基础上，年中预算调整时再压减0.9亿元，其中"三公"经费支出较上年执行数压降6.94%。全市政府性基金支出129.2亿元，比上年减支29.42亿元；国有资本经营预算支出0.54亿元，完成调整预算的100%，加上调出资金4.1亿元，支出总计4.64亿元；社会保险基金支出34.49亿元，比上年增支2.33亿元，当年结余0.04亿元。

【民生支出保障】2022年，全市发生疫情防控经费支出10.85亿元，发放各类困难补贴1.14亿元，安排教育专项资金1.27亿元。完善公立医院补偿机制，落实公立医院财政补贴经费2.01亿元、抗疫专项补贴0.49亿元。支持"千村美居"工程建设，拨付资金5亿元。支持交通路网建设，借助专项债支持铁路、高速路常熟段建设。拨付资金0.75亿元支持城市道路提升改造工程。

【支持经济高质量发展】2022年，全市常态化开展财税惠企专项行动，开展对重点行业、重点企业、重点项目跟踪分析，形成专题调研分析报告。落实减税降费政策，全口径留抵退税60.8亿元，缓税18.32亿元，减免服务业小微企业和个体工商户租金2.29亿元。支持稳就业，延长实施阶段性降低失业费率，释放政策红利1.5亿元；落实稳岗返还政策，发放稳岗返还资金1.49亿元。设立“虞城智造贷”贷款资金池，安排制造业专项奖励资金1.1亿元，支持推进“智改数转”。用好新动能基金、专项资金，拨付金额0.76亿元支持人工智能等新兴产业发展，投资佳顺智能、声谷科创基金等6个项目。常创基金认缴总规模2亿元，实缴金额1.4亿元，累计投资22个项目，投资金额1.07亿元。

【预算和绩效管理】 2022年，全市深化财税改革，推动财政管理水平提质增效。建立项目管理长效机制，加强全市项目库管理，重点明确项目入库要求、项目全流程管理、项目热点分类标注等。市级部门、单位实现部门整体支出绩效目标全覆盖，涉及资金135.7亿元。委托第三方对2021年全市财政运行进行综合绩效评价，督促乡镇进行财政运行综合绩效评价。

【债务风险管控】 2022年，全市围绕债务率不倒涨和风险等级不返色目标制定化债方案。累计完成十年化债任务148.8%。压降融资平台数量，管控经营性债务增长，完成苏州市下达的各项任务目标。加强专项债券争取和使用，获得各类债券35.92亿元，其中新增一般债券3.31亿元，新增专项债券15.43亿元，再融资债券17.18亿元。落实专项债券项目绩效管理，规范债券资金申报、发行。2022年常熟市专项债支出使用进度并列全省第一。

【财政监督稽查】 2022年，市财政局印发《常熟市财政局财政专项监督工作规程》，全年开展专项监督12项、日常监督15项。抽查教育系统6家学校资产管理情况，开展梅李镇财政分局局长离任审计和财政国资系统内部专项财务检查。

【政府采购监管】 2022年，常熟市开展采购人主体责任检查，对高新区管委会、古里镇人民政府、审批局等采购人发出行政指导书，督促规范采购行为。部署并推进政府采购意向公开，通过审核市级单位政府采购实施计划，落实中小企业预留份额工作。规范代理机构执业，开展专项检查，涉及2家代理机构，包含7个政府采购项目，合计金额971.69万元，查出问题13个。

（黄煜蕾）

表16　　2022年常熟市一般公共预算收入情况统计表

项目名称	2022年完成数（万元）	上年同期完成数（万元）	增幅（%）
增值税（50%）	584，389	860，535	-32.09
其中：直接税收（50%）	418，189	609，885	-31.43
免抵调库（50%）	166，200	250，650	-33.69
企业所得税（40%）	434，271	432，942	0.31
个人所得税（40%）	116，481	120，035	-2.96
城市维护建设税	99，143	98，405	0.75
房产税	121，732	118，708	2.55
印花税	27，583	28，601	-3.56
城镇土地使用税	33，267	35，736	-6.91
土地增值税	134，308	90，537	48.35
车船税	22，021	21，233	3.71
耕地占用税	7，266	7，627	-4.73
契税	111，155	153，064	-27.38
环境保护税	14，866	14，253	4.30
其他税收收入（原营业税）	18	-1	1900.00
税收合计	1，706，500	1，981，675	-13.89
专项收入	91，116	85，494	6.58
其中：教育费附加收入	47，417	51，480	-7.89
其中：十一项基金转入	43，699	40，890	6.87
行政事业性收费收入	26，375	36，722	-28.18
罚没收入	23，938	39，352	-39.17
国有资本经营收入	84，328	0	—

续表16

项目名称	2022年完成数（万元）	上年同期完成数（万元）	增幅（%）
国有资源（资产）有偿使用收入	224,372	139,236	61.15
捐赠收入	0	0	—
政府住房基金收入	3,453	1,116	209.41
其他收入	39,941	17,044	134.34
非税合计	493,523	325,840	51.46
一、一般公共预算收入	2,200,023	2,307,515	-4.66
基金收入-土地有偿使用收入	1,060,120	1,735,664	-38.92
其他基金收入	92,602	102,389	-9.56
二、政府性基金预算收入	1,152,722	1,838,053	-37.29
三、国有资本经营预算收入	46,310	51,742	-10.50
合计	3,399,055	4,197,310	-19.02
附注：1.免抵调（100%）	332,400	501,300	-33.69
附注：2.税收收入合计	1,706,500	1,981,675	-13.89
附注：3.税收占比	77.57%	85.88%	-8.31%

（资料来源：市财政局）

表17　　2022年常熟市财政支出分项目执行情况统计表

项　目	累计完成（万元）	上年同期（万元）	增幅（%）
一、一般公共预算支出	2,878,092	2,733,947	5.27
一般公共服务支出	185,923	204,783	-9.21
外交支出	0	0	—
国防支出	0	28	-100.00
公共安全支出	170,387	191,278	-10.92
教育支出	431,550	408,390	5.67
科学技术支出	218,837	196,087	11.60
文化旅游体育与传媒支出	28,149	37,432	-24.80
社会保障和就业支出	375,139	382,104	-1.82
卫生健康支出	174,163	132,253	31.69
节能环保支出	65,592	84,402	-22.29
城乡社区支出	571,540	586,673	-2.58
农林水支出	153,188	149,781	2.27
交通运输支出	187,659	102,325	83.40
资源勘探信息等支出	112,840	76,419	47.66
商业服务业等支出	49,047	113,058	-56.62
金融支出	3,733	1,996	87.02
援助其他地区支出	0	0	—
自然资源海洋气象等支出	11,230	12,354	-9.10
住房保障支出	90,599	6,084	1389.14
粮油物资储备支出	3,347	3,663	-8.63
灾害防治及应急管理支出	16,045	15,920	0.79
其他支出	1,529	711	115.05
债务付息支出	27,443	28,051	-2.17

续表17

项 目	累计完成(万元)	上年同期(万元)	增幅(%)
债务发行费用支出	152	155	-1.94
二、政府性基金支出	1,291,984	1,586,176	-18.55
科学技术支出	0	0	—
文化旅游体育与传媒支出	139	55	152.73
社会保障和就业支出	0	0	—
节能环保支出	0	0	—
城乡社区支出	1,210,471	1,520,936	-20.41
农林水支出	0	0	
交通运输支出	0	14	-100.00
资源勘探信息等支出	0	0	—
金融支出	0	0	—
其他支出	27,012	11,332	138.37
债务付息支出	54,200	52,008	4.21
债务发行费用支出	162	140	15.71
抗疫特别国债安排的支出	0	1,691	-100.00
三、国有资本经营预算支出	5,407	5,366	0.76
社会保障和就业支出	0	0	—
国有资本经营预算支出	5,407	5,366	0.76
支出合计	4,175,483	4,325,489	-3.47

(资料来源:市财政局)

税 务

【概况】 2022年,常熟市税务部门(市税务局、经开区税务局)组织各类税费收入557.94亿元,比上年增长8.17%。其中,组织税收收入327.67亿元,地方一般公共预算收入172.46亿元。落实各项优惠政策减免税费280.93亿元,其中新增减税降费及退税缓税缓费合计107.07亿元。至年底,全市有市场经营主体16.81万户,较年初增加0.93万户。经开区税务局全年完成一般公共预算收入(含教育费附加)31.85亿元,减收11.75亿元,下降26.95%。还原留抵退税因素后一般公共预算收入下降18.83%。办理留抵退税566户,占全市比重8.17%;累计退税金额10.7亿元,占全市比重18.55%;回补金额2.86亿元,回补率27.37%,超全市平均水平14.49个百分点;办理制造业中小微企业缓缴金额合计2.7亿元。

【税收征管】 2022年,市税务局推进智慧税务体系下的税费收入分析和风险监管功能建设,完善征管质量评价体系建设,探索税务登记监管机制、非正常户异地协作管理,会同市场监管局建立健全查无下落市场主体管理机制。全年征收国有土地使用权出让收入142笔、81.22亿元。在苏州市率先破解以股票受偿债权进行清欠难题,实施集团内部代偿欠税追缴方式,全年追征欠税及滞纳金9.23亿元。编制房产税风险指标,优化完善本级土地增值税清算管理办法,完成困难项目清理50个,形成税源9.46亿元。推进困难企业缓缴社会保险费政策在常熟落地,完成全省首家困难企业三项社保费缓缴审批。与经开区税务局、苏州市税务局第三稽查局共同建立健全"查管互动"工作机制。加强与属地政府行业风险监管联动,完善货架、印染等行业风险分析指引。落实跨境利润水平监控和国际税收专项审核,深化对外支付、关联交易、股权变更等数据分析应用。围绕二手车低价转让、上市公司限售法人股减持等风险事项开展自主分析,加强重点行业税收风险监管,完成各类纳税评估1080户,提示提醒8609户,总成效12.14亿元。

经开区税务局完成131户留抵退税企业全量自查,向7户企业缴回金额14.47万元。新欠发生率0.36%,苏州市最低。完成风险应对任务1438家,净入库税款1.93亿元,入库滞纳金465.66万元,抵减增值税留抵金额4562.98万元,弥补企业所得税亏损额3.87亿元。完成省税务局下发纳税评估130户、苏州市税务局下发纳税评估17户,户均入库成效分别为142.82万元、886.9万元,均列苏州市第一。

【税收征管改革】 2022年,市税务局优化办税缴费体系建设。推广办税缴费"零跑动"服务项目,22个重点项目受理业务近2万笔。实行苏州全域全量税费业务同城通办,覆盖6个通办服务网点,累计办理通办业务2000多笔。在苏州市先行先试《中国税收居民身份证明》开具"全程网上办"，非接触式服务比例92.5%。

2022年，经开区税务局非接触式办税比例97.66%，线下办税厅叫号量下降24%，专用发票首次核定满足度97.74%，比上年提高6.7%；普通发票首次核定满足度96.06%，比上年提高6%。对照职责清单，制定税费服务和征管职责常见事项一体化整合工作方案。实行执法主辅制度，明确岗责划分和权限配置。

【税务法治建设】 2022年，市税务局成立全面依法行政领导小组和重大税收风险集体审议领导小组，落实《税务规范性文件管理办法》，定期开展规范性文件清理工作，统一税费政策理解和执行口径。推进长三角区域执法一体化和三项制度落实，行政执法主体、权限、救济渠道以及执法人员等信息在江苏省执法公示平台予以公示。推行执法全过程记录，对重大执法决定进行法治审核，召开集体审议会议6次。开展增值税留抵退税专项督察督导检查47次。组织执法案卷评查2次，成立"公职律师涉税争议咨询调解中心"。年内，经开区税务局执行"首违不罚"事项清单，不予行政处罚纳税人159户次；强化内外部审计监督，核实、整改、反馈疑点数据1112条。

【税收服务宣传】 2022年，市税务局参加政风行风热线、市人大常委会"智改数转"专题询问直播活动，依托市级平台面向公众宣传政策、解答疑问；推出"虞税同行一企来"政策云课堂10期，辐射50万余人次。经开区税务局建设"税润滨江"税宣品牌，制作19个微课堂、微动漫税宣作品精准解读税收政策，观看4235人次。对减税降费、复工复产、物流运输等突出问题，为经开区9户企业提供供应链查询服务。

【纳税信用建设】 2022年，市税务局完善"纳税缴费信用评价"体系，全省首创覆盖纳税人全生命周期的动态信用预警提醒服务模式，推送预警提醒信息26454户次；持续深化税银互动，帮助1739户守信企业新增授信20.7亿元，比上年增长66.53%。经开区税务局推行纳税信用预警提醒服务，对涉税行为预评扣分的纳税人精准推送882户次提醒信息，组建两级纳税信用网格化服务团队，完成8户企业复评、3户企业补评和2户企业的修复工作。

4月，"虞"税同行——常熟市第31个全国税收宣传月启动仪式暨同城通办"云发布"、一企来政策"云课堂"线上发布会举行　（市融媒体中心　提供）

【第31个税收宣传月】 4月2日，常熟市第31个税收宣传月启动仪式暨"虞税同行"同城通办"云发布"、一企来政策"云课堂"线上发布会在常熟广播电视塔举行。宣传月期间，市税务局以"税收优惠促发展惠企利民向未来"为主题开展多种活动，以新的组合式税费支持政策和便民办税春风行动为重点，宣传退税减税降费政策、优化税收营商环境和便民办税春风行动等创新举措，为市场主体纾困解难。开展"青春有我，税月同行"青少年普法系列活动，开展"回眸税收这十年，献礼党的二十大"宣传活动。

（李　峰　陆轶琦）

金融监管

【概况】 2022年，中国人民银行常熟市支行贯彻落实灵活适度货币政策，保持辖区流动性合理充裕，促进信贷总量稳定增长。持续发挥再贷款、再贴现和普惠小微贷款支持工具等结构性政策工具作用，加大对三农、中小微企业等特定领域、行业的金融支持力度。开展"首贷""信用贷"提质扩面和"聚焦制造业 服务双循环"金融助企专项行动，引导法人机构发放"苏碳融""苏创融"金融产品，落地常熟首笔"苏碳融"，贷款金额200万元，发放"苏创融"126笔，贷款金融1.18亿元。加强形势分析检测预警，构建风险防范长效机制。加强经济金融形势分析研判，每季度开展经济金融运行分析。做好房地产领域风险监测、法人机构存款变动每日监测等工作，强化风险监测。修订完善《人民银行常熟市支行金融突发事件应急预案》，指导法人机构完成压力测试。开展LEI码推广应用，累计注册LEI码企业142家。规范开展央行评级工作，推动法人机构稳健经营。组织开展"护航新征程 存保伴你行"主题宣传活动，对272家投保机构网点开展存保宣传现场巡查，实现辖区投保机构巡查两年全覆盖。召开金融生态创建评估工作专题会议，研究制定《常熟市打造成优秀金融生态环境实施方案》。开展“征信修复”乱象整治，39家“问题”企业全部处置完毕。开展“断卡”行动，打击电信网络诈骗犯罪，指导常熟农村商业银行搭建涉案账户筛查和实时预警模型。完成苏州县域首笔拒收人民币现金行政处罚。

苏州银保监分局常熟监管组督促辖内银行业金融机构支持实体经济，制造业、小微企业贷款增速均高于贷款增速，小微企业贷款利率下降，减少借款人利息支出。截至12月末，制造业贷款余额1187.74亿元，比年初增加229.34亿元，增幅23.93%，增速高于各项贷款增速7.5个百分点；普惠型小微企业贷款余额574.2亿元，比年初增加97.15亿元，增幅20.36%；年内发放小微企业贷款平均利率4.65%，比上年度下降0.12个百分点，测算可减少小微企业贷款利息支出约6800万元；普惠型农户及贫困户经营性贷款余额126.41亿元，比年初增加16.41亿元，增幅14.91%。完成对银行保险机构13名拟任高级管理人员任职资格考察、2家保险专业中介机构现场查验、对苏州银行常熟招商城支行进行验收。定期列席常熟农村商业银行、常熟中银富登村镇银行董事会、审慎监管会谈等法人机构重要会议，向机构传达监管政策，提出监管要求，指导机构合规经营。督促银行保险机构压实金融消费者权益保护主体责任。全年受理金融消费者权益类投诉15件，责成相关机构妥善处理。针对日常大量金融消费者投诉来电，监管组通过宣传、指导与教育等方式使消费者问题得到满意解决。

市地方金融监管局开展地方金融机构分级分类监管，29家地方金融组织纳入正常监管16家，监管困难8家，列入异常5家。积极推行“双随机一公开”监管和重点监管相结合，将涉金融相关字样企业、私募基金等加入“双随机一公开”检查对象名录库，重点开展全市地方金融组织全覆盖现场检查。继续探索“互联网+监管”模式，全年开展地方金融组织各类监管434家次，其中现场监管80家次，非现场监管354家次。防范化解企业债务风险，定期监测重点授信企业300家以上，实施分类动态管理。强化金融资产质量稳控处置，召开企业债务风险专题协调会议60余次，2022年末全市银行贷款不良率0.7%。严厉打击非法金融活动，规范执法程序，强化队伍建设，健全网格化监测预警处置体系，完善非法集资行政处罚处置机制。全年累计排查企业5000余家次，受理并处置18起非法金融活动线索，向相关部门移送各类线索10条，推动立案打击涉嫌非法集资犯罪3起。采用信息流、有奖竞答、重点场景LED布设、制作宣传动漫、真人口播、发放原创宣传手册等方式全方位宣传防范非法集资，共覆盖全市近40万人次。

（张朔亦　袁　凡　周　斌）

【外汇管理】 2022年，国家外汇管理局常熟市支局，定期召开市场采购贸易试点外汇业务自律机制会议，商讨解决共性问题，新增2家参与银行。探索市场采购贸易发展新模式，形成常熟服装城市场采购贸易联网信息监管与“市采通”运营服务双平台的“常熟模式”，并引导“市采通”平台和合作银行探索开展金融创新和外汇政策宣传，在“市采通”平台开辟汇率避险宣传窗口。协调常熟农村商业银行与“市采通”平台对接开通外汇衍生品线上业务模块，开展远期结汇业务，满足市场采购贸易商户避险需求。提升企业汇率避险能力，开展汇率风险管理宣讲5次。开展银企外汇交易服务平台推广，指导20家试点企业接入平台，办理江苏省首批、苏州市首笔40万美元即期结汇业务。推进各项外汇便利政策落地，推动贸易外汇收支便利化试点增量扩面。便利化试点企业由上年17家增至32家，指导农行办理赔偿款项下的便利化试点业务，在省内率先落地政策。对接意向企业，推进跨境融资便利化试点落地。支持新型离岸国际贸易发展，推进新型离岸国际贸易发展要求。举办新型离岸国际贸易政策培训，解读政策、剖析业务模式、提示业务风险，搭建直接对话平台。提高国际收支统计申报质量，开展数据核查。推进申报主体扩容，组织开展第三批20家非金融企业纳入直接申报调研工作。（张朔亦）

【苏州县域首笔拒收人民币现金行政处罚】 常熟市星光城市超市有限公司职教南店2021年10月24日发生拒绝公众使用现金购物行为，2022年6月1日，中国人民银行苏州市中心支行对该单位给予警告，并处1000元罚款；对负有直接责任的管理人员给予警告，并处500元罚款。这是苏州县域首笔拒收人民币现金行政处罚。

统　计

【概况】 2022年，市统计局加强经济运行监测、数据发布和解读，统筹抓好常规统计调查及监测。加强主要经济指标、GDP核算基础指标的监测分析，配合做好2022年度中国中小城市发展、县域经济、赛迪等百强县市参评。开展疫情对经济运行影响的预判研判，聚焦反映重点行业生产经营状况。开展统计普法“六进”活动，制作《统计法律法规选编》、法治宣传折页，在“常熟统计”微信公众号开设法治教育专栏。

【统计调查】 2022年，市统计局组织统计年定报等业务培训，开展工业、能源、投资、服务业、建筑业、房地产等常规统计调查，各专业年定报上报率、直报率、直验率均达100%。加强主要经济指标、GDP核算基础指标监测分析，形成各类指标“一指标一台账”。完善指标上报监测机制，对起伏大的重要指标提前做出预警判断。持续优化统计信息化工作。与市大数据局沟通合作，参与市场主体全生命周期管理平台建设，系统梳理GDP核算各类表格，围绕数据展示、逻辑关系、数据计算等方面进行交流探讨，上线“虞商通”GDP核算大数据平台。支持全市政务数据共享，每月上传统计月讯等资料。

【统计管理】 2022年，市委办、市政府办印发《常熟市贯彻落实江苏省统计局第3统计督察组督察反馈意见整改方案》，对照督察反馈要求和整改方案时间节点，逐项落实整改任务。市统计局与市纪委巡察办联合印发《关于加强市委巡查机构与市统计部门协作联动工作的实施方案》。推进统计专项纠治，落实并部署苏州市统计造假不收手不收敛问题专项纠治工作动员部署视频会议精神，转发省统计局《统计造假不收手不收敛问题专项纠治工作方案》。开展数据质量核查及2022年第二批省统计"双随机"执法检查，各镇（街道、开发区）按照"四个必查""一个结合"工作要求，同步开展自查。对全市重点指标、重点领域开展自查，完成省统计局对常熟的专项检查。落实苏州市《关于加强基层统计工作力量提升统计基层工作水平的实施意见》要求，配合省统计局开展服务外包专项调研。年内举办各类业务培训20场，累计参训对象超500人次。

【统计服务】 2022年，市统计局加强经济运行监测、数据发布和解读，制作主要经济指标月度台账、分月趋势图，优化升级《常熟市国民经济和社会发展统计公报》《常熟季度经济运行报告》《常熟统计月报》《常熟统计年鉴》《常熟市情市力》，撰写统计信息189篇、统计分析66篇，更新"常熟统计"微信公众号79篇，其中《1—4月全市主要经济指标上报情况》《关于苏州高质量发展监测专报指标情况的补充汇报》《常熟与晋江经济发展情况比较分析》等多篇汇报获市领导批示。制定《常熟市统计法治宣传教育第八个五年规划（2021—2025年）》，走进融媒体"法治会客厅"节目，开展统计法律法规宣传。开展统计诚信承诺活动，与2558家联网直报单位及其负责人和统计人员签订诚信统计承诺书。继续落实统计法律事务告知制度，对所有年度新增"四上"企业发放《统计法律事务告知书》，明确统计调查对象的权利、义务和法律责任。

（刘　姝）

审　计

【概况】 2022年，市审计局全年实施各类审计项目18项，实施工程跟踪审计项目2项。查出违规金额2927.96万元，管理不规范金额252803.15万元，损失浪费金额677.05万元，向纪委监委移送线索3条。建立与财政（国资）协作机制，出台《关于建立财政（国资）部门与审计部门协作机制的意见》。实施完成全市养老服务体系建设政策措施落实情况审计、财政涉粮专项资金审计、税收和非税收入征管审计、生态环境保护专项资金审计、政府隐性债务化解情况审计。审计报告、专报、信息等被领导批示42篇次。编报审计信息宣传稿件111篇，被各级采用92篇次。获评全省"科技强审"先进单位。

【市委审计委员会会议】 2022年，召开市委审计委员会会议2次。7月16日，市委审计委员会第五次会议，讨论和审议《关于常熟市2021年度市级预算执行、决算草案及其他财政收支的审计工作报告》《关于2021年度审计整改情况的汇报》《常熟市领导干部履行经济责任重点风险防范清单》等文件。9月12日，市委审计委员会第六次会议，传达学习中央、省委、苏州市委审计委员会会议精神，听取《关于审计整改情况的汇报》，讨论和审议审计整改长效机制的相关文件。

【同级财政审计】 2022年，市审计局开展2021年度市级预算执行、决算草案和其他财政资金审计（简称"同级审"），主要涵盖市级预算执行情况审计、部门预算执行情况审计、莫城街道2021年度预算执行情况和决算草案的审计。包括7个专题审计：政府专项债券发行使用情况跟踪审计、农村人居环境整治相关政策和资金审计、惠农惠民财政补贴资金管理情况审计、财政涉粮专项资金审计、生猪复产保供相关政策和资金跟踪审计、水投公司项目建设管理情况审计调查、全市三级公立医院运营绩效情况专项审计调查。"同级审"共发现问题55个，其中违规金额45.04万元，管理不规范金额18.99亿元。"同级审"工作报告于7月28日向市十六届人大常委会第四次会议汇报。通过整改，项目实现收缴盘活财政、街道和预算单位财政存量资金1.03亿元。同级审整改报告于11月28日向市十六届人大常委会第六次会议汇报，并依法向社会公开。

【经济责任审计】 2022年，市审计局根据苏州市审计局授权和市委组织部委托，实施梅李镇、古里镇、住建局、文体旅局、文旅公司、检验检测中心6个单位7名领导干部经济责任审计，查出违规金额2893.53万元，管理不规范金额5.88亿元。出台《常熟市领导干部履行经济责任重点风险防范清单》，区分乡镇、部门事业、国有企业领导人员3类审计对象，列举26类风险领域，全方面、多维度列示领导干部在履行经济责任过程中的74个风险点及184种主要表现形式，并提出90项针对性的预防措施。保障省审计厅实施的市委主要领导经济责任审计等4个审计项目正常开展。

【自然资源资产离任（任中）审计】 2022年，市审计局开展部门领导干部自然资源资产审计1次，组织梅李镇自然资源资产离任（任中）审计，紧扣"气""水""土"治理工作和环保资金使用情况，促进梅李镇生态环境持续改善。

【政府投资审计】 2022年，市审计局对常台高速常熟东互通改扩建工程项目，常台高速公路常熟高新区互通新建工程项目开展跟踪审计。通过分阶段开展跟踪审计，掌握2个高速互通项目的建设管理情况，了解建设项目资金来源、管理和使用情况，查找并发现在工程建设各环节存在的普遍性问题和突出问题，提出有针对性的意见建议，促进提高建设项目的管理水平，提高建设资金使用效益。

【民生项目审计】 2022年，市审计局对全市2019年至2021年高标准农田建设管理专项审计调查，围绕高标准农田建设、管护、利用情况进行审计。开展生猪复产保供相关政策和资金跟踪审计，审计检查生猪复产保供目标任务完成情况、财政资金收支管理及使用情况、全市规模猪场改扩建及德康猪场建设投资等情况，以生猪饲养、转运、养殖、屠宰、死猪处理等环节为主线，查找各环节中存在的制度不完善、执行不到位等问题，分析原因并提出有针对性的建议。在项目开展过程中，同步开展常熟德康15万头生猪养殖项目实际投资额的审计复核。经复核，该项目合计综合调减1.1亿元，促使节约财政奖补资金约4000万元。

【审计问题整改】 2022年，市审计局落实《常熟市审计整改工作实施办法》，完成审计问题整改75个，促进收缴盘活各类存量资金15.26亿元，建立健全规章制度12项。加强与人大、纪委监委、组织、财政等部门协同配合，共同督促审计发现问题整改的落实。落实对查出问题的"对账销号"和动态管理制度，加强对整改情况实时跟踪监督，对2018年以来审计发现问题开展审计整改"回头看"。加大审计结果和整改结果向社会公开力度。7月、9月两次向市委审计委员会汇报近两年审计发现问题整改情况。8月市政府召开常务会议，专题研究部署2021年度市级预算执行、决算草案和其他财政收支审计查出问题审计整改工作。

【内部审计】 2022年，常熟市印发《2022年内部审计指导意见》，加强对建立健全内部审计工作机制、审计计划安排和审计重点、内审人员业务指导；强化对内部审计日常监督、审计项目检查和专项检查工作。印发《2022年度全市内部审计项目质量检查实施方案》，转发《江苏省部门和单位内部管理领导干部经济责任审计办法》，与国资办联合印发《关于深化市属国有企业内部审计监督工作的实施意见》，推动市公安局、发改委出台内部审计规范性文件。对直属国企、经济技术开发区、碧溪街道、沙家浜镇、供销社等14家单位开展专题培训、辅导。调用1名内审人员到市审计局挂职锻炼，2名内审人员参与审计项目实施。完成常熟市审计协会第三届理事会换届、法人代表更换。

【科技强审】 2022年，市审计局探索大数据技术与审计业务深度融合，印发《常熟市审计局大数据技术应用科技创新攻关小组管理暂行办法》。推进"金审三期"落地应用；实现部门预算审计数据分析"全覆盖"；在财政涉粮专项资金审计中应用地理信息系统叠加各部门水稻种植数据查找问题；在梅李自然资源资产审计中，通过比对各种地理信息图斑数据，发现耕地占用、土地抛荒问题；利用python分析在生猪复产保供审计、债务审计、自然资源资产审计、工程审计等项目中实现批量查询和自动分析功能；持续推进无人机在审计中的应用，结合Pix4d、Global Mapper、南方Cass等软件发现工程结算问题。年内，常熟市审计局获评全省"科技强审"先进单位。

（赵重达）

市场监督管理

【概况】 2022年，市市场监管局完成综合监管任务3042户，发现严重问题609条、较重问题875条、一般问题5064条、轻微问题137条，发现问题均按照规范及时闭环。年内一般程序立案2600件，结案2581件，其中"三重一大"案件545件，移送司法机关追究刑事责任40件、45人次，罚没款合计6202余万元，免罚减罚金额达1.51亿。检查特种设备使用单位2166家，出动检查人员4643人次，抽查各类设备4126台（次），发现整改隐患2785条，下达监察指令书1664份，查处321家单位，罚款746.06万元，实现特种设备安全生产零事故。市市场监管局基层分局标准化规范化建设获国家市场监管总局通报表扬，市市场监管局获全省食品安全先进集体、全省药品稽查执法暨雳剑专项行动先进集体称号。"1+1+N"数字法人项目获评智慧江苏重点工程项目。年内，组织开展假冒伪劣产品集中销毁活动，销毁各类假冒伪劣产品123余万件，涉及过期食品药品、假冒伪劣医疗器械、不合格化妆品、不合格口罩等假冒伪劣产品。

【市场主体监管】 2022年，市市场监管局设立和承接省、市、县各级制定的"双随机、一公开"单一部门抽查任务321项，涉及市场主体5509户；制定跨部门联合抽查任务31项，参与跨部门联合抽查任务43项，涉及联合检查的市场主体1464户，重点会同发改委、住建局（房管处）、资规局开展房地产行业跨部门"双随机、一公开"抽查，抽查房地产开发企业、房地产经纪机构63户，发现各类问题并责令改正28条，查处违法案件2起，对1户住所失联企业列入经营异常名录。会同税务部门开展信用风险差异化跨部门联合抽查，抽查对象465户。在国家企业信用信息公示系统将行政处罚信息1614条、归集到各类抽查检查结果等相关信息11466条。开展商品房买卖合同预售前行政指导24件，指导调整条款260条。指导企业开展信用修复，修复行政处罚信息12条次，修复未按期年报、年报情况隐瞒真实情况弄虚作假、住所失联等各类经营异常名录（状态）1504条次。全市企业年报率95.6%。

（高　阳）

【特种设备安全监察】 2022年，全市有特种设备使用单位10922家，在用特种设备数量为68128台（条），其中锅炉465台、压力容器22051台、电梯21034台、起重机械10790台、场（厂）内专用机动车辆13785台、客运索道1条、大型游乐设施2台；特种设备作业人员考核发证2569人次，复审发证4686人次。制作、发放《特种设备事前处罚》宣传折页1.8万份，联合红豆山庄举办蹦极与电梯困人应急处置综合演练，结合"百团进百万企千万员工"行动对4294名叉车司机开展事故警示教育。推行窗口网上业务办理，受理网上告知7640条，使用登记及变更业务308条。通过压力管道整治累计排摸管道2547.46千米，整改未检管道706.3千米。推进电梯安全综合治理，完成8068台电梯电磁铁拆解保养和299台导磁材料松闸顶杆更换、2340台电梯自行检测、7879台电梯参保安全责任保险。完成956台智管叉车安装，提醒不系安全带行为37890起、作业人员离岗45908起、作业时接打电话331起；完成2137台智管电梯安装，实现不文明行为自动劝阻234714起、故障自动报警3151起、困人快速救援430起、消防隐患自动识别842起。

【消费维权服务】 2022年，市市场监管局各平台转办和自接投诉举报35250件。其中，“12345”转件12928件（苏州级以上平台交办1727件）；全国、省两级“12315”转件21291件；自接登记投诉举报1031件，跟踪督办、收集和回复上级平台各类办件35250件。整体处办量比上年增长27.7%，及时签收率、处置率、回复率100%，消费者满意率99.88%。以“3·15”国际消费者权益日主题活动、无理由退货、基层站点建设为重点，开展消法“五进”、“3·15”网络专场、维权知识“基层行”等系列活动，累计普法宣传45场次，发布倡议40余次，接受咨询10471件，

表18　2022年常熟市市场监管专项整治统计表

名称	案件数（件）	罚没款（万元）
知识产权保护专项整治	476	2260
不正当竞争行为专项整治	96	943
电子商务直播乱象专项整治	67	506
食品生产企业及食品超市团购店专项整治	848	460
民营医疗机构及化妆品行业专项整治	167	598
安全生产专项整治	243	762

（资料来源：市市场监管局）

录播电视、广播5期，开设报刊专栏3期，印发宣传资料3万份，发布“典型案例”30余篇。命名表彰省、市两级放心消费创建先进示范单位27家；发展线下无理由退货承诺商户9747家；建成“吴优数购”商户500家。

【执法稽查】 2022年，市市场监管局开展知识产权保护专项整治、不正当竞争行为专项整治、电子商务直播乱象专项整治、许可证产品专项整治、民营医疗机构及化妆品行业专项整治、食品生产企业及食品超市团购店专项整治、装潢装饰材料专项整治、汽车修理及汽车配件专项整治、打击传销和规范直销及保健品会销乱象专项整治和安全生产专项整治等专项整治行动。办结全省首例侵犯海归人才企业商业秘密行政处罚案，辛庄分局查办“广东省东莞市某公司生产销售未经认证的目录产品及不合格太阳能热水器案”被省市监局评为“江苏省市场监管领域执法稽查十大典型案例”；支塘分局查办“某食品商行经营标注虚假生产日期的食品案”被省市监局评为2022江苏省民生领域案件查办“铁拳”行动典型案例（第三批）；莫城分局查办“苏州某商贸有限公司实施混淆行为案”被省市监局评为互联网领域反不正当竞争典型案例；执法大队查办“某公司组织、策划传销案”被省市监局评为打击网络传销典型案例。

（高　阳）

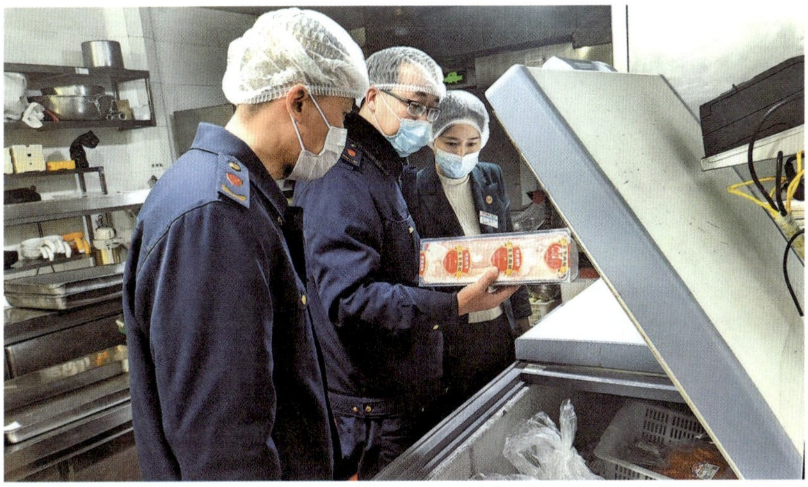

2月，市市场监管局组织开展进口冷链产品专项检查

（市融媒体中心　提供）

检验检测

【概况】 2022年，市检验检测中心出台助力市场主体纾困解难六项措施，构建市场化营销体系，打破原有质检、计量条线单一性，统筹各技术机构整合组建中心市场营销团队，实施精准营销；构建市场化管理体系，推进“智慧检测”平台建设。协助42家企业制订企业标准89份、对20家企业进行检验员培训30人次，提供许可证咨询服务27家。

【市场质量监管服务】 2022年，市检验检测中心有1178个产品、1749项参数通过省级资质认定，其中食品产品523个、参数814项；有132项参数通过江苏省农产品质量安全检测机构考核；有58个产品、170项参数通过CNAS认可。年内，市检验检测中心配合市场监管、卫健、农业等部门完成民生关注重点领域专项监督抽查14000多批次。

【计量器具检定校准】2022年，市检验检测中心有长度、电磁、光学、物理化学、力学、热工、声学、时间频率、无线电及专业计量等领域177项计量标准考核证书，并取得相应社会公用计量标准证书，开展检定221项、校准264项、检测7项；通过CNAS认可准予在几何量、温度、力学、声学、电磁学、无线电、时间和频率、光学、化学、电离辐射、专用测量仪器等领域开展校准390项、检测27项；通过省级资质认定准予开展1大类、2小类、7项产品、1大类、7小类、24项参数的检测。2022年，市检验检测中心受理送检计量器具30多万台件，提供免费上门取送件650人次、13000台件。

（狄晓蕾）

价格管理

【资源价格管理】2022年，常熟市完善煤热价格联动机制，出台煤蒸汽销售价格，全市煤蒸汽中准销售价格为297元/吨；核定2家燃气蒸汽企业蒸汽销售价格；出台常熟市淡季、采暖季非居民用管道天然气价格政策；疏导非居民天然气销售价格2次，现行标准为4.387元/米^3；做好天然气延伸服务收费监管，清理规范水电气暖收费。执行“取消江苏省现行一般工商业及其他用电、大工业用电的目录销售电价政策”，推动市场化交易。清理规范非电网直供电价格行为，开展转供电“回头看”。

【环境价格管理】2022年，市发改委根据《常熟市工业企业资源集约利用综合评价细则》，实施资源要素差别化价格政策。对上年度被评价为C-类、D类的企业，实行全市统一的差别化污水处理费、管道天然气价格和电力价格。落实长江经济生态优先、绿色发展战略定位，完成污水处理成本调查和调研，执行污水处理收费标准。配合上级开展城镇生活垃圾处理收费办法修订工作，做好城镇生活垃圾处理成本调查。

【民生价费管理】2022年，市发改委推进完善国有景区门票价格形成机制，规范景区价格行为，降低重点景区门票价格，开展降低重点国有景区门票价格“回头看”工作。核定或调整常熟市东方新阳幼儿园、耕心明珠幼儿园等14所学校收费标准。调整常熟市公办幼儿园保教费收费标准。加强课后服务收费管理，落实义务教育阶段学科类校外培训机构实行政府指导价标准。加强机动车停放服务收费管理，推进《常熟市车辆停放服务收费实施办法》修订工作。落实最新物业管理收费和公示要求。

【清费减负】2022年，市发改委清理规范水电气暖行业收费，出台《关于清理规范城镇供水供电供气供暖行业收费促进行业高质量发展的任务分工方案》。对65家转供电主体以发放告知书、推广应用转供电费码等方式，加大转供电收费政策宣传，抽取7家转供电主体进行实地督查。与财政部门联合清理港口服务收费，排查交通物流、行业协会商会及中介机构等领域涉企违规收费问题。落实减免部分公证服务收费30万元、缓缴部分行政事业性收费、做好助企纾困水资源费等清费减负政策（其中，水土保持补偿费减免42万元、水资源费减免305万元、防空地下室易地建设费减免560万元）。方塔园、曾赵园免费试点开放，减收272万元。

【成本调查与监审】2022年，市发改委完成农户种植意向、农户存售粮、农户农资购买3项专项调查，夏粮小麦和秋粮粳稻生产成本收益预测调查、直报调查，生猪养殖成本收益上下半年直报调查，蔬菜生产成本收益常规调查。完成自来水价格、配气价格、燃气蒸汽价格等4项成本监审。完成污水处理费等成本调查。

【价格认定】2022年，市发改委完成各类价格认定案件2092起，其中涉刑事案件财物价格认定994起，涉税房屋价格认定1039起，共有产权房价格认定16起，纪检监察案件财物价格认定1起，其他价格认定42起，对全市存量房纳税价格交易数据库进行维护。对全市涉税存量标准房进行分季度市场价格监测，组织评估公司对867套涉税房屋进行评估，标的额50.3亿元。完成花溪新村、花溪苑等被征收项目采样价格认定及全市共有产权房价格认定。

（李　丹）

【价格监督检查】2022年，市市场监管局结处价监案件113起，罚款133.53万元，没收0.27万元，责令退还435.90万元，罚没退569.70万元。年内，部署开展涉企违规收费专项整治工作，对商会协会收费、中介机构收费、口岸单位收费、供水供气等公用事业收费、转供电价格开展专项检查，保障降费减负政策传导到位。对教育收费开展专项检查，对煤炭价格、防疫物资和重要民生商品价格实施重点监管。

（高　阳）

知识产权工作

【概况】2022年，全市拥有发明专利8732件，发明专利授权数1226件，万人有效发明专利拥有量51.79件，万人高价值发明专利17.61件。1件外观设计专利获中国外观设计银奖。注册商标申请量15113件、注册量15966件、有效数140469件，有效注册商标数位列江苏省县区首位。常熟市获评国家知识产权强县建设试点县，获中国县域知识产权竞争力百强榜第四名。

【知识产权管理和服务】2022年，市知识产权局组织开展“4·26”世界知识产权日系列宣传活动，举办高价值专利识别与培育专题讲座、知识产权进校园等活动。推进知识产权校地深度融合，重点围绕“354”现代产业格局、声功能材料、新能源、汽车及零部件三大产业创新集群建设以及“中国声谷”建设，与常熟理工学院签署合作备忘录。推动“虞山板栗”“潭荡金爪蟹”“白茆水菱”等地方特色地理标志商标注册。搭建银政企对接桥梁，为40家企业质押融资24亿元。

表 19　　2022 年常熟市发明专利工作情况统计表

板块	发明专利年初数（个）	发明专利完成数（个）	净增数（个）	增幅（%）
海虞镇	348	427	79	22.70
梅李镇	249	277	28	11.24
辛庄镇	404	461	57	14.11
古里镇	308	331	23	7.47
支塘镇	331	364	33	9.97
沙家浜镇	464	508	44	9.48
董浜镇	206	251	45	21.84
尚湖镇	246	273	27	10.98
虞山街道	131	151	20	15.27
常福街道	950	1091	141	14.84
莫城街道	77	87	10	12.99
琴川街道	94	100	6	6.38
经开区	880	1062	182	20.68
高新区	1331	1561	230	17.28
理工学院	657	855	198	30.14
运营中心	817	816	−1	−0.12
合计	7493	8615	1122	14.97

（资料来源：市市场监管局）

【知识产权保护】 2022年，常熟市推进中国（常熟）纺织服装知识产权快速维权中心、江苏省知识产权保护中心常熟工作站、苏州知识产权保护中心常熟分中心等平台载体建设。加快国际纺织服装品牌集聚中心建设。开展知识产权执法维权“护航”行动和知识产权代理机构“蓝天”专项整治行动，市市场监管局结处商标侵权案件319件，结处假冒专利案件118件，结处侵犯奥林匹克标志专用权案件88件，罚没款2184多万元，移送公安部门追究刑事责任29件次。

（高　阳）

信用体系建设

【公共信用信息平台建设】 2022年，市发改委完成公共信用信息平台项目开发建设。重点推进信用数据归集，分别与人社局、医保局、市场监管局等部门沟通协调信用数据归集情况，重点归集信用承诺、合同履约、资质许可等信用数据，平台累计对接全市72家单位，归集入库82项公共信用信息数据，8883万条数据量。完善部门及板块行政处罚、行政许可报送途径，依托信用常熟网实现行政许可和行政处罚信息的全面公示，全年产生行政许可13313条数据量，行政处罚5232条数据量。

【信用突出问题专项治理】 2022年，市发改委开展信用领域突出问题专项治理。针对受行政处罚主体和严重失信主体，综合运用教育督促、信用修复、失信约束等措施，降低全市失信主体数量和占全市注册企业数量比重。创新严重失信主体专项治理工作手段，与市法院、市场监管局等部门以“线上大数据+线下铁脚板”模式对失信被执行人精准定位，创新性结合“数字法人”系统开展现场调查工作，完成全部709家失信被执行人现场调查工作。每月对严重失信主体及受行政处罚主体进行失信治理成效反馈，对相关失信企业及时进行跟踪分析，累计反馈2100余家企业治理成效，实时将已修复失信信息主体退出治理名单。

【诚信建设宣传教育】 2022年，市发改委举办“诚信建设万里行之诚信进商场”主题活动，普及信用法规及企业及个人信用知识。在“信用常熟”网站设立“红黑榜”，曝光严重失信主体，引导全社会共同监督。累计接收10个部门、10477条红名单、1950条黑名单，通过“信用常熟”网站公示专栏向社会进行公示，增加对失信行为的披露和曝光。推进信用贯标示范创建，指导企业根据《江苏省企业信用管理规范（试行）》，从信用管理制度、客户资信管理、信用档案管理、客户授信管理等方面建立和完善相关管理体系，提高企业经营管理水平和抗风险能力。组织31家企业申报信用管理培训，2家企业申报苏州市级信用管理示范企业，1家企业申报江苏省信用管理示范企业。

（曹嘉祺）

【农村征信体系建设】 2022年，常熟人行、农业农村局、地方金融监管局印发《常熟市农村信用主体评定管理办法（试行）》，实现全市17.7万户农户、2159户新型农业经营主体信息采集全覆盖，首批评定580户信用户、20户信用经营主体。中国人民银行常熟市支行联合市农业农村局申报“新型农业经营主体电子信用体系建设和应用机制”项目，获批苏州首个信用领域全国农村改革试验区拓展试验任务，打造县域样本，推动农村信用体系建设。持续优化征信查询服务，新增海虞镇个人信用报告代理查询点，实现乡镇布放征信自助查询点零的突破。

（张朔亦）

责任编辑　汤　涵

开发园区

综　述

【概况】 2022年，常熟市有国家级开发区2家（常熟经济技术开发区、常熟高新技术产业开发区），省政府批准筹建中的省级高新区1家（江苏省常熟虞山高新技术产业开发区），省政府批准挂牌的产业园1家（江苏常熟新材料产业园），统称为“三区一园”。2022年，“三区一园”新批签约项目90个，投资额334.1亿元；实现进出口总额162.09亿美元，比上年下降1.87%；涉外税收占全市涉外税收总数84.91%；外企开票销售占全市外企开票销售总数的87.46%。年内，新增苏州市级总部和功能性机构4家。

【园区项目引进】 2022年，“三区一园”引进外资及港澳台资项目20个，投资总额10.1亿美元；引进内资项目70个，投资总额265.42亿元。投资总额1亿美元及以上外资及港澳台资项目5个，投资总额20亿元及以上内资项目4个。全市“三区一园”外资及港澳台资新设项目38个，比上年下降20.83%；外资及港澳台资增资项目31个，比上年下降3.13%。合同利用外资及港澳台资2.78亿美元，比上年下降74.88%；实际利用外资及港澳台资7.76亿美元，比上年下降10.94%。

【园区进出口贸易】 2022年，全市“三区一园”实现出口额、进口额分别为94.85亿美元和67.24亿美元，比上年分别增长3.76%、下降8.85%。涉外税收合计105.77亿元，比上年下降13.18%；外企开票销售合计2081.75亿元，比上年增长7.24%。

（杨帆　张敏）

常熟经济技术开发区

【概况】 常熟经济技术开发区（以下简称常熟经开区）成立于1992年8月，域内有全国十大内河港之一的常熟港、国家级常熟综合保税区和常熟国际物流园。2022年，区域实现地区生产总值1184亿元，完成公共预算收入75.2亿元，规模以上工业总产值2547亿元。其中核心区（沿江板块）实现一般预算收入31.85亿元，完成规模以上工业总产值1326亿元，到账外资及港澳台资3.55亿美元。在全省经济开发区科学发展综合年度考评中常熟经开区位列第6位。区内企业常润股份上市，理文化工被认定为苏州总部企业，芬欧汇川获评2022年江苏省首批绿色发展领军企业，住友橡胶获“2022绿色可持续发展贡献奖”。

【开发建设】 2022年，常熟经开区推动总投资288.6亿元的40个重点项目建设，累计完成当年计划投资92.75亿元，计划内、外新开工项目32个，总开工率145%。长春铜箔四期等28个项目竣工。制定声学创新谷核心区规划建设方案，核心区西区4条道路具备通车条件，景观驳岸、市政绿化及声谷大剧院等功能载体全面见新。完成进港航道上段疏浚，协调推进码头升等、岸线整合。推进产业园区存量资产盘活项目，重点实施园区市政道路等基础配套完善、集镇环境整治和功能提升等系统工程。

常熟经济技术开发区　　（经开区　提供）

【招商引资】 2022年，常熟经开区聚焦汽车、声功能材料、集成电路、新能源等产业精准招商，累计签约长城未势能源、仁烁钙钛矿光伏等产业项目45个，总投资约290亿元。加快培育新一代电子信息技术及应用、声学产业及技术服务、海洋装备及通信、绿色智能核心汽车零部件、前沿高端材料、新能源及核心技术和现代物流贸易等新兴产业体系，建设绿色先进制造、声谷科创中心、智慧港口物流3大功能片区。上线“常舒心”企业服务平台，汇编企业服务手册，领导挂钩50强重点企业常态化开展走访服务。

【科技创新】 2022年，常熟经开区全力建设重大产创融合发展引擎——苏州·中国声谷，编制《常熟市声学产业创新集群建设实施方案》，声谷申报国家文化和科技融合示范基地，成功创建全国声学科普教育基地。与省声学学会签订战略合作协议，成立苏州市声学学会。年内累计完成科创项目注册106个，各级各类人才项目申报超200个，域内获评江苏省“双创人才”“双创博士”17名，立项“姑苏人才”项目20个，获评“昆承英才”科技创新创业领军人才37名。新认定省级企业工程技术研究中心5家、省企业技术中心2家。新增4家国家专精特新“小巨人”企业，6家企业入选2022年江苏“潜在独角兽企业”。

【载体建设】 2022年，常熟经开区统筹推进已建产业载体改造提升、在建载体建设进度、拟建载体开工建设。

长三角（常熟）国际先进制造产业园　占地面积约18.87公顷，总建筑面积约23万平方米，园区侧重招引智能制造、声学、新能源汽车、新材料、海洋工程装备、生物医药等新兴产业项目，致力于打造长三角地区高标准、高定位、高服务的对外合作标杆产业园。2022年，一期标准厂房竣工投用，弘润存储芯片封测、鼎新微电子芯片封测等多个项目入驻。

声谷创新加速中心　位于中国声学创新谷生产制造核心区域，占地面积约42.77公顷，总建筑面积约9.4万平方米，园区采用联合检测平台和产业载体配套相结合的运营模式，将声学产业链企业在发展中所需的资源进行有效整合，集产业集聚、检测服务、创新应用、成果展示等功能于一体。2022年地球山、臻芯微、莱根集成电路、声学联合检测中心等项目和平台入驻。

欧洲绿色产业示范园　占地面积约4.27公顷，园区着力打造集科技企业聚集、科技信息交流、科技产品展示、科技金融服务等功能为一体的科技推广展示平台和项目落地载体；园区同步设立科技展示区，侧重欧洲高新技术的引进、展示、孵化以及市场化应用与合作。截至2022年年底，项目一期标准厂房投用，莱杰生物实验室耗材等项目入驻。

常春藤国际人才港　位于城铁片区核心区，依托高铁枢纽联动常熟（虹桥）国际人才港，是常熟市着力打造的产城融合新地标。产业园总占地约33.33公顷，其中先行启动区占地3.7公顷，已于2022年11月开工建设。产业园参照国际化标准建设9.9万平方米载体，以国际人才创新创业需求为导向，大力发展前瞻性技术领域产品设计、技术开发、微智造，打造生态宜居、配套完善、产城一体的人才职住空间。2022年，首批3个入选“2021年度苏州市‘独角兽’培育企业”的项目（京创半导体精密磨划设备研制中心、贝塔科技管理总部和苏州聚复科技总部及创研中心）签约入驻。

李袁智造产业园　地处碧溪街道李袁村，占地面积约4.13公顷，总建筑面积约6万平方米，产业园侧重招引汽车及零部件、新一代信息技术、智能装备、先进功能材料等领域的优质科技创新型企业，截至2022年年底，捷云智能、紫荆桃李、思恩半导体、舜虹环境等16家企业落户，其中10家企业获评常熟市级及以上人才企业称号。

（曹梦冰）

常熟高新技术产业开发区

【概况】 2022年，常熟高新技术产业开发区（以下简称常熟高新区）管理面积138平方千米，包括“一镇一街道”（沙家浜镇和东南街道），域内有昆承湖、全国县级市首家国家级大学科技园以及世界联合学院（UWC）中国大陆唯一分校。2022年，常熟高新区实现地区生产总值399.5亿元，比上年增长3.5%；一般公共预算收入30.7亿元，还原留抵退税39.4亿元；实现规模以上工业总产值1258.1亿元，比上年增长3.3%；工业开票销售收入1510.7亿元，比上年增长11.9%；销售超亿元企业262家，其中超10亿元企业35家；税收超亿元企业10家。在2022年度科技部火炬中心公布的全国国家高新区综合排名中，常熟高新区位居第62位，实现“七连进”。

【开发建设】 2022年，常熟高新区落实苏州市域一体化战略，推动以昆承湖为中心向南发展，与苏州工业园区、昆山高新区分别签订战略合作框架协议，形成昆承湖与金鸡湖“双湖联姻”、常熟高新区与昆山高新区“两区联动”的融合创新发展格局。重点推进中新昆承湖园区开发建设，按照“一年定框架、三年出形象、五年成规模、十年展新城”的序时开发，重点规划建设“一湖十岛”，加快形成“湖城相拥、产城相融”的现代产业园区。编制规划高标推进，园区产业规划、概念规划通过审议，低碳科技岛城市设计结合概念规划方案完成，控制性详细规划获得市政府批复，完成全部专项设计成果；城市品质提档升级，UWC+创新岛、金茂智慧科学城、绿地琥珀商务广场、迈宝国际总部大楼等高端产业载体加紧建设，波司登凯悦酒店、日航酒店等公共配套设施项目全速推进；产业招商协同布局，构建“数字科技+新能源”两大创新产业格局，重点布局绿色低碳、人工智能、智能网联、科创研发、工业互联网、运动健康等数字产业集群，打造长三角具有影响力的数字产业高地。

常熟高新区"UWC+创新岛"项目旨在建设以总部经济、人工智能、"研发+服务+产业"为核心的创新示范区。图为10月23日项目施工现场

（市融媒体中心　提供）

【科技创新】 2022年，常熟高新区联合北京大学、上海交通大学、江苏省产研院、常熟理工学院等大院大所共创共建，推进具有地方特色的众创体系建设及飞地孵化器建设，新增省级众创空间1家、苏州市级众创空间2家、苏州市级科技企业孵化器1家；推动创新平台纵深发展，亨弗劳恩（江苏）复合材料研发有限公司设立的储氢复合压力容器国际联合开发平台和苏州腾晖光伏技术有限公司的泰国研发中心荣获苏州市海外离岸创新中心建设项目认定，解决"补短板""卡脖子"等关键技术的单晶叶片、变形高温合金等项目成功纳入苏州实验室首批候选论证范围，苏州中欧氢能技术创新中心获评中欧能源技术创新合作专项最佳案例；坚持创新主体培育，新认定高企97家；新增省、苏州市级工程技术研究中心11家，数量均为全市第一；入选中国潜在"独角兽"企业2家，省潜在"独角兽"企业5家；高新技术产业产值占规上产值比重约60%，全社会研发投入占GDP比重约6.4%；净增有效发明专利274件；全年获评常熟市级以上人才86人，其中国家级重大人才3人、省"双创"人才5人、姑苏人才29人，领军人才申报数和立项数均居全市第一。

【招商引资】 2022年，常熟高新区到账外资2.8亿美元，注册外资1.6亿美元；注册内资35亿元；全年累计新签约项目40个，总投资超170亿元，其中世界500强投资项目1个，超5000万美元外资项目4个，超10亿元内资项目3个。持续巩固新能源汽车零部件产业优势主导，引进瑞普动力新能源、怡创科技、冲融新能源等新项目，亨睿碳纤维、大陆汽车电子等公司项目增资；氢能产业强链补链，引进中欧氢能技术创新中心、中国汽研氢能检测中心等一批重点项目，联合中国氢能联盟、英国驻华大使馆举办"与氢同行——氢能产业研讨会"，承办江苏省氢能产业合作交流会。围绕生物医药、数字经济等领域，抢滩布局新兴产业，引进总投资30亿的智享生物二期项目和总投资10亿元的佰鸿集团干细胞与再生医学产业园项目，引进赛弗迪生物项目和康明永瑞生物项目，着眼打造以生物医药为主导的创新产业园区；深入实施《常熟高新区推进数字产业发展实施方案》，全年新增数字经济项目40个，注册资本8.7亿元，总投资19.8亿元，累计入库苏州数字经济企业177家，比上年增长98.15%，累计开票销售96.5亿元，新增海力达、达顺威尔、宏瑞达和罗伯泰克4家苏州市数字经济示范企业，数量在苏州全市板块中位列第一。

【产业发展】 2022年，常熟高新区打造千亿级汽车产业创新集群，集聚汽车相关企业170家，2022年实现开票销售635亿元，增长7.6%；围绕数字经济时代产业创新集群建设，着力推动传统零部件产业向新能源智能汽车产业更新迭代，重点布局新能源"三电"、智能座舱、智能网联，集聚新能源智能汽车相关企业75家，2022年实现开票销售579亿元，初步形成新能源智能汽车产业创新集群；自动驾驶技术商业化落地再提速，落户英特模智能驾驶及新能源项目，打造智能网联汽车测试中心；苏州5G车联网城市级验证与应用项目常熟段完成建设。2022年度完成智能化改造和数字化转型项目210个，改造类项目111个，改造资金总额45亿元，新增智能化设备2797台套；新增省级工业互联网标杆工厂2家、省级智能制造示范车间5家、江苏省绿色工厂5家、五星级上云企业5家、AAA级两化融合管理体系贯标示范培育企业2家；生益科技、艾科瑞思和建华模具获评国家级专精特新"小巨人"；索特传动挖掘机部件获国家制造业单项冠军产品认定；"基于百度开物工业互联网的常熟生益科技智能工厂创新应用"获评工信部工业互联网平台创新领航应用案例。

【UWC+创新岛】 截至2022年年底，UWC+创新岛累计引进新经济项目68个，合计注册资本总额54亿元，总投资98亿元。产业类型涵盖数字经济、医疗科技、文化创意等新兴业态，聚集了迈宝国际、合数科技、熹微生物、数畅创合等一批项目。（何　瑜）

江苏省常熟虞山高新技术产业开发区（筹）

【概况】 江苏省常熟虞山高新技术产业开发区（筹）（以下简称虞山高新区）于2017年经省人民政府批准筹建，实行现行的省级高新区政策，区域面积86.6平方千米。2022年，区内有日本富士电机、法国佛吉亚、中交集团、中国中车、中铝公司、庞源机械、路捷鲲驰、上海车创等多家世界500强和国内知名企业，以及常熟开关、汽车饰件、通润驱动等多家本土企业，形成精密设备、新能源汽车关键部件、新消费3大产业创新集群。2022年，虞山高新区完成地区生产总值163.5亿元，比上年增长4.8%；完成一般公共预算收入15.4亿元；完成工业总产值631.7亿元，其中规模以上工业产值394.8亿元，增长14.9%；规上工业战略新兴产业产值133.5亿元，增长16.1%。

【招商引资】 2022年，虞山高新区新签约项目20个，总投资超50亿元，其中外资超1亿美元项目1个，内资超10亿元项目2个。完成到账外资6204万美元。东威科技、巡鹰新能源、硕茂电子等一批重大项目相继落户，奥升德亚太研发中心完成设立。创新智造产业园区11.8万平方高标准厂房及配套设施竣工，华长新材料、虎塔智能、坤成润等10个项目签约入驻。

【项目建设】 2022年，虞山高新区完成全社会固定资产投资69.6亿元；完成工业投资40.4亿元；高技术产业投资11.5亿元，比上年增长73.6%。30个新开工重点产业项目序时启动，虞山高新区新消费产业创新集群标志性场景——鲲驰集团创新中心、中国·常熟智慧能源创新中心项目、智慧能源创新中心项目开工建设。琴工五金、永皓电线等22个续建项目按时竣工，日禾戎美、帝航防护、六合普什投产运营。实施印染行业高质量发展，10个组团全部开工，规划环评完成送审，污水厂提升改造方案初步形成。

【科技创新】 2022年，虞山高新区开展机器换人、设备换芯、生产换线，累计启动项目212个，在全市率先实现规上工业企业"智改数转"全覆盖。常熟开关获评全国工业互联网平台应用"领军者"称号，全省唯一。华兴欧立通入选省智能制造领军服务机构名单。景弘盛、常春汽饰获评省工业互联网标杆工厂。入选省专精特新中小企业名单11家，长城精工获评国家级专精特新"小巨人"企业。共建G60科创走廊俄罗斯院士创新基地技术转移中心，蒲公英加速器、西大创星孵化器分别获评国家级众创空间、省级科技企业孵化器，氢能源研究院入选苏州市新型研发机构。有效申报国家级人才项目12个，增长114%；新增省"双创"人才2人、"姑苏计划"人才9人、"昆承英才"人才32人。科技型中小企业入库213家，增长33%。通过高企认定61家，净增29家。

【捷胜科技刷新项目报批纪录】 2月24日，苏州捷胜科技有限公司新能源智能设备研发及生产基地项目取得建筑工程施工许可证，从拿地后至领取施工许可证历时23天，项目开工时间较计划提前了1个月。捷胜科技是2022年省级重点产业新开工项目，占地面积8.33公顷，集锂电池隔膜设备、新能源设备的研发和生产于一体，主要生产高精度智能检测设备及工业自动控制系统装置，打造新能源智能设备的研发和生产基地。

（殷梦怡　余江南）

江苏常熟新材料产业园

【概况】 2022年，江苏常熟新材料产业园（江苏高科技氟化学工业园，以下简称新材料产业园）实现工业开票销售收入370.2亿元，比上年增长42.2%；财政总收入27.15亿元，比上年增长46.4%，一般公共预算收入12.7亿元，比上年增长39.2%；完成规上工业总产值351.32亿元，比上年增长44.2%；规上工业企业利润82亿元，比上年净增35亿元；完成工业投资26.6亿元，实际利用外资7810万美元。新材料产业园入选"2022年全国最具竞争力化工园区20强"，连续十年跻身全国20强，是全国唯一入榜的专业氟化学工业园区。获评江苏省新能源材料产业基地，区内电子氟材料产业集群获评全国2022年度中小企业特色产业集群，是苏州市唯一。

【开发建设】 2022年，新材料产业园完成危化品运输车辆停车场、海康路桥项目建设，新建苏虞横一路等项目。编制完成园区封闭化管理方案，提档升级"智慧园区"系统建设，加快推进"五位一体"平台数据整合。启动生物医药产业南拓规划，建设苏州常熟生物医药产业园，药明康德一期、泓德生物一期项目顺利投产，富士莱成功上市，生物医药产业集聚效应明显。实施"两化"改造（数字化、绿色化改造）项目30个，项目总投资30.12亿元。

【招商引资】 2022年，新材料产业园设立上海（张江）招商办事处。强化"6M"（有机氟材料、聚氨酯材料、高性能膜材料、电子化学材料、工程塑料和生物医药）产业链延链、补链、强链，聚焦新材料、生物医药等主导产业，完成签约项目10个，总投资31.92亿元，引入大金新材料三期扩建项目、天马天吉生物多肽药物、优美科燃料电池催化剂等4个超5亿元项目。储备天奈单壁碳管等15个在谈项目，总投资81亿元。

【科技创新】 2022年，新材料产业园组织13家企业参与苏州、常熟两级智能车间诊断服务，以及10家企业参与镇级智能车间诊断服务，规上企业智改数转覆盖率100%。大金、中昊获评省级智能制造示范车间。华益科技、强盛化工获评国家级专精特新"小巨人"企业，祺添、达诺尔、多恩等8家企业获评省级专精特新企业。华大新材料获评省级两化融合管理体系贯标示范培育企业。耐素和大金获评省星级上云企业。新泰材料获评国家级人才项目，新增姑苏双创领军人才项目1个、昆承英才项目4个。

（马叶丹）

责任编辑　归岳钦

开放型经济

参与“一带一路”建设

【与“一带一路”沿线国家和地区贸易】 2022年，常熟市与“一带一路”沿线国家和地区贸易总值70亿美元，比上年增长9.4%，占全市进出口总额27.2%。开辟“一带一路”等物流新通道，3月开通中老铁路新兴国际货运路线服务，5月在徐州以转关方式常熟货物通过中欧班列出口。

【对“一带一路”沿线国家和地区投资】 2022年，常熟市备案境外投资项目7个，涉及中方投资总额395.68万美元，投资地点涉及英国、新加坡及中国香港等“一带一路”沿线国家和地区。

【与“一带一路”沿线国家和地区人文交流】 2022年，受疫情影响，常熟市与“一带一路”沿线国家和地区人员来往大幅减少。年内，常熟市继续做好联合国世界旅游组织旅游可持续发展常熟观测点工作，推广常熟文旅资源和观测点建设经验。在常熟融媒体中心全平台推出“一带一路”宣传报道近50篇。 （张　瑜）

利用外资及港澳台资

【概况】 2022年，全市注册外资及港澳台资项目123个，新增合同利用外资及港澳台资3.62亿美元，比上年下降72.87%，其中新设项目57个，注册外资及港澳台资2.78亿美元，占全市76.80%；全市批准投资总额超亿美元以上项目4个，注册外资合计1.54亿美元。实际利用外资及港澳台资8.82亿美元，比上年下降13.26%，其中全市战略性新兴产业实际利用外资及港澳台资占比达70.4%。 （张　敏）

【赴日本招商】 11月17—23日，经开区和高新区招商小分队乘坐苏州赴日经贸专机，时隔3年首次赴日开展招商活动，拜访21家企业和机构，推动10个项目取得进展，投资总额约2.63亿美元。5家外贸企业达成订单，金额约5000万美元。

【赴欧洲招商】 12月9—18日，经开区、高新区、虞山高新区招商小分队随苏州市赴法国、德国经贸团包机出境开展招商活动，这是2020年新冠肺炎疫情以来，中国地方政府首次包机赴法国、德国经贸合作。小分队拜访企业和机构30多家，现场签约项目2个、总投资2800万欧元，达成投资意向项目22个、投资总额约2.47亿欧元。4家外贸企业达成订单，金额约4800万美元。 （董　潮　潘　霞）

对外及对港澳台贸易

【货物贸易】 2022年，常熟市实现进出口总值240亿美元，比上年增长0.9%，其中，出口总值166.9亿美元，比上年增长6.5%；进口总值73.1亿美元，比上年下降9.8%。从贸易方式看，一般贸易进出口额159.3亿美元，比上年增长3.4%，占全市进出口66.4%；其中一般贸易出口额108.8亿美元，比上年增加7.9%，占全市出口65.19%。依托全国首创市场采购贸易综合服务平台“市采通”，全年出口26.92亿美元，其中直接出口20.5亿美元、增长34.3%。

【服务贸易】 2022年，服务贸易累计进出口额19.28亿美元，比上年下降0.92%，其中，出口额10.46亿美元，比上年下降12.67%；进口额8.81亿美元，比上年增长17.92%。总量在苏州各市（区）中位列第四。从行业构成来看，全市服务贸易重点行业领域主要集中在知识产权服务、加工服务、专业管理和咨询服务3个领域，分别占全市的34.13%、32.44%、23.06%。从企业构成来看，纳入苏州市服务贸易统计平台的企业主要以外商投资企业为主。服务贸易进出口总额超1000万美元企业有27家，占比2.2%，进出口总额11.48亿美元，占比74.55%；其中，超1亿美元企业有4家，分别为芬欧汇川、新世电子、丰田汽车、奇瑞捷豹路虎公司，进出口总额5.78亿美元，占全市的37.53%。年内，高新技术产业开发区获批2022年省级服务贸易基地。 （杨　帆）

【服务外包】 2022年，常熟市完成服务外包接包合同额4.75亿美元，比上年增长9.46%，其中离岸接包合同额3.3亿美元，比上年下降0.09%；完成接包执行额3.75亿美元，比上年增长18.09%，其中离岸执行额3.05亿美元，比上年增长15.11%。 （李一鸣）

【中国（江苏）自由贸易试验区苏州片区联动创新区】 2022年，中国（江苏）自由贸易试验区苏州片区联动创新区加快复制推广自贸区制度创新经验，对江苏自贸区推出的86项、苏州自贸片区形成的40项经验案例加快复制推广，已分别复制推广23项和24项。常熟高新区联动创新区自主创新项目3项，合作项目4项；常熟经开区联动创新区自主创新项目5项。 （朱洪林）

【“市采通”平台】 截至2022年年底，市场采购贸易综合服务平台（“市采通”平台）累计服务企业超过8200家，在全国83个口岸实现一体化通关，出口总额超54.5亿美元，自主收结汇超20.4亿美元，货达157个国家和地区，业务范围覆盖北美、欧洲、亚洲（日韩、东南亚）、非洲、澳洲等国际物流线路。 （王 款）

境外经济技术合作

【境外投资】 2022年，常熟市对外投资项目新设及增资备案16个，实现对外投资中方协议投资额4562.06万美元，对外投资国别（地区）包括新加坡、中国香港、泰国、英国、越南、德国、美国、意大利。实现对外投资中方实际投资额2777.87万美元，投资项目13个。

【境外承包工程和劳务合作】 2022年，常熟市实现境外承包工程和劳务合作合同额299.5万美元，营业额747.64万美元。有外派人员企业23家，外派人员462人。其中，2家对外劳务派遣企业（江苏友邦国际经济技术合作有限公司和常熟国际经济技术合作有限责任公司）派出赴日劳务65人。全年办理对外承包工程出口物资出口退税7648万元。 （杨 帆）

【跨国公司地区总部和功能性机构】 2022年，常熟市有省级跨国公司地区总部8家，省级跨国公司功能性机构4家；苏州市级跨国公司地区总部12家，苏州市级跨国公司功能性机构5家。年内，新增苏州市级跨国公司地区总部3家，新增苏州市级跨国公司功能性机构1家。 （张 敏）

表20 2022年常熟市新增苏州市级以上跨国公司地区总部和功能性机构一览表

序号	企业名称	认定时间	机构分类	级别
1	江苏理文化工有限公司	2022年10月	地区总部	苏州市级
2	马勒汽车技术（苏州）有限公司	2022年10月	功能性机构	苏州市级
3	鸿池亚细亚物流（江苏）有限公司	2022年12月	地区总部	苏州市级
4	常熟郡是辅料有限公司	2022年12月	地区总部	苏州市级

（资料来源：市商务局）

国际贸易投资促进

【参加经贸活动】 2022年，市商务局组织企业参加各类线上线下经贸展会，包括第131、132届广交会线上展、“三线联动”RCEP国际展会线上展、纺织服装美国专场线上对接会、纺织服装越南专场线上对接会、五金工具RCEP国家专场线上对接会；第7届深圳国际跨博会、第28届兰洽会、第19届东博会、第5届进博会等线下重点展会。11月5—10日，第五届中国国际进口博览会在国家会展中心（上海）举办，常熟148家企事业单位1200多人报名参加，意向采购金额超过3亿美元。 （杨 帆 张 敏）

【国际商事认证】 2022年，常熟贸促会签发优惠原产地证15696份（其中，RCEP原产地证1659份，共7323万美元），出具商事证明书1727份，代办领事认证266份，为企业开具2份不可抗力证明涉及货款114万美元。 （董 潮 潘 霞）

【常熟市标准件厂有限公司获批省进出口公平贸易工作站】 1月26日，省商务厅发布《江苏省商务厅关于确定2022年江苏省进出口公平贸易工作站的通知》，常熟市标准件厂有限公司获批设立省级公平贸易工作站。常熟市标准件厂是中国机械工业联合会紧固件行业骨干企业、江苏省紧固件协会会长单位。2021年6月，该公司获批设立苏州市紧固件公平贸易工作站。 （杨 帆）

常熟港

【港区建设】 2022年，常熟港有泊位57个（生产性泊位51个），其中万吨级以上泊位21个，最大靠泊等级10万

常熟港一隅 （2022年6月20日摄 经开区 提供）

表 21 2022 年常熟港区码头泊位情况一览表

序号	港口企业	码头泊位数（个）	泊位性质	岸线长度（米）	设计吞吐量（万吨/年）
1	常熟兴华港口有限公司	8	公用	1466.4	911
2	常熟长江港务有限公司	8	公用	435	574
3	华润电力（常熟）有限公司	1	货主	800	450
4	江苏常熟发电有限公司	4	货主	1500	916
5	常熟宏川石化有限公司	2	商贸	258.5	120
6	常熟宏智仓储有限公司	2	商贸	210	230
7	江苏皮尔金顿耀皮玻璃有限公司	2	货主	303	107
8	江苏理文造纸有限公司	5	货主	465	441.4
9	芬欧汇川纸业有限公司	2	货主	232	135
10	长春化工（江苏）有限公司	2	货主	484.5	243
11	常熟国邦港务有限公司	1	货主	238	120
12	苏州石大石油化工有限公司	1	公用	155	94
13	常熟东港置业有限公司	6	公用	400	380
14	常熟新泰港务有限公司	5	公用	694	330
15	常熟亨通港务有限公司	2	公用	357	105

（市交通运输局　提供）

吨级（减载靠泊），对外开放码头泊位26个，港口综合通过能力5156.4万吨，有作业区2个（兴华作业区、金泾塘作业区）。年内，金泾塘作业区亨通港务2万吨级泊位岸线使用申请获批，常熟港新增2个2万吨级件杂货泊位。常熟港进港航道维护性疏浚工程、新泰港务堆场初期雨水收集工程年内竣工。

（黄心珏）

【港口运输】 2022年，常熟港完成货物吞吐量6351.89万吨，其中外贸货物吞吐量1153.68万吨，集装箱吞吐量20.86万标箱，比上年分别增长-2.8%、-11.1%、0.03%。口岸货物申报、运输工具申报、舱单申报等主要业务的应用率保持100%。南太平洋集散班轮航线全年运行7个航次。

（黄心珏　魏　刚）

【港区服务】 2022年，常熟港有理货企业2家，船舶港口服务企业30家。常熟港有港口经营许可企业35家，港口经营备案企业33家。年内，常熟市组建常熟港管理服务中心，对分散在交通局、商务局等部门的安全生产、生态环保、疫情防控等工作实行扎口管理。

（黄心珏）

【常通汽渡】 2022年，常通汽渡有48米全回转渡轮2艘（其中常通10号达到规定年限不进行渡运相关工作），60米全回转大型渡轮2艘。全年渡运车辆14.01万辆，航次14642次，营业收入（不含税）1243.29万元。受疫情影响，常通汽渡累计停航104天（2月14日至3月3日；3月14日至6月7日）；受大风、大雾及其他恶劣天气影响，2022年累计停航27次，共计340小时。

（沈　洁）

口岸管理

【海关通关管理】 2022年，常熟海关全年征收关税和进口环节税71.61亿元，比上年增长9.5%。全年办理进口减免税货值3354.11万美元，减免税款2675.88万元。签发各类优惠原产地证书2.95万份，签证金额21.39亿美元。助力企业进口享受RCEP关税优惠超2062万元，出口享惠约1071万元。全年受理进出口报关单14.61万份，监管进出口货运量1037.45万吨、货值156.41亿美元，加工贸易审批备案29.19亿美元。12月进口、出口通关时长较2017年12月分别压缩77.78%和92.54%。

【出入境检验检疫】 2022年，常熟海关属地监管检验不合格商品49批次、货值1.35亿元，截获动植物及其制品52种次，阻截自日本进口不合格食品，助力阳澄湖大闸蟹连续21年平稳出口。推进“口岸危险品综合治理”百日专项行动，对14家监管作业场所全覆盖巡查，查发退运危险品货物124万美元。做好口岸新冠肺炎疫情防控，开发“智慧口岸远程检疫工作站”，实现不接触检疫，压缩检疫时间约45%，远程登临检疫船舶艘次、船员人次分别占同期业务总量的28.6%和25.2%。登临检疫船舶409艘次、实施船员换班1055人次。开展非冷链商品取样和消毒演练；完成口岸环境样品监测，取样送检360份；配合地方联防联控机制对进口货物进行防疫督导检查，提供3000余家进口企业风险排查数据1.5万条。规范口岸疫情防控工作专班封闭管理，组织防护培训演练30余场；全程视频监控登临检疫作业在线率保持97%以上。防控工作通过海关总署“百名科长百日督查”专项工作检查。

【查缉走私】 2022年，常熟海关推进“国门利剑2022”联合专项行动和反走私综合治理工作，制订常熟海关相关任务分解和量化考核方案，参与常熟市“清风行动”联合专项检查，组织开展长江沿线反走私综治实地巡查。全年立案走私刑事案件2起，立案案值329万元、偷逃税款57万元；立案行政案件64起，立案案值7254万元、涉税1097万元。在南京关区反走私绩效评估中，常熟海关各类项目排名均位于绿区。

【海关改革与服务】 2022年，常熟海关成立“促进外贸稳增长指挥部”，制定发布保稳提质12条对企业服务措施，推广“两步申报”“两段准入”通关改革，深化稽查核业务改革。全年稽核查作业有效率分别达96.8%和80.6%。参与苏州海关协作区核查作业，与常熟市市场监管部门首次开展食品企业联合核查；涉检稽查案件实现“零”的突破。AEO高级认证企业总数达19家，其中年内培育新增多米

6月22日，常熟海关推出进口货物“船边直提”、出口货物“抵港直装”等“虞关12项”措施。图为常熟海关关员在常熟新泰码头监管“船边直提”作业

（市融媒体中心　提供）

诺标识科技（常熟）有限公司、大金氟化工（中国）有限公司、江苏中服焦点跨境贸易服务有限公司、苏州瀛驰物流有限公司4家。完善纠错容错机制保护市场主体，主动披露作业30起，减免企业滞纳金213.56万元，护企保信用的相关做法被纳入南京关区“枫桥经验”典型案例。借助常熟“政务云”平台开发“查检通”属地查检预约系统，实现线上预约排队功能，解决关企联络渠道等问题，打通监管服务“最后一公里”。探索建立“全链条全领域协同监管”机制。完善辖区重点加工贸易企业数据库，运用“云擎”数据分析等手段强化风险治理；持续推进人工分析布控查获工作，科学分解指标任务，全年人工分析查获率达28%；深化业务监管与缉私部门的沟通协作配合，强化后续监管，促进提升稽查、缉私等业务绩效，2022年，业务监管部门移交一般线索数比上年增长14%。

（潘　伟）

11月28日，寒潮大风天气袭击常熟，海事执法人员现场喊话锚泊船加强锚泊值守

（常熟海事局　提供）

【海事管理】 2022年，常熟海事局安全保障314艘次受限船舶进出港，保障7.11万艘次船舶（其中国际航行船舶1773艘次、危化品船舶5348艘次）安全进出港。建立全省首个县级层面水上交通和渔业船舶安全工作机制，全年处置水上交通事故险情21起，救助水上遇险人员321人次、船舶24艘次，连续2年实现“零沉船”“零伤亡”，水上搜救成功率持续保持100%。开展内河船舶配员远程核查1809艘次，重点船舶全流程跟踪277艘次，实现辖区在港内河船舶配员“红码”动态清零，辖区在港内河船舶配员规范率达99%；建立“刻制—配送—喷涂”全流程免费服务，实现出港内河船舶载重线位置标识船名“全覆盖”，累计完成载重线位置标识船名762艘次、纠正标识不规范行为33艘次。开展执法记录仪规范使用专项督察34次，

印发通报8次，全面实现执法记录仪规范使用"四个100%"。开展"逾期案件攻坚行动"，逾期案件减少100%，全年行政处罚办结率达99.23%。开展在线远程行政处罚737件，行政处罚远程办理率达到95.47%以上。优化"124"（1零2全4免费：到港船舶污染物零排放；污染物全接收、航行中排放全达标；水上免费交通、免费锚泊、免费生活垃圾接收、免费生活污水接收）专办工作模式，开展全辖区明察暗访15次，截至12月31日，常熟港船舶生活污水转运率99.31%，处置率99.73%，生活垃圾转运率99.64%，处置率99.88%。年内，常熟海事局签发常熟港首份船舶国籍证书电子证照。常熟海事局会同镇江海事局撰写的《中国渡船船体着色和标识提升》提案提交国际海事组织（IMO），并录入其官方网站文件库。

（陈　佳）

【边防检查】 2022年，常熟出入境边防检查站（以下简称常熟边检站）检查出入境（港）船舶1530艘次、船员旅客28152人次，免办出入港手续船舶575艘次。年内，查处各类违法违规案件3起7人次。做好新冠肺炎疫情外防输入工作，联合开展防控督导检查50次。向驻地政府报送边检数据分析报告12期，服务"一带一路"特种船舶9艘次，救治受伤群众9人，收获锦旗9面、感谢信1封。

（黄东毓）

5月25日，常熟边检站与长航公安开展水上联合执法巡查，对"三无"船舶、擅自搭靠、无证登轮等违法违规情形进行重点查处　（黄东毓　摄）

【长江引航】 2022年，常熟引航站引领中外籍船舶2827艘次（其中引航2766艘次，移泊61艘次），引航总里程26.8万千米，引航总吨4652.4万吨，净吨2397.3万吨；其中夜航船舶595艘次，占比21.05%，港内进出口危化品船舶726艘次，占比25.68%；引领受限船舶162艘次，吃水11米及以上的重载船舶52艘次，进出常熟港专用水道吃水8米及以上受限船舶59艘次。应对超强台风"梅花"，做好"雪龙"号和"雪龙2"号进江避台引航保障；保障国家战略实施，引领"大丹霞"轮等15艘风电设备装载船、"勘探者"轮等4艘海光缆施工船、半潜海工船"新耀华"轮。年内，常熟引航专班集宿区投入使用。

（任　之）

【常熟综合保税区】 2022年，常熟综保区进出口总值4亿美元，比上年增长73.7%。其中，进口额为1.4亿美元，比上年增长85.7%，出口额为2.6亿美元，比上年增长67.6%。年内，常熟海关发布综保区发展研究报告；创新综保区与常熟港"区港联动"模式，支持发展纸浆等特色商品保税业务；推进区内保税物流配送中心建设，引导研发设计、检测维修等新业态落地；叠加一般纳税人资格试点、关税保证保险、内销选择性征收关税等政策红利，促进内销便利化；优化海关监管机制，简化分类监管手续，制定"白名单"支持非报关货物便捷化入区。

（潘　伟）

责任编辑　归岳嵚

区域合作

参与长三角一体化发展

【产业体系建设】 2022年，常熟市围绕新能源汽车、新一代信息技术、声学、生命健康、数字经济“五大产业高地”，制定《五大产业高地产业链图谱及招商方向建议》，印发《2022年五大产业高地工作方案》，出台《上海专题招商工作方案》，持续加强对沪招商，全市签约新能源汽车、新一代信息技术、声学、生命健康、数字经济等项目117个，总投资407亿元。深化与上海地区高校研所的合作交流，引入上海光机所徐剑秋团队、范滇元院士团队。成立苏州市产业技术研究院高强激光智能制造技术研究所，引进嘉强自动化、创轩激光、首镭激光、益智谦科技、华英光电等一批科技企业。会同南京航空航天大学共建“长三角·中国声与振动研究院”，与长三角G60科创走廊激光产业联盟签署全面战略合作协议。推动三爱富中昊加强与上海化工研究院合作，致力于解决国内燃料电池用质子交换膜制备技术和关键原料等“卡脖子”难题。年内，漕河泾绿洲芯城加快推进主体建设，一期2053公顷土地完成主体封顶。长三角时尚供应链枢纽一期项目35万立方米竣工投用，首批商户顺丰、熊猫云仓等入驻装修和运营。常熟（虹桥）国际人才港正式对外发布启用，聚复科技、多科智能2家企业签约入驻。常春藤国际人才创芯港完成总体设计进入规划审图阶段，京创先进、聚复科技、贝塔科技等一批产业细分领域头部企业签约入驻。

【基础设施联通】 2022年，南沿江城际铁路完成桥梁线下主体结构、箱梁架设。通苏嘉甬铁路取得工可批复，完成初步设计审查。沪武高速扩建工程和海太过江通道工程先导段开工。锡太高速初步设计已审查。常熟配合推进望虞河航道“五改三”（即航道标准由原来的五级升级改造为三级）前期工作，同步规划3个集中作业区。省水利厅主导的望虞河拓浚工程（含入江枢纽外移）可研初步通过水利部水规总院复审。

【生态环境共治】 2022年，常熟市推进长江生态修复攻坚行动，实施“两湖两线”（“两湖”即环阳澄湖、环澄湖，“两线”即太湖沿线、长江沿线）特色田园乡村跨域示范区建设项目——长江常熟段（崔浦口—常浒河口段）堤防防洪能力提升工程。印发《常熟市“十四五”太湖流域综合治理规划》，制定2022年度常熟市太湖治理工作任务清单，明确3大类、28项治理任务。2022年常熟入长江支流断面水质达到地表水Ⅲ类标准以上。

【公共服务共享】 2022年，常熟市加强沪宁苏医疗合作互动，与东南大学附属中大医院、上海复旦大学附属医院、上海交通大学附属医院、华山医院、新华医院、苏州市立医院等加强合作，引进多个专家团队。加强院前急救合作，建立并启动了常熟—上海浦东新区院前急救双向转运的工作模式，完成4次转运交接。上线国家医保信息平台，推动医保苏州市级统筹工作开展。实施新的大病保险政策，实现与苏州大病保险政策接轨。与上海石化工业学校合作启动化工实训基地AHK项目升级改造，与上海发那科合作完成西门子PLC实训室升级改造，与上海喜马拉雅合作申报“喜马拉雅常熟声学人才培训中心”被认定为2022年苏州市中小学生职业体验中心。推进长三角地区养老保险转移“提速办”，2022年办理长三角地区社保转移业务2535件。拓展交通卡、年卡使用范围，常熟市被列为江苏省社会保障卡居民服务“一卡通”综合试点城市，成为全省唯一试点县级市。

【学习上海临港经验】 2022年，市科技局联合常熟理工学院长三角一体化示范区工业数字化赋能中心以及上海高校组建专班，学习研究上海临港集团形成赋能产业常熟方案。经开区、高新区及其他乡镇板块的10名招商干部分别在临港集团的临港产业园、临江科技城、松江科技城等公司挂职学习。 （王颖丹）

【澄张虞三镇合作】 2022年，常熟市尚湖镇、张家港市凤凰镇、江阴市顾山镇推进区域合作，确立“三联三共”（组织联建、文明联创、难题联解，人才共育、社会共治、产业共融）发展路径，锚定“五大战略”（党建协作同行、产业发展同兴、文化旅游同融、社会管理同治、民生福祉同享）目标任务，以制度建设为保障，着力形成同向发力的工作格局。三镇24个党支部组建党群、综合执法、村（社区）、商会、企业

5大示范党建联盟。成立三镇旅游战略联盟、跨区域就业服务联盟。建立三镇人才共育机制，举行60名年轻干部为期6天的联合培训，10名村（社区）干部开展为期2个月的交叉挂职。举办首届“澄张虞”镇级机关足球邀请赛，开展“澄张虞”“青年说”“人才说”“代表说”等交流活动，举办三地产业同兴创享沙龙、青企座谈会。启动水陆联合整治改造，完成三镇交界路1163.2平方米黑化工程，启动实施交汇村道489米拓宽改造和贯穿顾山镇、尚湖镇的“官路塘—面丈塘”2.85万平方米深度清淤等工程。建立水环境和社会环境治理“协同监督、联考联评”制度，聚焦邻界河道、垃圾分类、违章搭建、违规倾倒等问题开展多部门联动视察监督。三镇派出所成立“毗邻公安”党建联盟，打破监控、信息、地域等多层壁垒，建立联勤联防、案件会商、管控协作工作机制。

（杨曼珺）

【2022长三角（常熟）人力资源服务产业峰会】 7月12日，由常熟市人力资源和社会保障局举办，常熟国有人力资源公司承办的“2022长三角（常熟）人力资源服务产业峰会”在国际饭店举办。此次峰会以“新时代、新发展、新征程”为主题，旨在通过区域联动促协同、话对策、谋发展，立足人力资源“三级人才”服务创新发展的主题，驱动人力资本加速向人力资源服务领域集聚，通过整合资源、服务常熟，为常熟市高质量发展提供智力引擎和动能支撑。长三角地区及国内知名人力资源服务机构代表，全国各合作高校领导，省市相关领导、常熟市人力资源精英俱乐部会员及重点企业代表等出席活动。会议推介了“常熟市现代产业技能实训中心”“科技智通创梦常熟”“大学生燃梦计划”3个人力资源服务产业项目。峰会上还举行了常熟市人力资源精英俱乐部启动仪式及“常熟市引才工作站”授牌仪式，表彰为常熟人力资源事业高质量发展作出杰出贡献的优秀个人和服务商。

（徐莞月）

参与苏州市域一体化发展

【概况】 2022年，常熟市抓住苏州市域一体化发展机遇，推动城市向南、产业沿江，打造苏州市域一体化（常熟）融合创新区。10月5日，苏州市委市政府印发《关于支持常熟南向发展加快建设苏州市域一体化（常熟）融合创新区的意见》，对支持常熟南向发展作出明确部署。常熟市推动整体南向发展，打造苏州市域一体化（常熟）融合创新区，融合创新区规划范围东至常嘉高速、南至常熟市界、西至望虞河、北至204国道，面积497平方千米。强化常熟沿G524南向发展轴线，丰富沿线功能体系，形成姑苏古城和常熟古城双城联袂、金鸡湖和昆承湖双湖联姻、常熟高新区和昆山高新区两区联动、苏州高铁新城和高铁北城两翼联合的融合创新发展格局。

【区域协调发展】 2022年，常熟市与苏州工业园区、昆山市、相城区、姑苏区分别签订战略合作框架协议，共同推动苏州市域一体化发展。8月12日，常熟市与相城区签订区域协同发展战略合作框架协议，推动两地铁路、轨交、道路、航道等交通基础设施更高水平互联互通，强化交通运输领域共建、共治、共享，构建市内全域一体化北向区域合作典范。8月30日，常熟市与姑苏区签订历史文化名城“双城联袂”协作框架协议，推动两座名城在保护更新、活化利用、文旅消费、民生改善等重点领域统筹协调、优化配置。9月2日，常熟高新区和昆山高新区签署协同发展战略合作框架协议，推动两地产业互补、创新互促、交通互联、文旅互融、治理互鉴、党建互动。9月13日，常熟市与苏州工业园区签署战略合作框架协议，在产业联动、科创协作、园区共建、城市管理、人才培养等领域广泛开展合作交流，重点打造中新昆承湖园区这一产城融合示范标杆，推动“双湖联姻”向纵深拓展。

【布局规划】 2022年，常熟市落实苏州市域一体化发展战略，重点发展苏州高铁北城、中新昆承湖园区、云裳消费小镇、虞山尚湖古城、红色沙家浜和常熟数字科技新城。

中新昆承湖园区　支持金鸡湖—昆承湖“双湖联姻”，聚力打造中新昆承湖园区，发挥苏州工业园区在规划建设、亲商服务、产业招引等方面的经验溢出效应，按市场化规则打造苏州工业园区“走出去”新样板。利用中新集团优势，推进规划建设、招商选资、软件转移、城市配套、区中园、绿色发展等各项工作，完成片区产业规划、概念规划与城市设计最终成果，启动低碳数字产业园建设，加快推进UWC+创新岛建设。

8月12日，常熟市、相城区毗邻区域协作框架协议签署　（朱琪　摄）

苏州高铁北城　支持苏州高铁北城与高铁新城“两翼联合”，协力发挥苏州高铁北站枢纽优势，接受虹桥国际开放枢纽北向拓展辐射带动，错位协同发展，要素优势互补，助力苏州高铁新城打造长三角区域枢纽中心。依托毗邻苏州高铁北站的交通区位优势，围绕中试验证和成果孵化，深度对接苏州高铁新城，打造面向沪苏的先进制造业产业园集聚区，高标准建设绿色低碳、人工智能和生物医药产业园，形成“一区三园”布局。

云裳消费小镇　支持云裳消费小镇深耕时尚产业集聚和数字化产业生态建设，培育一批新零售品牌设计研发中心和互联网B2B交易平台总部，打造线上线下相融合的特色消费新地标。以构建长三角线上消费生态圈和时尚产业消费高地为规划定位，做好莫城片区城市设计和产业导向规划研究，依托专业市场、轨道交通、物流枢纽等综合优势，加快布局发展新零售运营中心、平台经济等新兴业态，协同推进城市形态、经济业态转型提升。

数字科技新城　支持常熟站片区以大数据核心技术研发及应用为主攻方向，面向“苏州智造”布局数字经济产业，建设产城融合、开放共享的数字科技新城。以产业导入为主基调，强化站南站北整体规划，构建以新一代信息技术为引领，以汽车智能网联系统、机器人与智能制造为主导的“1+2”核心产业体系，打造以人工智能应用开发等软件与信息技术服务业为主的“软件产业基地”。

虞山尚湖古城　支持姑苏古城和常熟古城“双城联袂”，发挥苏州名城保护集团作用，共谋历史文化名城保护利用，着力实施一批文化价值高、影响力大、示范作用强的共建项目，打造苏州历史文化高地。开展地方特色文化研究，持续提升虞山文化流派、文化名人、古籍藏书等文化价值地位。

红色沙家浜　挖掘沙家浜红色文化，探索以现代科技赋能传统样板戏，打造集红色教育、生态度假、乡村体验于一体的文旅综合体。针对多元化、品质化的市场需求，在传承沙家浜红绿文化的基础上，实现沙家浜红色IP形象“出圈”，打造主客共享的旅游目的地。（王颖丹）

协作交流

【与泗洪县南北结对帮扶合作】 2022年，常熟市政府印发《2022年常熟泗洪南北结对帮扶合作工作要点》，2名市政府领导3次率团赴泗洪县，分别参加2022年西南岗片区整体帮促工作推进会、泗洪县“五方结对帮扶”工作协调小组会议暨西南岗片区整体帮促工作座谈会以及卫生教育合作交流。年内，常熟市推进常泗共建园区高质量发展，向泗洪县拨付援助资金3000万元，用于常泗园区建设发展、泗洪县“五方结对帮扶”帮扶工作及教育、医疗卫生等民生领域补短板项目。常熟市选派2名领导干部赴泗洪县开展结对帮扶工作，3名干部赴常泗工业园工作；泗洪县1名领导干部挂职常熟，2名干部赴常熟跟班学习。常熟与泗洪分别签订教育合作框架协议、医疗卫生合作框架协议和“常熟泗洪科创飞地”共建协议。常熟4所学校分别与泗洪4所学校签订合作协议；17名常熟医疗专家赴泗洪县开展“组团式”医疗帮扶及“手把手”带教活动，泗洪县2名医生到常熟市医疗卫生单位进修学习和挂职锻炼。医疗卫生单位业务骨干赴泗洪县完成门急诊1500人次，手术台数52例，组织病例讨论及专家会诊11次，学术讲座20次，教学查房近30次，开展新技术、新项目30多个，完善制度修订、优化诊疗流程12个，远程会诊4次，帮助泗洪县第一人民医院新建康复医学科。

（王颖丹　张　瑛）

【与阜宁县友好合作】 5月19日，常熟市与盐城市阜宁县签订友好合作框架协议，推动两地充分发挥各自的综合资源优势，在产业协同发展、现代农业、电子商务、土地资源等重点领域构建稳定的合作关系。

【与梓潼县区域合作】 11月1日，四川省绵阳市梓潼县党政代表团到常熟开展区域合作活动。常熟市人民政府和梓潼县人民政府签订协同发展合作协议，推进两地在文旅融合、教育医疗、产业协同、人才交流等领域深入交流合作。

【常熟泗洪工业园区】 常熟泗洪工业园区是江苏首家省级南北共建特色园区。2022年，园区工业企业全年实现开票销售收入29.45亿元，比上年增长49.78%；完成入库税收7794.49万元，比上年增长60.21%；完成增值税收入5190.71万元，比上年增长63.51%；完成工业固定资产投资15.37亿元；实现工业增加值7.53亿元；实现公共财政预算收入5000万元，比上年增长41%。年内，园区签约引进项目13个，项目规划用地81.6公顷，计划总投资71.6亿元，其中常熟转移项目7个，占引进项目总数53.85%，计划总投资63.7亿元。机电装备、新材料两大主导产业项目占比为100%。全年排定重点申报项目26个，认定达开工项目8个，新开工项目13个，计划投资额31.5亿元。新竣工项目10个，已认定投资额21亿元。园区年内基础设施投资超3亿元，完成二支渠、华益中亨北侧排水沟清淤工程，东南大道、常洪大道供电工程，园区部分重要节点的绿化提升及雨水管道改造工程。实施阳澄湖东路、扬子江路等北部区域重点道路建设，推进琴川路、玉环路北延、阳澄湖西路等重点道路工程，完成阳澄湖东路建设。（王颖丹）

责任编辑　归岳嵚

农　业

综　述

【概况】 2022年，常熟农林牧渔业总产值74.14亿元，高标准农田（池塘）实现动态全覆盖，美丽牧场实现全覆盖。新增现代农业园区面积666.67公顷，新增入园企业25家。休闲农业点224个，休闲观光农业年接待游客847.25万人次，休闲观光农业年营业收入7.03亿元。有绿色食品127个、有机农产品46个，国家级地理标志农产品5个，“两品一标”（绿色食品、有机农产品和农产品地理标志）总数位居苏州前列。全国名特优新农产品6个、江苏农业品牌目录产品13个、苏州农业品牌目录17个。至年底，常熟市拥有各级农业龙头企业120家，其中江苏省级11家、苏州市级32家、常熟市级77家；农民专业合作社444家，其中示范社国家级1家、江苏省级19家、苏州市级49家、常熟市级43家；各级示范家庭农场431家，其中江苏省级26家、苏州市级20家、常熟市级385家；苏州共享农庄（乡村民宿）13家。年内，常熟市获评“2022全国县域农业农村信息化发展先进县”“全国农作物病虫害绿色防控整建制推进县”“江苏省农产品质量安全县”“江苏省废旧农膜回收工作成效评估先进县”“中国农民丰收节江苏活动组织实施表现突出单位”“江苏省高标准农田建设成效显著单位”“江苏省夏熟粮油丰收贡献突出单位”“江苏省全年粮食增产贡献突出单位”。成功创建“国家农作物品种展示评价基地”“部级无非洲猪瘟小区”“农业农村部智慧农业改革试点智慧农村”“江苏省农作物展示评价基地”“江苏省管理型数字农业农村基地”。

【农业信息化】 2022年，常熟市完善“智慧三农”平台，归集全市涉农数据资源超34万条。拓展常熟市农业农村重大项目管理系统，对全市农业农村重大项目进行全生命周期管理，实现项目管理规范化、数字化和标准化。持续运营益农信息社152家，累计开展便民服务超35万人次，发送惠农短信服务1.28万人，91.26万条次。全年农产品网上销售额56.3亿元。获评“2022年全国县域农业农村信息化发展先进县”，入选江苏省农业数字化建设优秀案例6个、“互联网+”帮促助农活动典型案例2个，获评苏州市“智慧农村”示范村15个、智慧农业生产示范场景4个。

【农业机械化】 2022年，全市新增农机总投入超2000万元。累计新增各类农机具575台（套），其中大中型拖拉机63台、水稻插秧机74台、高性能联合收割机33台、喷杆喷雾机53台、无人植保机42台、侧深施肥机32台、育秧播种机4台、智能导航系统48台套、拖拉机配套设备208台、烘干机1台、简易保鲜储藏设备11台、投饲机1台、增氧机4台、果树修剪机1台。全年完成稻麦秸秆机械化还田3.399万公顷，完成小麦机播1.76万公顷。

9月23日，2022年常熟市农民丰收节开幕式举行　（朱琪　摄）

5月23日，全市小麦大面积开镰。图为常福街道虞美润农业专业合作社的农户在田间驾驶农机作业 （朱琪 摄）

【农产品品牌建设】 2022年，常熟市6个农产品纳入2022年第二批全国名特优新农产品名录，全年新增江苏省农业品牌目录收录产品品牌1家，苏州市农业品牌目录收录区域公用品牌3家、产品品牌8家，入选江苏“三高”农业品牌发展案例2个，新增“江苏最美绿色食品企业”1家，至年底，全市累计5家农业品牌企业获评“江苏最美绿色食品企业”。虞盛农产品专业合作社被评为“国家级农民合作社示范社、全国农民专业合作社加工示范单位”，坞坵米业专业合作社获评首届“江苏省中高端稻米（油）全产业链发展模式优秀案例”。古里镇获评江苏省“味稻小镇”。

【新型农业经营主体培育】 2022年，全市新增苏州市级以上农业龙头企业6家、苏州市级以上家庭农场14个、创建共享农庄（乡村民宿）5个、苏州市级农业产业化联合体1个、乡村休闲旅游农业特色模式（项目）2个、乡村休闲运动基地2个，新认定新型职业农民146人。

【农业专业人才培养】 2022年，全市新增11人入选姑苏乡土人才，新认定新型职业农民3457人，完成基层农技推广人员能力提升培训221人次，累计委托培养涉农大学生488名。市农业农村局组织专场招聘会，为学生提供与现代农业园区（基地）、各类农场、农业企业、镇村涉农经营主体等主体对接机会。

农业生产

【粮食生产】 2022年，常熟市粮食播种面积3.322万公顷，其中水稻面积1.808万公顷，小麦面积1.43万公顷。全年粮食总产23.87万吨。通过推广优质食味水稻品种，集成应用绿色高质高效生产技术，推广应用绿色产品，开展绿色高效模式试验示范，示范方优质水稻品种覆盖率、机插率、技术到位率均为100%，并培育带动科技示范户、家庭农场等新型农业经营主体318个。遴选12家稻米生产经营主体作为首批“常熟大米”地理标志证明商标产品创建单位，打造“常熟大米”核心生产基地面积333.33公顷。常熟市农业农村局作为全省夏粮生产贡献突出单位、全年粮食增产贡献突出单位获全省通报表扬。常熟大米、常熟鸭血糯、董浜黄金小玉米、古里坞坵大米纳入《2022年第二批全国名特优新农产品名录》。

【蔬菜种植】 2022年，常熟市菜地面积6365.3公顷，其中，常年菜地5960.7公顷，季节性菜地404.6公顷，全年蔬菜产量72.3万吨。全市有蔬菜地头价监测预警点1个、苏州市蔬菜产销信息实时监测点3个。董浜智林基地成功创建苏州市高标准蔬菜生产示范基地，全市建设完成“菜篮子”工程绿色蔬菜保供基地1424公顷，实现高标准蔬菜地全覆盖。

【水果种植】 2022年，常熟市果树面积696.67公顷，果品总产量1.26万吨，果品总产值13304.5万元。通过重点

菱角采摘 （2022年9月2日摄 市融媒体中心 提供）

推广设施葡萄优质栽培技术、设施葡萄立体种养技术、阳光玫瑰优质栽培技术等，水果产品质量提高。地产优质阳光玫瑰葡萄全面投产，葡萄增产498.4吨，价格提升1.1元/500克。果树产业结合旅游上门采摘销售取得成效，碧溪街道浒西果园樱桃采摘季，0.8公顷大棚产值超30万元，创历史最好水平。常熟市天机善品农业科技有限公司的红美人柑橘获得第二届"吴地风味"优质果品（柑橘）品鉴评优活动银奖。

【茶叶种植】 2022年受疫情影响，常熟市茶叶产量产值均有下降，全市茶园总面积131.47公顷，茶叶总产量29.3吨，茶叶总产值3071万元。茶叶企业通过扩大苏宁易购、商户联盟等网络销售方式，将损失减到最小。重点推广茶树风扇防霜冻技术、清洁化低碳加工技术等，提高经济效益。虞山绿茶有限公司获2022年苏州市园艺作物标准化示范园称号。

【水产养殖】 2022年，常熟市水产养殖面积6061公顷，其中主导品种河蟹、青虾养殖面积5384公顷，占总养殖面积88.8%。全年水产品总产量24.86吨，实现渔业经济总产值26.55亿元。"辛庄青虾"入选《2022年第二批全国名特优新农产品名录》。

【畜禽规模养殖】 2022年，常熟生猪存栏118708头，其中地产生猪存栏68708头，域外指标签订5万头；能繁母猪存栏8764头，生猪出栏73656头。全市羊存栏14165头，出栏12475头；家禽存栏117095羽，出栏218902羽；奶牛存栏3051头，肉牛存栏678头。全年肉类地产总产量6948吨，牛奶产量16002吨，禽蛋产量927吨，其中鸡蛋产量742吨。常熟市有农业农村部畜牧业综合信息平台备案畜禽规模养殖场17家，其中，生猪规模养殖场13家，奶牛规模养殖场1家，肉牛规模养殖场3家，规模养殖场全部建成苏州市美丽生态牧场，且均符合省级畜牧生态健康养殖示范场或苏州市级畜牧生态健康养殖技术推广要求，全市畜禽生态健康养殖比重100%，规模养殖场畜禽粪污资源化利用率100%，资源化利用设备装配率100%。二花脸猪纳入《2022年第二批全国名特优新农产品名录》。

【粮食新品认定】 2022年，常熟市农业科学研究所有4个水稻新品种通过各级审定，1个粳稻三系不育系通过江苏省级鉴定。其中，杂交粳稻新组合常优粳1818、常优粳158和常规粳稻常农粳17号通过江苏省审定；杂交粳稻新组合常优182通过国家审定；三系粳稻不育系常12187A通过江苏省品种审定委员会鉴定。玉米新品种虞珑糯1612获得植物新品种权，虞璘糯308完成生产试验。

【高标准农田建设】 2022年，常熟市建设部级、省级水稻绿色高质高效万亩示范片（方）30个、面积5530公顷。完成高标准农田建设项目8个，建设规模566.67公顷，项目总投资5541万元，其中国家财政补助高标准农田建设项目313.33公顷，全市基本实现高标准农田动态全覆盖。年内，批复立项常熟市优质稻米示范区7个，建设规模566.67公顷，计划总投资6300万元。

【高标准池塘建设】 2022年，常熟市完成高标准池塘建设项目7个，改造规模886.67公顷，总投资1.5亿元，全市基本实现养殖池塘高标准改造动态全覆盖。常熟市长虹阳澄湖大闸蟹有限公司、常熟市金唐市水产品有限公司、苏州市金阳王现代农业科技有限公司、江苏国人农业科技有限公司和苏州康莱生态农业发展有限公司被认定为"2022年度常熟市高标准水产养殖示范基地"。（陆喜媚）

【"常优粳10号"刷新省内杂交粳稻育种纪录】 10月25日，由常熟水稻育种专家端木银熙带领团队历时12年育成的杂交粳稻新品种——"常优粳10号"在盐城市盐都（稻麦）推广示范基地实产验收，平均亩产981.4千克，成为江苏省育成的杂交粳稻最高亩产品种。

资料链接："常优粳10号"由常熟市农业科学研究所水稻育种专家端木银熙带领团队历时12年育成。该品种具有熟色好、耐高温、抗倒伏、病虫害轻发、结实率高、适应性好等特点，符合优质大米标准，是常熟农科所选育的首个适宜在江苏省长江以北地区种植的三系杂交中粳稻品种，2021年通过省品种审定委员会审定，2022年在省内外8市28个县（市、区）33个点布点试种。（年鉴编辑部）

表22 2021—2022年常熟市渔业生产情况统计表

指标	单位	2021年	2022年
水产品总产量	吨	24572	24862
海洋捕捞	吨	1479	984
海水养殖	吨	0	0
淡水捕捞	吨	514	526
淡水养殖	万元	22579	23352
渔业经济总产值	万元	261696	265465
其中：一产（渔业）产值	万元	147746	146390
渔业经济增加值	万元	156075	158315
其中：一产（渔业）增加值	万元	83274	82232
水产养殖面积	公顷	6061	6061
海水养殖面积	公顷	0	0
淡水养殖面积	公顷	6061	6061

续表22

指标	单位	2021年	2022年
机动渔船艘数	艘	62	58
机动渔船总吨位	总吨	2399	1181
机动渔船功率	千瓦	4868	4110

（资料来源：市农业农村局）

表23　　2022年常熟市畜牧业生产情况统计表

指标	单位	存栏数	出栏数	产量
猪	头	68708	73656	—
其中：能繁殖母猪	头	8764	—	—
牛	头	3729	857	—
1.肉牛	头	678	857	—
2.奶牛	头	3051	—	—
羊	只	14165	12475	—
1.山羊	只	1775	1148	—
2.绵羊	只	12390	11327	—
活家禽	羽	117095	218902	—
其中：鸭鹅	羽	23523	35502	—
活鸡	羽	93572	183400	—
肉鸡	羽	24560	—	—
蛋鸡	羽	69012	—	—
猪肉产量	吨	—	—	6158
牛肉产量	吨	—	—	150
羊肉产量	吨	—	—	242
禽肉产量	吨	—	—	398
其中：鸡肉	吨	—	—	324
禽蛋	吨	—	—	927
其中：鸡蛋	吨	—	—	742
生牛奶	吨	—	—	16002

（资料来源：市农业农村局）

绿色农业

【绿色农产品生产】 2022年，常熟市建有江苏省绿色优质农产品基地面积21960.67公顷，绿色食品种植业企业73家、产品121个、面积9270.25公顷，有绿色食品精深加工业企业2家、产品5个，绿色食品（有机农产品）养殖企业5家、产品7个。其中，年内新申报绿色食品主体12家、产品15个，新增面积2458公顷；续展绿色食品主体9家、产品16个，续展面积360.73公顷；新申报及续展有机农产品基地8家、产品46个。常熟市虞山街道获批华东地区首家全国有机农业一、二、三产业融合发展园区。至年底，全市绿色优质农产品比重78.17%。

【食用农产品电子合格证发放】 2022年，常熟市推行承诺达标农产品合格证和农产品质量安全追溯“双覆盖”管理，引导入网监管生产经营主体落实承诺达标合格证制度。常熟市在江苏省农产品质量追溯管理平台完成有效入网监管主体2144家，上传溯源产品3318个，完善电子生产档案6708个，打印合格证136309张，生成电子追溯标签20406744张，出具追溯标签30张以上的主体数占全年入网主体任务数比例达100%。

【病虫绿色防控示范区创建】 2022年，常熟市建成省级农作物病虫害绿色防控示范区8个，分别是常福街道小义村省级水稻病虫害绿色防控示范区、支塘镇蒋巷村省级水稻病虫害绿色防控示范区、梅李镇寨角村省级水稻病虫害绿色防控示范区、梅李镇聚沙村省级蔬菜病虫害绿色防控示范区、董浜镇智林村省级蔬菜病虫害绿色防控示范区、尚湖镇新和村省级西瓜病虫害绿色防控示范区、海虞镇郑家桥村省级葡萄病虫害绿色防控示范区、虞山林场省级茶叶病虫害绿色防控示范区。虞山林场省级茶叶病虫害绿色防控示范区被评为省级农作物病虫害绿色防控A级示范区，常熟市被评为第二批全国农作物病虫害绿色防控整建制推进县。

【地理标志农产品打造】 “董浜黄金小玉米”国家级农产品地理标志保护工程于12月16日通过上级验收，该项目建立核心生产基地13.33公顷，带动核心种植户554户，种植总规模266.67公顷。年内，市农业农村局做好“常熟大米”“王庄西瓜”“董浜筒管玉丝瓜”“董浜黄金小玉米”“阳澄湖大闸蟹”等地理标志农产品后续管理，推进地标产业发展和品牌影响。

现代农业园区

【概况】 2022年，常熟市有国家农业科技园区1个，省级现代农业园区3个，苏州市级现代农业园区11个，基本实现涉农乡镇（街道）全覆盖。2022年全市新增农业园区面积666.67公顷，新增入园企业25家。省级产业示范园区完成2022年度5个工程项目和2023年度提前实施4个工程项目建设任务，涉及投资2840万元。常福街道现代种业转型升级示范园区基本完成2022年度4大类、13个工程，下达转型升级园区奖补资金600万元。

表 24　　2022 年常熟市苏州市级以上现代农业（渔业）园区一览表

序号	园区名称	类型	等级	涉及范围	园区规划面积（公顷）
1	江苏常熟国家农业科技园区	农业	国家级	全市	13393
2	江苏省常熟现代渔业产业园区	渔业	省级	芦荡村、朗城村	690
3	江苏省常熟现代农业产业园区	农业	省级	董浜镇全域	3466.67
4	常熟市现代农业产业示范园	农业	省级	翻身村、中泾村、永红村等	13280
5	常熟市古里镇现代水稻产业园区	农业	苏州市级	芙蓉村、紫霞村、康博村、紫芙社区、坞坵村	1053.33
6	常熟市古里镇现代渔业产业园	渔业	苏州市级	李市村、联泾村	800
7	常熟市梅李镇高效设施蔬菜产业园区	农业	苏州市级	珍北村、新丰村、聚沙村	875.87
8	常熟市辛庄现代农业综合示范区	农业	苏州市级	旺倪桥村、杨中村、朱家桥村、洞港泾村	1340.67
9	常熟市尚湖镇现代农业产业园区	农业	苏州市级	罗墩村、练南村、吉桥村、常兴村	2400
10	常熟市支塘镇现代水稻产业园区	农业	苏州市级	八字桥村、窑镇村、枫塘村、项桥村、何东村	1333.33
11	常熟市碧溪新区现代设施农业科技示范园区	农业	苏州市级	周家桥村、龙桥村、白莲村、新苑村、横塘村	764.67
12	常熟都市生态农业产业园	农业	苏州市级	翻身村、中泾村、永红村	1400
13	常熟市优质稻米产业示范园	农业	苏州市级	小山村、蜂蚁村、东联村、五新村	1292.67
14	常熟市海虞镇现代农业产业园区	农业	苏州市级	郑家桥村、徐桥村、肖桥村、邓市村、聚福村、七峰村、福山村、河口村、望虞村	2800
15	常熟市辛庄镇现代渔业产业园	渔业	苏州市级	吕舍村、华欣村、合泰村、潭荡村、辛中村、金荡村	1863.33

（资料来源：市农业农村局）

【江苏常熟国家农业科技园区】 园区以水稻、水产、蔬菜为三大主导产业，范围涵盖全市涉农区域，呈“一核三带多园区”的空间布局。其中，“一核”为园区主核心区，规划面积880公顷，涉及常福街道小山、东联、蜂蚁、五新4个村，分三期建设，一期101.73公顷已基本建成，定位为农业科技创新中心，包括水稻繁育、蔬菜园艺、特色水产3个创新区及国家级“二花脸”猪保种中心。截至2022年年底，主核心区累计完成各类投入超3亿元，其中，园区争取上级财政资金超1亿元；“三带”为南部高效水产示范带、东部高效蔬菜园艺带、西部优质粮食产业带；“多园区”为分布在各板块的23个各具产业特色的省级、苏州市级、常熟市级农业园区。

【常熟市现代农业产业示范园】 2022年，园区实施工程建设（采购）项目24个（含跨年度工程4个），其中新组织工程（采购）项目招投标20个，涉及建设资金约2564万元。工程项目建设继续狠抓施工质量、保证施工进度、确保安全生产。根据年度建设任务，稻米加工贮存装备升级工程等8个重点工程完工并完成验收。常熟市现代种业项目被省农业农村厅重点推荐参加全省农业农村重点项目省级示范项目优选活动。园区在2022年省级现代农业产业示范园建设绩效预监控评价考核中，以96.44分位列“优秀”等级。

【江苏省常熟现代农业产业园区】 位于董浜镇，园区规划面积3466.67公顷，2022年度总产值175203万元。年内，园区重点发展特色农产品产业，董浜黄金小玉米获农产品地理标志，获国家级地标保护工程补贴资金450万元。大米、乌塌菜、菠菜、黄金小玉米等10个农产品获绿色食品认证，认证面积1434.95公顷。董浜黄金小玉米进入农业农村部名特优新农产品名录，获得江苏省鲜食农产品金奖，入选苏州市农业品牌目录农产品区域公用品牌。黄金小玉米产供销一体化智慧生产场景先后通过常熟市、苏州市认定。智林村、东盾村分别新建董浜黄金小玉米、董浜筒管玉丝瓜农产品地标高质量发展示范基地，北港村新建绿色蔬菜高质量发展示范基地，打造地标农产品生产标准化、机械化、生态化、智能化样板。园区通过全国农村创业创新园区（基地）认定，育苗中心获得苏州市级特色优势种苗繁育基地（企业）认定，江苏新东方人造板有限公司通过苏州市农业产业化龙头企业认定，常熟市董浜农业旅游发展有限公司、常熟市杜桥粮饲加工厂通过常熟市农业产业化龙头企业认定，惠健农业智林基地成功获得海关“出口食品原料种植场”备案，为传统农业转型升级、增强出口创汇能力奠定坚实基础。

【江苏省常熟现代渔业产业园区】 位于沙家浜镇，园区规划面积690公顷，

2022年度总产值51315万元。2022年，该园实现亩产河蟹80千克，青虾25千克，亩均效益超万元。园区新注册农业企业5家，主要从事水产养殖、水产品养殖销售等，助推园区主导产业发展。深化与苏州市农业科学院合作开展“河蟹养殖水体智能化生态循环净化技术应用研究”项目研究，该水体循环净化技术在园区及长洪滩示范基地推广应用。推广应用“长江系列”“阳澄湖一号”蟹和“太湖二号”青虾优良新品种，应用河蟹绿色健康生态养殖技术、池塘尾水净化技术、河蟹病害生态防控技术。

农业监管与服务

【农业综合执法】 2022年，常熟市完成农业农村审批分中心标准化建设，调整更新部门政务服务指南102起，认领率100%，办理时限压缩率93.3%。调整更新部门“双随机”监管对象库信息536条，上传检查结果63条，办理农业行政执法案件125件。年内，市农业农村局重点围绕农业生产安全、农产品质量安全以及农业生态安全监管开展综合行政执法检查，累计出动执法人员3026人次，执法车1142辆，执法艇199艇次，立案285件（含简易案件190件，移交公安4件6人次），罚没款14.7万元；办理农机检验、渔船船检等行政许可2198件；接办“12345”等投诉举报176件，调处农业生产事故6起，全年无行政复议、无行政诉讼。

【农资管理】 2022年，常熟市开展农资质量抽检102批次，其中农药47批次、肥料14批次、兽（渔）药4批次（1批次不合格）、饲料及其添加剂37批次（1批次不合格），合格率98.04%，抽检种子标签108批次，立案查处农资案件17起，结案16起，罚没款合计3.34万元。全年累计回收处理农药包装废弃物141.69吨。年农用农药使用量1014吨，比上年减少2.78%。

【渔政管理】 2022年，常熟市组建“虞剑护江”禁渔党建联盟，全年开展部门及区域联合执法行动118次。查处长江违法捕捞、垂钓案件122起、126人次。开展内河打击电鱼等非法捕捞专项行动，清理涉渔“三无”船舶17艘、违规网具1457件，查处电鱼等非法捕捞案件105起，没收电捕工具85套。开展长江渔业增殖放流活动22次，累计放流各类鱼苗2200余万尾。

【农技推广】 2022年，常熟市推广稻（麦）秸秆机械化还田与机播（插）集成技术，水稻机插+侧深施肥、生态型犁耕深翻等绿色技术，叶菜、河蟹、葡萄、规模猪场等全程机械化技术，机收减损技术，农机智能驾驶技术，辅助直线、侧深施肥、无人植保等智能化绿色化技术与装备。举办农机新技术培训6期，新农机新技术现场演示会、田间推广日等活动8次，拖拉机、收割机、插秧机、植保无人机等操作技术培训12期。

【动物防疫】 2022年，常熟市建立非洲猪瘟“周”监测制度，全年监测样本8858份。开展口蹄疫、猪瘟、蓝耳、小反刍兽疫、禽流感、新城疫免疫，各病种应免密度100%。做好对应免疫病种抗体水平监测和流调，累计排查畜禽养殖场（户）341次，排查家畜6.4494万头，家禽5.3601万羽，监测样品8254份。产地检疫覆盖率100%；定点屠宰检疫开展面100%，屠宰检疫受检率100%。常熟市牧工商有限公司通过国家级和江苏省级无非洲猪瘟小区验收，常熟市申福奶牛场通过省级布病净化创建场评估。

【“五级”远程诊断系统】 2022年，常熟市水产技术推广站打造“567”科技服务网络平台，通过在水产站及各水产养殖重点地区开设水产医院，在全省率先建立“省、市、县、镇、村”五级渔病远程诊断系统，全年服务养殖户5000多人次，实现区域水产养殖服务“360”全覆盖。（陆喜娟）

责任编辑 李 妍

工　业

综　述

【概况】 2022年，常熟市规模以上工业产值完成4848.5亿元，比上年增长4.8%。其中，“354”产业（汽车及零部件、装备制造、纺织服装3大千亿级支柱产业，新一代信息技术、生命健康、数字经济、氢燃料电池、物流物贸5大重点产业，智能货架、高端无纺、玻璃模具、现代氟材料4大特色优势产业）企业1262家，全年完成产值3722.8亿元，比上年增长5.7%，占规模以上工业总产值比重的76.8%，比上年提升0.5个百分点；民营企业1353家，完成产值2640.7亿元，比上年增长6%，占规模以上工业总产值比重的54.5%。2022年，全市规模以上工业实现利润总额284.8亿元，比上年下降10.5%。

【工业投资】 2022年，常熟市工业投资完成330.1亿元，比上年增长1.6%；完成技术改造投资145.3亿元，比上年增长4.7%；完成新兴产业投资275.5亿元，比上年增长6.8%。

表25　　2022年常熟市规模以上工业主要指标完成情况统计表

类别	指标	实绩	比上年增长(%)	占全市规上工业比重(%)
规模企业	数量（家）	1731	7.1	—
	销售亿元以上企业数（家）	651	−0.2	37.6
	其中：销售超10亿元（家）	80	6.7	4.6
销售超10亿元以上企业	销售收入（亿元）	2854.7	7.3	57.6
	利税总额（亿元）	241.7	−11.5	63.3
规模以上工业主要经济指标	产销率（%）	98.5	−1.2	—
	资产负债率（%）	53.4	1.2	—
	流动资产周转率（次）	1.88	0.31	—
	应付职工薪酬（亿元）	333.4	7.5	—
	亏损企业个数（家）	422	44	—
	工业用电量（亿千瓦时）	164.9	−2.4	—

（资料来源：市工信局）

表26　　2021—2022年常熟市工业投资情况表一览表

项目		2021年实绩	2022年实绩
全社会固定资产投资（亿元）		704.1	731.1
工业投资	总量（亿元）	324.9	330.1
	占全社会投资（%）	46.2	45.2
技术改造	总量（亿元）	138.7	145.3
	占工业投资（%）	42.7	44
新兴产业投资	总量（亿元）	258	275.5
	占工业投资（%）	79	83.5

（资料来源：市工信局）

【技术创新】 2022年，常熟市新增省级企业技术中心20家、苏州市级企业技术中心21家，数量均创历年新高，累计建成企业技术中心195家（其中，国家级4家、省级102家、苏州市级89家）；新增省级工业设计中心1家、苏州市级工业设计中心13家，累计建成工业设计中心44家（其中，国家级1家、省级8家、苏州市级35家）；新增14个常熟市自主创新产品，累计42个产品被列入常熟市自主创新产品目录。

【智能制造】 2022年，常熟市完成智能化改造和数字化转型项目1668个。年度新增工业机器人4395台（套），累计保有量超过2.8万台（套）。全年新增苏州市级以上智能化、数字化、企业上云荣誉376个，其中，波司登获评国家首批"数字领航"企业，为苏州市唯一；入围2022年工业互联网平台创新领航应用案例3家，数量居苏州市第一；新增省工业互联网标杆工厂4家，数量居全省县级市第一；索特传动获评省首批智能制造工厂，并获省智能工厂资金支持2000万元；新增省星级上云企业246家，其中五星级上云企业12家、居苏州市第一；新增省两化融合管理体系贯标示范企业培育26家，居苏州市4县市第一，其中AAA级6家、居苏州市第一；新增苏州智能工厂6家、新增数与累计数均列苏州市第一；苏州智能车间34个，居苏州市前三。

【专精特新企业培育】 2022年，市工信局构建"创新型中小企业—专精特新中小企业—专精特新'小巨人'企业"3个层次的优质中小企业梯度培育格局，对1400多家企业开展创新型中小企业评价，公告727家，建立专精特新中小企业培育库，在企业全生命周期管理平台上开发专精特新培育模块，开展诊断并形成报告，协同部门板块开展精准服务，导入关键资源进行"填空白、补短板、锻长板"。2022年，全市新增国家专精特新"小巨人"企业15家，新增省专精特新中小企业82家。

表27　　2022年常熟市新增工业机器人应用行业分布情况统计表

单位：台（套）

产业分类	总计	焊接	码垛	搬运	喷涂	装配	激光加工	折弯	产品监测	其他
汽车零部件	1543	51	25	125	2	167	67	18	128	960
装备制造	1487	62	18	149	40	167	148	31	137	735
纺织服装	365	0	0	0	0	3	0	0	46	316
电子制造	382	5	3	13	4	11	0	0	5	341
生命健康	68	0	0	12	0	3	0	0	8	45
新能源	111	40	5	1	2	13	28	0	7	15
新材料	70	21	0	19	2	2	16	0	0	10
其他	369	11	17	52	1	49	2	3	57	177
总计	4395	190	68	371	51	415	261	52	388	2599

（资料来源：市工信局）

表28　　2022年常熟市国家专精特新企业认定名单一览表

序号	企业名称	所在镇区街道	序号	企业名称	所在镇区街道
1	苏州长城精工科技股份有限公司	常福街道	9	苏州锦艺新材料科技股份有限公司	经开区
2	常熟生益科技有限公司	高新区	10	常熟华东汽车有限公司	梅李镇
3	苏州艾科瑞思智能装备股份有限公司	高新区	11	江苏航天龙梦信息技术有限公司	琴川街道
4	常熟建华模具科技股份有限公司	高新区	12	江苏博涛智能热工股份有限公司	辛庄镇
5	江苏强盛功能化学股份有限公司	海虞镇	13	苏州汇科机电设备有限公司	辛庄镇
6	江苏华益科技有限公司	海虞镇	14	常熟市迅达粉末冶金有限公司	辛庄镇
7	江苏亨通高压海缆有限公司	经开区	15	江苏迎阳无纺机械有限公司	支塘镇
8	常熟通润汽车零部件股份有限公司	经开区			

（资料来源：市工信局）

产业创新集群

【概况】 9月21日，市政府办公室印发《常熟市汽车产业创新集群建设实施方案（2022—2025年）》《常熟市新能源产业创新集群建设实施方案（2022—2025年）》《常熟市声学产业创新集群建设实施方案（2022—2025年）》及《常熟市产业创新集群发展协同推进机制方案》，对常熟市产业创新集群建设进行全面规划。

【汽车产业创新集群】 2022年，常熟市形成整车及核心零部件制造、研发、物流、贸易为一体，新能源汽车"三电"系统、智能座舱、智能网联、汽车验证测试等领域多元融合的发展格局。集聚汽车及零部件企业超400家，2022年汽车产业创新集群整体营收超1500亿元，比上年增长15%。汽车产业创新集群企业率先实现"智能化改造数字化转型"全覆盖，工业互联网应用率达100%；累计获批汽车零部件相关的国家级示范基地4个（科技部国家汽车零部件特色产业基地、工信部国家新型工业化产业示范基地、科技部国家高新技术产业化基地、科技部国家创新型产业集群试点）；新引进长城控股系列项目，填补产业链关键缺失环节。

【新能源产业创新集群】 2022年，常熟市以氢能、锂电、光伏为主要方向，主攻产业链高能级环节，推动清洁能源与汽车、海洋、新一代信息技术等多产业深度融合。拥有丰田汽车研发中心、新中源、阿科玛、阿特斯等行业领军企业50余家，基本覆盖氢燃料电池、动力电池及储能、光伏产业链各环节。2022年，新能源产业创新集群实现工业产值超600亿元，比上年增长20%。全市氢能公交、物流车、加氢站等基础应用稳步推进，氢能商用日渐成熟、逐步推广；电池关键材料市场份额逐步增大，六氟磷酸锂原材年产量达8000吨，市场份额位居全球前五；聚偏氟乙烯（PVDF）形成完整产业链，总计年产能超2.3万吨，占国内市场份额约95%、国外市场份额约98%；江苏省光伏组件工程技术研究中心是国内首家通过国家合格评定委员会CNAS认证的企业光伏实验室；新引进仁烁光能、优美科等重点项目，加快打造新能源低碳产业高地。

【声学产业创新集群】 2022年，常熟市围绕材料声学、电声学、工程声学、海洋声学等产业精准布局，加快国际声学技术创新中心5大阵地建设，布局国际声学产业技术研究院等平台。累计引进声学产创项目近百个，总投资额超220亿元，2022年声学产业创新集群产值超300亿元。声学产业创新集群先后被纳入国家《长三角一体化发展规划"十四五"实施方案》《苏南国家自主创新示范区发展规划纲要》和苏州市"十四五"规划。持续提升全国声学创新创业大赛品牌影响力，结合线上线下办赛模式，先后举办南京、西安、杭州、深圳城市赛。编制中国声学产业发展指数（常熟指数），为声谷科学制定产业发展规划提供依据。 （戴亦捷）

4月28日，常熟市重点项目"云签约"仪式在常熟广播电视塔举行。57个总投资151.4亿元项目签约落户常熟 （朱琪 摄）

氢燃料电池产业

【概况】 2022年，常熟市氢燃料电池产业累计完成产值超24亿元。年内新引进氢燃料电池产业项目6个，总投资超46亿元。

【奕森科技（江苏）有限公司】 于2019年成立，从事涡轮增压器、氢燃料电池空压机、电机组件产品、电子水泵、电子油泵、电子真空泵、机械真空泵研发、测试和组装、生产、销售等。2022年完成产值1.55亿元，比上年增长28.6%。

【江苏重塑能源科技有限公司】 于2018年11月成立，是重塑客机在华东地区的燃料电池系统和核心零部件生产基地。2022年，公司开票销售5.74亿元，比上年增长41.1%。

【江苏擎动新能源科技有限公司】 于2019年8月设立，是一家氢燃料电池核心组件催化剂和膜电极制造企业。2022年，公司开票销售8329万元，比上年增长105.2%。

【氢能基础设施】 2022年，全市累计建成加氢站4座，其中企业自用加氢站2座，商用加氢站2座，日加氢能力超2500千克。常熟市按照《常熟市加氢站布局规划（2021—2025年）》要求，统筹推进常熟兴虞综合能源服务站设计、建设工作。银河路诚志AP加氢站完成证照申领，并试运营。 （王 洵）

【江苏省氢能产业合作交流会举办】 6月24日，江苏省氢能产业合作交流会在常熟市举办。交流会由省商务厅和常熟市人民政府共同主办。省发改委、省工信厅分别介绍氢能源规划和氢能源汽车相关情况，常熟市发改委介绍常熟市氢燃料电池产业发展现状及规划，11家氢能产业相关企业代表发言。与会人员围绕“双碳”战略部署、示范城市群申报等方面进行交流。加拿大不列颠哥伦比亚省中国办公室负责人，商务、发改、工信条线部门、常熟市相关板块负责人以及氢能行业企业代表参会，线上线下参会人数超1700人次。（张　敏）

纺织服装产业

【概况】纺织服装产业是常熟市三大支柱产业之一，2022年，全市有纺织服装企业4000多家，以中小企业为主，其中规上企业524家，约占全部规上企业总数的三分之一。受疫情影响，2022年纺织服装规模以上纺织服装企业完成工业总产值509.9亿元，比上年减少4.4%，其中规上服装企业完成产值132.4亿元，比上年增加2.9%。随着产业结构调整，规上纺织服装业产值占全市规模企业产值比重由上年11.5%下降至10.5%。

【波司登集团】成立于1976年，是全球知名的羽绒服装品牌企业，旗下有波司登、雪中飞、冰洁等品牌。2022年波司登品牌价值507亿元。在品牌价值评估机构Brand Finance公布的“2022年全球最有价值50强服饰品牌（Brand Finance Apparel 50 2022）榜单”中，波司登列第48位。

【江苏金辰针纺织有限公司】成立于1997年，2022年蓄热石墨烯印花外套（运动功能类产品）被中国纺织工业联合会授予“2022年度十大纺织创新产品”称号。（戴亦捷）

氟化工产业

【概况】常熟市氟化工产业集聚于新材料产业园内，有氟化工链上企业21家，2022年园区氟材料链上企业工业总产值253.4亿元，比上年增长68.35%，占园区总产值的70.65%，产品主要包括氢氟酸、含氟制冷剂、氟树脂、氟橡胶、含氟聚合物、发泡剂、锂电池电解质等，以及各类高性能新型含氟共聚物等化工新材料，基本涵盖整个氟化工材料产品链。拥有大金氟化工、阿科玛、三爱富中昊等龙头企业。经过多年发展，园区氟化工产业综合科研能力达国内第一，多种产品研究技术处于国内前沿，产品品质达到国际先进水平。年内，大金新材料一期、二期和泰际材料年产10000吨六氟磷酸锂项目正式投产，总投资30亿元。泰瑞联腾六氟磷酸锂项目正在建设，苏威改扩建项目、吴羽PVDF扩建项目和振氟VDF扩建项目正在推进审批。以江苏常熟新材料产业园为申报载体的常熟电子氟材料产业集群，在苏州唯一入选全国2022年度中小企业特色产业集群名单。

（戴亦捷　马叶丹）

【大金新材料一期产业化项目试生产启动暨三期投资项目签约】6月8日，大金新材料一期产业化项目试生产启动暨三期投资项目签约。大金新材料（常熟）有限公司由大金氟化工（中国）有限公司与大金工业株式会社共同出资设立。一期项目主要生产改性聚四氟乙烯、熔融树脂，产品主要用于半导体、新能源汽车以及5G通信电子、航空航天等领域；三期项目主要在一期的基础上扩产熔融树脂1500吨。

（马叶丹）

无纺产业

【概况】无纺产业是常熟特色优势产业，主要集聚在支塘镇。2022年，支塘镇无纺产业完成产值51.7亿元，销售51.3亿元。无纺针刺设备、无纺布产量和生产能力分别占全国60%和10%左右。产品覆盖全国大部分地区，并出口到美国、日本、俄罗斯、印度等50多个国家和地区。

【无纺产业集聚区】2022年，支塘镇有无纺行业企业423家，其中无纺制品325家，无纺机械76家，上游纤维制品企业22家。无纺行业规上企业43家，其中无纺制品规上企业35家，无纺机械规上企业8家。年内，支塘镇有8个无纺高质量发展项目通过会审，计划总投资3.3亿元，当年投资1亿元。

【江苏迎阳无纺机械有限公司】成立于1992年12月，注册资金6383万元，拥有中高级研发人员68名，授权发明专利41项，实用新型专利21项，主持参与制订、修订国家标准4项，行业标准15项。2022年公司总产值3.3亿元，累计销售3.22亿元，年纳税额2666万元。

【常熟市振泰不织布有限公司】成立于1999年，是一家集研发、制造、销售、服务于一体的无纺布制造企业，公司新研发的无纺产品——汽车内饰布，为上海通用、大众、福特、吉利、奇瑞等汽车公司的配套产品。2022年公司生产总值2.8亿元，销售2.8亿元，年纳税额1208万元。（邹巨豪）

货架产业

【概况】2022年，常熟市拥有各类货架及配套企业、个体工商户400多家，行业年产值超60亿元，企业用工8000多人。产品涉及超市货架、仓储货架、置物架、商品展示柜（化妆品亚克力材料展示柜等）、生鲜果蔬架、手推车、塑料提篮、收银台及超市寄存柜、木制品货架以及各类超市展示用品，产品销往50多个国家和地区，在商用设备领域国内市场占有率超过70%，国际出口市场占有率超过50%。

【货架行业集聚区】尚湖镇是常熟市货架产业主要集聚区，2022年，尚湖镇有各类货架及配套开票规上企业34家，实现开票销售28.07亿元，净入库税金4751万元。年内,尚湖镇货架行业启动实施各类智能化改造数字化转型项目42个,其中新增省四星、三星级上云企业9家,数量历年最多;获评苏州市智能示范车间2家,实现货架行业零突破;启动改造类项目13家,累计改造金额近3000万元;实施诊断类项目18个,实现规上货架企业智改数转全覆盖。智能货架产业园累计入驻企业7家。

【尚湖货架行业转型】 2022年,尚湖镇结合"一稳一转三布局"经济发展主线,加快货架产业智改数转提档升级,从单一货架产业,转向智能仓储、智慧物流、智能货柜、智能车库及其他智能化转型方向,打造智能仓储、物流装备产业高地。年内,尚湖镇举行常熟货架行业党委推进产业转型升级创享会。

【苏州佳诚商用设备有限公司】 成立于1999年,是一家主要生产超市货架、仓架和展示架的研发制造型企业,销售和服务网络遍布全球十几个国家和地区。2022年,公司实现开票销售2.67亿元。

【苏州仁和商用设备有限公司】 成立于1999年,有3家工厂,是一家技术全面、设备先进的专业生产和销售各类超市货架厂家。2022年,公司实现开票销售2.02亿元。

【苏州红叶商业设备制造有限公司】 成立于2001年,是集生产、营销、设计为一体的专业商业设备供应商。公司拥有先进涂装设备流水线4条以及数控冲床、数控折弯机等智能化设备。2022年,公司实现开票销售1.55亿元。

(杨旻珺　戴亦捷)

玻璃模具产业

【概况】 2022年,常熟市有玻璃模具生产经营企业89家,以沙家浜精工、建华、兄弟、东方、伟恒5家龙头骨干企业为代表。全市有玻璃模具规上企业15家,规上总产值19.37亿元,主要分布在高新区;玻璃模具生产经营企业开票销售22.49亿元;总税收额7230.5万元,亩均税收9.36万元;从业人数3981人,人均年收入约7.98万元;产业相关专利总数487项,其中发明专利数138项。截至2022年年底,常熟市中国玻璃模具网、玻璃模具科技展馆、玻璃模具检测中心、玻璃模具技术研发与技能培训基地等服务创新平台相继投用。年内,建华模具获评第四批国家级专精特新"小巨人"企业,精工模具、东方模具、兄弟模具获评江苏省专精特新中小企业。

【玻璃磨具产业智能化改造】 2022年,建华模具、精工模具、兄弟模具、东方模具等12家企业开展智能化改造项目,累计完成技改投入5532万元。精工模具获评江苏省智能车间、苏州智能车间,建华模具获评苏州智能车间、省四星级上云企业,市南模具获评省四星级上云企业。宇龙模具获评江苏省三星级上云企业。

【常熟建华模具科技股份有限公司】 始建于1976年,主要产品为玻璃瓶罐模具和玻璃器皿模具。2022年公司实现总产值3.86亿元。

【常熟市精工模具制造有限公司】 创建于1978年,拥有经验丰富的技师300多名,模具生产区域达46000平方米,专业从事玻璃模具设计研发、制造、销售、服务,产品销往美国、日本、俄罗斯、澳大利亚、德国、法国、意大利、泰国、伊朗、埃及、印度等20多个国家。2022年公司实现总产值1.45亿元。

(戴亦捷)

装备制造业

【概况】 2022年,常熟市有规模以上装备制造企业372家,实现工业总产值1368.8亿元,比上年增长7.4%,占规模以上工业总产值比重为28.2%;工业销售产值1359.2亿元,比上年增长28.6%;主营业务收入1431.8亿元,比上年增长33.6%;利润总额66.3亿元,比上年下降9.5%。常熟市装备制造业对制造业高质量发展基础性作用不断显现,智能制造装备、领域专用装备的广泛应用,推动制造业高端化、智能化、绿色化发展有序向前。年内,苏州晶洲装备科技有限公司"AMOLED掩膜版清洗装备(KZ-FPD-T-MSK-G6-A)"获2022年度江苏省首台(套)重大装备认定。

【通用智造装备企业】 2022年,常熟市有通用智造装备方面规上企业21家,产品主要集中在数控机床、工业机器人、智能物流仓储等领域,代表性企业有德扬数控、达谊恒、罗伯泰克等,2022年完成产值31.7亿元,比上年增长24.4%。

【专用智造装备企业】 2022年,常熟市有专用智造装备方面规上企业55家,产品主要集中在纺织、半导体、环保、新能源等领域,代表性企业有迎阳无纺、艾科瑞思、中车环保、宏瑞达等,2022年完成产值144.5亿元,比上年增长10.6%。

【终端装备产品企业】 2022年,常熟市有终端装备产品方面规上企业53家,产品主要集中在工程机械、电力设备、电梯、光伏等领域,代表性企业有中交天和、常熟开关、莱茵电梯、中来民生等,2022年完成产值455.2亿元,比上年增长19.8%。

【索特传动设备有限公司】 成立于2008年10月8日,由三一集团在常熟高新区投资设立,注册资本12.8亿元。至2022年年底,公司完成一期投资20亿元,建成生产厂房19.69万平方米,全年完成营收41.3亿元,利税3.9亿元。

【丽瀑光能(常熟)有限公司】 成立于2017年,主要负责光伏组件的生产和销售。公司产品通过TUV、PID、Chemitox、JET等国际权威机构认证。2022年，公司完成产值26.1亿元，出口产品24.9亿元。

【苏州长城精工科技股份有限公司】成立于1988年，产品广泛应用于高档数控机床、工业机器人、航空航天、新能源装备、高端化纤设备、高性能医疗器械等高端制造领域。2022年，公司完成产值8.3亿元。（戴亦捷）

电子信息产业

【概况】常熟市电子信息产业主要包括电子材料、印制电路板生产、终端组装等特色产业。2022年，常熟有规模以上电子信息企业110家，受疫情影响导致的消费欲望降低等因素影响，完成总产值603亿元，比上年下降5.74%，其中产值超50亿元的企业3家、产值超10亿元的企业8家、产值超5亿元的企业9家、产值超1亿元的企业34家。全市电子信息产业主要集中于高新区、常福街道和经开区，分别有企业29家、19家、14家。

【电子信息产业项目建设】2022年，全市电子信息产业项目49个，计划投资总额233.3亿元，年内完成总投资71.5亿元。其中，总投资超亿元项目33个，超10亿元项目5个，超1亿元项目28个，新开工项目34个。年内，常熟生益科技有限公司投资10亿元，新建年产1100万平方米覆铜板、年产2400万平方米商品粘结片项目；苏州臻芯微电子有限公司总投资7亿元，实施滤波器六英寸芯片制造封装项目（一期），形成年产9.6亿颗BAW滤波器芯片，年封装12亿颗SAW滤波器芯片。

【明泰电子科技（常熟）有限公司】是主要从事企业级网络通信设备生产，主要合作品牌有HP、索尼、松下、NEC等。2022年完成产值22.8亿元，比上年增长33.5%。

【华普电子（常熟）有限公司】为新普科技股份有限公司子公司，主要产品为笔记本电脑锂离子电池，主要合作客户有苹果、微软、惠普等。2022年完成产值53.4亿元，比上年增长14.5%。

【常熟生益科技有限公司】系生益科技集团成员，总生产规模为年产覆铜板1100万平方米，商品粘结片2400万平方米，2022年完成产值12.2亿元。（戴亦捷）

生命健康产业

【概况】生命健康产业是常熟市五大重点产业之一，作为苏州生物医药产业“1+N”发展布局的重要环节，常熟有苏虞生物医药产业园、古里生物医疗大健康产业园等创新集聚载体，与苏州工业园区生物医药产业园形成转移承接合作态势。2022年，常熟市生命健康产业有规模以上企业52家，完成产值114.6亿元，比上年增长19.7%。产业类别涉及医药制造、医疗器械等。医药制造主要集中在化学原料药、医药中间体及制剂、现代中药等细分产品的研发、中试、生产；医疗器械主要产品包括袋类、包类、管类、硅胶类、注塑件类高分子医用耗材、齿类、骨关节、医用敷料及防护用品以及医疗检测服务等。

【生命健康产业项目建设】2022年，常熟市生命健康领域重点项目25个，计划总投资79.5亿元，当年投资25.8亿元。项目涵盖化学原料药及研发一体化、生物抗体等医药类项目，心脏起搏器、血液透析机、给药器、呼吸类耗材等医疗器械类项目，制药设备、智能化医药包装线等医药配套，护理用品、运动器材等健康保健类项目，其中投资超10亿元项目有森松制药和智享生物。（戴亦捷）

【苏州天马医药集团天吉生物制药有限公司项目云签约】4月21日，苏州天马医药集团天吉生物制药有限公司项目云签约。该公司是江苏省高新技术企业，专业研发、生产和销售新型多肽药品。此次签约，公司拟在常熟苏虞生物医药产业园规划建设5.33公顷总部基地，建设约5.8万平方米研发生产及配套用房。该项目建成后年产原料药约330吨，药品制剂3.3亿支（粒、片），达产后预计年产值18亿元，年纳税约1.6亿元。

【瑞博（苏州）制药有限公司】前身为诺华集团（Novartis）在中国建立的供应全球市场的化学制药生产基地，现为上市公司九洲药业的全资子公司，相关产品涉及抗心衰、乳腺癌以及白血病等多个重大疾病治疗领域。2022年公司工业总产值20亿元，增速49%。

【江苏康诺医疗器械股份有限公司】成立于2003年，主要从事一、二类医用高分子材料及制品的生产和销售，具备包类、袋类、呼吸类、负压器类、硅胶类、连接导管类和注塑类等一次性医疗器械产品的完整生产线，年综合产能在5亿元以上。2022年，公司完成产值6亿元，比上年增长48%。（马叶丹）

电力工业

【概况】2022年，常熟市有燃煤电厂7家，燃机电厂2家，垃圾焚烧电厂2家，余热发电电厂2家；光伏装机469兆瓦，光伏发电总量43911万千瓦时；年内，白鹤滩江苏正负800千伏特高压直流输电工程虞城（姑苏）换流站工程投产。

【热电企业布局调整】2022年，常熟市响应国家关停淘汰燃煤小热电的精神，建设中电常熟燃机热电项目替代昆承热电公司，该工程2020年8月开工，至2022年完成天然气全线贯通、燃机点火、余热锅炉吹管、燃机并网、汽机冲转和并网等重大节点，两套机组于9月、10月一次性通过满

2022年,龙腾特钢分布式光伏项目三期工程并网　　（朱琪　摄）

负荷试运行。中电常熟热电2套燃气联合循环机组实现双投,11月3日正式替代常熟昆承燃煤热电,昆承燃煤热电正式关停。福裕燃煤电厂12月底关停。

【光伏发电】 2022年,常熟市出台《常熟市推进整市屋顶分布式光伏开发工作实施方案》《常熟市分布式光伏发电项目备案管理办法》《市党政机关、事业单位、国资企业屋顶光伏审批流程》等政策文件,对党政机关、事业单位等公共建筑屋顶安装光伏的给予0.2元/千瓦时补贴。2022年,全市新增并网分布式光伏容量170兆瓦,是2021年新增总量的5.1倍,超额完成苏州市高质量考核下达的目标任务。

【江苏常熟发电有限公司】 2022年,江苏常熟发电有限公司完成发电量(全口径)185.54亿千瓦时,其中,火电完成180.85亿千瓦时,气电完成1.72亿千瓦时,光伏完成2.97亿千瓦时。供热量(全口径)952.06万吉焦。综合标煤单价1290.33元/吨,比上年上升179.61元/吨。综合厂用电率5.25%,比上年上升0.11个百分点。供电煤耗297.2克/千瓦时,比上年上升2.46克/千瓦时。8月公司发电量达20.45亿千瓦时,创单月发电量历史新高。年内13台次机组实现连续安全运行100天,其中4台次机组200天,迎峰度夏和迎峰度冬期间6台机组全部在网运行天数分别达67天和56天。年内,二氧化硫、氮氧化物、烟尘排放指标考核位居中国电力首位,公司被评为"苏州市环保示范性企事业单位",在2022年度安全生产绩效综合排名位列中国电力火电板块第一,获评中国电力2022年度安全生产先进单位。　　（沈小明）

【虞城换流站建成】 2022年,白鹤滩—江苏正负800千伏特高压直流输电工程虞城(姑苏)换流站(以下简称虞城换流站)工程全部建成。白鹤滩—江苏正负800千伏特高压直流输电工程起于四川省凉山州布拖县,止于常熟市,途经四川、重庆、湖北、安徽、江苏5省(市),线路全长2087千米,总投资307亿元,是国家"西电东送"核心枢纽工程,是促进国家能源结构调整和节能减排重大清洁能源项目。虞城换流站12月输入电量15.603亿千瓦时,1—12月累计输入电量76.919亿千瓦时,累计减少能耗230万吨标煤。　　（年鉴编辑部）

责任编辑　李　妍

建筑业

综　　述

【概况】 2022年，常熟市实现建筑业总产值266.05亿元，与2021年基本持平；施工面积1574.58万平方米，比上年增长5.6%；竣工面积393.1万平方米，比上年增长0.56%；竣工产值完成209.2亿元，比上年增长5.33%。年内，常熟市建筑业企业在外施工备案工程项目31项，合同金额11.63亿元。

（瞿　磊）

【建筑产业现代化】 2022年，常熟市推进建筑业智能化、信息化进程，第一家智慧工地数据管理中心在新建工人文化宫项目投入运营；上线常熟市建筑行业从业人员信息服务系统。全市完成通过建设用地规划条件落实装配式建筑面积144.13万平方米，新开工装配式建筑面积98.71万平方米，年度竣工成品住房面积103.83万平方米。

（瞿　磊　郭晓玲）

建筑施工

【概况】 2022年，常熟市执行新建民用建筑节能强制性标准，加快推进建筑信息模型技术应用，推进建筑施工领域“零事故”专项行动，开展建筑工地施工扬尘治理工作。年内，出台《常熟市既有建筑改造安全工作指导意见》。30个项目获评2021年度省建筑业新技术应用示范工程。

（瞿　磊　郭晓玲）

【绿色建筑】 2022年，常熟市新建节能居住建筑168.22万平方米，新建节能公共建筑41.46万平方米，新建绿色建筑209.68万平方米，城镇绿色建筑占新建民用建筑比重100%。

11月竣工的海丰家园　　（市融媒体中心　提供）

【BIM技术应用】 2022年，常熟市出台《关于加快推进建筑信息模型（BIM）技术应用的通知》，组织开展线上、线下BIM技术应用培训及全市BIM技术职业技能竞赛。常熟市洪洞水质净化厂，常熟龙腾希尔顿酒店项目，常熟市周行中心小学改扩建工程，新建新工人文化宫项目，新建充电桩、高压直流电源、电储能及电子元器件与机电组件设备制造项目，常熟市龙腾特种钢有限公司科技创新服务中心（研究院）6个项目获苏州市BIM技术应用示范工程称号。（郭晓玲）

【施工安全监管】 2022年，常熟市推进建筑施工领域“零事故”专项行动，全年开展各类建筑施工安全监督检查2694次，开具局部停工通知书278份、隐患整改通知书1768份，排查消除各类安全风险隐患13067处，发现违法分包行为2起，发现并督促消除“三违”及“一带一帽”违规行为205起、起重机械安全隐患220处，行政执法85起，25家企业29项资质整改未达标报苏州市审批局建议撤销相关企业建筑资质；推进落实“主监员”制度，全年组织一线安监人员开展各类安全学习、练兵17次，提升队伍的安全监管能力；试行开展房屋市政工程建筑起重机械服务企业信息归集，受理建筑起重机械装拆（维保）企业45家，设备租赁企业4家，设备检测企业4家；全年组织开展建筑工地联合安全检查240个次，排查消除安全风险隐患855

处；建立开工审查工作机制，全年开工审查项目453个。（瞿　磊）

【施工扬尘治理】2022年，常熟市建工扬尘管控办组织在建工地参建单位签订《建筑工地扬尘管控承诺书》，压实扬尘管控企业主体责任，推动建筑工地常态开展施工扬尘自查自纠；组建扬尘督查专班，以"四不两直"形式常态化开展扬尘督查1658个次，消除扬尘问题844个，深入推进建筑工地大气环境双月执法和百日攻坚专项执法，移送执法6起，对6起典型扬尘违法行为进行"以案说法"网络曝光；通过线上直播方式组织4场次安全文明标准化示范工地观摩活动，在全行业推广绿色施工、扬尘管控先进经验做法，累计观看人数超48万人；推动建筑施工标准化文明示范工地创建，全年评比常熟市级标化工地168个，苏州市标化工地94个，江苏省标化星级工地64个。

表29　2021年度常熟市获评江苏省建筑业新技术应用示范工程一览表

序号	工程名称	执行单位
1	常熟市海虞中学迁建工程	常熟古建园林股份有限公司
2	大宇空调新建厂房项目	圣峰建设有限公司
3	新建标准厂房及生产辅助用房项目（新建高标厂房项目）1-14号及室外配套工程	江苏金土木建设集团有限公司
4	新建医疗用品灭菌加工项目04-生产辅房（丙类仓库）（含地下消防泵房及消防尾水收集池）、05-车间一、06-车间二、07-生产辅房（危废仓库）	江苏金土木建设集团有限公司
5	新建宿舍楼项目	中建华城建设集团有限公司
6	新城幼儿园（暂名）工程项目	常熟建工建设集团有限公司
7	1号、2号车间、宿舍、门卫1、门卫2工程	江苏顺丰建设有限公司
8	常欣小学（原世茂第二小学）新建工程	江苏汇丰建筑安装工程有限公司
9	新建方向传感器、飞机零部件和飞机结构件生产项目（1号车间、2号车间、3号车间、4号车间、产品研发车间、门卫、变配电房、地下消防泵房、水池）	常熟市芦荡建筑有限公司
10	常熟市棚户区改造三期-新丰家园二区工程（标二）工程	江苏永丰建设集团有限公司
11	2017B-024地块1号-4号楼、地下车库、地下人防工程	江苏汇丰建筑安装工程有限公司
12	新建生产用房及辅助用房二期项目	江苏金土木建设集团华星工程有限公司
13	常熟北部医院新建工程	江苏汇丰建筑安装工程有限公司
14	碧溪新区滨江二期棚户区改造工程项目	苏州华亭建设工程有限公司
15	新建护理院和养老院项目EPC总承包	江苏金土木建设集团有限公司
16	启文学校及幼儿园（暂名）新建工程	苏州华亭建设工程有限公司
17	常熟市古里中心小学第二校区工程	苏州华亭建设工程有限公司
18	新建智能塔式起重机生产项目工程	江苏永丰建设集团有限公司
19	常熟世茂世纪中心3号地块（B、C楼、地下室）工程	中建三局第三建设工程有限责任公司
20	常熟市2019A-001号地块一项目16、22号楼	江苏南通二建集团有限公司
21	新建汽车零部件生产性智能化中转物流项目 物流仓库A-1、门卫室1	江苏顺丰建设有限公司
22	新库工业坊新建标准厂房项目6号车间工程	江苏沙家浜建筑有限公司
23	席梦思床褥家具（苏州）有限公司扩建床垫、床网生产项目生产车间、生产辅房（仓库）EPC总承包	苏州华亭建设工程有限公司
24	常熟市农村生活污水治理工程-新建城东水质净化厂（暂名）一期工程	苏州市政园林工程集团有限公司
25	静海幼儿园新建工程	常熟市兴隆建筑有限公司
26	智能工业窑炉生产项目生产车间，宿舍楼，门卫	中建华城建设集团有限公司
27	常熟市2018A-009地块住宅用房项目	江苏南通二建集团有限公司
28	新建常熟服装城外贸城（暂名）商业用房项目及地下人防工程	圣峰建设有限公司
29	扩建医用卫生材料及敷料生产项目	圣峰建设有限公司
30	常熟领威（康桥）新建教育用房项目	江苏永泰建造工程有限公司

（资料来源：市住建局）

【《常熟市既有建筑改造安全工作指导意见》出台】 8月2日，市政府办公室印发《常熟市既有建筑改造安全管控工作指导意见》。在管控机制的基础上，指导意见进一步明确工作目标，即通过完善“一支队伍”和“两套机制”，有效保障全市既有建筑改造安全。指导意见紧扣发现、研判、处置3个方面，提出管控操作细则和实践指南。 （瞿 磊）

【中国建筑节能协会发布一项常熟企业编制团体标准】 2022年，常熟市企业苏州美尔邦纳米材料有限公司研发新型纳米微珠保温隔热材料，并获批编制[illegible]体标准。7月，中国建筑节能协会发布《[illegible]陶瓷微珠保温隔热材料标准》和团体标[illegible]纳米陶瓷微珠保温隔热系统应用技术规程》[illegible]准明确该材料设计、施工、验收要求和[illegible]推动产品的规模化推广应用。（郭晓[illegible]

建筑市场

【施工图审查管理】 2022年，市[illegible]建局发放施工图审查合格证563份，[illegible]查面积816万平方米，完成施工图[illegible]察文件审查276项，审查完成消防特[illegible]类项目269项。免审项目377项，其中抽中审查106项。6个既有建筑[illegible]造项目完成专家论证。审查出44[illegible]条违反强[illegible]强制性标准和4341条其他问题。涉及建筑设计单位165家，勘察单位50家。 （焦晓军）

【建设工程招投标】 2022年，常熟市办理建设工程招投标项目登记635个，建筑面积891.67万平方米，投资总额730.41亿元。新开工项目943个标段，建筑面积816.06万平方米，工程造价245.69亿元。其中，招标发包340个标段，建筑面积184.31万平方米，中标价79.31亿元，标底价94.31亿元，节约资金15亿元。 （吴以恒）

【建设工程造价管理】 2022年，常熟市贯彻执行苏州市住建局《关于调整新冠疫情影响下全市建设工程工期和造价相关事项的通知》《关于明确我市新冠肺炎疫情期间应急工程价款调整办法的通知》等文件，降低新冠肺炎疫情和夏季高温酷暑期给建设工程施工合同履约带来的影响。组织7家企业参加2021年度苏州市工程造价咨询企业信用评价，其中6家考评为B等，1家考评为C等。组织5家企业参加苏州市咨询成果质量“双随机”抽查活动。市住建局开展造价咨询企业结算审核质量、工程量清单和招标控制价质量专项检查以及施工企业竣工结算专项检查。年内有经备案在常熟市承接业务的外地咨询企业35家。选择6家施工企业测报和发布人工指导价，按期汇总上报上级造价管理部门。 （严 恺）

建筑市场管理

【建筑领域继续教育培训及考试】 2022年，常熟市组织开办二级建造师网络继续教育和考试14期，855人参加；一级建造师网络继续教育116人；ABC三类安管人员考前培训7期（1—11月），954人次，线上线下相结合培训（以线上为主）；举办年度ABC三类安管人员继续教育（网络学习）8337人；见证员考前培训70人、继续教育160人；监理员线上培训57人；建筑施工现场专业岗位人员任职过渡期线上培训1329人次；组织建筑信息模型技术项目制培训班，443人参加；举办常熟市首届建筑信息模型职业技能竞赛，242人参加，赛事规模和选手数量达到同类型二级赛事，其中100多人获BIM技能高级工证书。

【施工安全培训】 2022年，常熟市开展《中华人民共和国安全生产法》宣传贯彻、施工安全隐患分析等各类线下线上安全培训10场次，累计培训9360人；组织开展4场建筑施工消防应急演练培训“云观摩”活动，累计观看人数超29万人；依托常熟市建筑产业工人培训中心开展苏安码申领工作，累计培训16534人。

【建筑产业工人体检之家成立】 5月18日，常熟市建筑产业工人健康之家揭牌成立。它依托常熟市建筑产业工人培训中心，根据实际需要，为建筑行业从业人员提供医疗急救、职业防护培训及特色体检服务；配备专业医疗团队，着眼于关注和保障建筑工人职前健康体检、工伤后应急处理、后续就诊服务，对工作中发生意外伤害、工伤事故等，需进一步诊治的，为建筑行业企业及从业人员诊疗开通到上海三甲医院就医的绿色服务通道，为建筑工人生命健康提供有效的医疗保障。 （瞿 磊）

建筑工程质量管理

【建筑工程创优】 2022年，常熟市各施工企业创建常熟市“虞山杯”优质工程180项，苏州市“姑苏杯”优质工程60项，江苏省“扬子杯”申报优质工程11项。常熟古建园林股份有限公司获苏州市最高质量荣誉“苏州市市长质量奖”，江苏金土木建设集团有限公司获首届常熟市质量管理优秀奖。

【工程质量监管】 2022年，市住建局新受理监督工程554项，建筑面积735.16万平方米。工程质量监督抽查3033次，发出《工程质量监督抽查整改通知书》238份。开展工程竣工验收监督681项915.49万平方米，提交《工程质量监督报告》851份，办理工程竣工验收备案863份。受理消防竣工验收和备案抽中187项。出台《常熟市住宅工程质量信息公示工作方案》和《关于加强新建住宅工程渗漏防控管理工作的通知》。开展住宅工程质量信息公示试点工作，探索建立健全住宅工程质量社会监督机制。加强住宅工程防渗漏在设计、施工、监管环节工作要求，强化住宅防水工程质量管控。

【工程建设领域整治】 2022年，市住建局试行工程质量专项巡查制度，成立以建筑原材料、住宅通病防治、市政工程、人防工程、消防工程、检测机构等为主线的各专项监督巡查小组，采取“双随机、一公开”“科室联动”“政府购买服务”等方式开展专项治理行动。年内开展建筑原材料、人防工程、市政工程、住宅渗漏防治等专项监督巡查整治，签发整改通知单20份，移交处罚项目7个，约谈项目5个。

【质量监管体系建设】 2022年，市住建局出台《常熟市房屋建筑和市政基础设施质量监督工作指引》《工程质量监督工作告知书》《关于进一步优化质量监督流程的通知》《关于进一步加强建设工程建筑材料质量管理的通知》等业务工作指导性文件。对重点产业类工程项目，建立责任片区质监人员联络机制。组织竣工验收政策宣导服务小组，与市行政审批局对10个乡镇、街道开展面对面交流沟通，服务重点建设项目120多个。 （谭樱芝）

建筑企业

【概况】 2022年，全市有建筑业企业510家，其中施工总承包特级资质企业1家、壹级资质企业15家、专业承包壹级资质企业49家；工程监理企业12家，其中甲级企业9家，7家企业完成重组分立和资质合并。

【江苏金土木建设集团有限公司】 该公司是住建部核准的房屋建筑施工总承包特级、建筑设计建筑行业（人防工程）专业甲级、建筑行业（建筑工程）甲级，市政公用工程、水利水电总承包二级资质企业，具有钢结构一级，地基基础一级、建筑装饰、起重设备安装、环境保护、机电设备安装专业承包二级资质，拥有国家颁发的工程设计综合甲级资质的设计院。2022年，公司营业收入31.42亿元，纳税5822万元，施工面积6392784平方米，承接工程119项，年内获评苏州优秀企业、苏州市质量奖、常熟优秀企业、常熟质量优秀奖、省优质工程奖“扬子杯”1项、苏州市优质工程奖“姑苏杯”5项、常熟优质工程“虞山杯”7项、省级新技术示范工程4项、省绿色施工示范项目1项、省文明工地示范项目1项、省级星级工地2项、省级QC奖1项、常熟标准化示范工地1项、苏州平安工地1项。

【常熟古建园林股份有限公司】 该公司成立于1983年，拥有建筑工程施工总承包一级、古建筑工程专业承包一级、风景园林工程设计专项甲级、文物保护工程施工一级等资质。2022年，公司营业收入95355.91万元，纳税总额3679.19万元，承接工程95个，合同金额10.15亿元。年内获评2021年度苏州市市长质量奖、2021年度全国城市园林绿化企业50强、常熟市五一劳动奖状、高新技术企业、2022年度常熟市建筑施工企业先进基层党组织。承接的武平县兴贤坊传统文化街区获中国风景园林学会科学技术奖园林工程奖铜奖；太仓城市中央湿地及地下车库项目景观工程Ⅰ标段及泰州稻河古街区四巷八号陈宅文保建筑维修工程获江苏省“扬子杯”优质工程奖；古里镇村庄美居“233”优化提升工程设计施工（EPC）总承包项目获江苏省风景园林协会优秀风景园林设计表扬奖；昆山玉峰实验学校南校区建筑工程1号至5号楼、常熟市海虞中学迁建工程、生产车间生产辅房（仓库）工程、劳动东路、西环路等道路及周边绿地提升工程及秋香园、慧珠弄等10个小游园绿化景观工程获苏州市“姑苏杯”优质工程奖；常熟海虞中学迁建工程、湖山幼儿园新建工程分别获苏州市城乡建设系统优秀勘察设计（村镇建设—村镇建筑）二、三等奖；卫氏义庄工程被评为苏州香山杯古建园林优质工程。

【江苏嘉洋华联建筑装饰股份有限公司】 该公司成立于1997年，是集装饰、幕墙、智能化、机电、消防、房屋建筑、钢结构等设计与施工为一体的专业集群型集团企业。2022年，公司营业收入3.06亿元，比上年增长16.04%。

【江苏常诚建筑咨询监理有限责任公司】 该公司成立于1996年，主要从事工程建设的咨询和监理工作，具有房屋建筑工程监理（甲级）、市政公用工程监理（甲级）、公路工程监理（乙级）、机电安装工程监理（乙级）、人民防空工程监理（乙级）、工程造价咨询乙级、水利水电工程监理（丙级）等资质，列入省项目管理试点企业和首批省装配式建筑监理企业名录。2022年，公司完成的监理工程项目1400多项，面积近3300万平方米。

【常熟市华诚建设工程有限责任公司】 该公司成立于2006年，是市政公用工程总承包壹级施工企业。2022年，公司产值3.2亿元，纳税1228万元。

（瞿　磊）

责任编辑　李　妍

商贸服务业

商贸流通

【概况】 2022年，常熟市实现社会消费品零售总额1200亿元，比上年下降1.1%。从权重商品看，全市限额以上汽车类完成零售额88.2亿元，比上年下降2.4%；限额以上石油及制品类完成零售额15.1亿元，比上年下降0.4%。常熟市商务局重点监测的18家重点商贸企业完成社会零售总额86.71亿元，比上年下降4.0%；12家重点住宿餐饮企业营业收入3.97亿元，比上年下降16.6%。零售前20强企业实现销售额109.31亿元，比上年下降19.5%，占限额以上零售业销售额59.3%。年内，常熟市举办2022年"虞城烟火"夏季购物节——"琴川不夜天，嗨享生活节"和夏季购物节惠民车展等促销费活动。

（张　胜）

【粮食收购】 2022年，常熟市收购小麦6.2万吨，其中价外补贴订单收购小麦5.61万吨；收购稻谷5.87万吨，其中价外补贴订单收购稻谷5.82万吨。2022年全市小麦价外补贴订单签约大户932户，签约面积1.66万公顷，夏粮开秤指导价为中等质量标准混合麦每50千克142元，价外补贴为中等质量标准每50千克10元。全市水稻价外补贴签约大户1035户，签约面积1.59万公顷，秋粮收购开秤指导价为中等质量标准晚粳稻每50千克135元，价外补贴标准为中等质量标准每50千克10元。落实地方储备原粮9.11万吨，地方成品储备粮油6455吨。

（周　青）

【供销合作】 2022年，常熟市供销合作总社实现销售总额58亿元，比上年增长20.83%；消费品零售总额40亿元，比上年增长14.29%。集中配送农药总计5067万元，供应水稻测土配方肥7038吨，供应小麦测土配方肥4851吨，回收农药废弃包装物1089万件、回收废旧农膜230吨。社有企业常客隆超市完成物流配送中心智能化改造5000多平方米，曹家桥冷链物流公司完成二期工程主体建筑封顶。开设"常熟供销优选"线下农产品展销中心2家，持续发展直播、社区微信群等线上销售规模，全年助销地产农副产品1.7亿元。系统项目稳步推进，周泾塘智能物流仓库8月竣工，12月完成招商出租。

（丁　琼）

【盐业专营】 2022年，常熟市盐业有限公司（以下简称盐业公司）实现销售收入2975.22万元，实现利润167.6万元，销售食盐7951.4吨，销售工业盐3998.11吨。盐业公司与市市场监管局成立常熟盐业市场秩序管理领导小组，全年组织人员走访食盐市场1779家次，其中商业超市（零售店）820家次，餐饮企业700家次，食品加工用盐单位31家次，小作坊119家次，农贸市场109家次，查处盐业违法案件8件，立案6件，结案6件，劝退下架65家次。盐业公司对接阿科玛化学、三爱富中昊化工、威怡科技有限公司等相关企业，加强工业副产[illegible]再利用，全年处置工业副产盐7000.0[illegible]开展食盐法规宣传，发放宣传资料1[illegible]份，低钠盐170包。

（[illegible]）

【烟草专卖】 2022年，常熟市烟草专卖局（分公司）实现税利8.48亿元，比上年增长10.31%。打造"金丝利零售"商业品牌，新建合作终端2户、加盟终端8户、新现代终端29户。保持打假打私高压态势，组织开展"百日会战""利剑9号"等专项行动，全年查处涉烟案件289起，查获违法卷烟875.29万支，案值1151.81万元，其中案值5万元以上案件54起，案值100万元以上案件2起；拘留、逮捕、判刑不法烟贩分别为4人、1人、13人。上报国标假烟网络案件2起，查处苏州首起电子烟产品案件。推进烟草监管网格融入社会综合治理网格，7项烟草巡查事项纳入"常熟联动"App。推进"烟头不落地、常熟更美丽"专项行动，新建"文明新风亭"23个、文明吸烟柱700个。

（杨　雁　时运涛）

【大型商业综合体】 2022年，常熟城区有大型商业载体39个，商业营业面积约110万平方米。其中，琴川街道有19个，商业营业面积51.8万平方米；虞山街道有11个，商业营业面积23.6万平方米；常福街道有4个，商业营业面积16.6万平方米；莫城街道有3个，商业营业面积9.0万平方米；常熟高新区有2个，商业营业面积8.9万平方米。

（李一鸣）

表 30　　2022 年常熟市重点商业综合体经营情况一览表

序号	项目名称		营业面积（万平方米）	销售额（万元）
1			2.70	2085
2			3.80	2294
3			5.00	577
4			4.24	1520
5	万达广场（常熟店）		10.00	3284
6	永旺梦乐城（常熟新区店）		6.30	2520
7	天虹购物中心（常熟店）		4.20	783.6

（资料来源：市商务局）

电子商务

【概况】 2022年，常熟市有开展电子商务企业1.61万家，活跃企业数1.28万家。网络零售店铺数4.58万家，从业人数12.73万人。全市实现网络零售交易额[illegible]

[illegible]，占苏州市20.85%，其中日禾戎美股份有限公司、苏州东瑾服饰科技有限公司、莫城街道蝌蚪服饰商行、苏州之卉时装有限公司、常熟市鲲美新零售发展有限公司、苏州凯登博电子商务有限公司6家电商销售额超亿元。完成直播电商“万千百十”（即孵化一万名带货主播、培育一千个新零售品牌、培育引进一百个MCN机构、打造十个直播基地）工程，2022年常熟电商竞争力居全省首位。虞山街道、梅李镇、海虞镇、古里镇、沙家浜镇、支塘镇、董浜镇、辛庄镇、尚湖镇9个镇（街道）上榜2022年“淘宝镇”；全市有74个电子商务年交易额达千万元以上的行政村上榜2022年“淘宝村”，数量居苏州第一，占苏州总数40%以上。年内，举办第七届中国·常熟昆承湖互联网创新创业大会暨“快手第一届常熟直播节”，常熟首届TikTok跨境电商直播节等活动。

【跨境电商】 2022年，常熟市完成跨境电商出口14.32亿元，比上年增长116.97%，其中跨境电子商务企业对企业直接出口5.88亿元。年内，举办跨境电商专题业务培训10次。成立苏州（常熟）跨境电商企业服务中心。常润股份美国海外仓获评省级、苏州市级公共海外仓，云裳小镇电商产业集聚区获评省首批县域电商产业集聚区。

【苏州（常熟）跨境电商企业服务中心成立】 9月24日，苏州（常熟）跨境电商企业服务中心成立仪式暨常熟跨[illegible]

[illegible]州（常熟）跨境电商企业服务中心是苏州首个产业带特色跨境电商企业服务中心，聚焦“产业集群+跨境电商”为企业提供“一物一码、两地联动、三化培育、四大服务、五系赋能”的电商数字化服务。

【第七届中国·常熟昆承湖互联网创新创业大会暨“快手第一届常熟直播节”举行】 10月28日，第七届中国·常熟昆承湖互联网创新创业大会举行，“快手第一届常熟直播节”也在大会上同步启动。市商务局与北京快手科技有限公司签订战略合作框架协议。苏州东瑾服饰科技有限公司等11家市电子商务示范企业接受授牌。快手电商宣布未来将在常熟扶持10个千万GMV（网站成交金额）新商家和100个百万GMV新主播。

【常熟市电子商务协会】 2022年，常熟电子商务协会有会员企业97家，会员单位来自电子商务园区、专业电商企业、渠道转型的传统品牌企业、电子商务平台运营商、第三方服务商、快递物流企业、相关大专院校以及致力于电子商务服务的金融机构等。

（李一鸣）

商务服务业

【人力资源服务】 2022年，常熟市有人力资源服务机构292家。年内，市人社局综合运用人力资源供需服务平台等工具，发布需求[illegible]

[illegible]政府指导人力资源机构获得服务，409家单位通过人才市场、网终平台、校园招聘等方式自主招募。全年举办春风行动等线上线下主题招聘活动141场，其中65场现场招聘、43场网络招聘、33场直播带岗，服务4000多家次企业，提供岗位7万多个。　（徐莞月）

【律师服务】 2022年，常熟市有19家律师事务所，全年受理诉讼案件11181件，办结3718件。全市有执业律师354名，受聘担任法律顾问单位1760家。

【公证服务】 2022年，市公证处办理各类公证8299件，其中，国内民事类5774件，国内经济类390件，涉外类1693件，涉港澳台类253件。

（吴雨婷）

【广告业】 2022年，全市有广告业及其从属企业702家，其中设计制作类二级企业4家（苏州大智广告传媒有限公司、苏州新浪广告传媒有限责任公司、常熟百晓生文化传媒有限责任公司、苏州正山文化传媒有限公司），设计制作类三级企业1家（苏州睿途广告传媒有限公司）。广告业经营企业全年发布各类公益广告户外宣传牌

18675处，开展互联网公益宣传500余次。2022年，苏州大智广告传媒有限公司，常熟百晓生文化传媒有限责任公司通过中国广告协会“CNAA Ⅱ”证明商标资质认定。（高　阳）

居民服务业

【住宿餐饮】2022年，常熟市有住宿餐饮企业2959家。常熟天铭国际大酒店、常熟中江广场置业有限公司皇冠假日酒店、常熟市虞城大酒店、常熟森林大酒店、常熟市金海华丽嘉酒店、常熟国际饭店、常熟虞山锦江饭店、常熟裕坤国贸酒店、常熟市金海华休闲美食会、王四酒家、香格里酒店、渡口饭店12家重点住宿餐饮企业营业收入3.97亿元，比上年下降16.61%。受新冠肺炎疫情影响，酒店行业的客房及餐饮业务受到较大打击，市文体旅局给予星级酒店纾困补助款59万元。[illegible]

【家政服务】2022年，全市有家政服务单位2330家，比上年增加632家。（赵瑜梦）

【养老服务】2022年，全市有养老机构33家，比上年增加8家，其中公办养老机构1家、民办养老机构13家（比上年增加1家）、公建民营养老机构19家（比上年增加7家），有养老机构床位8296张，护理型床位占比达100%；社会力量举办或经营养老床位7426张，各类养老床位1.38万张，每千名老年人拥有养老床位数39张。（徐之佼）

【美容美发】2022年，全市有美容美发行业经营者活动门店6393家，比上年增加1521家。受新冠肺炎疫情影响，年内，美容美发经营单位多次停业。市美容美发协会有会员单位60家，举办常熟市美发美容协会第三届大师培训班。（赵瑜梦　李一鸣）

【机动车维修】2022年，常熟市有一类、二类维修企业254家，其中4S店34家，综合修理54家（含危货维修3家、客车维修3家）；二类维修企业166家，其中4S店10家，综合修理厂156家（含客车维修2家）。

【驾驶员培训】2022年，常熟市有依法备案驾培机构19家、[illegible]场地31块、教练车944辆、教学模拟器243台，其中年内依法备案新驾培机构1家、核定备案新教学场地2块、教练车减少134辆、新增教学模拟器23台。11月7日，全市在册营运驾校全部实施驾培对私资金托管改革，年内托管资金涉及学员1651人次。（黄心珏）

【一刻钟便民生活圈建设】2022年，常熟市继续推进“一刻钟便民生活圈”［以社区居民为服务对象，服务半径为步行15分钟左右的范围内，以满足居民日常生活基本消费和品质消费为目标，以多业态集聚形成的村（社区）商圈］建设。年内，虞山街道星海社区、闽江社区，琴川街道世茂社区、颜北社区，常福街道珠海社区，东南街道东湖社区入选苏州市首批“一刻钟便民生活圈”。（何文博）

邮政快递

【概况】2022年，常熟有邮政企业1家，邮政支局52家；快递企业21家，快递运营品牌21个，规模企业有圆通、申通、中通、韵达、极兔、德邦、顺丰、EMS等。全市邮政行业业务总量65.69亿元，比上年增长3.46%；行业业务收入44.39亿元，比上年增长21.85%。其中快递业务量7.73亿件，比上年降低1.6%；快递业务收入38.53亿元，比上年增长23.18%，快递业务投递量3.06亿件，比上年降低19.02%。（仲铭洁）

表31　2022年常熟邮政管理局登记备案快递企业一览表

[illegible]	[illegible]	[illegible]
1	常熟市申通快递有限公司	申通
2	常熟市神舟实业有限公司	圆通
3	常熟韵仕达快运有限公司	韵达
4	常熟世峰货运有限公司	世峰
5	常熟市京喜快递有限公司	京喜
6	常熟德邦物流有限公司	德邦物流
7	常熟捷思兔供应链有限公司	极兔
8	苏州昆常货物运输有限公司	中通
9	中国邮政速递物流股份有限公司江苏省常熟市分公司	EMS
10	中外运—敦豪国际航空快件有限公司常熟分公司	DHL Express
11	苏州霞丰国际货运代理有限公司常熟分公司	其他
12	欧西爱司物流（上海）有限公司常熟分公司	OCS
13	优比速包裹运送（广东）有限公司常熟分公司	UPS
14	南京晟邦物流有限公司常熟分公司	晟邦
15	苏州顺丰速运有限公司	顺丰
16	江苏京迅递供应链管理有限公司苏州第一分公司	京东
17	南京跨越速运有限公司苏州分公司	跨越
18	江苏驿耀网络科技有限公司	菜鸟驿站
19	苏州润峯网络科技有限公司常熟分公司	其他
20	北京燕文物流股份有限公司常熟分公司	其他
21	嘉兴环洋电商物流服务有限公司常熟分公司	其他

（资料来源：市邮管局）

【邮政服务】 2022年，中国邮政集团有限公司江苏省常熟市分公司（以下简称常熟邮政）实现邮政业务总收入6.93亿元，比上年增长20.52%，全市有邮政营业网点62处，邮件处理中心2个，每日处理进出口邮件40万件。其中银河路处理中心主要负责快包出口处理，一期、二期处理能力达4万件/小时，黄山路处理中心主要负责进口邮件处理及特快出口分拣处理，处理能力0.4万件/小时。常态化开设邮运线路33条，每天运行里程2900千米。设置揽投段道268条，日均投递邮件48660件。累计建成67个“扫黄打非”基层工作站点，覆盖率100%。在46个自有网点和216个村级自提点开通中邮E通，邮件自提量6870件。

【邮政寄递】 2022年，常熟邮政开设特快、快包、国际、物流等寄递业务，全年累计完成寄递业务量1.08亿件，实现业务收入3.09亿元。通过总仓直发模式开发“仓+配”业务，7月运作，年内形成特快业务收入60万元、增值业务收入7万元。年内完成苏州地区首单国际商业渠道自主报关业务（跨境电商9710模式）及首单省内拼柜业务。

【中国邮政&拼量网超级品牌营销中心试运行】 11月，中国邮政&拼量网超级品牌营销中心试运营，中心由常熟邮政与江苏常熟服装城管理委员会、常熟服装城集团有限公司、上海拼优电子商务有限公司合作共建，系新零售直播类全案营销产业中心，整个中心包括“网红”艺术广场、时尚发布中心、KOL梦工厂及品牌专属中心等，常熟邮政为基地引入的客户提供“直播运营+营销推广+物流仓储+金融服务”综合解决方案。 （金颖恬）

物流业

【概况】 2022年，常熟市有道路货物运输经营者4238家，其中危险货物道路运输企业30家，普通货物道路运输企业1653家（个体户除外），专业物流企业759家，其中规模以上物流企业82家，营业收入83.26亿元，比上年下降4.4%。常熟威特隆仓储有限公司获评2022年度江苏省重点物流企业30强。

（王 款 黄心珏）

【物流企业】 2022年，常熟市有A级物流企业72家，其中AAAAA级1家、AAAA级21家、AAA级50家，年内新增国家AAA级以上物流企业12家，其中AAAA级2家，AAA级10家。

【物流项目建设】 2022年，常熟市重点物流仓储类项目13个，项目计划总投资94.41亿元，当年度完成投资23.9亿元。其中，长三角时尚供应链枢纽一期竣工，二期开工；中通快递集团常熟智能科技电商快递产业园一期竣工；江苏烟草苏州区域物流配送中心项目投用；宥望科技直播电商智能结算中心项目、曹家桥冷链扩建生鲜加工及供应链管理项目开工。

【智慧物流】 2022年，常熟有网络货物平台企业1家。江苏云企供应链管理有限公司组织搭建“运融通”智慧物流平台。2022年，“运融通”智慧物流平台业务量81042单，占苏州网络货运同类平台全部业务量的72%，累计注册司机21573个，新增5680个，比上年增长35.74%；注册企业284家，新增48家，比上年增长20.34%。

（王 款）

【一项目获省十佳城乡物流服务品牌】 6月24日，常熟市“数字新商超·城乡全供配”服务品牌获得“江苏省十佳城乡物流服务品牌”称号，成为苏州地区唯一入选品牌。自2020年常熟市获得“江苏省农村物流示范县”称号以来，为继续提高常熟城乡物流服务发展水平，更好支撑乡村振兴战略实施，常熟市依托农村物流重点企业——新合作常客隆公司推进线上线下融合，形成以连锁商超为基础、以实体网络为支撑、以电子商务为拓展的“数字新商超+城乡全供配”发展模式，推动农村经济结构调整。 （黄心珏）

表32　2022年常熟市新增AAA级以上物流企业一览表

序号	单位	类型	级别
1	华诚沿江国际物流（苏州）有限公司	综合型物流企业	AAAA
2	江苏宇宏烨供应链管理有限公司	综合型物流企业	AAAA
3	常熟市安隆物流运输有限公司	综合型物流企业	AAA
4	常熟市虞安道路货物运输有限公司	综合型物流企业	AAA
5	常熟市优邦运输有限公司	综合型物流企业	AAA
6	常熟市凡沥友货运有限公司	综合型物流企业	AAA
7	常熟市鼎辉货运有限公司	综合型物流企业	AAA
8	苏州苏汕通货运有限公司	综合型物流企业	AAA
9	江苏顺宏物流有限公司	综合型物流企业	AAA
10	常熟市日昱物流有限公司	综合型物流企业	AAA
11	常熟市悦达货运有限公司	综合型物流企业	AAA
12	苏州创信国际货运代理有限公司	综合型物流企业	AAA

责任编辑　归岳嵚

常熟服装城

综　述

【概况】 常熟服装城面积3.71平方千米，始建于1985年，为全国纺织服装一级货源批发基地，是华东地区最大的纺织服装交易中心，拥有各类专业市场35个，市场面积350万平方米，市场主体3.5万户，从业人员超[illegible]2022年服装城市场交易额[illegible]“中国服装品牌孵化基地”，常熟服装城集团有限公司获评“2021全国纺织工业先进集体”。

（陈文艳　王　静）

【服装品牌培育】 2022年，常熟服装城集团通过营商环境优化，线上线下融合，数字化建设赋能，建立直播电商基地、孵化达人主播，多渠道宣传推广，形成“传统市场+新零售”相结合的新业态，从品牌知名度、市场竞争力、产品质量、销售渠道多维度引进200多家优秀品牌进驻，培育9家“中国服装成长型品牌”企业，助力打造时尚消费中心。年内，常熟服装城、新东方男装城、天虹服装城获评“中国服装品牌孵化基地”，天虹服装城的女装品牌“风尚原译”获评2022年度“中国服装成长型品牌”。

【服装城物流】 2022年，常熟服装城深化物流改革，加快物流载体建设。年内，竣工投用城配中心一期10万平方配送、仓储项目，入驻率达98%，成为苏州市唯一一家示范智慧物流园，二期于2022年12月动工。调整市场驿站运营，增加收益27.62万元。协调下降三轮车收费标准。2022年，常熟服装城总货运量完成43.79万吨，其中发送货量完成11.97万吨，到达货量完成31.82万吨。“运融通”平台注册用户12475人，入驻物流公司99家，物流干线246条，平台运单累计2674443单；2022年网络货运业务运单87390单，运费2.97亿元，注册司机[illegible]人285人。

（王　静）

市场建设

【新建市场】 2022年，常熟服装城新建市场1个，新成立电商（直播）产业园1个，新运营数字化选品中心1个，新开业店播供货基地1个。

新湖女装城　位于服装城外贸村区域，总投资2.9亿元，总建筑面积33698.6平方米，2月全面营业，是中老年女装专业市场，一楼、二楼打造网批供货基地，三楼汇聚工厂店源头好货，两大主题业态打开了新湖女装城作为中老年女装标杆市场新图景。

常熟“桐创谷”电商（直播）产业园　6月成立，位于常熟服装城童装中心四楼，规划总面积近3万平方米，旨在成为引领未来电商发展模式的产业园标杆。

依链服装数字化选品中心　8月正式运营，位于常熟市白雪路9号综合市场玖号源点数字时尚基地二楼，总面积8600平方米，依链展厅是衫数科技“线上协同+线下展厅+网仓履约”的一体化交易生态方式中重要的一环，为全国服装企业提供“线上线下一体化撮合交易”“高科技沉浸体验”服务，赋能中小实体企业及产业生态升级。

常熟易购跨联男装店播供货基地　8月正式开业，位于新莲路180号，经营面积6109平方米，招引近100家男装品牌，基地采用实体档口与网[illegible]“店·播”集聚区。

【市场更新】 2022年，常熟服装城实施市场更新改造项目5个，累计投资648万元。完成招商场老市场三区摊改项目验收，将老市场三区老式店摊改建为封闭式店铺，完善消防、智能化等系统，加装空调设施等；完成招商场局部次通道升级改造工程验收，对老市场一区、七区及八达市场部分通道大棚进行除锈靓化，改善市场经营环境；完成童装中心四楼六区改造工程，实施四楼六区二次装修；完成小商品片外立面提升性改造工程，对小商品市场东、西、北三面外墙实施翻新；完成富通物流五号桥场站改建项目，对部分门市部进行提升性装饰，增加消防设施。

（王　静）

市场交易

【概况】 2022年，常熟服装城集团有限公司下属6个市场全年交易额

1381.9亿元，其中服装类交易额990.8亿元，占比71.7%，鞋类交易额140.9亿元，占比10.2%，面料交易额134亿元，占比9.7%；市场采购贸易试点出口27.03亿美元（179.7亿人民币），比上年增长57.5%。

【招商场】 1985年5月创办，是常熟服装城最早建办的市场，以经营各类服装服饰为主。2022年，市场分为4大片、11个交易区和物流管理办公室，占地面积11.91万平方米，建筑面积17.73万平方米，营业面积7.02万平方米，摊店7789间，主营男装、时尚女装、中老年女装，市场年成交额475亿元。

8月5日，阿里巴巴全球速卖通（常熟）跨境电商产业园开园

（莫城街道　提供）

【男装中心】 常熟服装城集团有限公司直属市场之一，位于招商东路，主营男装、女装、中老年女装、布艺及装饰面料。2022年，市场总建筑面积24.17万平方米，营业面积8.31万平方米，商铺3722间，下设男人世界、服饰广场、华盛、六区、永丰、停车楼、装饰面料7个片区，市场年成交额495.85亿元。

【童装中心】 常熟服装城集团有限公司直属市场之一，位于新莲路和青莲路交会处，2022年，市场总建筑面积28.2万平方米，营业面积10.22万平方米，商铺3642间。市场围绕“3+1”模式（即童装、针织内衣、辅料“3个业态”，桐创谷直播产业园“1个新模式”）发展，市场年成交额140.79亿元。

【鞋业中心】 常熟服装城集团有限公司直属市场之一，唯一得到商务部认证的鞋类产品专业流通市场，也是华东地区最大的专业鞋类批发市场，2022年市场建筑面积12.96万平方米，营业面积61943平方米，店摊2397间，聚品牌 2000 多个，自主品牌300 多个，市场年成交额149.55亿元。

【综合市场】 常熟服装城集团有限公司直属市场之一，位于服装城北部，2019年由五金市场与华东布匹市场合并而成，市场主营五金、直播、纺织品、面料。2022年，市场营业面积71674.4平方米，店铺数量1893间，市场年成交额110亿元。

【女装市场】 常熟服装城集团有限公司直属市场之一，下辖新湖女装城、外贸女装网批市场、外贸村公房、世界服装中心底楼及莫城智尚产业园等，以女装工厂店、一手货源女装为主。2022年，女装市场营业面积1.85万平方米、商铺940间，产业园建筑面积9.2万平方米，市场年成交额27.1亿元。

（王　静）

跨境贸易

【概况】 2022年，常熟服装城实现出口21.6亿美元，比上年增长34.7%，完成跨境电商交易额超7.05亿元，约占全市总额一半，其中9710出口1.93亿元，约占全市三分之一。

【常熟服装城跨境电商集聚区】 常熟服装城跨境电商集聚区位于常熟市区南部，总面积约5万平方米，主要由莫城电商园、阿里巴巴全球速卖通（常熟）跨境电商产业园、世界服装中心及时尚广场三大功能区域构成。跨境电商集聚区业务覆盖跨境B2C（9610）、B2B（9710）、B2B2C（海外仓，9810）等多种模式，打造跨境电商全产业链生态体系。有跨境电商经营企业超40家，跨境电商从业人300多人，2022年完成跨境电商交易额超7亿元。

【阿里巴巴全球速卖通（常熟）跨境电商产业园】 阿里巴巴全球速卖通（常熟）跨境电商产业园是常熟市商务局、江苏常熟服装城管理委员会指导，阿里巴巴全球速卖通授权，常熟沃金智通网络科技有限公司负责运营的专业跨境电商园区。2022年，23家企业入驻园区，涵盖跨境电商大卖家、专业的跨境物流、跨境直播等服务商。园区速卖通跨境电商9710出口额累计1.65亿元。年内，园区被评为省级众创空间。

（卢　修）

云上商城

【概况】 2022年，常熟服装城致力于“专业市场+新零售”新业态转型升级，推动直播经济发展，以“万千百十”工程为抓手，加快线上线下融合发展。2022年，培育规上直播电商企业23家，打造拼量超级品牌中心、玖号源点等新型直播基地超10万平方米，直播电商交易额超600亿元。

（陈文艳）

【常熟直播电商服务中心】 2021年5月由常熟市商务局、服装城管委会联合授牌成立，中服网科作为全国资平台的运营主体，致力于为常熟直播电商提供线上线下一体化专业解决方案，打造产业生态，以创新增值服务打造全国标杆产业集群，推动常熟新零售业态转型升级。服务平台以中服网科为载体，进行市场化运营。截至2022年年底，中心和常熟优秀的直播相关企业合作，成立直播商学院、新媒体内容创作中心、服装城品牌运营中心、流量投放中心、快手电商运营中心五大市场化运营合作项目，与阿里巴巴共同搭建淘宝天猫（常熟）商家运营中心。

【“万千百十”直播电商三年行动计划完成】 2022年，常熟服装城完成“万千百十”直播电商三年行动计划，2020年至2022年，累计统计产业带直播带货主播及账号10618个，新零售品牌1125个，直播机构及其服务企业123家，直播基地10家。

【抖in“域见好货”常熟站开启】 5月23日，抖in“域见好货”以常熟为首站活动开启，活动期间，江苏中服获GMV总量&增量双榜第一，单话题播放量破1.3亿次，“#常熟服装”单话题播放量7200万次，活动整体爆发系数156%，常熟产业带服务商合作商家数量提升64%，活动破纪录百万直播间7个，活动销量破万货品27个。

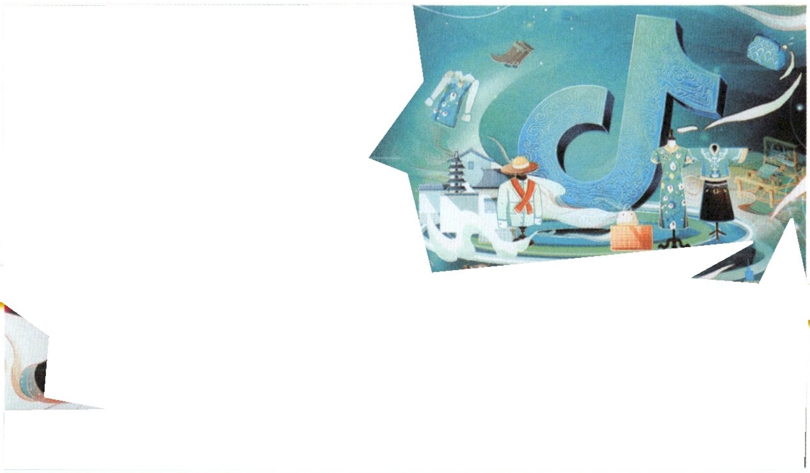

5月23日，“抖in域见好货”以常熟为首站活动开启，图为常熟服装夏日织造节现场 （莫城街道 提供）

【2022快手电商商家大会】 9月29日，快手电商116女装服饰商家闭门会在服装城时尚中心举办，大会以“新增量 新繁荣”为主题，中服网科以快手产业带服务商、磁力金牛全国一级代理商为抓手，为常熟产业带商家提供一站式投放推广解决方案。快手电商相关负责人、常熟产业带快手服务商代表、常熟快手电商商家代表等参加。

【“双十一”销售】 2022年，综合市场玖号源点数字时尚基地“双十一”期间发货总单量达81万单，“双十一”成交总额超过8000万元，比上年增长[illegible]牌在“双十一”周成交额破千万元。2022年，常熟抖音商户在“双十一”期间（10月31日—11月11日）累计销售额23.77亿元，销售件数2312.6万件，常熟在抖音产业带综合热度指数榜上排名第5。 （钱明杰）

表33 2022年常熟服装城部分新零售品牌一览表

名称	类型	主要直播平台粉丝数
波司登	传统品牌转型线上	480万（抖音）
罗蒙	传统品牌转型线上	多平台店群直播
千仞岗	传统品牌转型线上	53万（淘宝）
雪中飞	传统品牌转型线上	多平台店群直播
ALESSANDRO PACCUCI	播品牌	104万（抖音）
云爸爸	播品牌	167万（抖音）
IMFLY	播品牌	300万（抖音）

（资料来源：常熟服装城）

表34 2022年常熟服装城部分MCN机构及直播服务企业一览表

企业名称	类型	规模
苏州心愿美电子商务有限公司	抖音头部商家	年销售10亿元以上
苏州雨诗薇电子商务有限公司	抖音头部商家	年销售5亿元以上
江苏红蝌蚪数字科技有限公司	抖音头部商家	年销售5亿元以上

续表34

企业名称	类 型	规模
苏州全家好事服饰有限公司	抖音头部商家	年销售1亿元以上
苏州熊不二电子商务有限公司	抖音服务商运营方	服务产业带商家300家以上
苏州市牛犇供应链有限公司	直播供应链平台	—
苏州拼量电子商务有限公司	直播供应链平台	—
常熟市一柯网络科技有限公司	淘宝MCN机构	年销售1亿元以上

（资料来源：常熟服装城）

表35　　2022年常熟服装城超百万粉丝头部主播一览表

主播昵称	平台	粉丝数	主播昵称	平台	粉丝数
隋心	抖音	484.3万	龙姐源头工厂	抖音	242.6万
波司登	抖音	488.3万	小雨女装自产	抖音	229.95万
遥发服装	抖音	293万	几米原创女装	抖音	188.6万
爆品五阿哥	抖音	285.12万	洛哥	抖音	104.2万
几里与麻	抖音	250万			

（资料来源：常熟服装城）

市场活动

【2022常熟金秋经贸洽谈会之常熟服装城时尚云消费大会】 9月26日，2022常熟金秋经贸洽谈会之常熟服装城时尚云消费大会举行，大会由市政府指导，江苏常熟服装城管理委员会主办，常熟服装城集团有限公司、上海时尚产业发展中心共同承办。大会包括时尚云消费大会、2022中国服装成长型品牌大会、2022常熟服装城秋冬采购节、“常熟杯”潮流服饰组合设计大赛等多项内容。大会现场举行“数聚虞城·创领时代”数字经济项目战略合作签约仪式、“赋能新生态·蝶变新升级”时尚产业主播合作签约仪式以及常熟汇智纺织服装产业研究院及战略合作院校揭牌仪式。

【2022“常熟杯”数字潮流服饰组合设计大赛】 2022年，“常熟杯”潮流服饰组合设计大赛由常熟服装城集团有限公司与上海时尚产业发展中心联合主办。大赛保持“潮流服饰组合装”设计模式，以男装、羽绒服为核心品类，协同女装、童装、中老年服装等品类设计。大赛收到作品1300多份，作品来自27个省份的设计新锐和3个外国服装类院校的学生，12名选手入围9月26日举办的决赛，崔砚童的作品“重新触碰”获金奖，姜珊梓的作品“你是我的眼”获银奖，MEW（泰国选手）的作品ETHNIC DISCO获铜奖。

【“秋冬尚新惠采购”2022百团千人采购节】 9月25—27日，“秋冬尚新·惠采购”2022百团千人采购节举行。活动期间，服装城集团各市场与江苏多个地级市及上海、浙江、杭州、广州等全国各地40多个商圈代表达成战略合作联盟，现场成交交易额5158万元。

（王　静）

责任编辑　李　妍

房地产业

综　　述

【概况】 2022年，常熟市完成房地产开发投资280.35亿元，商品房新开工109.51万平方米，竣工117.12万平方米，商品住宅成交124.09万平方米，平均成交价格16367元/平方米。全市有房地产开发企业160家，皆为二级资[illegible]产评估企业7家，其中一级资质3家，二级资质4家；有房地产中介机构602家，其中分支机构69家。年内，市住建局出台《常熟市住宅室内装修结构改造安全管控工作指导意见》《常熟市商品房预售资金监管银行综合考评办法》《2022年存量房交易资金托管银行综合考核细则》，开展既有房屋安全隐患排查整治。年内，完成前期物业管理备案招投标15个，其中邀请招标11个、协议招标2个。制定《关于全面深化住宅小区党建引领综合治理，提升人居环境水平的指导意见》，成立物[illegible]培育建成2个省级、5个苏州市级党建引领物业管理服务工作省级示范点，3个省级示范物业管理项目、8个苏州市级示范物业管理项目。　　（王　瑾）

位于琴川街道的世贸·世纪中心　　（刘文忠　摄）

【不动产登记】 2022年，市资规局办理商品房转移登记18400件，存量房转移登记10521件，抵押登记30733件。发放不动产权证书75550份，首次登记证明22194份，不动产登记证明38559份。核发不动产登记证明电子证照17089份。依托“苏易登”不动产登记服务平台，实现商品房转移登记全流程网办。依托不动产登记费电子票据线上统一支付平台，[illegible]子化，扫描二维码即可完成登记费支付和电子票据下载。完成不动产登记税、费统缴平台建设，不动产登记电子档案管理系统建设。

（徐　勉）

房地产开发

【住宅用地招拍】 2022年，常熟市成交住宅用地（含商住用地）17宗，出让面积65.73公顷，成交金额71.57亿元，均价10888元/平方米，比上年下降10.15%。　　（徐　勉）

【商品房建设】 2022年，常熟市完成房地产开发投资280.35亿元，比上年下降4.28%；商品房施工面积1021.04万平方米，比上年下降8.15%；商品房新开工面积109.51万平方米，比上年下降62.89%；商品房竣工面积117.12万平方米，比上年下降35.86%。全市批准商品房预售面积118.95万平方米（不含政策性项目），比上年下降51.98%。　　（王　瑾）

表 36　　2022 年常熟市在建房地产项目一览表

序号	项目名称	开发企业	开发面积（平方米）
1	经开区研究院路1—1号	常熟京航科技创新园有限公司	14215.92
2	尚湖财富广场	常熟恒辉置业有限公司	38122.12
3	星荟云庭	常熟融蓝置业有限公司	153544.41
4	镜湖宸院	常熟市江南中盈房地产置业有限责任公司	192202.13
5	新佳雅筑	常熟新苏联晟城市发展有限公司	32430.75
6	凤栖云筑	常熟市瑞锦房地产开发有限公司	127196.77
7	蓝瓴雅苑	常熟万城建设有限公司	144104.5
8	高贤云庭	苏州新常捷房地产发展有限公司	119858.09
9	中科澜庭	常熟汇智聚科创服务有限公司	256282.97
10	世茂世纪中心D楼	常熟世茂新发展置业有限公司	85723.22
11	名流世纪庄园三期	常熟市名流房地产开发有限公司	155179.91
12	悦江南花园	常熟祥翰房地产开发有限公司司	120473.04
13	湖畔现代城三期	常熟华坤房地产开发有限公司	160055.41
14	林溪源筑	常熟源铂房地产开发有限公司	102046.05
15	誉景华庭	常熟奥宸置业有限公司	123968.26
16	茂湖云筑	常熟虞茂置业有限公司	177213.07
17	星樾名筑	苏州悦融海合房地产开发有限公司	132397.53
18	云璟花园一期	常熟耀泰房地产有限公司	188815.58
19	春语花庭	苏州悦常置业有限公司	189590.81
20	云溪庭	常熟银泽房地产开发有限公司	181282.46
21	翰香华庭	江苏鸿基九辰房地产有限公司	74212.58
22	琴上景园	常熟市建屋恒业房地产有限公司	196841.81
23	和光晨樾花园二期	常熟筑虞房地产开发有限公司	45710.97
24	翡丽云庭	常熟绿地琴川置业有限公司	134273.73
25	金兰雅苑	常熟天地源置业有限公司	105056.78
26	江湾澜庭	常熟荣源房地产开发有限公司	243606.35
27	辉煌银河商业中心二期	常熟辉煌置业有限公司	127051.94
28	虞门雅苑	常熟市呈祥房地产开发有限公司	108082.53
29	山樾雅苑	常熟雅品房地产开发有限责任公司	152695.32
30	云锦雅筑	苏州融朴置业有限公司	97314.89
31	上贤华庭	常熟宝龙房地产开发有限公司	115588.27
32	溪岸花园	常熟市爱之城置业有限公司	193443.85
33	春和景庭	常熟峰达房地产开发有限公司	111648.68
34	溪棠雅园	常熟沙家浜华侨城文旅实业有限公司	61039.2
35	新世纪花苑	常熟恒程置业有限责任公司	67244.79
36	香江万隆商务广场	常熟香江置业有限公司	80464.82
37	琴萃雅院	常熟市琴安房地产开发有限公司	96734.45
38	佰贤居	中海海诚（苏州）房地产有限公司	134219.20

续表36

序号	项目名称	开发企业	开发面积（平方米）
39	臻湾雅筑	常熟市尚源房地产开发有限公司	246007.60
40	湖语尚院	常熟市江南国泰房地产置业有限责任公司	262146.89
41	悦湖雅苑（二区）	常熟虞茂置业有限公司	97894.73
42	琥珀澜庭	常熟盈乾置业有限公司	[illegible]
43	云熙阁	常熟茂辛置业有限公司	8623.74
44	七溪庭	苏州华虞地产有限公司	50323.16
45	青藤和筑	常熟铧顺科技产业园投资发展有限公司	132886.12
46	林樾香庭（南区）	常熟中南金锦置地有限公司	142529.65
47	珺睿华庭	常熟穗华置业有限公司	124224.31
48	珑悦居	常熟市保璟置业有限公司	39505.88
49	京品苑二期	常熟京辉置业有限公司	241172.7
50	翰和苑	常熟朴盈置业有限公司	92668.38
51	虞上源筑	苏州广海房地产开发有限公司	85347.12
52	临湖商业中心	常熟虞茂置业有限公司	133103.81
53	虞东雅苑一期	苏州信达置业有限公司	39810
[illegible]	[illegible]	常熟大梦想城置业发展有限公司	47643.95
55	橡树澜湾花园西区	苏州润腾房地产有限公司	[illegible]

（资料来源：市住建局）

房地产市场交易

【房地产销售】 2022年，常熟市累计可售房地产面积285.62万平方米（不含政策性项目123.8万平方米），较上年同期减少39.48万平方米，下降12.14%。全市商品住宅成交面积124.09万平方米（不含政策性项目），比上年下降31.21%。全市商品住宅（不含政策性住宅）平均成交价格16367元/平方米，比上年下降1.58%。存量房交易面积154.58万平方米，比上年下降10.52%。（王　瑾）

【商品房价格备案】 2022年，市发改委按照规定开展商品房价格备案工作，全年备案新建商品住房33批次，备案面积103.21万平方米，比上年减少51.53%；备案均价20050.62元/平方米，比上年上涨5.8%。（李　丹）

【存量房交易微信小程序“常熟房产”上线】 2022年，市住建局依托房屋交易管理平台微信小程序，开发建设“常熟房产”微信小程序，加强存量房源上市管理。该小程序于10月28日正式上线，为江苏省首例房产交易掌上服务，实现存量房挂牌及委托“掌上办”、存量房买卖合同“掌上签”及存量房交易资金“掌上申”。年内“常熟房产”微信小程序开通存量房交易资金拨付业务，完成存量房交易资金托管业务6754笔，金额84.08亿元，完成领取存量房资金业务7005笔，金额85.4亿元。（王　瑾）

房地产监管

【房地产市场管理】 2022年，常熟市成立市持续整治规范房地产市场秩序工作小组，开展整治规范房地产市场秩序专项行动。年内，以“双随机、一公开”的方式完成24家房地产开发企业、97家房地产经纪机构的实地专项检查，约谈经纪机构7家，暂停经纪机构网签资格3家。建立房地产开发企业例会制和新进市企业政策告知制，编订《房地产项目营商服务指引清单》。执行新建商品住房价格备案管理，对于新开楼盘严格执行价格申报会审及上报制度。规范《商品房买卖合同》网上备案管理，对佰贤居、七溪庭、珑悦居等10个项目进行行政指导。

【房地产中介管理】 2022年，市住建局推进“一人一卡一码”管理工作，发放个人信息卡522张，落实经纪服务人员实名服务制度。组织开展2期互联网营销师培训班，完成新版房产经纪服务交易流程表、收费价目表及新版经纪合同书的修订。年内，完成10家房地产经纪机构“红色窗口”的创建工作，对2家“红色窗口”机构进行授牌。

【房屋租赁管理】 2022年，市住建局组织房屋违规出租情况检查31次，发放限期整改通知书50份，移送案件20起，处罚14起。完善“安居超市”中介端操作流程，实现将中介租赁房源纳入平台统一监管，全年“安居超市”平台完成租赁合同备案1587份。

【新建商品房预售资金监管】 2022年，市住建局出台《常熟市商品房预售资金监管银行综合考评办法》，建立商品房预售资金监管银行常态化考核机制。对27个项目提高工程节点的监管资金可申请比例，帮助市场主体纾困解难，优化营商环境。配合属地政府将6个涉稳风险楼盘项目的监管资金转入指定的社会风险稳控专用账户。在“常熟住建”微信公众号开通房款入账查询功能。年内，完成新建商品房预售资金监管开户业务56笔，签约业务47笔，63个项目进账资金132.69亿元，完成拨付业务1241笔，合计金额140.27亿元。

【房地产领域风险防控】 2022年，市住建局成立重大房地产项目化解处置工作专班，全面排查全市在建在售楼盘，建立风险项目清单，按照“一盘一策一专班”的模式推动化解工作，化解百合园、和风名筑等风险项目9个。对全市在建在售楼盘进行专项检查。出台房产纾困政策，调优新建商品房预售节点和预售资金使用节点比例，7个项目26万平方米的商品房提前预售，通过服务企业“否决事项”领导负责制，提前释放监管资金1000万元。组织开展房地产开发项目交付矛盾纠纷专题培训。

【房屋装修拆改管理】 2022年，市住建局抓好源头管理，对10个住宅小区开展装修管理情况现场检查，制作住宅室内装修宣传展板，发放宣传册8000本。年内，受理疑似违规拆改房屋结构线索202起，对确认涉及违规的131起督促装修主体落实整改措施，行政处罚5起，罚款8.8万元；办理房屋结构改造安全行政许可51起。

【白蚁防治】 2022年，常熟市完成白蚁灭治1212家，灭治面积2.76万平方米；实施新建预防施药面积176万平方米，签订预防合同面积818万平方米，竣工面积888万平方米。完成61处市级以上文保建筑白蚁危害普查，普查建筑面积2.37万平方米。

（王　瑾）

物业管理

【物业服务】 2022年，常熟市虞山街道、琴川街道住宅小区专业化物业管理覆盖率达99%。年内，市住建局推进物业管理服务，针对全市住宅小区普遍存在的疑难杂症，确立“攻坚提升，以点带面”的工作思路。编制2022年度住宅小区攻坚提升项目清单，确定18个类别、21个实践项目，至年底完成16个类别19个实践项目。下发《关于完善我市新建物业项目承接查验备案工作的通知》，现场检查22个新交付物业项目承接查验落实情况，复查其中13个项目。选聘第三方机构对全市506个物业服务项目共用设施设备承接查验和维护保养水平进行检查，发放86份整改通知单。

【维修资金管理】 2022年，市住建局完成维修资金交存34433万元，完成电梯、消防专项维修资金交存7587万元，涉及项目49个、22675户；完成维修资金使用备案911份，涉及金额4021万元，完成维修资金使用支取767次，涉及金额3397万元。出台《关于进一步加强住宅小区安保设施维修资金使用备案审核的通知》，对13个小区安防设施维修方案开展试行评审。制作《维修资金管理系统使用申请教学》视频，开展《苏州市住宅区物业管理条例》知识竞赛、进社区培训活动。总结紫金豪园外墙维修及润欣花园电梯更换项目成功经验，形成维修资金使用典型书面案例。

【物业示范项目创建】 2022年，琴川嘉安花园、春来家园春和坊、住建局机关大院通过省级示范物业管理项目考评，金湾名悦雅苑等8个项目通过苏州市级示范物业管理项目考评。兴裕园、江南大厦项目获评第二批党建引领物业管理服务工作省级示范点，中南虞锦城等5个项目获评党建引领物业管理服务工作苏州市级示范点。

【物业信用评定】 2022年，市住建局物业服务企业信用等级评定。对2021年度155家物业服务企业开展信用等级评定和公示，其中A级14家、B级135家、C级5家、D级1家。对2021年度常熟市191名物业服务企业项目经理开展信用等级评定和公示，其中A级47人、B级136人、C级8人。

（王　瑾）

责任编辑　李　妍

信息服务业

信息基础设施建设

【5G建设】 2022年，常熟市推动三大运营商加快5G网络建设。按照“常熟市5G建设联席会议制度”，不定期召开联席会议或办公室会议。全市累计建设5G基站近4100个，其中年内新建[illegible]

【政府信息化软件平台建设】 2022年，市信息化发展有限公司牵头建设信息化软件平台项目22个，其中数字董浜、智治虞山、预付资金监管平台、大数据法律监督云平台等在建项目15个，一网统管平台、群租企业整治平台等完工项目7个。

【政务云计算中心】 2022年，政务云计算中心为全市55个部门192个应用系统提供云主机883台，累计CPU5804核、内存18T、存储832T。承担大数据基础平台运行维护工作，累计提供数据咨询服务3000余次，梳理76个委办局信息资源目录1875项，落地归集数据6.13亿条，接入视频36540路，形成时空地理服务图层244个；累计提供数据共享服务684.32万次，调用数据378类，支撑全市48个部门112个业务应用；不断完善基础库，人口库汇聚数据4196万条、法人库413万条、时空地理库1.02亿条、信用库1376万条。

【苏州市常信美亚智慧城市建设发展有限公司成立】 2022年，市信息化发展有限公司与厦门美亚柏科信息股份有限公司共同投资成立子公司“苏州市常信美亚智慧城市建设发展有限公司”，探索投资经营管理模式。落实知识产权和科技成果转化，获ISO9001、ISO14001、ISO45001体系认证和知识产权贯标，累计获得软件著作权42项。 （赵丽冰）

城市信息化应用

【常熟市数字政府工作门户项目】 2022年，常熟市建设常熟市数字政府统一门户平台。12月，平台开发完成并正式上线，“常熟市信息化项目管理平台”“常熟市疫情防控一体化综合指挥平台”“市场主体全生命周期管理平台”“市监局数字市监平台”“法院低效资产管理平台”和“科技局汇科创平台”同时接入。 （吴　斌）

【常熟市企业服务平台项目】 2022年2月，常熟市企业服务平台正式上线并在常熟高新区试点推广。4月，常熟市企业服务平台正式向全市推广，实现全市规上及工业企业全覆盖。至年底，常熟市企业服务平台接入应用总数19个，其中，板块应用7个、市级应用12个。 （邵　进）

【“智治虞山”一网统管平台】 2022年，虞山街道由常信公司组织开发“智治虞山”一网统管平台，以网格化管理为载体、信息化技术为支撑，创新综合管理手段，加速大数据、互联网与网格管理的深度融合，探索实施“一网共治、一体联动、一屏统览”数字化治理模式。6月18日，平台开始试运行，平台设建设管理、安环消防、市容市貌、关爱走访、数字治理5大模块及违法建设、小型工程、民宅管理等15个子应用场景（包括爱心敲门、农家乐、公房管理等街道特有应用场景），建有地理信息[illegible]8大[illegible]15个场景展[illegible]治虞山”平台间数据共享、业务协同，构建任务“发现、处置、反馈”闭环管理模式。 （顾赟宇）

【工业群租企业安全环保消防专项整治信息管理平台】 2022年，常熟市制定《常熟市工业群租企业安全环保消防专项整治工作方案》，在全市开展工业群租企业安全环保消防专项整治，并明确开发工业群租企业安全环保消防专项整治信息管理平台，实现排查整治工作的信息化管理。10月，平台正式上线并在全市各板块进行使用，通过建立统一的企业数据库、统一企业排查条目、统一的用户入口平台，利用大数据和信息化手段，实现工业群租企业常态化检查制度，定期对整治单位开展“回头看”检查，动态更新管理信息，及时发现和消除隐患，强化源头管控。至年底，上报群租企业出租方1667家，承租方7429家，上报各类隐患23310条，整改率达92.8%。

（戴阳阳）

【长江智慧禁渔平台】 3月，中国电信常熟分公司与常熟农业综合执法大队开发长江智慧禁渔平台。智慧平台具备AI分析主动预警、预警信息派发、违捕研判数据统计、各区域违捕排行、执法过程监管记录等功能，为常熟渔政监管部门编制一张覆盖区内长江禁捕区域的实时监管图。2022年查获长江禁渔违法案件122件，其中95%以上是由禁渔平台提供的违法线索。

（周　静　陆喜媚）

通信及互联网信息服务

【中国电信常熟分公司】 2022年，中国电信股份有限公司常熟分公司（以下简称常熟电信）获“2019—2021年度”江苏省文明单位、苏州市工人先锋号称号。

通信服务　2022年，常熟电信有固话用户22.1万户，天翼用户数超75万户，宽带用户数超过41万户，用户申告故障率0.55%。

基础设施建设　年内，常熟电信以宽带和天翼网络建设为基础，快速推动5G网络建设、光纤到户FTTH建设、天翼4G网络优化，开展“智慧城市、光网城市”建设，累计完成1512个5G宏站建设，覆盖三环以内核心城区以及各乡镇核心区域、市委市府办公楼、开发区管委会、运营商营业厅、核心商圈、重要大客户行业应用场景；完成7.8万户千兆光宽带能力覆盖，满足59.2万用户即时千兆提速要求，其他用户提供按需快速放装千兆光宽带能力；完成全市4G网络深度优化，完成和NB-IOT物联网信号专项优化，实现全境网络优良覆盖。

智能应用开发　年内，常熟电信主导或配合推动政府、企业、教育、社区、农村、交通、医疗、环保等行业的综合信息建设，先后推出智慧照明、智慧社区、数字乡村、智慧教育、云改数转等行业应用，相继实施建设常熟市政务专属云、常熟城区治安监控、实有人口动态管理、景弘晟5G智能仓储、常福街道智慧农业等一大批重点项目。与江苏常熟汽饰集团股份有限公司签订5G战略合作协议，打造汽饰集团“5G+智慧工厂”智能制造项目；建设碧溪街道装卸货区登高作业“智能监管”项目，对企业装卸货区实现24小时在线动态监测。推行无人机辅助基站巡检工作，实现5G网络快速维护。和江苏省常熟职业教育中心校校企合作打造5G智慧校园标杆案例，携手共建教学基地、合作办班。

（周　静）

【中国移动常熟分公司】 2022年，中国移动通信集团江苏有限公司常熟分公司（以下简称“常熟移动”）新增投资近2亿元，营业收入超10亿元、比上年增长8%；综合上缴税收近1亿元，直接上交地方税务部门税收1885万元，提供新增就业104人。

电信专场直播　　（市融媒体中心　提供）

通信服务　年内，常熟移动个人手机客户数超115万户，家庭宽带用户数30万户，互联网电视用户24万户；咪咕视频等自有及第三方会员达21万户。企业宽带用户超3.6万户，签约项目超150个，签约金额超1亿元。

基础设施建设　至年底，常熟移动完成建设5G基站2139个，5G投资总额达7.3亿元，实现三环内、乡镇核心区域、市镇两级政府驻地（含开发区）和“三高”区域（高铁、高校、高架）5G全覆盖，全市农村等偏远区域实现5G广覆盖；为波司登、龙腾等重点企业进行了5G网络覆盖。全年新增整治948个社区和村组，线路整理34千米，线路迁改531个，整体投资总额2000余万元。

网络服务　年内，常熟移动推进“虞城无诈”社会治理，拓展停机疑似诈骗号码11004户，报送通信诈骗线索20余条；参与改造世茂商圈等重点商圈智慧停车环境，拓展碧溪街道、支塘何市片区智慧技防街区项目；开展千兆服务进乡村、进社区的活动，为各乡村管理者免费提供中国移动乡村振兴一体化平台；承接虞山街道大湖甸村、海虞镇肖桥村等7个乡镇街道14个数字乡村项目；扩大智慧电梯管理、智慧叉车管理两大监管平台的应用，参与并赋能日航酒店等工程建设，推出全生态AI+城市级智慧社区平台，推进智慧小区建设；参与各乡镇、街道、板块1+4+N的一体化平台建设和应用拓展。

（王　怡）

【中国联通常熟市分公司】 2022年，中国联合网络通信有限公司常熟市分公司（简称常熟联通）实现主营业务收入3.2亿元，比上年增长6.12%。2022年，常熟联通获评“2019—2021年度江苏省文明单位”“常熟市2021年度爱国卫生与健康促进工作先进集体”。

通信服务　常熟联通有在网用户数超38万户，宽带用户数超7万户。

基础设施建设　年内，常熟联通加快5G网络规划建设，新建开通390个5G站点，新国标小区/楼宇100%跟进移网覆盖，完善存量小区地下室电梯信号盲点，新建开通4G站点91个，[illegible]宽带补覆盖11.3万户，光改2.26万户，千兆宽带城区覆盖率100%。完成全市PEOTN组网全覆盖。参与文明城市建设，配合主要道路线路迁改289次，解决线路隐患241处。

政企服务　年内，常熟联通助力疫情防控，完成全市所有医院、疫苗接种点、核酸采样点等信号优化保障工作，配合完成沿江神舟通方舱信号等覆盖建设。响应实施助企纾困政策，优惠减免近百家企业提供网络费用，为多家企业提供阶段性上云或5G工业互联网免费服务，为200多家中小微企业提供互联网专线或普通宽带费[illegible]字乡村、公共安全、城市治理等行业应用，参与建设常熟市城市管理局城市管理综合服务平台项目、常熟公交首末站AI大数据智能监测服务项目、常熟交通运输应急指挥及智慧交通运用平台项目等重点项目。　（冯丹妍）

广播电视传输服务

【概况】 2022年，江苏有线网络发展有限责任公司常熟分公司（简称常熟有线）结合媒体深度融合发展、广电5G建设、文化及政务大数据建设等，主动融入智慧常熟、数字乡村建设，加大广电网络基础设施投入和智能化改造，推动产业、技术融合创新、转型升级，不断丰富广播电视公共服务，巩固基层思想宣传和文化阵地，促进全市公共文化服务均等化覆盖。至年底，全市有线数字电视有效用户近23.5万户，数字电视高清化率超80%。全市广电网络双向化覆盖率达99%。年内，公司获评2019—2021年度江苏省文明单位，获2022年度全省县级分公司综合考核第一等次。

【广播电视节目传输】 2022年，常熟有线巩固广播电视宣传主阵地，推进有线数字电视高清化建设，全面普及4K超高清机顶盒，加快有线宽带光纤化建设，建成覆盖全市的光纤骨干网和进入千家万户的接入网，在网传输100套标清电视频道、58套高清电视频道、21套广播节目，拥有超过50万小时的影视、动漫、综艺、体育、文化等点播节目资源。

【广电网络建设】 2022年，常熟有线推进广电 5G落地，至年末，发展5G用户1.8万多户。围绕市政道路建设、重点工程等做好迁改类线路、管道建设，完成青墩塘路、琴湖路、衡山路、世纪大道北延、G524莫城辛庄段等多个线路迁改、管道新建重点项目。服务"千村美居"建设，完成2.6万多户线路治理工作。2022年，常熟有线承建的市、镇、村三级视频会议系统在疫情防控中为政府各级视频会议提供保障400多场次。智慧小区、智慧农村、智慧校园、智慧叉车等项目全面推进。围绕"平安常熟"建设和提升全市应急管理能力，至年底，全市整合完成"城市盾牌""民用版技防城""公安视频转发"3个视频平台。建成集监管平台、市级制播平台、镇级插播平台、村级插播平台和广播终端为一体的应急广播体系，至年底，全市有有线广播、应急广播11万多只。

【有线文化服务】 2022年，常熟有线[illegible]康江苏》《炫力少儿》《学霸宝盒》等公共服务栏目宣传推广，上线《极视影院》《中国越剧》《探奇动物界》《点8》《喜迎二十大》等新专区。疫情防控期间推出《新冠康复》专区，免费向用户提供当下大家所关心的新冠康复期的热点问题解答。上线"喜迎二十大"融合专区，设《学习进行时》《总书记足迹》《红色记忆》《功勋力量》《光影映初心》《市县之窗》6个栏目。利用电视开机画面、有线智慧镇（街道）等自有资源，开展社会主义核心价值观等公益宣传，全年播出公益性开机画面超过250天。

【有线智慧社区】 2022年，常熟有线推进"有线智慧社区"平台向村延伸，年内新建10个村级电视平台。在镇（街道）智慧社区电视端全覆盖的基础上，对平台中的智慧医疗、智慧教育、智慧养老、普法专栏等本地原生业务内容实施定制化H5页面嵌入App改造，实现电视信号、电脑PC端、手机端、电子显示屏、村级广播等"多元覆盖"。推进"有线智慧社区"与新时代文明实践服务、千村美居建设、党史学习教育、文明创建等阵地融合共建，做大做强"有线+特色文化内容"。推出常熟文联《艺术空间》、"云听常熟"等服务新栏目。　（陆　军）

责任编辑　李　妍

旅游业

旅游资源

【概况】 2022年，常熟市有A级旅游景区5家（其中AAAAA级景区1家2处，AAAA级景区3家，AAA级景区1家），省级旅游度假区2个，国家级、省级乡村旅游重点村各1个，国家湿地公园1个，国家城市湿地公园2个，国家森林公园1个。2022年11月，常熟虞山文化旅游度假区进入《文化和旅游部关于拟确定15家旅游度假区为国家级旅游度假区的公示》名单。

【虞山尚湖风景区】 2022年，尚湖景区重点打造太公馆展陈、夜游亮化、水秀音乐喷泉、萌宠乐园、无人超市、杨柳屿餐厅、外湖木栈道改造等项目。建设月堤无动力设施、天工开物网红秋千、沙漠植物馆等。尚湖公园推出集沉浸式演艺、互动游戏、音乐驻唱等元素于一体的夜间文旅项目——遇尚·夜宴，围绕提供特色精品研学体验，完善飞熊研学、飞熊梦工厂等研学项目。虞山公园推出虞山城墙桃花园、西城楼阁金秋菊展的活动。虞山尚湖风景区举办2022年常熟国际半程马拉松、第二十四届虞山宝岩杨梅节等大型旅游节庆项目。年内，虞山尚湖风景区接待游客75.2万人次，总收入5968.59万元。

【沙家浜景区】 2022年，沙家浜景区完成湿地公园生态护坡工程，打造小微湿地鸢尾园，筑牢绿色生态屏障，提升旅游环境。完成"横泾不夜天"夜游氛围提升改造，推出横泾老街微演艺，改版升级演艺秀《铁花丹心》。首次引入云教学模式，开展网上宣教活动，并开展云参观、云赏花、云演艺、云祭扫等线上文化和旅游活动。实现"万物有戏"品牌年轻化策略，打造芦栖·野趣部落，推出成长有趣戏·沙家浜红绿新学堂研学项目。举办沙家浜大闸蟹美食节暨千蟹宴、纪念苏南东路抗日游击根据地创建82周年、2022年江苏省城市龙舟公开赛等大型节庆及纪念活动。年内，沙家浜景区接待游客46.32万人次，营业收入6011.3万元。

虞山公园 （2022年11月12日 朱琪 摄）

【方塔古迹名胜区】 方塔古迹名胜区地处虞山街道，以方塔园为核心，全园总占地面积3万平方米，园中方塔、古井、古银杏树并称"方塔三宝"，方塔始建于南宋建炎四年（1130年），于2006年被列为全国重点文物保护单位。2022年起方塔园对外免费开放，年内举办兰花展、荷花展、中秋国庆游园会等活动，持续打造"一园一品"。9月，方塔古迹名胜区通过国家AAAA级旅游景区复核，全年接待游客20.74万人次。

【蒋巷乡村旅游景区】 蒋巷乡村旅游景区为国家AAAA级旅游景区、文化旅游景点，为全国首批乡村旅游重点村。2022年，蒋巷村所在的"芦荡星火 富民燎原"精品线路入选江苏红色旅游精品线路。年内，蒋巷乡村旅游景区接待游客8.98万人次，营业收入361.2万元。

【聚沙园景区】 聚沙园景区为国家AAAA级旅游景区，位于梅李中心镇区东侧，占地55668平方米，绿化面积80%。因始建于南宋的聚沙百福宝塔而得名。园内设有屏山听泉、梧桐踏月、濠濮间想、古木清风、聚沙塔影、荷浦薰风、曲径寒梅、梅李风云以及名家碑刻回廊、名胜古迹展厅、中共常熟县委重建的常熟人民抗日武装纪念碑等景点。年内，聚沙园景区接待游客106661人次，营业收入86940元。

【南湖湿地公园】 南湖湿地公园总面积421公顷，自然湿地率76.7%，被列入江苏省湖泊保护名录。园内设有常熟湿地科普馆、红梅园、樱花园、红枫园、智能AI步道、粉黛乱子草区域等观光休闲特色区域。2022年，南湖湿地公园对环湖智能彩虹步道、公共卫生设施提档升级，承办第九届常熟市民职工徒步大会。2022年6月，常熟湿地科普馆被评选为[illegible]宣教基地。

【古里红豆山庄景区】 红豆山庄景区2021年9月开园，景区在钱谦益和柳如是故居——红豆山庄旧址上重建。2022年，景区获批国家AAA级旅游景区，获评江苏省重点文化和旅游产业项目，入选"苏州人游苏州"活动十条线路之一。

【角乐士乐园开业】 角乐士乐园位于虞山街道环湖南路16号，以角乐士（Joelux [illegible] 和尚湖IP人物"飞熊先生"为依托，探索古老传说与自然妙趣为主题故事，打造"飞野树""奇趣大陆""比乐集"三大核心游乐休闲组团无动力亲子乐园。2022年9月28日开业，全年接待游客4.23万人次。　　（顾红霞　叶　舟）

表 37　　常熟品牌旅游资源一览表

类型		名称
A 级景区	[illegible]	[illegible] 聚沙园景区
度假区	[illegible]	[illegible]
文物保护单位	[illegible]	仲雍墓、钱谦益·柳如是墓、严天池墓、言子墓、瞿景淳墓、兴福寺、黄公望墓、四高僧墓、北新桥、王铁墓、严讷宅、瞿式耜墓、铁琴铜剑楼、王石谷墓、曾赵园、翁同龢墓、印应雷墓、月河桥、王淦昌故居、支塘姚厅
	常熟市级	虞山石室土墩、古运河琴川、欧阳墩遗址、城垣遗址、钱底巷遗址、太平军石营遗址、罗墩遗址、缪仲醇墓、周章墓、翁咸封墓、翁心存墓、翁同爵墓、杨晋墓、蒋元枢墓、魏浣初墓、唐洪培墓、四神父墓、读书台、萌远堂、维摩寺、辛峰亭、言子故里亭、言子旧宅、孙氏祠堂、李氏义庄、王石谷祠、翁心存故居、唐氏宅园、顺民桥、永济桥、长寿桥、香花桥、旬桥（头条桥）、程家桥（二条桥）、拂水桥（三条桥）、广嗣桥、钓渚渡桥、迎阳桥、李雷故居、支塘周家陈楼、支塘东街姚家祠堂、问村薛家大院、铜官山摩崖石刻、桃源涧摩崖石刻、剑门摩崖石刻、虞山东麓摩崖石刻、常熟县邮电局唐市支局旧址、古里十八抗日烈士墓、曾朴墓、二义士墓、赵石墓、瞿启甲墓、张鸿墓、邵松年墓、中共常熟特别支部活动旧址、辛庄抗日碉堡群等
森林公园	国家级	虞山国家森林公园
湿地公园	国家级	沙家浜国家湿地公园
城市湿地公园	国家级	尚湖国家城市湿地公园、沙家浜国家城市湿地公园
全国工农业旅游示范点	国家级	全国工业旅游示范点：江苏隆力奇生物科技股份有限公司、江苏梦兰集团、波司登股份有限公司；全国农业旅游示范点：蒋巷乡村旅游景区、宝岩生态观光园、李袁乡村旅游区
乡村旅游重点村	国家级	蒋巷村

（资料来源：《常熟市全域旅游发展规划（2021—2030）》）

虞山文化旅游度假区

【概况】 虞山文化旅游度假区位于常熟市城区西部，2019年经江苏省人民政府批准更名为"虞山文化旅游度假区"。2022年，虞山文化旅游度假区在江苏省文化和旅游厅发布的省级旅游度假区2021年度发展评价中，被评为优秀等级。11月，虞山文化旅游度假区被国家文化和旅游部公示为江苏省唯一一家"2022年新一批国家级旅游度假区"。

【国家级旅游度假区创建】 2022年，虞山文化旅游度假区以"一城山水·自在生活"为主题，持续推进文旅高质量融合发展。32个重点项目基本完成并投入使用，涉及公共服务项目10个，基础设施项目13个，景观风貌提升5处，文旅融合项目4个。通过文旅中国、学习强国客户端，机场、高铁站以及商业综合体等线上线下平台，开展"适意生活""虞城十二种温暖人生”“虞城十二味”等主题宣传推广；组织“朗朗初夏夜，虞城有清音”古装朗读会、非遗品读会、“遇见一百种虞山”公益课堂、“趣玩虞城，向野而生”秋季露营等活动；参加“常来常熟”常熟城市品牌上海推介会、第四届大运河文化旅游博览会、长三角（上海）惠民市集等推介活动；主办第6届常熟市全民饮茶日、第9届虞山茶文化节等活动。

【文体旅产业融合发展】 2022年，虞山文化旅游度假区推进“环虞山文化创意产业带”建设，以“文化+产业”理念继续推进山前坊文旅创意街区、“蓝·原葺森林”文旅产业园、“山湾里”文化创意园、“艾克”数字文创产业园等载体的旧改更新，打造环虞山文化创意产业带。云游山涧、虞源山居等旅游民宿完成备案并投用。推出塔弄夜巷、方塔夜秀、“遇尚·夜宴”尚湖夜公园、虞山公园音乐喷泉等多处夜游景点，开发山前坊、南苏院等夜间消费集聚区，发展古城夜经济。深挖文化资源，开展常态化研学活动，打响研学游品牌，在非遗传承中充实文旅融合产品的内涵与体验。

【“虞山人家”休闲片区建设】 “虞山人家”休闲片区位于虞山东北部山基，总规划面积183.5公顷，以“美丽村庄示范点”“休闲旅游新亮点”为建设目标，加快打造以“佛缘茶海”为主题，融农家休闲、民宿度假、乡村购物、民俗文化体验为一体的乡村文化休闲旅游综合体。2022年，片区有农家乐120家，其中星级农家乐55家，年度经营收入1.02亿元。年内，虞山文化旅游度假区推进农家乐规范提升专项行动，制定《虞山街道农家乐管理办法》，举办农家乐提升方案专家论证会，完善“智治虞山”农家乐管控平台建设。明确整改一批、补办一批、纳规一批、整体提升的实施路径，规范农家乐113户，拆除违建阳光房34处，恢复农用地面积1.4万平方米。持续推动虞山农家乐产业品质提档升级，51家农家乐通过联合会办，18家农家乐完成提升改造。加强虞山风景名胜区保护管理工作，完成生态空间管控区调整、边界整合优化和详细规划编制上报，反馈三级遥感卫片整改241起。全面落实“河湖长制”“林长制”工作，守护绿水青山。

（顾雪怡）

旅游接待

【概况】 2022年，国内新冠肺炎疫情多点散发，常熟旅游行业遭受重创。根据疫情防控需要，常熟市各景区景点多次暂停对外开放。年内，全市A级景区累计接待游客352.8万人次，比上年下降60.95%；实现营业收入6791.9万元，比上年下降51.23%。

【长假旅游接待】 春节假期，常熟市A级景区接待游客11.66万人次，实现营业收入237.10万元；“五一”假期，全市景区、景点暂停对外开放；国庆假日，全市A级旅游景区接待游客15.82万人次，实现营业收入501.94万元。

（顾红霞）

旅游公共服务

【旅行社】 2022年，常熟有旅行社46家，其中星级旅行社19家，从业人员200人，营业收入4318.3万元。受新冠肺炎疫情影响，全市旅行社行业处于半停业状态，人员流失严重。根据《常熟市文化体育旅游行业贯彻落实纾困解难恢复发展政策意见的实施细则》，市文体旅局对符合条件的旅行社发放一次性纾困补助93万元。

【星级旅游饭店】 2022年，常熟市有星级旅游饭店8家，其中五星级2家，四星级2家，三星级4家。全年营收16100万元，从业人员666人，整体出租率44.67%。

表38　2022年度常熟市星级旅游饭店一览表

饭店名称	市场主体	地址	等级	客房数	床位数	包厢数	餐位数
常熟天铭国际大酒店	常熟天铭国际大酒店有限公司	常熟市海虞北路12号	五星级	270	356	24	1200
常熟裕坤丽呈华廷酒店	常熟裕坤国贸酒店有限公司	常熟市珠江路173号	五星级	286	394	10	1110
常熟市虞城大酒店	常熟市虞城大酒店有限责任公司	常熟市海虞南路66号	四星级	236	368	13	800
常熟森林大酒店	常熟森林大酒店有限责任公司	常熟市虞山北路79号	四星级	208	293	35	2800
常熟市梅园宾馆	常熟市梅园宾馆有限公司	常熟市虞山北路137号	三星级	100	180	—	—
常熟蒋巷宾馆	江苏常盛旅游发展有限公司常熟蒋巷宾馆	支塘镇任阳蒋巷村	三星级	41	73	8	310
常熟市波司登大酒店	常熟市波司登大酒店有限责任公司	古里镇204国道旁	三星级	51	95	7	250
常熟沙家浜大酒店	常熟沙家浜大酒店有限公司	沙家浜镇沙南路101号	三星级	108	209	7	500

（资料来源：市文体旅局）

【旅游民宿】 2022年，常熟市新增备案旅游民宿8家（总数累计34家），新增客房92间（总数累计459间）、床位138个（总数累计654个）。其中，虞见·唐宅、公望·马宅2家民宿被评[illegible]宿”，常熟市被评为苏州市乡村旅游精品民宿累计9家。

【旅游年卡】 2022年，常熟旅游年卡总销售14.35万张，实现含税收入1340.18万元。根据市委、市政府各类文件，为失独家庭、爱心协会、拥军优抚对象、献血三免人员、道德模范、英才卡持有者、见义勇为人员等特殊群体免费充值1.22万张。年内，常熟旅游年卡刷卡入园35.32万人次。

文旅融合

【概况】 2022年，常熟市通过举办常熟虞山文化暨沙家浜旅游节、森林旅游观光节等大型节庆活动，激发文化+旅游、文化+消费的活力，不断增强“江南福地，常来常熟”的吸引力和影响力。

【2022年常熟虞山文化暨沙家浜旅游节】 2022年7月23日，常熟虞山文化暨沙家浜旅游节·“江南福地”虞城云GO节开幕。文化旅游节为期一个多月，以“云游虞城，乐享文旅”为主题，举办“江南福地”虞城云购节、“欢乐虞城夜”2022夏季嘉年华、常熟“研学游”首发团采风体验、“群艺汇”——2022年群众性文艺团队线上会演等各项系列特色文体旅活动，讲述“美丽常熟”故事，打造“主客共享”美好生活空间，展示“精品美游”发展成果。旅游节开幕式采用互动直播，通过“1个主直播间+20个文旅分直播间+4个带货分直播间”连线互动，开幕式当日，抖音平台销售常熟文旅产品6万余件，销售金额125.3万元，多产业、多部门、多平台的联动方式，系抖音平台首个案例。

【2022年沙家浜大闸蟹美食节暨千蟹宴】 9月28日，沙家浜大闸蟹美食节暨千蟹宴在沙家浜景区开幕。开幕式上，沙家浜景区“万物好滋味·芦荡品蟹之旅”旅游线路正式发布，沙家浜“芦荡拾光”抖音小店开业。沙家浜景区还推出2022[illegible]“蟹行江湖”大闸蟹行业协会论坛、“蟹蟹你的爱”船餐蟹宴、“花漾”换装派对等主题活动。

【第十九届江苏常熟森林旅游观光节】 6月12日—7月2日，第十九届江苏常熟森林旅游生态观光节暨第二十四届虞山宝岩杨梅节在虞山宝岩生态园举行。宝岩杨梅节共接待游客8.14万人次，实现经济收入53.08万元。

【夜间文旅活动】 2022年，常熟市各景区策划各类夜间文旅活动，拉动市[illegible]出“我好中意礼”主题活动，通过[illegible]计划、草坪音乐会、心动游戏等项目开启“浪漫七夕”模式，当晚入园1410人次，营业收入2.3万元；古里红豆山庄景区举办潮酷电音节、大型烟花秀表演，特推“情侣玩游戏赢大礼”活动，当晚入园1632人次，营收15.6万元。国庆长假，常熟文庙策划“不亦乐乎”夜游项目，推出汉服游园会，开展评弹、锡剧、古琴、诗会等多种特色演艺活动，设置投壶、捶丸、蹴鞠等古典游戏，10月1—3日，文庙夜游总人数6530人次，80%以上是以家庭为单位的游客。 （顾红霞 叶 舟）

旅游业态

[illegible]旅游示范区创建为目标，融合红色文化、山水人文、乡村美游等特色资源，形成主题旅游体系。旅游业态呈现多元化趋势，团建游、研学游等业态兴起，各地结合自身特色与优势，以“文旅+”“+文旅”的方式推动产业融合发展。

【团建游】 2022年，常熟市文体旅局与上海团建产业联盟合资成立“沪虞团建产业发展（常熟）有限公司”，加强外部引流、产品打造、人才培育等工作，初步形成昆承湖（小鲨鱼）露营派对等11个常熟团建游产品。年内，引流上海及长三角游客2万人次，新增旅游营业收入600万元。

【研学游】 2022年，常熟市以“道启东南·天下常塾”为主题，挖掘文体旅、教育、农业农村、水务、科协等部门资源，开展“研学游”特色路线踩线活动，制定优化涵盖江南文化、江南手作、科普教育、红色教育、劳动教育等不同主题特色的20条研学线路。10月，“强国复兴有我，研学美丽常熟”研学旅行启动仪式在虞山宝岩景区举

沙家浜景区夜景 （市文旅公司 提供）

南湖梅花林　　（2022年3月4日　朱琪　摄）

行，全市20所中小学800名代表参加8条线路的研学体验。

【红色旅游】 10月20日，常熟“芦荡火种”红色旅游示范项目获评第一批江苏省红色旅游融合发展示范项目。沙家浜风景区、蒋巷村所在的“芦荡星火 富民燎原”精品线路入选由江苏省文化和旅游厅、省总工会、省文物局联合遴选推出的“喜迎二十大，见证新江苏”红色旅游精品线路。

【乡村旅游】 6月，海虞镇铜官山村入选2022年江苏省乡村旅游重点村名录，年内铜官山景区接待游客25万人次，营业收入406.7万元。10月，常熟市董浜镇“悦乡·悦生活”全域旅游路线入选2022年度苏州市乡村旅游精品线路。

旅游管理

【国家全域旅游示范区创建】 2022年，常熟市推进国家全域旅游示范区创建，完成旅游集散中心提升、旅游厕所改建、景区智慧旅游提升、景区公共服务设施提升、南湖智慧跑道、全域旅游智慧中心建设等项目，印发《常熟市全域旅游发展规划（2021—2030）》。

【旅游市场监管】 2022年，市文体旅局出动执法人员387人次，检查旅行社及其分支机构129家次，立案查处未经许可经营旅行社业务案件1件，完成旅游纠纷调解18例。年内开展旅游市场秩序整治行动，加强国庆等节假日旅游市场监管，线上清查与线下整治同步实施、日常监管与专项行动同步推进，保持整治非法“一日游”、非法经营旅行社业务等违法行为的高压态势，加强国内游、出境游和边境游市场整治，严查非旅游企业和个人出售“不合理低价游”产品。

【导游队伍建设】 2022年，常熟市有导游234人。年内，市文旅部门组织参加2022年度苏州市文旅行业导游（讲解员）技能大赛，4名导游员、讲解员获奖。沙家浜革命历史纪念馆2名讲解员被评为江苏省第二批红色旅游五好讲解员。

【智慧旅游信息化建设】 11月，常熟市沙家浜·虞山尚湖旅游区入选由江苏省文化和旅游厅发布的2022年度江苏省智慧旅游景区名录。南湖湿地公园上线首条结合运动和健康的智慧步道，智慧步道以南湖荡水域环湖路为基础，长约8千米，新增AR大屏、电子信息采集装置、人脸识别等智能化设备，游客可在欣赏沿途风景的同时，获得数字化、智慧化的科技运动新体验。

【《常熟市全域旅游发展规划（2021—2030）》发布】 11月14日，《常熟市全域旅游发展规划（2021—2030）》（以下简称《规划》）印发，初稿经两轮征求意见，采纳23条修改意见，最终修改形成送审稿，经市政府第8次常务会议审议通过。《规划》共9章57条，以“十四五”为重点，覆盖常熟全市域，是推进常熟创建国家全域旅游示范区的行动指南，是指导常熟全域旅游目的地创新建设发展的总体规划，规划期限为2021—2030年。规划主要目标任务有：对标国家全域旅游示范区创建要求，明确行动目标任务举措，探索创新全域旅游常熟模式；绘制新时代常熟旅游高质量发展蓝图，努力打造全域旅游目的地的常熟样板；以全域旅游助力美丽幸福新常熟建设，为全面落实空间美图、时尚美城、创新美业、清新美景、精品美游、文明美德提供新载体。

（顾红霞）

责任编辑　张莉莉

金融业

综 述

【概况】 2022年，全市实现金融业增加值215.80亿元，比上年增长9.9%。至2022年末，全市金融机构本外币存款余额4799.0亿元，比年初增加716.4亿元，增长17[illegible]外币贷款余额[illegible]增长16.7%。保险公司全年实现保费收入70.6亿元，比上年增长10.6%，给付、赔付支出20.2亿元，比上年增长6.0%。证券公司全年实现股票交易额6587.3亿元，比上年下降14.9%；期末股票账户数71.8万户，比上年增长0.5%；期末股票市值744.7亿元，比上年增长28.8%。农村小额贷款公司期末贷款余额5.52亿元，比上年下降8.46%。融资担保公司全年累计提供[illegible]18.77亿元，比上年增长387.53%。融资租赁公司期末余额15.83亿元，比上年下降25.82%。商业保理公司年末保理融资款本金余额6.70亿元，比上年下降18.98%。典当行期末余额0.94亿元，比上年增长30.56%。地方交易场所全年成交额9.90亿元，比上年增长0.61%。截至2022年年底，全市创投企业基金规模269.3亿元，比上年增长3.3%；项目投资总额179.9亿元，比[illegible]

（周 斌 丁 畅）

表 39　　2022年常熟市金融业发展情况统计表

行业	主要指标	数量	上年同期	比上年增长率
	金融业增加值（亿元）	215.80	196.34	9.9%
银行	机构数（家）	33	33	—
	本外币存款余额（亿元）	4799.0	4082.6	17.5%
	本外币贷款余额（亿元）	4210.7	3608.1	16.7%
	表外融资余额（亿元）	1369.4	1058.8	29.3%
保险	机构数（家）	43	43	—
	保费收入（亿元）	70.6	63.8	10.6%
	给赔付支出（亿元）	20.2	19.1	6.0%
证券	机构数（家）	17	18	−5.6%
	股票账户数（万户）	71.8	71.4	0.6%
	交易量（亿元）	6587.3	7741.2	−14.9%
	期末市值（亿元）	744.7	578.4	28.8%
小额贷款	机构数（家）	8	8	—
	注册资本（亿元）	12.66	12.84	−1.4%
	期末贷款余额（亿元）	5.52	6.03	−8.46%
融资担保	机构数（家）	2	3	−33.33%
	注册资本（亿元）	5	8	−37.5%
	期末在保余额（亿元）	18.77	3.85	387.53%

续表39

行业	主要指标	数量	上年同期	比上年增长率
融资租赁	机构数(家)	4	4	—
	注册资本(亿元)	9.23	6.39	44.44%
	期末余额(亿元)	15.83	21.34	-25.82%
商业保理	机构数(家)	1	1	—
	注册资本(亿元)	2.5	2	25%
	期末贷款余额(亿元)	6.7	8.27	-18.98%
典当	机构数(家)	8	8	—
	注册资本(亿元)	0.9	0.9	—
	期末余额(亿元)	0.94	0.72	30.56%
地方交易场所	机构数(家)	1	1	—
	注册资本(亿元)	0.05	0.05	—
	累计成交额(亿元)	9.9	9.84	0.61%
创投	机构数(家)	146	89	64.04%
	基金规模(亿元)	269.3	260.8	3.26%
	项目投资额	179.9	135.9	32.38%

(资料来源:市地方金融监管局)

【金融服务】 2022年,全市金融机构对181个市级重点项目新增授信324.4亿元,新增投放资金152.7亿元。全市新增综合金融资源投放602.6亿元,余额比上年增长16.7%;新增制造业贷款220.5亿元,余额比上年增长25.7%;新增小微企业贷款222.3亿元,余额比上年增长21.9%;普惠型金融重点领域贷款余额597.6亿元,占各项贷款比重达14.2%。苏州综合金融服务平台累计授信1170.6亿元,实现放款671.8亿元,累计登陆平台企业数25485家,分别比上年增长17.6%、13.5%、6.5%。印发《常熟市银行业"首贷""信用贷"提质扩面专项行动方案》,全市31家银行业金融机构下沉普惠金融服务,专项行动累计走访各类经营主体近5000家次,帮助652家企业实现首贷突破,落实首贷金额59.05亿,投放信用贷款162.45亿元。年内,全市有农村普惠金融服务点165个,实现全市行政村全覆盖。全市各银行为13.58万户小微企业和个体工商户降费让利7964.83万元,全市累计为7776户企业办理留抵退税49.03亿元。主办银行开展政银共建,将医保、社保、行政审批等事项引入。

(丁　畅　张朔亦)

9月16日,"科技人才金融服务直通车"首站常熟专场活动启动

(市融媒体中心　提供)

【数字人民币试点】 2022年,常熟市做好数字人民币试点,年内推动40个重点场景、6个首发场景落地,完成全国首单汽车领域数字供应链融资贷款、苏州市首笔数字人民币保理融资业务、全国首单支农再贷款+数字人民币涉农贷款、全国服装城首家数字人民币业务结算交易平台。　(张朔亦)

银　　行

【概况】 2022年,全市有银行业金融机构31家,按机构性质划分分别为:政策性银行分支机构1家、大型银行分支机构6家、股份制商业银行分支机构12家、城市商业银行分支机构6家、农村中小法人银行机构2家、农村中小法人银行机构2家、外资银行分支机构2家;以上银行机构在常熟有

营业网点336个，比上年末减少5个；临时歇业11个，比上年末增加1个；离行式自助银行46个，比上年末增加10个；各类ATM机（取款机）、CDS机（存取款一体机）、交易查询机等自助设备1355台，比上年减少251台；各类智能柜员机664台，比上年增加37台；从业人员6071人，其中在编人员5912。年末，全市本外币各项贷款余额4210.69亿元，比年初增加602.56亿元，增幅16.70%；全市本外币各项存款余额4798.99亿元，比年初增加716.37亿元，增幅17.55%。制造业贷款余额1187.74亿元，比年初增加229.34亿元，增幅[illegible]，[illegible]各项贷款增速7.50个百分点；普惠型小微企业贷款余额574.20亿元，比年初增加97.15亿元，增幅20.36%；当年新发放小微企业贷款平均利率4.65%，比上年度下降0.12个百分点，测算可减少小微企业贷款利息支出约6800万元；另，普惠型农户及贫困户经营[illegible]16.41亿元，增幅14.92%。（袁　凡）

表40　　2022年常熟市银行机构基本情况一览表

序号	机构名称	性质	成立时间	负责人	2022年机构网点数（家）	2022年机构网点临时歇业（家）	2022年从业人数（人）	2022年在编人数（人）	2022年离行式自助银行（个）	2022年各类自动服务机具（台）	其中：智能柜员机（台）
1	中国工商银行股份有限公司常熟支行	大型银行分支机构	1984年9月	顾　韬	22	0	419	419	7	132	42
2	中国农业银行股份有限公司常熟分行	大型银行分支机构	1980年2月	徐于蓝	43	5	682	675	14	162	136
3	中国银行股份有限公司常熟分行	大型银行分支机构	1986年2月	戚　毅	21	0	387	387	1	103	67
4	中国建设银行股份有限公司常熟分行	大型银行分支机构	1979年9月	徐　哲	26	0	419	419	[illegible]	[illegible]	[illegible]
5	中国农业发展银行常熟市支行	政策性银行分支机构	1996年10月	汪　峰	1	0	19	17	0	0	0
6	交通银行股份有限公司常熟分行	大型银行分支机构	1993年7月	王建丰	4	0	98	96	0	35	26
7	中信银行股份有限公司常熟支行	股份制商业银行分支机构	1997年6月	翟小超	3	0	61	60	0	11	4
8	上海浦东发展银行股份有限公司常熟支行	股份制商业银行分支机构	2002年11月	陈　雷	4	0	85	67	1	27	7
9	中国光大银行股份有限公司常熟支行	股份制商业银行分支机构	2008年11月	王世峰	3	0	51	51	0	10	4
10	华夏银行股份有限公司常熟支行	股份制商业银行分支机构	2008年7月	陆　乐	2	0	43	40	0	15	11
11	招商银行股份有限公司常熟招行	股份制商业银行分支机构	2009年2月	赵　俊	2	0	71	59	0	13	13
12	中国民生银行股份有限公司常熟支行	股份制商业银行分支机构	2008年9月	王文广	4	2	100	91	0	10	4
13	江苏银行股份有限公司常熟支行	城市商业银行分支机构	2005年6月	李　灏	3	0	59	58	0	15	6
14	江苏常熟农村商业银行股份有限公司	农村中小法人银行机构	2001年11月	庄广强	109	4	2380	2353	4	426	228
15	苏州常熟中银富登村镇银行有限责任公司	农村中小法人银行机构	2010年12月	陆银海	5	0	66	66	0	5	0
16	宁波银行股份有限公司常熟支行	城市商业银行分支机构	2011年1月	倪朝晖	3	0	104	92	1	11	4
17	苏州银行股份有限公司常熟支行	城市商业银行分支机构	2011年5月	孙　丹	7	0	200	165	0	49	8

续表40

序号	机构名称	性质	成立时间	负责人	2022年机构网点数（家）	2022年机构网点临时歇业（家）	2022年从业人数（人）	2022年在编人数（人）	2022年离行式自助银行（个）	2022年各类自动服务机具（台）	其中：智能柜员机（台）
18	中国邮政储蓄银行股份有限公司常熟市支行	大型银行分支机构	2008年4月	张　玲	57	0	430	413	0	154	21
19	兴业银行股份有限公司常熟支行	股份制商业银行分支机构	2012年4月	桑　钊	2	0	41	41	0	6	2
20	南京银行股份有限公司常熟支行	城市商业银行分支机构	2012年7月	袁水英	1	0	55	54	0	7	4
21	恒丰银行股份有限公司常熟支行	股份制商业银行分支机构	2012年12月	朱克强	1	0	22	21	0	3	1
22	泰隆银行股份有限公司常熟支行	城市商业银行分支机构	2013年1月	陈志凌	4	0	86	86	0	5	5
23	上海银行股份有限公司常熟支行	城市商业银行分支机构	2013年6月	金　宵	1	0	31	29	0	2	1
24	三井住友银行（中国）有限公司常熟支行	外资银行分支机构	2010年12月	井田英喜	1	0	18	18	0	0	0
25	汇丰银行（中国）有限公司常熟支行	外资银行分支机构	2012年11月	刘　静	1	0	6	6	0	0	0
26	江苏张家港农村商业银行股份有限公司常熟支行	农村中小法人银行分支机构	2014年1月	庄晓丰	1	0	36	34	0	4	3
27	广发银行股份有限公司常熟支行	股份制商业银行分支机构	2013年12月	蔡　晨	1	0	22	20	0	3	2
28	平安银行股份有限公司常熟支行	股份制商业银行分支机构	2017年2月	崔东东	1	0	16	13	0	7	5
29	浙商银行股份有限公司常熟支行	股份制商业银行分支机构	2017年7月	陈菊娣	1	0	33	31	0	5	2
30	渤海银行股份有限公司常熟支行	股份制商业银行分支机构	2017年12月	沈　杰	1	0	21	21	0	4	1
31	江苏江南农村商业银行股份有限公司常熟支行	农村中小法人银行分支机构	2019年2月	王金宇	1	0	10	10	0	5	1
合计					336	11	6071	5912	46	1355	664

（资料来源：苏州银保监分局常熟监管组）

【中国工商银行股份有限公司常熟支行】 2022年，中国工商银行股份有限公司常熟支行本外币各项存款余额444.41亿元，较年初增长100.11亿元；本外币各项贷款余额575.60亿元，较年初增长125.29亿元。人民币各项存款余额370.32亿元，较年初增长74.07亿元；人民币各项贷款余额513.18亿元，较年初增长88.31亿元。不良贷款余额1.57亿元，较年初增长0.07亿元，不良率0.27%，较年初下降0.06%。至年末，工商银行常熟支行拥有物理营业网点22个、员工419名。小微企业信用贷款余额16.29亿元，较年初增长9.12亿元；新发放普惠型小微企业贷款平均利率较年初下降16个基点，落地汽车领域全国首单数字人民币供应链融资业务、苏州分行首单"兴农通"项目。开展"共促消费公平共享数字金融"金融知识普及宣传等专场活动，加强"工行驿站"建设。

（王　贤）

【中国农业银行股份有限公司常熟分行】 2022年，中国农业银行股份有限公司常熟分行本外币存款余额858.12亿元，比年初增加121.5亿元。行信用总量743.95亿元，比年初净增157.2亿元，本外币贷款余额624.72亿元，比年初增加103.5亿元。实现营业收入

21.34亿元、实现拨备前利润17亿元、拨备后利润7.47亿元。全年审批项目50个，授信165.14亿元，涵盖省级农业、常熟市“一图一表”等多个领域。新增重点科创企业信贷合作客户14户，贷款金额比年初增加17.[illegible]元，国家级专精特新“小巨人”企业开户数、信贷合作户数均达12户，省级18户和15户。与128家规模以上企业达成信贷合作，累计授信33.98亿元。构建“全产业链视图”，上线供应链融资项目16个，为核心企业上下游89家企业提供信贷支持，融资余额7.32亿元。继续深化“一项目一方案一授权”普惠贷款运作模式，新审批“三个一”项目5个，授信总额10.7亿元，实现投放47户、4173万元。持续推进“万人进千村”农户建档活动，建档行政村130个，完成农户建档3708户，惠及农户[illegible]亿元。加快互联网移动支付场景建设，互联网有效场景总数291户，场景月均活跃客户数7.2万户。上线常熟三代社保卡融合居民“一卡通”服务项目、常熟财政罚没电子收缴平台、常熟高新园中等专业学校一卡通项目等。办理苏州市首笔数字人民币缴税服务，助力常客隆成为全国供销系统首家实现线上平台数字人民币支付结算单位。在全省范围内首次落地服务贸易便利化扩围业务，实现江苏省首批、全省系统以及苏州同业首笔银企外汇服务平台交易业务落地。开展“内控合规管理建设年”活动，完善案防风控体系，全年堵截电信诈骗53起，为客户挽回损失175万元。

（张洁羽）

【中国银行股份有限公司常熟分行】 2022年，中国银行股份有限公司常熟分行本外币存款余额314.16亿元，其中人民币存款余额284.77亿元，外币存款余额4.22亿美元；本外币贷款余额444.06亿元，其中人民币贷款余额438.86亿元，外币贷款余额0.75亿美元。战略新兴产业新增24.4亿元，民营企业贷款新增27.25亿元，科技金融市场覆盖率12.51%；普惠金融贷款新增11.3亿元，其中“线上贷”新增5.8亿元；绿色信贷新增14.48亿元，叙做4户碳减排支持工具贷款；涉农贷款新增14.85亿元，支农贷款新增6.15亿元。深化“党建+”效应，上线“复兴壹号”，注册用户9070户，帮助合作单位实现党团建数字化、智能化；[illegible]化特色网点暨清廉金融文化示范点，推动党建与业务发展、文化建设、渠道建设、队伍建设深度融合。全年堵截电信诈骗3起，避免客户资金损失13.2万元。分行营业部创建为“江苏银行业文明规范服务适老网点”。

（邓静芝）

【中国建设银行股份有限公司常熟分行】 2022年，中国建设银行股份有限公司常熟分行本外币一般性存款余额362.37亿元，新增73.92亿元，较年初增长25.63%；本外币各项贷款余额[illegible]年初增长17.75%。完成资本市场投放18.66亿元，普惠制造业客群贷款新增6.7亿。加大租赁贷款投放，新投放4.86亿元。与工信局、高新区联合开展绿色产品宣传活动，支持当地绿色转型和双碳工作，绿色贷款余额80.2亿元，较年初新增21.74亿元。持续深化“乡村振兴+金融科技”平台化经营思路，打造碧溪街道数字乡村优秀案例。配合开展“智慧城市”布局、建设，推动智慧医疗、智慧校园、智慧政务、智慧宗教等项目全面发展，上线常熟公共资源交易中心招标通系统平台、常熟基督教堂宗教ERP财务管理系统。获评“2019—2021年度江苏省文明单位”、全市银行业服务实体经济一等奖。

（查雪丽）

【交通银行股份有限公司常熟分行】 2022年，交通银行股份有限公司常熟分行人民币存款余额59.76亿元，较年初增加13.96亿元，增幅30.48%。其中，对公存款38.14亿元，较年初增加10.29亿元，增幅36.95%；储蓄存款20.63亿元，较年初增加2.74亿元，增幅15.32%。实质性贷款较年初净增8.10亿元，核心项目完成16户，对接“市采通”平台开展市场采购贸易跨境收结汇业务合作。普惠业务有序推进，两增贷款较年初增长2.8亿元，两增客户数较年初增长226户。零售业务实现代发有效客户、保险销售新突破。全年开展消费者权益保护宣[illegible]设。在第12届常熟普惠金融服务季评选中，常熟交行产品“交银智造贷”获“智改数转”优秀金融产品、“交银烟户贷”获普惠金融优秀产品奖、“苏州e贷”获科技金融优秀产品奖。常熟交行获评支持“智改数转”优秀金融机构、支持重点项目贡献奖、普惠金融贡献奖。

（陆 旻）

【中国邮政储蓄银行股份有限公司常熟市支行】 2022年，中国邮政储蓄银行股份有限公司常熟市支行完成业务收入37019.95万元，比上年增长[illegible]上年增长11.23%。本外币存款265.4亿元，比上年增长33亿元；本外币贷款余额123.2亿元，比上年增长17.7亿元；年末贷款不良余额2280万元，不良率0.16%。年末制造业贷款余额5.63亿元，年增长8307万元；科技型中小企业贷款余额8138万元，年增长1845万元。普惠型金融重点领域贷款余额20.07亿元，比上年增长22.08%；发放涉农贷款6.5亿元，农户贷款年新增4.04亿元。聚焦城市基础设施建设、产业结构战略调整和大中型企业等领域，为“常熟市昆承湖绿色发展创新示范区”等项目授信107亿元，投放金额8.03亿元。投行业务承销全省首单业务。获评省分行十强先进集体、省分行公司客户“+计划”行动最佳一级支行等。

（朱建中）

【中国农业发展银行常熟市支行】 2022年，中国农业发展银行常熟市支行各类支农贷款余额38.21亿元，比年初增加13.57亿元。投放地方储备粮贷款3.13亿元，较上年同期增加1.42亿元，其中投放地方储备粮小麦贷款1.94亿元，地方储备粮稻谷贷款1亿元，地方储备粮成品粮大米贷款1595万元，地方储备粮油脂贷款410万元。获批信贷金额超30亿元，累计投放中长期贷款14.15亿元，较上年同期增加10.19亿元。服务巩固拓展脱贫攻坚成果，引进无偿帮扶金额9.8万元，对7人防返贫监测对象的基本生活、医疗卫生、子女就学等方面进行无偿帮扶，帮扶期限4年；投放产业帮扶贷款1900万元。投放小微企业贷款1800万元，较上年同期新增900万元。落实减费让利政策，对中小微企业贷款实行首年优惠50个基点的支持政策，同时执行阶段性减息，贷款利率再优惠100BP，解决企业融资贵问题。加大政策性金融支持种业振兴力度，提供农业小企业贷款1000万元。 （项依伊）

【江苏常熟农村商业银行股份有限公司】 2022年，江苏常熟农村商业银行股份有限公司集团总资产2878.81亿元，比上年增长16.75%；总存款2134.45亿元，比上年增长16.81%；总贷款1934.33亿元，比上年增长18.82%。全年实现归母净利润27.44亿元，比上年增长25.39%。总资产收益率1.10%，比上年增长0.07个百分点。加权平均净资产收益率13.06%，比上年增长1.44个百分点。不良贷款率0.81%，较上年持平；拨备覆盖率536.77%，比上年增加4.95个百分点。全年纳税9.66亿元，其中常熟地区纳税8.34亿元。常熟农商银行践行普惠金融发展理念，坚持向农、向小、向信用的发展方向，持续支持实体经济发展，助力乡村振兴战略。年末，母行实体经济贷款1190.87亿元，比上年增长16.13%。涉农贷款1088.02亿元，比上年增长15.36%。小微企业贷款1024.39亿元，比上年增长21.64%。年末，常熟农商银行有总行营业部1家、分行7家、本地支行38家、异地支行33家、分理处89家，营业网点168个，其中常熟地区网点109个。常熟农商银行发起设立的全国首家投资管理型村镇银行集约化管理旗下32家兴福村镇银行，总资产445.50亿元，总存款355.73亿元，总贷款355.07亿元，比上年分别增长18.06%、21.33%和21.22%。年内，常熟农商银行位列英国《银行家》全球银行品牌价值500强第376位，全球1000强银行第419位。中国银行业协会“陀螺”评价体系县域农商行综合得分第一。

（季奕麒）

保　　险

【概况】 2022年，全市有保险业金融机构58家，其中财产险公司分支机构20家、人寿险公司分支机构23家、代理销售公司法人机构2家、代理销售公司分支机构9家、经纪公司分支机构2家、公估公司分支机构2家；保险机构在常熟有营业网点130个，与上年末持平；临时歇业4个，与上年末持平。2022年度，全市保费收入70.70亿元，比上年度增加10.61%；理赔与给付支出20.24亿元，比上年度增加5.97%。2022年，全市保险从业人员6495人，比上年末减少1247人；其中在编946人，比上年末减少22人，编外人员（主要为代理制营销人员）5549人，比上年末减少1225人。

（袁　凡）

表41　　2022年常熟市保险业金融机构基本情况一览表

序号	名　称	性质（财险公司、寿险公司、中介机构）	批准成立时间	负责人姓名	2022年末机构网点（指在常熟地区有保险许可证的网点）（家）	2022年末临时歇业机构网点（指有保险许可证但因某些原因临时歇业的网点）（家）	2022年末从业人数（人）	其中：2022年末在编人数（人）	其中：2022年末编外人数（代理制营销员）（人）
1	中国人民财产保险股份有限公司常熟中心支公司	财险	1950年12月	钱红兵	29	0	719	202	517
2	中国平安财产保险股份有限公司常熟支公司	财险	1998年12月	杨　波	2	0	142	62	80
3	中国太平洋财产保险股份有限公司常熟中心支公司	财险	1996年4月	许兴达	13	0	520	192	328
4	天安财产保险股份有限公司常熟支公司	财险	2002年4月	郑小东	1	0	9	9	0
5	中华联合财产保险股份有限公司常熟支公司	财险	2004年4月	刘　佳	1	0	36	11	25
6	太平财产保险有限公司常熟支公司	财险	2004年8月	金益伟	1	0	65	24	41
7	华安财产保险股份有限公司常熟支公司	财险	2004年11月	沈康年	1	0	3	3	0
8	永安财产保险股份有限公司常熟支公司	财险	2005年2月	张　波	1	0	1	1	0

续表41

序号	名　称	性质（财险公司、寿险公司、中介机构）	批准成立时间	负责人姓名	2022年末机构网点（指在常熟地区有保险许可证的网点）（个）	2022年末临时歇业机构网点（指有保险许可证但因某些原因临时歇业的网点）（个）	2022年末从业人数（人）	其中：2022年末在编人数（人）	其中：2022年末编外人数（代理制营销员）（人）
9	阳光股份保险有限公司常熟支公司	财险	2006年9月	梁兆朋	1	0	10	10	0
10	中国大地财产保险股份有限公司常熟支公司	财险	2006年9月	沈立雄	1	0	29	10	19
11	都邦财产保险股份有限公司常熟支公司	财险	2006年11月	茅晓东	1	0	37	14	23
12	中国人寿财产保险股份有限公司常熟市支公司	财险	2008年3月	钱建清	1	0	26	14	12
13	永诚财产保险股份有限公司常熟支公司	财险	2008年5月	周　斌	1	0	4	4	0
14	中银保险有限公司常熟支公司	财险	2008年10月	熊　燕	1	0	5	2	3
15	长安责任保险股份有限公司常熟支公司	财险	2009年6月	孙　雄	1	0	12	5	7
16	安诚财产保险股份有限公司常熟支公司	财险	2009年12月	李　霞	1	0	[illegible]	[illegible]	[illegible]
17	紫金财产保险股份有限公司常熟支公司	财险	2010年11月	徐　红	1	0	28	26	2
18	浙商财产保险股份有限公司常熟支公司	财险	2013年1月	马　鸣	1	0	11	11	0
19	安盛天平财产保险股份有限公司常熟营销服务部	财险	2016年4月	吴宗明	1	0	2	2	0
20	大家财产保险有限责任公司苏州支公司常熟营销服务部	财险	2020年1月	吴　敏	1	0	108	4	104
	财险公司小计				61	0	1769	608	1161
21	中国人寿保险股份有限公司常熟支公司	寿险	1997年7月	王京东	15	0	697	82	615
22	中国太平洋人寿保险股份有限公司常熟中心支公司	寿险	2000年11月	俞永东	6	0	537	45	492
23	新华人寿保险股份有限公司苏州中心支公司常熟支公司	寿险	2002年9月	周晓旭	1	0	223	20	203
24	中国平安人寿保险股份有限公司常熟支公司	寿险	2002年5月	汪惠娟	2	0	178	17	161
25	泰康人寿保险有限责任公司江苏苏州常熟营销服务部	寿险	2003年3月	王　盼	1	0	119	4	115
26	友邦人寿保险有限公司江苏分公司苏州市常熟营销服务部★	寿险	2020年6月	虞海峰	1	0	235	7	228
27	民生人寿保险股份有限公司江苏分公司常熟营销服务部	寿险	2004年8月	施　聪	1	0	6	2	4
28	太平人寿保险有限公司常熟支公司	寿险	2005年8月	朱晓峰	2	0	285	15	270
29	富德生命人寿保险股份有限公司苏州分公司常熟营销服务部	寿险	2007年9月	何慧霞	1	0	98	11	87

续表41

序号	名 称	性质（财险公司、寿险公司、中介机构）	批准成立时间	负责人姓名	2022年末机构网点（指在常熟地区有保险许可证的网点）（家）	2022年末临时歇业机构网点（指有保险许可证但因某些原因临时歇业的网点）（家）	2022年末从业人数（人）	其中：2022年末在编人数（人）	其中：2022年末编外人数（代理制营销员）（人）
30	华夏人寿保险股份有限公司苏州分公司常熟营销服务部	寿险	2008年4月	沈 媛	1	0	1283	14	1269
31	和谐健康保险股份有限公司苏州中心支公司常熟支公司	寿险	2009年2月	李 霞	1	0	37	11	26
32	中国人民人寿保险股份有限公司常熟市支公司	寿险	2009年5月	金永发	1	0	24	5	19
33	阳光人寿保险有限公司苏州中心支公司常熟支公司	寿险	2009年9月	冯耀中	1	0	1	1	0
34	长城人寿保险股份有限公司苏州常熟营业部	寿险	2009年9	王 艳	1	0	1	1	0
35	幸福人寿保险股份有限公司常熟支公司	寿险	2010年9月	严建宏	1	0	24	2	22
36	中意人寿保险有限公司江苏省分公司常熟营销服务部	寿险	2012年3月	陈 勇	1	0	16	3	13
37	东吴人寿保险股份有限公司常熟支公司	寿险	2013年12月	钱 成	3	0	296	15	281
38	建信人寿保险股份有限公司苏州分公司常熟支公司	寿险	2014年1月	张林玲	1	0	17	5	12
39	农银人寿保险股份有限公司常熟支公司	寿险	2015年3月	周惟阳	1	0	10	9	1
40	利安人寿保险股份有限公司苏州分公司常熟支公司	寿险	2016年5月	徐晓强	1	0	67	4	63
41	前海人寿保险股份有限公司苏州分公司常熟支公司	寿险	2017年4月	徐程超	1	0	102	3	99
42	长生人寿保险有限公司江苏分公司常熟营销服务部	寿险	2019年1月	陈 凯	1	0	94	3	91
43	天安人寿保险股份有限公司苏州常熟支公司	寿险	2019年5月	陈砺超	1	0	125	5	120
	寿险公司小计				46	0	4475	284	4191
44	苏州融鑫保险代理有限公司	代理公司（法人）	2006年7月	周春荣	1	0	24	3	21
45	顺联保险代理有限公司	代理公司（法人）	2007年10月	辛 勇	1	0	1	1	0
46	江苏新润保险代理有限公司常熟分公司	代理公司	2005年2月	杨维亚	1	0	9	3	6
47	华成保险代理股份有限公司常熟分公司	代理公司	2017年5月	王 欢	1	0	3	3	0
48	江苏祺顺保险代理有限公司苏州分公司	代理公司	2017年2月	沈 丹	1	0	61	8	53
49	江苏祺顺保险代理有限公司常熟分公司	代理公司	2018年11月	沈 丹	1	0	19	3	16
50	江苏恒创保险代理有限公司常熟分公司	代理公司	2017年9月	谭 益	1	1	0	0	0

续表41

序号	名 称	性质（财险公司、寿险公司、中介机构）	批准成立时间	负责人姓名	2022年末机构网点（指在常熟地区有保险许可证的网点）	2022年末临时歇业机构网点（指有保险许可证但因某些原因临时歇业的网点）（家）	2022年末从业人数（人）	其中：2022年末在编人数（人）	其中：2022年末编外人数（代理制营销员）（人）
51	江苏一迪保险代理有限公司苏南分公司	代理公司	2018年4月	章　娜	1	0	15	3	12
52	泛华联兴保险销售股份公司常熟分公司	代理公司	2019年2月	杜昌满	1	0	60	1	59
53	江苏迦丰保险代理有限公司	代理公司（法人）	2011年12月	吴晓明	1	0	7	5	2
54	江苏恒生保险销售有限公司常熟分公司	代理公司	2021年1月	江　咏	1	0	17	2	15
	保险代理销售公司小计				11	1	216	32	184
55	中安联合保险经纪股份有限公司江苏分公司	经纪公司	2016年5月	丁　科	1	0	10	5	5
56	上海妙保保险经纪股份有限公司苏州分公司	经纪公司	2018年7月	何　梦	1	0	11	5	6
	保险经纪公司小计				2	0	[illegible]	[illegible]	[illegible]
57	江苏徽商保险公估有限公司苏州分公司	公估	2018年2月	朱瑞华	1	0	7	7	0
58	江苏乐凡保险公估有限公司常熟分公司	公估	2019年4月	曹　浩	1	0	7	5	2
	保险公估公司小计				2	0	14	12	2
	常熟保险业合计				130	4	6495	946	5549

（资料来源：苏州银保监分局常熟监管组）

【**中国人民财产保险股份有限公司常熟中心支公司**】 2022年，中国人民财产保险股份有限公司常熟中心支公司实现保费收入9.76亿元，为全市9014家企业、18万辆机动车、7.74万户家庭提供风险保障15113亿元，缴纳税金12483.85万元（其中车船税9477.05万元）。该公司向疫情防控第一线的公安干警、医护人员、志愿者6000多人免费提供抗击疫情专属保险，总保额10.12亿元，向全市免费提供近1.5万元应急物资。承办全市新业态从业人员职业伤害保险试点工作，参保新业态群体人数近千人。续签新一轮"善美常熟 慈善拥军"保险项目，为1700名常熟现役军人提供9亿元风险保障。获2022年全国金融五一劳动奖状。

（王一秋）

【**中国太平洋财产保险股份有限公司常熟中心支公司**】 2022年，中国太平洋财产保险股份有限公司常熟中心支公司实现保费收入10.55亿元，车险完成保费6.91亿元，非车险完成保费3.64亿元。处理各类案件89693件，支付赔款5.12亿元。开展警保联动工作，引入事故介责沟通和提前调解机制。优化自然灾害民生综合保险、长期护理保险、重大疾病保险等服务工作，"苏惠保""医惠保"项目升级，开发"清洁无忧"保险方案。推动桃梨气象指数、大棚、农业机械等险种，启动水稻完全成本保险，承保率99.5%。推出大闸蟹气温指数保险，承保蟹塘467公顷；与滨江农业科技公司签订"高标准农田工程质量综合保险服务协议"；推出"种业无忧"一揽子保险保障服务方案。为董浜镇低保家庭提供农家险保障，保额500多万元。获2021年度全市保险业服务实体经济绩效考核一等奖。

（程序园）

【**中国人寿保险股份有限公司常熟支公司**】 2022年，中国人寿保险股份有限公司常熟支公司保费收入12.45亿元，比上年增长-4.47%，市场份额达27.76%。累计赔付、给付2.87亿元，其中提供理赔身故、人身意外伤害及医疗保险金等理赔金额8424.24万元。年内，公司推动数据管理体系建设，并持续迭代更新优化。将数字国寿写入整体发展规划纲要，打造开放共享的保险数字生态圈，接入各类生态应用，与地市机构医院进行数据对接，实现理赔直付服务客户。承办常熟市"新业态从业人员职业伤害保险""常熟市慈善关爱低收入人群项目"公益性保险，推进“常熟市关爱女性安康”保险项目，项目保障覆盖37947人；为全市39219人次提供5.88亿元保额的老龄险，为全市29926人次中、小学生提供47.89亿元保额的学生平安保险。

（胡东健）

【中国太平洋人寿保险股份有限公司常熟中心支公司】 2022年，中国太平洋人寿保险股份有限公司常熟中心支公司实现保费收入11.53亿元，比上年下降22.89%，占当地寿险市场份额的31.3%。其中，核心业务新保保费、期缴保费、团体意外险保费市场份额第二。为27671人次中、小学生提供保额44.27亿元的学生平安保险。为73231人次支付养老金、教育金、婚嫁金、红利等人寿保险金额1.57亿元，受理医疗、身故、意外伤残保险理赔案3702件，支付理赔款4615.45万元。携手太平洋产险完成寿销产保费收入5230万元。常熟第十二届常熟普惠金融服务季上，“爱享金生”获“普惠金融优秀产品奖”。

（谢宛茜）

证　券

【概况】 2022年，全市有证券公司17家，实现股票交易额6587.3亿元，比上年减少14.9%；期末股票账户数71.8万户，比上年增长0.5%；期末股票市值744.7亿元，比上年增长28.8%。

（高潇逸）

【东吴证券常熟分公司】 2022年，东吴证券常熟分公司A股基金交易量1986亿元，产品销售8.97亿元，经纪业务收入1.03亿元，拥有客户12万户，客户资产规模约280亿元。发行债券5单，承销市占率突破50%；探索创新业务，发行首单常熟国资ABS，并牵头完成对常熟国投AAA评级事宜；继续服务中法水务IPO整改优化，IPO签约5单，再融资储备1单；落地苏州单笔最大规模的乡村振兴产业基金。

（邹　佳）

【海通证券常熟海虞北路证券营业部】 2022年，海通证券常熟海虞北路证券营业部完成股基交易量972亿元，实现利润2781万元。新增资金账户8767户，融资融券开户90户，完成公募基金产品销售2.06亿元，私募产品销售0.5亿元，理财产品销售35亿元。

（龚　烨）

【华泰证券常熟金沙江路证券营业部】 2022年，华泰证券常熟金沙江路证券营业部A股基金交易量1264.11亿元，产品销售22.35亿元，全年经纪业务收入5500万元，A股证券开户969户，年末客户7.07万户，客户托管资产120.8亿元。引入落地多款私募产品，年底规模达8000万元。

（管文辉）

表42　　2022年常熟市证券交易机构一览表

名称	批准成立时间	负责人姓名	从业人数（人）
东吴证券股份有限公司常熟分公司	2009年6月	王　伟	56
华泰证券股份有限公司常熟金沙江路证券营业部	2002年11月	潘　怡	19
海通证券股份有限公司常熟海虞北路证券营业部	2005年6月	黄颖达	18
南京证券股份有限公司常熟吉祥商城证券营业部	2000年4月	张　玉	15
安信证券股份有限公司常熟海虞北路证券营业部	2009年7月	韦根东	9
中国银河证券股份有限公司常熟珠江东路证券营业部	2014年4月	王福兴	11
中信建投证券股份有限公司常熟锁澜南路证券营业部	2013年8月	张士伟	13
东海证券股份有限公司常熟海虞北路证券营业部	2014年3月	陆晓丹	6
中信证券股份有限公司常熟海虞北路证券营业部	2015年6月	耿　剑	18
中泰证券股份有限公司常熟海虞南路证券营业部	2016年8月	李洪亮	10
财通证券股份有限公司常熟枫林路证券营业部	2016年8月	汪　怡	13
光大证券股份有限公司常熟珠江东路证券营业部	2016年10月	陈　浩	6
国联证券股份有限公司常熟海虞北路证券营业部	2016年10月	王　坚	5
东方证券股份有限公司常熟李闸路证券营业部	2016年12月	唐万才	11
国泰君安证券股份有限公司常熟黄河路证券营业部	2017年7月	顾闻达	10
兴业证券股份有限公司常熟珠江东路证券营业部	2019年6月	陈一凡	15
东方财富证券股份有限公司常熟海虞北路证券营业部	2019年4月	姜　君	4

（资料来源：市地方金融监管局）

企业上市

【概况】 2022年末，全市有境内外上市公司16家，其中境内13家，境外3家；累计股权融资291.7亿元，其中2022年新增17.7亿元，为富士莱、常润股份首次公开发行和通达宏泰配股；累计债券融资179.6亿元，其中2022年新增77.1亿元，为常熟银行金融债；累计发行可转债129.1亿元，其中2022年新增60亿元，为常熟银行发行。“新三板”挂牌企业累计46家，其中2022年新增1家挂牌企业佳顺智能；累计股权融资9.3亿元，其中2022年新增1.7亿元。全市新增报会企业4家，分别为中法水务、众捷汽车零部件、博涛股份、锦艺新材料；新增省证监局辅导备案企业3家，分别为艾科瑞思、

权交易中心挂牌企业138家。常熟市统筹推进企业上市工作，落实企业上市问题三级协调机制和月报制度，优化“5+4+X”上市服务专班（指5个拟上市企业服务专员，对接企业董秘、券商、律所、会所4类关键人员，协调其他相关职能部门），开展上市后备企业走访调研，对接企业200多家次。出台《常熟市上市公司高质量发展三年行动计划》及配套奖励实施细则，完善“虞城上市通”服务体系，启动搭建“上市通”企业合规证明开具云平台，举办专题协调会等8场，畅通政企沟通渠道。

【富士莱上市】 3月29日，苏州富士莱医药股份有限公司（股票简称：富士莱，股票代码：301258）在深圳证券交易所创业板上市，是常熟首家生物医药类上市企业。首发募集资金11.07亿元。富士莱成立于2000年，主要从事医药中间体、原料药以及保健品原料的研发、生产与销售。

【常润股份上市】 7月29日，常熟通润汽车零部件股份有限公司（股票简[illegible]上海证券交易所主板上市，首发募集资金6.07亿元。常润股份成立于2002年，主要从事为各类千斤顶及其延伸产品的研发、制造和销售业务。

（高潇逸）

7月29日，常熟通润汽车零部件股份有限公司在上海证券交易所主板上市

（朱琪　摄）

表43　　2022年常熟市上市企业一览表

序号	常熟上市企业名称	上市时间	上市板块	所属镇（街道）
1	江苏通润装备科技股份有限公司	2007年8月	深交所主板	海虞镇
2	江苏常铝铝业股份有限公司	2007年8月	深交所主板	古里镇
3	江苏中利集团股份有限公司	2009年11月	深交所主板	沙家浜镇
4	常熟风范电力设备股份有限公司	2011年1月	上交所主板	尚湖镇
5	江苏亿通高科技股份有限公司	2011年5月	深交所创业板	虞山街道
6	常熟市天银机电股份有限公司	2012年7月	深交所创业板	碧溪新区
7	苏州中来光伏新材股份有限公司	2014年9月	深交所创业板	沙家浜镇
8	江苏常熟农村商业银行股份有限公司	2016年9月	上交所主板	琴川街道
9	常熟市汽车饰件股份有限公司	2017年1月	上交所主板	常福街道
10	常熟市国瑞科技股份有限公司	2017年1月	深交所创业板	常福街道
11	日禾戎美股份有限公司	2021年10月	深交所创业板	常福街道
12	苏州富士莱医药股份有限公司	2022年3月	深交所创业板	海虞镇
13	常熟通润汽车零部件股份有限公司	2022年7月	上交所主板	经开区
14	阿特斯太阳能有限公司	2006年11月	美国纳斯达克	辛庄镇
15	波司登国际控股有限公司	2007年10月	港交所	古里镇
16	通达宏泰控股有限公司	2018年3月	港交所	沙家浜镇

（资料来源：市地方金融监管局）

其他非银行金融机构

【小额贷款公司】 2022年，全市有小额贷款公司8家，合计注册资本12.66亿元；期末贷款余额5.52亿元，比上年下降8.46%；不良贷款余额3.10亿元，不良率为56.21%。全市有A级小额贷款公司2家。

【融资担保公司】 2022年，全市有融资担保公司1家（常熟市经发中小企业融资担保有限公司）和融资担保分支机构1家（苏州市农业融资担保有限公司常熟分公司），合计注册资本5亿元；在保户数512户，在保余额18.77亿元，在保余额比上年增长387.53%。

【融资租赁公司】 2022年，全市有融资租赁机构3家[常熟市德盛融资租赁有限公司、昊华融资租赁（江苏）有限公司、盛融资租赁（江苏）有限公司]，融资租赁分支机构1家（上海永达融资租赁有限公司常熟分公司），合计注册资本折合人民币9.23亿元；融资租赁期末资产总额15.83亿元，比上年下降25.82%。

【典当行】 2022年，全市有典当行6家，分支机构2家，从业人员30人，合计注册资本9000万元，典当余额9400万元，比上年增长30.56%。

【商业保理公司】 2022年，全市有商业保理机构1家（江苏吴越商业保理有限公司），注册资本2.5亿元，保理融资款本金6.7亿元，比上年下降18.98%。

【地方交易场所】 2022年，全市有地方交易场所1家（常熟市农村产权交易中心有限公司），注册资本0.05亿元，全年成交量10920笔，全年累计成交额9.9亿元，比上年增长0.61%。 （周 斌）

表44 2022年常熟市小额贷款公司一览表

名称	注册时间	法人代表	从业人数（人）
常熟市信德农村小额贷款有限公司	2008年9月	钱月宝	3
常熟市康欣农村小额贷款有限公司	2009年6月	翟健刚	4
常熟市协诚农村小额贷款有限公司	2010年1月	袁 燕	3
常熟市海虞农村小额贷款有限公司	2010年7月	罗小春	6
常熟市理尔邦农村小额贷款有限公司	2010年11月	黄晓东	6
常熟市常盛农村小额贷款有限公司	2010年11月	常德盛	4
常熟市天晟农村小额贷款有限公司	2011年4月	张卫东	1
常熟市诚信农村小额贷款有限公司	2011年8月	俞仲良	3

（资料来源：市地方金融监管局）

表45 2022年常熟市典当行一览表

名称	注册时间	法人代表	从业人数（人）
常熟市和嬴典当有限公司	2010年3月	钱月萍	1
常熟市金福典当有限责任公司	1993年4月	于洪强	5
常熟市金汇典当有限公司	2005年10月	龚建新	2
江苏神州典当有限公司	2010年3月	傅京朝	3
苏州鑫源典当行有限公司	2007年5月	蒋明生	7
常熟市聚盛典当有限责任公司	2003年4月	龚 艳	8
苏州吴门典当行有限公司常熟分公司	2012年5月	章 晨	3
苏州市吴中典当有限责任公司常熟分公司	2011年6月	谢飞宇	1

（资料来源：市地方金融监管局）

责任编辑 汤 涵

城市建设与管理

综述

【城市设施建设】 2022年，推进既有建筑更新改造，年度新纳入改造项目20个、竣工22个，试点总数167个。“低效产业提升联合自主更新项目”入[illegible]单。年内完成城中村自主更新老旧民宅10个单元273户。完成老旧小区改造续建项目17万平方米，推进新开工项目15万平方米。4条既有道路实现提质更新，莲花路全线贯通。实施1.7万平方米道路红线外区域整治。市政道路、照明设施完好率分别保持87%、90%以上。完成海虞园等景观照明提升改造，做好辖区268座城市桥梁日常监管。完成99.76平方千米建成区绿地资源普查，形成常熟市园林绿化资源数据库，发布11期“绿色银行”在库苗木清单。 （王　鹏）

【城市管理综合行政执法】 2022年，市城管局查纠各类违反城市管理规定行为12.4万起；办结城市管理行政处罚案件8.24万件、行政许可1172起；[illegible]万平方米，清除不规范设置户外广告设施1900余处；新增各类停车泊位2.5万个，完成1348个道路泊位智能化改造；推行城区装修垃圾处置收费，备案装修工程项目1751个，处置装修垃圾2.1万吨；查获偷倒乱倒建筑垃圾车辆601辆；清运焚烧处理生活垃圾50.25万吨，处理炉渣17万吨，安全处置飞灰2.2万吨，达标处理垃圾渗滤液12.7万立方米；新建中车厨余垃圾处置项目，关停南湖垃圾焚烧厂。 （沈心舟）

10月27日，莲花路全线贯通 （朱琪　摄）

城市更新

【《常熟市城市更新试点工作实施方案》编制】 2022年，常熟市制定《常熟市城市更新试点工作实施方案》，方案重点阐明八大更新内容，即实施既有建筑安全隐患消除工程，[illegible]设施补短板工程，老旧住区宜居[illegible]工程，历史文化保护传承工程，城市生态空间修复工程，城市数字化智慧化提升工程，低效产业用地活力提升工程，农房和农村基础设施更新工程。 （徐永丽）

【既有建筑更新改造】 2022年，常熟市既有建筑更新改造试点总规模167个，竣工122个，更新改造建筑面积129.1万平方米。年内，分8批新纳入试点项目20个，竣工22个。住建部1月印发《关于转发江苏省、山东省既有建筑改造利用消防审验试点做法材料的函》，常熟市相关做法被收录其中。深化“消防设计审查验收”住建部试点成果，将现场踏勘、产业认定、会商会审等多个流程整合一次性办理。 （陈　伟）

【老旧工业区（点）更新改造】 2022年，常熟市38个老旧工业区（点）更新改造点位，新开工土地面积28.8公顷，开工建筑面积52.2万平方米，土建竣工建筑面积44.2万平方米。支塘镇林园路地块企业联合自主更新被列入江苏省城市更新第一批试点项目名单。 （徐　勉）

【住宅小区综合改造】 2022年，常熟市完成南沙片区等4个片区17万平方米老旧小区改造项目，全面启动昭文片区等7个片区15万平方米老旧小区改造。锦荷佳苑二区、百盛花园南区2个小区12.04万平方米拆迁安置小区提升工程完工并验收。常熟市更新印发1000本《常熟市既有多层住宅增设电梯指南（2022年版）》，年内，全市完成13部电梯增设。

（王　瑾）

【城中村自主更新】 2022年，常熟市虞山街道大兴村南第一单元、琴川街道三里桥东单元等10个单元273户完成新房主体结构封顶。虞山街道东横头单元及琴川街道前漕泾第一单元完成配套基础设施建设，虞山街道闸口桥西单元、琴川街道前漕泾第二单元（一期）等5个单元经批准开始实施配套基础设施建设。虞山街道缪家桥单元、琴川街道陈家巷第一单元等12个单元158户开始组织实施。市更新办出台《关于"插花式"单元分期实施的操作意见》，首个"插花式"试点兴福六组单元于7月18日启动自主更新。11月市政府办公室印发《城中村自主更新单元长效管理指导意见（试行）》，巩固提升自主更新成效。

（徐永丽）

【房屋征收】 2022年，常熟市完成计划征收项目15个、578户；完成结转项目7个、164户。4月颁布定向房票安置政策，全年吸纳定向房源楼盘61个，9766套，核发房票131张。完成"常熟市房屋征收管理信息系统"提档升级，企业搬迁系统、房票管理系统先后上线运行，实现信息化流程管理。全年录入民宅7400多户，录入选房3343套，企业搬迁基础库入库3702个，房票购房145套，购房金额超2亿元。

（杨　峥）

【安置房建设】 2022年，全市竣工入库阜湖苑二区、金腾家园二区及碧海家园三区安置小区3个，入库安置房1880套，建筑面积约23万平方米。年内，交付安置房1803套，减少在外腾房安置户1133户。

（杨　峥）

【《常熟市住宅房屋搬迁定向房票安置实施办法（试行）》发布】 4月，《常熟市住宅房屋搬迁定向房票安置实施办法（试行）》发布。市征收办统筹政府市场房源，建立定向安置房源库，统一将无计划房源纳入定向安置房源库。2022年58个楼盘8936套商品房（其中政府安置房源33个小区、3481套，约44万平方米；市场商品房源25个小区计5455套，约63万平方米）纳入市级定向安置房源库。年内，琴川街道花溪六期项目、沙家浜唐市片区项目作为试点项目均在短期内完成。

（杨　峥）

【既有建筑安全隐患排查整治】 2022年，常熟市落实专项资金2500万元，组建排查"三员"队伍1000多人，搭建"常熟市房屋使用安全信息管理系统"，加强既有建筑安全监管。全市排查既有建筑39.34万幢、面积2.13亿平方米，其中排查自建房24.27万幢、面积5757万平方米（含经营性自建房4.76万幢、面积1312万平方米），发现隐患房屋87处，全部落实管控措施，至年底采取拆除、翻建、加固维修等工程措施消除隐患41处。

（王　瑾）

重点片区开发建设

【花溪片区】 片区北至白茆塘，东至新世纪大道，西至横泾塘转至琴湖路，南至南三环，研究范围272.5公顷。依托苏虞张线轨交枢纽、双湖夹抱的区位优势，旨在打造未来宜居宜业新高地。2022年，完成544户民宅及49.33公顷企事业单位征收搬迁；形成片区开发初步实施方案。

【高铁西站片区】 片区为西三环、望虞河、规划申张线航道和342改线段围合区域，"三区三线"划定范围为86.5公顷，结合常熟西站区位特色，旨在打造以蓝绿交织为基底的高品质示范区。至年底，通苏嘉甬铁路开工，常熟段全线征拆放样完毕；西站枢纽连接线工程用林论证完成；形成片区规划初步意向方案。

【数字科技新城】 片区东至海洋泾，南至北三环路，西至耿泾塘，北至雁荡泾，"三区三线"划定范围为530.7公顷，以数字经济产业为支撑，融合工作、生活、休闲、教育等功能，旨在打造成为开放发展、产城融合的新高地。至年底，片区内南沿江铁路轨道顺利对接常熟站并铺设完毕，片区内初中、小学、幼儿园投用，常春藤国际人才港项目、常熟数字智能产业园暨松下协创中心项目、小型数据示范中心项目开工建设。

【琴湖片区】 片区东至新世纪大道，南至沙家浜路，西至海虞南路，北至富春江西路，范围包括1.5平方千米的琴湖及周边地区，由招商蛇口与常熟城投采用一二级联动模式合资开发建设及管理营运。片区开发以"高端、智慧、活力、绿色"为理念，覆盖商业中心、文化中心、国际医疗、五星级酒店、国际幼儿园、产业办公、邻里中心、精品社区等多种业态，目标打造常熟地标性公共空间和虞城现代都市生活新地标。至年底，片区内琴湖公园、琴湖溪里商业广场开放，琴鸣雅院等住宅项目按期交付，文化艺术中心、招商力宝医院、优达思国际幼儿园等一批高端配套在建。片区累计完成一级开发建设投资6.5亿元、二级开发完成投资货值105亿元。

（唐　彬）

重点项目建设

【概况】 2022年，市城投公司承担政府代建、动迁安置房、片区开发等项目建设任务93个，完成建安与设备投资12.2亿元。启动常春藤国际人才港项目、花溪东片区水系整治一期等33个项目；竣工清晖公园、清晖小学、清晖中学、海丰家园、常熟市中医院分院老年康复治疗中心等48个项目；南溪花园、工人文化宫等45个项目在建。

【清晖公园项目】 位于城铁片区核心区南侧，北至黄浦路，南至北三环，西至新世纪大道北延，东至毛前塘，南北方向长度500米，东西方向长度630米，呈三角地块。用地面积13万平方米，其中，绿化面积9.8万平方米，园路、铺装、运动休闲场地面积2.1万平方米，概算总投资7500万元。项目于2021年10月开工建设，2022年10月1日对外开放。

【海丰家园一期动迁安置房工程项目】 位于常熟市城铁片区泰山路东侧，虞福路南侧、新世纪大道西侧、常昭路北侧。规划用地面积29284平方米，总建筑面积[illegible]筑面积19834.1平方米，地上建筑面积73338.2平方米。小区新建17层住宅楼8幢，建安置房512套。工程于2020年6月开工建设，2022年11月完工。

【元丰园二区二期动迁安置房工程项目】 位于虞山街道招商西路以北，元和路以东，规划用地面积19075平方米，总建筑面积25234.55平方米，其中地下建筑面积5590.16平方米，地上建筑面积19644.39平方米。小区新建6层住宅楼3幢，建安置房66套。工程于2020年4月开工建设，2022年1月完工。

【碧海家园三期动迁安置房项目】 位于常熟市城铁片区泰山路东侧，黄浦路南侧、新世纪大道西侧。[illegible]面积6.53万平方米，总建筑面积19.82万平方米，其中地下建筑面积3.85万平方米，地上建筑面积15.97万平方米。小区新建29层住宅楼9幢，建安置房1148套。工程于2019年8月开工建设，2022年7月完工。

【常熟市中医院分院老年康复治疗中心项目】 位于常熟市外菱塘路35号，常熟市中医院分院（新区分院妇保院）用地面积6431.47平方米，其中新建建筑占地面积1591.34平方米。建[illegible]积7247.14平方米（含地下）。项目于2021年1月正式开工建设，2022年12月1日投入使用。

【常春藤国际人才港项目】 项目总建筑面积10.2万平方米，一期于2022年10月28日开工建设。

【常熟数字智能产业园暨松下协创中心项目】 项目总建筑面积18万平方米，于2022年10月18日开工。

（唐　彬）

海绵城市建设

[illegible]市建设项目22个，包含建筑小区、道路、公园绿地、河道水系等多种类别。至年底，全市海绵城市建设面积32.25平方千米。

【房屋建筑类项目】 2022年，常熟市完成房屋建筑类海绵城市项目8个，其中，6个新建住宅项目和琴湖苑、海枫公寓2个老旧住宅小区综合整治项目，在建设过程中采用雨水回用池、下凹式绿地、生物滞留池等海绵设施及雨污分流等海绵措施。

【道路类项目】 2022年，常熟市完成金湾路、庙港路等道路类海绵城市项目3个，主要海绵措施是铺设透水路面砖。

【公园绿地类项目】 2022年，常熟市完成城铁片区森林公园一期工程、2022年口袋公园改造等公园绿地类海绵城市项目4个，主要海绵措施有湿塘、植被缓冲带、生态修复、植草沟等。

清晖公园　　（2022年9月24日摄　市融媒体中心　提供）

【水利及管网类项目】 2022年，常熟市完成琴湖小镇公园片区水系调整、城铁片区水系整治一期工程等河道水系类海绵城市项目7个，通过采取河道清淤、防水排涝改造提升等海绵措施，提高河道蓄水量、增强相关区域的防汛排涝能力。 （屈嘉慧）

市政设施管理

【道路】 2022年，常熟市完成闽江东路（海虞北路—华山路）、琴湖路（富春江西路—胜湖路）等多条市政道路提升改造项目，摊铺沥青路面11949平方米，拆铺各类道板砖5408平方米，维修平侧石3080米；完成海虞桥右转锁澜路路口、达海路名流世纪庄园和新世纪大道润欣花园出入口等多处节点改造项目，改造面积2850平方米；完成海虞北路（金沙江路—闽江路）公交车道、红旗南路（环城南路口东南侧）、书院街（西门大街路口西北侧）等重要交叉口或点位以及环湖北路（石斛基地—宝岩港水产园）、拂水堤等重要路段的车辙和病害处理，摊铺沥青路面1.4万平方米；实施道路红线外区域整治，完成琴川菜场等8个集贸市场周边市政设施改造11990平方米；完成琴湖家园东侧及明日星洲北侧场地改造5000平方米，完成红线外区域整治面积1.7万平方米。 （侯　怡）

【桥梁】 2022年，市住建局对虞山街道、琴川街道、莫城街道、常福街道以及经开区、高新区区域内城市桥梁管理情况以及城市桥梁隐患大排查大整治情况开展督查；完成辖区内268座城市桥梁常规检测和190座城市桥梁结构检测及城市桥梁信息牌制作安装。2022年常熟创建苏州优质养护片区，涉及5个片区9条道路：报慈北路、长江西路、紫金山路、张坝路、闽江东路、青城山路、元和路、香榭路、富阳路。 （侯　怡）

【照明】 2022年，市住建局探索推进“智慧路灯”建设，配合琴湖路道路整体改造和闽江东路等市政整修项目。完成黄河路、虞山南路2条主次干道的老旧线缆更新和虞山北路地埋灯及线路（黄河路—甬江路）低压化安全改造项目，消除路灯和景观照明设施的安全隐患；完成海虞园、法治雕塑广场、海虞桥片区景观照明改造。配合实施拂水堤通景道路提升改造。 （季　冰）

【供电】 2022年，全市全社会用电量211.51亿千瓦时，比上年增长0.64%。其中，第一产业用电量7831万千瓦时，第二产业用电量165.92亿千瓦时，第三产业用电量22.99亿千瓦时，比上年分别增长21.62%、-2.51%、11.69%；居民生活用电量21.82亿千瓦时，增长16.41%，城镇7.88亿千瓦时、农村13.94亿千瓦时，比上年分别增长11.2%、19.59%。年内，常熟电网运行稳定，最高调度负荷339.31万千瓦，创历史新高。市供电公司完成售电量181亿千瓦时，比上年增长0.63%。

电网建设和改造　新增变电容量13.9万千伏安，输电线路长度47.53千米。投运了110千伏兴隆输变电工程，110千伏任阳、白茆 、梅李变电站扩建技改工程。至2022年末，常熟电网有35千伏及以上公用变电站81座，主变压器160台，总容量1305.8万千伏安。有35千伏及以上输电线路239条，总长度2044.32千米。有10（20）千伏配电变压器14224台，总容量595.45万千伏安；20千伏线路71条、263.65千米，10千伏线路1104条、7513.78千米。

电力供应与服务　2022年，市供电公司受理用电报装申请53787户，容量218.4958万千伏安；完成装接通电53451户，容量239.8548万千伏安。全市电力用户750364户，总装接容量2030.2463万千伏安。受理分布式光伏用户申请421家，并网336家，总合计156.38兆瓦。其中非居民项目253个，合计155274.235千瓦，居民项目83个，合计1105.39千瓦。12月15日，常熟首座商用换电站在常熟汽车客运北站西侧广场启用。年内，市供电公司全电共享电动汽车充电机器人系统入驻江南大厦地库，合计15个桩覆盖48个车位。 （徐安琦）

【供气】 2022年，全市销售管道天然气9.84亿立方米，比上年减少3.53%。新增居民用户33055户、工商用户303户，天然气管道377.06千米。全市液化石油气供应量21699.77吨，比上年减少5.13%；全市汽车加气量2157.65万立方米，比上年减少23.89%。年内，开展“气改电”“全电厨房”试点，

11月24日，泰慈游园雾森系统投用，该系统通过制造出雾气，提高游园观赏性 （朱琪　摄）

完成居民“瓶改管”6038户，非居民“瓶改管”160户，新增餐饮用户“气改电”1282户。完成华山路—长江路中压管网（华山路—海虞北路）、华山路和嵩山路3条1.82千米埋地老旧燃气钢管改造项目。完成15个老小区燃气管道更新改造，惠及6130户居民。完成市级重点项目LNG三期建设，具备调试运行条件。

（周宇恒　唐　彬）

【供水】 2022年，全市自来水入户率100%，全年供水量21392.02万立方米，比上年下降2.87%；售水量18450万立方米，比上年下降2.98%；最高日供水量70.51万立方米，创历史新高；日平均供水量58.48万立方米；供水出厂水水质综合合格率、管网水水质综合合格率100%。开展供水管网更新改造，新建DN75及以上管网30.1千米，完成DN50–1400供水管网改造34.16千米。

（唐　彬　陆小祥）

【热力管网建设】 2022年，常熟市有供热管网333.6千米。年内，4家企业新建热网管道8.1千米。滨江热力年内投资2503万元，实施董浜—杨塘等7条支线供热管网改造工程。昆承热力投资4500万元，新建供热管网3.7千米。

（王晓龙）

【污水处理】 2022年，常熟市建设城镇污水处理厂配套管网及城镇控源截污管网，完成污水管网建设30千米。建设互联互通管网，城南转输泵站至城西污水厂应急连通管道工程新建管网12千米，海虞4号泵站迁建及配套转输管工程完成转输管网1千米。推进城乡生活污水处理提质增效精准攻坚“333”（以消除城市黑臭水体、污水直排口、污水管网空白区，整治工业企业排水、“小散乱”排水、阳台和单位庭院排水，提升城市污水处理综合能力、新建污水管网质量管控水平、污水管网检测修复和养护管理水平为内容的“三消除”“三整治”“三提升”）行动，2022年超额完成苏州下达的各项任务，完成114个达标区创建任务，完成雨污水管网检测检查2362千米、修复2517处，整治工业企业排水1233家、小散乱排水户3811家、小区阳台和单位庭院排水526个，消除沿河污水直排口1249个。

（陆小祥）

城市公共交通

【公交】 2022年，常熟市有公交经营主体2家，开设公交线路147条，其中城市50条、城乡41条、镇村56条。开通夜班线路59条，有毗邻公交4条。全市有公交车1263辆，其中纯电公交车102辆，插电式混合动力公交车604辆，氢能源公交车36辆，清洁能源LNG公交车329辆，柴油车192辆，新能源及清洁能源公交车占比84.8%。全市公交从业人员1779人，年行驶总里程6241.54万千米，年客运总量3440.2474万人次，单车日均运营里程135.39千米。有公交枢纽站5处（其中公交换乘站1处），公交首末站39个，公交候车站点3569个，公交候车亭2164座、其中542个站点设置电子站牌，市区500米半径公交站点覆盖率达98%。2022年新开通公交线路10条、调整27条。

【出租车】 全市有出租汽车企业3家，运营车辆759辆，其中汽油车11辆，双燃料车辆714辆，新能源纯电动车辆34辆。注册出租汽车从业人员1112人，年行驶总里程5292.35万千米，年客运总量为734.14万人次，单车日均运营里程191.04千米。全市累计有完成许可并持有效运输证网约车1781辆。

（黄心珏）

【公共自行车】 2022年，常熟市完成公共自行车二期更新项目，更新站点控制器96个、锁柱4680个、自行车3600辆。联网改造634个站点、升级更新2.1万多个锁柱，常熟市成为省内首个联网实现第三代社会保障卡刷卡借还公共自行车的城市，与苏州市区、昆山市实现通借通还。年内，投放新型有桩助力车1650辆。

（沈心舟）

【交通公众服务平台】 2022年，常熟市做好“常熟行”App、“常熟行”微信公众号运营，满足市民查询线路信息、二维码支付乘车、查看常熟各高速公路实时路况和停车场信息、在线购买长途客运票务服务等。至年底，“常熟行”宣传矩阵用户数305825人，其中服务号190403人，支付宝生活号103256人，订阅号6809人，抖音号3692人，微信视频号1665人。

【省城乡公交一体化达标县建设】 12月4日，江苏省交通运输厅评估确定常熟市为城乡公交一体化达标县（市、区）。常熟市开行城乡和城区内班次频度不同的快线公交、夜间线路、区间车、支线公交，提升城乡公交服务效率。实现苏州大市范围内与相邻的板块毗邻公交100%覆盖。针对公交车安全防范薄弱环节和突出问题，做好公交车安全防范工作。升级改造智能公交电子站台和公交车到站预报系统，持续推广智能公交运营调度系统，推进公交信息化数据分析功能扩展。

（黄心珏）

城市绿化

【口袋公园建设】 2022年，常熟市新建有本园、紫竹园、飞寒、开轩园等口袋公园4处，投资245万元，建设面积1.12万平方米。全市累计有“口袋公园”11个。

（姚　欢）

【道路绿化景观整理更新】 2022年，常熟市完成黄河路、虞山北路、元和路3条道路绿化提升改造，投资278万元，改造面积6.4万平方米。完成衡山路322株行道树树种更新，以彩叶树种三角枫替代原有合欢。开展颜港河樱花观赏区建设，通过清理退化樱花，补植颜港桥南段染井吉野樱。

（姚　欢）

【园林绿化优良工程评选】 2022年，市绿化委员会办公室与市园林行业协会开展2022年度常熟市“园林杯”园林绿化优良工程评审，18家企业参加，33个工程项目参评，工程类型包括综合性园林绿化工程和绿化工程2类。其中涌现自创新型园林绿化修剪装置、自创新型养护装置、乔灌木根部灌水器、自创新型土壤改良装置等新技术、新工艺。苏州园科生态建设集团有限公司承建的新世纪大道北延一期工程（高架及配套设施）（北三环—常昭路）两侧景观工程等29个项目获评2022年度常熟市园林绿化优良工程。（姚　欢）

城市管理

【城区停车能力建设】 2022年，市城管局编制停车专项规划，推广停车智慧管理。智能化改造道路泊位18处1348个，城区道路泊位日均周转率由2次提升至12次。制定居民区周边道路泊位优惠政策，延长33处1400个泊位夜间免费时段，降低4处重点区域收费价格。通过新增建筑配建泊位、建立立体停车库、老旧小区更新改造、建设5处临时停车场、增设"共享泊位"等，增加停车泊位2.5万个；在67处街巷便利店、公厕等周边推行20分钟限时泊位。

【违法建设治理】 2022年，常熟市出台《常熟市涉安违建"清零"工作方案》《常熟市违法建设快速处置指导意见》等10个指导性文件，开展涉及安全隐患违法建设清零、文明典范城市违法建设专项治理、违法建设百日集中攻坚等专项行动5次，累计拆除违法建设377.7万平方米，完成重点治理项目327个。建立违法建设信息平台与12345热线快速联动处置机制，创新新增违法建设1天核实、1天上传平台、6天处置的"116"工作法，处置新增违法建设工单171起。探索违法建设分类治理措施，建立联席会办、联合会审等保障机制，完成10项补充办证、32项限制不动产登记（交易）。

【建筑装修垃圾运输处置】 1月1日，常熟市在苏州县市（区）率先实行城区装修垃圾处置收费。办理建筑垃圾处置许可106件，备案装修项目1751个；建立建筑装修垃圾联单制，实现垃圾产生、运输、处置闭环；860辆名录内建筑垃圾运输车辆实现实时监控、及时预警；落实建筑装修垃圾清运处置监管平台申报预约，收处建筑装修垃圾8.17万吨。开展建筑装修垃圾联动整治，查获违法车辆601辆；建立污染环境专案会商机制，移送公安机关侦办涉刑案件1起。

【市容秩序管理】 2022年，市城管局开展市容市貌精细化管理、车窗抛物整治、独立式招牌设施整治等专项行动9项，查纠市容乱象5.2万起，创建苏州级城市管理示范路1条、苏州市"精品美丽街区"1个。拆除屋顶镂空字、精神堡垒、陈旧破损广告等广告设施511处，完成大型户外广告设施安全鉴定492处，9处店招标牌命名为苏州市级"百佳"招牌、2家商户入围苏州星级商户。加强市容环卫、户外广告"双系统"管理，1100个点位、1.3万条户外广告信息录入系统，落实日巡打卡和现场纠处3.8万起。

【垃圾分类管理】 2022年，全市有"三定一督"（定时定点定人督导）小区706个，年内16个新建小区通过达标验收。市城管局开展垃圾分类质效提升行动，查处乱扔垃圾包等行为2.3万起。354个小区、400多辆收运车、99处垃圾终端设施实行信息化监管。在29个小区设置"过时投放点"，创新"5G+AI"智能督导投放模式。加快"两网融合"，设置回收网点91处；开展大件垃圾每月免费集中清运，清运大件垃圾332吨；推进低值可回收物投放设施布设，废玻璃、废纺织物投放设施分别覆盖664个和575个小区。探索农村厨余垃圾、其他垃圾专收专运。打造"大虞海棠"宣传品牌，组织"小蜜蜂"志愿者队伍3000多人，开展先锋领治、入户宣传、专题培训等宣贯和志愿服务500多次，编制青少年科普读本，靶向宣传"新入职、新入住、新入学"群体20.8万户。

【生活垃圾处置】 2022年，全市厨余（餐厨）垃圾总处理能力547吨/日，实现全量处置，年内建成投运设计处理能力200吨/日的中车厨余（餐厨）垃圾处理项目。第二生活垃圾焚烧发电厂启用库容55万立方米飞灰填埋场。南湖生活垃圾焚烧发电厂12月28日停炉停产。南湖生活垃圾填埋场生态治理项目完成封场项目建议书、场地调查风险评估、稳评、可研编制等前期工作。

【环境卫生管理】 2022年，市城管局强化城乡环卫作业质量考核，对187个环卫项目检查考核645次、通报2次，推动环卫作业"同城同质"。完成城区新一轮环卫发包，划分12个作业标段，新增省内首辆氢能源环卫车、无人保洁船等100多辆作业设备，道路机械化清扫率提升至97%。深化城区"四季美城"、大扫除大攻坚等行动，开展车容车貌专项督查和最严督查月行动，打造"一标一亮点"和4个"席地而坐"城市客厅示范区。提档升级39座老旧环卫作息房，通过颁发环卫荣誉证、落实免费游园政策、开展"环卫工人节"、设立爱心驿站等措施，关爱环卫工人。

【城乡公厕建设】 2022年，常熟市新改建公厕121座，建立城区"深度保洁+小微快修"公厕管养机制；建立"一厕一档"农村公厕信息库，涵盖4615座公厕，在苏州县市（区）率先实现镇村公厕信息化管理。

【"江南爱停车"智慧平台】 2022年，"江南爱停车"智慧平台累计接入397个停车场（点）泊位9.3万个，注册用户达到68万人；开发微信免密支付，丰富银行卡、电子钱包、ETC等多种无感支付，实现停车费电子非税票据线上开具。智慧停车项目获评常熟市2022年度数字政府建设优秀案例。

（沈心舟）

责任编辑　李　妍

乡村振兴

农村综合改革

【农村承包土地管理】 2022年，常熟市巩固农村土地承包经营权确权登记颁证成果，深化农村土地“三权分置”，激活农村土地经营权，加强农村土地经营权流转管理，最低面积以上的流转主体2218个全部签订规范合同，全市蔬菜主产区新增土地流转面积167.16公顷，6.67公顷以上连片地块106块，面积163.71公顷，蔬菜土地流转率27%，较2021年提高4%。年内，市农业农村局起草《关于常熟市征（使）用土地补偿安置衔接工作处置的报告》，整理常熟市线型征地补偿安置人员产生办法，牵头召开补偿安置工作会议，解决新型征地安置人员产生问题、预安置问题、双安置问题等。

【农村集体产权制度改革】 2022年，常熟市基本完成229家农村社区股份合作社股份固化改革任务，开展农村集体经济组织登记赋码信息核对工作，做好集体经济组织赋码登记系统的日常管理，督促指导股份经济合作社做好赋码登记信息变更及换证工作。全市75个村（社区）股份经济合作社完成信息变更工作，换发登记证书41份。加强股份经济合作社成员和股权证管理，完成系统成员信息录入91万人次。全面开展农村集体经济组织架构梳理规范工作，在琴川街道琴湖社区股份经济合作社开展股权继承、转让、赠与等股权赋能工作试点。

【农资“三资”管理治理】 2022年，常熟市全面推进农村集体资产管理“四网融合”，229个股份经济合作社进入农村集体资产监督管理平台，实现运用全覆盖。平台提档升级各系统实现联调，在梅李镇胜法村、尚湖镇湖庄村、古里镇新桥村、海虞镇聚福村试点运行。开展江苏省农村集体资产智慧监管服务平台试点运用工作。全市集体经济组织到期合同累计挂牌11736笔、金额10.57亿元，成交10919笔、金额9.9亿元。开展农村人居环境整治长效管理保洁费和环境整治支出专项调研、苏州市农业农村局2019—2021年村级集体资金情况统计、农村集体存量资金使用情况专项调度汇报及农村集体土地出租环节自查。出台《关于鼓励减免2022年承租农村集体物业租金的指导意见》，累计减免租金75万元。

农村经济

【概况】 2022年，常熟市围绕新型农村集体经济发展和农民共同富裕，聚焦载体项目建设、相对薄弱村帮扶、乡村公益医疗互助项目试点等重点工作，指导督促村级财力建设项目落实落地，推动实施集体工业用地优化整合，指导做好农村集体建设用地入市试点和“一图一表”项目实施，抓好集体经济相对薄弱村巩固提升。古里镇坞坵村集体经济发展案例获评江苏省“共同富裕，百村实践”新型农村集体经济发展典型案例。

【村级财力建设】 2022年，常熟市229个村级集体经济组织实现可支配收入33.68亿元、村均1471万元，比上年增长5.7%；经营性收入20.69亿元、村均903万元，比上年增长5.2%。村级财力建设联合抱团项目及村集体自主投资项目33个，项目用地面积[illegible]万平方米，房屋建筑面积54.85万平方米，村级投入14.39亿元。深入推进“万企联万村 共走振兴路”行动，开展村企联建项目303个（分村），2022年增加集体收入7876万元。推动老旧工业区（点）更新改造及农村集体建设用地入市试点，老旧工业区（点）更新改造项目备案24个，建设用地面积74.6万平方米。

【薄弱村巩固提升】 2022年，常熟市继续做好市级集体经济相对薄弱村巩固提升工作，38个集体经济相对薄弱村投建载体项目14个，总投资3.68亿元，其中薄弱村投资2.93亿元。

【农民增收】 2022年，常熟市持续实施农民收入倍增计划，做好2022年度省点农民增收监测点农户监测工作，不断提高农民工资性、财产性、经营性和转移性收入。2022年，常熟市农民人均可支配收入52336.32元，比上年增长7.32%。

村镇建设

【村镇规划编制】 2022年，常熟市推进镇级国土空间规划编制，各镇国土

"千村美居"梅李镇胜法村田垛里　（2022年8月13日摄　梅李镇　提供）

空间规划均形成初步成果，梅李镇、董浜镇完成镇区范围试划。推进镇村布局规划修改，完成专家论证。推进"多规合一"实用性村庄规划编制，莫城街道东青村、尚湖镇颜巷村、海虞镇七峰村和福山村等12个实用性村庄规划获常熟市人民政府批复。琴川街道东环村、常福街道方浜村、沙家浜镇芦荡村等13个实用性村庄规划通过专家论证。

（徐　勉）

【美丽城镇建设】 2022年，全市美丽城镇实施项目205个，完成投资约19亿元（含社会投资）。市政府办公室印发《关于推进常熟市"十四五"美丽城镇建设的实施方案》。海虞镇、沙家浜镇、支塘镇获评苏州市"美丽宜居镇"，海虞镇入选首批苏州市"重点中心镇"建设试点名单，支塘镇入选首批苏州市"特色小城镇"建设培育名单。

（周伟峰）

【农村给排水系统建设】 2022年，常熟市完成农村管网老化、水压偏低区域改造更新5155户。完成浒东村直饮水点建设。开展农村分散式生活污水治理四期PPP及接管项目，累计完成4597户农户生活污水治理。

（陆小祥）

农村人居环境

【农村人居环境整治】 2022年，常熟市持续推进农村人居环境整治，乡、村道优良路率达92.7%，农村绿化覆盖率达35.13%，农村无害化卫生户厕普及率保持100%，农村生活污水治理率达99.5%。农村强弱电线路整理经验做法《江苏常熟："小线杆"破解大难题 亮出农村"无线美"》入选第三批全国农村公共服务典型案例，碧溪街道获评"苏州市农村人居环境长效管护先进镇"，海虞镇汪桥村、碧溪街道李袁村、东南街道昆承村获评"苏州市农村人居环境长效管护先进村"，海虞镇聚福村等8个自然村获评"苏州市农村人居环境整治提升工作示范村"。

【"千村美居"工程】 2022年，常熟市持续推进"千村美居"工程，全市累计完成投资41.5亿元，铺设农村道路1517.1千米，新建村庄内部小游园（含农村公共健身设施点位）2559个，新增新时代文明实践站所、农耕民俗馆、历史名人馆等各类阵地140个，新（改）建公厕2601座，完成线路整理5000余千米。组织"千村美居"长效管理专班开展考评9次，42名党代表、人大代表、政协委员参与督查，1099个村庄接受考评。完成验收"千村美居"建设村庄812个，累计建成各类"美丽乡村"3456个，实施各类"美丽乡村"工程3772个，实施覆盖率80%。

【特色乡村建设】 2022年，常熟市推进特色田园乡村、特色精品乡村、特色康居乡村等特色乡村建设。年内，新增"江苏省特色田园乡村"3个，苏州市特色精品乡村6个，苏州市特色康居乡村225个，苏州市特色康居示范区3个，其中常熟市碧溪街道"江畔美村·田园浒浦"获评苏州市优秀特色康居示范区。　（陆喜娟　周伟峰）

表46　2022年常熟市新增苏州市级以上特色乡村一览表

类别	村（区域）
江苏省特色田园乡村	董浜镇智林村钟家巷、常福街道福圩村沉海圩、常福街道小义村归城
苏州市特色精品乡村	董浜镇智林村钟家巷、虞山街道大湖甸村钱家村、虞山街道兴福管理区舜过井、常福街道小义村归城、常福街道明晶村韩家桥、梅李镇海城村青洋塘村庄
苏州市特色康居示范区	碧溪街道"江畔美村·田园浒浦"特色康居示范区、梅李镇"怡人乡村·水韵赵市"特色康居示范区、常福街道"福泽望虞·宜居常福"特色康居示范区

续表46

类别	村（区域）
苏州市特色田园乡村（特色康居乡村）（第一批）	尚湖镇河金村（田都里、陶家湾）、湖庄村（下练塘）、翁家庄村（翁庄府、查林府）、张村村（袁家水渠、贡巷）、蒋巷镇村（杨家桥新村）、鸳鸯桥村（张家巷、里亩苑、瞿家湾西）、车路坝村（洪家庄2—3组、戴家塘、塘湾26组）、常兴村（唐巷）、南村坝村（陆房巷）、练南村（陆介上新区）、新裕村（王介村、小桥湾）；辛庄镇常南村（隆力奇别墅区）、平墅村（吴巷）、张家桥村（马家坝、邵家塘）、嘉菱村（方家墩）、旺倪桥村（庙浜廊、高家巷、马家巷、王家塘）；董浜镇杨塘村（朱家角、顾家巷埭）、旗杆村（姚[illegible]吴家宅基）、东盾村（曹陆泾）、北港村（孙家巷）、红沙村（丁家宅基）、永安村（丁家巷）；碧溪街道浒东村（浒东新村三区）、浒西村[吴家宅基、下塘（陈家巷）、后房、袁湾、崔家宕、小居家、南庙浜（朝南巷）、浦江新村、浒西新村、杨家角、龙王庙、陈家巷、张家宅基（王家湾）、西彭家桥]、李袁村[青年路（薛家宅基）、佳宁丽苑]、港南村（新溪新村3区、新溪新村5区、新溪新村4区）、周泾村（周泾村7组周泾口）、中南村（郑家弄）；常福街道五新村（曹家宅基、五新家园、陈家坝、孙巷）、东联村（小桥桐桥）、常隆村（枫杨）、蜂蚁村（塘下桥、颜家宕）、压路机村（杨家宕）、明晶村（全家小桥、钱巷）；海虞镇河口村（程家宕）、河口村（管家巷、严巷、双燕庄）、香桥村（刘家浜）、铜官山村（西东低田头、西厢基、狄家巷、傅家宕）、香桥村（香桥新村）、邓市村（泾巷桥、吴家巷）、里泾村（吴家桥）；梅李镇海城村（邵家巷）、胜法村（田垛里、前孙家宅基）、聚沙村（宫前桥）、珍南村（小杠泾）、寨角村（寨角）、赵市村（陈家段）、梅南村（季洞泾、万柳苑南区）、圩港村（程家巷）；虞山街道洩水村（凤翔圩）、甸桥村（西横浜、李家巷）、三峰管理区（顾家湾、孙家村）、兴福管理区（鹤顶上）、大湖甸村（钱家村）；古里镇陈塘村（陈北、潘家堂、前张村）、下甲村（高田、庄全角）、紫芙社区（西塘湾）、苏家尖村（娄家浜）；支塘镇长桥村（3组寺基、31组罗家浜）、枫塘村（15组茅浜、14组东王家宅）、八字桥村（支新14组陈家桥）、任南村（5组东蔡段泾、6组东蔡段泾、杏泾小区）、丰联村（佳苑小区）、凤泾村（4组周家浜）、何北村（14—10组盛家巷）；沙家浜镇常昆村（施家基）、朗城村（北张家、南张家、潘家）、芦荡村（颜家浜）、昆承湖村（北里泾小区）、华阳村（金庄浜路东）、沙南村（前王）、昆南村（南张泾）、苏南村（苏家浜）；莫城街道长瑞村（新村）、湖鹤村（高泾新村）、三星村（狄家湾）、长瑞村（高泾、倒秋[illegible]；琴川街道渠中村（渠中苑）、青龙社区（前厍家园）、

（资料来源：市农业农村局）

【美丽庭院建设】 2022年，市妇联推进“美丽庭院”创建工作，常态化开展“美丽庭院”回头看，召开美丽庭院工作会，制作美丽庭院（美丽菜园）成果展图册，引领广大妇女争创美丽庭院、共建美丽家园、助力乡村振兴。年内，全市创建苏州市美丽庭院示范村1个（莫城街道燕巷村）、苏州市级美丽庭院250户、常熟市级美丽庭院1000户。莫城街道燕巷村获评江苏省美丽家园。 （谢 燕）

【农村河道治理】 2022年，常熟市完成农村河道疏浚176条，疏浚土方120万立方米；清理河道499.3千米，建成生态美丽河湖529条，建设驳岸778.9千米；完成三闸改建7座、排涝站6座；完成中小河流治理重点县综合整治和水系连通项目（梅李、碧溪、支塘项目区）增做工程，涉及3个乡镇、8条河道，整治河道5388米、新建护岸总长6799米；建设农村生态河道8条，长度54.3千米。 （陆喜娟）

【“两湖两线”特色田园乡村跨域示范区建设】 2022年，常熟市推进“两湖两线”特色田园乡村跨域示范区建设，累计建成精品村组团5个和康居村109个，完成“长江沿线”示范区江堤防洪能力提升工程和景观线路项目建设，“环阳澄湖”示范区沙阳线改造项目动工建设。 （陆喜娟 周伟峰）

乡村治理

【概况】 2022年，常熟市探索推行以先锋领治、村民自治、履约法治、乡风德治、数字智治为核心的“五治融合”乡村治理机制，《探索农村人居环境整治长效管护机制》入选第四轮省农村改革试验任务。市政协、市委组织部、市委政法委、市委宣传部、市农业农村局、市城管局等“五治融合”相关部门累计开展10次现场调研，召开4次专题会，走访全市14个镇（街道）80多个村庄。

【先锋领治】 2022年，常熟市健全党组织领导的乡村治理体系，运用“先锋领治”“海棠花红”等党建阵地，建立一线行动支部，发挥村书记“领头雁”和党员干部示范带头作用，落实机关党员干部“下沉”制度，累计建立镇、村、自然村组和网格“净美家园”行动支部744个，累计发布人居环境类先锋领治活动任务1252次，推动4267个自然村组15.9万户农户同步实行宅前屋后“三包”制度，实现深向贯通、纵向联动、横向协同的工作治理机制。

【村民自治】 2022年，常熟市推动村民自治，市农业农村局总结推广《积分制》《村庄管家》《美丽庭院》《美丽菜园》等经验，通过村民代表大会、村民议事会等，商定“环境长效管理方案”“违建拆除方案”“农宅定位方案”“村庄优化提升方案”4个方案，开发运用“积分管理系统”，将宅前屋后有无乱堆乱放、乱垦乱种、乱搭乱建等内容纳入积分考核事项，全市2121个自然村组7.75万户农户实行“积分制”管理。 （陆喜娟）

【履约法治】 2022年，常熟市把法治元素融入美丽乡村建设，实现基层法治宣传阵地全覆盖，全市农村学法用法示范户行政村全覆盖，提前2年完成上级工作要求。持续推进村（社区）“法律明白人”培育工程，新增培育村（社区）“法律明白人”1143名，累计培育“法律明白人”2300余名，实现三级网格全覆盖、每个网格2名“法律明白人”的任务目标。（陆喜媚　吴雨婷）

【乡风德治】2022年，常熟市推广新风礼堂等乡风文明载体阵地，设立新风基金和德善孝爱日，推动各镇村选聘“五老”人员、“两代表一委员”、复退军人、致富带头人、乡贤等组成乡风文明倡导团，组织开展村庄清洁日、庭院大扫除等文明实践志愿服务。全年常熟全市乡贤助力农村人居环境类的项目401个，捐资1261.6万元。

【数字智治】2022年，常熟市启用农村人居环境“随手拍”小程序，组建“动态寻访专班”重点聚焦乱堆乱放、畜禽养殖、私搭乱建等难点问题常态化开展“随手拍”暗访，落实“通报—整改—反馈”机制，用“数字化”手段把村（社区）巡查、镇级检查、市级督查通过一个平台串联，助力村庄清洁行动。至年底，“随手拍”寻访寻查实现自然村全覆盖，问题整改完成率动态保持100%。制定网格员在农村人居环境长效管理日常巡查中的12类责任清单，将“千村美居”工作、农村人居环境长效管理纳入网格化管理范畴，形成联动处置机制，确保问题得到有效解决。

【“农村学法用法示范户”工程】2022年，常熟市开展培育农村学法用法示范户工作，遴选农村学法用法示范户培育对象，组织“线上+线下”专题培训60学时，安排50名农业行政执法人员与农村学法用法示范户培育对象开展结对辅导，全市260名培育对象被认定为农村学法用法示范户。（陆喜媚）

【市法治乡村实训馆建成】10月，常熟市法治乡村实训馆建成，该馆位于“全国民主法治示范村”——蒋巷村，是全省首个法治乡村类主题展馆，也是常熟市“八五”普法期间的重点项目。主题展馆2层，布展面积超1000平方米，主要以序厅、领航、固本、深耕、厚植、时光长廊6大区域组成，主题展馆集教育培训、成果展示、参观体验于一体，为村（社区）干部、“法律明白人”“学法用法示范户”等群体法治素养提升提供实践阵地。

【首届“一镇一品”法治文化暨纪法同行大展演】9月17日，“喜迎二十大　奋进新征程”2022年首届常熟市三农法治文化“一镇一品”暨纪法同行文艺大展演活动在常熟大剧院举办，来自全市14个乡镇（街道）的优秀作品参加展演评选。展演围绕三农法治文化和廉洁文艺活动，弘扬三农法治，促进纪法同行，助力乡村振兴。经评比，白茆山歌表演唱《山歌唱响普法曲》获一等奖、微音乐剧《廉韵声声》、歌舞《光明在心中》获二等奖，小品《生日蛋糕》、音乐快板《平安农机伴你行》、小小剧《春满归城》获三等奖，8个作品获优秀奖。（年鉴编辑部）

【全市首个村级自助服务区启用】11月3日，全市首个村级自助服务区在碧溪街道李袁村启用，该区域内放置政务自助服务、医银通以及市民卡补登机等终端设备，群众可随时前往自助办理交运、医保、人社、公积金、不动产等30项业务，政务服务逐步由传统模式向“机器换人”模式转型升级。自助服务区不仅服务本村村民，还辐射满足街道西片区周边村村民服务需求，与街道便民服务中心共同架构“7×24小时不打烊”“小事不出村、大事不出街”服务体系，弥补办公时间外的服务盲点，以“随时办、智能办”的新模式提供方便、快捷的办事渠道。（尹　凡）

农村公共服务

【乡村义务教育】2022年，常熟市完善教师定期交流制度，实施城区名师支教乡镇，孵化乡镇名师。招录教师568名，其中，研究生和“双一流”本科应届毕业生78名，分配至城乡学校。健全校级领导交流轮岗制度，全市义务教育阶段501名教师交流支教，其中骨干教师288人，占比57.49%。推进义务段教室照明标准化改造工程，全市32所学校、1280间教室完成教室照明标准化改造。

【乡村医疗卫生服务】2022年，常熟市推动“优质服务基层行”活动，全市医疗机构分类代码为B/C的社区卫生服务中心和卫生院100%参加申报，新增5家推荐标准机构和1家基本标准机构。全市达到国家推荐标准的基层医疗卫生机构总数达8家，达到基本标准的基层医疗卫生机构总数达20家。建设“15分钟医保服务圈”，推进“15分钟医保服务圈”示范点建设全覆盖。完善以基本医保为主体、大病保险为补充、医疗救助为托底的多层次医疗保障体系，出台《常熟市推行乡村公益医疗互助项目的实施方案》，选取4个乡镇、80个村（涉农社区）开展试点工作，覆盖村民19.21万人，筹资1920.57万元。

【农村养老服务】2022年，常熟市出台《常熟市扶持养老服务组织发展的实施办法》，编制《常熟市养老服务设施布局规划》，形成以市居家养老服务中心“95002”服务呼叫平台为管理总站、各镇（街道）居家养老服务管理中心为分站、全市居家养老服务员及服务供应商为服务力量的居家养老服务管理网络。2022年，全市新建成日间照料中心9家，全市累计建有日间照料中心385家，农村社区日间照料中心实现全覆盖。新建成区域性养老服务中心7家，全市区域性养老服务中心总量达到13家，实现镇（街道）区域性养老服务中心全覆盖。

（陆喜媚）

责任编辑　李　妍

交通·水利

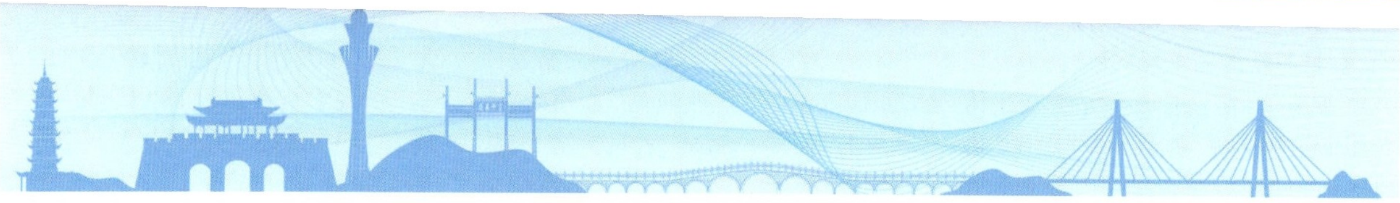

交　　通

综　　述

【概况】 2022年，常熟市公路通车总里程2418千米，全市铁路运营里程38千米，在建里程38千米。全市内河航道通航里程527千米。年内，编制完成《常熟市轨道交通四网融合规划》《常熟市县道公路网规划（2021—2025年）》《苏州内河港常熟港区港口总体规划及岸线整合利用五年规划》，启动编制《常熟市支线航道网规划定级研究》《常熟高架桥下空间综合利用研究》《常熟市交通运输现代化示范区建设方案》等专项规划。市交通运输局负责实施政府投资项目10项，其中新开工1项、续建9项，年内完成投资18.1亿元。

【交通圈建设】 2022年，常熟市2个"一小时"、4个"半小时"交通圈完成阶段性任务。沪苏通铁路建成通车，南沿江铁路建设稳步推进，通苏嘉甬铁路启动征拆。常熟市陆续建成三环、昆承、通港、新世纪、苏常5条快速路，"环射衔接"快速路网日臻完善，2022年初常熟市快速路建设获评2021年度苏州市"十大民心工程"。按照苏州市域一体化发展部署，2022年，常熟市进一步谋划拓展快速路体系，推进常熟与周边县市半小时通达工作。至年底，青墩塘快速路正在施工，深化S342常熟西段改线、204国道常熟东段等快速路方案研究，谋划昆承快速路南延对接昆山长江外环、224省道接昆山长江北路等快速通道。配合推进沪武高速扩建和新建锡太高速、海太过江通道、通常高速何市至白茆段等项目前期工作。

公　　路

【概况】 2022年，全市公路里程为2324千米，其中高速公路82千米，国道117.6千米，省道120.4千米，县道289.6千米，乡村道1714.4千米。4条高速公路（沈海、沪武、常嘉、常台高速）组成主骨架路网，设有高速互通9处，常熟市95%乡镇实现15分钟上高速公路。国省道（G204、G346、G524、S228、S340、S342、S359、S224、S407、S441、S604）11条，县道27条、镇村公路1273条。

【公路建设】 2022年，常熟市完成524国道常熟莫城至辛庄段地面道路、常台高速高新区互通、扬子江大道东段、新世纪大道北延海虞人民路至常海线段工程。推进342省道常熟东段（青墩塘路）快速化改造工程和广济路北延工程。配合沪武高速扩建先导段建设工作。指导推进高质量镇域道路建设，海虞镇人民路、支塘镇窑石线完工通车，实施董浜镇华烨大道、沙家浜沙阳线建设。

【公路运输】 2022年，常熟市公路客运量522.1万人次，客运周转量45473.5万人千米；公路货运量1630.9万吨，货运周转量213815.8万吨千米。有一级汽车客运站2个（汽车客运站、长途汽车客运站）。全市有道路客运企业6家，班车企业1家、包车企业6家。开设客运班线46条，其中省际班线16条、市际班线27条、县际班线3条。全市有普货业户4238家，其中企业1653家（物流货运企业759家），个体户2585家，普货车辆9264辆。危货运输单位30家，危货车辆672辆（含挂车362辆）。开展污染防治攻坚战，2022年淘汰507辆国三及以下排放标准中型和重型柴油运输车辆，注销柴油货车运输证979本。

【公路养护】 2022年，常熟市国、省道养护总里程221.55千米。2022年四季度国省干线公路路况综合指数（MQI）94.9，优良路率93.04%，全市路况总体良好。全市高架快速路养护总里程65千米，全年出动巡查车辆924车次、人员1856人次，处理各类应急事件190件。农村公路三类以下桥梁实现动态清零，全市各镇（街道）农村公路路面自动化检测比例达到100%。

【美丽农路】 2022年，常熟市巩固提升"四好农村路"建设成果，新增苏州市2022年度"美丽农村路""放心平安路"20条，累计建成美丽农村路165.7千米、平安放心路75.5千米，建成各类农村公路驿站9个，实现"乡乡都有美丽农村路"。

铁　　路

【概况】 2022年，全市铁路运营里程38千米，在建里程38千米。沪苏通铁路常熟站发送旅客78.71万人次，南沿江铁路常熟段建设持续推进，通苏嘉甬铁路完成初步设计批复，苏州市域轨道10号线常熟站先导段开工建设，如通苏湖城际铁路等深化前期研究。

【铁路建设】 2022年，南沿江铁路常熟段完成轨道铺设，完成防护墙、声屏障、栏杆等桥面系工程，开展河道补偿及三改施工，南沿江常熟站完成主体及屋面结构工程，幕墙、室内装饰装修进入收尾阶段，深化站房内装文创方案设计。通苏嘉甬铁路初步设计获批复，开展施工图和站房设计，同步推进常熟先行用地手续办理及民宅搬迁协议签订，常熟西站通过国铁集团初步设计审查，继续研究稳定常熟西站站房形式及交通集散方案。苏州市域轨道10号线常熟站先导段开工建设。

【铁路运输】 2022年，沪苏通铁路常熟站总发送旅客78.71万人次，日均发送2156人次，因疫情影响，比上年日均客流量减少49.6%。截至2022年年底，常熟站每日发车104列，其中上行方向发车54列，下行方向发车50列，与19个省（市、自治区）171个车站实现直达，包括：上海市6个，江苏省31个，浙江省19个，安徽省14个，河南省14个，山东省16个，湖北省12个，四川省8个，重庆市8个，陕西省7个，山西省9个，宁夏2个，甘肃省2个，福建省8个，广东省5个，河北省4个，辽宁省3个，天津市2个，吉林省1个。

【通苏嘉甬铁路获工可批复】 8月5日，通苏嘉甬高铁工程可行性研究报告正式获国家发改委批复。批复明确设立常熟西站，为苏州境内唯一新设车站。采用双线高速铁路技术标准，设计时速350千米/小时，新建正线长度约300千米，其中苏州市境内约100千米。全线将设10站，分别为南通西站、张家港站、常熟西站、苏州北站、苏州南站、嘉兴北站、嘉兴南站、海盐西站、慈溪站、庄桥站，其中4站位于苏州境内。

【南沿江铁路常熟标段获“平安示范工地”三连冠】 2022年，常熟市境内南沿江城际铁路站前9标连续三年被评省铁路工程“平安示范工地”，成为省内唯一获评省铁路工程“平安示范工地”三连冠施工标段。

内河航道

【概况】 2022年，常熟市有内河航道60条，通航里程527千米，总里程位列苏州县市第一。有通江船闸3座，等级航道11条，其中五级航道112.76千米、六级航道37.88千米、七级航道66.67千米，等外航道309.99千米。拥有望虞河（五级）、常浒线（五级）、白茆塘（七级）3条通江航道，申张线（五级）1条干线航道。全年完成水路客运量27.9万人次，水路货运量182.1万吨。港口完成砂石年吞吐量1961.85万吨。

2022年，南沿江城际铁路常熟段桥梁全线贯通、完成轨道铺设任务，南沿江站房完成主体及屋面工程。图为南沿江城际铁路轨道铺设 （市交通局 提供）

【航道建设】 2022年，常熟市完成七鲇线（白茆塘—东南大道）航道绿化工程。全面推进苏虞线（唐家宅基河—界泾河）航道整治工程前期工作，年底确定施工单位。

【内河运输】 2022年，完成水路客运量27.9万人次，客运周转量181.3万人千米；水路货运量182.1万吨，货运周转量170683.3万吨千米。全市有水路货物运输企业4家，2家沿海运输、2家内河运输，均为普货运输，营运船舶8艘（总吨31775吨）。内河码头124个，全年货物吞吐量2570.4万吨。虞山船闸开放15125闸次，放行各类船舶42104艘次，征收闸费830万元。

【船舶碰撞桥梁隐患治理三年行动】 2022年，常熟市继续实施船舶碰撞桥梁隐患治理三年行动。4月底完成常熟市桥梁助航标志和防撞设施完善工程施工、监理招投标工作，10月上旬完成全部工程，完成投资2158万元。该项工作涉及84座桥梁安装标志标识牌、17座桥梁安装主动预警装置以及69座桥梁设置防撞设施，涉及隐患309项，桥梁分布在全市各镇、街道。

交通运输管理

【运政管理】 2022年，市交通运输局窗口办理运输企业道路运输许可427件（均为普货），办理道路运输证1787本（出租车43辆，货运981辆，客运39辆，网约车724辆）。全市运政稽查查处案件893件，其中，未经许可从事道路客运、货运、危货运输16起，违规运输危险品、危险货物19起，违规客运班车、客运包车114起，违规巡游出租车49起，违规驾培车9起，有许可无道路证2起，无从业资格证26起，安全执法19起，一超四罚19起，其他违规案件620起。运政监控中心全年处理安全监管信息53077条，其中16704条异常类信息及时流转相关部门；受理来电来人工单1451起，其中投诉举报类458起，咨询服务等其他类993起。

全年淘汰国三及以下排放标准中型和重型柴油运输车507辆，注销柴油货车运输证979本。

【路政管理】 2022年，市交通运输局受理并办结道路许可62起，其中国省道14起，县乡道48起。受理各类损坏公路路产案件55起，其中国省道41起、县乡道14起。开展路域环境集中整治，清除摊点830个，非标505块。排查国省道全部座桥梁桥下隐蔽部位，清理桥下堆积物处8处约381平方米。与公安部门联合开展常态化的车辆超限整治行动，全年出动路政执法人员2920人次、公安人员4380人次，检查车辆4948辆，查处超限车辆584辆，卸载3518.29吨，公安处罚记2071分。

【地方海事管理】 2022年，常熟辖区进出船舶流量数24万艘次；全年参与执法人员4966人次，巡航次数1658次，巡航里程33555千米，巡航时间4555.3小时。2022年常熟市水上110联动、水上交通事故接处数42起，救助船舶3艘次。实施行政许可6件（同时发布航行通告7个），全年水工作业10个（6个未完成），维护时间1199天。组织水上交通知识进校园2次（市一中、虞园小学），应急演练1次。

【航道及内河港口管理】 2022年，常熟市收取航道赔补偿费90.176万元，完成办结7起航评项目。协助苏州港航中心完成常熟辖区航评项目13起。完成巡航198车船次，792人次，累计里程4572千米。全年完成清障扫床工作2次，完成常浒线（梅李大桥航段）水下应急清障工程。完成全年航标维护任务，11座航标完成更新，申张线7号、8号航标及申张线、七鲇线航道标志牌改造工程于12月12日完成交工验收。全年完成82家内河码头港口经营许可证（延续）申请的审核及发证工作，完成发现的353项问题整改闭环。提前一年完成内河码头岸电设施三年建设行动方案，108家内河码头完成岸电改造及检测工作。持续加强绿色星级港口创建工作，12月完成第一批次30家码头苏州级绿色港口现场核查工作。

6月7日，常通汽渡在受疫情影响，停航3个多月后重新通航　　（高岳　摄）

【沿江港口管理】 2022年，市交通运输局核发《港口经营许可证》企业14家、注销3家、延续13家、新增1家，备案港口经营企业18家。严格开展危险货物常压储罐抽检，落实港口危险货物装货人“五必查”工作。编制完成《常熟沿江港口危险货物集中区域安全风险评估报告》。　（黄心珏）

水　　利

综　　述

【概况】 2022年，常熟市完成《常熟市水务基础设施空间布局规划》编制，在全省首家完成《常熟市水域保护规划》及《江苏省水域保护试点——常熟市实施方案》规划编制及批复。年内，省水利重点工程徐六泾江边枢纽和北福山塘整治工程全面建成，洪洞水质净化厂一期工程完成土建，全年完成5155户供水老旧管网改造和4597户农村生活污水治理，均提前超额完成年度目标，农村生活污水治理率达到99.5%。在苏州地区首家完成《常熟市城市内涝治理系统化实施方案》。在城区结合“333”行动，打造清水示范河道亮点，完成漕泾河、枫泾河等5条示范河道建设，城区骨干河道实现Ⅲ类水。全面完成年度8条农村县乡生态河道建设任务，整治河道长度54.36千米，农村生态河道覆盖率提高到57.7%。在省内首创生态型港河建设项目备案制度，累计科学综合利用河道岸线退让范围5430平方米。

【幸福河湖建设】 2022年，常熟市累计完成幸福河湖建设561条。年内发布《关于构建现代水网，建设幸福河湖的动员令》，印发《常熟市生态美丽河湖建设实施方案》《常熟市幸福河湖建设实施方案》《常熟市生态美丽河湖项目生成机制实施办法》等文件。苏州市下达幸福河湖建设任务100条，实际完成216条；耿泾塘被评为江苏省幸福河道建设示范工程，杨化泾获评苏州市最美幸福河湖，七浦塘（常熟段）、昆承湖、肖泾、横泾河、杨化泾河5条河湖获评苏州市级示范幸福河湖，海洋泾、三号丰产河—泰慈公园河、浦家浜、顾家浜、老浜河、老崔浦塘、朱家浜—社前浜、周泾河、曹家湾9条河湖获评苏州市级幸福河湖，获评数量位居苏州各县（市）区首位。

水利设施建设与管理

【水利设施建设】 2022年，常熟市实施省级重点水利建设项目3个，总投资3.36亿元。全市水利工程投资3.46亿元，其中市级项目8项、市镇两级项目10项。

表 47　　2022 年常熟市市级以上在建水利工程一览表

序号	工程项目名称	施工单位	工程地点	实际开工日期	完成总量情况
1	常熟市徐六泾治理工程施工一标	常熟市水利工程有限公司	古里镇、梅李镇	2022年8月9日	51.74%
2	常熟市徐六泾治理工程施工二标	江苏华和市政园林建设有限公司	梅李镇	2022年9月9日	54.62%
3	常熟市徐六泾治理工程施工三标	常熟市徐六泾治理工程施工三标	梅李镇、碧溪街道	2022年9月9日	43.09%
4	张家港河除险加固工程二期	常熟市水利工程有限公司	大兴村、沙家浜镇	2022年10月25日	30.26%
5	2022年常熟市级河道生态美丽河湖建设——常浒河工程	江苏华和市政园林建设有限公司	常熟市	2022年11月30日	7%
6	2022年城区河道清淤工程	常熟市中江建设工程有限公司	常熟城区	2022年10月24日	36.20%
7	2022年常熟市级河道生态美丽河湖建设——白茆塘工程一期	常熟市水利工程有限公司	白茆塘（水龙坝桥至三环路北岸）	2022年8月12日	91.64%
8	常熟市北福山塘治理工程（一标）	江苏水工建设集团有限公司	常福街道、海虞镇	2021年11月18日	98.21%
9	常熟市北福山塘治理工程（二标）	江苏华和市政园林建设有限公司	常福街道、海虞镇	2021年10月28日	100%
10	常熟市北福山塘治理工程景观绿化施工标	江苏华和市政园林建设有限公司	常福街道、海虞镇	2022年3月16日	100%
11	长江常熟段（崔浦口—常浒河口段）堤防防洪能力提升工程一标段	江苏中湖市政园林工程有限公司	海虞镇	2022年5月16日	100%
	长江常熟段（崔浦口—常浒河口段）提防防洪能力提升工程二标段	江苏华和市政园林建设有限公司	碧溪街道浒浦	2022年5月16日	100%
	长江常熟段（崔浦口—常浒河口段）堤防防洪能力提升工程景观绿化部分	常熟古建园林股份有限公司	海虞镇、碧溪街道	2022年9月30日	100%
12	常熟市耿泾、海洋泾入江口段河道清淤工程	江苏琴湖水利建设有限公司	海虞镇	2022年4月30日	100%
13	常熟市徐六泾江边枢纽工程	江苏华和市政园林建设有限公司、江苏淮阴水利建设有限公司	徐六泾通江口	2020年12月9日	100%
14	2021年市级河道生态美丽河湖建设—昆承湖工程	江苏华和市政园林建设有限公司	海星岛西侧 状元堤南北侧 苏家滃河口	2021年10月25日	100%
15	城区防汛能力提升工程三期——枫泾排涝站	常熟市水利工程有限公司	琴川街道	2021年10月30日	100%
16	2021年市级河道生态美丽河湖建设——七浦塘工程（一标）	江苏华和市政园林建设有限公司	支塘镇	2021年5月31日	100%
	2022年市级河道生态美丽河湖建设—七浦塘工程（二标）	常熟市水利工程有限公司	支塘镇	2021年5月31日	100%
17	城区防汛能力提升工程四期——琴湖路（富春江西路——胜湖路口）雨水管网改造工程	常熟市鑫达市政路桥工程有限公司	琴川街道	2022年3月21日	100%
18	常熟市中小河流治理重点县综合整治和水系连通项目（梅李、碧溪、支塘项目区）结余资金增做工程	江苏华和市政园林建设有限公司	梅李镇（梅李项目区）	2021年11月18日	100%
		常熟市中江建设工程有限公司	碧溪街道（碧溪项目区）	2021年11月18日	100%
		常熟市水利工程有限公司	支塘镇蒋巷村、枫塘村	2021年11月18日	100%
19	2021年市级河道生态美丽河湖建设——海洋泾工程（一标）	常熟市水利工程有限公司	海虞镇	2021年10月13日	100%
20	2021年市级河道生态美丽河湖建设——海洋泾工程（二标）	江苏中湖市政园林工程有限公司	梅李镇	2021年10月13日	100%
21	城区防汛能力提升工程三期——城区河道挡墙新建工程	常熟市建达建设工程有限公司	琴川街道、虞山街道	2021年9月20日	100%

续表47

序号	工程项目名称	施工单位	工程地点	实际开工日期	完成总量情况
22	常熟市中小河流治理重点县综合整治和水系连通试点项目——海虞项目区（一标）	常熟市水利工程有限公司	海虞镇	2021年2月26日	100%
23	常熟市中小河流治理重点县综合整治和水系连通试点项目——海虞项目区（二标）	常熟市中江建设工程有限公司	海虞镇	2021年2月26日	100%
24	常熟市中小河流治理重点县综合整治和水系连通试点项目董浜项目区（2）一标段	江苏华和市政园林建设有限公司	董浜镇	2021年2月26日	100%
25	常熟市中小河流治理重点县综合整治和水系连通试点项目董浜项目区（2）二标段	苏州市宏大建设工程有限公司	董浜镇	2021年2月26日	100%
26	城区防汛排涝改造提升工程二期（东洪泾闸站改扩建工程）	江苏华和市政园林建设有限公司	东洪泾闸	2020年10月28日	100%
27	城区防汛能力提升工程三期——长江路、碧虞路雨水管网改造工程	常熟市鑫达市政路桥工程有限公司	长江路、碧虞路	2021年3月12日	100%
28	城区防汛能力提升工程三期——张[illegible]	常熟市水利工程有限公司	虞山街道	2021年5月14日	100%

（资料来源：市水务局）

【水资源调蓄】 2022年，常熟市通江节制闸引潮1349潮次，引水16.1亿立方米，排涝266潮次，排水3.2亿立方米；城区防洪大包围工程开机5518台时，全年排涝兼顾换水1.5亿立方米。

【河道管理】 2022年，常熟市有全市市级以上河道28条，长度422.83千米。年内，常熟市划定全市26条骨干河湖保护范围及岸线功能分区。完成江苏省水利厅交办96处疑似碍洪问题以及水利部淮河水利委员会交办2处望虞河碍洪问题复核与整改；完成江苏省水利厅下发的31处长江、望虞河遥感监测图斑现场复核工作，所涉问题全部整改销号。开展长江河势水下地形监测，对澄通河段铁黄沙整治工程下段（监测长度3千米）、河口段徐六泾（监测长度7千米）汛前、汛后各监测一次，结果显示有冲有淤，冲淤幅度不大。做好苏州及以上涉河审批项目监管工作，落实境内61件涉河建设项目监管。

水务行政

【水行政许可】 2022年，市水务局办理水行政许可411件，其中城镇污水排入排水管网许可175件、生产建设项目水土保持方案审批192件、取水许可审批17件、水工程建设规划同意书审查1件，河道管理范围内建设项目工程建设方案审批26件。出具初审意见34份，办理即办件113件。

【水政监察】 2022年，市水务局查处涉水违法行为181起，清理违章占用75平方米、拆除违章建筑77平方米，清理网簖497处。其中立案13起，罚款19万元。开展水利水务安全生产执法工作，巡查工地19次，形成问题清单49条，所有问题在规定期限内全部整改到位。全年各级执法部门出动人员5610人次，出动车辆2054车次。各镇、街道综合执法局对涉水违法行为立案28起，罚款42.5万元。（陆小祥）

责任编辑　李　妍

生态建设

综　述

【概况】 2022年，常熟市制定出台《关于深入打好污染防治攻坚战的工作方案》《2022年常熟市深入打好污染防治攻坚战工作计划》等文件，开展“对标进位”“提质增优”等专项行动，32项工作任务、29项主要工作目标和12个挂牌督办项目等年度任务完成，在苏州率先发布生态系统生产总值（GEP）核算报告、编制完成“无废城市”建设实施方案，完成全市生物多样性本地调查。全市生态环境质量稳中向好，第二轮中央和省生态环保督察交办问题整改完成率超过90%，全市环境信访总数实现“六连降”。湿地保护创新模式获国际“保尔森可持续发展奖”，常熟市入选江苏省智能环境治理实验基地，支塘镇蒋巷村和海虞镇七峰村分别获评首批省级生态文明建设典型和省级生态文明宣教基地，碧溪街道、辛庄镇、古里镇、支塘镇、莫城街道燕巷村、梅李镇瞿巷村、沙家浜镇芦荡村7个单位被命名为第四批江苏省生态文明建设示范镇村。全市《咬定青山不放松，生态发力创佳绩》《生态文明四个“+”，探索绿色发展新路径》2项生态文明建设典型案例入选省生态文明建设案例集，全过程管理规范化建设相关工作经验被写入《江苏省工业企业全过程环境管理指南》。常熟生态环境局获评全省打好污染防治攻坚战先进集体。

【苏州首份GEP核算报告发布】 2022年7月22日，常熟市发布苏州首份生态系统生产总值（GEP）核算研究报告。报告显示，2020年常熟市GEP总值为1722.75亿元，较2015年（1522.49亿元）增长13.2%，2020年常熟市GDP总值为2365.43亿元，GEP转化率为72.8%。2021年10月，常熟市在全省范围率先启动生态系统生产总值（GEP）核算工作，通过编制《常熟市生态系统生产总值（GEP）核算工作方案》，对全市范围内的森林、湿地、农田等生态系统类型的分布与面积进行详细调查分析，构建苏州地区首套GEP核算指标体系，并在此基础上全面开展生态产品功能量和价值量核算。

环境质量

【空气质量】 2022年，常熟市空气环境质量优良率78.9%，比上年下降4.1个百分点；$PM_{2.5}$年均值为26.2微克/米^3，比上年下降5.4%，达到历史最好水平。

【水环境质量】 2022年，常熟市长江、尚湖两大饮用水源地水质达标率以及主要通江河道水质优Ⅲ率均保持100%，全市所有考核断面达到或优于Ⅲ类水质比例为92.2%，比上年提高5.2%，“国省考”断面达标率保持100%，优良（达到或优于Ⅲ类）比例保持93.3%，地表水环境质量排名全省县（市、区）第三。

【噪声环境质量】 2022年，全市城区道路交通噪声平均等效声级为68分贝（A），比上年上升0.6分贝（A），达到一级标准，质量等级属于好。各功能区昼、夜的噪声年均值均符合相应功能区标准要求。

【土壤环境质量】 2022年，全市受污染耕地和污染地块安全利用率分别达97.65%、100%，土壤环境总体安全。

（刘子雯）

水资源保护

【概况】 2022年，常熟市编制《常熟市2021年度实行最严格水资源管理制度自查报告》，通过苏州市2021年度实行最严格水资源管理制度考核，获2021年度苏州市实行最严格水资源管理制度考核优秀等次，位列苏州各市、区第一。推进2022年度水资源管理各项工作，开展全市自备水源取水户和自来水重点用水户节约用水监督检查，推进水资源管理和节约用水年度各项工作任务，压降万元GDP用水量。完成浅层地下水取水许可压减。以原水功能区范围涉及河湖为对象，实施每季度1次水资源水质水量监测；规模以上入河排污口开展1年2次监督性监测。选定6条河湖开展河湖健康评价。持续开展集中式饮用水源地保护、生态修复等项目建设，加强集中式饮用水源地规范管理，完成水源地规范化建设。完成集中式饮用水源地安全保障评估、长效管理和保护年度评估和应急水源地自评估。建立饮用水源地、应急水源地管理和保护电子档案，实施水源地“一源一档”管理。

【节水行动】 2022年，常熟市贯彻落实《国家节水行动方案》《江苏省节水[illegible]国家节水行动实施方案》，加强用水总量控制，严格计划用水，从严制定自备水源取水户和公共供水用水户年度取用水计划，全市自备水源取水户和年用水量5000立方米以上公共供水用水户计划用水量继续保持100%。推进节水型社会建设，将“单位用水量下降率”纳入乡镇板块高质量考核体系，推进全社会各领域节水。编制《常熟市十四五节水型社会建设实施方案》，完成《苏州市节约用水条例》贯彻落实情况、《苏州市节水行动实施方案》和[illegible]持续推进节水载体建设，完成各类节水载体创建28家，其中省级节水型企业14家、省级节水型学校1所、省级节水型单位1个、苏州市节水型农业园区1个、苏州市级节水型学校2所、苏州市级节水型企业8家、苏州市节水型宾馆1家。继续开展水效领跑者引领行动，常熟市龙腾特种钢有限公司获评苏州市第六批水效领跑者。福懋兴业（常熟）有限公司污水综合回用项目获评苏州市第五批合同节水管理项目。

【饮用水源地保护】 2022年，常熟市继续加强长江、尚湖饮用水水源地规范化管理，完成尚湖、长江水源地年度长效管理与保护评估工作，做到“水量保证、水质达标、运行可靠、监控到位”等要求；完成2022年度应急水库沉水植物种植，初步完善水库生态系统结构和生态服务功能，水库水质不断提升。年内II类水比例为98.4%，III类水的比例为100%。

【河湖长制】 2022年，常熟市有河湖长767名（市级河湖长26名、镇级河湖长188名、村级河湖长553名），全年累计巡河巡湖31179次；1名基层河湖长列入苏州市红榜，2名基层河湖长获评苏州市“最美基层河长”，2名民间河湖长获评苏州市“最美民间河长”。完成常熟市级“一事一办”工作任务208项。下发河长办工作交办单8份、8个问题，全部按时整改到位。常熟市级河湖管护第三方巡查发现河湖问题3687个，全部按时整改到位。深化“河（湖）长+检察长”协作机制，市河长办、市检察院开展联合巡河和联合督查。加大河湖长制宣传力度，国家级、省级、苏州市级、常熟市级媒体宣传134次。

【劣V类水体整治】 2022年，常熟市[illegible]完成整治。强化河湖长效管护，与周边市（区）强化镇级跨界河湖协同共治，改善边界水环境。在全市范围内开展“清剿水葫芦、美化水环境”联保共治专项行动。对全市河湖管理范围开展垦种和岸坡杂物垃圾清理专项整治，累计清理问题点位713处，清理垃圾119吨，清理垦种21.6万平方米。建立“消劣争优”监测督查机制，市河长办与市污防攻坚办联合对劣V类水体整治开展水质监测和专项督查，定期通报整治进度。 （陆小祥）

土地资源保护

【耕地资源保护】 2022年，常熟市落实最严格的耕地保护制度，严守耕地保护红线。完成耕地后备资源和恢复潜力调查，全市宜耕后备资源规模658.17公顷。完成2022年度耕地“进出平衡”方案编制，全年转出耕地面积18.80公顷，转进耕地面积214.07公顷。采用视频巡查和实地巡查相结合的方式，常态开展土地执法巡查，严防新增违法用地。推进历史违法用地综合整治三年行动、违法用地“清零”行动等专项整治行动，做好历史存量违法地块整改工作。 （徐 勉）

【省级化肥减量增效与耕地质量提升示范区建设】 2022年，常熟市建成省级化肥减量增效与耕地质量提升示范区2个（常福街道压路机村93.33公顷粮食作物化肥减量增效与耕地质量提升示范区，碧溪街道许西村、董浜镇智林村、尚湖镇翁家庄村等地的53.33公顷经济作物化肥减量增效与耕地质量提升示范区）。粮食作物化肥减量增效与耕地质量提升示范区主要推广水稻侧深施肥技术，在水稻机插秧时，利[illegible]施用到秧苗根部附近，减少施肥总量与施肥次数，降低人工成本，提高肥料利用率；经济作物化肥减量增效与耕地质量提升示范区主要推广有机肥部分替代化肥，在水果、蔬菜优势产区，实行有机肥部分替代化肥，优化施肥结构，提高土壤肥力。通过产学研合作、特色展示和亮点示范，带动常熟市2022年化肥使用总量较2020年削减1.32%。 （陆喜娟）

湿地资源保护

【概况】 2022年，常熟市湿地总面积2.99万公顷。其中，自然湿地面积1.86万公顷，受保护自然湿地面积1.25万公顷，自然湿地保护率67.5%。有国家级湿地公园2个、省级湿地公园2个，湿地保护小区6个。2022年，“江苏常熟城市发展与湿地保护创新模式”项目获“保尔森可持续发展奖”自然守护类别年度大奖。

表48　　2022年常熟市湿地保护单位一览表

类别	名称	批复面积（公顷）	保护面积（公顷）
国家级湿地公园	沙家浜国家湿地公园	414	149.4
	尚湖国家城市湿地公园	—	—

续表48

类别	名称	批复面积（公顷）	保护面积（公顷）
省级湿地公园	南湖省级湿地公园	421	205.84
	泥仓溇省级湿地公园	129.8	26.36
湿地保护小区	长江湿地保护小区	8033.21	6831.15
	望虞河清水通道保护小区	698.81	570.94
	昆承湖湿地保护小区	1731.83	1544.2
	长江白茆口湿地保护小区	916.43	914.98
	长江螺蛳湾湿地保护小区	989.1	888.24
	长江备战圩湿地保护小区	505.31	490.8

说明：尚湖国家城市湿地公园为住建部认定的国家首批城市湿地公园，未明确批复面积和保护面积，2022年尚湖国家城市湿地公园水域面积1190.3公顷，核心水域面积800公顷

（资料来源：市资规局）

【湿地监测与保护】 2022年，常熟市对沙家浜国家湿地公园、南湖省级湿地公园、尚湖、昆承湖、陶荡等10个重点调查区域的湿地鸟类、植物、鱼类、底栖动物进行定期监测。全年监测发现18目、54科、211种鸟类。截至年末，全市累计记录野生鸟类328种；调查维管植物120科、348属、480种，其中蕨类植物8科、8属、8种，裸子植物6科、8属、11种，被子植物106科、332属、461种；记录鱼类35种，采集底栖动物34种。开展长江日常巡护，着重对有无湿地水质污染、破坏野生动物栖息地、非法占用湿地等情况进行巡查。全年开展巡护102次。“长江重要湿地巡护”案例获得第二届江苏“绿篱笆环境奖”。

【湿地科普宣教】 2022年，常熟市构建“五、四、三”湿地科普宣教体系。加强资规局、生态环境局、水务局、教育局、科协五部门联动，依托沙家浜湿地自然学校、常熟市湿地科普馆、常熟市湿地生态监测中心、南大常熟生态研究院4个宣教平台，湿地保护管理站、沙家浜湿地自然学校、南大常熟生态研究院宣教团队3支专业队伍，开展“生态铁黄沙，蟛蜞好回家”“南湖自然有故事”等湿地科普宣教活动。

【湿地研究国际交流】 2022年，常熟市做好湿地研究国际间交流。6月21日，参加2022年“一带一路”国家湿地保护与管理研修班，向12个国家的30余名政府官员和专家学者介绍湿地保护常熟经验。12月5—8日，举行中国常熟市—韩国昌宁郡2022年国际湿地城市环境教育线上交流会，常熟市大义中心小学、伦华外国语学校及昌宁郡明德初等学校、釜谷初等学校在会上展示分享《智能化种植研究》《湿地寻宝》《通过蜻蜓探索湿地的重要性》等环境教育研学成果。

2022年，昆承湖沉水植被恢复先导示范工程完成建设

（常熟生态环境局 提供）

森林资源保护

【概况】 2022年，常熟市深入践行“绿水青山就是金山银山”发展理念，通过全面推行林长制工作，提升森林资源质量，稳定林地保有量、林木覆盖率，防控森林火灾，防治林业有害生物，防范破坏森林资源行为。全市林地保有量6272公顷，林木覆盖率17.84%，设立市级林长3名、镇级林长59名、村级林长669名。 （徐 勉）

【虞山森林资源培育】 2022年，虞山林场采用林冠下补植、人工促进天然更新的方式推进增绿补绿。按照恒续林业经营理念和目标树经营技术体系，以幼、中龄乔木林和毛竹林为主要抚育对象，综合运用间伐、补植、人工促进天然更新等抚育措施，促进森林生态系统自然演替，提高森林生态系统生产力和健康水平，增强森林生态服务功能。加强古树名木保护，提高

树木生长环境质量，对虞山古板栗树、古枫香进行合理修枝和除锈整饰，消除安全隐患。对维摩山庄东侧地块进行环境清理和景观提升，补植红梅400株、各类矮生地被植物5000株，完成森林抚育27.04公顷。（顾雪怡）

【森林防火】 2022年，常熟市未发生森林火灾。年内，印发《常熟市森林防灭火指挥部工作规则》，推进森林防灭火基础设施建设，新建消防管道3条，100吨蓄水池1个，新建殿山防火隔离网，语音播报杆（殿山、西山、铜官山）3个，启用消防水箱1个，10.3千米虞山中路消防水管全线贯通，并延伸支线消防水管10条。全市有森林防火蓄水池15个，总蓄水量2050吨，消防栓367个，高点智能监测云台17个，度24.8米/公顷。开展森林防火宣传教育，突出重点时段、重点区域和重点人员，通过"五进"宣传活动、手机短信、宣传标牌横幅、滚动电子屏、智能语音提示等线上线下渠道，拓展宣传教育覆盖面。

【病虫害防治】 2022年，常熟市未发生重大林业有害生物灾害。全年防治各类林业有害生物104.27公顷，无公害防治率100%。产地检疫各类苗木677万株，调运检疫木材4.07万立方米、苗木26.66万株。持续推进人工地面巡查与航空遥感监测相结合的一体化监测模式，监测虞山松林面积447.13公顷。压实松材线虫病防控，完成松材线虫病专项普查1341.39公顷；落实综合防治措施，悬挂天牛诱捕器600套，注干9617株，释放管氏肿腿蜂0.15万管、花绒寄甲1.25万管。做好林业有害生物监测和预测预报，布设美国白蛾监测点124处，落实专职监测人员19名，开展美国白蛾虫情监测11轮。以马尾松毛虫、重阳木锦斑蛾、樟巢螟为重点，开展监测踏查25轮、踏查路线750千米、发布虫情动态32次。常熟市林业站获评"2022年度先进国家级中心测报点"。

（徐 勉）

生物资源保护

【概况】 2022年，常熟市有野生植物资源5大类200多种，野生动物800多种。虞山区域有鸟类15目、36科、113种，其中属国家Ⅰ、Ⅱ类保护的8种，属《中日候鸟保护协定》保护的46种；有两栖类动物1目、4科、7种，爬行动物3目、7科、15种，有哺乳动物6目、13科、24种；有昆虫资源300多种，其中蝶类40多种，珍品蝶种有玉带凤蝶、丝带凤蝶、碧蝶等。沙家浜湿地公园记录野生鸟类11目、36科、152种。年内，常熟市全面完成生物多样性本底调查，累计调查各类生物1622种，其中国家重点保护物种64种。

【野生动物保护】 2022年，常熟市依托尚湖省级陆生野生动物疫源疫病监测站、沙家浜国家湿地公园省级监测站，做好陆生野生动物疫源疫病监测工作。年内开展野生动物救助85次，救护野生动物98只。其中，国家一级卷羽鹈鹕1只，二级保护野生动物红隼、猫头鹰等34只。规范野生动物行政审批，完成陆生野生动物及其产品经营利用许可审核4项。建立打击野生动植物非法贸易联席会议制度，市资规局、农业农村局、市场监管局、常熟海关等部门联合开展野生动植物保护"清风行动"，严防非法交易野生动植物，非法猎捕、采集、交易、运输、寄递、食用野生动植物行为。

（徐 勉）

【水生生物增殖放流活动】 常熟市2022年度"全国放鱼日"水生生物增殖放流活动在东联村、长江干流常熟段和白茆塘等主要通江河道举行，投放鳙鱼、鲢鱼、银鲴等鱼苗148万多尾。12月18日，"保护珍稀水生生物，共建生态美丽常熟"长江中华鲟、胭脂鱼增殖放流活动举行。活动加大珍稀濒危水生生物放流规模，在长江常熟段江面、铁黄沙生态岛两个放流点投放260尾中华鲟和38000尾胭脂鱼。为监测放流中华鲟……长江的生长情况，技术专家给放流鱼苗植入芯片，可进行长期追踪。放流活动中，苏州弘化社慈善基金会积极参与，公益放流鳙鱼12万尾。

（常 融）

长江大保护

【概况】 2022年，常熟市健全长江大保护长效机制，制定《2022年常熟市推动长江经济带高质量发展工作要点》。市发改委（长江办）组织常熟生

随着生态环境质量不断提升，2022年尚湖吸引大量冬候鸟，品种包括鸳鸯、绿翅鸭、斑嘴鸭、红头潜鸭、罗纹鸭等。图为11月12日，成群的野生鸳鸯在尚湖栖息戏水

（市融媒体中心 提供）

态环境局、污防攻坚办、交通局、水务局等部门联合开展生态环境突出问题整改回头看检查2次，组织长江岸线及码头生态环境检查1次。重点复查2018年以后国家长江经济带生态环境警示片披露问题清单及省级台账问题，查看岸线及码头周边环境、水体水质、乱排乱放等情况，对问题整改点位视频监控、整改台账等信息资料进行梳理完善。推动铁黄沙农业生态岛发展，委托南京大学常熟生态研究院开展《铁黄沙生态岛概念性规划》编制。

（周　磊）

【长江禁捕退捕】 2022年，常熟市长江河道管理处与农业综合行政执法大队联合打造“禁渔护堤红色哨所”，通过党员示范、网格联动、党建联盟的方式，营造共护长江生态良好氛围。利用海虞、梅李、碧溪防汛哨所建设长江禁渔联合执法检查站、堤防巡查站，发现违法违规线索35条，清理江滩残留网具12条，查处长江干流禁钓区垂钓案件3起，驱离非禁钓区人员38人次，法律法规宣传106人次。

【长江河道采砂管理】 2022年，常熟市做好电厂码头、兴华码头水域疏浚维护工程监管，采砂严查不按许可要求疏浚行为。加强长江澄通河段东沙作业区进港航道水域采砂项目监管。市水务局、常熟海事局、资规局联合开展扫黑除恶打击非法采砂联合巡江行动，登船检查运砂船4艘。全年出动人员773人次，出动车辆315车次，出动执法艇21艘次。

（陆小祥）

【航道污染物管理】 2022年，常熟市有码头124家，全年开展防污染检查280次。内河码头接收船舶污染物27482艘次，船舶垃圾为44.8915吨（16096艘次），生活污水为2559.7922立方米（16887艘次），油污水94.2798立方米（988艘次）。水上加油站10家，全年防污染检查20次。有船厂5家，全年防污染检查5次。

（黄心珏）

节能减排

【建筑节能】 2022年，常熟市完成太阳能光热应用面积92.02万平方米，完成浅层地能应用面积2.58万平方米，完成既有建筑节能改造面积8.7万平方米。

（郭晓玲）

【路灯节能改造】 2022年，常熟市完成各类大中修及城市道路提升改造项目的路灯配套项目10多项，重点完成LED灯具节能改造1519套，全年节省用电约35万千瓦时；完成城区老旧线缆更换各类电缆1.53千米。完成城市照明设施管理软件平台的升级建立和完善分区、分时、分级的照明节能控制措施。

（王吉民）

污染防治

【概况】 2022年，常熟市印发实施《关于深入打好污染防治攻坚战的工作方案》，明确新一轮污防攻坚战总体目标以及“1+5+10”的方案政策体系，以改善生态环境质量为核心，全面完成年度治污攻坚各项任务，积极融入市域一体化工作，与昆山、相城等交界区域开展生态环境联保共治行动。

【大气污染防治】 2022年，常熟市印发实施年度大气污染防治计划、臭氧污染控制提升、空气质量百日攻坚、环境质量“对标进位”、挥发性有机物质（VOCs）综合治理、VOCs与颗粒物协同减排攻坚等方案，成立市级大气治理强化攻坚专班和专项督查组，完成年度大气治理重点项目3007项。完成VOCs全覆盖排查整治2112家，在全省率先开展驻点环保管家服务并实现全市乡镇（板块）全覆盖，在苏州率先建立VOCs企业源清单库和活性物种信息库，率先出台排放大户驻点工作规范，完成深度治理或超低排放改造水泥制品企业7家、铸造企业15家、各类锅（窑）炉整治318台。淘汰报废国三及以下柴油货车4100辆，非道路移动机械信息登记和上牌超过1.5万台。开展建设领域生态环境专项整治、清洁空气示范社区建设等治理工作。深化与生态环境部规划院战略合作，健全预测分析研判机制，完善重污染应急监管平台、产污治污设施联动监控系统建设。11月5日，常熟市龙腾特种钢有限公司的钢铁行业超低排放改造项目通过中钢协审查公示，项目累计投入约12.24亿元，预计主要污染物年减排量超3000吨。

【水污染防治】 2022年，常熟市印发实施年度水生态环境保护工作计划，全面完成太湖治理、阳澄湖生态优化和水污染防治年度重点任务。编制实施昆承湖“一湖一策”水质提升方案，加快控源截污、水生态恢复等工作，完成水生植物种植约1.07公顷。对福山塘闸、大义光明村等不能稳定达标的重点断面开展溯源整治行动，累计实施治理工程超过200项。全面完成长江流域排污口整治任务、太湖流域排污口整治完成超过90%，全市取缔各类排口75个、整治排涝泵站及农田退水口165个，分级分类整治涉磷企业1102家，完成涉酚企业整治以及工业园区水污染物排查整治18家。实施水污染平衡核算工作。

【土壤污染防治】 2022年，常熟市全面落实土壤污染治理年度计划，推进69个关闭搬迁企业遗留地块污染防控工作，完成271家土壤污染重点监管单位隐患排查、自行监测和信息标识牌设置。强化建设用地和农用地联动管理，对望虞河沿线受污染耕地开展土壤污染深度调查和溯源工作。建立地下水重点排污单位名录，完成地下水环境调查和分区划定，新材料产业园、经开区化工园区编制完成地下水环境调查评估报告并通过苏州市级审核。严格落实重金属污染减排，开展重点行业涉重点重金属项目减量替代工作。

【声污染防治】 2022年，常熟市重新布设全市设环境噪声监测点位186个。加强夜间施工审批，严格控制噪声污染。强化特殊时间节点的噪声监管，高考、中考考试期间，常熟生态环境局、市住建局、尚蓝环保开展“绿色护考”环境噪声专项检查，督促施工现场落实好防噪、降噪措施。全年噪声投诉量比上年降低20%以上。

环境监管

【环保能力建设】 2022年，常熟市编制生态环境基础设施建设规划（2023—2025年），63项省级重点生态环境基础设施项目全面完成年度建设任务，投资超17亿元，建成城东水质净化厂二期、徐六泾闸江边枢纽工程等项目。强化非现场监管能力，提升生态环境治理能力现代化，“天网”环境监管信息[illegible]控网、协同指挥网和效能监督网“三网合一”；完成常熟港区细颗粒物与臭氧协同控制监测网络建设项目，建成投用工业园区限值限量管理监测监控系统，实时发现和处置各类环境问题。完成经开区化工集中区、新材料产业园和北福山塘三级防控体系建设。

【环境管理】 2022年，常熟市出台实施惠企纾困稳经济20条举措等文件方案，推动绿色高质量发展。完成10家发电企业碳排放报告、43家重点单位温室气体排放报告核查以及碳强度排放测算等工作。开展上市企业和高企绿色帮扶，建立绿色发展领军企业培育库，入库企业43家，8月4日，龙腾特钢、芬欧汇川等2家企业获评年度省级绿色发展领军企业。完成53家企业强制性清洁生产中期评估，在全省率先试点推行企业（污染源）全过程管理规范化建设工作，超过400家企业完成验收。全市85个重点项目纳入环保审批“绿色通道”，常熟高新区、经开区启动产业园区规划环评与项目环评联动改革试点。印发《常熟市印染行（企）业高质量发展提升计划》。9月19日，赵市华达公司在全省率先通过印染改建项目环评审批，为2008年以来全省首个通过审批的印染项目。实施“两高”项目清单化管理，对不符合要求的“两高”项目停批停建。强化生态环境分区管控，落实“三线一单”分区管控工作要求。建立“1+4”生态环境普法模式，通过“科普123”巡展、环保“企业通”、走访对接、征集意见等方式及时办理企业环保诉求超过100个。开展“六五”环境月、“绿动联盟”、“常小环”生态文明微课堂等主题绿色宣传活动100多次、覆盖10多万人次，发布“‘童’一首歌，绿色‘童’行”音乐MV，被国家、省、市级媒[illegible]

【环境监测】 2022年，常熟市紧盯环境空气质量、各级断面水质、噪声、土壤、污染源监督性监测等领域，全年提供各类有效监测数据513万个，完成重点排污企业监测监控联网750家。

【环境执法】 2022年，常熟市组织开展VOCs治理、太湖安全度夏、水气协同、环境安全等30多轮次专项执法行动和常态化夜间执法检查，全年实施环境行政处罚501件、处罚金额3851万元。持续深入开展安全生产专项整治三年行动，推动整改各类环境安全问题和隐患400多个。全年累计调处环境信访总数1104件、比上年减少27.3%。印发《关于加强生态环境损害赔偿和检察公益诉讼工作联动的意见》和《常熟市生态环境损害赔偿磋商见证工作规程》，该创新机制被《人民日报》“点赞”，全年启动生态损害赔偿67件、赔偿资金超过760万元、完成生态修复55件。

【固废管理】 2022年，常熟市印发《常熟市环太湖地区城乡有机废弃物处理利用示范区建设三年行动计划》，建成投用中车厨余（餐厨）垃圾处理项目、永之清危废处置扩建项目等重点工程。完成345家企业危废规范化管[illegible]生命周期监控系统中进行申报、转移，建成投运常熟市小量危险废物全覆盖收集体系，降低企业危险废物安全环保风险。规范全市涉疫医疗废物收运处置，常熟生态环境局、市交通局、卫健部门等单位成立医疗废物收运处置专班。11月24日，常熟市《“十四五”时期“无废城市”建设实施方案》通过专家评审并组织实施。

【工业群租企业安全环保消防专项整[illegible]租企业安全环保消防专项整治行动。8月17日，市政府印发《关于深化“散乱污”和工业群租企业专项整治行动的通知》，启动专项整治行动。全年共排查“散乱污”424家，完成整治208家、关停216家，排查整治工业群租企业各类问题隐患超过2.1万条，打造高标准市级示范区点位22个，累计腾出厂房资源近20万平方米、土地资源20多公顷。

【苏州市常熟环境监测站新实验大楼启用】 1月29日，苏州市常熟环境监测站新实验大楼启用，建筑面积约6837.46平方米，拥有各类分析监测仪器设备300多台套。全年先后完成仪器设备安装调试、新项目方法确认、质量管理体系文件的修改与发布、实验室试运行等工作，9月1日，取得检验检测机构资质认定（CMA）证书。

（刘子雯）

责任编辑　汤　涵

科学技术

科技项目

【科技项目成果转化】 2022年,常熟市研发支出占地区生产总值3.85%,常熟市研发投入高质量考核指标列苏州市综合排名第4。常熟市对53个项目发放奖励经费64.7925万元,促进中小企业开展成果转化及科研仪器设备共享使用。年内,常熟市技术合同成交额110.62亿元,目标完成率为170.18%,在苏州市综合排名第4。出台《常熟市技术转移奖补实施细则》专项奖补文件,对常熟市84家技术输出方、29家成果吸纳方、4家技术转移机构、2位技术经纪人进行奖补,奖补金额199.64万元。完成省成果转化专项资金政策执行情况检查2项,验收项目3个。

【三项目获省科学技术奖】 2022年,常熟市获江苏省科学技术奖3项,分别是:常熟市矿山机电器材有限公司参与项目“工业烟气超低排放在线监测关键技术及工程应用”获江苏省科学技术奖二等奖;苏州腾晖光伏技术有限公司、常熟阿特斯阳光电力科技有限公司参与项目“高双面率PERC电池背钝化及陷光技术的产业化”以及江苏中车环保设备有限公司参与项目“农村生活污水低碳高效处理和资源化关键技术及应用”获江苏省科学技术奖三等奖。

【龙腾特钢新技术通过认证】 11月22日,“LT耐磨钢球与半自磨/球磨时空置换靶向降耗节能研究成果评价会”在江苏省常熟市召开,会议由中国冶金矿山企业协会和江苏省工信厅组织。中国工程院院士王运敏担任组长的评价咨询专家委员会对由常熟市龙腾特种钢有限公司完成的“LT耐磨钢球与半自磨/球磨时空置换靶向降耗节能研究”项目作出评价,认为该项目总体达到国际领先水平,同意通过评价。常熟市龙腾特种钢有限公司和常熟市龙特耐磨球有限公司对半自磨“时空动态加球法”和球磨机“时空延时加球法”这2项最新研发技术,拥有完全自主知识产权。

11月22日,LT耐磨钢球与半自磨/球磨时空置换靶向降耗节能研究成果评价会在常熟市召开
(市科技局 提供)

科技创新

【概况】 2022年,常熟市出台《关于推进产创融合“十百千”平台载体建设工程行动计划(2022—2026年)》和《常熟市产创融合“十百千”平台载体建设管理办法》。2022年,常熟市实现高新技术产业产值2036.98亿元,比上年增长7.1%,占规模以上工业总产值比重42%。全年对新型研发机构和科技企业孵化器(众创空间)开展市级绩效评估,对推进成效显著的24家单位给予绩效奖补311万元。

【科技创新载体】 2022年,常熟市有市级以上科技创新载体90家,其中,创新联合体5家,科技公共服务平台16家,孵化器15家、众创空间23家、企业研发机构646家。年内,常熟蒲公英众创空间获评国家级众创空间,新增省级众创空间4家,苏州市级众创空间6家,省级科技企业孵化器1家,苏州市级科技企业孵化器2家。2022年,“苏州·中国声学创新谷”落户苏州产研院常熟创新基地；推动国际声学产业技术研究院实质性运转。成立推进亨通海洋重大企业研发载体建设工作领导小组，“海底通信与探测全国重点实验室”被列入苏州市争创全国重点实验室项目名单。聚焦声功能材料、智能座舱、氢能源、新能源汽车、氟材料等产业领域，立项培育5家常熟市级创新联合体。

【高新技术产业】 2022年，常熟市实施高新技术企业“一号工程”，全年申报高新技术企业759家，基本与上年度持平，认定412家，比上年增长42.07%。科技型中小企业入库1302家，比上年增长29.3%；完成民营科技企业资质备案318家；落实普惠性科技财税政策，1486家企业享受研发费用加计扣除优惠政策，加计扣除额[illegible]高新技术企业所得税减免224家，减免额13.18亿元。2022年贷款贴息补贴企业62家，科技保险费补贴企业29家，补贴企业数比上年增长40%，补贴金额达373万元，比上年增长22.7%。常熟开关制造有限公司和常熟风范电力设备股份有限公司进入2022年江苏省新一轮创新型领军企业培育行动入库名单。

【创新型企业培育】 2022年，常熟市新增认定江苏省级工程技术研究中心15家、苏州市级工程技术研究中心23家，评定常熟市级企业创新中心38家单位；完成江苏省企业工程技术研究中心验收工作8项；组织开展省级工程技术研究中心绩效考评工作，9家单位绩效考评结果“优秀”、19家单位绩效考评结果“良好”，开展苏州市级企业工程技术研究中心绩效考评工作，4家单位获苏州市级奖补。江苏亨通海洋光网系统有限公司同[illegible]省海洋电子信息产业院士工作站正式揭牌，该院士工作站获江苏省科技厅发文认定为2022 年度省级院士工作站。

【常熟获全国科技创新百强县市第二名】 1月23日，工信部下属研究机构赛迪顾问发布“2021科技创新百强县”榜单，常熟获全国科技创新百强县第二名。榜单分创新投入、创新产出、创新环境和创新潜力4个一级指标，20个[illegible]从存量和流量的纬度分析创新能力、转化能力、创新环境基础和发展潜力，并从企业、政府和社会3个创新主体，全面综合地评价各级行政区的科技创新实力。

【蒲公英众创空间获评国家级】 5月，科技部火炬中心公布2021年度拟备案国家众创空间名单，位于虞山高新区的常熟蒲公英众创空间上榜。常熟蒲公英众创空间创业基地总面积[illegible]英合作共建的一个投资驱动型产业孵化加速基地，园区内配有加速器和众创空间，有在孵企业67家，已孵化企业近40家。

表49　　2022年常熟市入选省级工程技术研究中心企业一览表

序号	中心名称	承担单位	镇（街道）
1	江苏省电子信息用功能性粉体工程技术研究中心	苏州锦艺新材料科技股份有限公司	经开区
2	江苏省高性能3D打印材料工程技术研究中心	苏州聚复科技股份有限公司	经开区
3	江苏省无溶剂聚氨酯树脂粘合剂工程技术研究中心	江苏华大新材料有限公司	海虞镇
4	江苏省高频高速传输线缆工程技术研究中心	常熟市景弘盛通信科技股份有限公司	常福街道
5	江苏省高能量及高功率锂离子动力电池工程技术研究中心	苏州新中能源科技有限公司	经开区
6	江苏省智能高效冶金设备工程技术研究中心	达涅利冶金设备（中国）有限公司	经开区
7	江苏省高效汽车传动系统工程技术研究中心	常熟美桥汽车传动系统制造技术有限公司	经开区
8	江苏省汽车空调冷凝管工程技术研究中心	苏州众捷汽车零部件股份有限公司	尚湖镇
9	江苏省汽车管路系统工程技术研究中心	江苏统联科技股份有限公司	高新区
10	江苏省高性能座椅调节机构工程技术研究中心	恺博（常熟）座椅机械部件有限公司	高新区
11	江苏省智能化高效光伏组件生产线工程技术研究中心	苏州宏瑞达新能源装备有限公司	高新区
12	江苏省汽车液压及热管理系统精密零部件工程技术研究中心	海力达汽车科技有限公司	高新区
13	江苏省光伏封装材料技术工程技术研究中心	常熟特固新材料科技有限公司	辛庄镇
14	江苏省半导体微组装工艺与装备工程技术研究中心	苏州艾科瑞思智能装备股份有限公司	高新区
15	江苏省金属陶瓷镶铸复合辊工程技术研究中心	常熟市电力耐磨合金铸造有限公司	古里镇

（资料来源：市科技局）

苏州·中国声学创新谷

【概况】 2022年，常熟市经济开发区围绕加快声学产业创新集群建设的战略定位，研究制定中国声学创新谷2022年建设方案，以声学创新谷片区开发为抓手，聚焦创新链、人才链、产业链、资本链“四链融合”，持续加快国际声学技术创新中心等五大阵地建设，全力推动声谷片区出形象、见成果。国际声学产业技术研究院引进顶尖研发人才团队5个，启动公共服务平台建设4项，集聚高端科研人才近70人。研究院首批材料声学技术实验室、信息声学技术实验室、工程技术实验室初步建成，高性能压电陶瓷、精准声学材料等一批研发项目正在实施。2022年，苏州·中国声学创新谷落户产业项目20个、科创项目58个。

【2022年“智惠常熟共创未来”全国创新创业大赛】 11月28日，2022年“智惠常熟，共创未来”苏州·常熟全国创新创业大赛总决赛在常熟会议中心举行，20个项目进入总决赛，最终“新型碳捕集工业环保处理技术”等6个项目获奖。大赛历时6个多月，报名项目超500个，参赛项目177个。举办15场专场赛，涵盖行业赛（先进材料、新能源、智能座舱、声学等）、城市赛（北京、上海、西安、武汉、杭州、南京等）、高校赛（清华大学、浙江大学等）、海外赛等多种形式。参赛项目涵盖汽车零部件、新一代信息技术、生物及先进材料等产业领域。

【常熟市承办“创新创业校地合作论坛”】 8月19日，中国高等教育学会创新创业教育分会2022年会暨“科创融合”高峰论坛会议在南京大学召开。论坛通过“13+1”分论坛的形式，展示高校创新创业教育成果。同日，常熟市承办“创新创业校地合作论坛”。在高峰论坛上，中国科学院院士、南京大学教授、“苏州·中国声学创新谷”专家咨询委员会成员祝世宁在主旨报告中分享对新型研发机构建设支撑成果转化及人才培养看法，并介绍南大与常熟校地合作重要成果“苏州·中国声学创新谷”。“创新创业校地合作论坛”邀请来自中国科学院、华中科技大学、南京理工大学等专家学者，吸引400余人线上线下参会。南京大学创新创业与成果转化工作办公室主任、国际创新创业学院执行院长高新房为分论坛致辞。常熟市政府副市长、第十五批科技镇长团团长李汉中作常熟市创新创业环境推介。

【南智芯材铌（钽）酸锂晶体产业化项目签约落户】 7月29日，南智芯材铌（钽）酸锂晶体产业化项目正式签约落户常熟经开区。苏州南智芯材科技有限公司由南京大学院士团队领衔，主要从事铌酸锂（LN）和钽酸锂（LT）研发及产业化。铌（钽）酸锂（LN/LT）是一种非线性、电光、压电性能非常优异的晶体材料，有“光学硅”的美称，广泛应用在射频滤波器、高速光通讯调制器、光隔离器等领域，在光（量）子芯片等方面具有广阔应用前景。该团队已攻克核心电子材料的“卡脖子”技术问题，可实现国产替代。

（庞　诚）

常熟国家大学科技园

【概况】 常熟国家大学科技园（以下简称大科园）是全国首家设立在发达县域经济中的国家级大学科技园，是苏州市十大数字经济产业园之一。拥有8个产学研创新载体、4家新型研发机构，以及人力资源、科技金融、知识产权等多个公共服务平台。截至2022年年底，园区累计获得省级以上各类荣誉33个，其中国家级荣誉6个。2022年获评苏州市最佳人才落地平台和江苏省文化产业示范区。园区有国家级众创空间4个及省级众创空间9个，在北京、上海建有创新中心2个，形成全链条孵化体系和四链融合的科技招商机制。园区累计入驻企业近600家，培育高新技术企业236家，培育和引进国家级重大人才19人次，江苏省双创人才42人次、苏州市姑苏人才111人次、常熟市领军人才309人次。年内累计引进各类科技项目155个，总投资20多亿元。全年获评常熟市级以上人才86人，其中国家级重大人才3人、江苏省双创人才5人、苏州市姑苏人才29人。2022年园区实现产值超32亿元，纳税超1.6亿元。认定高企43家，完成发明专利申请并拥有专利权86件，新增专利授权66件。

【招才引智】 2022年，常熟大科园举办“智惠常熟 共创未来”全国创新创业大赛高新区分赛活动6场，参赛项目100余个；举办2022年苏州（常熟）国际精英创业周常熟高新区分会场活动，落户项目44个。全年新增常熟英华诺、苏州百森道招商平台2个。“昆承青创”获评江苏省、苏州市级众创空间，“火柴盒”获评苏州市级众创空间，“分子时代”获评苏州市级科技企业孵化器。联合常熟理工学院及其他6所共建高校共同出资成立园区运营机构“常熟理工大科园有限公司”，形成“1+1+6”园区建园模式。出台《常理工大学科技园创业政策汇编》，成立规模1000万元的常理工大科园创业投资基金，举办首届常熟理工大科园创业创意大赛。

【项目孵化】 2022年，常熟大科园引进玖智科技、元星科技、利众智慧等智能网联、智能制造相关领域科技型企业13家，注册资本8200万元。引进英特模智能驾驶及新能源项目，加速自动驾驶技术商业化落地；迈宝国际通过孵化新国货品牌、建立场景体验基地、形成新消费IP品牌高地；片刻文化将常熟元素和江南文化与潮流品牌相结合提供创意定制化产品；合数科技通过数据+AI为核心赋能，打造全域产品矩阵。

【科研机构】 江苏省产业技术研究院智能液晶技术研究所　年内，完成苏州聚萃股权转让，获得股权收益2600万元；苏州萃为实现独立运营，完成首轮500万元融资，投后估值约2400万元。

江苏省产业技术研究院先进金属材料及应用技术研究所　年内，完成香柏泓石基金首期融资，资金到位[illegible]万元。高温合金领域的单晶叶片纳入苏州[illegible]室首批启动项目范围。

北京大学分子工程苏南研究院　年内，研究院中试基地投入使用，获评科技项目4个，申请发明专利12件，实现产品销售和技术服务收入总计1.5亿元，平台企业获得市场融资3亿元。围绕大科园重点产业发展方向，3个平台产业化项目合计15个。

【上海机器人产业技术研究院常熟创新中心运营】 2022年，上海机器人产业技术研究院常熟创新中心（以下简称"创新中心"）[illegible]角机器人联盟、清华大学、上海交通大学、上海大学等科教资源，赋能智能制造及机器人产业发展，助力常熟市产业转型升级、高质量发展。年内，创新中心举办创新创业活动18场，引进企业11家。申请专利50多件，其中发明专利24件。申报国家级人才7个，获评常熟市级领军人才2人。

（何　瑜）

科技合作与交流

【概况】 2022年，常熟市新认定江苏省科技副总14人；全年立项江苏省产学研合作项目10个；申报"江苏省外专百人计划"项目1个；申报"江苏省外国专家工作室"6个，获评3个；支持江苏亨通海洋光网内设研发机构完成省引智专项结题1个；组织4家企业完成省外国专家工作室绩效考核工作，其中江苏亨通海洋光网系统有限公司外国专家工作室获评优秀，获得资金100万元，为苏州下辖县级市首例；组织申报苏州柔性引才"海鸥计划"项目2个，入选1个；亨弗劳恩（江苏）复合材料研发有限公司、江苏常熟汽饰集团股份有限公司、苏州腾晖光伏技术有限公司等在欧洲、日韩以[illegible]产业需求等[illegible]建立离岸创新中心[illegible]家，数量位列苏州市第三。

【产学研活动】 2022年，常熟市组织东南大学、南京林业、北京理工、西北工大等学校老师精准服务企业14次，收集企业技术需求58项，解决33项，为全市230所次企业搭台大院大所交流机会，全年有效产学研合同250个。依托上海机器人产业技术研究院力量，通过举办三期机器人（常熟）青科论坛，导入智能制造大院大所资源，共[illegible]术大学、同济大学等大院大所的机器人研究方向资深专家教授通过线上线下交流，服务对接企业150家。会同南京航空航天大学共建"长三角·中国声与振动研究院"，与长三角G60科创走廊激光产业联盟签署全面战略合作协议，参与长三角G60科创走廊投资推介会筹备工作，成功推荐常熟氢能研究院作为重点项目上台签约。

【校地融合发展】 2022年，常熟市大力开展"名城名校"校地融合发展工作。市科技局发动56个博士团队组团提升企业创新能力，累计促成常熟市企业与常熟理工学院完成技术对接合同112个，签订合同金额1929万元。完成声学教学实验平台建设，首届声学特色班46名学生顺利毕业，举办声谷论坛4场。与常熟理工学院合作完成汽车结构实验室、新能源汽车拆装实验室建设，共建电商产业学院暨新媒体电商创新创业教育中心。对接南京大学双创办、科技处，协同联系南大欧美同学会、江苏省声学学会，全年开展专题对接交流15次。同诺维萨德大学签署战略合作协议，在罗马尼亚农林科学院建立外籍院士工作站，获多个省部级国际攻关项目立项。

【科技镇长团】[illegible]长团完成轮换。第十四批科技镇长团15人，累计走访企业424家次，邀请专家来访323人次，达成合作协议12份，举办项目路演13场次，引进新型研发机构等创新平台2个，促成签订技术、研发等合同15个，帮助企业申报省级以上项目9个、申请专利25件，引进各级人才240余人。第十五批科技镇长团有13名团员，团队平均年龄39岁，在声功能材料、机械工程、医疗器械、金融管理等领域与常熟产[illegible]镇长团联合上海机器人产业技术研究院常熟创新中心等单位先后举办了医疗康复机器人（常熟）青科论坛——"基础科学+人工智能"医疗机器人技术线上交流活动、第二届医疗机器人论坛——手术机器人专题线上交流活动、防疫机器人（常熟）青科论坛——"机器人助力常态化服务"专题线上交流活动。

【科技招商】 2022年，市科技局调研服务企业超400家，统筹全市各镇（街道）引进科技招商项目572个。年内，开展"常熟市产创融合项目路演暨创新创业环境推介会"系列活动，赴西安、南京、杭州等地举办系列大赛路演活动，全年汇聚报名项目近500个，参赛项目192个，选拔出专场赛获奖项目88个，其中31个参赛项目与各镇（街道）达成落户意向。苏州亿物连科技有限公司、苏州首镜科技有限公司等14个项目完成招商引资落户至常熟。

（庞　诚）

表50　　2022年常熟市入选江苏省科技副总项目一览表

序号	承担单位	合作高校	科技副总
1	江苏理文造纸有限公司	南京林业大学	任　浩
2	苏州宇量电池有限公司	常熟理工学院	陶　石

续表50

序号	承担单位	合作高校	科技副总
3	苏州声学产业技术研究院有限公司	常熟理工学院	解龙翔
4	江苏山水节能服务股份有限公司	苏州科技大学	吴征天
5	江苏常铝铝业集团股份有限公司	常熟理工学院	袁　婷
6	法兰克斯管道紧固件(常熟)有限公司	南京工业职业技术大学	朱楠楠
7	常熟市新达模塑成型有限公司	常熟理工学院	于学勇
8	大连理工常熟研究院有限公司	常熟理工学院	沈骏宇
9	常熟三爱富振氟新材料有限公司	常熟理工学院	张石愚
10	苏州汉霄等离子体科技有限公司	南京工程学院	王金平
11	江苏鼎新印染有限公司	江苏工程职业技术学院	顾家玉
12	常熟市百联自动机械有限公司	常熟理工学院	陶国彬
13	常熟市牧工商有限公司	扬州大学	潘士锋
14	中科光生(苏州)智能环境科技有限公司	常熟理工学院	张贵阳

(资料来源：市科技局)

表51　2022年常熟市立项江苏省产学研项目一览表

序号	项目名称	承担单位	合作单位	镇(街道)
1	基于深度学习的高低温环境试验设备控制系统优化设计	南京工程学院	常熟市环境试验设备有限公司	常福街道
2	智能服装生产线关键设备与技术研究	常熟理工学院	苏州池久节能电气有限公司	莫城街道
3	至尊千瓣、红唇新品种荷花在苏州地区引种及规模化栽培关键技术研发	常熟理工学院	常熟市银湖生态农业有限公司	莫城街道
4	“双碳”背景下废纸制浆节能降耗、新原料开拓及生产全过程优化的集成技术研发	南京林业大学	江苏理文造纸有限公司	经开区
5	超构消声器及其辅助设计系统开发	常熟理工学院	苏州声学产业技术研究院有限公司	经开区
6	GQ21215型带载变幅起重机用钢焊接性综合评定及应用研究	常熟理工学院	江苏振东港口机械制造有限公司	梅李镇
7	基于氧化亚铜光催化体系环境净化纺织品的制备与性能调控研究	江苏工程职业技术学院	江苏鼎新印染有限公司	梅李镇
8	数字化工厂试验报告自动生成软件系统应用程序开发	常熟理工学院	苏州英特模汽车科技有限公司	经开区
9	铝合金联线非标连接件加工关键技术开发	南京工业职业技术大学	法兰克斯管道紧固件(常熟)有限公司	梅李镇
10	一种利用火电厂锅炉烟气余热的制氢装置研发	南京工程学院	苏州汉霄等离子体科技有限公司	高新区

(资料来源：市科技局)

科学普及

【概况】 2022年，市科协举办第三十届科普宣传周、2022年全国科普日等活动；开设“走进科创”融媒体专栏。2022年，常熟市创建2021—2025年度全国科普示范县(市、区)以苏州第一名，以全省第二名创建苏州唯一“科创江苏”示范县(市、区)。王淦昌故居获全国、省、苏州三级“科学家精神教育基地”称号。

【科普场馆建设】 2022年，全市新建景泰社区科普实验基地、应急科普教育体验基地2家市级科普场馆；新建扩建南京大学生态研究院科普教育基地、大湖甸村龙舟基地、常熟凯发污水处理科普体验教育基地、长洪滩高标准水产养殖示范基地、中国科学院常熟土壤与环境科普教育基地、汇涵创伤医学博物馆6家科普教育基地。常熟中医药博物馆迁址开馆。

【科普宣传周】 5月，常熟市以“走进科技 你我同行”为主题，举行常熟市第30届科普宣传周暨2022年常熟市

“全国科技工作者日”活动。组织开展“我愿以身许国 喜迎二十大——王淦昌生平事迹展”、2022年常熟市全民科学素质知识网上有奖竞答等重点活动15项，主要活动214项。

【科普日活动】 9月，市科协举办全国科普日系列活动。以“喜迎二十大 科普向未来”为主题，组织开展第三届童“话”科普——小小科普讲解员大赛、第四届青少年科普创意剧巡演、市民科普游等，其中，主要活动226项，重点活动14项。

【王淦昌故居入选首批全国科学家精神教育基地】 6月10日，中国科协、教育部、科技部、国务院国资委、中国科学院、中国工程院、国防科工局发文认定王淦昌故居为2022年度科学家精神教育基地（苏州唯一）。王淦昌故居位于江苏省苏州市常熟市支塘镇南街44号，为清代古建筑，是两弹元勋、著名核物理学家王淦昌院士青年时期居住之地。故居总占地面积1071平方米，建筑面积1053平方米，总投资1560多万元。2022年，接待游客73086人次，团队200个。 （王晓理）

科技管理

【科技人才项目管理】 2022年，市科技局做好各级人才项目申报管理工作，与常熟市各乡镇街道以及常熟理工学院等单位建立常态化人才工作信息会商机制。全年引进新一代信息技术、声学、高端装备等产业的领军人才项目332个，最终立项145个。申报数比上年增长35.5%，立项数比上年增长27.2%。立项上级人才项目90个，比上年增长95.7%。市科技局专项服务2022年姑苏顶尖人才团队（江苏亨通海洋光网系统有限公司重大创新团队）实现常熟市姑苏重大团队项目“零”的突破。

【科技创新券】 2022年，市科技局运用“科技创新券”等财政后补助支持方式，支持企业向研发机构购买科研服务或自行购置研发设备。全年对36家企业发放奖补资金342.44万元。

【农业科技项目管理】 2022年，市科技局完成3家国家级星创天地、1家省级星创天地的备案资格评估，4家省重点研发计划（现代农业）专项资金绩效评估工作。常熟市佳盛农业科技有限公司获省级重点研发计划（现代农业）项目立项资金300万元。“嘻嘻谷”星创天地、特种水产服务超市分别获江苏省农业科技社会化服务项目补助30万元。 （庞 诚）

表52 2022年常熟市新增省高层次创新创业领军人才一览表

姓名	引才（或创办）企业
李 耀	苏州恒电能源动力科技有限公司
朱炳哲	苏州宝昱来智能装备有限公司
[illegible]	[illegible]
HE CHAO XIAN（何超先）	熹徽（苏州）生物医药科技有限公司
胡 雷	苏州汉霄等离子体科技有限公司
杨作运	苏州康冠光电科技有限公司
赵志华	苏州精速智能科技有限公司
陈 长	苏州艾美科新材料技术有限公司
王 惺	苏州真目人工智能科技有限公司
刘 震	苏州铼赛智能科技有限公司
霍一丁	苏州慧响声学科技有限公司
袁永斌	苏州知码芯信息科技有限公司
范明海	江苏亨通海洋光网系统有限公司
陶雄强	江苏亨通海洋光网系统有限公司
陈金龙	江苏亨通海洋光网系统有限公司
杨世豪	苏州澳京光伏科技有限公司

（资料来源：市科技局）

责任编辑 张莉莉

教育

综　述

【概况】 2022年，常熟市有公办学校109所，其中，小学60所、初中35所、普通高中8所、九年一贯制学校1所、特殊教育学校1所、职业学校3所、全日制普通本科院校1所。公办幼儿园79所，校外素质教育基地2家。有民办中小学11所，新市民子弟学校11所，民办幼儿园58所。有专任教师12666人、备案制教师388人，学生217771人，其中，公民办小学、初中、高中学生数147965人，职教学生数11384人，全日制本科生18395人，公民办幼儿园幼儿数40027人。

（孙利峰）

【教育经费】 2022年，全市财政教育投入46.96亿元；生均公用经费为：普通高中1200元、中等职业学校1800元、初中1300元、小学1100元、独立法人幼儿园1200元；非义务教育阶段学校（单位）继续参照义务教育阶段实施绩效工资。免费义务教育所需资金全部按时、足额到位，特殊教育继续实行全部免费，对义务教育阶段新市民子弟免除学杂费。（陈国平）

【师资建设】 2022年，市教育局完善教师定期交流制度，化解义务教育学校教师结构性矛盾。实施城区名师支教乡镇，孵化乡镇名师，着力缩小城乡教育资源差距。新招录教师586名，其中，研究生和双一流本科应届毕业生78名。健全校级领导交流轮岗制度，完善教师交流支教制度。全年全市义务教育阶段交流支教教师有501名，其中骨干教师288人，占比57.49%。培育苏州市级以上高层次教育人才87名，其中“苏教名家”培养对象1人，正高级教师2人，姑苏教育名家、姑苏教育领军人才、姑苏教育青年拔尖人才、苏州市名教师19人，苏州市学科带头人67人。303人获评苏州市、常熟市优秀教育工作者。

（褚学萍）

【学校建设】 2022年，市教育局推进学校建设工程，竣工实验中学清晖分校、实验小学清晖分校等14个项目，推进改扩建琴湖幼儿园、改扩建周行小学等10个在建项目，开工建设塔前小学改造工程等5个项目，实施扩建阳光学校、安琪小学2个新市民子弟学校提档升级项目。新校新园的竣工、投用，增加学位0.855万个。统筹考虑新片区的教育资源规划建设，发挥好老城区名校“老带新”作用，缩短新片区成长周期。（钱立乾）

表53　2022年常熟市新投用学校一览表

序号	学校（园）名称	建设类别	学校类别	办学规模（轨）	增加规模（轨）	增加学位数（人）	性质	占地面积（公顷）	建筑面积（平方米）	投入资金（万元）	学校地址
1	伦华高级中学	改扩建	高中	6	6	630	民办	2.41	17645	6000	琴川街道青龙路28号
2	海虞高级中学	改扩建	高中	16	0	0	公办	7.04	39568	8250	海虞镇海阳路75号
3	实验小学清晖分校	新建	小学	8	8	2160	公办	3.87	40134	18897	琴川街道云海路18号
4	红梅小学	新建	小学	6	6	1620	公办	3.06	34307	16375	琴川街道尚贤路1号
5	元和小学	异地新建	小学	6	2	540	公办	2.4	33320	12000	虞山街道元和新村五区1号
6	实验中学清晖分校	新建	初中	12	12	1800	公办	4.39	40044	19621	琴川街道清晖路8号
7	昆承中学	改扩建	初中	16	4	600	公办	2.58	16258	28066	琴川街道星光路5号
8	静海幼儿园	新建	幼儿园	8	8	720	民办	1.09	9224	7025	琴川街道静海路10号

续表53

序号	学校地址
9	碧溪街道童心路1号
[illegible]	[illegible]
11	古里镇金湖路19号东宸铭筑25幢

（资料来源：市教育局）

【校园安全】 2022年，市教育局继续推进校园和校车安全专项整治。强化学校（幼儿园）“人防、物防、技防”建设，提升校园视频监控加装及高清数字化率。加强涵盖校园安保、交通安全、消防安全、食品安全、燃气安全等多方面的校园安全检查，部署校园安全风险管控及安全隐患排查、整改工作，结合校园安全“月查月报”工作，强化安全风险预警和隐患排查、整改落实。常态化开展“平安校园行”主题宣传活动，聘请法制副校长、派出所警官到校上课，进行安全教育、法制宣传。加强心理健康教育，针对性地进行生命教育、挫折教育、人生规划教育，丰富心理健康教育的形式、渠道、方法。全市各学校建立三级心理健康网络体系，全市中小学校共建成心理健康辅导室129个；拥有心理健康教育专职教师21人，兼职教师605人，专职心理教师做到高中段全覆盖。（于春明）

【教育科研】 2022年，市教育局引入多元调研方式，加强学科调研，各学段全年调研60多所学校。规范组织教师评优课、基本功竞赛和学科素养竞赛等活动，1人获江苏省级比赛一等奖。加强高中学生学科竞赛管理，10人获全国一等奖，其中4人入选省队；7人在信息技术NOC国赛中获奖；47人在江苏省“七彩语文”杯作文大赛中获奖，其中省级奖15人。全年立项“十四五”首批省规划课题18个、江苏省14期教学研究课题6个和“十四五”苏州市规划课题106个。组织第十二批1317个微型课题集中评审，第十三批1360个微型课题立项。

（陈　丹）

【教育督导】 2022年，市教育局组织对东张中心小学、任阳中心小学、绿地实验小学、莫城中心小学4所小学综合督导。组织对东张幼儿园、任阳幼儿园、绿地幼儿园、莫城幼儿园4所幼儿园的办园行为督导。全年组织责任督学挂牌督导10次，全区域60名兼职督学深入240多所中小学、幼儿园，出动人员2300多人次，做到[illegible]学校[illegible]全覆盖。（马　骏）

学前教育

【概况】 2022年，全市有幼儿园137所，其中公办幼儿园79所，民办幼儿园58所。其中，江苏省优质幼儿园58所，苏州市优质幼儿园26所。有在园幼儿40027人。年内，常熟市通过常熟市学前教育综合管理平台，强化局、镇、园三级管理，实现一体化、规范化、动态化管理。围绕教育部新颁布的《幼儿园保教质量评估指标》，组织园长学习、探讨，并调整下发《常熟市公办幼儿园发展水平测评标准》。

【学前教育创建】 2022年，市教育局对民办幼儿园2021年度考核情况进行汇总、梳理、分析、核定，确定一等奖6所、二等奖20所、三等奖16所，合格园9所，13所幼儿园列入整改园。金仓幼儿园、滨江幼儿园、梅李京师实验幼儿园创成省优质幼儿园。全市有省、苏州市优质园84所，占比61.31%；普惠性幼儿园占比90.29%。

【课程游戏化建设】 2022年，市教育局深入推进课程游戏化建设，创新推出“三三”结对举措，聘请6名南京课程专家进行指导，做好连续性沉浸式研究。开展园际间互学互鉴活动，举办常熟市幼儿园课程游戏化建设全域交流学习活动。（张渝茜）

义务教育

【概况】 2022年，常熟市有在读小学生94517人，初中生35792人。全市适龄儿童小学入学率、巩固率、普及率和毕业率均为100%，初中入学率、巩固率和毕业率均为100%，残疾儿童少年入学率、贫困家庭子女入学率为100%。年内，继续实施新市民子女积分入学，全市129所公办学校（含部分设服务区的社会办幼儿园）对新市民子女开放，公办学校开放比例达86.6%，为新市民子女提供公办学位18087个，其中纯积分入学7174个，以房入学10913个。民办义务教育学校在校生占比控制在5%以内。

（华国平）

【公办学校集团化办学】 2022年，市教育局开展集团办学案例实践研究，通过案例中期调研和集团办学推进会，多元主体、多方联动，全面推动各集团健康优质均衡发展。积极开展课程基地项目建设，认定项目30个，推荐常熟市中学等6个项目参加省级内涵项目评审。（曹　深　卢一安）

【民办义务教育结构调整】 2022年，市教育局制定出台《常熟市民办义务教育结构调整和布局优化三年行动计划》，推进民办学校招生改革，首次在全市义务教育学校招生方案中明确“招生两禁”（禁止非法跨学段招生，禁止招收不在常熟居住就业的对象），调整民办义务教育学校（不含新市民子弟学校）招生方式。优化积分入学试点，指导乡镇（街道）开展学位供给统筹，实施民办义务教育学校招生指标考核分配制，保障人才子女、随迁子女等特殊对象入学。控制民办义务教育学校在校生占比，治理新市民子弟学校，增加公办学校学位供给，年内政府购买学位9352个。（华国平）

【“双减”工作】2022年，市教育局推进课后延时服务“5+2”模式，多元化供给课程资源，广泛开展德育、科普、文体、艺术、卫生健康等各类素质教育活动，实现义务教育阶段所有学段全覆盖、有需求的学生全覆盖、家庭困难学生全覆盖，学生参与率达94.58%，教师参与率达98.27%。制定《关于切实减轻学生过重作业负担工作要求》，明确学生作业设计、布置、批改、反馈等规范要求，形成分类要求、分层设计的个性化作业体系。各学校建立作业公示制度，面向全市幼儿园、小学、初中、高中发放《告家长书》，切实减轻义务教育阶段学生过重作业负担和校外培训负担。（卢一安）

普通高中教育

【概况】2022年，全市有公办普通高级中学8所，在校学生17656名，教师1791名。年内，常熟市海虞高级中学参加三星级高中创建，常熟市王淦昌高级中学接受三星级高中复评及四星创建，常熟市外国语学校接受四星高中复审。2022年，各高级中学落实《关于进一步加强苏州市普通高中选科评估和指导工作的通知》，广泛开展学业发展指导和生涯规划教育，提高学生生涯规划和自主选择能力。（华国平）

【普通高考】2022年，常熟市普通类实际参考考生4314人，特控上线2304人，比上年增加103人，特控上线比例达53.41%，较去年提高1.67个百分点；本科上线3966人，比上年增加77人，本科上线比例达91.93%，较上年提高0.5个百分点（2022年全省较2021年降近4个百分点）。特控和本科上线人数均创历史新高，连续12年领跑苏州。全市高考成绩600分以上考生有321名，比上年增加124名，常熟市浒浦高级中学、常熟外国语学校、常熟市王淦昌高级中学首次有考生超600分。全市11名学生获清华大学、北京大学投档资格，6名学生被清华大学、北京大学录取，25名学生被南京大学录取，另有2名高二考生被中国科学技术大学少年班录取。（华国平）

【江苏省常熟中学】2022年，学校占地面积16.67公顷，校舍建筑面积6万余平方米，绿化面积约7.8万平方米，是江苏省四星级普通高中。有50个教学班，在校学生2400多人。在编教职员工278人，其中专任教师256人，高级职称教师145人，中级职称教师74人。2022届高考学生录取清华大学和北京大学6人，600分以上学生222人，本一上线率92%。（丁一凡）

【常熟市中学】2022年，学校占地总面积173094平方米，建筑总面积84226平方米，规模为16轨制，是江苏省四星级普通高中。现有班级数48个，学生总数2354人。有教职工268人，其中专任教师239人，高级职称教师130人，中级职称教师82人。2022届高考被“985”“211”“双一流”高校录取235人，总分600分以上学生81人，本一上线率83.5%。（朱梅）

中等职业教育

【概况】2022年，常熟市有职业学校3所，在校学生11384名，夏季毕业学生3066名，中职学校毕业生双证持有率为100%，就业率为98.6%。2022年全市中职职教高考实考人数436人，本科上线188人，达线率43.12%，大专达线率100%；转段本科66人，转段专科492人，中职注册入学1135人。全市“双师型”教师占专任专业教师比例75.6%。2022年常熟市被评为“江苏省2021年度职业教育改革发展成效明显地区”，成为全省首批、苏州唯一的县（市、区）。常熟市职业学校获苏州市教育教学成果奖特等奖1项，一等奖1项。各职业学校教师参加上级教学大赛，获得苏州市级比赛一等奖1个，二等奖5个，三等奖9个；获得省级比赛一等奖1个，二等奖4个，三等奖4个，获奖数位列苏州市前列。职业学校学生获得省技能大赛金牌4枚，银牌19枚，铜牌20枚。（陈飞）

【常熟市中等专业学校】2022年，常熟市中等专业学校有在校学生6189名，教职员工650名。学校有机电工程系、电气工程系、传媒艺术系、经贸管理系、汽车工程系、旅游管理系、基

9月25日，十八届“长城精工”杯常熟市职业学校技能大赛在职教中心开幕

（市教育局　提供）

础部、继续教育部8个系部，有班级153个。2022年学校单招高考本科录取率37.84%。2022年，学校获评江苏省优秀中等职业学校、江苏省“三全育人”典型中职学校、苏州市“三全育人”综合改革试点学校。汽车及零部件智能制造[illegible]立项为“江苏省示范性虚拟仿真实训基地”；数控技术专业群立项为“江苏省五年制高职高水平专业群”；机电一体化技术、汽车检测与维修技术专业群被立项为“江苏联院五年制高职高水平专业群”；数控技术、机电一体化技术专业获评“江苏省中等职业教育优质专业”；汽车检测与维修技术专业获评“苏州市中等职业教育优质专业群”。在全国职业院校技能大赛中，学生罗泽坤、吕城送获“现代模具制造技术”赛项金牌；在江苏省职业院校技能大赛中获金牌4枚、银牌12枚、铜牌9枚，学校获评“技能大赛先进集体”；在江苏省职业院校教学能力比赛中获一等奖1个、二等奖3个、三等奖2个；在第十三届江苏省中等职业学校“文明风采”竞赛活动中8件作品被评“江苏省最佳作品”，学校获“优秀组织奖”。（徐丽娟）

【常熟高新园中等专业学校】2022年，常熟高新园中等专业学校（常熟市艺术学校）有教职工200人，其中常熟市级以上骨干教师108人，硕士研究生29人，中、高级职称教师占专任教师比例达84.4%，“双师型”教师占专任专业教师76%，学生2437人。学校有机电部、服装和艺术部、旅游和商贸部、基础部4个系部，有省级品牌或特色专业4个、省优质专业1个、江苏省现代化专业群2个、江苏省现代化实训基地1个、常熟市公共实训基地1个，江苏省中小学生职业体验中心1个、江苏省家具行业协会培训基地1个，与常熟长城轴承有限公司、常熟古建园林股份有限公司、江苏金龙科技股份有限公司各共建1个常熟市现代化实训基地。学校有教育部“1+X”试点项目4个。与杭州报业集团的浙江春芽学成教育科技合作国际化办学。2022年学校单招高考本科录取率61.62%，位列常熟市职业教育学校第一。江苏省学业水平考试中学生全科合格率97 %。技能竞赛中，获得江苏省级比赛二等奖7个，三等奖4个；苏州市级比赛一等奖7个，二等奖14个，比赛二等奖1个，苏州市级比赛二等奖2个、三等奖1个。（平建新）

【常熟滨江职校】2022年，常熟滨江职校有教职工191人，学生2758人。学校设有基础管理部、机械工程部、机电工程部、化工信息部4个系部，有全国模范教师、江苏省职教领军人才、江苏省教学名师、苏州市学科带头人、常熟市学科带头人等县市级以上骨干教师71人。2022年，学校开展校企合作，发放企业奖学金29.78万元，获奖学生298名。建成2个“常熟市职业教育现代化实训基地”，5个校企联合培养项目被立项为“苏州市职业教育现代学徒制项目”。龙腾特钢校企联合培养项目被评为“苏州市职业教育校企合作示范组合”。学校联合常熟经开区、上海喜马拉雅科技有限公司、苏州富纳艾尔科技有限公司、上海发那科有限公司等政校企行四方共建的声学职业体验中心被认定为江苏省中小学生职业体验中心。“政校企三方协同育人，赋能中小企业高质量发展——董浜汽配园现代学徒制试点项目”获教育部“2021年产教融合校企合作典型案例名单”，“张恒工作室”获“江苏省职业教育汽车智造技术‘双师型’名师工作室”。2022年，学校获苏州市级以上表彰奖励11人，其中获评“江苏省教学名师（中等职业学校）”1人，获评“苏州市学科带头人”4人。各类业务技能大赛中获苏州市级以上奖项37人。2022年单招高考57名考生达本科分数线，本科达线率37.5%。（张　恒）

普通高等教育

【概况】2022年，常熟市有全日制普通本科院校1所。常熟理工学院（以下简称常理工）是“国家教育体制改革”试点项目高校、国家“十三五”应用型本科产教融合发展工程项目建设高校、国家“十四五”教育强国推进工程储备院校、教育部“卓越工程师教育培养计划”试点高校、全国高校苏省首所省市共建省属本科高校。学校占地面积120多公顷，建筑面积60多万平方米，建有东湖和东南2个校区。2022年，常理工设有14个二级学院（部），51个招生本科专业，涵盖工、理、管、经、艺、文、教育7大学科门类；普通全日制在校本科生18395人；联合培养全日制研究生201人；继续教育学院成人学历教育在籍学生5911人。2022年，常理工录取新生4537人，新拓就业岗位超1.5万个，建立“常[illegible]2022届毕业去向落实率为88.64%，在全省本科高校中排名靠前；年终毕业去向落实率95.06%，其中协议就业率68.62%，升学率11.02%。获评省高校就业工作量化督导A等高校，获“省大学生就业创业年度人物”提名奖1人、获职业生涯规划大赛一等奖2项。

【学科建设】2022年，常理工完成一级学科省重点学科C类立项4个，推进校重点学科和特色学科建设及硕点培育。新增材料科学与工程、计算机科学与技术、服装设计与工程、市场营销4个国家一流专业、经济统计学等9个省一流专业；获批省级产教融合型品牌专业5个、省产教融合型一流课程6门，获批数量均为全省第一；有6个工科、6个师范专业、2个商科专业通过国家（国际）专业认证。新增省产业教授11名，学校累计有省产业教授19名，获批数量全省第一。

【师资队伍】2022年，常理工教职工1591人，其中专任教师1195人，高级职称732人，博士653人。国务院政府特殊津贴、省有突出贡献中青年专家、省“333工程”“青蓝工程”“六大人才高峰”“省双创博士”入选264人次，国家级教学名师、省级教学名师4人，省优秀教学团队（科技创新团队）13个。全年引进高层次人员157人，其中正高15人、副高39人，具有博士学位135人，占比达86%。新聘讲座教授、客座教授11人、双聘人才24人。

【教育教学】 2022年，常理工在建现代产业学院10个，其中国家级现代产业学院1个、省级重点产业学院4个，国家级省级产业学院数量全省第一。2个教育教学案例被列为国家示范案例；获省级教学成果奖一等奖2项、二等奖1项；2个教学组织获批省优秀基层教学组织，2个教学团队获批苏州市优秀教学团队；获省高校微课教学比赛、全省青年教师教学竞赛、全省教学创新大赛等奖项12项。完成产教融合大楼“双创+”融合中心建设；获省优秀毕业论文15篇、团队奖2项；获省“金种子”星级孵育项目2个，市级优秀大学生创业项目5个；获第八届中国国际“互联网+”创新创业大赛铜奖1项，第十二届“挑战杯”省大学创业计划竞赛金奖2项、银奖1项、铜奖3项，第六届中国青年志愿服务项目大赛金奖2项，铜奖1项。全年获学科竞赛排行榜赛事国家奖129项、省级奖561项；学校位列全国新建本科院校大学生竞赛排行榜全国第5名、江苏第1名。

【科学研究与社会服务】 2022年，常理工获省部级科研成果奖8项，市厅级科研成果奖22项。获批国家级项目13个，省部级项目47个，市厅级项目94件。授权专利321件，其中发明专利174件，位列全国应用型本科高校发明专利授权排名第3名。发表自然科学类SCI论文147篇、ESI论文107篇。获省发改委立项1个、省社科科普基地1个，获批市级重点实验室1个。完成社会培训项目112个（国培8个），1.8万人次。入选省“双创计划”科技副总类资助项目46人，选派业界研修22人，获省产学研合作项目28个。成立常理工大科园公司。加强智库研究队伍建设，成立智囊专班5个，成立技术转移中心7家。

【5年学科竞赛成绩列全国同类学校前列】 2月22日，中国高等教育学会高校竞赛评估与管理体系研究工作组发布2021全国普通高校大学生竞赛分析报告，常理工列“2017—2021全国新建本科院校学科竞赛排行榜”全国第五、江苏第一。2017年以来，常理工学生在国内各类学生竞赛中，累计获得省级以上奖项近6000个，其中国家级奖项500多个，学生各类竞赛获奖人数超15000人次，连续5年在同类高校名列前茅。 （马志颖）

8月6日，常熟理工学院在紫金奖·第三届中国（南京）大学生设计展中获奖
（常熟理工学院　提供）

融合教育

【概况】 2022年，全市有义务教育阶段特殊学生699名。其中，92名中重度学生就读于特殊教育学校（占13.16%）；577名轻中度学生以随班就读、特教班的方式安置于各普通中小学校（占82.55%）；30名重度残疾少儿提供“上门送教”（占4.29%）。全市有专职持证资源教师20名，兼职持证资源教师113名。2022年，常熟市成功申报江苏省基础教育内涵建设特殊教育发展项目——融合教育示范区建设；江苏省前瞻性教学改革实验项目《县域“特教班”融合教育运行模式的构建与实施》中期评估获评优秀等级。《会诊：融合教育协同指导模式的构建研究》课题被立项为2022年苏州市教育改革和发展战略性与政策性研究重大课题。

【融合资源中心建设】 2022年，全市有融合教育资源中心126个，其中包括49个学前融合资源中心、51个小学（包括九年一贯制学校）融合资源中心，25个初中融合教育资源中心，1个职高融合教育资源中心。学前融合教育资源中心实现乡镇（街道）全覆盖。年内，海虞幼儿园被江苏省教育厅遴选为学前融合教育苏台合作项目成员单位。 （曹　深）

【常熟市特殊教育学校】 2022年，常熟市特殊教育学校（以下简称常熟特校）在校学生137名，教职员工44名。学校分设培智部、职业高中部，班级16个。9月，常熟特校成为一所100%的培智型特殊学校。4月，《中国教育报》发表《让每一颗星星都闪闪发光——江苏省常熟市特殊教育学校探索融合教育的“常熟模式”》。年内，学校被认定为前三批江苏省红十字示范学校、苏州市智慧校园发展水平三星级学校。2022年，学校1名学生被评为“江苏好少年”，1名学生被评为“苏州好少年”；11名学生参加苏州市级比赛获奖。 （朱文宝）

成人教育

【概况】 2022年，常熟市参加成人高考人数、自学考试人数以及参加计算机、英语证书考试人数比上年有所减少。年内，市教育局开展智慧助老——老年人智能技术专项普及工作，组织各项创建评比，推动社区教育治理体系改革创新。

【成人高考】 2022年，全市报名参加成人高考人数3772人（其中高升专1561人，高升本10人，专升本2201人），申请免试161人，改革项目342人，成绩互认3人，实际参考3073人（其中，高升本10人，高升专1476人，专升本1587人），文化统考实考率为87% [illegible]

【自学考试】 2022年，全市自学考试报考人数7273人（含增考2230人），比上年减少278人；全年报考课次（含增考）15163门，比上年减少509门；全年自学考试毕业生本科221人，专科80人。

【资格等级考试】 2022年，全市参加计算机、英语证书考试人数8064人，比上年减少5561人，其中全国计算机等级考试（NCRE）报名6302人；全国英语等级考试（PETS）报名1762人。教师资格考试报名8392人，比上年增加7人。大学英语四六级考试全年报名9646人，比上年减少8909人。

【社区教育】 2022年，常熟市立项苏州市示范性社区教育中心2家（海虞镇社区教育中心、东南街道社区教育中心），沙家浜社区教育中心通过首批苏州市示范性社区教育中心验收考核。常熟市教育局、常熟市社区培训学院申报的《常熟市老年人智能手机应用初级教程》（及配套视频课程）获评省级“智慧助老”典型课程以及江苏省社会教育教育成果奖二等奖，入选全国“智慧助老”优质课程资源推介名单。常熟市教育局申报的案例获省级“智慧助老”专题典型工作案例；沙家浜、碧溪社区教育中心的2个案例获省级“能者为师”专题典型工作案例。常福街道社区教育中心“萤火虫自然学校”获省级社区教育品牌项目。常熟市“智慧+造物创意设计团队”获评苏州市首届社区教育优秀团队；《常熟地方文化课程》获评苏州市社区教育优秀课程。 （[illegible]）

民办教育

【概况】 2022年，全市有民办中小学21所（其中11所为新市民子弟学校），比上年增加1所。民办中小学在校生16191人，比上年增加1822人。民办幼儿园58所，比上年增加9所。在园幼儿15037人，比上年增加5999人。

（张爱华）

【民办教育机构管理】 2022年，市教育局建立校外培训机构突发事件处置专班，摸排原191家学科类机构拟转型、拟注销机构的消课情况。上年非正常停业的教育机构案件全部结案。联合市监、公安、人社等部门及乡镇（街道）开展暑期校外培训机构专项治理行动311次。建设校外培训预付费资金监管平台，依托银行对各类校外培训机构全面实施资金监管。

（董亚琴）

【中国常熟世界联合学院】 中国常熟世界联合学院（简称“常熟UWC”）创立于2015年，是中国内地的第一所、全世界第15所UWC，是一所国际文凭大学预科课程学校，常熟UWC提供两年制IBDP课程和一年制预备课程，面向全球100多个国家和地区招生。2022年，常熟UWC有学生624名、教职工160名。年内，学校与常熟市委市政府联合推动UWC+项目建设，参与教育发展、对外交流、社区联动和招才引智。

（瞿　娟）

【常熟伦华外国语学校】 常熟伦华外国语学校2011年建成，由伦华教育集团管理，实施从幼儿园到高中15年一贯制教育，学校占地面积52000平方米，建筑面积55000平方米，2022年有在校学生2014名，教职员工355名。学校有“常熟市学科带头人”7人，“常熟市教学能手”14人，“社会力量办学校教学能手”15人。全校在常熟市级以上各类竞赛中获奖1720多 [illegible] 多人次。学校获评“全球青少年图灵计划”人才培养实践基地、常熟市科学教育综合示范学校。被评为美育中国说·国际语言艺术大会优秀组织单位、阳光梦·健康行国际语言风采展示活动优秀组织单位，获优漫卡通卫视全国少儿春晚优秀组织奖、AMC8美国数学挑战学校优秀奖、常熟市中小学生信息素养提升实践学校优秀组织奖、常熟市少儿融媒节目进校园优秀组织奖、常熟市三话比赛一等奖、常 [illegible] 中小学校园足球啦啦操比赛一等奖、常熟市第四届教职工气排球赛（中学组）一等奖，学校心理剧《成长的力量》在苏州市中小学“校园心理剧”评比中获奖。

（张　彤）

【常熟康桥学校】 常熟康桥学校创立于2021年，实施从幼儿园到高中15年一贯制教育，2022年，开设幼儿园、小学和初中。学校规划占地面积8.85万平方米，建筑占地面积2.59万平方米，规划总建筑面积14.2万平方米。一期工程已完成总建筑面积4.98万平方米。2022年学校有在校生324人，教职工96人。学校获评江苏省智慧校园、苏州市三星级智慧校园、苏州市语言文字工作规范化建设达标学校。年内，学校获常熟市中小学生信息素养提升实践活动现场赛二等奖和三等奖，常熟市数学小论文比赛二等奖和三等奖，苏州市中小学生规范汉字书写比赛书法三等奖，2022年苏州市中小学生“云端”艺术节比赛朗诵一等奖，2022年第十三届北京国际武术邀请赛集体项目二等奖，2022年国际英文拼词大赛苏州总决赛一、二、三等奖。

（徐佩秋）

责任编辑　张莉莉

历史文化名城保护

历史文化街区保护

【概况】 2022年，常熟市有历史文化街区4个，分别是以小桥流水、粉墙黛瓦的七弦河传统民居为特色的琴川河历史文化街区；以名人故居和传统工艺为特色的南泾堂历史文化街区；以古典园林和历史文化陈列馆为特色的西泾岸历史文化街区；以关厢文化和市井文化为特色的南门坛上历史文化街区。年内，常熟市开展历史街区整理更新试点工作，虞山、琴川2个街道累计修缮更新房屋面积超3000平方米。

【历史街区整理更新】 2022年，常熟市盘活历史文化建筑、让老城区焕发新活力，彰显历史文化“新名城”，解决“三安全”“三提升”问题。街区整理更新范围为常熟历史城区内的南泾堂、西泾岸、琴川河、南门坛上4个历史文化街区和山前街、和平街、东门大街、南门大街4个历史地段。截至2022年年底，历史城区范围内传统民居累计签订房屋使用权集中协议211户，集中建筑面积1.6万平方米，用地面积1.7万平方米（含理工学院地块）。启动陈家市18号、焦桐街23-1号等12个院落修缮工作，完成中巷67号、西仓前上塘28号等9个院落的整理更新。虞山街道完成核心区项目范围内4处老旧公寓楼房屋“一户一档”信息摸排，初步形成西仓前上塘12号公寓楼解危方案；组织编制南泾堂、陈家市片区整理更新规划并形成阶段性成果。

【西泾岸历史文化街区核心区更新】 2022年，常熟市编制完成《西泾岸历史文化街区更新规划》，项目位于常熟市西泾岸历史文化街区内，北至虞山大戏院、南至曾赵园，东至东面店弄，西至西面店弄，核心区总占地面积2.4公顷，建设内容包括：完善核心区内市政基础设施配套，对历史街区内的文保控保建筑进行修缮，对已经完成使用权集中的院落进行修缮并统一规划设计等。常熟在全省首创“房屋使用权集中”政策，率先应用在西泾岸历史文化街区，市住建局（名城办）、虞山街道抽调人员组成现场工作专班，以街道资产平台作为实施主体，对核心区内划定的整理更新单元开展使用权集中工作。年内，西泾岸核心区传统院落165户，累计签约113户。（徐永丽）

历史建筑保护

【概况】 2022年，常熟市有历史建筑108处。常熟市历史文化名城保护办公室（以下简称市名城办）继续践行“共建共治共享”的历史建筑保护理念，按照“确定公布—挂牌标识—测绘建档—安全评估—修缮保护—提升利用”的工作链开展历史建筑保护工作。编制《常熟市历史建筑修缮导则》，加强对历史建筑所有人和管理单位修缮历史建筑的指导；完成倚晴园、虞山公园湖心亭等10处优秀传统风貌建筑的测绘、建档工作；完成老三星副食品商店、吴铨叙旧居等47处历史建筑的结构安全专业评定工作；按照“事前审核—事中监督—事后验收”的历史建筑修缮工作流程，开展300余处历史建筑、传统风貌建筑、直管公房修缮的监督和验收工作。

【《2022年度常熟市优秀传统风貌建筑预保护名录》印发】 4月，市名城办印发《2022年度常熟市优秀传统风貌建筑预保护名录》，此次被列入名录的建筑主要分居住、军事、水利交通、园林、宗教、公共服务6种建筑类型，年代跨度从清代至当代，虞山公园倚晴园、狄家祠堂（三秀堂）牌坊、小塔前7号民居等30处建筑入选。入选建筑的保护期为一年，保护期内，虞山街道、沙家浜镇、文旅公司等管理单位须按照历史建筑的保护要求对这些建筑进行保护，加大对优秀传统风貌建筑的保护力度。名录中的建筑进行修缮、功能改变、格局更变或是活化利用，须经相关部门审批。

【第四批常熟市历史建筑名单公布】 11月，常熟市公布常熟市第四批历史建筑名单，并调整历史建筑名称。粉皮街15号、倚晴园、虞山公园湖心亭、老杨家桥、李市大街63号、李市供销社、惠绥桥7处传统风貌建筑入选；唐市金桩浜邹宅更名为唐市金桩浜郑宅。

（徐永丽）

文物古迹保护

【概况】 2022年，常熟市有各级文物保护单位176处，其中全国重点文物保护单位6处，分别是綵衣堂、崇教兴福寺塔（方塔）、燕园、赵用贤宅、聚沙塔、常熟言子祠；省级文物保护单位20处、常熟市级文物保护单位150处，控制性保护建筑86处。2022年，常熟市全面开展江苏省文物安全综合管理实验区项目建设，促进“五方同治”，构建“常熟文物安全综合管理”体系。年内公布第十二批常熟市文物保护单位名单，文物保护单位“七弦河宗教（基督）建筑”更名为“圣巴多罗买堂旧址”。

【文保单位修缮】 2022年，言子墓之“言子墓道”牌坊修复方案获省、市两级文物局批复通过，于年底基本完成修复工程；国家级文保单位言子祠、崇教兴福寺塔保养方案通过省文物局备案；省级文保单位铁琴铜剑楼修缮工程完成预验收，兴福寺修缮工程稳步推进；市级文保单位白茆闸保养、闾庆堂贾宅第三第四进修缮、沈石友宅修缮、环秀居后堂楼修缮等方案进行专家论证并开展相关修缮工作；实施印应雷墓围墙大门及周边环境整治、翁心存故居保护零星工程；王石谷祠建筑隐患抢修方案完成编制。

修缮后的沈石友宅——笛在月明楼　　（市住建局　提供）

【地下文物保护】 2022年，常熟市有23个地块申请考古前置调查勘探，7个项目完成验收。常熟高新区合计1042万平方米区域完成地下文物资源评估并通过验收。做好出土文物虞山明代墓葬M77出土文物清洗修复，并对私自挖掘破坏文物案件中涉及证物（1.2万多件）进行司法鉴定。做好乐贤堂徐宅发现古董枪支的文物鉴定及历史调查工作、完成梅李石础的调查取证工作并完成文物鉴定与收储。

【文物建筑安全】 2022年，国家级文保单位“三防”建设綵衣堂安防提升工程获得省文物局验收，綵衣堂消防工程、崇教兴福寺塔消防安防、常熟言子祠消防安防工程基本完成，赵用贤宅、燕园、聚沙塔“三防”方案完成上报。綵衣堂、赵用贤宅、言子祠3处国保单位开展白蚁危害综合整治项目。王淦昌故居、方塔、文庙、燕园、兴福寺、聚沙塔6处省保、国保单位完成防雷检测工作。永济桥完成为期一年的安全监测工作。　（顾红霞）

表54　第十二批常熟市文物保护单位一览表

序号	名称	基本情况
1	唐市繁荣街叶复泰腌腊店旧址	位于沙家浜镇唐市繁荣街，建筑结构整体保存较好，木构架为横跨7.5米大梁独立支撑，整体为东西竖向布局的二层建筑，具有民国时期沿街临河的古镇商住建筑特征
2	原城隍庙后楼及花园遗址	位于石梅广场常熟市老干部活动中心内，始建于宋代，明代洪武三年改建于现址，明清间屡有修葺，据1984年全国第二次文物普查，确认此遗址系辛亥革命时期常熟召开国民大会会址
3	王之麟墓	位于辛庄镇旺倪桥村，经考古发掘，墓为明代常见砖室浇浆夫妻合葬墓，其出土的墓志铭对于研究王之麟本人及其家族的情况和明代相关制度具有较高的史料价值

（资料来源：市文体旅局）

传统村落保护

【概况】 2022年，常熟市有李市、吕舍、问村、沈市、天主堂5个江苏省传统村落，李市同时也是中国传统村落。12月27日，苏州市人民政府公布首批苏州市古镇、古村、老街名单，常熟市上榜19处。

【李市村落保护】 2022年，古里镇李市村根据李市老街市政改造方案，对老街管线进行入地，配套电力、污水、自来水、弱电、雨水等市政管网，恢复李市大街石板弹石路面，重现老街风貌。“李市石板街修复工程”申报2022年度历史文化保护传承实施项目，获省住建厅和省财政厅专项补助150万元。

表 55　2022 年常熟市入选首批苏州市古镇、古村、老街一览表

类别	数量（处）	名称
苏州市古镇	5	古里镇、沙家浜镇、梅李镇、尚湖镇、支塘镇
苏州市古村	5	古里镇李市、碧溪街道问村、辛庄镇吕舍、梅李镇沈市、董浜镇天主堂
苏州市老街	9	南泾堂历史文化街区、西泾岸历史文化街区、琴川河历史文化街区、南门坛上历史文化街区、董浜镇徐市老街、碧溪街道横塘老街、碧溪街道吴市老街、碧溪街道周泾老街、海虞镇福山老街

（资料来源：市住建局）

【问村申报中国传统村落】 9月，碧溪街道李袁村问村正式申报中国传统村落。常熟专家评估，碧溪街道李袁村问村老街历史文化积淀较为深厚，村落格局肌理保存较完整，传统建筑具有一定保护价值，非物质文化遗产传承良好，村落活态保护基础好。

【沈市村落保护】 2022年，按照《常熟市梅李镇沈市村沈市老街传统村落保护发展规划》要求，梅李镇沈市村对沈市老街周边环境进行整治，在返修桥节点沿河增加防护栏杆，在村口节点植绿补绿，针对传统村落内环境卫生、乱堆乱放等内容落实常态巡查和长效管理责任人，提升沈市老街的环境面貌；把控好传统村落内民宅翻建审批，引导建筑设计方案，控制新建建筑风貌与传统村落风貌相和谐，严格施工管理，确保建设行为不破坏传统建筑和街区格局。

【吕舍村落保护】 2022年，辛庄镇吕舍村对吕舍老街及周边环境进行综合整治，全年投入资金20万元用于环境整治、日常养护及设施维护。

【天主堂村落保护】 2022年，董浜镇观智村天主堂完成三圣堂房屋及场地的修缮，包括对办公区、生活区、场地、围墙等进行改造、装饰，面积约300平方米；结合特色田园的日常管理，按照规划，加强对历史文化资源的保护和管理；落实村庄长效管理机智，由专业绿化养护队伍、环境保洁队伍、道路污水养护单位，对村庄进行日常管理。

非物质文化遗产保护

【概况】 2022年，常熟市有国家级非遗项目2个（吴歌·白茆山歌、古琴艺术·虞山琴派）；省级非遗项目18个，苏州市级非遗项目23个，常熟市级非遗项目7批、131项；有国家、省、苏州、常熟各级非遗传承人135人，其中国家级非遗传承人2人，省级传承人12人，苏州级传承人30人，常熟市级传承人91人；域内有白茆山歌馆、虞山派古琴艺术馆、常熟评弹艺术馆、碧溪街道非遗馆、常熟花边社等集展示、演出、培训、研究、交流等功能于一体的非遗特色场馆。

【非遗保护传承】 2022年，常熟市组织“识遗为常”非遗项目公益体验活动27场，举办“淡然求大道——翁瘦苍书画作品展”暨虞山琴社·古琴雅集、网络达人体验花边制作等活动；组织非遗项目参加“欢乐虞城夜”2022夏季嘉年华；组织古琴、红木小件、棕编等项目参加常熟、姑苏、相城三地“非遗”文化情景互动体验活动；编辑出版《常熟盆景集》《常熟宝卷研究文集》，印制《常熟非遗宣传手册》；组织《中国常熟宝卷·疏蝶符箓纸马汇编》《常熟世俗宝卷》公益赠书活动；完成大运河非遗博物馆征集工作；配合讲好苏州故事非遗外事礼品开发工作，开发常熟花边文创产品。（顾红霞）

责任编辑　李　妍

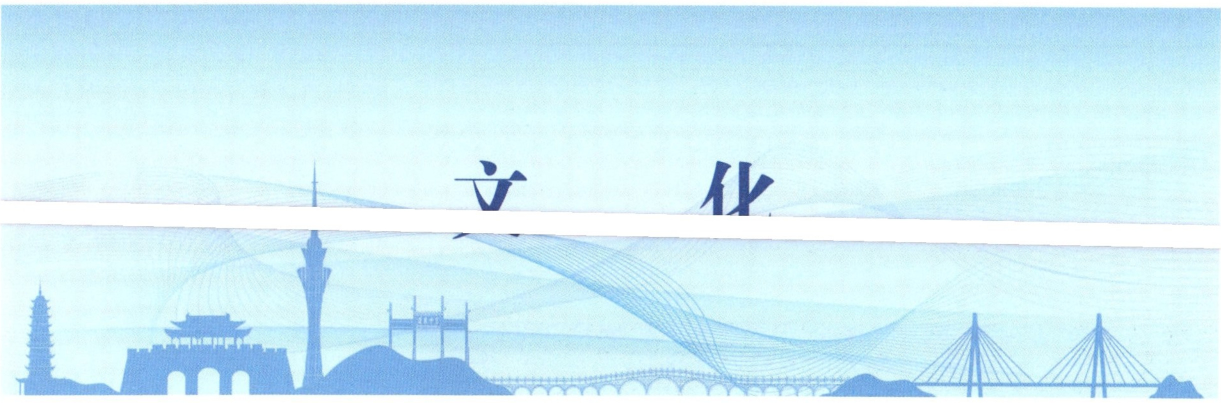

文 化

公共文化

【概况】 2022年，常熟市持续完善公共文化设施网络，加强全市各级各类

打响虞山文艺品牌，开展文化惠民活动，提升公共文体旅服务供给。2022年，常熟人均接受文化场馆服务次数6.09次，辖区内村（社区）综合性文化服务中心标准化建设达标率100%。

【博物馆】 常熟博物馆为国家一级博物馆、省级爱国主义教育基地，2022年，馆藏有上至马家浜、崧泽、良渚文化，下至近现代时期各类文物17948件（套），其中以书画、陶瓷、玉器三大类为主，国家一级文物22件、二级文物283件、三级文物834件。馆内设有馆藏玉器、瓷器、书画等固定展览和临时展厅。年内举办“五百年来一大千——吉林省博物院藏张大千绘画展”等展览19个，接待参观人员6.07万人次。

【文化馆】 2022年，常熟市文化馆开展各项公共文化服务活动和艺术精品创作，推出舞蹈《一起向未来》，古筝与琵琶《灯火里的中国》，配乐朗诵《花开疫散，我们一起回家》，小品《潮妈新宠》等原创节目。年内，完成“情暖常熟”公益文艺巡演50场次，举办2021—2022尚湖百姓戏曲大舞台——“阿尔泰杯”锡剧票友大赛年度总决赛、“我的舞台我的梦”全民才艺秀十周年活动暨2022年江苏省流行音乐大赛苏州赛区比赛、2022首届常熟市三农法治文化“一镇一品”暨纪法同行文艺展演、“喜迎二十大，奋进新征程”常熟市优秀群众文艺作品专场等大型活动，惠及群众20万余人次。

石梅广场南侧，建筑面积8500平方米。2022年，美术馆有藏品2000余件，内设6个常用展厅，展厅面积3500平方米，展线长700米，馆内设有多功能报告厅、贵宾厅、休闲书吧等设施。年内，举办“现代坐标：庞薰琹与阳太阳——纪念决澜社成立90周年特展”等展览12场，全年接待参观2.1万人次。

【图书馆】 常熟市图书馆坐落在石梅广场，是全国“一级图书馆”。2022年，馆藏图书总量313.8万册，其中古籍藏书20万余册，是首批全国古籍重点保护单位，馆藏53部古籍被列入《国家珍贵古籍名录》、78部古籍被列入《江苏省珍贵古籍名录》。2022年组织举办各类阅读活动超过500场次，总流通216万人次，图书借阅69万册次。年内，上线“虞阅传书”网借平台，建设完成智能借还点12个。

【常熟大剧院】 2022年，常熟大剧院组织演出活动73场，接待观众5万人次。7—9月，常熟大剧院推出“喜迎二十大，文化志愿行”——致敬常熟市疫情防控一线工作者系列文艺演出

立疫

一线的工作者们准备演唱会、话剧、舞剧、音乐会不同类型的9部10场名家名团名剧。常熟大剧院引进刘晓庆主演话剧《武则天》和《雷雨》《两只狗的生活意见》《鹿先森乐队演唱会》等。年内，举办“美丽常熟，艺彩江南”常熟文化大讲堂，累计举办常熟文化大讲堂21期。

【基层文化场馆】 2022年，全市有358个基层文化场馆，其中有书空间、琴川书房入选江苏省“最美公共文化空间”打造对象，翁同龢纪念馆（松禅书院）、坞坵村综合性文化服务中心、德善书院（卫氏义庄）、常熟图书馆东吴少儿分馆入选苏州市“最江南·公共文化特色空间”。开展2022年度常熟市“最美文化空间”评选活动，坞坵村稻乐文化园等10个特色文化空间入选。

表56　2022年度常熟市“最美文化空间”名单

序号	空间名称	空间类型	所属地区
1	坞坵村稻乐文化园	美丽乡村文化空间	古里镇
2	常熟图书馆东吴少儿分馆	公共阅读空间	常福街道
3	卫氏义庄（德善书院）	美丽乡村文化空间	辛庄镇
4	悦庄梦想村	跨界文化空间	董浜镇
5	环鹿音乐客厅	文博艺术空间	琴川街道
6	常熟市新峰美术馆	文博艺术空间	海虞镇

续表56

序号	空间名称	空间类型	所属地区
7	东桥村综合性文化服务中心	基层文化空间	尚湖镇
8	孝爱书房	公共阅读空间	梅李镇
9	芦荡村红色文化空间	美丽乡村文化空间	沙家浜镇
10	碧溪美术馆	文博艺术空间	碧溪街道

（资料来源：市文体旅局）

10月7日，喜迎二十大，奋进新征程——“艺韵飘香”2022年常熟市优秀群众文艺作品展演举办（市文体旅局　提供）

【基层公益演出】 2022年，市文体旅局举办“喜迎二十大，文化进万家”2022年常熟市文化惠民系列公益文艺巡演活动，提升“村村演”“情暖常熟”“评弹进百村”等文化公益活动品牌节目质量，服务向景区、特色街区、商业区延伸，巡演从6月至11月，演出255场。

【2家单位入选省“最美文化空间”打造对象】 2022年2月，江苏省文化和旅游厅发布《关于公布2022年度江苏省“最美公共文化空间”打造对象名单的通知》，常熟有书空间、琴川书房2家单位入选。有书空间面积2000平方米，依据不同阅读人群划分功能区域，内设超大亲子共读区域，常年举办多种类型文化活动。琴川书房面积300多平方米，上架书本1万册，与市图书馆实现通借通还，外设24小时书柜，设有“阅琴川·沉浸空间”“知琴川·共享空间”“乐琴川·亲子空间”“忆琴川·传承空间”四大特色空间。

文学艺术

【概况】 2022年，市文体旅局做好文化艺术精品生产和展示，组织开展2022常熟虞山文化暨沙家浜旅游节系列活动，开展文化品牌活动，深化书香城市建设，推出系列精品展览，创新文化惠民。聚焦“江南文化”品牌打造，促进优质文化赋能旅游，不断塑造城市精神，传承历史文脉。

【文艺创作】 2022年，市文体旅局组织创作《帝师问蟹》《悔不当初》《平安小面包》3个短篇评话，完成新编历史题材锡剧《南方夫子——言偃》的排练及演出，表演唱《书香江南》获第十五届江苏省“五星工程奖”和最佳网络人气奖，锡剧《沙家浜》获第四届苏州市“文华奖”艺术展演季（舞台艺术类）经典传承特别奖，中篇弹词《望虞河》成功首演，11幅美术作品入围第四届苏州市文华奖决赛。

【文艺人才】 2022年2月，常熟市出台《“昆承英才”宣传文化人才计划实施细则》，1人获评宣传文化领军人才，3人获评宣传文化中青年拔尖人才。全年柔性引进文化人才2名。2022年市文体旅局参与聘任制公务员、事业单位定岗特选人才招聘，招聘“江南文化推广专员”1名，博物馆藏品专员1名。

【评弹团】 2022年，常熟市评弹团有专业演员18人，年内演出330场次，听众超过2.4万人次。2022年11月，原创中篇弹词《望虞河》在虞山书场首演。王慧新入围第十二届中国曲艺牡丹奖表演奖，陆建华获第四届苏州市文华奖“文华荣誉奖”，邵柳青获“鱼龙百戏杯”首届曲艺艺术国际邀请赛“鱼龙十强”，虞山书场被评为苏州市公益性小剧场示范点。

【锡剧团】 2022年，常熟市锡剧团有专业演出人员48人，年内演出108场次，观众6万人次。年内，与江苏省锡剧团合作创排大型新编历史剧《南方夫子——言偃》，由周东亮领衔主演，11月在常熟市虞山大戏院首演。

【“新时代颂”美术摄影主题联展】 10月1—30日，“喜迎二十大，奋进新征程：新时代颂——2022江苏美术摄影主题联展常熟作品展”在常熟美术馆展出。此次入展美术作品35件，兼容当代常熟美术的各种风格和各年龄层次艺术家对时代的理解与思考，展现当下常熟美术创作的整体实力；入展27名作者的摄影作品50幅（其中10幅作品入展苏州新时代颂美术书法主题联展），作品内容全面展示常熟在新时代所取得的巨大成就。

【钱松喦中国画《常熟田》捐赠签约仪式】 9月2日，“钱松喦中国画《常熟田》捐赠签约仪式”在常熟美术馆举行。由钱松喦家属捐赠常熟美术馆的《常熟田》创作于二十世纪八十年代初，与中国美术馆所收藏作品《常熟田》尺幅、面貌都极为相似。

【第五届《常熟田》"双年奖"颁奖】 11月18日，第五届《常熟田》"双年奖"在常熟图书馆报告厅颁奖。第五届《常熟田》"双年奖"类别包括小说、散文、诗歌、报告文学、文学评论，评选出一等奖5名、二等奖8名、三等奖19名、新锐奖3名。 （顾红霞）

社会科学

【概况】 2022年，市社科联举办专题学习14场。开展"坚决扛起新征程新的光荣使命，奋力开创江苏现代化建设新局面"专题读书调研活动，收集调研成果40篇。推进"虞燕送理"品牌创树活动，组织"学习贯彻党的十九届六中全会精神市委宣讲团"成员在各镇、街道和经开区、高新区，市直系统、市属企业开展集中宣讲57场，完成江苏省第十四次党代会精神宣讲工作3场。组织开展苏州市"百名局长百场宣讲"活动23场；"虞燕送理：政奋人心"宣讲活动60场。开展"礼赞新时代 追梦复兴路"主题宣讲活动，各地各部门"百姓名嘴"宣讲团依托新时代文明实践中心（所、站、点）等理论宣讲平台开展基层理论宣讲625场次、受众人数3.48万人次。组织开展中共二十大精神集中宣讲，举办全市意识形态工作能力提升培训班，全市各镇（街道）、各成员单位70人参加。

【社科课题研究】 2022年，市社科联结合省、苏州市重点应用课题研究工程和市委市政府工作目标，面向全市开展2022年度社会科学应用研究课题结项工作，确定《"千村美居"的长效治理研究》《常熟借鉴国际经验优化营商环境法治保障研究》等60个课题结项。

【社会科学普及】 2022年，市社科联面向全市组织开展2022年度社科普及惠民扶持项目申报工作，《"奋进新征程 阅读再出发"市民课堂系列活动》《帝师时代的启蒙课堂——"字说字画"汉字字源诗境系列》2个项目入选2022年度江苏省社科联社科普及资助项目。《"生态铁黄沙，社科一小时"长江大保护》获评苏州市社科普及惠民一类扶持项目，《"元元翠翠E起来"新媒体传播矩阵》获评苏州市社科普及惠民二类扶持项目，《福地仁风——历史上常熟籍清官廉吏》等获评苏州市社科普及惠民三类扶持项目。评定常熟市社会科学普及示范基地（2022—2023年）25个，11个基地获评苏州市社会科学普及示范基地。

（王旻皖）

【市城市展示馆】 2022年，市档案馆做好常熟市城市展示馆运营，持续发挥"城市会客厅"和多元化教育平台作用。2022年，市城市展示馆接待团队120批，参观人数3982人（其中未成年人908人）。开展元旦、六一、中秋等主题活动，举办"强国复兴有我——我将社会主义核心价值观记心间"活动，联合市翁同龢纪念馆、党史馆（李强馆）共同举办"小导游带你看常熟"活动，吸引2.68多万人线上观看直播。年内，展示馆获评"苏州市社科普及示范基地"。 （倪冬梅）

方志文化

【概况】 2022年，常熟市启动镇村志编纂文化工程，继续推进年鉴"提质扩面"，开展年鉴精品品读活动，《常熟年鉴（2022）》获评省级精品年鉴，镇、街道年鉴保持编纂出版全覆盖。推进地情文化入基层，新挂牌"方志驿站"4个。年内，全市出版镇村志、部门志2部；在编志书9部。市地方志办点校出版旧志2部，出版地情书2本。市地方志办获全省方志文化宣传工作优秀单位、2022年度全省地方志系统政务信息报送优秀单位称号。

【地方志书编纂】 2022年，常熟市启动镇村志编纂文化工程，年内，27个村上报"十四五"期间启动村志编纂计划。市地方志办做好《李市村志》《卫家塘村志》《合泰村志》《铜官山村志》《芦荡村志》指导。《常熟市供销合作社志（1986—2020）》年内通过终审并出版，苏州市名镇志系列《支塘镇志》出版，《中国名镇志·古里镇志》《梅李镇志》《共青团常熟市委员会志》等志书在编。

【年鉴编纂】 2022年，常熟市编纂出版市级年鉴1部、镇（街道）年鉴14部。年内，常熟镇级年鉴首次以丛书形式，由江苏人民出版社出版，丛书共14册，483.2万字，常熟市地方志编纂委员会办公室主编，常熟14个镇、街道承编。《常熟年鉴（2021）》获评2022年全省年鉴质量评审二等年鉴。

【旧志整理】 2022年，市地方志办承办苏州市旧志整理工作会议，召开推进常熟旧志整理工作研讨会，举行《重修常昭合志》首发式，做好旧志整理。年内，点校出版《重修常昭合志》《（崇祯）常熟县志》；正式启动第5部旧县志——《昭文县志》点校。《重修常昭合志》（点校本）、《（崇祯）常熟县志》（点校本）在2022年度全省史志作品质量评定中入选点校整理的历代旧志文献类优秀成果。《重修常昭合志》（点校本）获2019—2022年度苏州市档案文化精品评选一等奖。

【地情书编纂】 2022年，市地方志办编写出版《言子与江南文化》，联合编纂《常熟老招牌》。《言子与江南文化》入选"江南文化"品牌塑造2022年度专项项目任务，该书收录言子在中华文化史上的地位、言子儒学思想及其实践、言子与江南文化复杂关系、常熟尊言学贤的历史传统等方面的研究文章16篇。《常熟老招牌》挖掘常熟市商业、服务业老字号品牌、名称资源，收入常熟近代以来有一定影响的商业、服务业领域老店34家。

【即时性记录编纂】 2022年，市地方志办编辑《常熟季录》《常熟记录（2021）》等即时性记录。《常熟记录

（2021）》入选常熟市人代会会议材料，向全市人大代表赠阅。《常熟记录》推荐微视频在省地方志办"喜迎二十大 年鉴看发展"主题活动中发布。季刊《常熟季录》改为电子版，在小程序"智慧党史"推送，全年编发4期。年内，编辑完成《常熟记录（2022）》，全书4万字，收录图片65张。

【史志文化宣传】 2022年，市地方志办通过"智慧党史"小程序，丰富"掌上方志馆"内容，至年底累计上传各类史志鉴电子书72册；推出年度史志文化系列"菜单式"专题讲座23个；深化"史志六进"工程，向全市基层单位开展赠书活动；通过"常熟史志"微信公众号推送史志专题文章128篇，史志文章被各级"学习强国"平台录用47篇。

【"方志驿站"建设】 2022年，市地方志办创新史志"六进"活动载体，依托覆盖全市村史馆、镇史馆和红色纪念场馆、新时代文明实践所（站、点）、党群服务中心等，在各镇（街道）建立方志驿站，并组织地方历史文化讲座进入"方志驿站"。至年底，全市挂牌"方志驿站"4个，在驿站开展地情讲座和史志活动3场。

【《常熟年鉴（2022）》获评省级精品年鉴】 12月，省地方志办公室公布6部2022年度"江苏精品年鉴"名单，《常熟年鉴（2022）》为苏州市唯一入选年鉴。《常熟年鉴（2022）》设类目43个、分目281个、次分目10个，收入条目1331条、随文图照121幅、表格82张。年内，市地方志办对照精品年鉴要求，调整年鉴纲目，市政府办发文向全市各镇（街道）、部门、企事业单位征稿。市地方志办制定全年年鉴编纂工作进度计划表，开展组稿、编纂工作。8月，省志办组织专家在常熟召开《常熟年鉴（2022）》初稿评审会，就理顺篇目结构、提升年鉴质量、丰富记述内容等提出意见建议。12月，《常熟年鉴（2022）》由方志出版社出版。《常熟年鉴（2022）》获评省级精品年鉴被记入当年度市委常委会工作报告和市政府工作报告。 （李　妍）

档案工作

【概况】 2022年，市档案馆馆藏档案639216卷、368206件，资料27123册，库房面积近1万平方米。全年征集各类档案资料10200件（张），接待查档利用8000人次。年内，市档案局与档案馆联合印发《2022年度常熟市机关档案工作评价评标准》，开展镇村档案工作审核及年度评价工作。提升档案信息化支撑能力，推动信息资源联动共享。

【基层档案工作】 2022年，市档案馆完成苏州市档案文化精品评选申报工作，获奖总数列苏州各县市（区）第一，市档案馆获得优秀组织奖。完成14个镇、街道2021年归档文件目录审核；开展镇村档案工作年报统计工作；联合档案局开展镇级档案工作年度评价。在苏州首创档案中介服务机构业务年度评价制度，建立双向监管模式，完成7家中介审核备案，档案中介机构首次纳入市行政审批局全市中介服务超市。指导14个镇、街道归档范围和保管期限表编制，配合市档案局做好后续审批工作；制定出台《2022年度镇（街道）档案工作年度评价标准》。指导市文体旅局制订系统下属事业单位改革中档案工作处置意见；指导城建档案馆、不动产登记发证中心、人社、民政、医保等专业档案馆建立相关制度和流程；重点做好全市退役军人档案、烈士档案、出生医学证明档案专题调研和指导；对青墩塘路快速化改造工程档案进行事前指导；做好常熟市长江流域禁捕退捕档案工作指导。

【档案信息化建设】 2022年，市档案馆不断提升档案信息化支撑能力。推进信息化基础提升，自主完成馆藏光盘、录音带数字化专项抢救工作；完成蓝光异质存储项目验收，完成年度异地备份工作；加快射频识别系统工作；持续推进馆藏数字资源整理、文字识别转化、密级核验。推动信息资源联动共享，向退役军人事务局扩展开放馆藏退役军人档案的在线利用权限。与市档案局联合印发《关于应用"常熟市政务网络档案管理"平台的通知》，开展全市档案信息化专项培训；结合省新出台档案检查评价办法，鼓励有条件的单位建设数字档案馆（室）。探索电子文件归档和电子档案管理，制定"政务服务电子文件单套制归档系统"调研方案，参加专家评审会；指导中法水务公司业务系统电子文件归档管理建设。启动国家示范数字档案馆创建，制定国家示范数字档案馆工作分解方案，接待省档案馆专家组现场调研指导。

【档案征集编研】 2022年，市档案馆征集各类档案资料1.02万件（张）；特聘8名专家为研究馆员；召开常熟民间文史爱好者座谈会；开展江苏早期援藏工作者口述档案采集；举办重要档案捐赠仪式；向社会发布档案征集公告。与市委党史工办、政协文史委共同编纂《福地华章——常熟撤县设市40年发展图志》；与教育局联合举行"红色档案进校园"活动，举行《红色记忆——中共常熟百年档案图集》首发式，向40多家学校和全市100多家农家书屋赠送该书；向《苏州全书》项目组提供馆藏资料近2万条；参编党史办《常熟红色文物》，提供11件馆藏革命文物文稿。成立档案文化联盟，与文体旅局成立"档案·文化馆际"合作联盟。年内与市图书馆联合启动建设常熟院士馆；与市委宣传部、市文体旅局联合主办《喜迎二十大档案颂辉煌——中共常熟百年档案图片展》。

【档案保管利用】 2022年，市档案馆提供查档利用8000人次，16020卷（件）次，复印19557页，解答查档咨询电话600多人次；开通三代社保卡登记查档；开展档案线上利用服务，2022年政务网络民生共享利用平台共提供利用服务3102人次，利用馆藏档案数量4786卷（件）。2022年完成长三角一体化查档33项；实现乡镇民生档案就地查阅全覆盖，推广“常熟兰台”微信公众号线上预约查档功能。年内接收22家进馆单位以及社会征集档案进馆8145卷、59368件，资料606册，排架长度133米，同步接收22家进馆单位数字化档案238GB。

【档案人才队伍建设工作】 2022年，市档案馆受理和初审2022年档案职称材料14份，其中10人通过初级职称，3人通过中级职称。市档案馆组织开展全市档案人员岗位资格培训和继续教育，335人参加全省网上档案资格证书培训；组织全市专兼职档案人员开展档案继续教育，447人在省教育平台完成4万多课时，列苏州地区第一；市档案馆赴经开区、图书馆、董浜镇等单位举办专题档案讲座和业务辅导，开展“兰台讲堂”20期。市档案馆联合市人社局、市总工会、市妇联、团市委举办首届常熟市档案职业技能大赛，189名选手参加比赛。

（倪冬梅）

大众传播

【报纸】 2022年，《常熟日报》发行量1270.7万份，全年发行299期，2372版。《常熟日报》围绕“喜迎二十大”主题，开设《奋进新征程，建功新时代》《强国复兴有我》《党代表话十年》《非凡十年》《领航中国》《让我们荡起双桨》等专栏，刊发“二十大”重点报道专版23个；围绕学习贯彻中共二十大精神主题，开设《学习贯彻党的二十大精神》《新时代，新征程，新伟业》《理论解读》等专栏；围绕苏州市委常委会会议暨专题调研常熟市工作会议，开设《城市向南、产业沿江、老城更新——握紧接力棒，建设更高品质“江南福地”》专栏，推出评论员文章3篇、重点报道4篇以及部门板块面对面专栏；围绕市委、市政府重点工作，开设《决战决胜，“三增三进”》《锚定新方位·启航新征程》专栏，推出“政企合力、达产满产”系列、“人才”系列、“稳住房地产市场”系列、“缓解停车难 打造民心工程”以及琴湖变迁、琴湖会客厅等报道。突出做好疫情防控宣传，推出相关报道200多条。报纸出版质量在全省报纸年度核验中，位列全省133种报纸核验结果第18名。

【广播】 2022年，常熟综合广播全年播出时长6661.3小时，其中自办节目约占总播出量84%。以“声动1008，把幸福带给你听吧”为主题，打造“可视化广播”的活动样板，推出“温暖虞城的30碗面”“幸福常熟动起来”“打卡春天，打卡常熟”“琴川夜经济”等融媒系列活动。广播《午间风》节目通过综合广播、手机端应用、社交平台公众号发布，以传统媒体+新媒体的方式，先后推出“午间风两会直播”；市场监督管理局、城管局等40家重点部门（单位）上线《常熟市政风行风热线》；全市50个普法成员单位走进《法治会客厅》开展普法宣传，推出“《民法典》施行一周年专场宣传”“乡村振兴 与法同行”主题宣传，“虞城无诈”系列宣传；“政风行风基层行”活动走进董浜、尚湖、支塘镇，琴川、虞山街道，跟踪回访重点督办问题。年内国内专业的收听调查公司赛立信发布“2021—2022全国广播收听市场风云榜”，在全国广播频率融媒体成长性指数排名中，常熟综合广播名列城市电台广播频率前十位，是全国县级融媒唯一上榜单位。在2022全国优秀区域融媒作品传播力调研中，《武工队长朱阿八》系列广播剧获“综合传播力TOP10”。

【电视】 2022年，常熟电视综合频道全年播出节目时长6559.7小时，其中自办节目占总播出量约47.8%。紧扣中共二十大宣传报道、决战决胜“三增三进”、苏州市域一体化、疫情防控、经济高质量发展、民生福祉增进等重点，开设各类专题、系列报道20多个。围绕助力复工复产服务百姓生活、展现国企改革成效、破解城市发展难题，推出《民声汇》特别节目“复工复产进行时”“国企再出发”“缓解停车难 如何再升级”。开播电视融媒栏目《走进科创》；方言栏目《春来茶馆》改版推出“农村故事汇”版块；日播型政务商务、消费生活服务类融媒节目《淘最常熟》改版，与名牌电视栏目《常熟新闻》共同打造“黄金一小时”品牌传播矩阵，通过“大小屏”互动，实现较高的传播效应。纪录片《明天会更好》获江苏省优秀文艺成果奖励项目，《山路弯弯》获36届江苏省文艺大奖·电视奖最佳纪录片奖，纪录片《筑梦常熟》、对外电视节目《国际机械舞大师缘何定居中国常熟？》分获江苏省广播电视优秀节目三等奖。与澳门主流媒体等开展交流合作，10部原创纪录片在澳门电视频道播出，7部纪录片在中国黄河电视台国际频道、美国SCOLA频道播出。

【电影】 2022年，常熟市有商业影院24家，电影票房收入4664.8万元。年内，市委宣传部组织全市党员群众集中观看电影《守岛人》《童年周恩来》和《长津湖》。年内，市委宣传部提供28.68万元保障并推动全市农村电影公益放映工作，实际完成公益电影播放2568场次。

【融媒体建设】 2022年，市融媒体中心（传媒集团）打造“看常熟”App和融媒9个新媒体号（“i常熟”“常熟发布”“常熟融媒”“淘最常熟”微信公众号，“常熟融媒”“淘最常熟”“声动1008”“看常熟”App视频号，“淘最常熟”抖音号）“十全十美”常熟融媒新媒体矩阵，拥有粉丝超过100万，其中“看常熟”App下载安装46万户。“常熟融媒”视频号阅读量5万以上视频数量50个，单篇最高播放量达106万次。“i常熟”“常熟发布”微信公众号阅读量2万以上推文417篇，10万以上推文105篇。“喜迎二十大，让我们荡起双桨”全媒体系列报道全网播放量1.2亿次，被150多家媒体转载和推荐。举办“常来常熟”常熟城市品

9月8日，“品牌的力量”常熟融媒秋季推介会暨品牌联盟上线仪式在常熟广播电视塔举行 （市融媒体中心 提供）

牌（上海）推介会，上海40多家媒体以及各区官微对推介会作全方位的报道，全网点击量破千万。全媒体高清直播演播室完成技术终验，实施1000盘库存老旧资料的数字化抢救；常熟市城市服务总入口App二期项目完成验收，“看常熟”App获2022年常熟市数字政府建设优秀案例。市融媒体中心获新华社新闻信息中心“全国县融中心核心报道优秀案例TOP10”，连续三个季度上榜全国县融中心优秀案例。在2022全国优秀区域融媒作品传播力调研中，市融媒体中心获“综合影响力TOP10”。“常熟市广播电视发射塔工程”获第十五届中国电影电视技术学会科技进步奖三等奖，市融媒体中心获广播电视节目录制技术质量奖省三等奖3个，获科技创新奖省三等奖5个。 （俞 纲）

文化产业发展

【概况】 2022年度，全市有规模以上文化类企业108家，实现营业收入357.5亿元，比上年增长4.5%。文化制造业、文化批零业、文化服务业营业收入之比为78.9∶18.0∶3.1，其中文化核心领域企业34家，营业收入达20.58亿元，比上年增长59.2%。收入前10位的规上文化企业实现营业收入298.81亿元，比上年增长4.0%。

【文化产业政策】 2022年，常熟市印发《常熟市文化体育旅游行业贯彻落实纾困解难恢复发展政策意见的实施细则》，为8个行业118家单位落实纾困补助337.84万元，全额暂退旅行社质保金898万元，协调三大运营商减免网吧专线费用超过45万元，对承租文体旅系统国有权属物业的38家小微企业和个体工商户减免部分租金572万元。加快2022年度常熟市现代服务业发展专项引导资金（文体旅产业）申报进度，为45个项目争取资金799.33万元。指导沙家浜横泾不夜天项目获省文化和旅游发展专项资金60万元、东方红木展示馆等25个项目获得苏州市文化产业发展专项资金291万元。

【文化产业园】 2022年，常熟有省级文化产业园3家，苏州市级文化产业园区2家，产业门类涵盖文旅融合、影视制作、创意设计、数字内容等多个领域。年内，常熟国家大学科技园获评2022年江苏省文化产业示范园区。

表57　2022年常熟市重点文化产业园区（基地）一览表

名称	主导产业	面积（平方米）	备注
沙家浜江南水乡影视产业园	影视产业、演艺娱乐产业	36100	2007年省级基地、2011年苏州市级基地
常熟国家大学科技园（江苏常熟文化科技产业园）	数字文化、创意设计、文化装备	134600	2011年苏州市级基地、2014年江苏省文化科技产业园，2022年省文化产业示范园区，并获苏州市文化产业园区年度考评优秀
常熟虞山尚湖江南文化产业园	文旅融合、创意设计	1751000	2015年第二批江苏省重点文化产业园区
波司登（中国）服装研发设计中心	专业设计服务	3060	2013年苏州市级基地、2019年第四批“国家级工业设计中心”
常熟同济文化科技产业园	文化创意、智能制造设计、信息技术	62000	2015年第三批苏州市文化产业示范基地，获评国家级众创空间、江苏省科技企业孵化器、江苏省小型微型企业创业创新示范基地、江苏省中小企业公共服务示范平台等多项资质荣誉，其中国家级1项，省级4项，苏州市级3项，常熟市级及其他4项
江南时尚创意产业园	创意设计、服装设计、信息服务	27650	常熟市级

续表 57

名称	主导产业	面积（平方米）	备注
蓝·原茸森林文旅产业园	数字文化、文旅融合、创意设计	17839	常熟市级
江南·绣衣厂文化创意园	创意设计、数字文化	10000	常熟市级
山湾里文化创意产业园	文旅融合、创意设计	10000	常熟市级
山前坊文旅创意街区	文旅融合、创意设计	8500	常熟市级
AIAC艾克智能文化产业园	数字文化、文旅融合	10000	常熟市级
古里铁琴铜剑楼知旅文化街区	文旅融合、会奖研学、知识产业孵化	30000	常熟市级
云视觉数字科技文化产业园	创意设计、影视娱乐	5243	常熟市级
九灵犀文化创意园	创意设计、数字文化	6800	常熟市级
艺术鸭数字文化制造产业园	创意设计、数字文化、智能制造	7000	常熟市级

（资料来源：市文体旅局）

2022年，建设中的UWC+创新岛　　（市融媒体中心　提供）

【文化产业项目引进】 2022年，常熟有省级、苏州级文化产业重点项目8个，当年度完成投资达10.5亿元。UWC+创新岛、服装科技文创产业园、沙家浜华侨城唐市古镇大型文旅综合体、经开区城市艺体中心4个项目入选江苏省“十四五”文化产业重点项目。红豆山庄康养游综合体入选2022年江苏省重点文化和旅游产业项目。东方红木家具生产研发、新建迈宝国际总部等6个项目列入苏州市2022年度重点文化产业项目。

文化市场管理

【文化市场监管】 2022年，常熟新增娱乐场所20家，批准营业性演出许可77件，备案艺术类考级活动75场，备案剧本娱乐经营场所5家。全市年出动文化市场执法人员9767人次，检查经营单位3109家次，查处各类举报292件，办结行政案件146件。常态化对娱乐场所、广播电视安全播出、版权、体育经营、文物保护等行业进行全方位监管。开展“护航”专项行动，与市公安局、市市场监管局、属地政府等部门联合开展执法检查、监管等行动，做好文体旅市场疫情常态化防控。

【文化领域专项整治】 2022年，市文体旅局组织开展文体旅市场无证经营专项整治，对辖区范围内未取得合法经营资质的互联网上网服务营业场所、经营性歌舞厅娱乐场所、印刷企业等依法进行专项整治。开展文化市场打击养老诈骗专项整治行动，对艺术品市场开展专项检查，有效保障老年人合法权益。全年检查经营场所24家次，开具责令改正通知书2份。

（顾红霞）

责任编辑　张莉莉

卫生健康

综　述

【概况】 2022年，常熟市卫健委统筹推进新冠疫情防控与卫生健康事业发展，开展三甲医院创建、医共体联合战疫、普惠托育等工作。全市有医疗卫生机构559个，在岗职工15620人，其中卫技人员12435人，执业（助理）医师5093人，每千人拥有执业（助理）医师3.01人；注册护士5304人，每千人拥有注册护士3.13人；全科医生943人，每万人拥有全科医生5.57人；疾控人员130人，每万人拥有疾控人员0.77人。全市实际开放床位11511万张，每千人拥有床位6.80张。全市医疗卫生机构完成总诊疗量1168.57万人次，其中门（急）诊1142.41万人次。出院病人21.83万人次，出院病人对医疗服务综合满意度达99.70%。全市人均期望寿命（户籍人口）82.63岁，其中男性80.38岁，女性84.87岁。

（唐建华）

【医疗卫生机构建设】 2022年，全市医疗卫生机构比上年增加4个，增长0.72%。其中，医院36个（含护理院17个），卫生机构8个，社区卫生服务中心13个，社区卫生服务站105个，卫生院17个，卫生室104个，门诊部59个，诊所、企事业单位医务室、校医室214个（含海阳护理站），其他机构3个（单采血浆站、铢健康体检中心、费森尤斯血透中心）。全市有公立医疗机构295个，占全市医疗卫生机构数52.77%；民营机构264个，占全市医疗卫生机构47.23%。全市实际开放床位11511张，比上年增长9.04%，其中医院（护理院）9497张，比上年增长13.60%；社区卫生服务中心296张，比上年下降17.08%；卫生院1441张，比上年下降7.80%。公立医院实有床位4510张，占全市床位39.18%，民营医院（护理院）实有床位4987张，占全市床位43.32%。按2022年末常住人口169.24万计算，每千人口拥有病床6.80张，比上年增长0.54张。年内，市政府完成改扩建项目3个：常熟市中医院急诊科综合改建工程、常熟市第二人民医院门急诊及住院综合楼（8号、11号楼）改造工程、常熟市中医院分院康复治疗中心；完成1家二级专科医院（明州康复医院）建设；3家规模型护理院建设。

（唐焱　张瑛）

表58　2020—2022年常熟市医疗卫生机构数及床位数统计表

机构分类	机构数（个）			床位数（张）		
	2020年	2021年	2022年	2020年	2021年	2022年
全市总计	539	555	559	10102	10557	11511
一、医院	29	31	36	7883	8360	9497
综合医院	10	10	13	3725	3994	3513
中医院	1	1	1	995	990	1141
专科医院	7	7	5	663	653	1438
护理院	11	13	17	2500	2723	3405
二、基层医疗卫生机构	498	513	512	1942	1920	1737
社区卫生服务中心	8	12	13	217	357	296
社区卫生服务站	82	107	105	0	0	0
卫生院	24	20	17	1725	1563	1441
卫生室	130	104	104	0	0	0
门诊部	58	59	59	0	0	0
诊所、医务室、校医室	196	211	214	0	0	0
三、卫生机构	9	8	8	277	277	277
四、计生机构	0	0	0	0	0	0
五、其他机构	3	3	3	0	0	0

说明：1. 海阳护理站归类为诊所类别；2020年成立的常熟市妇幼保健院归类为卫生机构类别

2. 2022年大义卫生院变更为社区卫生服务中心

3. 2022年新增民营专科医院常熟明州康复医院；常熟琴湖惠民老年病医院由综合医院变更为专科医院；常熟爱灵肿瘤医院、中山医院、瑞丽美贝尔医院、东明医院由专科医院变更为综合医院

4. 其他机构指常熟白茆单采血浆站、铢健康体检中心、费森尤斯血透中心

（资料来源：市卫健委）

表 59

2020—2022 年度常熟市医疗卫生机构公立与民营机构床位及人员情况统计表

机构分类	机构数（个）			实有床位数（张）			人员数（人）											
							在岗职工数			卫技人员数			医师数			注册护士数		
	2020年	2021年	2022年	2020年	2021年	2022年	2020年	2021年	2022年	2020年	2021年	2022年	2020年	2021年	2022年	2020年	2021年	2022年
全市合计	539	555	559	10102	10557	11511	14483	15088	15620	11466	12148	12435	4677	4903	5093	4822	5143	5304
公立机构	259	256	252	6326	6558	6524	10224	10501	10557	8767	9091	9186	3517	3621	3787	3661	3793	3774
医院	4	4	4	4107	4361	4510	5735	5857	5897	5025	5188	5248	1832	1873	1943	2556	2648	2644
市一院	1	1	1	1460	1422	1320	1992	2035	2067	1753	1807	1842	670	689	725	872	909	913
市二院	1	1	1	1207	1504	1460	2152	2197	2192	1901	1971	1971	634	636	664	1006	1034	1014
市中医院	1	1	1	995	990	1141	1334	1371	1397	1186	1227	1259	464	484	492	569	598	617
市三院	1	1	1	445	445	589	257	254	241	185	183	176	64	64	62	109	107	100
卫生机构	9	8	8	277	277	277	693	696	710	586	586	597	208	206	204	136	134	134
社区卫生服务中心	8	12	13	217	357	296	608	907	970	530	801	863	269	410	441	150	209	218
卫生院（包括2个分院）	24	20	17	1725	1563	1441	2710	2476	2452	2355	2195	2169	1076	976	1041	790	757	729
市五院	1	1	1	225	225	225	439	443	444	347	379	373	146	148	163	140	144	151
梅李人民医院	1	1	1	182	191	194	238	281	311	198	238	268	88	105	124	86	93	107
支塘人民医院	1	1	1	163	213	163	253	261	253	216	225	218	92	91	94	89	95	89
古里人民医院	—	—	1	—	—	124	—	—	202	—	—	180	—	—	73	—	—	65
辛庄人民医院	—	—	1	—	—	135	—	—	214	—	—	191	—	—	77	—	—	66
社区卫生服务站	82	107	105	—	—	—	264	316	311	252	301	297	114	143	146	28	45	49
卫生室	130	104	104	—	—	—	214	249	217	19	20	12	18	13	12	1	0	0
门诊部	1	1	1	—	—	—	—	—	—	—	—	—	—	—	—	—	—	—
诊所	1	0	0	—	—	—	—	—	—	—	—	—	—	—	—	—	—	—
民营机构	280	299	307	3776	3999	4987	4259	4587	5063	2697	3057	3249	1160	1282	1306	1161	1350	1530
医院	14	14	15	1276	1276	1582	1416	1426	1610	1023	1083	1162	389	410	427	432	457	504
护理院	11	13	17	2500	2723	3405	1329	1567	1707	504	695	778	141	199	203	321	434	511
门诊部	57	58	58	—	—	—	717	729	771	516	536	539	267	266	264	206	221	235
诊所、企事业单位卫生所、校医室、护理站	195	211	214	—	—	—	715	782	898	618	696	717	347	389	392	184	213	253
其他机构	3	3	3	—	—	—	82	83	77	38	47	53	16	18	20	18	25	27
单采血浆站	1	1	1	—	—	—	12	20	19	3	12	14	0	2	3	0	7	8
铼健康体检中心	1	1	1	—	—	—	55	46	37	23	20	20	14	14	14	9	6	4
费森尤斯血透中心	1	1	1	—	—	—	15	17	21	12	15	19	2	2	3	9	12	15

说明：1.2020 年、2021 年、2022 年在职工数包括乡村医生分别为 185 人、216 人、193 人，卫生员 10 人、13 人、12 人

2. 一个公立机构门诊部（公立机构诊所 2021 年 1 月撤销），门诊部人员数据统计在其上级单位市疾控中心内

3.2020 年成立的常熟市妇幼保健院、常熟费森尤斯血透中心，分别归类为专业卫生机构、其他机构

4.2021 年东张、碧溪、吴市、浒浦卫生院变更为社区卫生服务中心

（资料来源：市卫健委）

表 60　　2020—2022 年常熟市医疗卫生机构人员、床位及每千人口拥有数统计表

年份	年末常住人口（万人）	机构数（个）	床位数（张）		人员数（人）							
			实有数	每千人口拥有数	实有数（个）				每千人口拥有数（个）			
					人员	卫技人员	执业（助理）医师	注册护士	人员	卫技人员	执业（助理）医师	注册护士
2020年	167.71	539	10102	6.02	14483	11466	4677	4822	8.64	6.84	2.78	2.88
2021年	168.61	555	10557	6.26	15088	12148	4903	5143	8.95	7.20	2.91	3.05
2022年	169.24	559	11511	6.80	15620	12435	5093	5304	9.23	7.35	3.01	3.13

（资料来源：市卫健委）

【医疗诊治服务】 2022年，全市医疗卫生机构完成总诊疗量1168.57万人次，比上年减少122.50万人次，下降9.50%。其中，门诊、急诊诊疗量1142.41万人次，比上年下降9.52%。基层医疗机构总诊疗量664.00万人次，比上年下降11.35%，基层总诊疗人次占全市总诊疗人次的56.82%。全市医疗机构住院病人情况：入院22.01万人次，比上年下降7.54%；出院21.83万人次，比上年下降8.81%。全市医院（不包括卫生院、社区卫生服务中心）住院病人手术7.31万人次，比上年下降5.81%。全市医疗机构总病床使用率68.75%，比上年下降8.69个百分点；基层医疗机构病床总使用率41.34%，比上年下降8.14个百分点。全市医疗机构出院者平均住院日11.0天，比上年下降0.8天；基层医疗机构出院者平均住院日7.0天，比上年下降0.3天。　（唐建华）

【公立医院改革】 2022年，市卫健委新增完善医共体内部管理制度3条，在三级公立医疗机构全面推行总会计师制度。组建“中医治未病联盟”“中医护理联盟”“帕金森病联盟”专科专病联盟等。建立医共体逐级扶持机制，3家核心医院派出8006人次下沉基层，开展门诊8.45万人次，查房1244次，指导手术1091台次，疑难会诊1389人次，开展讲座382次，教学查房1244次。全市完成双向转诊14.47万人次，各共享中心出具影像（CT、DR）、心电、病理报告12.43万例。　（张欣玮）

【医疗人才与科技】 2022年，常熟市公立医疗卫生机构招聘卫生专业技术人员106人，农村订单定向医学生毕业分配工作22人，理顺占编劳动合同制人员人事管理关系15人。全市获评“江苏省优秀基层卫生骨干人才”43人；“姑苏卫生人才计划”高层次柔性人才1人、培养类重点人才2人、青年拔尖人才3人。苏州市卫生青年骨干人才“全国导师制”培训人员3人。2022年常熟市“昆承英才”分层培养类人才33名（其中领军人才3名、重点人才7名、拔尖人才8名、后备人才15名），C类特聘人才2名，柔性引进团队1个。卫生高级职称送审568人。参加全国卫生专业技术资格初中级考试1313人、卫生人才评价考试15人、护士资格考试18人、江苏省卫生高级专业技术资格专业实践能力考核658人。全科医师转岗培训14人。增加农村卫生人员40人。获国家自然科学基金面上项目1个、江苏省卫健委科研项目1个（指导性）、江苏省医学新技术项目4个，苏州市科技局民生科技项目9个、苏州市“科教兴卫”青年项目4个、苏州市卫健委临床重点病种诊疗技术专项5个、苏州市医学新技术引进项目8个、常熟市科技局社会发展科技项目35个、常熟市科技局软科学研究项目5个、确认2022年度常熟市卫生健康委科技计划项目76个（其中资助性重点项目31个、资助性青年项目10个、指导性项目35个）。对2020—2021年各级各类科研项目、学科建设等拨付“科教强卫”奖补资金1200.15万元。入选江苏省级继续医学教育项目14个、苏州市继续医学教育项目137个、常熟市继续医学教育项目149个（其中资助性项目100个、指导性项目49个）。　（邵宇群）

【智慧医疗项目建设】 2022年，“常熟智慧健康”服务平台整合区域内医疗卫生资源，“互联网+医疗健康”服务范围由公立医疗机构向部分社会办医院覆盖。“常熟智慧健康”微信公众号关注78.78万人、注册49.60万人、实名认证33.83万人，通过平台就医预约挂号26.11万人次，各类检验检查和体检报告查询317.91万人次。全市三级公立医院和基层医疗机构接入省卫生健康云影像平台，实现江苏省内影像检查结果互认。推进数字人民币在医疗支付领域的应用，“常熟智慧健康”服务平台和二级以上公立医院全面实现数字人民币支付。常熟市中医院互联网医院正式开诊，推出“慢病续方”及“便捷购药”服务。CDSS（区域临床决策辅助系统）在常熟市第二人民医院上线试运行。基层云HIS（医院信息系统）完成改造，在国家医保平台实现电子处方流转。搭建市级先诊疗后付费平台，覆盖全市公立医疗机构和部分民营医疗机构。完成卫生健康系统行业安全监管一体化平台建设。开发并完善常熟市各疫情防控系统。常熟市卫生信息中心自主开发医疗机构防疫刷卡系统，应用于全市79家公立医院、社区卫生服务中心、社区卫生服务站的122个查验点与5家民营医院的7个查验点，查验就诊人员206.39万人次。“疫情防控便民查验平台”案例获苏州市2022年老龄工作十佳案例、常熟市2022年数字政府建设优秀案例。　（唐建华　仲晓伟）

表 61

2020—2022 年常熟市医疗卫生机构诊疗服务情况统计表

机构分类	总诊疗数（人次）			门、急诊数（人次）			健康检查人数（个）			入院数（人次）			出院数（人次）			住院病人手术数（人次）		
	2020 年	2021 年	2022 年	2020 年	2021 年	2022 年	2020 年	2021 年	2022 年	2020 年	2021 年	2022 年	2020 年	2021 年	2022 年	2020 年	2021 年	2022 年
全市总计	11847619	12910734	11685718	11587170	12625962	11424062	663845	813463	799557	233534	238088	220146	233979	239395	218301	61638	77581	81369
一、医院	4605293	5020913	4672608	4603682	4997377	4671360	216438	252722	201388	167935	180611	172341	168028	181405	170915	57335	70516	73077
综合医院	3170832	3455477	3157870	3169221	3432098	3156790	175995	209354	147185	116568	126709	118688	116721	127344	117502	42805	54702	56993
其中：市一院	1274820	1415485	1242481	1274820	1415485	1242481	53817	61717	56842	51196	52059	46549	51213	52434	46055	20398	24582	27859
市二院	1208877	1308415	1315908	1208877	1308415	1315908	58287	71334	60670	47400	55180	56374	47590	55384	55848	18919	25784	25827
中医医院	1044353	1144001	984267	1044353	1144001	984267	20296	24664	21494	38189	38309	35887	38249	38462	36017	13956	15093	13971
专科医院	386887	418562	526453	386887	418562	526453	20147	18704	32600	6315	6815	9455	6353	6878	9338	574	721	2113
其中：市三院	238020	238454	229417	238020	238454	229417	0	0	0	1933	2521	2247	1916	2536	2249	0	0	0
护理院	3221	2873	4018	3221	2716	3850	0	0	109	6863	8778	8311	6705	8721	8058	0	0	0
二、基层医疗卫生机构	6913383	7490515	6639952	6654545	7229279	6399443	403567	494957	598169	53045	45531	36329	53369	46047	35791	—	—	5054
社区卫生服务中心、站	1222087	2011254	2165757	1192760	1871289	2039563	78638	145980	261282	2307	3609	2517	2345	3643	2457	—	—	—
社区卫生服务中心	444478	1047605	1199832	444097	945077	1137078	78638	145980	261282	2307	3609	2517	2345	3643	2457	—	—	—
社区卫生服务站	777609	963649	965925	748663	926212	902485	0	0	0	0	0	0	0	0	0	—	—	—
卫生院、中心卫生院	3427057	3289245	2753534	3349589	3280212	2743869	263872	298978	270366	50738	41922	33812	51024	42404	33334	—	—	5054
中心卫生院	1773207	1925779	1657718	1763851	1925779	1657718	114051	166919	170206	30810	28626	24936	30870	28848	24613	—	—	4857
其中：市五院	530858	527789	460082	530858	527789	460082	15105	15496	12555	10284	9859	8845	10310	9952	8719	—	—	1791
梅李人民医院	237900	276024	288055	237900	276024	288055	3476	15876	33425	5016	5431	6152	5021	5409	6149	—	1118	1423
支塘人民医院	247714	294779	269462	247714	294779	269462	13688	13673	12073	5135	5589	3988	5154	5619	3959	—	1271	1030
古里人民医院	—	—	154698	—	—	154698	—	—	9525	—	—	1570	—	—	1556	—	—	286
辛庄人民医院	—	—	225718	—	—	225718	—	—	17387	—	—	2250	—	—	2199	—	—	299
卫生院	1653850	1363466	1095816	1585738	1354433	1086151	149821	132059	100160	19928	13296	8876	20154	13556	8721	—	—	197
村卫生室	1228401	1018330	863283	1184601	1013258	848438	0	0	0	0	0	0	0	0	0	—	—	—
门诊部	321339	364163	345626	258242	314164	257549	61057	49999	66521	0	0	0	0	0	0	—	—	—
诊所、卫生所、医务室	714499	807523	511752	669353	750356	510024	0	0	0	0	0	0	0	0	0	—	—	—
三、专业公共卫生机构	328943	399306	373158	328943	399306	353259	43840（妇保）	65784（妇保）	37049（妇保）	12554	11946	11476	12582	11943	11595	—	—	3238
急救中心	23855	29309	33953	23855	29309	33953	—	—	—	0	0	0	0	0	0	—	—	—
妇幼保健院	305088	369997	302156	305088	369997	302156	—	—	—	12554	11946	11476	12582	11943	11595	—	—	3238
四、其他机构	0	0	0	0	0	0	0	0	0	0	0	0	0	0	0	—	—	—

（资料来源：市卫健委）

表 62　　2020—2022 年常熟市医疗机构病床使用情况统计表

机构分类	实有床位（张）			病床使用率（%）			出院者平均住院日（天）		
	2020年	2021年	2022年	2020年	2021年	2022年	2020年	2021年	2022年
全市总计	10102	10557	11511	77.21	77.44	68.75	11.90	11.80	11.00
一、医院	7883	8360	9497	83.44	84.63	74.42	13.90	13.30	12.20
综合医院	3725	3994	3513	84.47	83.11	73.34	8.90	8.50	7.90
其中：市一院	1460	1422	1320	86.02	90.66	74.40	8.50	8.20	7.70
市二院	1207	1504	1460	93.66	83.76	78.30	8.70	8.30	7.80
市中医院	995	990	1141	77.87	79.46	69.71	7.60	7.40	6.70
市三院	445	445	589	102.49	106.15	101.79	87.20	70.40	73.40
二、基层医疗机构	1942	1920	1737	55.54	49.48	41.34	7.10	7.30	7.00
社区卫生服务中心	217	357	296	24.92	21.59	17.24	6.90	7.50	6.60
社区卫生服务站	—	—	—	—	—	—	—	—	—
卫生院	1725	1563	1441	58.72	55.44	45.63	7.20	7.30	7.00

（资料来源：市卫健委）

疾病防控

【概况】 2022年，全市报告甲乙类法定传染病1892例，报告心脑血管疾病、糖尿病等慢性病2.71万例，报告肿瘤7883例。登记活动性肺结核患者380例，全年完成艾滋病抗体检测41.88万人次。在任阳、辛庄试点开展常熟市上消化道早癌筛查项目，全年为2998名40—69岁户籍居民提供免费上消化道早癌筛查。全市共有规范化儿童预防接种门诊28家，产科预防接种室6家，狂犬病暴露预防处置门诊21家，成人预防接种门诊34家。全市免疫规划疫苗接种21.81万剂次，接种率99.58%，非免疫规划疫苗接种24.50万剂次。65岁以上户籍老年人免费接种肺炎球菌疫苗6074剂次、适龄儿童免费接种水痘疫苗2.29万剂次、初三学生免费接种麻腮风疫苗8088剂次。对全市221家托幼机构（含看护点）和小学3.08万名儿童进行预防接种证查验，托幼机构和小学查验率均100%。全市生活饮用水卫生监测水样检测合格率100%。

（徐里强　张万成）

【新冠病毒感染防治】 2022年，市卫健委开展城市污水新冠病毒监测，在城市污水厂、泵站、学校、隔离点、重点场所设置监测点31个，累计采集污水样品2241份。市消毒工作组累计完成疫点终末消毒506次，消毒各类场所面积66.77万平方米。累计培训机关、企事业单位防疫员1万余人次。常福健康驿站、核酸基地二期、尚湖集中医学观察点二期、常熟市救护车集中洗消站等建成并投入使用。改造启用市第一人民医院滨江院区、神州通物流仓储园区为新冠救治定点医院和方舱医院。建立市—镇—村三级发热诊疗体系，设置发热门诊12家、发热诊室24家、发热诊疗站209家。以县域医共体为载体构建新冠分级诊疗体系，扩容医疗资源，截至2022年年底，全市有二级以上医院急诊诊室49间，急诊抢救床位92张，三级医院重症床位325张，全市配备有创呼吸机178台、无创呼吸机146台、高流量湿化氧疗系统89台、除颤仪158台、ECMO（体外膜肺氧合）3台。开展重症救治医务人员培训，重症医学专业人员增加医生144名、护士420名。

（龚利强　张欣玮）

【血寄地防治】 2022年，全市查螺面积达153.13万平方米，连续24年未查到钉螺。全年累计完成血吸虫病询检、登记1.80万人，未发现疫水接触史和有体征症状人员。本地常规病情监测8215人，其中常住人口（含输入性监测）7872人，流动人口（水上作业人员）343人，连续35年未发现本地感染粪检阳性病人。签约管理晚血病人718名，晚血病人救治27名，发放救助金12.03万元。开展“三热”病人血检964人，全年未发现疟疾病例。管理慢性丝虫病患者4例。开展零售层次和居民户碘盐监测、学龄儿童和孕妇尿碘监测，碘盐覆盖率为96.33%，碘盐合格率为100%，合格碘盐食用率为96.33%，合格碘盐覆盖率98.33%，均超过国家消除碘缺乏病标准。向社会宣传血防健康知识，覆盖11万人次。组织开展“4·26”全国疟疾宣传日和“5·15”全国碘缺乏病防治日主题活动。

（周卫恩　陈　菊）

【精神障碍患者救护】 2022年，常熟市严重精神障碍患者在册人数7338人，规范管理率95.0%。“双免”项目（免费服药、服药后免费安全体检）累计受惠8970人，覆盖率100%，免费服药后安全检测4828人次。7个乡镇门诊前移点全年接诊患者1.52万人次，为500多名贫困精神病患者免费发药。

【社会心理服务】 2022年，常熟市在14个镇（街道）、332个村（社区）完成社会心理服务平台建设，市、镇、村三级心理咨询室实体化运行，全年开展心理咨询服务2611次。以疫情防控期间心理减压与危机处置的前期干预为重点，发放市民心理健康自助工具包，编印《常熟市新冠肺炎疫情防控心理自助指南》，开展心理科普宣传。在常熟市社会心理服务指导中心，开设免费心理热线。开展各行业基层人员心理关爱（EAP）特色项目、“巴林特小组”活动，实现多元化心理服务。

（钱　兵）

社区卫生服务

【概况】 2022年，全市基层医疗卫生机构完成总诊疗664.00万人次（上年749.05万人次），占全市医疗卫生机构总诊疗量56.82%（上年58.02%）；出院病人3.58万人次（上年4.60万人次），占全市医疗机构出院人数16.40%（上年19.23%）。年内，全市基层医疗卫生机构落实14大类、55项基本公共卫生服务项目，累计建立健康档案144.42万份，居民建档率86.11%；完成17.32万名65周岁以上老年人健康管理工作；为16.59万名高血压患者、5.0万名糖尿病患者开展随访、健康指导、体检等健康管理服务，高血压、糖尿病患者规范管理率分别为70.32%、68.06%。开展慢性阻塞性肺疾病患者社区规范化筛查和管理工作，累计完成筛查18727人，纳入管理1717人。调整“531”慢病区域协同防治体系，明确常熟市第一人民医院、常熟市第二人民医院、常熟市中医院分别承担慢阻肺、骨质疏松症、成人代谢性疾病（及儿童哮喘和肥胖）防治指导中心职能。基层医疗机构运行各类慢病防治站65家，指导中心对新申报17家社区防治站进行准入评估。

（唐建华　顾淑君）

【社区卫生机构建设】 2022年，大义卫生院更名为常福街道大义社区卫生服务中心，白茆卫生院新院建成投用，7家社区卫生服务站完成新改扩建并投用，分别为：虞山街道嵩山社区卫生服务站、琴川街道迎春社区卫生服务站、古里镇康博社区卫生服务站、梅李镇梅李社区卫生服务站、碧溪新区横塘社区卫生服务站、董浜镇观智社区卫生服务站、辛庄镇张家桥社区卫生服务站。全市转型巡回医疗工作室22家，转型家庭医生工作室4家。

10月29日，尚湖镇开展“尚湖名医家乡行·医路先锋”公益义诊活动

（尚湖镇　提供）

【社区卫生服务能力】 2022年，支塘人民医院被评为江苏省2022年农村区域性医疗卫生中心。古里人民医院、海虞卫生院、练塘中心卫生院、唐市中心卫生院、张桥卫生院通过优质服务基层行推荐标准，支塘人民医院、辛庄人民医院、梅李人民医院通过推荐标准复评审，其余基层医疗机构均通过基本标准。支塘人民医院普外科、梅李人民医院呼吸内科、骨科、古里人民医院普外科、冶塘卫生院老年医学科、大义社区卫生服务中心中医内科被评为2022年苏州市基层特色科室。董浜镇黄石社区卫生服务站、尚湖镇蒋巷社区卫生服务站、沙家浜镇唐市社区卫生服务站、古里镇新桥社区卫生服务站、辛庄镇张家桥社区卫生服务站被评为苏州市2022年度推荐标准村卫生室（甲级村卫生室）。年内，新增梅李人民医院基层卫生人员实训基地、谢桥社区卫生服务中心基层卫生人员实训室，完成技能操作实训328期，三基考核72期，培训9757人次。

【家庭医生签约服务】 2022年，常熟市家庭医生签约96.8万人，重点人群签约率均达65%，全面推进“1+N”家庭医生签约服务，签约健康管理综合服务包3.01万人次。市卫健委获评“江苏省2022年家庭医生服务模式创新单位”，辛庄镇张港泾家庭医生工作室、常福街道丁坝家庭医生工作室被评为江苏省2022年度星级家庭医生工作室。

（陈　菊）

妇幼健康

【概况】 2022年，全市分娩产妇总数7141人，住院分娩率100%，活产数7199人。孕产妇实现零死亡，婴儿和5岁以下儿童死亡率分别控制在1.53‰和2.22‰。

【妇女保健】 2022年，常熟市孕产妇健康管理率91.62%，高危妊娠筛查率100%，产后访视率96.74%。开展孕产妇抑郁症筛查，共筛查孕产妇19747人次，筛查率87.95%。开展妇女增补叶酸预防神经管畸形项目，完成叶酸补服2121人，免费发放3307瓶，服用率99.62%。预防艾滋病、梅毒和乙肝母婴传播，为9590名建卡孕妇及6853名产妇检测梅毒、艾滋病和乙肝表面抗原，发现梅毒感染孕妇11名、梅毒感染产妇13例。全市发放“人流关爱包”600份，发放避孕套92508盒、其他外用避孕工具1257盒，全市完成药具不良反应监测报告265例。开展农村妇女“两癌”筛查，完成宫颈癌筛查54089人，阴道镜检查1203人，宫颈组织活检1195人，发现宫颈细胞内瘤变366例、宫颈原位癌4例、宫颈癌4例；乳腺癌筛查53880人，乳腺钼靶2086人，乳腺病检178人，发现乳腺癌42例，“两癌”治疗率100%。

【儿童保健】 2022年，常熟市婴幼儿29种先天性代谢性疾病筛查7153人、听力筛查7156人、先天性心脏病筛查6900人。推进儿童视力筛查工作，全年完成0—3岁儿童眼保健筛查36823人次，其中眼屈光筛查13875人次，为4—6岁在园儿童建立眼健康档案35926名，覆盖率89.00%。全市注册托幼机构144家（含托育机构），卫生保健合格率98.6%，萌芽保健室建成率100%。（张剑鸿）

职业健康

【职业健康管理】 2022年，全市3540家用人单位开展职业健康检查，体检12.1万人。市卫健委对苏州市选定的15家小微企业进行职业健康管理帮扶，其中3家企业被苏州市卫健委通报表扬职业健康管理显著进步。对200家企业开展职业病危害隐患诊断服务和职业病危害动态监测。组织全市企业负责人和职业健康管理人员专题培训38期，培训人数5628人。

【职业病防治申报】 2022年，常熟市职业病危害项目申报企业3219家，其中初次申报617家，变更申报189家，年度更新2413家。创成苏州市职业病防治示范企业3家、苏州市健康企业1家。

【职业病防治专项执法】 2022年，常熟市对职业病危害重点企业开展执法检查，全市监督检查企业超2000家次，对81家企业立案调查，罚款金额295.9万元。（薛　欢）

老年健康

【老年医疗机构建设】 2022年，常熟市设有老年医学科的二级以上综合性医院6家。护理院新增4家，累计17家，编制床位3782张。2022年，建成省级老年友善医疗机构20家，累计建成54家，总数位居全省第二、苏州市第一，其中，常熟市虞山文化旅游度假区社区卫生服务中心、常熟琴川护理院、常熟金诚护理院获评省老年友善医疗机构优秀单位。

【老年健康管理】 2022年，常熟市做好65岁及以上老年人健康体检和健康管理，服务对象17.32万人。对18家医养结合机构开展医养结合监测。以“改善老年营养，促进老年健康”为主题，开展老年健康宣传周活动。实施社区老年人心理关爱项目，为400名65周岁及以上老年人进行心理健康状况调查评估，分类开展心理干预。办好《健康来哉》常熟方言版电视健康栏目，全年播出34期。办好《常熟老年》健康版，每月一版。编印发放《老年人健康读本》2万册。（曹　佳）

【长期护理险国家试点】 2022年，常熟市享受长期护理险待遇12035人，提供理服务208.50万人次，支付基金7935.34万元。开展长期护理险国家试点，四年累计享受待遇1.59万人，累计提供长护险护理服务594.78万人次，累计支付长护险基金2.07亿元。（顾　莹）

健康促进

【概况】 2022年，市卫健委制定健康进万家、加强无烟党政机关建设等活动实施方案，推进健康中国行动，落实国家卫生城市和卫生镇村长效督导督查机制。开展病媒生物整治重点场所2343处。常熟市居民健康素养水平达到39.67%，高于同期江苏省健康素养水平5.35个百分点。

【健康城市建设】 2022年，常熟市建成省级健康镇1个（支塘镇），累计7个；省级健康社区（村）13个，累计81个；省级健康促进医院1个，累计7个；苏州市健康社区（村）11个，累计73个；苏州市健康单位8个，累计61个；常熟市健康社区（村、单位）31个，累计142个。开展市级业务培训，并对重点建设单位开展针对性督导。推进健康支持性环境建设，建成健康主题公园6个，累计53个；健康步道27条，累计186条；健康小游园25个，累计189个；健康自助检测点（健康小屋）35个，累计349个。

【卫生城镇建设】 2022年，常熟市有国家卫生镇8个，省级卫生村215个。年内，市卫健委围绕爱卫组织管理、健康教育和健康促进、环境卫生、生态环境、重点场所卫生、食品安全、疾病防控与医疗卫生服务、病媒生物防制等方面做好长效管理。东南街道小康村、古里镇康博村、莫城街道安定村通过省级卫生村复审。

【全民健康教育】 2022年，常熟市持续推进全民健康素养提升工程，普及中国公民健康素养66条、“三减三健”（减盐、减油、减糖，健康口腔、健康体重、健康骨骼）、烟草危害、新冠疫情防控等相关知识。调整充实健康教育和健康促进讲师团成员，成员总数341名。开展公众健康咨询服务462次，咨询8.37万人次；开展健康知识讲座1764次，听众6.35万人次。组织网上健康素养学习10.33万人次。发放各种健康知识读本、健康教育处方、折页等194.3万多份。“健康常熟”视频联播平台播放点新增123个，累计297个。

【“无烟单位”创建】2022年，常熟市新增“无烟单位”57家，累计数量达610家。开展室内公共场所禁控烟执法检查2060家，发放公共场所控烟告知书4006份，处罚单位46家、个人49名，罚款7.38万元。（章之言）

【校园健康监测】2022年，全市247所中小学校和幼儿园（看护点）纳入学生因病缺课监测系统，其中学生因病缺课上报率100%，非零上报率91.63%；学生伤害监测上报率99.81%，非零上报率32.55%，学生伤害率5.88%。市卫健委完成全市中小学校14万名学生健康监测。以“自愿、知情、免费”为原则，完成19所学校5876名学生12109颗牙齿窝沟封闭。对31所学校教学环境进行监测。作为国家点开展学生常见病和健康影响因素监测工作，监测学生2465名，监测教室42间。

【全国爱国卫生月活动】2022年，常熟市组织开展第34个全国爱国卫生月活动，开展主题宣传活动140次，组织参加健康知识在线答题25.23万人次，集中开展环境卫生整治活动1161次，发布宣传报道43条，发放倡议书、健康教育宣传手册、折页等材料9.26万份。（章之言　沈明珠）

中医药事业

【概况】2022年，全市公立医疗机构中医床位1206张（市中医院实际开放1018张），每千人拥有中医床位0.79张。基层医疗机构执业中医师492人，每千人拥有执业中医师0.57人，适宜技术推广率100%。乡镇卫生院和社区卫生服务中心全部设有标准化中医综合服务区（中医馆），均具备持续、稳定提供中医药服务条件，乡镇卫生院、社区卫生服务中心能够开展中医药适宜技术不少于6类，社区卫生服务站、村卫生室不少于4类。支塘人民医院建成五级中医馆。

【中医药宣传】2022年，全市组织开展中医药普法座谈会10次，普法学习宣传活动7场，教育培训4场。宣传月期间，组织资深中医药专家走进社区、机关、院校宣讲24场次，服务1500人次。年内，市卫健委制定《常熟市针对新型冠状病毒感染及流感的中医药预防和辨治方案（试行第二版）》，拟定中药预防方剂3种，治疗方剂6种、恢复期方剂1种。（丁　艳）

8月15日，常熟市中医院团委联合常熟市少工委共同举办“我是小中医”文化体验活动。图为市中医院医生向学生们介绍常熟地产药用植物标本

（市中医院　提供）

【常熟中医药博物馆迁址开馆】8月27日，常熟中医药博物馆迁至古里镇铁琴铜剑楼历史文化街区。该博物馆始建于2008年，原址位于常熟市中医院门诊四楼，是全国首家县级综合性中医药博物馆，江苏省中医药文化宣传教育基地、江苏省爱国卫生教育和健康教育基地。迁址后新馆建筑面积1500平方米，一楼设有缪希雍纪念馆、江育仁纪念馆，二楼为博物馆展陈区，馆内藏品达600余件（套），展出中医药标本超300种，馆外设有国医馆及面积1000平方米的中草药植物园。常熟中医药博物馆迁址开馆入选2022年度江苏省中医药十大新闻。（庞秋伊）

医政药政管理

【概况】2022年，常熟市第二人民医院成为全市首家三甲综合医院，常熟市中医院完成三甲中医医院现场评审。常熟市第一人民医院、常熟市第二人民医院入选国家首批“千县工程”县医院综合能力提升名单。年内，支塘人民医院增挂常熟市中西医结合医院，梅李人民医院增挂常熟市老年病医院。新增苏州市重点专科1个（常熟市第二人民医院心血管内科），复审通过3个（常熟市第二人民医院骨科、神经外科、康复医学科）。支塘人民医院建成国家级胸痛中心（基层版），3家胸痛单元（海虞卫生院、董浜卫生院、徐市卫生院）通过“中国胸痛中心联盟”的验收。2022年，常熟市继续执行国家7批、省2批药品集中采购和国家组织2批、省级7批、苏州市级1批医用耗材集中采购，全年降低药品

耗材采购费用超过2亿元。

（张欣玮　顾　莹）

【医疗质量管理】 2022年，市卫健委组织开展“品牌服务”评选活动，评选年度市级“服务品牌”10个、“优秀案例”13个。组织5家单位20个项目参加2022年第四届全国县市医院擂台赛，17个项目获得优秀案例称号，其中2个获银奖；1个项目获第六季中国医院管理奖（护理管理）优秀奖称号。调整常熟市药事管理、基层中医、急危重症及中药饮片质量控制中心成员，不定期开展质控检查。

（张　瑛）

【护理管理服务】 2022年，市卫健委对辖区内51家医疗机构开展优质护理质量、静脉输液质量、药品安全管理及临床护士工作能力等督查5次；培训静脉输液、中医、急诊急救、糖尿病、伤口造口专科护士122人。开展健康市民“531”行动倍增计划专病护理实训项目，培训COPD（慢性阻塞性肺疾病）、高血压专病护士46人。举办护理学术交流72次、参与7000余人。开展“新冠肺炎疫情防控事迹征文演讲比赛”“常熟市医务人员技能竞赛”“常熟市第十届护理人员读书报告比赛”“2022年常熟市中医护理技能竞赛”“优秀护理质量改善项目评比”护士节表彰等活动。对基层护理人员进行三基理论、操作考核735人。养老护理员职业技能等级认定培训和考试222人。开展各类健康咨询义诊讲座活动155场次，惠及人群1.5万余人次。全年护理人员获得各类荣誉201项，其中国家级7项、省级5项、苏州市级49项、常熟市级140项。

（张　瑛）

【基本药物管理】 2022年，常熟市完善以基本药物为主导的“1+X”（“1”为国家基本药物目录、“X”为非基本药物）用药模式，推进医共体内药品一体化管理，制定发布2022年医共体药品目录。年内，全市基层医疗卫生机构配备使用基本药物品种和金额占比均提升，全市基层医疗卫生机构、二级综合医院、三级综合医院和中医院基本药物配备使用品种占比分别为55.91%、44.42%、36.74%，基本药物配备使用金额平均占比分别为52.52%、33.81%、28.73%。

（张欣玮）

【血液安全与供应】 2022年，全市累计采集全血15613人次，采血量23619单位；机采血小板1116人次，1843.9单位。根据临床需要供应红细胞21682单位、血小板1481.5单位治疗量、冷沉淀2175.25单位、血浆14452.5单位。血液供需平衡，采供血体系运行顺畅。临床用血100%来自无偿献血，一次献血300、400毫升人数比例72.7%。回访献血者3941人次，满意度为99.8%。全年血费报销389人次，合计58.5万元。年内，常熟市举办“6·14”世界献血者日庆祝表彰大会及江苏省无偿献血宣传月系列活动。完成国家无偿献血奉献奖申报，及时发放江苏省无偿献血荣誉证。开展临床合理用血督导，二级以上医疗机构持续推行自体输血。无偿献血爱心商业联盟会员单位拓展至11家。

（毛晓芳）

医疗机构选介

【概况】 2022年，全市有三级综合医院3家，其中三级甲等综合医院1家；二级医院11家，其中综合医院6家（公立5家、社会办1家）、专科医院5家（公立2家、社会办3家）。

（盛越锋）

【常熟市第一人民医院】 2022年，常熟市第一人民医院开放床位1320张，设置临床、医技科室46个、病区36个、诊疗科目93个。全年诊疗总量124.25万人次，手术2.79万例，出院病人4.61万人次。在职职工2043人，其中高级职称542人，博士14人、硕士311人，受聘于大学教授40人，博士生导师1人、硕士生导师12人，专业技术三级岗位1人，江苏省333高层次人才2人，江苏省青年人才1人。有江苏省重点专科1个、苏州市级重点学科2个、苏州市级临床重点专科11个。年度新申报新技术新项目30个，江苏省级限制类技术已备案32个。获批国家实用新型专利22件，江苏省医学新技术引进奖2个，苏州市卫生青年骨干人才“全国导师制”项目3个，苏州市科协项目3个，苏州市医疗卫生科技创新项目5个，苏州市医学新技术2个，苏州市临床重点病种诊疗技术专项项目2个，苏州市“科教兴卫”青年科技项目1个，苏州市中西医结合学会基金项目1个，苏州市医学会“急诊医星”科技项目1个，2022年累计科研项目经费达915.59万元。公开发表论文123篇，其中统计源及以上78篇，SCI24篇，计算机软件著作1件。获评苏州市卫生健康科技教育管理工作先进集体称号，2个项目获全国县市医院擂台赛银奖。医院被国家卫健委列入首批“千县工程”县级医院，承担国家千县工程急诊急救“五大中心”胸痛救治、危重儿童和新生儿救治指南起草任务。15个专科进入全国县级医院前30强。

（徐丽宏）

【常熟市第二人民医院】 2022年，常熟市第二人民医院开放床位1450张，设置病区44个。全年门急诊服务142.59万人次，出院病人5.58万人次，手术2.58万例次，其中三四级手术占比70.87%，微创手术占比20.23%。有职工2219名，其中高级专业技术人才529名，博士、硕士320名，江苏省“333”人才1名。2022年，心血管内科晋升苏州市临床重点专科，骨科、神经外科、康复医学科通过苏州市临床重点专科复审。引进东南大学消化疾病研究所施瑞华教授消化内科专家团队，引进专家团队累计3个。有脊柱、皮肤、麻醉、核医学、放疗、消化等苏州市名医工作室6个。开展临床路径管理病种267个，入径率58.72%。2022年，一般科室技术开展比例94%，重点科室技术开展比例72%。开展各类新技术、新项目60个。全年发表学术论文130篇，其中科技核心25篇，SCI

论文33篇。获苏州市级以上科研立项17个，各类科研总经费达172万元。医院首次获得国家自然科学基金面上项目1个，资助资金53万元。获江苏省医学新技术引进奖二等奖2项，苏州市医学新技术引进奖4项。2022年，医院入选国家首批“千县工程”综合能力提升工作县医院名单；被江苏省卫健委正式发文确定为三级甲等综合医院。（蒋廷旺　周　艳）

【常熟市中医院】 2022年，常熟市中医院核定床位1048张，全年诊疗总量98.43万人次，出院病人3.6万人次，手术1.3万余例次，孕妇分娩率占全市分娩总数62.5%。职工1397人，其中高级职称336人，硕士生导师8人，硕博士189人，全国基层名老中医专家传承工作室指导老师1人、江苏省名中医3人、江苏省老中医药专家学术经验传承工作指导老师1人、江苏省“333”人才1人。医院有全国名老中医药传承工作室常熟工作站2个、全国基层名老中医药专家传承工作室1个。年内建成常熟市首家互联网医院。开展应用UBE（单侧双通道）内镜技术完成椎管减压+椎间融合术，审批通过新技术新项目29个。引进江苏省中西医结合医院田耀洲教授脾胃病科诊疗专家团队。通过PCCM（咳喘）药学门诊线上认证，通过危险性上消化道出血通道认证，开设针推科、中医经典骨伤科、小儿外科，推进苏州大学附属儿童医院常熟医学中心建设。获江苏省卫健委课题2个，江苏省中管局资助性项目1个，苏州市厅级课题10个。新增科研经费137.75万元，院内匹配124.5万元。获江苏中医药科学技术奖三等奖1项，苏州市新技术和医学科技奖3项。发表论文48篇，其中SCI论文34篇。3个科室获GCP（药物临床试验质量管理规范）认证，新增GCP资金43.4万元。成立治未病联盟、中医护理联盟、帕金森联盟。9个项目获全国县市医院擂台赛最佳示范案例等奖项。2022年，医院获江苏省文明单位称号，通过三级甲等中医医院现场评审。

（吴怡萍）

【常熟市医学检验所】 2022年，常熟市医学检验所设置1个本部、4个分部。本部设临床检验实验室、化学和免疫实验室、分子和微生物实验室、科研实验室等，4个分部派驻常熟市第一人民医院、常熟市第二人民医院东区及北区、常熟市中医院检验科。有市级医学重点学科1个。有职工198人，其中检验专业技术人员186人，正高职称8人、副高职称45人，硕士9人。全年检验标本总量447.56万份，其中4个分部检验标本量395.32万份，乡镇医院及其他医疗单位检验标本量52.24万份。2022年，完成实验室平台搭建，中心实验室正常运作，小分子质谱检测、免疫细胞流式检测等技术平台基本搭建完成，万级医学细胞培养室投入运行，向各医疗机构临床科研开放共享。（黄少芝）

【常熟市医疗急救中心】 2022年，常熟市医疗急救中心设中心站1个、城区分站3个、镇区急救站9个，配备急救车48辆，其中负压车24辆。全年接听急救电话11.39万次，派车3.66万次，救治病人3.39万例，其中危急重病人2682例。全年负压专班出车2514次，转运病人3037例。常熟市卫健委AHA（美国心脏协会）培训基地督导培训BLS（基础生命支持）导师12名，培训学员48人；开展HS（拯救心脏）培训1期，培训学员10人。中心开展面向普通民众的急救知识与技能的普及性培训29期，受训学员2609人，发放救护员证800张。建成常熟市医疗急救中心洗消站，位于市第二人民医院传染病分院内，负责阳性及疫情相关转运车辆的洗消。12月，中心调度席位由4席扩容至6席，急救转运班组由13组扩增到36组。

（王红英）

责任编辑　张莉莉

体　　育

综　　述

【概况】 2022年，常熟市拥有各级各类体育馆、训练馆和游泳馆62座、体育公园16个，体育场地总面积659.03万平方米，73所中小学的运动场馆对社会开放，开放比例76%（疫情防控期间中小学运动场馆暂停开放）。全年组织举办江苏省第二十届运动会青少年部跳水比赛、第十九届全国青少年体育舞蹈锦标赛、2022江苏省城市龙舟公开赛、长三角风筝邀请赛、尚湖半程马拉松赛、第二届小鲨鱼电动冲浪板赛等品牌赛事。在江苏省第二十届运动会中，常熟运动员共收获43金、21银、23铜，在苏州市10个县（市、区）中位列第四，常熟市获县（市、区）优秀组织奖、县（市、区）人才输送奖。

【常熟市列全省2022年度县级体育重点工作督查第六】 常熟市在2022年度全省县级体育重点工作督查中，以92.815分位列全省第6名。全省县级体育重点工作督查涉及“全民健身”“青少年体育”“体育产业”“体育竞赛”“综合因素”5项一级指标，17项二级指标。

体育设施

【概况】 2022年，常熟市人均体育场地面积3.9平方米，体育场地总数量8511个，体育场地片数9787个，晨（晚）练健身站点1186，健身步道2480条，总计1282千米。2022年新增体育场地面积37.61万平方米，增长率比上年提高6%。

【体育中心】 2022年，市体育中心全年开放342天，接待付费群众22.4万人次。年内，体育中心承办“戎美杯”第19届全国青少年体育舞蹈锦标赛和江苏省第二十届运动会青少年部跳水赛。

【体育馆】 2022年上半年，海虞北路体育馆配合防疫要求，协助虞山街道设立核酸采样点，服务华山社区、闽江社区群众。疫情缓解后，体育馆免费或低收费开放。2022年，体育馆承办大众体育联赛、全民健身月活动赛事、青少年阳光体育联赛等公益性赛事。

【尚湖环湖健身步道入选省最美跑步线路】 3月23日，尚湖环湖健身步道入选“魅力江苏 最美体育”2022年度江苏最美跑步线路。全省有21条线路入选，尚湖环湖健身步道综合得分排名第一。尚湖环湖健身步道位于国家AAAAA级旅游景区虞山尚湖旅游景区的核心区域，是尚湖风景区的景观走廊。健身步道全长18千米，步道沿线各类导引标识规范统一，结合周边自然村落安装健身器材50余件。

【一体育公园入选省最美乡村健身公园（广场）】 12月，海棠体育公园入选江苏省体育总会、江苏省农民体育协会发布2022年度江苏最美乡村健身公园（广场）名单。常熟市海虞镇海棠体育公园占地2.6万平方米，是一个以海棠为主题的综合类体育公园，种有13个品种海棠树。公园内设有儿童乐园、健身步道、篮球场、足球场、一类公厕等设施。

学校体育

【概况】 2022年，常熟市落实体育教学任务，深化体教融合，开展学校体育活动和体育比赛，引领全市青少年体育工作高质量发展。年内，举办常熟市青少年阳光体育联赛（足球、少儿体适能暨快乐体操）、常熟市“市长杯”青少年校园足球联赛、常熟市中小学生田径运动会等，各项赛事2000名青少年运动员参加。常熟市学生参加江苏省青少年阳光体育运动联赛江苏省少儿体适能（县组）锦标赛，获得金牌4枚、银牌3枚、铜牌1枚，常熟队获团体总分第一和“体育道德风尚奖”。

【市体教融合工作会议】 7月7日，2022年常熟市体教融合工作会议在市文体旅局召开。会议针对《2022年度全省县级体育重点工作督查办法》和市体育运动学校招生、升学、学生日常训练事项进行沟通协调，商讨通过《2022年常熟市体教融合工作计划》《2022年常熟市体教融合工作考核机制》。

【2022年常熟市青少年阳光体育联赛】 2022年，常熟市青少年阳光体育联赛

完成本市小学生运动员新增注册9824人，人数为历年来之最。阳光体育联赛小学生足球比赛在常熟市体育中心室外体育场举行，比赛历时4天，有30支代表队315名运动员参赛；阳光体育联赛少儿体适能暨快乐体操比赛在常熟市海虞北路体育馆举行，来自全市20多个小学、幼儿园412名小运动员参加6个大类72个小项比赛。

【常熟市“市长杯”青少年校园足球联赛】 11月，由市文体旅局、市教育局共同举办的常熟市“市长杯”青少年校园足球联赛在常熟职业教育中心校举行。比赛分为小学甲组、小学乙组、初中、高中四个小组，57支球队、近600名球员参赛。

【常熟市中小学生田径运动会】 9月，常熟市中小学生田径运动会在常熟市王淦昌高级中学田径场举行。比赛由市教育局、市文体旅游局主办，支塘镇人民政府承办，全市80多支队伍、近700名运动员参赛。

群众体育

【概况】 2022年，常熟市承办第二届长三角体育节城市风筝邀请赛、江苏省城市龙舟公开赛，举办常熟市第27次全民健身月、常熟市第14届体育节、常熟市首届全民健身网络运动会、常熟市第二届电动冲浪板比赛、常熟市第九届市民（职工）徒步大会。举行2022苏州市《国家体育锻炼标准》达标赛常熟分会场、2022常熟市线上新年登高、长跑健身活动、外企登山比赛、机关乒乓球比赛等。体育社团和体育俱乐部开展全民健身活动，足球、篮球、排球三大球和羽毛球俱乐部、掼蛋俱乐部联赛、乒乓球团体和个人赛、百城千村健身气功展示、武术比赛、象围棋比赛、体育舞蹈比赛等30多项。李富民等8人获评苏州市百名健身明星。

【体育社会组织】 2022年，全市有市级体育协会37家和市级民办非企业单位50家。其中，AAAA级体育社团3个，AAA级体育社团8个。年内，新增市级协会1家（常熟市保龄球协会）。

【社会体育指导员队伍】 2022年，常熟市有社会体育指导员6308名，其中国家级24名，一级115名，二级956名，年内新增社会体育指导员900多名。吕彦获评江苏省最美青年社会体育指导员、苏州市十佳全民健身志愿服务明星。

【第二届长三角体育节城市风筝邀请赛】 10月，第二届长三角体育节城市风筝邀请赛在常熟市碧溪街道“爱上草原”举行。江苏省、上海市、浙江省、安徽省派出16支队伍96人参加龙类、翅串类、板串类等15个项目竞赛。

【江苏省城市龙舟公开赛】 10月，江苏省城市龙舟公开赛在常熟沙家浜风景区举行。比赛由江苏省体育局、江苏省体育总会、常熟市人民政府主办，江苏省龙舟协会、常熟市文体广电和旅游局、常熟市沙家浜镇人民政府、常熟文旅发展有限公司共同承办。竞赛项目分公开组22人龙舟200米、500米直道赛，来自苏州、南通、扬州、常州等地12支代表队参赛。

【首届全民健身网络运动会】 5—6月，常熟市举办首届全民健身网络运动会，吸引数千名运动员参赛。运动会设足球（颠球）、篮球（三分球）、跳绳（单摇）、踢毽、广场舞团体、木兰拳团体、男子10千米、女子10千米、男子半程马拉松、女子半程马拉松、象棋、围棋、掼蛋13个项目。

【第27届全民健身月活动】 7月，常熟市举办第27届全民健身月活动。健身月活动期间，全市范围内开展各类群众体育活动展示、比赛，体育志愿服务、社会体育指导员培训，开展国民体质监测及健身知识讲座等。

【常熟市第二届电动冲浪板比赛】 9月，常熟市第二届电动冲浪板比赛在昆承湖景区言子堤水域WaveShark小鲨鱼水上飞行运动中心拉开帷幕。比赛分为男子、女子电动冲浪板环圈竞速赛2项。比赛相比上一届增加难度，在比赛挑战性、竞争性、娱乐性和观赏性上有较大提升。

（顾红霞）

【“住友橡胶杯”常熟市第十五届外商投资企业登山比赛】 11月12日，由常熟市人民政府主办，常熟市商务局、常熟市文体广电和旅游局、常熟市人民政府外事办公室承办，住友橡胶（中国）有限公司协办的2022“住友橡胶杯”常熟市第十五届外商投资企业登山比赛在虞山风景区举行。登山比赛

10月22—23日，2022江苏省城市龙舟公开赛在沙家浜景区举行

（市文体旅局　提供）

设团体及个人2项赛程，来自33家单位150多名运动员参赛，其中外籍及港澳台人员35名。大金氟化工（中国有限公司）高冈宽、苏州京浜光电科技股份有限公司增田博志、住友橡胶（中国）有限公司上山聖高3名外籍高管分获个人组前3名。

（张　敏）

10月30日，常熟银行2022常熟尚湖半程马拉松鸣枪开赛

（市融媒体中心　提供）

竞技体育

【概况】 2022年，常熟市举办第十九届全国青少年体育舞蹈锦标赛、江苏省第二十届运动会青少年部跳水比赛、尚湖半程马拉松赛等多项赛事。在江苏省第二十届运动会中，常熟运动员获金牌43枚、银牌21枚、铜牌23枚。向苏州市输送后备人才42名，向江苏省输入后备人才10名。

【运动员培养】 2022年，常熟市体育运动学校（以下简称体校）累计向省级以上训练单位输送运动员9名，向苏州市级训练单位输送运动员34名。2022年，体校运动员参加江苏省第二十届运动会获得金牌10.125枚、银牌10.5枚、铜牌6.75枚（注：小数点为运动员参加集体项目折算结果），参加其他省级以上比赛获金牌5枚、银牌7枚、铜牌10枚。因疫情原因，苏州市级比赛除田径外全部取消，体校田径运动员在苏州市中学生田径运动会中，获金牌6枚、银牌3枚、铜牌1枚。

【张依瑶获世锦赛花游混双项目奖牌】 6月，在布达佩斯游泳世锦赛中，常熟运动员张依瑶与队友石浩玙在花样游泳混双技术自选决赛中获得铜牌，这是中国花游选手在世锦赛混双项目上首次获得奖牌。在混双自由自选决赛中，张依瑶与石浩玙组合再获得1枚铜牌。

【石雨豪获中国男子百米项目前十】 7月9日，常熟运动员石雨豪在瑞士比勒举行的格鲁耶尔运动会男子100米比赛中跑出10秒15获得第三名，这个成绩列中国男子百米前十。7月底，在瑞士举行贝林佐纳田径系列赛男子100米比赛中，石雨豪以10秒58成绩获得亚军，该成绩依旧保持全国前十。

【第十九届全国青少年体育舞蹈锦标赛】 8月，“戎美杯”第十九届全国青少年体育舞蹈锦标赛在常熟市体育中心举行。比赛由亚洲体育舞蹈联合会指导，中国体育舞蹈联合会、常熟市人民政府主办，为国家级官方顶级赛事，来自全国115支代表队2000多名青少年选手报名，累计5000多人次参赛。比赛设专业组、业余组、女单精英组等160多个赛项。

【江苏省第二十届运动会青少年部跳水比赛】 7月，江苏省第二十届运动会青少年部跳水比赛在常熟举行，来自全省10个市的106名运动员参赛。常熟跳水队共获得金牌7枚、银牌5枚、铜牌1枚，位居金牌榜榜首，创造历史最好成绩。

【常熟尚湖半程马拉松】 10月，常熟尚湖半程马拉松在尚湖风景区鸣枪开跑，这也是当年长三角地区的首场马拉松赛事。比赛设半程马拉松和短程马拉松2个项目，参赛规模5000人。

体育产业

【概况】 2022年，全市体育产业有省级体育产业基地1个，苏州市级体育产业示范基地5个，苏州体育服务综合体1个。产业覆盖体育场地出租、体育纪念品销售、体育用品销售和体育培训等领域。全市有备案一般体育经营单位34家。

【体育彩票】 2022年，常熟市销售中国体育彩票5.05亿元，比上年增长27.82%，居全省县（市、区）第八。年内新建体育彩票实体网点24家，升级全玩法网点28家，全市有常熟传统网点204家，全玩法网点158家。新拓展行业网点16家，全市有行业网点152家。

【一项目获江苏体育产业发展专项资金支持】 10月，江苏省体育局发布2023年度江苏体育产业发展专项资金支持项目名单，抚泰健康科技（苏州）有限公司高性能智能跑步机研发和产业化项目入围体育装备制造创新项目，获产业引导资金130万元。该公司位于支塘镇南开发区，是体育器械研发和生产厂商，获评“苏州市体育产业示范基地”。

（顾红霞）

责任编辑　张莉莉

人力资源

就业创业

【概况】 2022年，常熟市实现城镇新增就业28645人，高校毕业生就业率97.88%，城镇失业人员再就业9924人，就业困难人员就业4852人，就业形势稳中向好。指导3家江苏省级创业孵化基地参加省级基地动态评估，10家苏州市级基地参加2021年基地绩效评估，其中4家基地获评A级。年内，常熟市坚持“稳就业、保就业、扩就业、带就业”政策，持续完善公共就业服务体制机制，提升公共就业信息化建设和数字化服务。全市举办“春风行动”“专场现场招聘会”“综合性网络专场”“直播带岗”等招聘会100多场次，新增就业2.5万人；继续落实援企稳岗行动，发放失业保险稳岗返还资金1.5亿元，惠及2.2万家企业、33万人次企业职工。

【援企稳岗系列政策】 2022年，常熟市继续执行失业保险阶段性降费率政策。落实失业保险稳岗返还政策，采用“免申即享”发放模式，全年发放稳岗返还资金近1.5亿元，惠及22287家企业。发放一次性扩岗补助528.90万元，惠及吸纳3526名符合条件高校毕业生的960家企业。落实落细“稳岗惠企”相关政策，核验通过2022年度留常补贴127家单位、5544人，涉及金额277.2万元；核验通过2022年度首次来常补贴108家、1659人，涉及金额82.95万元。向87家企业发放“苏岗贷”57187.09万元。

【“职通常熟”就业用工服务品牌打造】 2022年，市人社局打造“职通常熟”就业用工服务品牌，推进零工市场、省外劳务基地、培训基地等线下就业用工服务载体建设，扩大微信小程序“职通常熟”线上品牌影响力。8月18日，职通常熟·线上用工服务平台正式亮相，可实现包括招聘发布、供需对接、招工管理等功能，实现公共就业服务信息互联互通、资源开放共享。9月20日，云南省楚雄州南华县、玉溪市江川区组织输送的首批务工人员搭乘“职通常熟·兴福相送”跨区域劳务输送直通车，精准输送至常熟企业。

8月5日，2022年常熟市高校毕业生就业服务攻坚行动暨企业“职”通车活动仪式现场全面启动。图为高新区站启动 （市人社局 提供）

【重点就业困难群体就业帮扶】 2022年，市人社局开展重点就业困难群体就业帮扶专项行动，实现就业援助“码上到”。推出重点群体就业帮扶升级版，开展就业援助“暖心活动”。全年排查重点对象2409人次，通过“一人一档一对一”帮扶，实现就业206人。

【“创业一件事”打包办】 5月，市人社部门聚焦初次创业者的办事堵点和创业补贴政策的盲点，推出“创业一件事”，将创业培训登记、营业执照办理、社保和医保开户、公积金开户、缴存等9项创业高频事项与一次性创业补贴、创业社保补贴、创业带动就业补贴等9项创业补贴政策统一打包，并下沉到街道行政审批窗口，构建一站式联办机制，打造一体化服务模式。

【2022年（第十四届）苏州常熟国际精英周】 7月10日，“人才福地，智惠常熟”——2022年（第十四届）苏州

7月10日，2022年（第十四届）苏州（常熟）国际精英创业周开幕

（朱琪　摄）

（常熟）国际精英创业周开幕式在常熟会议中心举行。精英周于7月10—12日举办，以“人才福地智惠常熟”为主题，聚焦数字经济时代产业创新集群发展，广泛集聚高层次创新创业人才，全方位立体展示常熟市创新创业生态。精英周期间对接项目超千个，落户项目累计超160个，注册资本超10亿元。

【“创赢未来，就在常熟”长三角青年（大学生）创业创新大赛暨第七届常熟市青年（大学生）创业创新大赛总决赛】 11月3日，“创赢未来，就在常熟”长三角青年（大学生）创业创新大赛暨第七届常熟市青年（大学生）创业创新大赛总决赛在常熟国际饭店举办。大赛5月启动，来自北京、上海、南京、宁波、南通、扬州等地65个项目经过4场分赛，10个优质项目晋级总决赛。总决赛采用“线上+线下”相结合的方式进行，最终评选出一等奖1名、二等奖2名、三等奖3名、优秀奖4名。

【长三角青年（大学生）创新创业计划训练营】 12月，市人社部门开展“梦想起航　创在常熟”——长三角青年（大学生）创新创业计划训练营计划，训练营课程分为先导课、梦想启蒙、梦想启航3个部分，围绕创新创业认知、创业思维引导、创业团队打造、市场营销、公司注册等主题展开，同时实现高校创业项目的发掘、跟踪、孵化培育，提高高校双创项目的落地转化，为创业新生代提供专业指导和成长平台。

人才引育

【概况】 2022年，常熟市人才资源总量近43万人，高层次人才总量超3.6万人。全市新增留学归国人员340人，新增博士后工作站入站博士后15人；完成职业技能取证人数1.56万人，新增高技能人才9198人，新增数字技能人才4361人。

【“智改数转”技能人才培养】 2022年，市人社局聚焦新技术工种，深化开展“项目制”培训，大幅提升智能化改造数字化转型相关工种培训人数占比，陆续增设数字技能、人工智能、声学、生物医药等相关工种培训。引入第三方优质培训机构，丰富技能培训载体。全年30家培训机构参与，涉及25个培训工种，参训人数3163人。

【苏州市技师学院常熟办学点设立】 2022年，市人社局在常熟市滨江职业技术学校设立“苏州市技师学院常熟办学点”，全年开设机电一体化技术、模具制造等智能化改造数字化转型五年一贯制高级技工班4个，招生180人。

【常熟市现代产业技能实训中心】 12月22日，2022年度常熟市重点项目——常熟市现代产业技能实训中心签约仪式在常熟会议中心举行。中心位于常福街道达富地块，总建筑面积约7万平方米，包含“一展厅、两场景、四平台、八基地、三中心”，将服务于“智能制造产业群、人工智能产业群、芯片通讯产业群”三大特色产业群。实训中心引进苏州富纳艾尔科技有限公司为主要投资方并独立运营。至年底，实训中心项目完成项目签约、公司注册、设备招投标、设计方案。

【“乐职虞城·青春起航”系列活动】 5月，市人社局与常熟理工学院携手开展的“乐职虞城·青春起航”系列活动正式启动，常熟汽车及零部件产业重点企业与常熟理工学院校企合作沙龙会在常熟国家大学科技园举行，以全新的形式推动常熟市汽车及零部件企业与常熟理工学院深度融合发展。8月，“乐职虞城·青春起航”常熟经开区—常熟理工学院校政企合作沙龙会暨常熟理工学院访企拓岗促就业书记校长企业行活动举行。活动现场进行校地科技合作协议签约，校企就业基地、实习基地签约及授牌仪式。11月，“校园常熟日”走进常理工暨“乐职虞城·青春起航”活动发布会举办，留常就业系列活动由“同步学业”看常熟、“名企优岗”进校园、“筑巢引凤”搭平台、“紧链需求”提效果4部分组成。

【省级以上博士后创新实践基地】 2022年，全市累计建成省级以上博士后科研工作站（实践基地）71家，其中国家级科研工作站区域站2个、省级博士后创新实践基地区域站3个、国家级博士后科研工作站26个、省级博士后创新实践基地40个。年内，1家省级博士后创新实践基地（江苏亨通海洋光网系统有限公司）升级为国家级科研工作站。

【"常熟红木工匠"获评江苏省级劳务品牌】 12月，江苏省人社厅公布2022年度省级劳务品牌名单，"常熟红木工匠"劳务品牌上榜。截至2022年年底，常熟红木家具生产（红木雕刻）企业有200多家，涌现出江苏名佳工艺家俱有限公司、常熟市东方红木家俱有限公司、常熟市金蝙蝠工艺家具有限公司等龙头企业，凝聚了一大批工艺工程师、生产设计员和创新创业者，"常熟红木工匠"成为一个独具匠心的劳务品牌。

人事管理

【事业单位招聘】 2022年，常熟市组织开展全市事业单位公开招聘工作，其中，事业单位公开招聘工作人员154人（含备案制岗位5个），教育部门公开招聘581人，卫健部门公开招聘106人。

【事业单位管理岗位职员等级晋升】 2022年年内，市人社局制定《常熟市事业单位管理岗位职员等级晋升制度工作实施细则》，审批完成全市41家单位286人管理十级晋升九级职员，完成晋升人数占符合晋升条件人数的90.5%。配合组织部开展晋升八级职员工作，全市45家单位162人管理九级晋升八级职员。

劳动维权

【劳动者权益保障】 2022年，常熟市落实全国欠薪平台线索动态清零、快速核处2902条，解决2664人工资3368万元，办结率保持100%。开展根治欠薪年度考核，印发常熟市《2021—2022年度保障农民工工资支付工作考核方案》，对全市45个在建工程项目进行实地核查，访谈农民工180人。推进"制度全覆盖"夏季专项行动，检查在建工程项目205个，追发205名农民工工资140万元。开展集中整治拖欠农民工工资问题专项行动，检查在建工程项目502个、制造业企业1150家、其他用人单位50家。推进工程建设领域农民工工资"月结月清"制度覆盖率提升专项行动，全年累计推动1246个项目实现月结月清，覆盖率97.6%。

【人力资源市场违法违规行为整治】 2022年，常熟市开展年度打击人力资源市场违法违规行为"利剑行动"，全年开展集中整治行动5次，出动检查人员114人次，检查职业中介机构77家，发放宣传材料60份，清理无证无照非法机构7家。开展"九个一"专项行动，重点检查C级劳务派遣单位、投诉举报较多的B级单位和涉嫌未履行社会保险应保尽保的用人单位。集中约谈人力资源服务机构和用工企业281家次，实地检查175家，其中人力资源服务机构115家、未经许可从事职业中介机构4家、用人单位56家。立案82起，责令支付174名职工工资79.2万元，对23家单位实施行政处罚17.3万元。

【劳动保障诚信建设】 2022年，市人社局开展劳动保障诚信评定，完成751家2021年度常熟市级劳动保障A级诚信单位评选和74家苏州劳动保障信誉等级AA单位复审。

【和谐劳动关系评定】 2022年，市人社局优化市级劳动关系和谐企业评定工作，加强对中小微企业和谐劳动关系建设的指导服务力度，搭载人力资源综合服务管理平台，提高创建的覆盖面、精准度和高效性，实现和谐企业100%在线评价。全年1130家企业参与评估，1118家企业被认定为常熟市2021年度劳动关系和谐企业，实现78.79%以上已建工会企业达到劳动关系和谐企业标准。组织230家往年苏州市级和谐劳动关系复评企业、46家新申报企业及经济技术开发区、虞山高新技术产业园、高科技氟化学工业园3个园区完成苏州项目评估组集中评估。

（徐莞月）

责任编辑　李　妍

收入与分配

居民收入

【概况】 2022年，常熟市常住居民人均可支配收入68421元，比上年增加2667元，增长4.1%，增速居苏州四市一区（张家港市、常熟市、昆山市、太仓市、吴江区）首位，较苏州市平均增速高0.2个百分点。其中，城镇常住居民人均可支配收入80054元，首次超过8万元，比上年增长3.5%；农村常住居民人均可支配收入44308元，比上年增长5.5%。

【工资性收入】 2022年，常熟市常住居民人均工资性收入42826元，比上年增加1784元，增长4.3%，占居民可支配收入的62.6%。分城乡看，城镇居民人均工资性收入50209元，比上年增长3.8%，农村居民人均工资性收入27524元，比上年增长5.8%。

【经营净收入】 2022年，常熟市常住居民人均经营净收入7479元，比上年增加75元，增长1.0%，占居民可支配收入的10.9%。分城乡看，城镇居民人均经营净收入7492元，比上年增长0.6%，农村居民人均经营净收入7454元，比上年增长2.0%。

【财产净收入】 2022年，全市居民投资理财渠道拓宽，房屋出租效益保持增长、农村股权分红逐步提高，带动财产净收入增长。常熟金融机构住户类存款余额为2325.1亿元，较年初增加358.9亿元，金融机构月末存款余额持续增长带动利息增长。年内，常熟居民人均财产净收入8331元，比上年增加248元，增长3.1%，占人均可支配收入的12.2%。分城乡看，城镇居民人均财产净收入10884元，比上年增长2.4%，农村居民人均财产净收入3038元，比上年增长6.4%。

【转移净收入】 2022年，常熟推进10项民生实事项目，民生支出占一般公共预算支出比重超80%。上调各类养老金，企业退休人员人均月增96元，调整后增至2034元/月；城乡居民养老人均月增56元，调整后增至565元/月；征地保养金待遇人均月增45元，调整后标准为1076元/月。全市大病保险有关政策实现与苏州接轨，稳步提高医保覆盖面、全面开放异地就医结算限制等有效减轻群众就医负担。年内，常熟居民人均转移净收入9785元，比上年增加559元，增长6.1%，占人均可支配收入的14.3%。分城乡看，城镇居民人均转移净收入11469元，比上年增长5.4%，农村居民人均转移净收入6293元，比上年增长8.2%。

居民消费

【概况】 2022年，常熟市培育消费热点、创新消费场景，推进消费提质扩容、释放消费潜力，举办“虞城烟火”夏季购物节、“宅家美食”超级折扣季、“917虞城”吃货节、第一届常熟直播节等活动刺激消费，加快推动居民消费复苏回暖升级。全体居民人均生活消费支出41500元，比上年增加1303元，增长3.2%。分城乡看，城镇居民人均生活消费46210元，比上年增长2.7%；农村居民人均生活消费31738元，比上年增长4.6%。从居民消费的构成看，八大类消费呈“六升二降”态势。其中，衣着和教育文化娱乐消费支出呈下降态势，分别较上年同期下

1月14日，随着春节临近，全市各大超市、商场开启“年货大街”模式。图为市民采购年货
（市融媒体中心　提供）

降0.2%和4.1%；食品烟酒、居住、生活用品及服务、交通通信、医疗保健及其他用品和服务消费支出较呈增长态势，分别较上年同期增长4.5%、6.6%、4.2%、3.2%、4.0%和3.3%。

【食品烟酒支出】 2022年，常熟居民人均食品烟酒支出为11250元，比上年增长4.5%，占生活消费支出比重（恩格尔系数）为27.1%，较上年提升0.3个百分点。疫情防控期间，居民食品类刚性消费增多，此外，常熟食品烟酒价格较上年有一定程度上涨，拉动居民食品烟酒类消费金额的增长。分城乡看，城镇居民食品烟酒支出12450元，比上年增长4.3%，占生活消费支出比重为26.9%，较上年提升0.4个百分点；农村居民食品烟酒支出8764元，比上年增长5.0%，占生活消费支出比重为27.6%，较上年提升0.1个百分点。

【居住支出】 2022年，常熟居民人均居住消费支出10196元，比上年增长6.6%，占生活消费支出的比重为24.6%。受疫情影响，常熟居民在家时间变长，水电煤、房租等固定消费支出增多，叠加追求生活品质化需求提升，家居家电向个性化、人性化、智能化迭代升级，为改善居住环境，居民在宅基地翻建新房，带动了装修家具家电等居住消费增长。分城乡看，城镇居民居住支出为11396元，比上年增长5.5%；农村居民居住支出为7707元，比上年增长9.8%。

【教育文化娱乐支出】 2022年，常熟居民人均教育文化娱乐支出为5601元，比上年下降4.1%，占生活消费支出的比重为13.5%。受上半年多轮疫情影响，学校延迟开学，影院、网吧、KTV、健身房、密室等行业暂停营业，文教娱乐遭遇"倒春寒"。清明、五一小长假及暑假假日经济遇冷，红利释放受阻。叠加疫情下就业形势不乐观、增收预期下降，居民储蓄意愿增强，非刚需性消费受到抑制。分城乡看，城镇居民人均教育文化娱乐支出为6414元，比上年下降4.7%；农村居民人均教育文化娱乐支出为3914元，比上年下降2.1%。

【医疗保健支出】 2022年，常熟居民医疗保健消费稳步增长，人均医疗保健支出2708元，比上年增长4.0%。受疫情影响，常熟居民对自身健康更加重视，健康投资意愿明显提升，叠加医疗保健产品升级丰富，居民用于保健器具、保健用品、营养食品、休闲健身等方面消费支出平稳增长。分城乡看，城镇居民人均医疗保健支出2848元，比上年增长3.3%；农村居民人均医疗保健支出2418元，比上年增长5.6%。

市场价格

【概况】 2022年，常熟市居民消费价格总指数（CPI）为102.3，比上年上涨2.3%，涨幅较上年扩大1.1个百分点。2022年，常熟CPI比全国CPI高0.3个百分点，比江苏省CPI高0.1个百分点。其中，食品价格上涨3.3%，非食品价格上涨2.1%；消费品价格上涨2.6%，服务项目价格上涨1.9%。构成CPI的八大类商品和服务价格"全面上涨"。其中，交通通信价格上涨2.6%，居住价格上涨2.3%，生活用品及服务价格上涨5.3%，教育文化娱乐价格上涨1.1%，食品烟酒价格上涨2.5%，衣着价格上涨0.5%，医疗保健价格上涨2.1%，其他用品及服务价格下降1.6%。 （杨胜娟）

【价格调控】 2022年，常熟市继续组织实施价格调控目标责任制，上半年制订下发《关于常熟市2022年价格调控目标责任制的实施意见》，明确14项具体任务。定期召开保供稳价联席会议，及时分析市场价格动态，部署稳价工作措施，逐步完善与供给侧结构性改革相适应的财政、金融、价格等政策体系，保持价格总水平处于合理区间。完善价格监测预警制度体系，开展应急价格监测工作，加强价格监测调研分析和运用。完成江苏省、苏州市价格监测任务和常熟市重要民生商品价格采集公布工作（51家）。开展6家重点工业企业和7家蒸汽企业煤炭价格监测。疫情期间，开展稳价保供工作，加强价格监测频次和市场巡查，对重要民生商品监测数据实施一日一报。国庆和春节期间，配合猪肉投放，开展猪肉价格监测。开展夏季保淡绿叶菜价格指数保险，6月15日—9月15日组织对全市15家农贸市场蔬菜价格每日监测。全市安排210万元市场保供资金，用于调控市场、调节市场价格，保证供应。该资金重点保障节假日市场监测运营、元旦春节期间市场保供企业补贴、市畜禽屠宰加工配送中心污水处理补贴、储备猪肉投放补贴等方面。全市粮食收购价外补贴专项资金支出2260.5万元，地方储备粮费息专项资金支出2015.74万元，粮食收购政策性亏损补贴8.72万元。

（李 丹）

社会保险

【养老保险】 2022年，常熟市贯彻执行养老保险全国统筹，完成城乡居民基本养老保险待遇同步调整，实现基本养老保险待遇11连涨。开展社保"扩面提质"专项行动，累计新增连续5个月以上稳定参保外来务工人员5.83万人，城镇养老保险参保缴费人数超56万人。2022年，常熟市连续第7年同步提高企业和机关事业单位退休人员基本养老金水平，34.18万名企业退休人员增幅4.93%，机关事业单位退休人员增幅3.1%，实现企业退休人员基本养老金18连涨。6月1日起，常熟市全面启用"职工退休养老证"电子证照。 （徐莞月）

【医疗保险】 2022年，常熟市职工医疗保险、居民医疗保险参保人数分别达95.69万人、32.56万人。职工和居民医保基金总收入分别为33.46亿元和3.93亿元；居民医保人均实际财政补助850元，筹资标准每人每年1226.11元；职工和居民医保住院政策性报销比例分别稳定在91.25%和78.98%左右。

【生育保险】 2022年，常熟市生育保险参保人数50.31万人，全年生育津贴（含计生津贴）支出9125.32万元，其中：男职工护理津贴714.62万元，一次性营养补助861.89万元，未就业配偶一次性医疗费用补助0.75万元。全年生育医疗费用支出为2770.54万元。

（顾　莹）

【工伤保险】 2022年，常熟市工伤保险参保人数57.8万人，全年工伤保险审核发放各类待遇4974人1765.9万元。年内常熟市在全省率先开展职业伤害保障试点工作，全年有1046名新业态从业人员参保，完成职业伤害保障确认89件。2022年，全市非全日制从业人员参保人数294人，多重劳动关系人员参保人数291人，超过法定退休年龄人员参保人数133人，实习生参保人数608人。全市建筑业新开工项目工伤保险实名参保率达100%。

【失业保险】 2022年末，常熟市失业保险参保人数为49.5万人，参保单位3.59万家。继续实施失业保险金最低标准1643元/月，失业保险金最高标准2280元/月。全年向12032名失业人员发放失业保险金12730.87万元。对4月20日实际在册的5754名领取失业保险金人员发放一次性特别补贴172.62万元。加强失业保险支持参保职工提升职业技能工作，对1338名企业在职职工发放技能提升补贴249.49万元。

【职业伤害保障试点】 2022年，常熟市在全省率先开展职业伤害保障试点工作。3月，《常熟市新业态从业人员职业伤害保险办法》正式试行。社会保险经办机构邀请具有相关资质的商业保险机构建立共保体，共同承接工作，在常熟登记参保新业态等灵活就业人员或其他符合条件人员，可向承办职业伤害保险项目的商业保险机构投保，形成“政府主导、商业保险机构承办、社会保险经办机构监管”商保合作运营模式。全年1046名新业态从业人员参保，完成职业伤害保障确认89件。

【社保费缓缴惠企政策】 2022年，市人社局与财政、税务部门出台《常熟市困难企业缓缴社会保险费指南》，对5个特困行业和17个困难行业企业，以及受新冠肺炎疫情影响严重地区生产经营出现暂时性困难的所有中小微企业、个体工商户，阶段性缓解养老、失业、工伤3项社会保险费，全年40家企业享受社保费缓缴政策，缓缴总金额982.7万元。

【社会保险待遇资格无感认证】 2022年，市人社局印发《常熟市社会保险待遇资格认证经办操作办法（试行）》，运用大数据和信息化手段，构建社会保险“静默认证、自助认证、上门认证”三位一体认证新模式，健全覆盖领取职工养老待遇人员、居民养老待遇人员、工伤1—4级待遇人员、遗属待遇人员等全部享受定期待遇资格人员的生存状态认证机制。至年底，常熟市社会保险待遇资格静默认证率99.7%。

【江苏省社会保障卡居民服务“一卡通”综合试点】 2022年，常熟市被省人社厅确定为江苏省社会保障卡居民服务“一卡通”综合试点城市，为全省唯一试点县级市。市政府出台《常熟市社会保障卡居民服务“一卡通”综合试点工作方案》，深入推进居民服务“一卡通”工程。加快三代社保卡发卡换卡进程，至年底累计发行超96.5万张，换发率80%，在苏州市自主换发三代社保卡县市（区）中排名第一。年内，推进人社待遇“一卡发放”，三代社保卡拓展推出园林旅游、公共自行车、档案调阅、图书借阅、政务服务、防疫便民6大功能。（徐莞月）

社会福利

【困境儿童保障】 2022年，常熟市儿童福利院基本生活费标准为每人2750元/月，社会散居孤儿、事实无人抚养儿童、艾滋病感染儿童基本生活费标准为每人2450元/月，重病重残儿童基本生活费标准按社会散居孤儿基本生活费标准50%发放。2022年，常熟市儿童福利院收养孤儿18名，全市有社会散居孤儿14名。全市纳入困境儿童基本生活保障儿童688人，全年发放困境儿童基本生活保障金736.2万元。年内，常熟市持续实施“孤儿医疗康复明天计划”“孤儿助学”项目，发放助医、助学资金4万余元，资助体检费用4万余元。开展重点关注儿童排查，实施困境儿童定期跟踪和个案帮扶10例。市儿童福利院实施社会残疾

9月24日，“喜迎二十大、逐梦新征程”常熟、张家港、昆山、太仓四市残联文创活动在世茂星空集荟举行
（市融媒体中心　提供）

儿童公益性康复服务项目,年内为22名0—6岁残疾儿童提供康复服务。

【残疾人福利】 2022年,常熟市发放困难残疾人生活补贴4705人、4265万元,发放重度残疾人护理补贴7497人、1263.8万元;发放低保、低保边缘及家庭月人均收入介于1—2倍低保标准低收入家庭无业重残人员社保补贴190人、57.74万元;办理就业年龄段内残疾人商业保险11722人、52万元;发放聋人手机短信补贴8175人次、24.53万元;发放参加辅助性就业残疾人一次性特别补贴23人、0.69万元;发放残疾学生教育补贴12人、5.195万元;发放残疾人自主创业者创业补贴4人、1.2万元。年内,市残联开展适配服务191人,其中假肢矫形器适配92人,助听器适配19人,人工耳蜗适配4人,B类辅具适配76人,白内障复明手术6人,肢体矫治手术费用减免2人;贫困残疾人接受免费体检服务247人。2022年,常熟市有接受免费服药服务贫困精神病人271人,常年在第三人民医院住院治疗贫困精神病人148人。年内,常熟市推进精神障碍患者社区康复服务体系建设,4家镇(街道)级"康复驿站"通过省级示范点现场评估。市残联启动孤独症儿童基本康复服务全覆盖行动。年内348名孤独症、智力等类别残疾儿童在定点机构康复训练。疫情防控期间,开展线上康复99人。

(顾君才　徐之伩　丁　力)

【福利彩票】 至2022年年底,常熟市有福利彩票投注站点190个,全年销售福利彩票2.17亿元,位列全省县(市)销量第4名,筹集本级福彩公益金2189万元。常熟市获评"2021年度全省福利彩票销售十强县(市)"。

(顾君才　徐之伩)

社会救助

【困难人群救助】 2022年,常熟市救助各类困难群众18.7万人次,发放资金3.9亿元。城乡最低生活保障标准1095元/月,至年末,全市纳入城乡最低生活保障1178户、1664人,纳入低保边缘重病困难对象救助464人,纳入特困人员救助供养572人。全年发放困难人员临时救助金1062人次139.2046万元,发放物价补贴3417人次31.18万元。年内,核查最低生活保障、特困供养、住房保障等各类救助申请对象6157户10719人,预警817户,预警率13.27%。出台《常熟市困难人员疾病诊断证明操作细则》;推进社会大救助综合平台建设,涵盖13个部门的56项救助政策;常态化组织"阳光惠民"帮扶责任人进村入户走访活动;开展特殊困难群体救助帮扶专项排查整治行动和困难群众救助补助资金专项治理行动。(顾君才　徐之伩)

11月1日,常熟市托育综合服务中心在常福托儿所揭牌成立,系苏州市首家。图为辅食室　　(常福托儿所　提供)

【流浪乞讨人员救助】 2022年,常熟市救助生活无着流浪乞讨人员259人次,其中未成年人22人次、老年人13人次,护送返乡28批次、35人,为8名长期滞留的身份信息不明人员成功寻亲。开展"寒冬送温暖""夏季送清凉"专项救助行动,新冠肺炎疫情防控关键期协助4名社会滞留人员在常熟就业。　　(顾君才　徐之伩)

【医疗救助】 2022年,常熟市参加基本医疗保险的困难群体7403人,居民医保保费补助金额325.35万元,全年居民医保保费资助困难群体实现全覆盖。实时救助14.93万人次,救助资金结付2033.93万元。　　(顾　莹)

【慈善募捐与救助】 2022年,常熟市有登记认定慈善组织16家,年内新增1家。年内,市慈善总会募集和接受各类捐赠15651.17万元,其中善款13402.63万元、物资价值775.15万元、药品援助1473.39万元;支出救助款物14083.72万元,其中发放善款11835.18万元、物资价值2248.54万元,惠及困难群众6.71万人次。其中抗疫期间,接收社会各界捐赠款物2416.95万元,涉及企业或个人541家(人),捐款1711.49万元,接受捐赠防控物资80批、价值705.46万元。年内,25家爱心企业捐款2594.26万元,定向用于乡村建设。援助泗洪县30万元,帮助界集小学建立1个多功能图书阅览室。

【中华慈善总会药品援助项目常熟发药点】 2022年,中华慈善总会药品援助项目常熟发药点发放药品1473.39万元,服务1377人次,注册医师11名。

【慈善一日捐】 9月,市慈善总会组织开展"慈善一日捐"活动,申报上线项目3个,近10万名网友参与捐款,募集款项729.08万元，获得线上配捐113万元。

【常熟市慈善总会】 2022年，常熟市慈善总会完成换届工作，召开全市慈善工作联席会议第二次会议。1000多家企业、近10万人次参与捐款捐物，慈善总会组织捐赠仪式60多场次。年内，在常熟理工学院设立慈善工作联络处，联合理工学院开展慈善公益活动；成立“善美常熟”爱心助学基金、“常熟市辅警爱心基金”“常熟市退役军人爱心基金”“旭兆慈善基金”。合作开展“小城大爱，善美家园”创评活动，评选命名14个示范基地。与市融媒体中心合作“慈善常熟”电视栏目、“慈善之声”电台节目、《常熟日报》“慈善专题”栏目。常熟市慈善总会获第六届“江苏慈善奖”“最具影响力慈善组织”称号，被评为“江苏省巾帼建功先进集体”“江苏省双拥模范单位”。

（徐之佼）

住房保障

【概况】 2022年，常熟市优化住房保障供给，筹建保障性租赁住房项目30个，6884套/间，完成省住建厅目标任务148.04%。年内，常熟市调整城区住宅直管公房租金标准，砖混一等月租金标准为5.1元/平方米、砖混二等每月3.8元/平方米、砖木结构每月2.6元/平方米、简易结构每月1.8元/平方米；开始实施住宅房屋搬迁定向房票安置。

【保障房供应】 2022年，常熟市做好住房保障购房和租房补贴资金发放，接受353户家庭申请，其中租房补贴286户，购房补贴82户。发放保障家庭租赁补贴537户，累计补贴金额296.44万元；发放购房补贴累计25户，补贴金额808.88万元。截至2022年年底，累计保障本市户籍中等偏低及以下收入住房困难家庭4387户，其中累计购买经济适用住房2345户；累计公共租赁住房实物配租536户；累计发放租赁补贴1352户补贴金额2196.04万元；累计发放购房补贴180户补贴金额6172.13万元。全市优租房安置入住319人次，累计入住1528户。（王　瑾）

【公积金管理】 2022年，常熟市新增公积金缴存单位5294家，新增缴存职工54807人。年末应缴单位33019家，应缴职工373905人，分别比年初增加5294家、6093人；全年归集公积金57.92亿元，比上年增加5.26亿元；年末，月应缴存额4.85亿元，职均月缴存额1297元，分别比年初增加0.36亿元、75元；全年办理公积金提取109.21万笔，其中线上提取106.51万笔，公积金提取金额37.5亿元，较上年增加0.83亿元；全年发放公积金贷款3145户、18.66亿元，分别比上年减少965户、2.77亿元，其中首次贷款2922户、17.71亿元，分别占比92.91%、94.91%。年末，公积金归集余额155.73亿元，贷款余额112.32亿元、3.25万户，资金利用率为72.12%，贷款逾期率为零；从增值收益中为市政府补充廉租房建设资金8673.69万元。年内，公积金基数调整2.09万家、29.76万余人，职工账户调整率为80.92%。至年末，全市设有公积金服务大厅1个、承办银行提取服务网点3个，镇（区）街道公积金综合业务网点5个和镇（区）街道公积金业务专柜14个。新推出存量房过户、提取公积金“两件事一次办”。

【公积金政策调整】 4月21日，常熟市上调首次使用公积金贷款最高限额，首次办理公积金贷款，借款申请人及共同借款申请人中有两人（含）以上共同参与计算可贷额度的，贷款最高限额从70万元调整为90万元；仅借款申请人参与计算可贷额度的，贷款最高限额从45万元调整为60万元。政策实施以来，户均贷款59.33万元，比上年增长13.79%。10月1日，下调首套个人住房公积金贷款利率0.15个百分点，5年以下（含5年）和5年以上利率分别调整为2.6%和3.1%。11月1日，调整公积金租房提取额度规则，取消月缴存额65%的租房提取限额，支持租房职工每月租金费用全额提取。年内，办理租房委托提取1569笔、1131.79万元。（马达达）

责任编辑　李妍　汤涵

社会事务

人口家庭

【人口出生监测】 2022年，全市办理生育登记5802例，其中：一孩登记3112例，二孩登记2190例，三孩登记500例；其中：现场登记3725例，网上预约登记2077例。全市户籍人口出生3334人（其中女性1587人），出生性别比为110.08。流动人口出生3873人（其中女性1860人），出生性别比为108.23。全市二孩及以上数量占新生儿总数51.57%。

【计生帮扶奖励】 2022年，常熟市兑现计划生育奖励扶助政策，发放奖励金12554万元，其中，发放计划生育特别扶助金4612人、4294.85万元；发放持证企业退休人员一次性计生奖励金13255人、4771.8万元；农村部分计生家庭奖励金发放35896人、3440.78万元；计划生育公益金发放177人、47.1万元。帮扶关爱计生特殊家庭，财政投入222万元，为4447名特扶人员购买住院护工险；慈善出资31万元为1749名纯失独特扶对象购买计划生育特殊家庭扶助保险。计划生育特扶对象纳入家庭医生签约率100%。计划生育特扶对象门诊1323人次、住院41人次，均享受就医绿色通道优先服务。当年发生独生子女死亡家庭上门慰问率100%。“常熟市失独家庭‘连心关怀’志愿者援助项目”签约服务592户。全市对计划生育服务满意率95.9%。贯彻落实省委、省政府《关于促进人口长期均衡发展的实施意见》，协助各单位落实女方产假158天、男方护理假15天、孩子3周岁之前父母育儿假每年10天、父母年满60周岁后患病住院期间独生子女每年享受5天的带薪护理假。

【0—3岁婴幼儿照护服务】 2022年，全市0—1岁科学育儿入户指导率87%，2—3岁科学育儿亲子活动通知到位率71%。全市新增备案托育机构29家，累计备案机构36家，托位2795个，备案机构数以及备案托位数均列苏州市第一。14家机构被认定为苏州市普惠性机构，实现“一街道一乡镇一惠普”全覆盖。年内，全市72家机构提供托位数5440个，常住每千人托位数达3.19个。落实纾困政策，给予5家民办机构一次性纾困补助21万元。依托常熟市常福托儿所有限公司，建成常熟市托育综合服务中心，系苏州市首家托育综合服务中心。常熟市宝贝帮托育有限公司被苏州市命名为示范托育机构。 （张剑鸿）

【婚姻登记】 9月1日起，常熟市开展离婚登记“省内通办”试点工作。全年办理“跨区域”结婚登记513对、离婚登记69对、补领结婚证4对、补领离婚证2对。年内，市婚姻登记处搬迁至环城东路办公，在婚姻登记处内设置婚俗文化展示墙，宣传文明婚俗，开展结婚登记集体颁证服务。全年为821对新人提供婚前辅导，为98对夫妻提供离婚辅导，调解成功8对。

表63 2022年常熟市婚姻登记统计表

结婚登记		离婚申请（对）	撤回离婚申请（对）	离婚登记（对）	补发结婚证（件）	补发离婚证（件）	出具（无）婚姻登记记录证明（份）	撤销结婚登记（对）
总计（对）	其中：补办登记（对）							
4003	137	1394	4	1083	535	141	1	0

（资料来源：市民政局）

表64 2022年常熟市结婚登记分年龄段统计表

性别	合计（人）	24岁以下		25—29岁		30—34岁		35—39岁		40—49岁		50—59岁		60岁以上	
		人数	%	人数	%	人数	%	人数	%	人数	%	人数	%	人数	%
男	4003	585	14.61	2012	50.26	640	15.99	238	5.95	250	6.25	157	3.92	121	3.02
女	4003	988	24.68	1814	45.32	535	13.36	223	5.57	207	5.17	146	3.65	90	2.25

（资料来源：市民政局）

表 65　　2022 年常熟市初婚、复婚、再婚数量统计表

合计（人）	初婚				复婚				再婚			
	男	女	合计	%	男	女	合计	%	男	女	合计	%
8006	3156	3092	6248	78.04	187	187	374	4.67	660	724	1384	17.29

（资料来源：市民政局）

表 66　　2022 年常熟市初婚、复婚、再婚平均年龄统计分析表

结婚登记平均年龄（岁）			初婚年龄（岁）			再婚平均年龄（岁）			复婚平均年龄（岁）		
总平均	男平均	女平均	总平均	男平均	女平均	总平均	男平均	女平均	总平均	男平均	女平均
29.28	29.89	28.66	26.51	27.04	25.96	37.72	39.27	36.32	42.37	42.97	41.78

（资料来源：市民政局）

【殡葬管理】 2022年，常熟市殡仪馆火化遗体11084具，其中，外地户籍死者遗体504具、港澳台死者遗体4具、无名死者遗体2具，免除基本殡葬服务费1388.976万元；办理遗体异地外运24例、遗体内运2例。改扩建常福街道、古里镇2家镇级公益性骨灰堂，新增骨灰安放格位5.4万穴；启动沙家浜镇骨灰堂扩建工程。开展医疗机构太平间管理专项排查、“活人墓”等突出问题整治工作，净化殡葬服务市场。

【清明文明祭扫】 2022年，常熟市在市绿色殡葬纪念园举办集体缅怀仪式，普及推广生态文明安葬理念，倡导文明殡葬新风。清明期间，在虞山范围内各公墓和虞山思亲苑推行“无烟祭扫”试点；群众通过网上祭扫平台建立祭扫纪念馆7519个，网上祭扫5.6万人次；虞山思亲苑、虞山公墓为1085人次群众提供代客祭扫服务，全市公墓、骨灰堂各开展一次集体祭扫活动。（顾君才　徐之佼）

妇女儿童事务

【妇儿权益保障】 2022年，常熟市颁布实施市“十四五”妇女儿童发展规划，将“男女平等基本国策”课程列入主体班次。落实落细妇儿维权“五项机制”，把维权工作做在平常，抓在经常，落到基层。召开专项工作重点任务及补短板强弱项落实情况组织工作推进会。围绕妇女维权工作开展专题座谈2次。编印《江苏省反家暴条例》解读手册11000本，建立妇女儿童权益网格化管理服务体系。市妇联与政法委联合举办网格化社会治理专题培训班。开展城区母婴室“回头看”行动，新（改）建母婴室11家，累计建成母婴室94家。开展“一户一策微关爱”，面向10个苏州市级经济薄弱村开展巾帼文明岗扶贫结对帮扶工作。持续推进“8·26”虞城妈妈爱心行动、关爱困境妇女“康乃馨”行动，帮扶困境妇女儿童。（谢　燕）

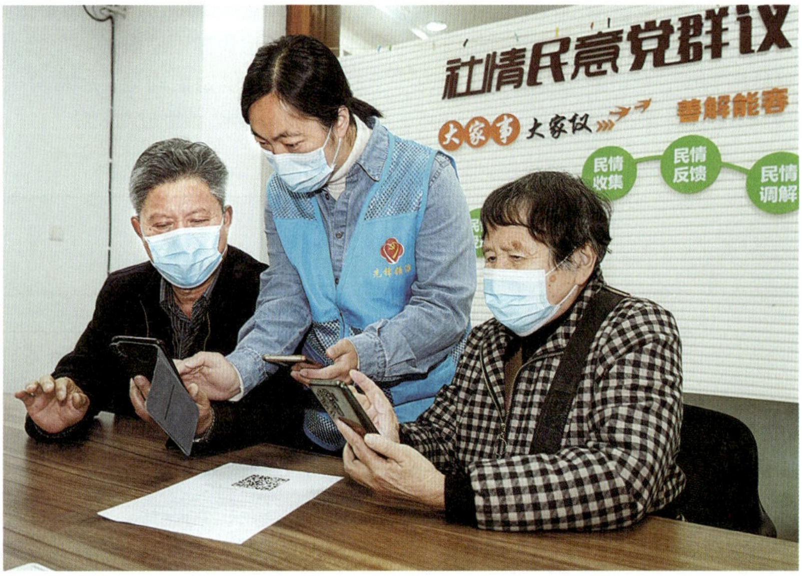

3月21日，市民在社工帮助下参加“云祭扫”　（市融媒体中心　提供）

【未成年人保护】 2022年，常熟市全年办理儿童收养登记45例。推进儿童“关爱之家”建设，评选市级示范点2家，推荐古里镇儿童“关爱之家”申报省级示范点。推进儿童福利机构转型发展，明确常熟市儿童福利院从“补救型”（养育院内孤儿）向“普惠型”（面向社会特殊儿童开展养、治、教、康等服务）转变。基本完成“孤弃幼儿早期干预”省级标准化项目试点。常熟市儿童福利院取得常熟市特教办学点资质和全省首例肢体（脑瘫）类别残疾儿童基本康复服务定点机构资质。成立常熟市“同心圆”儿童关爱公益联盟。健全完善市、镇（街道）、村（社区）三级基层儿童福利和保护工作网络，组建儿童督导员指导、儿童主任和儿童社工协作的儿童工作团队，年内开展培训4次。探索建立常熟市儿童

工作从业者“持证上岗”制度。开展“点亮六一 共护未来”常熟市2022年未成年人保护工作宣传月活动，实施儿童“关爱之家”暑托班项目。

（顾君才　徐之佼）

【儿童友好城市建设】 2022年，常熟市成立市儿童友好城市建设工作领导小组，并召开第一次会议。出台《常熟市儿童友好城市建设工作方案》，明确5个方面、23条主要任务和37家成员单位职责。推进儿童友好出行、图书馆、公园、学校等各类子项目试点。推动儿童友好社区建设，创建苏州市儿童友好社区2个。举办“我心目中的儿童友好城市”手抄报大赛、儿童友好城市LOGO征集、国际儿童日亮灯活动等。

（谢　燕）

老龄事务

【概况】 截至2022年年底，全市有60周岁及以上户籍老年人口35.13万人，占全市户籍总人口33.28%，户籍老年人口数和老龄化率均位居苏州各市（区）首位。年内，全市有3个村被命名为全国示范性老年友好型社区，数量居全省第一。

【养老服务设施建设】 2022年，全市有养老机构33家，其中公办1家、民办13家、公建民营19家；养老机构床位8296张，护理型床位占比达100%，社会力量举办或经营床位7426张；各类养老床位1.38万张，每千名老年人拥有各类养老床位数39张。年内，新建成区域性养老服务中心7家、民办养老机构1家，区域性养老服务中心实现镇（街道）全覆盖。完成3家符合条件养老机构备案登记，3家养老机构被评为三级养老机构，全市累计有备案登记养老机构26家，其中，三级养老机构13家、四级养老机构4家。新建老年人日间照料中心12家、综合为老服务中心3家，全市累计有社区养老服务设施391家，保持村（社区）全覆盖。“乐龄助餐”项目老年人助餐点增至34个，助餐人数870人，常熟户籍年满90周岁老年人享有助餐费用原价50%助餐补贴。

【居家养老服务】 2022年，常熟市完成老年人家庭适老化改造2113户，累计完成3758户。开展“物业+养老”服务模式试点，引入3家物业服务企业参与老年人家庭适老化改造。结合老年友好社区创建，推广连片适老化改造。举办“善美常熟，公益同行”第八届公益汇项目启动暨智慧适老“益起来”居家智能化改造项目发布会，实施居家“智慧助老”行动，为全市200户高龄空巢独居老年人家庭安装适老智能产品。推进居家养老上门服务，每周2次关爱巡访重点空巢独居老年人，全市接受上门服务居家老年人61550人，入住养老机构高龄老年人1859人，关爱巡访重点空巢独居老年人183人，保障率达100%。

（顾君才　徐之佼）

【退管人员服务】 2022年，市人社局开展退休人员管理服务，全市新增“文化退管”试点社区（村）13个，培育品牌社区（村）20个，提档升级示范社区5个，依托“文化退管专业志愿者服务队”为各社区送课77节。全年发布“云课堂”4期、“云展示”4期、“云讲述”1期。“乐龄驿站”之常图站开展“阅读悦享”活动7期。市人社局与市融媒体中心合作打造14期《我们退休啦，乐龄会发光》退管系列特别节目。年内，市人社局举办“敬老助老，暖心社保；乐龄常熟，田园董浜”2022常熟市退休人员线上文艺会演，突出“一镇一品一特色”；开展以“喜迎二十大”为主题内容的退休人员征文比赛和社保诗词征集活动。全市基层乡镇（街道）、社区（村）组织开展各类退休人员群众性文体活动2016次，参与退休人员8.8万人次。开展苏州市级社管服务“尊老敬老爱老”十佳街道（镇）、百佳社区（村）、百名社管协管员、千名自管小组长、千名“乐龄常熟、社保添福”老年之星的推荐活动，以及常熟市“双十佳自管团队”评选活动。案例《做优“文化退管”项目，润泽退休老人精神家园》，获评“2022年苏州市老龄工作十佳案例”。

（徐莞月）

【康博村上榜全国示范性老年友好型社区】 2022年，古里镇康博村被国家卫生健康委（全国老龄办）命名为全国示范性老年友好型社区。康博村有村民427户、1705人，其中60岁以上老人652人，80岁以上老人118人，康博村从人居环境、出行设施、社区服务、社会参与、孝亲敬老氛围、科技助老、管理保障等方面，融入积极老龄

10月9日，2022年常熟市第五届“常福杯”老年人太极拳交流赛在市体育馆开赛

（市融媒体中心　提供）

观、健康老龄化、幸福老年人等理念，把创建工作做实做细，增加硬件设施的适老化元素，优化为老服务方式，提升为老服务能力和水平，满足老年人在居住环境、日常出行、健康服务、养老服务、社会参与、精神文化生活等方面的需要。村里把日间照料中心和社区卫生服务站合并建设，日间照料中心达150平方米，设置理发室、活动室、康复理疗室等配套区域。

（曹　佳）

残疾人事务

【残疾人权益维护】 2022年，市残联协调组织市法律援助中心、上海融孚（常熟）律师事务所、圣益律师事务所3家助残单位分批次、常态化到各镇（街道）残联开展法律咨询和维权工作，全年开展巡回法律咨询服务19场，解答残障人士相关法律咨询87余人次。接待残疾人上访及咨询8次，来电咨询相关事务45次，处理市12345便民服务中心咨询信件55件次；办理政府信箱、人民来信等。为全市残疾人"一站式"办理代步机动轮椅车15辆，发放机动轮车购置补助经费15000元，并对所购机动轮椅车办理第三者责任保险20880元；机动轮椅车燃油补贴191人、49660元；为143名残疾人的144辆汽车办理道路2小时免费停车手续。

【残疾人职业技能培训和比赛】 2022年，市残联开设封面摄影、商业摄影、水彩绘画、钩针编织、园艺、西式面点、盲人按摩等项目培训班，完成实名制培训任务266人，其中农村实用技术14人。组织6名残疾人参加苏州残联组织的盲人按摩和农技培训。

（丁　力）

退役军人事务

【概况】 2022年，市退役军人事务局完成2022年度民生实事项目"烈士陵园整体修缮"工程，革命烈士纪念馆改陈布展重新开馆；打造苏州市首家拥军示范商圈——琴湖溪里拥军示范商圈；成立苏州市首个"退役军人就业创业服务联盟"。年内，常熟籍军人获二等功2人、三等功10人。

【退役军人服务保障体系建设】 2022年，市退役军人事务局推行"社会治理网格化+退役军人服务"模式，以退役军人服务站为支点、以社会治理网格为单元，借助基层网格人员力量，融入"常态化+重点"走访联系，实施关爱帮扶，织密基层风险排查网，帮扶困难退役军人259人次，落实帮扶资金22.3万元。

【军转安置】 2022年，市退役军人事务局首创"疫线阳光安置+司法公正护航"模式，打造军转安置特色服务品牌。创新"七个一"（即一个隆重的欢迎仪式、一次政策宣讲会、一次重温入伍、入党誓词活动、一场适应性培训、一次婚姻家庭生活心理沙龙、一次送上岗活动、一次安置工作回头看）安置全过程，提炼军转安置"三心"（对于因疫情期无法到场的人员采取公证委托选岗，暖心安置；积分选岗纪检部门全程监督，全过程司法公证，安心安置；规范安置流程，提供延伸服务，精心安置）工作法，召开"2022年常熟市转业军官、士官积分选岗大会"，100%完成年度军转安置任务。年内，接收1名2019年获二等功的退役军人（严晨涛）。

【退役士兵接收】 2022年，市退役军人事务局推进"军人退役一件事"改革，推行线上平台业务办理，实现退役军人少跑路、数据多跑腿。接收自主就业退役士兵，发放一次性经济补助金。组织退役士兵参加复学、成人教育、技能培训等补贴性教育培训，支出教育培训经费263.91万元。有职业技能培训意愿和学历教育意愿的退役军人参训率、入学历率达到100%。成立苏州市首个"退役军人就业创业服务联盟"，全年线下举办退役军人（随军家属）专场招聘会3场，提供岗位2947个。为退役军人举办企业现场宣讲推介会，组织有意愿的退役军人到奇瑞捷豹路虎、通用电器、阿为特等企业参观，2022年度有就业意愿退役士兵就业率达95%以上。

【优抚工作】 2022年，常熟市发放市级抚恤补助金及物价补贴4414.4万元。足额发放义务兵家庭优待金和大学生奖励金3296.8万元。落实医疗补助资金配套使用，将参加居民基本（农村合作）医疗保险的重点优抚对象纳入医疗保险救助保障范围。完成全市享受国家抚恤补助人员入户核查和年度确认工作。组织重点优抚对象赴省荣军医院短期疗养，设立300余个优待证办理服务站点，举办申领专场3次，高质量完成优待证申领工作。

【烈士褒扬】 2022年，市退役军人事务局落实"常+长"烈士褒扬机制。常态化开展缅怀英烈活动，清明祭扫采取集中代祭扫+"网上祭英烈"方式，线上祭扫1.5万人；举行"9·30"烈士纪念日公祭活动，社会各界代表250余人参加。建立烈士纪念设施长效保护机制，完成县级以下烈士纪念设施整修工作，确定全市烈士纪念设施70处，完成市烈士陵园整体修缮工程；完成全市烈士英名录校核更新，确定烈士1059人。

【军队离休退休干部休养】 2022年，常熟市军队离休退休干部休养所有军休干部32名。年内，市退役军人事务局组织军休干部参加全市离退休干部大会、军政座谈会，列席市人代会等重要会议；做好军休干部走访慰问、体检陪护、疫情关爱等工作。推出家庭医生上门服务，举行家庭医生服务启动仪式，军休干部家庭医生签约率100%。组织军休干部开展红色宣讲志愿服务，宣讲场次10余场，受众达数千人。参与"戎耀"老兵红色故事宣讲，宣讲项目获评市首届"最佳老干部志愿服务项目"。

（万莉莉）

新市民事务

【概况】 2022年，市新市民事务中心开展新市民积分入学、入医、落户工作，受理入学申请1.75万人、入医申请1200人、落户申请354人，分别准入1.73万人、1182人、316人。2022年，全市登记新市民120万人，即时实有86.7万人；采集出租房屋房东17.5万户、承租户39.1万户。通过扫描数字门牌二维码，新市民自主申报81.5万人次，房东申报43.4万人次，单位申报2.5万人次。加强出租房屋居住安全管理，“331”领域〔容易引发火灾事故的“三合一”、出租房（群租房）和电动自行车这3类突出隐患；对照执行的任务清单、履职清单和追责清单这3张清单；专项行动为期100天〕连续4年未发生火灾亡人事故。启动驻村（社区）律师服务新市民项目，增设电视栏目“新市民学说常熟话”，宣传常熟本土文化。成立镇、村两级新市民党群志愿服务队，全年开展各类新市民党员活动32次。

【新市民积分管理】 2022年，新市民积分管理取消积分入市民卡项目。市新市民事务中心落实上级规范民办义务教育发展要求，开展积分入学试点优化，放宽新市民在常熟居住的年限要求，简化新市民子女插班入学流程。开展新市民在常落户调研，形成《关于我市户籍制度改革工作的情况分析报告》。

【出租房居住安全管理】 2022年，常熟出台《关于进一步加强出租房屋居住安全管理的意见》，全市229个村（社区）全力推动出租房“全电厨房”改造工程；在小餐饮领域推进“瓶改管”“气改电”，实现全市“无罐”小餐饮场所占比超56%。新建符合团标的电动自行车智能充电车位1.07万个，提档升级4003个，安装阻止电动自行车上楼入户智能梯控、AI识别系统357套。查处出租房屋居住租赁违法行为34起、消防违法行为258起、电动自行车两类主体处罚51起、违规停放电动自行车个人违法查处56起。开展“安居超市”动态管理，实施出租房屋五色分类分级管理，消除红色隐患1.97万处，黄色隐患2.27万处。

【新市民系列活动】 2022年，市新市民事务中心以“家在虞城，守法圆梦”为主题，组织开展“党建红+司法蓝，同城共融，法润共享”碧溪街道法律服务进网格暨全市驻村（社区）律师服务新市民启动仪式、“强国复兴有我，圆梦在虞城，争当文明守法新市民”第六届一站到底挑战赛、“强国复兴有我，德法同行，一起畅跑”2022年常熟市第二届新市民活力跑等各类新市民融入活动298次。

（*汤若冰*）

社区建设

【概况】 2022年，常熟市出台《常熟市调整优化社区规模实施方案》，市民政局指导各镇（街道）依法开展村（居）民委员会届中补选和新成立社区首次选举。调整村（居）民委员会依法履职、依约履责、盖章证明事项三份“清单”。升级“睦邻空间”项目，探索推进“五社联动”新机制建设。常福街道小义村获评全省新型农村社区治理服务示范点。实施社区“微治理”项目，举办社区治理“微论坛”，组织各村（社区）开展社区志愿“微服务”，为61名特殊困难对象圆梦“微心愿”。充实“智慧社区”平台基础数据，累计汇集192万余条居民信息数据。

【城乡社区分类共建】 2022年，市民政局围绕“老街巷社区”和“城郊融合村”两类村（社区），开展城乡社区分类共建试点，指导2组4个村（社区）开展结对共建，梳理形成社区治理“资源清单”和“需求清单”，总结提炼城乡社区治理经验，探索和打造城乡社区治理新形态。

【基层社会工作站（室）建设】 2022年，市民政局推进基层社会工作站（室）建设，实现镇（街道）、村（社区）两级全覆盖。全市基层社会工作站均由第三方管理运营，有驻站社工58名、外派社工117名，承接服务项目89个。建立基层社会工作站社工+义工的“慈善双工”运行机制，提升基层社会工作实效。推动基层社会工作站“支部建在站上”建设，实现14个基层社会工作站党组织建设全覆盖。

【社工队伍建设】 2022年，全市有登记注册社工机构30个、拥有持证社工3000人，每万人（常住人口）拥有持证社工17.65人。建立市级社会工作指导中心，构建市、镇（街道）、村（社区）三级社会工作服务基地。实施“星火计划”，开展专业社工分类专题培训5期。年内，1人获评江苏省“最美社工”，琴川街道社会工作发展中心获评“江苏省党建引领社会工作服务示范点”。

【区划地名】 2022年，常熟市新增社区4个（阅江佳苑社区、辛阳社区、前港社区、天和社区），原七峰村更名为铜官山村。命名道路31条，命名小区9个。

【《常熟市调整优化社区规模实施方案》出台】 12月5日，市委办、市政府办印发《常熟市调整优化社区规模实施方案》。方案在尊重历史沿革、充分考虑现状的基础上，按照“大稳定、小调整”的要求，对社区的人口规模、人员配备、经费保障及社区用房进行了明确。通过开展基础摸底、形成调整方案、履行审批手续、优化服务设施、依法开展选举，对社区布局进行优化调整，解决管理规模不适宜、管理范围不合理等问题，优化社会资源配置，实现社区功能与管理服务相匹配，提升社区治理体系和治理能力现代化。

（*顾君才　徐之佼*）

社会组织管理

【概况】 2022年，全市有登记注册社会组织960家，其中，社会团体392家（行业性社团104家、学术性社团42家、联合性社团148家、专业性社团98家）、民办非企业单位567家（教育类141家、卫生类28家、文化类62家、科技类5家、体育类61家、人社类17家、社区服务类32家、其他类221家）、基金会1家，每万人（户籍人口）拥有登记社会组织9.07家；等级社会组织531家，其中，AAA级以上社会组织90家、AAAAA级社会组织1家。全市有备案的社区社会组织2676家。市社会组织党委下设党支部13个，有正式党员76名。168个有党组织的社会组织实现党的纪律监督组织全覆盖。年内，常熟市社会组织培育中心新阵地投入运营，入驻社会组织19家，获评苏州市社会组织党建工作示范点。

【社区社会组织培育】 2022年，常熟市实施社区社会组织培育优化计划，成立2家镇（街道）级社区社会组织联合会，培育14个社区社会组织项目品牌。年内，开展党建"1+1+1"结对共建活动，推动社会组织深度参与社区治理。开展红色社工、红色社工站评比活动，认定红色社工10名、红色社工站2个。举办第八届"常熟公益汇"活动，推出公益招标和公益创投项目15个，涉及婚姻家庭辅导服务、未成年人关爱保护、社区治理、养老服务等领域。成立新时代文明实践义工支队行动支部，指导各义工组织参与城乡社区治理工作。常熟市入选"江苏省社区社会组织培育发展观察点"，琴川街道、虞山街道入选"苏州市社区社会组织培育发展观察点"。虞山街道虞枫社区"虞音合唱团"入选"江苏省社区社会组织高质量发展案例"，虞山街道烟雨社区烟雨四季花园志愿服务队开展的"党建引领海棠满园居民自治项目"入选"江苏省社区社会组织优秀项目"。

（顾君才　徐之佼）

【社区社会组织监督】 2022年，常熟市新增社会组织44家，其中，社会团体8家、民办非企业单位36家；注销社会组织42家，其中，社会团体10家、民办非企业单位32家。市民政局对11家连续三年及以上未参加年度检查的社会组织实施撤销登记。

表67　2022年常熟市核准登记社会团体一览表

序号	社会团体名称	法定代表人	业务主管部门/业务指导部门	登记日期
1	常熟市支塘镇青年企业家联合会	韩一斌	市工商联	3月1日
2	常熟市应急志愿者协会	徐静霞	市应急管理局	5月6日
3	常熟市尚湖镇青年企业家联合会	杨　波	市工商联	8月5日
4	常熟市食品安全协会	徐锦荣	市市监局	9月14日
5	常熟市家居服产业链联合会	温振祥	市市监局	10月8日
6	常熟市普惠金融研究会	宋建明	市金融监管局	11月24日
7	常熟市保龄球运动协会	江　海	市文体旅局	12月15日
8	常熟市沙家浜爱国拥军联合会	赵平华	市退役军人事务局	12月15日

（资料来源：市民政局）

表68　2022年常熟市核准登记民办非企业单位一览表

序号	民办非企业单位名称	法定代表人	业务主管部门/业务指导部门	登记日期
1	常熟市壹心社会工作事务所	李保玉	市民政局	1月17日
2	常熟市爱匠社会工作服务中心	朱文英	市民政局	1月18日
3	常熟市梅李镇一方小院公益社	陆淑瑜	市残联	1月21日
4	常熟市辛庄镇卫家塘村云庆公益社	翁国忠	辛庄镇人民政府	1月21日
5	常熟市博尔瀚教育培训中心	赵　炎	市教育局	1月26日
6	常熟市沙家浜培训中心	谭志华	中共常熟市委党校	1月29日
7	常熟市瀚林教育培训中心	徐长明	市教育局	2月8日
8	常熟市和睦现代幼儿园	瞿晓红	市教育局	2月16日
9	常熟市七色光幼儿园	朱琴珍	市教育局	2月22日
10	常熟市琴湖荟才教育培训中心	陈凤燕	市教育局	3月11日

续表68

序号	民办非企业单位名称	法定代表人	业务主管部门/业务指导部门	登记日期
11	常熟市沙家浜镇沙霞幼儿园	李跃霞	市教育局	3月25日
12	常熟市博铭瀚教育培训中心	袁柏伟	市教育局	3月25日
13	常熟市尚清体育俱乐部	李宜繁	市文体旅局	4月8日
14	常熟市学思堂教育培训中心	尹思华	市教育局	4月8日
15	常熟市流水琴川悦爱公益事业发展中心	吴敏越	市民政局	4月8日
16	常熟市虞韵风华艺术团	黄素娟	市民政局	4月29日
17	常熟市古里金湖幼儿园	孔　科	市教育局	6月10日
18	常熟市柠檬树幼儿园	王晓燕	市教育局	6月24日
19	常熟市星都幼儿园	丁秀梅	市教育局	6月24日
20	常熟市童梦幼儿园	李海波	市教育局	8月8日
21	常熟市宝山幼儿园	钱栋益	市教育局	8月31日
22	常熟市公望幼儿园	钱栋益	市教育局	8月31日
23	常熟市静海幼儿园	钱栋益	市教育局	8月31日
24	常熟市中星幼儿园	黄　赟	市教育局	9月1日
25	常熟市同心爱心工作室	姚倩兰	市民政局	9月1日
26	常熟市常福街道乡村公益医疗互助社	钱雁珠	市农业农村局	9月2日
27	常熟市尚湖镇乡村公益医疗互助社	孙树桥	市农业农村局	10月8日
28	常熟市虞侨心养老服务社	潘绍东	市民政局	11月21日
29	常熟市伽悦职业培训学校	温　燕	市人社局	11月21日
30	常熟市红海艺术团	薛芳民	市文体旅局	12月2日
31	常熟市至向社会工作事务所	缪　敏	市民政局	12月5日
32	常熟市一束光爱心公益社	周习堂	市民政局	12月8日
33	常熟市精英人力资源俱乐部	陈　琦	市人社局	12月8日
34	常熟市海虞银龄公寓	邵渊清	市民政局	12月14日
35	常熟市德立爱心助学社	邵小春	市民政局	12月16日
36	常熟市星追逐霹雳舞俱乐部	王谷乔	市文体旅局	12月22日

（资料来源：市民政局）

责任编辑　李　妍

公共安全

应急管理

【概况】 2022年，常熟市树牢安全发展理念，进一步统筹发展和安全，建立健全大安全大应急框架，推动安全生产治理模式向事前预防转型，压紧压实党委政府领导责任、行业部门监管责任和企业单位主体责任，抓紧抓实专项整治，建立健全安全治理体系，落实落细各项安全防范措施，切实保障人民群众生命财产安全。先后接受省、苏州市多轮次安全生产督导巡视工作，省级安全发展示范城市创建常态化开展。

【应急管理机制建设】 2022年，市委、市政府印发《关于深化全市应急管理综合行政执法改革的实施方案》，9月7日，市应急管理综合行政执法大队挂牌，10个中队基本组建完成并运行。市委编办印发《关于进一步加强各镇（街道）应急管理工作体制机制建设的通知》，明确在各镇（街道）综合行政执法局挂牌应急管理局，业务上受市应急管理局监督指导，不再保留“安全生产监督管理办公室”牌子。承担各镇街道安委办日常工作，由镇（街道）负责安全生产的分管领导兼任安委办主任，综合行政执法局（应急管理局）局长兼任安委办副主任（专职）。年内，14个镇（街道）完成挂牌工作。

【应急预案完善】 2022年，常熟市在全市“1+38”应急预案基础上，完善覆盖全区域、全灾种、全行业、全层级、全过程的突发事件处置预案。制定简化预案文本，增强预案的可读性和运用的便捷性。开展重点区域、重点场所、重大危险源、重要场景应急预案联合演练。利用智能化科技手段，搭建物资储备和应急队伍数据管理平台，规范录入标准，下放管理权限，缩短物资和队伍调配时间，提升应急处置效率。

6月10日，常熟市首家文明实践应急驿站·琴川站揭牌 （市应急管理局 提供）

【应急管理信息化建设】 2022年，市应急管理局开展“智慧应急”项目建设，危化企业双重预防机制联网接入33家（重大危险源企业全覆盖）、危险化学品扩展联网经营安全监管和“五位一体”（建设集重大危险源监控信息、可燃有毒气体检测报警信息、企业安全风险分区信息、生产人员在岗在位信息和企业生产全流程管理信息等于一体的安全生产信息化管理平台）接入27家、视频存储和智能分析接入580路。应急指挥窄带无线通信系统及卫星通信网任务书建设完成施工安装。全市乡镇（街道）、板块完成视频会商系统建设并接入应急指挥信息网，2个化工园区配备3台布控球。在常熟“智慧应急”平台开发个人工伤信息模块。通过事故类型分析、板块数据分析和高发企业分析开展精准执法，非亡人事故压降27.1%。

【灾害信息员队伍建设】 2022年，常熟市初步建立市、镇、村三级灾害信息员队伍体系，出台《常熟市自然灾害查灾核灾工作规程（试行）》《常熟市自然灾害灾情报送工作指南（试行）》，明确灾害信息员职责和任务。完成各板块、村（社区）两级灾害信息员业务培训732人次。

【市应急管理综合行政执法大队成立】 9月7日，常熟市应急管理综合行政执法大队揭牌成立。应急管理综合行政执法大队在原安全生产监察大队的基础上，整合地质灾害、水旱灾害、森林火灾等有关应急抢险和灾害救助、防震减灾等方面行政处罚与行政强制职能。

【市级通用物资储备库建成】 2022年，常熟市建成市级通用物资储备库，该储备库位于常福街道五新村东南部，张家港与外王塘河交叉口北侧，总投资1555.33万元，总建筑面积2874.8平方米。

防灾减灾

防汛抗旱

【防汛调度】 2022年，常熟市调整和完善市镇两级防汛指挥体系，印发《常熟市防汛抗旱应急预案》和《常熟市防台风应急预案》，指导全市防汛抗旱防台风工作。常熟市建立灾情会商研判机制，应急、水务、资规、住建、气象等单位常态化开展自然灾害综合形势研判，形成报告报送市委办、市政府办。临灾前开展灾害会商，及时向社会发布预警信息和应对工作提示。

（徐小祥 陆小祥）

【防汛物资储备】 2022年，常熟市设立专项资金，按计划分批次采购应急装备物资，包括汽油泵、冲锋舟等防汛防台装备物资；灭火弹、储水袋等森林防火物资；帐篷、折叠床、防潮垫等救灾物资。完善社会代储协议，保障应急物资按需供应，保障受灾群众的基本生活。与波司登协议代储服装、床上用品等物资；与常客隆超市协议代储食品、饮用水等基本生活用品。各镇（街道）与常客隆超市各网点梳理对接，明确对接人员，保证在灾害期间有足够的应急物资供应。 （徐小祥）

【防汛设施建设与管理】 2022年，常熟市各项水利工程建设持续推进。徐六泾江边枢纽工程通过完工验收，长江常熟段（崔浦口—常浒河口段）堤防防洪能力提升工程实施完成，堤防防洪标准提升至100年一遇。实施城区防洪能力提升第四期工程—琴湖路（富春江西路—胜湖路口）雨水管改造工程，解决琴湖路道路沿线积水内涝问题。提升水利工程运管水平，长江沿线堤闸被认定为省精细化管理一级工程，望虞河沿线堤闸通过省一级精细化初评。

【台风应对】 2022年，市防汛防旱指挥部发出2次台风防御准备工作通知，启动防台风应急响应，应对第11号（轩岚诺）、12号（梅花）台风对常熟的影响。水务部门调度沿江各闸、城区防洪大包围排水，海事部门组织船只进港避风、城管部门及各地检查加固户外广告、住建部门加固清理树木、汽渡停运、水上旅游项目停止。市防汛防旱指挥部组织检查组开展防台风工作指导和检查；水利部太湖局水文局、苏州市水务局到常熟督导防台风工作并进行现场检查；市领导带班检查城区易涝点菱塘南村和建华临时排涝点防台风情况。台风“梅花”期间，全市出动巡堤查险人员986人次，出动抢险机械15台、移动排水泵29台，及时处理积水点40个。

【旱情应对】 8月常熟市出现旱情，8月中旬全市大部分地区达中旱等级。8月13日，市防汛防旱指挥部办公室组织抗排队、蓝天救援队赴虞山抗旱，对虞山东麓、亮山工程段、龙殿进行抗旱作业，调用抗旱机泵6台次，参与抗旱作业12天、72人次。8月22日，市防汛防旱指挥部发出《关于进一步做好当前抗旱工作的通知》，沿江各闸加大引水力度，提升河湖水位。通过多引少排抬高阳澄区河湖水位，保障农业灌溉和生态用水需求。 （陆小祥）

【城区防汛防台】 2022年，市住建局落实年度防汛防台应急预案，完善抢险组织网络，开展防汛工作专项检查；在海虞南路、虞山北路青石皮弄组织防汛应急演练；应对2022年第11、12号台风“轩岚诺”和“梅花”，按照台风应急响应级别要求，对阜湖路、富春江路等主要道路进行疏捞路面雨水边井，清除路面积水，对虞山泄洪通道进行巡查和清理，做好在建项目现场围护、围挡设施加固，关闭大包围闸门，二级圩区随雨降水，确保城区排水通畅。 （饶羽丰）

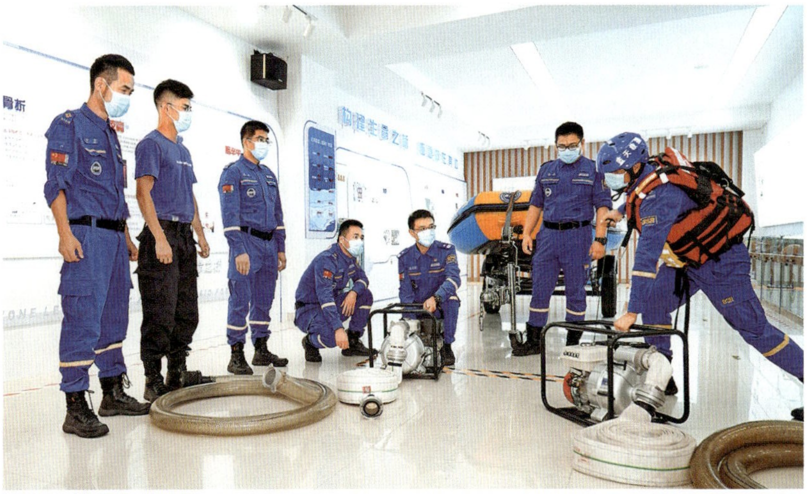

6月，市蓝天青年应急救援队组织开展防汛应急救援培训，向队员普及汛期应急救援知识，帮助队员掌握应急救援方法 （市融媒体中心 提供）

防震减灾

【地震前兆监测】 2022年，常熟市发生无感地震4次。市住建局做好地震前兆监测，制定《常熟市2022年度震情监视跟踪工作方案》，对支塘窑镇观测仪器进行巡检，做好维护保养和校测，全市16个地震宏观观测点运行正常。

【震害防御】 2022年,常熟市抓好房屋设施加固工程信息采集,完成新建及加固工程抗震设防信息录入城镇住宅、农村民居、重要交通生命线1981项。对古里镇青墩塘路以南、顺祥路以西地块(新型产业用地)建设工程实施地震安全性评价。完成地震灾害风险普查,形成常熟市地震灾害风险普查总结报告。加强避难场所日常维护管理,修复体育中心避难场所监控设施,对主城区应急避难场所规范外文标识,在城铁森林公园增建应急避难场所设施。

【地震科普宣传】 2022年,市住建局利用“科普宣传周”、“5·12”防灾减灾日等宣传节点,开展主题宣传活动2次,悬挂宣传横幅40多幅,发放宣传材料1200多份,枫泾社区地震科普馆接待参观人员1000多人次。联合市教育局发动学生参与省地震局面向全省中小学生开展的“地震科普 携手同行”主题作品征集活动。(蒋志刚)

安全生产监督

【概况】 2022年,全市发生各类安全生产事故6起,死亡6人,事故起数下降和死亡人数比上年分别下降53.85%和40%。其中,工矿商贸领域发生亡人事故2起,死亡3人,事故起数和死亡人数比上年分别下降71.43%和57.14%。道路交通生产安全事故发生4起,死亡3人,事故起数和死亡人数比上年分别下降33.33%和持平。市、镇、村三级累计排查隐患13.52万条,责令停产整顿41家,约谈警示102家,移送司法机关6人,罚没金额4266.199万元。市应急管理局被评为“2021年度江苏省‘安康杯’竞赛组织工作优秀单位”“全省安全生产执法工作先进集体”“海太过江通道水上勘察工作突出贡献先进集体”。

【安全生产日常监管】 2022年,市应急管理局制定《2022年冶金工贸行业领域重点工作任务清单》,确保重点行业领域重点执法事项全覆盖,事前立案962起,处罚2711.8万元,立案和金额均位列苏州市第二。开展重点行业领域“一企一策”专项治理,完成“四个一批”(关闭退出一批、严格治理一批、升级改造一批、规范达标一批)治理目标。开展苏州三级执法检查、四项执法专项行动,出动检查人员2250人次,检查企业1125家次,发现隐患3467个,立案336家,处罚889万元。全市9688家工业企业全部完成安全风险定期报告,有4323家企业报告较大以上安全风险16769条;有34家企业报告重大风险108条。落实风险报告核查审计制度,市镇两级联动审计1452家企业。完善三级政府重大隐患挂牌整改制度,严格项目挂牌标准,提高生产技术改造类项目占比,挂牌督办项目125个。印发《2022年度常熟市“亿元”以上企业二级安全生产标准化创建实施方案》,核定一级标准化定级企业梯队5家,二级标准化87家。

【安全生产专项整治】 2022年,常熟市开展百日攻坚专项整治,检查企业(场所)24万余家次,排查问题隐患2272余处,整改重大隐患21个。开展危化品安全风险集中治理,印发《常熟市危险化学品安全风险集中治理实施方案》,制定6大类61项任务清单,健全流通、使用、存储、废弃处置等4个环节闭环管理机制。开展存储环节合规化改造,348个中间仓库和768个储存专用柜完成改造,完成工贸企业自建危化品仓库立项27家。开展醇基燃料整治,出动检查力量1600多人次,排查点位8500多个,排摸使用醇基燃料单位108家,发现问题隐患68条。

【安全生产巡视意见整改】 2022年6—7月,省纪委监委对常熟新材料产业园、经开区化工园区进行安全生产专项整治三年行动重点监督检查,并进行情况反馈。常熟市成立化工园区安全生产问题整改工作领导小组。市安委办(应急管理局)多次召集相关部门及板块,针对反馈问题,逐条研究,完善整改措施,明确整改时限,对标找差,逐一整改。至年底,省纪委反馈2个园区1060项问题,已整改1050项,总体完成率99.1%。其中,新材料产业园592项,整改完成588项,总体完成率99.3%;经开区化工园区468项,整改完成462项,总体完成率98.7%。

【工业群租企业整治】 2022年,常熟市按标准整治出租企业1443家,承租企业5858家。累计开展专项检查2680余次,夜查96次,集中约谈“不符合安全生产条件、无法通过环境影响评价备案、存在严重消防安全隐患”企业240次,约谈企业434家、主要负责人(厂长、法人代表、实际控制人)、房东、二房东和工业房产方760人,关停低端低效企业1703家,排摸群租企业各类隐患2.62万条,完成隐患整改2.17万条。

【安全生产宣传教育】 2022年,常熟市通过开设专栏专版、展播公益视频、发送公益短信、投放公益广告、设计线上游戏、举办文艺晚会、征集文艺作品、征集线上签名、开展线上直播、组织志愿者“五进”等多种方式,传播“常安·常熟”理念,打造“常安·常熟”品牌。累计录制《常安·常熟》12期,在电视频道及1168辆公交车上循环播放。“安全生产月”期间,组织开展大型活动4次、晚会1台,累计参与人数超25.4万人。夏季高温时期,开展“迎战高温‘烤’验”线上直播,累计在线观看人数超6.7万人。常熟市安全文化教育体验基地常态化开设亲子活动、主题讲座、实操培训等活动,接待参访8200多人次。开展安全培训“走过场”专项执法行动,重点整治生产经营单位不落实员工安全培训责任和特种作业人员持证上岗等违法违规行为。加大对企业安全生产“三类”人员(主要企业负责人、项目负责人、专职安全生产管理人员)的培训力度,累计培训及复审3.63万人,其中特种作业复审人员9800人,复审率100%。

【市安全文化教育体验馆开馆】 11月4日，市安全文化教育体验馆开馆。该馆位于常熟国际展览中心，是全市第一个综合性安全文化教育体验馆。馆内教育体验项目包含工业企业安全、危化品安全、建筑施工安全、交通安全、消防安全、居家安全、旅游安全、特种设备安全、校园安全、灾害体验、应急救护等方面，通过风险剖析、案例公示、VR体验，为广大市民、企业员工、学校师生等提供参观、咨询、体验、研学服务。 （徐小祥）

消防安全

【概况】 2022年，常熟市发生涉及有财产、人员损失的火灾56起（不含汽车火灾事故26起，），因灾死亡1人，火灾造成直接财产损失2467.61万元。全市立案调查火灾事故82起，其中简易程序24起，一般程序58起。全市发生“331”领域火灾事故4起，连续五年下降；排查整改各类红黄隐患3.49万处，全市10.15万户出租房屋合规备案率动态保持在98%左右，完成2批20处重点隐患三级挂牌点位整治；依托大平台对2.86万家“9+1”场所实施长效管理，开展巡查1.29万家次，整改隐患场所545家。全市229个村（社区）推动出租房“全电厨房”改造，“无罐”小餐饮场所实现占比超56%。2022年度常熟市重大火灾隐患挂牌整改项目23家单位。

（王轶超 范炟奇）

【消防救援】 2022年，常熟市消防救援队伍接警出动2728次，其中火灾1273起，抢险救援602起，社会救助324起，公务执勤328起，虚假警201起。出动人员38610人次、车辆6790车次，营救疏散被困人员2000余人。接收处理各类投诉举报885起。全市18个中心消防救援站和6个小型消防站应急救援力量体系基本形成。参与抗击“梅花”台风，处置“5·21”兴合瑞火灾、“7·25”裕博火灾和“9·20”董浜高速枢纽油罐车火灾等急难险重任务。

【消防监管】 2022年，常熟市探索建立乡镇消防监管组织和工作机制，推动设立乡镇消防机构，委托乡镇开展消防监督执法。推动市消防安全委员会成员调整，建立社会化火灾隐患整改机制。市消防救援大队发出火灾风险预警提示函、工作建议书20余份。将消防安全作为考核评价指标，完成安全生产党政同责、市政府目标绩效管理考评。健全部门信息共享、情况通报、联合检查、联合查处、案件移送等工作机制，排查整治重大风险隐患。完善各级政府和部门应急预案，突出应急响应、社会联动、协同配合、秩序管理、舆情管控等环节。推动基层消防安全委员会办公室实体化运转，指导社会单位开展“三自主两公开一承诺”“1234+N”活动，推广消防安全重点单位“微消防”管理，试点推广简易喷淋和独立感烟报警探测器。推进“放管服”改革，公众聚集场所实行告知承诺制，实现消防行政许可“一站式”服务，推出预先服务和“容缺后补”等创新机制。

11月9日，常熟市2022年“119”消防宣传月启动仪式暨中天路专职消防救援站揭牌仪式举行

（市消防救援大队 提供）

【消防执法】 2022年，市消防救援大队通过“双随机、一公开”系统检查单位1480家，发现火灾隐患2350处，督改火灾隐患2280处，下发责令改正通知书1183份，下发行政处罚决定书559份，下发临时查封决定书20份，责令“三停”4家，罚款559.1万元，拘留3人。派出所检查单位7307家，发现并督改火灾隐患8914处，下发责令改正通知书6008份。对消防监督系统内59起（包括派出所积案未执行数12起、未分工6起）积案全部完成整改，追缴罚款9.5万元。

【火灾防控专项整治】 2022年，市消防救援大队开展火灾防控专项整治6次，包括生产经营租住村民自建房重大火灾风险综合治理、居民住宅小区消防安全治理“百日攻坚行动”、高层建筑三年专项整治行动、消防安全大检查、商场市场和大型商业综合体专项整治、冬春火灾防控专项整治。

【消防能力建设】 2022年，全市各地财政投入消防经费1.6亿元，比上年增加14.67%。加强与市森林防火办协作，建立健全联勤联训工作制度，指导森林灭火救援队开展业务训练80人次，联合资规、应急、公安、气象等部门开展森林火灾扑救演练。开展主要灾害事故联合处置演练8次。市消防救援队伍在苏州市消防救援支队比武竞赛中，国家队获团体第二、政府专职消防队获团体第一。

【消防宣传】 2022年，市消防救援大队推动消防安全教育纳入国民教育和精神文明建设体系，开展“119”消防宣传月活动。开展消防安全宣传“五进”工作，策划推出《蓝豹》等宣传作品。全市“九小场所”配备专职消防安全员26246人，兼职5520人，组织培训432次，培训9300人。联合高新区举办“抓消防安全，保高质量发展”第三届消防技能比赛。联合市教育局开展消防夏令营暑期安全教育活动。全年通过“常熟消防”微信公众号发稿680多条，其中原创文章93篇。

（王轶超）

农产品质量安全

【农产品质量监管】 2022年，全市建成12个乡镇农产品质量安全监管站、52个村级农产品质量安全服务站点，配有28名乡镇监管员、190名村级协管员，梅李镇监管站获评“江苏省五星级监管站”。古里镇、沙家浜镇等10家监管站获评“苏州市四星级监管站”，实现涉农乡镇四星级监管站全覆盖。2022年，全市完成本级蔬菜、果品、稻谷、水产品等抽样检测2524批次，其中风险监测1504批次、监督抽检1020批次，总体检测合格率99.6%。查办农产品质量安全案件12起，罚没金额2.19万元。全年开展稻谷蔬果水产等农残快速检测4.8万批次，快检合格率99.99%。常熟市被授予“第三批江苏省农产品质量安全县”称号。

【食用农产品安全责任保险】 2022年，常熟市持续在全市范围内试点开展食用农产品安全责任保险工作。2021年试行《常熟市食用农产品安全责任保险试点实施方案》以来，全市农业企业投保62家次，涵盖粮油、蔬果、水产等，总保额累计1亿元。

【农资管理】 2022年，常熟市开展农资质量抽检102批次，其中农药47批次、肥料14批次、兽（渔）药4批次（1批次不合格）、饲料及其添加剂37批次（1批次不合格），合格率98.04%，抽检种子标签108批次，立案查处农资案件17起，结案16起，罚没款合计3.34万元。全年累计回收处理农药包装废弃物141.69吨。全年农用农药使用量746吨，比上年减少30吨。（陆喜媚）

公共卫生安全

【概况】 2022年，全市办结卫生健康行政许可2011件，出动卫生监督执法人员17234人次（市级8534人次），检查各类生产经营单位9665户次（市级5279户次），实施行政处罚194件（市级69件），罚没款336.9万元（市级53.65万元）。指导常熟市春来机械有限公司等5家企业开展一般失信行为行政处罚信息信用修复。完成国家双随机监督抽查单位80家，实施行政处罚6件。完成省级抽查单位271家，实施行政处罚37件。市卫健委获评“七五”普法先进单位、获评2021年度苏州市卫生健康信用体系建设先进集体。市卫生监督所获评苏州市卫生监督综合工作、职业卫生监督工作先进集体，“焦某某未按规定告知患者医疗风险等案”获评2021—2022年度苏州市卫生健康系统行政执法优秀案例。常熟市选送的许可类、处罚类案卷均获苏州市卫生健康行政执法案卷评查第一等次。

表69　2022年度常熟市卫生健康行政处罚情况统计表（含镇域）

处罚类别	案件数（件）		罚没金额（万元）
	总数	重大行政处罚数	
医疗服务	16	6	28.2
公共场所与涉水产品	57	7	10.6
传染病与消毒产品	37	—	2.2
职业病与放射卫生	81	50	295.9
学校卫生	0	—	0
计划生育	—		—
其他（含妇幼健康和母婴保健）	3	0	0

（资料来源：市卫健委）

【镇域卫生监督执法】 2022年，市卫健委开展乡镇现场执法监督检查12次，对乡镇综合执法人员进行培训5次。向相关乡镇综合执法局移送案件和案件线索8件。组织开展卫生健康案卷提升年活动，组织开展行政执法专题培训和镇域综合执法案卷评查，通过前期自评、网上互评、专家综评三个环节巩固评查成效。各镇、街道综合执法局进行卫生监督4386户次，出动执法人员8700人次，办理投诉举报107件，实施行政处罚129件，罚没款金额为281.1万元，查处非法行医数22件，移送司法部门追究刑事责任的案件1件，没收药品166.4千克，没收医疗器械510件，涉案标值1万元。

表70　2022年度常熟市镇域综合执法卫生健康行政处罚情况统计表

处罚类别	案件数（件）			罚没金额（万元）
	总数	重大行政处罚数	移送数	
公共场所	55	7	—	10.2
无证行医	7	—	1	1
职业卫生	67	45	—	269.9
学校卫生	0	—	—	0

（资料来源：市卫健委）

【公共卫生监管】 2022年，市卫健委对药店、超市组织消毒产品经营单位专项检查13户次。监督检查消毒产品经营单位23家、生产单位2家，为3家消毒产品生产企业提供相关法律法规标准及办证咨询服务。对1家婴幼儿卫生用品经营单位及1家生产单位进行专项监督抽检。对2家成人排泄用卫生用品经营单位进行监督抽查，其中1家单位销售的产品不符合相关卫生标准，责令其立即下架相关批次产品，并给予罚款1000元的行政处罚。对5家抗（抑）菌制剂生产企业和6家经营单位进行专项督查。随机抽检10家消毒产品生产企业，抽检的4份样品检测结果均符合相关卫生标准。开展五轮餐具饮具集中消毒服务单位专项监督检查，抽检样品均合格。

表71　2020—2022年度常熟市公共卫生监管信用评价规模统计表

类别＼年份	2020年（家）	2021年（家）	2022年（家）
涉水产品	13	17	17
餐具饮具集中消毒服务单位	2	2	—
消毒产品生产企业	4	9	—
住宿业单位	368	383	381
沐浴业单位	308	309	336
美容美发业单位	920	1077	1149
星级宾馆	—	—	9
游泳场所	19	23	23
学校卫生	114	117	123

（资料来源：市卫健委）

表72　2022年度常熟市公共卫生监管信用等级评价结果统计表（表一）

类别＼等级	A（家）	B（家）	C（家）	不予评定（家）
涉水产品	1	12	1	3
餐具饮具集中消毒服务单位	—	—	—	—
住宿业单位	9	98	273	1
沐浴业单位	2	46	285	3
美容美发业单位	—	95	1054	—
星级宾馆	3	6	—	—
游泳场所	4	17	2	—

（资料来源：市卫健委）

表73　2022年度常熟市公共卫生监管信用等级评价结果统计表（表二）

类别＼等级	优秀（家数）	合格（家数）	合计（家数）
消毒产品生产企业	—	—	—
学校卫生	20	103	123

（资料来源：市卫健委）

【医疗服务监管】 2022年，市卫健委实施医疗机构行政处罚案件9件，罚款11.6万元。对12家医疗机构实施记分处理，对1名医务人员实施行政处罚，罚款1万元。对33名存在问题的医务人员进行记分处理。对35家《母婴保健技术执业服务许可证》持证单位进行督查，重点检查其中6家助产技术机构。对全市包含母婴项目的167家机构进行摸排，现场调研2家月子中心。联合医保局、民政局开展护理院规范建设信用评价工作，对7家护理院进行信用等级评定。

（周志英）

食品药品安全

【食品安全监管】 2022年，全市有食品生产经营单位21599家，其中获证食品（食品添加剂）生产企业118家，食品小作坊216家，食品销售主体10150家，餐饮服务主体7688家，食堂1844家，小餐饮备案1583家。年内，市市场监督局实现生产经营单位全覆盖检查。完成食品安全监督抽检和风险监测15049批次，达8.97批次/千人。61家集贸市场（含2家大闸蟹专业市场）完成每日食用农产品快检全覆盖。零售集贸市场、农产品批发市场快检合格率99.99%，各市场疑似阳性产品处置率100%。学校食材配送单位10家，学校食堂“五常法”等先进管理方式实施率98.51%，量化分级评定优秀率94.36%。制定《常熟市家宴中心规范化建设试点标准》，14家农村家宴中心达到规范化建设要求。核发“集体聚餐服务”类食品经营许可证692张，组织《常熟市农村集体聚餐食品安全监督管理办法（试行）》培训会17场，培训民间厨师1025人次。各地食安办备案指导农村集体聚餐9031场次，登记民间厨师2257人，集体聚餐固定操办场所78家。

表 74　　2022 年常熟市食品安全监督抽检和风险监测统计表

类型	部门	抽检批次	合格批次	不合格批次	合格率
食品监督抽检	农业农村局	2524	2515	9	99.64%
	市场监管局	12024	11772	252	97.90%
	海关	201	196	5	97.51%
	小计	14749	14483	266	98.20%
风险监测	卫健委	300	251	49	83.67%
合　计		15049	14734	315	97.91%

（资料来源：市卫健委）

【药品医疗器械安全监管】 2022年，常熟市有药品生产企业14家，药品零售企业747家（其中连锁门店370家，单体药店377家），一类医疗器械生产备案企业62家，持证医疗器械经营企业239家，医疗器械备案企业1106家，医疗机构522家（其中三级医院3家，二级医院5家），化妆品生产企业3家。市场监管局对辖区内8家医疗机构和11家药品零售企业进行药品抽样，完成省级药品抽样120批，无不合格情况，在此期间查处药械化违法案件171件，其中责令改正与警告数共1135件，罚没款325万余元，移送公安部门7人。完成审核并上报不良反应（事件）2415例。　（高　阳）

网络与信息安全

【网信安全管理】 2022年，常熟市建立覆盖各地各部门的网络安全官制度，新认定支撑单位20家。推进数字安全建设，推进城市“网安云脑”常态化安全监测机制扩大覆盖面，组织实施“网安2022”专项行动，开展国企专项检查、“虞城护网”攻防演练等活动，印发通报40多期，处置率100%。　（王旻晥）

2022年常熟市网络安全宣传周开幕式

9月7日，2022年常熟市网络安全宣传周开幕　（市融媒体中心　提供）

【网络安全防控】 2022年，市公安局构建网络安全社会防控体系，检查网吧502家次；开展等级保护定级备案系统42个；查处不履行网络安全义务类案件68起，危害网络安全类案件14起，行政处罚14人。　（范烜奇）

【市“网安2022”专项行动暨“虞城护网”网络安全攻防演练】 7月25—26日，常熟市“网安2022”专项行动暨“虞城护网”网络安全攻防演练在电信局举行。市委网信办、市公安局、市互联网协会相关领导和攻防演练参演队伍出席。市网络安全各主管部门联合邀请4名常驻专家裁判、10支专业攻击队伍对全市80余家党政机关、事业单位、国企所属网站、信息系统进行渗透攻击，在不引入新风险情况下，通过“以攻为守”方式，主动查缺补漏，提升安全等级，检验提升全市常见安全漏洞修复和重要信息系统网络安全防范能力和水平，达到以演练促整改、以演练堵漏洞、以演练防风险的目的。　（年鉴编辑部）

责任编辑　汤　涵

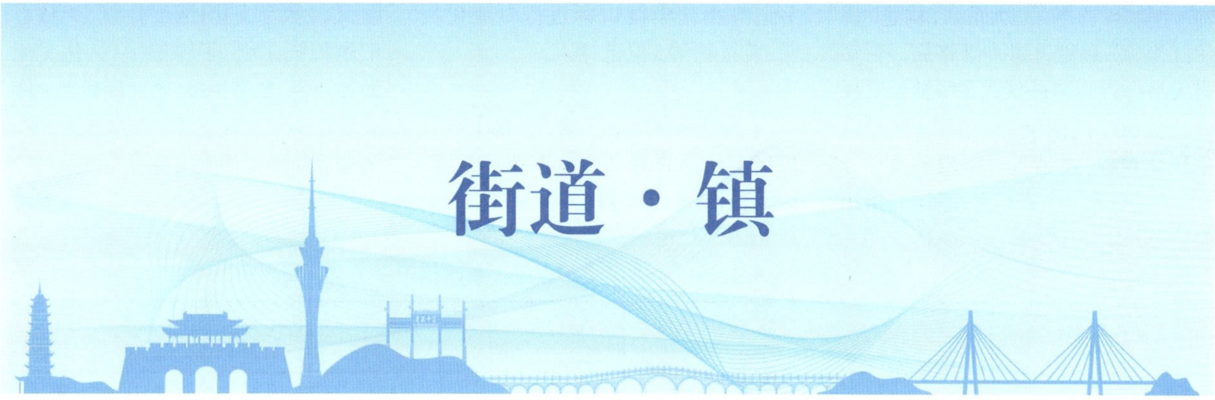

街道·镇

虞山街道

【概况】 虞山街道位于常熟城区西部，北临常福街道，东连琴川街道，南靠莫城街道，西接尚湖镇。年末，区域面积48.32平方千米，下辖35个社区、6个村、3个管理区，常住人口19.35万人，其中户籍人口12.66万人。2022年，虞山街道实现一般公共预算收入12.5亿元，比上年增长4%。限上批发业销售额预计完成80亿元，比上年增长10.8%。限上社会消费品零售额完成15.8亿元，比上年增长11.6%。

【经济发展】 2022年，虞山街道推进安省建筑设计中心、常铝新材料研发中心等重点项目实施。复旦张江研究院常熟数字经济创新中心成功申报苏州市级众创空间，打造枫林路金融保险特色产业楼，签约引进秀孚金融保险众创空间、浙商保险等公司，入驻率约80%。推进环虞山文创产业带高质量发展，"蓝·原茸森林"文旅产业园开园，落户项目32个，入驻率90%。"艾克"数字文创产业园、"山湾里"文化创意产业园落户项目28个。举办城市经济创新产业洽谈会，集中签约项目12个，总投资近5亿元。启动环虞山低效用地产业更新专项行动，腾出空间近2万平方米。

【社会事业】 2022年，虞山街道推进历史街区整理更新，完成西泾岸历史街区更新规划，核心区集中房屋使用权120户，理工学院地块完成收储，集中建筑面积1.15万平方米。启动核心区内4处老旧公寓楼分类处置。启动缪家桥等6个单元城中村自主更新，惠及居民120户，邓家村等"插花式"区域更新实现突破，加强已更新单元常态长效管理。实施183户农宅翻建，加强阳光房、地下室整治。更新改造南沙、长江路片区等老旧公寓9万平方米，增设电梯5台，新增口袋游园7处。实施既有建筑更新改造超4.2万平方米。打造美丽乡村，顾家湾等27个自然村组"千村美居"工程开工，惠及农户1276户，完成市级验收22个村组，三峰管理区实现"千村美居"全覆盖。加快钱家村、鹤顶上等15个特色精品和特色康居乡村创建，基本建成"虞山风景片区"特色田园精品示范区。年内，虞山街道对各类困难对象发放社会救助金183万元，对192户老年人家庭实施适老化改造。新增社区日间照料中心5家，实现村（社区）全覆盖。

【虞山街道沧浪街道结对共建】 8月30日，苏州市姑苏区与常熟市历史文化名城"双城联袂"签约仪式举行。姑苏区沧浪街道、常熟市虞山街道签订结对共建合作框架协议，双方在党建引领、经济发展、文明城市、基层组织、干部培育等方面开展交流合作，共同参与苏州市域一体化工作。

【虞山街道善治学院成立】 10月12日，虞山街道善治学院暨苏州市新时代基层理论宣讲名师工作站（常熟市）虞山街道分站揭牌成立。分站以建设更高品质"江南福地"中心城区为目标，围绕美丽常熟建设主轴主线，打造"虞学·原点""虞学·访

虞山生态步道　　（虞山街道　提供）

轴”“虞学·荟声”三大系列，构建“虞学红坐标”理论宣讲多维格局。活动当天举办讲师聘任仪式和师徒结对仪式。善治学院围绕“五治”方向设立系统化课程，邀请五大领域的文史专家、机关干部、行业专家、基层党组织书记等担任学院讲师进行专业化授课，首批聘请5位讲师。

【蓝·原茸森林文旅产业园开园】 7月2日，蓝·原茸森林文旅产业园开园。该园位于虞山南路53号，占地1.8公顷，以“数字文化+网红打卡”为核心，汇聚传统文创、影视拍摄、文化交流、商务办公、数字科技、商业配套于一体，是虞山街道文化艺术、科技创新、休闲消费等新经济活动的重要空间载体。

（顾雪怡）

表 75　　2022 年虞山街道各村（社区、管理区）基本情况一览表

村（社区）	户数（户）	户籍人口（人）	集体经济总收入（万元）	总资产（万元）	党组织书记	村（社区）主任
花园浜社区	905	2103	—	—	张　竹	张　竹
四丈湾社区	1174	2677	—	—	顾玉萍	顾玉萍
学前社区	1353	3041	—	—	金　燕	金　燕
报本社区	1639	4112	—	—	章　叶	章　叶
清和坊社区	1728	4163	—	—	张　益	张　益
北门大街社区	2027	5120	—	—	苏咏梅	苏咏梅
西泾岸社区	1581	3994	—	—	林妹萍	林妹萍
西庄街社区	1008	2685	—	—	张　恬	张　恬
烟雨社区	1032	2525	—	—	邹　艳	邹　艳
南门社区	1352	3011	—	—	温祎炜	温祎炜
湖中社区	377	967	—	—	陆　琪	陆　琪
尚湖社区	195	528	399	1245.14	张明华	张明华
山前社区	1068	3112	—	—	沈　婵	沈　婵
菱塘社区	1470	3999	—	—	潘　炜	潘　炜
常福社区	1795	4696	—	—	秦建环	秦建环
甬江社区	1171	3169	—	—	包新羽	包新羽
泰安社区	1699	4601	—	—	陈　韫	陈　韫
五星社区	1422	4007	—	—	胡　怡	胡　怡
琴枫社区	1216	3476	—	—	陈　轲	陈　轲
闽江社区	1117	3155	—	—	钱美珠	钱美珠
张坝社区	566	1964	597	8972.01	冯国强	冯国强
星海社区	1863	4815	—	—	蒋艳兰	蒋艳兰
李桥社区	994	3292	737	5659.38	张志文	张志文
兴福社区	455	1496	485	3069.83	钱　勇	钱　勇
明晖社区	1368	3518	—	—	王　薇	王　薇
报南社区	1073	2875	—	—	陈幼兰	陈幼兰
报北社区	1711	4826	—	—	吴　辉	吴　辉
华山社区	892	2844	—	—	叶　澄	叶　澄
南沙社区	1302	3193	—	—	宋陶星	宋陶星
枫林社区	952	2614	—	—	冯爽英	冯爽英
虞北社区	304	810	—	—	王　怡	王　怡
望湖社区	253	570	—	—	张　恒	张　恒

续表75

村(社区)	户数(户)	户籍人口(人)	集体经济总收入(万元)	总资产(万元)	党组织书记	村(社区)主任
梅园社区	384	1072	—	—	钱 雯	钱 雯
福泰社区	441	1096	—	—	徐建明	徐建明
嵩山社区	1226	3404	—	—	周文澜	周文澜
宝岩村	741	2650	916	4524.64	严 黎	严 黎
甸桥村	1547	5142	1820	14635.28	潘国良	潘国良
元和村	1395	4477	1341	10842.18	钱卫春	钱卫春
泄水村	534	1816	1135	9128.37	蒋雪峰	蒋雪峰
大湖甸村	709	2265	830	3451.56	缪 钧	缪 钧
建华村	424	1728	824	12487.59	赵建国	赵建国
兴福管理区	518	1838	687	1758	邹冠宇	邹冠宇
三峰管理区	512	1788	550	1971	吴瑞石	吴瑞石
宝岩管理区	416	1403	592	1619	潘 鹤	潘 鹤

(资料来源:虞山街道)

常福街道

【概况】 常福街道位于城市北部,东连海虞镇,南与琴川街道、虞山街道相接,西邻尚湖镇,北与张家港市凤凰镇交界。区域面积86.6平方千米,下辖21个村,11个社区,常住人口16.6万人,其中户籍人口8.67万人。2022年,常福街道完成地区生产总值163.5亿元,比上年增长4.8%;完成一般公共预算收入15.4亿元;完成工业开票销售收入466.8亿元,比上年增长15.6%;服务业开票销售收入(不含房地产)184.2亿元,比上年增长4.3%。

【经济发展】 2022年,常福街道实施“三高一美”创建,完成建设高标准农田164.67公顷、高标准池塘118公顷,166.67公顷优质稻米示范区、98.33公顷田美乡村示范区通过验收,北大荒农服集团签约落地。新增认定智慧农业生产场景1个,都市生态农业产业园获评苏州市农业园区转型升级示范区、节水型农业园区,小义村获评智慧农村示范村,勤川农业获评苏州智能农机装备应用示范基地。圣百合公司晋升为苏州市农业龙头企业,恒洋莫凡庄园入选苏州市共享农庄,“福贞黄酒”获评苏州市农业遗产类乡村文化基地。通过“一图一表”腾挪空间,淘汰低端企业166家,完成签约75.2公顷,拆旧复垦31.87公顷。编制完成产业用地更新行动方案,签约清退阳光大道、苏州路沿线企业9家。运用增资技改、收回重供、二级市场转让等方式原地盘活存量土地37.27公顷。

【社会事业】 2022年,常福街道建成投用全市首家综合为老服务中心,大义社区卫生服务中心、谢桥青松苑完成改扩建,江河天绒安置房完成验收,谢桥派出所搬迁启用,谢桥中学、大义中心小学、谢桥中心小学硬件设施升级完善,钱底巷幼儿园竣工。发放各类政策性资金3000万元。新增岗位超2900个,完成就业技能培训1129人,高校毕业生就业率超96%。累计验收“千村美居”村组65个,建成苏州特色康居乡村42个;福圩村沉海圩、小义村归城入选省特色田园乡村,明晶村韩家桥入选

11月11日,常福街道—海虞镇“共话乡村振兴 共谱崭新篇章”论坛在小义村举行
(常福街道 提供)

苏州市特色田园乡村。“福泽望虞·宜居常福”入选苏州市特色康居示范区。新建农村公厕7座，疏浚村级河道32条，完成农村生活污水治理700户，建设污水主次管网超11千米。全年验收农宅翻建803户，启动丁坝葛家浜自主更新。举办“常福大舞台”文化惠民周周演，开展各类文化活动450场。

【益家营造中心揭牌】 7月25日，常福街道益家营造中心揭牌。该中心是街道基层治理现代化试点项目——“益元租”社区赋能行动落地载体。益家营造中心位于台山路19号，面积2500平方米，分为上下2层，设有创客工场、交互空间、创想论坛、益家书房、科学实验室、营造教室、共享服务中心等18个功能区。营造中心设置“公益积分”制度，社区居民通过参加公益活动、提供专业技能获得公益积分奖励。

【全市首张“全城通办通取”营业执照出证】 8月10日，常熟市首张“全城通办通取”营业执照在常福街道行政审批局出证。出证现场，易弗文化传媒有限公司法定代表人通过“全城通取”自助一体机，打印领取营业执照和登记通知书，并通过跨区合作完成税务套餐办理和公章刻制等企业开办全流程。常福街道在苏州全市率先完成乡镇（街道）层级的证照一体机升级改造，通过自助一体机引入登记机关电子印章，支持营业执照和文书上的红色公章打印，并带有数字加密认证，实现苏州全域“营业执照和审批文书全城通取”。

（殷梦怡　余江南）

表76　2022年常福街道各村（社区）基本情况一览表

村（社区）	户数（户）	户籍人口（人）	集体经济总收入（万元）	总资产（万元）	党组织书记	村（社区）主任
合丰村	561	2077	1588	11837	薛建国	薛建国
联盟村	339	1502	1708	14143	李保全	李保全
项山村	396	1508	987	5994	丁　俞★	—
毛桥村	1526	5638	1848	26581	归燕青	—
明晶村	1087	3890	1194	7897	吕　飞	吕　飞
勤丰村	1767	6780	3624	52529	张建昌	张建昌
翻身村	626	2333	1344	10435	丁　科	丁　科
永红村	756	3208	1104	7292	徐　威	徐　威
常福村	634	2489	882	11722	—	—
新红村	654	2410	1277	5752	徐建锋	徐建锋
福圩村	666	2545	1296	8650	何正祥	何正祥
方浜村	1710	6748	1726	21460	鱼利锋	鱼利锋
小山村	918	2915	1815	13949	宗顺林	宗顺林
五新村	540	1754	1011	9125	吴　刚	吴　刚
压路机村	1039	3758	1194	18000	王志荣	王志荣
蜂蚁村	1182	4239	1449	9328	范　斌	范　斌
东联村	1213	4161	1535	13529	赵国成	—
光明村	970	3220	1539	12399	范永平	范永平
小义村	1330	4943	1555	11621	殷文元	殷文元
中泾村	1021	3648	2115	17406	范益民	范益民
常隆村	905	3020	1287	11676	陆静忠	陆静忠
丁坝社区	431	1629	1332	12744	顾志敏	顾志敏
谢桥社区	717	1752	—	—	陈明珠	陈明珠
绿地社区	1073	2340	—	—	周　幸	—
景泰社区	227	528	—	—	庞晓晔	—

续表76

村（社区）	户数（户）	户籍人口（人）	集体经济总收入（万元）	总资产（万元）	党组织书记	村（社区）主任
碧海社区	1126	2820	—	—	钱莉娜	钱莉娜
大义社区	1245	2472	—	—	陆卫中	陆卫中
珠海社区	239	520	—	—	徐　群	—
游文社区	283	595	—	—	钱洲洋	钱洲洋
怡馨社区	131	264	—	—	—	—
新义社区	154	389	—	—	黄礼花	黄礼花
景华社区	224	582	—	—	张俊达	—

说明：★为党总支第一书记

（资料来源：常福街道）

莫城街道

【概况】 莫城街道位于常熟市南部，东濒昆承湖，南接辛庄镇，西靠元和塘，西北和尚湖镇相邻，北部与虞山街道、琴川街道接壤。年末，区域面积40.8平方千米，下辖14个村、5个社区，常住人口14万人。2022年，莫城街道实现一般公共预算收入4.25亿元，比上年减少7.6%；限上批发业销售额26.19亿元，比上年增长21.59%；限上社会消费品零售额11.95亿元，比上年增长78.62%；规模以上文化产业营业收入6.3亿元，比上年增长56.7%；规模以上生产性服务业营业收入23.85亿元，比上年增长17.6%；到账外资3960万美元，比上年增长30.9%；进出口总额21.7亿美元，比上年增长33.3%。

【经济发展】 2022年，莫城街道完成固定资产投资30.5亿元；落实市级重点产业项目15个，计划总投资100亿元；签约新经济项目19个，协议总投资6.85亿元。城市配送中心二期、东瑾供应链协同园区等项目启动建设；长三角时尚供应链枢纽一期、常生科创供应链中心等项目投产运营。好孩子全国总仓、百世华东电商总仓、熊猫云仓等相继落户。市场交易额实现1461亿元，国有市场出租率稳定在99%。培育规模以上直播电商企业23家，打造拼量超级品牌中心、玖号源点等新型直播基地超10万平方米，直播电商交易超600亿元。举办常熟服装城时尚云消费大会，促成交易超7亿元。围绕数字经济产业，引进耘畅数科、欧菲斯华东运营总部，实现产值7.7亿元，“遥发”、心愿美、紫晶云等一批数字电商总部落户，衫数科技入选省潜在独角兽企业名单，飞榴科技总部企业落户莫城街道，获评2022年《财富》中国最具社会影响力创业公司。“市采通”平台入选全国“2021—2022服务创新实践案例”，全年实现贸易出口20.6亿美元。集体经济组织在建及竣工产业园面积超20万平方米。汇城公司推进村集体抱团发展，湖鹤工业园二期、三村联合工业坊竣工验收。推行“国企联村”新模式，尚塘数智产业园等项目建设推进。村均集体经营性收入实现986万元，较上年增长3.25%。

9月7日，“礼赞新时代，追梦复兴路”专题宣讲暨苏州市新时代基层理论宣讲名师工作站（常熟市）莫城街道分站成立仪式举行　（莫城街道　提供）

【社会事业】 2022年，莫城街道修改完成片区控规、村庄规划9个。推进“一图一表”工作，完成拆旧10.27公顷，拆除违建超200处，腾出发展空间86.67公顷。完成物流园区纵一路、斜桥路等6条镇级道路建设，推进村级道路三年改造计划，完成村道改造6条，推进燕泾路、聚福路、西南公路等11个项目前期设计及报建工作。建设高标准农田106.07公顷。完成苏州市“平安农机”示范街道创建，培育苏州市级示范家庭农场1家，推动东青茓实、天香四季等家庭农场打造“三农新地标”。启动建设“千村美居”24个点位涉及农户1306户，其中10个点位被评“苏州市特色康居乡村”，创建和甸、燕巷等5个“五治融合”创新实践试点，和甸村获评2022年度苏州市“智慧农村”。完成4.2平方千米排水达标区建设，落实50个小区雨污水管网整改。完成4家重点企业挥发性有机物深度治理和75处裸土地块扬尘治理，区域$PM_{2.5}$平均浓度为25微克/米^3，比上年下降11%。完成4条劣V类河道治理和10条市级生态美丽河湖建设，6处水质考核断面均达标。新增各类停车泊位543个，打造文明示范楼道33个。

【数字品牌智慧供应链协同园区项目开工】 3月30日，由苏州东瑾服饰科技有限公司投资建设的数字品牌智慧供应链协同园区项目获施工许可证。该项目是常熟人才新政实施后首个人才项目产业用地（M0）供地项目，也是年内全市首个苏州市政府推进工业用地提质增效新政策下的产业用地供地开工项目。项目位于苏常公路以西、恒发重机以北，占地1.5公顷，总投资1.35亿元，建设面积约3.7万平方米，围绕线上品牌建设，面料、设计的产业数字化和数字新零售三个方面建设新零售运营中心、面料研发中心、潮流趋势分析中心、柔性供应链管理中心。

【云裳摄影基地启用】 6月14日，云裳摄影基地启用。基地占地面积6000平方米，有4幢不同主题风格的建筑，拥有希腊、欧美、日韩等主题场景120多个，为各类摄影、视频、主播团队提供商业取景。云裳摄影基地是全市第二批既有建筑更新项目之一，是云裳小镇通过多元化投资模式对区域内部分结构较好、土地利用率较高老厂房进行既有建筑更新改造试点的典型。

【城市配送中心二期项目开工】 12月4日，常熟服装城数贸中心（常熟市城市配送中心二期项目）开工。该项目建筑面积5.2万平方米，规划建设集商务、管理、休闲、配套功能于一体的数贸中心。项目重点布局智能云仓、数字管理、数据分析、时尚供应链、直播产业园、活力商务七大中心，助推常熟服装城生产、贸易、现代物流集群化、数字化发展，打造成为引领贸易数字化发展的标杆项目。（陈文艳）

表77　2022年莫城街道各村（社区）基本情况一览表

村（社区）	户数（户）	户籍人口（人）	集体经济总收入（万元）	总资产（万元）	党组织书记	村（社区）主任
青莲村	593	2629	1192	9864	夏志良	夏志良
湖泾村	426	1567	1463	5783	徐　骏	—
新建村	412	1590	1169.48	7150.1	袁伟良	—
安定村	1220	2380	845	8320	周雪强	—
言里村	918	3449	1794.63	12252.79	张永刚	张永刚
三塘村	1002	3939	2014	9062.48	祝　庆	祝　庆
燕巷村	601	2289	2919	14466	周建新	—
和甸村	291	1184	791	5318.22	戴福根	戴福根
湖鹤村	675	2522	898	9800	顾文云	顾文云
东青村	663	2596	732.35	7619.43	顾丽新	顾丽新
东始村	736	2714	1613	6636	牛建平	—
长瑞村	559	2038	2242	9784	时小兵	时小兵
三和村	688	2595	592	6596	戈金龙	戈金龙
三星村	1133	4272	1933	10876	钱志方	钱志方
琴南社区	2661	1109	0	0	李加慎	—
山湖社区	2358	1257	0	0	周敏文	—
莫城社区	1109	1159	0	0	陈静君	—
聆湖社区	1684	162	0	0	朱　敏	—
和莫社区	1049	52	0	0	沈丽萍	—

（资料来源：莫城街道）

琴川街道

【概况】 琴川街道位于常熟城区东部，北倚常福街道、海虞镇，西与虞山街道相邻，东联古里镇，南至东南街道，濒临昆承湖。年末，区域面积48.7平方千米，下辖41个社区和15个行政村，其中4个村、社区为合署办公。常住人口25.02万人，其中户籍人口13.44万人。2022年，琴川街道完成同口径一般公共预算收入30.69亿元，比上年增长15%。实现限上社会消费品零售总额81.69亿元，限上批发业销售额99.33亿元。完成服务业投资134.38亿元，比上年增长5.9%。

【经济发展】 2022年，琴川街道新增市场主体5506家，新增纳统上规企业45家。苏州首家法律服务产业园——常熟市琴川法律服务产业园开园。世茂商业中心、龙腾希尔顿酒店、文化艺术中心、琴湖国际幼儿园4个市级以上重点产业项目，投资3.95亿元。城铁片区常春藤国际人才港项目开工，总投资6亿元。世茂星空集荟开街运营，举办“琴川不夜天 嗨享生活节”系列活动。滨湖文商旅体综合体琴湖溪里商业中心开业，方塔步行街软硬件提升改造一期工程完成，布设“琴川YES”店车主题夜市。新增姑苏双创领军人才1名，新增引进人才企业3家、中高级工程师专业技术人才131人。举办金秋经贸洽谈会琴川分会，签约项目2个，与德累斯顿工业大学完成线上签约。开辟上海招商渠道，引入项目5个。规模以上工业企业研发费用近3500万元，比上年增长36%，研发活动占比100%。净增发明专利6件，重新认定高企2家，认定科小企业24家。村级资产整优提升，腾退低端低效、高危重污染企业，释放土地资源13.33公顷。村集体抱团联合发展，村均总收入1113万元。

【社会事业】 2022年，琴川街道建成发热诊室2家、发热诊疗站14家，保障老弱病残幼孕等特殊群体生活、就医需求。拓展“智在生活”项目，建设“锦虹家园”升级版智慧小区。试点“五治融合”乡村治理机制，陆续引进“5G+AI”机器人、无人机等智能设备，助力人居环境长效管理。8个年度民生实事项目建设累计投入近5000万元。街道综合为老服务中心、党群服务中心、老干部活动中心等一批装饰工程竣工验收。完成陈家市历史街区院落修缮整理9个，使用权集中14个。为困难群体发放各类补助金超800万元。帮扶实现再就业近千人，支持成功自主创业310人。开展欠薪调处，受理农民工上访和投诉案件445件，为1072名农民工追讨工资2517万元。发放尊老金1478万元，提供居家养老服务超7.3万小时，惠及老年人2.2万人次。首创数字地图，全面完成排水达标区建设，农村生活污水治理率98%。销号劣V类河道8条，建设幸福河湖22条。城铁片区森林公园建成投用，琴湖公园对外开放，白茆塘滨河绿带加快建设。完成创建“千村美居”点位8个、苏州特色康居村4个。农宅翻建通过会审21户，完成验收102户。开展特殊困难群体救助帮扶和妇女儿童权益保障问题专项行动，完成全覆盖入户排查，举办心理咨询活动324场，覆盖超1.1万人。

琴川城市公园 （琴川街道 提供）

【琴湖溪里政务e站揭牌启用】 8月25日，常熟市首个商圈政务服务站点——琴湖溪里政务e站揭牌启用。该站点针对商圈商户和从业人员、附近居民、消费群体等重点人群，首批推出市场准入、户外广告审批、人社医保公积金、便民查询打印等42项服务事项。政务e站以阵地共建、功能共融、服务共享为工作理念，整合现有政务服务资源，线上线下深度融合，打造6种途径、6大功能、1张清单、N项服务的“6+6+1+N”政务服务新模式。市民可以在政务e站登录江苏政务服务网、常熟市政务服务自助终端享受各项服务，还能在站点获取智慧政务二维码、政务服务联系卡以及各类实用宣传手册。站内配备休闲区、水吧、儿童游乐区，还提供礼品包装、打印复印等多样服务，实现集约化办事、智慧化服务的新突破。站内“特约‘琴’务员”提供政策咨询、帮办代办、辅导网办、预约登记、信息反馈、问题沟通等服务。

【琴川法律服务产业园开园】 12月15日，苏州首家法律服务产业园——常熟市琴川法律服务产业园开园，6家知名律师事务所、4家产业联盟企业入园。琴川法律服务产业园以高端知名律师事务所为主，以各所特色党建品牌为引领，汇聚公证、会计、环境评估、资产评估、司法鉴定和法律援助等机构，致力打造江苏领先、具有全国影响力的高端法律服务产业集聚区。

（全 宏）

表 78　　2022 年琴川街道各村（社区）基本情况一览表

村（社区）	户数（户）	户籍人口（人）	集体经济总收入（万元）	总资产（万元）	党组织书记	村（社区）主任
渠中村	834	3697	2659.85	27174.87	冯振中	冯振中
戈庄村	362	1503	495.36	14701.51	顾　忠	—
湖圩村	591	2650	958	13136.92	陈瑞明	陈瑞明
新厍村	315	1496	2731.54	21930.07	颜永刚	—
梦兰村	201	970	965	40109	卢文东	—
荷花社区	329	1490	808.98	9462.2	吴子江	—
环湖社区	225	1069	1708	13049.8	钱伟平	钱伟平
花溪社区	478	1892	476	12909.6	何卫东	何卫东
庞浜社区	1716	1962	550	5379	季　琼	—
青龙社区	310	1389	1157	10778	陈　平	—
泯泾村	812	3085	1120	17531	张真荣	—
泰慈村	595	3031	781.68	12266	汪建新	汪建新
九里村（星茂社区）	553	2024	758	7981	陶　义	—
	2693	1590	—	—	陶　义	刘　明
泰安村	448	1914	1004	11175	范建康	范建康
石墩村（竞文社区）	561	2380	1385	17790	高根祥	高根祥
	4056	252	—	—	高根祥	—
浦浜村（金桂社区）	280	1170	1048	14158	顾耀东	顾耀东
	2383	954	—	—	顾耀东	陆正芳
东环村	540	2271	1316	12066	陈　良	陈　良
大虹桥村	549	2085	1048	6935	盛晓明	—
景龙村	824	3287	868	6325	濮晓星	—
新造村（静海社区）	486	1873	866	13467	徐忠祥	—
	3500	137	—	—	徐忠祥	—
杨荡社区	541	2108	722	9308	周春华	—
漕泾社区	598	2124	658	5896	程　莉	程　莉
绿源社区	1879	2768	—	—	唐妹心	唐妹心
洪泾里社区	2277	3600	—	—	张燕芳	张燕芳
漕湖社区	1253	1900	—	—	曹卫娟	曹卫娟
湖苑社区	1221	2457	—	—	胡　玫	胡　玫
迎春社区	2106	4265	—	—	周　瑜	周　瑜
花溪苑社区	2990	2937	—	—	马丽亚	马丽亚
藕渠社区	7561	1980	—	—	叶文娟	叶文娟
锦荷社区	4940	4551	—	—	唐丽芳	—
金山社区	2722	2500	—	—	顾浩军	顾浩军
富阳社区	6322	1710	—	—	赵　娜	赵　娜
胜湖社区	2742	3816	—	—	杨汝佳	—
百盛社区	2267	1566	—	—	孙浩英	孙浩英

续表78

村(社区)	户数(户)	户籍人口(人)	集体经济总收入(万元)	总资产(万元)	党组织书记	村(社区)主任
枫泾社区	2161	3015	—	—	高晓锋	—
颜北社区	2210	3437	—	—	邵秋萍	邵秋萍
阜湖社区	2278	3166	—	—	张　青	张　青
昭文社区	2139	3282	—	—	缪玉兰	—
衡山社区	2039	3300	—	—	陈薇薇	陈薇薇
虞东社区	2609	4225	—	—	吴　燕	—
虞园社区	3230	4313	—	—	刘　义	刘　义
兴隆社区	2547	1687	—	—	李凤竹	李凤竹
泰山社区	2408	2456	—	—	严静亚	—
世茂社区	4213	2675	—	—	朱文婷	—
润欣社区	3725	2755	—	—	龚芝芳	—
珠江社区	2205	3264	—	—	邹　洁	邹　洁
虞枫社区	4697	992	—	—	潘琴芬	—
衡泰社区	2504	7546	—	—	刘　陶	—
中南南苑社区	4851	1555	—	—	薛　萍	—
锦丰社区	2992	1713	—	—	郭　欢	—
凯文社区	6507	1418	—	—	陈　英	—
陈家市社区	2352	1192	—	—	崔红平	崔红平

（资料来源：琴川街道）

碧溪街道

【概况】 碧溪街道位于常熟市东北部，北濒长江，东邻太仓市璜泾镇，南与支塘镇、董浜镇交界，西与梅李镇接壤。年末，区域面积113.94平方千米，下辖22个行政村、7个社区，户籍人口10.23万人，外来暂住人口6.79万人。2022年，碧溪街道实现工业总产值135亿元，120家规模以上工业企业完成产值90亿元。全社会固定资产投资3亿元，其中工业固定资产投资额2.2亿元。

【经济发展】 2022年，碧溪街道推进产业升级，完成研发投入1.3亿元；认定省高新技术企业13家，省民营科技企业9家，全国科技型中小企业43家；完成发明专利授权20件。实施技改项目企业18家，6家企业获评“省三星级上云”，利巨印染、常力紧固件分别获评苏州智能示范车间、苏州智能示范工厂，金华机械获评“省专精特新中小企业”。台太兴业迁建项目竣工投用。李袁智造产业园开园，入驻优质科创企业11家。总投资3.1亿元、总建筑面积8.1万平方米的浦江科技产业园启动建设，一期1.7万平方米厂房竣工投用。完成李袁村、太平桥村高标准农田和徐虎村高标准池塘建设。推进蔬菜产业提质增效，碧溪现代农业科技示范园区获评农业农村部设施种植机械化典型案例。推进区域特色农文旅项目协同发展，完成“两湖两线”跨域示范区创建任务，李袁村费巷通过苏州市特色田园乡村验收，浒西大居家特田完成主体建设，启动李袁问村、溪南三里浜特田培育工作。林风小苑通过苏州市共享农庄项目验收。推动农村集体经营性建设用地入市，首宗土地挂牌上市成交。村财收入18491万元，村均可用财力840.48万元，比上年增长9.58%。农村居民人均可支配收入4.82万元，比上年增长4.5%。

【社会事业】 2022年，碧溪街道完成涉及中俄、沿海两条天然气管道工程的拆迁23户民宅和2022年度解危解急项目。启动李袁南塘两侧、小市区域企业等拆迁项目，完成民宅拆迁90户、企业10家。推进“一图一表”工作，完成企业签约130家，面积34.77公顷，完成新苑村民房签约拆除279户，面积18.67公顷，年度土地增减挂钩入库44.09公顷。“千村美居”提质扩面，60个自然村组通过市级验收，惠及农户5624户，覆盖率90%。36个自然村组通过苏州市特色康居乡村验收。6个老三星村庄完成再提升工程。“江畔美村·田园浒浦”特色康居示范区通过苏州市验收，获评常熟市唯一优秀示范区。探索“五治融合”创新实践，街道首批获评苏州市农村人居环境长效管护先进镇。通过江苏省农村生活垃圾分类试点镇复审。完成《镇村布局规划（2022版）》修编工作，完成李袁村、浒西村多规合一实用性村庄规划编制、论证。实

碧溪街道溪南村凌家巷　　（碧溪街道　提供）

施街道级实事工程89个，在建20个，竣工69个，总投资约1亿元，完成投资约0.9亿元。开展农村建房综合整治“五项行动”，全年审核批准翻建房屋464户。实施天然气扩面工程，完成入户1750户。完成公共自行车更新，更新站点103个、自行车1800辆、车桩2970个，引入社会资本增设电动助力车点位42个，投放电动助力车550辆。新增建成电动汽车公共充电桩42个，聚和佳苑项目成为全省首个全电共享电动汽车充电项目。组织文化活动51场，参加市级活动8场，承办市级活动3场。举办第六届“灵动碧溪”上鹞灯节，首发“上鹞灯”IP形象。

【阅江佳苑社区揭牌】 6月8日，阅江佳苑社区揭牌。阅江佳苑位于碧溪街道西，碧浒路以北，江浒路以西。用地面积16.4万平方米，建筑面积约41万平方米，绿地率37.1%，有高层住宅楼20幢、房屋2384套。所管辖区域东至常浒河，西至东银塘河，南至碧浒路，北至浒东中心河。

【上鹞灯项目入选国家级项目库】 2022年，“碧溪上鹞灯”省级非遗进校园——常熟市碧溪街道鹞灯协会全民健身志愿服务项目入选全国2021全民健身志愿服务项目库，成为苏州唯一入选项目。项目库收录全国29家单位报送116个志愿服务项目。碧溪街道把每年元宵节、中秋节作为上鹞灯传统活动时间，开展鹞子、鹞灯制作培训，向区域内市民普及鹞灯知识，传授制作技艺。2014年以来，碧溪街道举办三届“灵动碧溪”上鹞灯全国邀请赛、五届“灵动碧溪”上鹞灯节。该项目开展以来，街道定期邀请上鹞灯传承人和市和平风筝俱乐部老师，走进学校教授学生制作、放飞上鹞灯技巧。

（尹　凡）

表79　2022年碧溪街道各村（社区）基本情况一览表

村（社区）	户数（户）	户籍人口（人）	集体经济总收入（万元）	总资产（万元）	党组织书记	村（社区）主任
碧溪社区	396	862	—	—	陈建军	陈建军
溪东村	1783	6549	1107	6948.15	陈　健	陈　健
溪南村	940	3300	1114	4169.95	施仲辉	施仲辉
聚福苑社区（溪西村）	2341	8128	1043	6300.21	张　乐	张　乐
港南村	1614	5735	1358	11272.11	殷政军	殷政军
周泾村	994	3526	1276	6784.17	戴伟华	戴伟华
徐虎村	697	2610	958	5628.13	王　振	王　振
李村村	572	2062	826	5364.05	钱志光	钱志光
聚和佳苑社区（小市村）	1043	3897	1195	15136.19	陈　健	陈　健
浒浦集镇社区	1992	5406	—	—	陈　燕	陈　燕
浒浦渔业社区	359	1031	—	—	倪建新	倪建新
滨江社区	658	1557	—	—	陈　怡	陈　怡
阅江佳苑社区	0	0	—	—	薛　晓	薛　晓
浒西村	1392	4821	1320	11979.06	王　俊	王　俊
留下村	602	2175	1297	8272.52	季利峰	季利峰

续表79

村(社区)	户数(户)	户籍人口(人)	集体经济总收入(万元)	总资产(万元)	党组织书记	村(社区)主任
李袁村	1230	4336	2545	16251.79	袁新春	袁新春
浒东村	1533	4899	971	6492.07	居　润	居　润
吴市市镇社区	259	463	—	—	阮利强	阮利强
泗湖村	1241	4271	562	4629.04	宗　健	宗　健
三湾村	1472	4851	1116	6652.43	黄国明	黄国明
周家桥村	789	2821	810	5607.28	黄建波	黄建波
太平桥村	276	929	621	7646.83	尤　军	尤　军
万福村	1024	3466	719	6872.55	张卫星	张卫星
东张社区	272	510	—	—	周晓波	周晓波
龙桥村	829	3055	981	6737.99	龚爱东	龚爱东
中南村	2744	10194	1449	10557.12	王建新	王建新
白莲村	1472	5612	1039	9579.38	张建平	张建平
新苑村	517	2003	820	8432.59	徐向阳	徐向阳
横塘村	858	3207	1071	9719.37	顾志杰	顾志杰

(资料来源:碧溪街道)

东南街道

【概况】 东南街道位于高新技术产业开发区内,北倚琴川街道,东联古里镇,西傍昆承湖与莫城街道相望,南接沙家浜。年末,区域面积27.98平方千米,实际管理区域82.33平方千米,下辖5个行政村和4个社区,户籍人口2.35万人,外来人口89343人。

【社会事业】 2022年,东南街道启动龙胜地块、伟恒地块拆迁清退,拆除建筑约9万平方米,腾出土地空间4.67公顷,搬迁企业13家、民宅23户;拆除违法建设190余处,拆除面积25万平方米,完成年度任务125%。完成黄山路延伸工程涉及8家企业搬迁签约,完成粮管所地块、亨睿地块、东针联市场、双港村集宿地块扫尾清零和建筑拆除工作。实施“千村美居”,投入2159万元,涉及农户544户。投入2000万元,完成北竖头滃、顺祥河等13条劣V类河道整治,完成潘滃、羿家滃、蔡滃南河等7条“美丽河湖”建设。便民服务中心推行“一件事”“一业一证”改革,推出“长三角跨省通办”“证照联办”“创新创业服务”“1+N”注销套餐式办理服务等便民利企的审批服务,办理业务114328件。

【人民生活】 2022年,东南街道依托社区居家养老服务照料机构和日间照料中心为老年人提供生活照料、心理慰藉和休闲娱乐服务,区内养老服务保障比例97.4%,位列全市第一;开展城镇配套养老服务设施专项治理,打造“15分钟养老服务圈”,各村(居)配套社区养老服务设施率100%。围绕创建文明典范城市目标,打造“文明东南 因你精彩”全域文明创建示范区。组建文明巡查专项队伍,保障文明监督永远在路上。开展防疫专项志

7月13日,2022年度东南街道“万有引力”书记项目推进会召开

(东南街道　提供)

愿服务7000余人次，志愿服务时长超过40万小时。

【"逐梦高新 赢在未来""万有引力"书记项目】 2022年，东南街道实施"逐梦高新 赢在未来""万有引力"书记项目。城市"万有引力"计划旨在激发新市民群体灵感和创意，迸发更大能量；协助新市民群体找到更多志同道合的伙伴，给予彼此最有力帮助；提供最为优质高效政务服务，打造贸易投资便利、行政效率火速、法治体系完善营商环境；塑造更为多姿多彩品质生活，让新市民群体感受到"六美"高新独特魅力。东南街道在自然村（小区）治理一线，指导组建功能型党组织28个，聘请基层治理专职"海棠先锋"81名，形成扁平化的"先锋集群"体系。年内，发布"舒心惠民 和融共进"新业态新就业群体定向关爱服务七条措施，成立高新区（东南街道）快递物流行业党支部和"新心向融"行动支部，在各村（社区）党群服务中心、红色先锋站、商业街及货车营地等，建立"蜂享吧"微阵地11个。组织开展反诈宣讲、交规科普、无偿献血、就业指导、学历提升和"二十大"送学入企等专题服务活动10余场。在为民服务中心挂牌成立新市民党建工作室，推行"不见面审批""帮办代办"和"政务服务适老化改造"等一系列便民服务。推进世纪华庭"智慧小区"试点建设，建成智慧社区基层社区治理平台。建成"粃安平台"，搭建"街道监管、三方指导、企业自主"的运行机制。

（祝嘉宇）

表80　2022年东南街道各村（社区）基本情况一览表

村（社区）	户数（户）	户籍人口（人）	集体经济总收入（万元）	总资产（万元）	党组织书记	村（社区）主任
小康村	2614	11123	3840.53	25871.24	周文燕	—
苏锋村	380	1749	2222	17573	顾永明	—
东渔村	267	1191	1648	9638.97	谭国民	—
昆承村	461	2130	2707	16845	顾　星	顾　星
湖东村	545	2415	2688	14512	朱振江	朱振江
东湖社区	582	1391	—	—	张宇佳	张宇佳
启文社区	7291	1750	—	—	钱林亚	钱林亚
湖畔社区	4645	852	—	—	赵　丹	赵　丹
金麟社区	3942	877	—	—	邵建明	邵建明

（资料来源：东南街道）

海虞镇

【概况】 海虞镇位于常熟市北部，北枕长江，东与梅李镇接壤，南与古里镇和常福街道相邻，西与张家港市塘桥镇交界。年末，区域面积109.97平方千米。下辖17个行政村、7个社区和1个棉花原种场，户籍人口89150万人，暂住人口42312万人。2022年，海虞镇实现地区生产总值163.1亿元，比上年增长18%；财政总收入42.45亿元，比上年增长33.59%；一般公共预算收入16.55亿元，比上年增长19.6%；规模以上工业产值433亿元，比上年增长29.8%；工业开票销售收入511亿元，比上年增长29.6%；规上工业利润总额87.5亿元，比上年净增37亿元。工业投资29亿元，服务业投资9.7亿元；到账外资7910万美元。

【经济发展】 2022年，海虞镇实施市级重点产业项目22个总投资115.35亿元，当年完成投资30.3亿元，占当年度计划投资100.6%，其中9个续建项目竣工，完成投资21亿元；13个计划外项目开工率92.3%，完成投资9.2亿元。新增签约项目27个，其中超亿元项目13个，超5亿元项目6个，超10亿元项目1个，计划总投资63.37亿元。汪桥村、徐桥村、棉花原种场等3个老旧工业区更新点位开工项目占地14.4公顷，竣工投用14.68万平方米，出租率70%，红木产业园建成投用。完成智改数转项目138个，实现145家规模以上企业全覆盖，全年认定高新技术企业26家、科技型中小企业76家、省级民营科技企业22家。新增国家级人才3名，国家级人才项目2个，省级双创项目1个，姑苏双创领军人才项目1个，"昆城英才"项目5个。大金氟化工有限公司获评2022年江苏省五星级上云企业。新建高标准农田34.3公顷，建成海虞镇优质稻米高质量发展示范区156公顷，虞盛农产品专业合作社位列2022年中国农民合作社500强第93名，园鑫家庭农场获评省级示范家庭农场。海虞5G优质稻米高质发展示范区项目获第五届全国"绽放杯"5G应用征集大赛乡村振兴专题赛一等奖，德康农牧有限公司获评国家级生猪产能调控基地。

海虞镇河口村风貌　　（刘文忠　摄）

【社会事业】 2022年，新世纪大道北延常昭路至海虞镇人民路段通车，海虞镇人民路（向阳路—学前路段）、杨树泾东路、海洋泾路竣工。周行中心小学改扩建新校落成。中新海虞花园城建设"十里绿环"等亮点项目序时推进。海虞镇区域性养老服务中心落成启用。新增体育场地面积7.32万平方米，海棠体育公园建成投用，获评2022年度江苏最美乡村健身公园。"千村美居"工程开工建设85个自然村，79个自然村通过市级验收。19个自然村通过苏州市特色康居乡村验收。肖桥村"梨花郁"创建成为苏州市级共享农庄（乡村民宿）。北福山塘整治工程竣工，建成"美丽河湖"20条。新建污水主次管网12.8千米，完成生活污水治理1060户。新增社保参保人员2186人，新增公积金缴存人数2098人，实现城镇失业人员再就业835人，就业困难人员再就业270人，落实政策救助困难户942户，慈善救助困难人群608人，发放尊老金1647.04万元，受益老人24620人。举办各类文艺展演超500场次，全民阅读系列活动400多场。

【海棠体育公园入选省级最美乡村健身公园】 12月1日，海虞镇海棠体育公园入选2022年度江苏最美乡村健身公园名单。海棠体育公园位于海虞镇人民路与府前路交叉处，以海棠为主题，集休闲、娱乐、健身于一体，2022年2月建成投用，占地面积26351平方米，总投资约560万元。园内栽有垂丝、道格、王族、铁梗、西府等13种海棠。建有儿童乐园、夜光健身步道、篮排球场、五人制足球场、彩虹桥、健身器材、多功能小广场、景观路灯、监控音箱、文化布置、灯光照明秀、智能覆盖、一类公厕等设施设备。

【铜官山村获评全国民主法治示范村】 12月28日，海虞镇铜官山村获评第九批"全国民主法治示范村（社区）"。铜官山村围绕"全国民主法治示范村"创建要求，加强村"两委"和村务监督机构建设，深度开展基层民主法治建设工作，发挥基层治理"五民主 三公开"作用，通过规范化的民主选举、制度化的民主管理、科学化的民主决策、常态化的民主评议、多样化的民主协商，实现党务公开、村务公开、财务公开。通过群众喜闻乐见的形式，让法治融入村民生活，提升辖区内干部群众的法治素养和法治意识。依托铜官山乡村乐园做优普法特色阵地，打造铜官山法治文化特色园。　（钱亚娟）

表81　2022年海虞镇各村（社区）基本情况一览表

村（社区）	户数（户）	户籍人口（人）	集体经济总收入（万元）	总资产（万元）	党组织书记	村（社区）主任
王市社区	2180	4207	—	62.74	陆志亚	陆志亚
福山社区	1296	2633	—	67.76	王志忠	王志忠
周行社区	562	1861	—	57.5	季丽明	季丽明
海福新城社区	1150	386	—	230.40	徐月红	徐月红
南塘社区	3058	228	—	71.77	陆志亚	陆志亚
海洲社区	1538	77	—	8.5	赵明霞	赵明霞
丽都社区	1447	203	—	42.64	王梦雷	王梦雷
府东村	1482	5529	1013	6690	陆志君	陆志君
河口村	1426	5404	1150	5982	张东青	张东青
望虞村	934	3687	1199	5134	周伟刚	—
龙墩村	1146	4036	1061.19	6937.75	朱志刚	朱志刚
东泾村	869	3956	796	5630.08	苏志军	苏志军

续表81

村（社区）	户数（户）	户籍人口（人）	集体经济总收入（万元）	总资产（万元）	党组织书记	村（社区）主任
邓市村	681	4890	907	7971	朱　健	朱　健
聚福村	1232	4319	1083	7906	奚文裕	奚文裕
福山村	2016	7053	1446	9838	时朝阳	时朝阳
铜官山村	1420	5714	1490	14558	程　刚	程　刚
徐桥村	1060	4230	2107	13878	李　进	李　进
郑家桥村	855	3324	739	4413	傅　桥	傅　桥
肖桥村	1667	6416	2105	10221	袁保中	袁保中
新州村	1511	5425	905	9382	朱志洋	朱志洋
虞南村	989	3697	980	8850	钱　江	钱　江
汪桥村	523	2047	1589	18560	钱晓东	钱晓东
里泾村	1221	4707	1358.07	8934.42	金利峰	金利峰
香桥村	1543	5729	1275.84	9022.86	叶　彪	叶　彪

（资料来源：海虞镇）

梅李镇

【概况】 梅李镇位于常熟东北部，东与碧溪街道接壤，南连董浜镇、古里镇，西与海虞镇相接，北临长江。年末，区域面积80.84平方千米，辖15个行政村，4个社区，户籍人口7.88万人。2022年，梅李镇实现地区生产总值92.71亿元，比上年增长3.2%；完成一般公共预算收入8.67亿元；规模以上企业工业总产值417亿元；工业投资33亿元，比上年增长11.45%，其中工业设备投资13亿元，增长1.7%，高技术产业投资6亿元，增长100.7%；服务业投资5亿元，增长11.0%；实现限额以上批发业销售额167亿元。

【经济发展】 2022年，梅李镇签约落户神马智慧港口、瑞航自动化等项目24个，总投资超25亿元。打造“产创融合、产才融合”项目储备库，在谈储备产业及人才项目32个，投资总额超50亿元。新开工龙腾特钢创新发展研究院、龙腾焊材专用材料、凯凡智能装备等市级以上计划内重点项目15个，索路思新材料、华能热力光伏发电等计划外重点项目6个，年度计划内外开工率140%。续建项目12个，其中试生产8个、设备安装中3个、建设中1个。启动建设大梦想城商业综合体。完成“数字化改造”项目153个，完成率218.6%，规模以上企业覆盖率100%。华东汽车公司获评国家级专精特新“小巨人”企业，龙腾滚动体、宝沣特纤、江南印染等7家企业获评省级专精特新中小企业，龙特耐磨球、鼎新印染、异型钢管获评省级企业技术中心，4家企业获评苏州市级智能车间。新增高技能人才589人，中高级工程师19人。水稻、小麦种植面积达2666公顷，蔬菜播种面积4600公顷，建成苏州市菜篮子绿色蔬菜保供基地340公顷。完成建设寨角村优质稻米高质量发展示范区和赵市村田美乡村示范点，建成全市首家省级五星级农产品质量安全监管站。金辰农场通过苏州共享农庄（乡村民宿）验收，海棠铺子3号店年销售额170万元。创建农业农村部部级水稻（小麦）示范方1个，获评苏州市星级合作社4家。启动村级抱团发展项目1个，村均可支配收入1613万元，比上年增长8%。

【社会事业】 2022年，梅李镇完成拆旧复垦15.3公顷，违法建设治理拆除42公顷。新增污水主管1.2千米，建成污水处理提质增效排水达标区3个，面积3.36平方千米。改造智慧停车泊位210个，漆划机动车位80个，修补各类破损路面2500平方米，疏通雨污水道12千米，新增营造林1.93公顷。完成梅李镇区东扩二期项目、沪武高速董浜枢纽先导段搬迁工作，实施房票安置11户。开工建设“千村美居”工程自然村落100个，通过验收75个，建成特色康居乡村18个，完成“怡人乡村，水韵赵市”康居示范区提升改造。新建小游园70个，改造河道驳岸1.2万米，新增村庄绿化4.7万平方米，停车场1.4万平方米，完成自然村组弱电线路整理33个。居民医保参保26888人，参保率89.5%，基本养老保险参保31755人，参保率90%。新增社保开户企业86家，率先推出“用工参保登记一件事”联办。落实困难群体救助，帮扶农村低保户178人，低保边缘重病困难对象24人，困境儿童38名。发放尊老金1548万元，居家养老服务率96.4%。建成18周岁以下残疾儿童融合教育资源中心7家。登记失业率控制在1%以内，城镇失业人员实现再就业579人，就业困难人员再就业209人，本地户籍高校毕业生就业率95%。完成梅李中心小学五年级整体搬迁工作。梅李人民医院挂牌“常熟市老年病医院”。开展各类文化惠民演出116场，新增体育设施面积1.3万平方米。推进“千村美居”乡村游、

梅李镇聚沙村西村整组翻建新貌　　（梅李镇　提供）

海明观光农业游等全域旅游项目，接待游客50多万人次。

【华东汽车入选国家级“小巨人”企业名单】 2022年，常熟华东汽车有限公司入选国家级第四批专精特新“小巨人”企业名单。常熟华东汽车有限公司创建于1971年，是国家重点高新技术企业、国家火炬计划项目承担单位、全国专用汽车生产定点企业、全国运钞车定点生产企业。2021年该公司入选省级专精特新“小巨人”企业名单，公司建有产品研发中心、企业技术中心、工程技术研究中心，拥有发明专利33项、实用新型专利44项。

【“村企联学”全民阅读项目启动】 6月27日，富美融建·振兴“同路”梅李镇农村工作局党支部、珍南村党委、圩港村党委“农文旅”融合共建暨“村企联学”全民阅读项目启动。启动仪式上，“珍南村人大代表联系点”“书香政协——政协委员读书室（学习阵地）”揭牌。镇农村工作局党支部、珍南村党委、圩港村党委、江南红豆文化园党支部举行“政+村+企”三方联建仪式。镇“新农行动支部”送课下乡，开设定点助农课堂；为常熟市金辰农业科技有限公司、江南红豆文化园赠授“助农课表”，启动“村企联合书屋”项目。镇党委、珍南村党委、圩港村党委联合发布“珍港讲习”全民阅读品牌及主旨LOGO，现场进行挂牌，并进行“强国复兴有我聚沙梅理”主题宣讲活动发布仪式。常熟市金辰农业科技有限公司、江南红豆文化园形象宣传片全市首发，相关负责人开展“美赞梅李·一村一品”——“优特农”推介会。（金宇翔）

表82　2022年梅李镇各村（社区）基本情况一览表

村（社区）	户数（户）	户籍人口（人）	集体经济总收入（万元）	总资产（万元）	党组织书记	村（社区）主任
梅李社区	1682	3823	—	—	张　宏	张　宏
天和社区	508	1326	—	—	张俊峰	张俊峰
赵市社区	292	581	—	—	唐爱花	唐爱花
珍门社区	260	578	—	—	黄　炎	黄　炎
胜法村	1630	6545	1157	12026	杨立新	杨立新
聚沙村	1247	5155	1018	10004	胡俊芳	胡俊芳
天宇村	1650	6280	2468	14769.86	朱建东	朱建东
寨角村	1236	5132	2264	10166.84	曹宇成	曹宇成
梅南村	889	3640	704	5474	糜　懿	糜　懿
塘桥村	896	3335	1270	5151	祝志国	祝志国
沈市村	1360	5222	1665	7402	赵　俊	赵　俊
珍南村	959	3585	1489	4911	李志欢	李志欢
珍北村	1407	5038	1083	8850	计建刚	计建刚
新丰村	1002	3730	756	4592	董志军	董志军
圩港村	1327	4852	713	5346	龚　旭	龚　旭
海城村	1206	4562	1475	5660.88	胡　烈	胡　烈
赵市村	1840	6795	2128.69	12196.59	戈学峰	戈学峰
瞿巷村	407	1577	760	8502	毛　宇	毛　宇
师桥村	1900	7005	1473	5686.36	张建军	张建军

（资料来源：梅李镇）

辛庄镇

【概况】 辛庄镇位于常熟市西南部，东接沙家浜镇，南毗苏州市相城区，西邻无锡市锡山区，北与尚湖镇、莫城街道接壤。年末，区域面积104.26平方千米，辖20个行政村、4个社区和南湖农场，户籍人口7.76万人，常住人口106282人。2022年，辛庄镇实现地区生产总值88.38亿元，比上年增长6%；完成一般公共预算收入7.38亿元，比上年下降10%；实现工业开票销售收入482亿元，比上年增长16%；规模以上企业154家，实现规模以上工业总产值330.69亿元，比上年增长6.79%，实现利税总额16.54亿元；完成服务业开票销售收入79.32亿元，比上年增长29.11%；进出口总额完成13.23亿美元；到账外资1437万美元。

9月22日，常熟市辛庄镇、苏州高铁新城"两翼联合"战略合作签约仪式举行
（辛庄镇　提供）

【经济发展】 2022年，辛庄镇有新能源、生命健康、高端装备制造三大主导产业。完成战略性新兴产业产值220.7亿元，比上年增长12.08%。漕河泾绿洲芯城一期主体封顶，中科天洲、星润一期竣工，星润二期、漕河泾人才公寓地块完成挂牌。辛庄镇创晋（辛庄）智能制造产业园入驻企业19家，实现开票销售收入7.4亿元，入库税金2195万元，亩均税收22万元。加快数字经济、新能源、新一代信息技术等新兴产业布局，新签约项目43个，总投资88亿元；小牛自动化、领尚科技等18个项目开工，汤恩智能、彩光科技等11个项目投产，金巴蜀电子、保时来科技、润强机械等12个项目落户。加快产业转型升级，完成"智改数转"项目136个，新增高新技术企业17家，高企有效拥有93家，省科技型中小企业83家，完成超千万元技改项目46个，工业技改投资10.39亿元。获评国家级专精特新"小巨人"3家、省级"专精特新"中小企业12家，新增省企业技术中心2家、苏州市工程技术研究中心2家，培育省瞪羚企业1家、苏州市瞪羚企业8家；有效申报国家级人才5名，新认定苏州市双创领军人才5名、常熟市双创领军人才5名；与南京理工大学、苏州大学等高校科研院所产学研对接，达成产学研有效合作20项；南京理工大学—常熟技术转移中心、苏州高铁北城先导示范创新中心众创空间孵化平台落户揭牌。全年粮食播种面积0.31万公顷，粮食产量2.27万吨，新增高标准农田（池塘）604.4公顷；朱家桥优质稻米高质量发展示范区、桃园村"田美乡村"示范点建成验收，新增常熟市级以上农业产业化龙头企业3家、"智慧农业生产场景"1家、"智慧农村"示范村2家，"辛庄青虾"获评全国名特优新农产品，辛庄现代农业综合示范区纳入《全国农村创业园区（基地）目录》，现代渔业产业园被认定为第七批苏州市级现代农业园区。

【社会事业】 2022年，辛庄大道城市化改造完成预工可招标，G524辛庄段整体通车，张桥西环路、长禧路北延、星湖路建成通车，漕河泾绿洲芯城一期配套路网启动优化。辛庄中学一期工程、桐辛护理院竣工投用，启动升级完善全镇中小学照明与空调设施，升级改造教室450间，辛庄人民医院扩建工程加速推进，发热门诊竣工启用。新增就业岗位1万个，城镇失业人员再就业800人，就业困难人员再就业260人。完成工业企业风险报告1193家，升级智慧电梯289台、智慧叉车630台，完成小餐饮场所"全电厨房"改造283家。$PM_{2.5}$年平均浓度25.9微克/米^3，关停"散乱污"企业点位253家，整治提升666家。118个村（组）"千村美居"点位开工建设，109个村（组）通过市级验收，建成苏州特色康居乡村20个。

【辛庄镇新一代信息技术产业招商推介会】 10月27日，辛庄镇新一代信息技术产业招商推介会举行。推介会上，辛庄镇从区位交通、产业创新、人居环境、政策扶持等方面向企业家、企业高管介绍辛庄未来整体发展蓝图，并发出邀请。固镕科技、富泰洁净、冷井二期等24个项目现场集中签约，投资总额超50亿元，其中投资额超5亿元项目3个，超亿元项目13个，上海招商项目有7个。　（支欣溢）

表83　2022年辛庄镇各村（社区）基本情况一览表

村（社区）	户数（户）	户籍人口（人）	集体经济总收入（万元）	总资产（万元）	党组织书记	村（社区）主任
金荡村	610	2116	1134	5263	谢　芳	谢　芳
潭荡村	879	3259	923	4751	朱　芳	朱　芳

续表83

村(社区)	户数(户)	户籍人口(人)	集体经济总收入(万元)	总资产(万元)	党组织书记	村(社区)主任
辛中村	612	2278	965	3548	陆建华	—
张港泾村	866	2973	626	6213	沈伟中	沈伟中
常南村	840	2974	979	5651	潘　琪	潘　琪
吕舍村	1155	4007	867	7616	陶晓春	陶晓春
华欣村	847	3185	624	5968	钱卫良	钱卫良
合泰村	675	2380	1010	5540	周文明	—
双浜村	1050	3644	1520	4750	柏林森	—
洞港泾村	1872	6565	1193	7339	高丽芬	高丽芬
桃园村	587	1873	733	6357	张文兵	张文兵
杨中村	1483	4953	2450	7592	毛国明	毛国明
朱家桥村	922	3340	1066	5863	唐志军	唐志军
沈浜村	765	2610	872	3537	程龙斌	程龙斌
旺倪桥村	1047	3881	1416	7281	顾洪英	顾洪英
平墅村	849	3252	1458	6794	高　军	—
东旺村	652	2486	600	4758	王建东	王建东
张家桥村	1019	4382	1058	9176	平新峰	平新峰
嘉菱村	1125	4298	1302	12123	李　刚	李　刚
卫家塘村	1621	5915	938.41	14107.35	朱冬春	—
辛庄社区	7224	2325	4.58	—	胡锦峰	胡锦峰
辛阳社区	3827	159	—	—	汤志清	汤志清
杨园社区	886	2203	—	—	周冠毓	周冠毓
张桥社区	832	2528	14	—	张立新	张立新

（资料来源：辛庄镇）

古里镇

【概况】 古里镇位于常熟市东郊，东与支塘镇、董浜镇接壤，南与东南街道毗邻，西与琴川街道接界，北与梅李镇、海虞镇为邻。年末，区域面积96.4平方千米，下辖18个村(社区)，其中双港村和双港社区实行村居合一，常住人口10.3万人，其中户籍人口6.24万人。2022年，古里镇首次跻身全国综合实力千强镇前100，实现地区生产总值122.2亿元，比上年增长2%；还原留抵退税后实现一般公共预算收入12.3亿元，同口径增长9.4%；完成全社会固定资产投资32.2亿元，其中工业投资18.4亿元；实现规模以上工业总产值233.7亿元，同口径增长6.9%；工业开票销售收入335.9亿元，服务业开票销售收入135.1亿元；进出口总额8.6亿美元，同口径增长12.9%；完成到账外资1601万美元。

【经济发展】 2022年，古里镇签约落地六淳智能、优亚供应链等12个项目，总投资18.4亿元；晟丰电子、泓冠光电等24个计划内外项目先后启动建设，总投资38.8亿元，重点项目年度综合开工率171%，久杰汽车、聚鑫堂生物等15个项目如期竣工，佳顺智能完成从深圳总部迁入，费森尤斯腹膜透析液扩产、强硕科技等19个项目投产。科创动能加速转换。全年净增高新技术企业17家；促成校企合作项目15项，4家新引进科创团队获评市级及以上“双创团队”领军人才。完成“智改数转”项目52个，新增上云企业28家。波司登获评全国首批数字领航企业。完成零星低效工业整优签约20.9公顷，实施企业更新收储15家、5.5公顷；开元智造产业园一期建成投用、康博邻里中心启动建设，新增各类载体27.6万平方米；冠达磁业等3家企业启动“零地增长”，规划新建高标准载体8.5万平方米。新桥体育文化公园启动建设，新桥商业邻里中心序时推进，虞东时代广场交付投用。常熟中医药博物馆古里开馆，西港十连廊启动运营；红豆山庄创成AAA级旅游景区，获评省年度重点文旅产业项目，全年接待访客近30万人次，营业收入超3100万元；坞坵稻乐文化园入围苏州市“江南公共文化特色空间”打造对象。

【社会事业】 2022年，古里凤起路建成通车，白茆镇南路完成改造提升；建成污水达标区4个、“口袋公园”5个，青墩塘沿线闸站改造完成，白茆塘中小河道整治主体完工，集镇防汛能力增强；完成停车场、小公厕等“微实

11月11日，古里西港十连廊文旅创意街区开街（古里镇 提供）

事”150项以上。发放各类补助救助资金超675万元，推荐就业3200多人；金湖幼儿园、白茆小学改扩建一期投用，古里护理院二期运营，古里人民医院创成二级乙等综合医院，并通过省“优质服务基层行推荐标准”评审；康博村获评“全国示范性老年友好型社区”。推进文明典范城市创建，举办“一村一品”群众文艺大展演、文化惠民村村行等活动25场；开设“书香驿站”文化公益课堂30次，惠及群众2000余人次；音乐作品《书香江南》代表常熟获省“五星工程奖”。创成省级生态宜居美丽示范镇，建成“千村美居”村庄30个，陈塘村塘坊宅基、双港村西港宅基获评市级优秀点位；验收通过苏州市特色康居乡村11个，建成幸福河湖10条，其中康博村杨化溇河、坞坵村横溇河获评年度苏州市级示范幸福河湖；“千村美居”村庄“五治融合”覆盖率80%，经验做法获评苏州市农村人居环境整治提升十佳镇级案例。

【坞坵村入选全省新型农村集体经济发展典型案例】 2月22日，古里镇坞坵村集体经济发展案例入选全省100个“共同富裕 百村实践”新型农村集体经济发展典型案例。坞坵村面积7.06平方千米，有农户948户，村级可支配经济收入2249万元、稳定性收入1401万元。2020年起，坞坵村率先实施土地流转，依托“坞坵万亩优质稻米基地”建设规划，建成第一批省级生态型高标准农田示范区，并获评国家级（坞坵）优质水稻标准化示范区。同时打造“坞坵”系列品牌，探索“稻田+”综合种养模式，开发功能性大米，米业合作社形成“产、供、销”一条龙发展格局。在此基础上，打造坞坵“稻”乐园，逐步实现生活生产、科普体验、旅游观光等乡村多元业态有机融合，形成有文化标识特色、有产业深度联动融合、农民获得合理收益的乡村旅游产业链。

【波司登公司获批全国供应链创新与应用示范企业】 11月4日，波司登羽绒服装有限公司获批2022年全国供应链创新与应用示范企业。该公司以专业供应链创新管理，打造绿色、智慧、协同的新型供应链体系，形成柔性生产、拉式补货、智能制造等核心能力，打造优质快反市场核心竞争力。

（陆逸冰）

表84　2022年古里镇各村（社区）基本情况一览表

村（社区）	户数（户）	户籍人口（人）	集体经济总收入（万元）	总资产（万元）	党组织书记	村（社区）主任
新桥村	1254	5440	1840	9739	张进峰	张进峰
双港村（社区）	684	2173	1205	6581	密春华	密春华
琴东村	687	2867	1579	6020	孙益军	孙益军
苏家尖村	1042	4197	1717	7936	马　健	马　健
高长村	1002	4192	1530	6510	姚志高	姚志高
下甲村	1371	5075	1889	5614	徐　健	徐　健
吴庄村	1562	6104	2527	10886	姚建东	姚建东
陈塘村	1621	5982	2338	9635	张雪燕	张雪燕
淼泉社区	674	3083	1430	3754	周　锋	周　锋
紫芙社区	1436	4631	1262	7113	陈　明	陈　明
康博村	432	1701	1147	13865	高晓东	高晓东
紫霞村	1054	4301	2367	8187	方　超	方　超
芙蓉村	811	3399	1696	5725	王冬明	王冬明
坞坵村	948	3776	2249	11070	唐俊江	唐俊江

续表84

村（社区）	户数（户）	户籍人口（人）	集体经济总收入（万元）	总资产（万元）	党组织书记	村（社区）主任
联泾村	595	2442	1238	5493	朱　明	朱　明
李市村	651	2494	1215	6347	张利刚	张利刚
金湖社区	8117	502	0	0	唐　鹤	唐　鹤

（资料来源：古里镇）

支塘镇

【概况】 支塘镇东连太仓市璜泾镇、沙溪镇，南接昆山市周市镇，西靠古里镇、沙家浜镇，北邻董浜镇、碧溪街道，是国家卫生镇、国家环境优美镇、中国非织造布及设备名镇。年末，区域面积128.96平方千米，常住人口78383人，外来人员22281人，辖16个行政村、3个社区。2022年，支塘镇实现地区生产总值84.03亿元，比上年下降4.6%；完成一般公共预算收入4.12亿元，还原留抵退税后完成4.87亿元，一并还原缓税后，完成6亿元，比上年下降3.38%；完成工业总产值181.87亿元，比上年下降5.5%，其中规模以上完成产值110.75亿元，比上年下降5.3%；完成工业投资17.14亿元，比上年下降1.6%；完成工业开票销售收入192.3亿元，比上年下降4.4%；到账外资完成1531万美元，比上年下降12.2%。

【经济发展】 2022年，支塘镇签约项目21个，总投资约31.95亿元。推进丰申金属、有望科技、振泰新材料等23个总投资51.49亿元的市级重点项目及5个总投资2.45亿元计划外新增开工项目建设。完成限额以上批发销售额137.68亿元，完成服务业投资11.74亿元，比上年增长46.6%。集贤商贸中心开街，总投资8000万元；蒋巷村嘎嘎部落二期提前完成年度项目建设周期，开放运行。推进"一图一表"工作，成立支塘镇经济高质量发展攻坚行动专班及攻坚小组，评估地块283个、46.73公顷，拆除、复耕地块187个、21.24公顷，拆除违建21万平方米。阳桥地块自主更新二期启动建设，制定何市片区整体工业及配套初步规划方案，完成灵丰一期和白玉兰印染厂房更新；林园路地块清退16家自有厂房企业，其低效产业用地联合自主更新项目被列入江苏省城市更新第一批试点项目；完成外泾工业区企业调查摸底。智改数转提优存量，开展两化改造类项目46个；认定苏州市智能制造车间2家，苏州市企业技术中心1家；认定省星级上云企业三星级12家，四星级2家。科技创新驱动发展，净增高新技术企业13家，比上年增长85.7%；净增有效发明专利36件，比上年增长28.6%；获评姑苏双创领军人才计划1项、常熟市"昆承英才"创新创业领军人才1项。小麦、水稻种植面积分别为0.33万公顷、0.35万公顷；建成蒋巷村80公顷优质稻米高质量发展示范区、凤泾村80公顷高标准农田、何北村33.33公顷田美乡村示范点、任南村53.93公顷高标准池塘；蒋巷、盛泾、项桥3个村创建市级"数字乡村"示范村。

【社会事业】 2022年，支塘镇开展集镇区国有土地、集体土地非农户区域定位与风貌控制的方案编制。持续完善镇村规划，完成集镇控规、窑镇村庄规划和徐政、任南实用性村庄规划修改和论证报批。农宅整理更新办理审批651户、完成验收762户；谢圩、烟冲泾、东桥弄、凤凰新村二区等启动翻建（更新）；完成零星宅基移位归并11户。总投资1.1亿元、涉及总路长10.75千米的窑石线、湖漕中心路、徐政中心路、项桥老街改造和思成路白改黑、思成路新建一期、何市幼儿园周边道路畅通工程竣工通车。何市中心小学幼儿园改扩建工程竣工投用；王淦昌中学新建食堂及风雨操场工程和任阳小学校安工程推进施工；任阳中学、任阳小学、何市中心小学教室完成灯光改造。完成项桥村、为民服务中心"健康小屋""健康加油站"建设；新增任阳运动公园、湿地公园2个健康主题公园以及项桥村健康小游园。制定出台《支塘镇农桥改造提升管理办法》，完成农桥改造5座。推进污水管网建设，完成182户村庄生活污水改造，思成路西延伸段、希那基西侧污水主管网工程竣工通水，PPP四期污水项目完成收集137户、公厕93家，全镇村庄污水收集率99.5%。开工"千村美居"村组146个，完成创建119个，完成苏州特色康居村验收15个；铺设道路56.2千米、清淤疏浚河道11.5千米、建设河塘驳岸37.3千米，新增停车位1.8万平方米、绿化5.2万平方米，新（改）建公厕116座。完成同德里河、七组新开河、罗直塘劣V类水体治理，水质稳定达V类以上；横塘通过省农村生态河道考核评估，七浦塘（常熟段）获评苏州市级示范幸福河湖，何北社前浜、支东朱家浜获评苏州市级幸福河湖，建成镇村幸福河湖18条；完成市级河湖"一事一办"工作任务13件。获评首批苏州市"美丽宜居镇"，创建苏州市长效管理示范村1个、苏州市人居环境提升示范村1个。创建省级垃圾分类达标小区1个、苏州市垃圾分类星级小区3个。实施特殊群体专项排查行动，覆盖1332人次；救助各类困难户1020户，发放各类补贴879.22万元；救助各类困难人群388人，发放慈善救助款60.29万元。发放尊老金1428.35万元，受益老人21389人；新建日间照料中心3处，累计建设30处，实现社会化运作25处，居家养老服务率95%。下拨公共卫生、社区卫生经费1185.5万元；推

9月30日，支塘风物生活街区开街　　（支塘镇　提供）

进基本和重大公共卫生服务项目，妇女“两癌”筛查3847人、妇女病普查637人。完成城乡居民基本医疗参保申报缴费和免缴对象退费工作；上线国家医保信息平台，审核报销医疗保险1293人次，实付金额409.33万元。

【常熟市中国农民丰收节开幕式】 9月23日，2022年常熟市中国农民丰收节（省级重点活动）在支塘镇蒋巷村开幕。开幕式分为“丰收种梦·百年三农强基之路”“丰收逐梦·千村美居幸福之路”“丰收圆梦·百业兴旺共富之路”3个篇章，通过融合独白话剧、歌舞合唱、情景朗诵等表演形式，呈现常熟“三农”发展历程，展现农业农村建设经验成果。开幕式上，蒋巷村乡村振兴培训基地揭牌，江苏省农业科学院亚夫科技服务站在蒋巷村创立，一批新型农业经营主体获得表彰，蒋巷村与上海同济大学、南京邮电大学、苏州大学三所高校签署共建合作项目，“常熟农旅团团农游”乡村休闲旅游地图暨常熟“三农新地标”发布，2022年“千村美居”暨农村人居环境长效管理十佳案例获表彰，蒋巷村零碳乡村建设项目现场并网，“富美新农人”代表和常熟市农村集体经济发展先行村获表彰，常熟市“智慧农村”示范村、智慧农业示范生产场景代表获颁证书。

【支塘风物生活街区开街】 9月30日，常熟支塘风物生活街区开街。项目总投资约8000万元人民币，占地面积9745平方米，建筑面积13600平方米，建筑构造为仿古组团式院落。街区以“风物”为核心理念，挖掘本土风光景物、风俗物产和文化习俗，打造“风物情景”“风情休闲”“风味体验”三大功能空间，构建本土特色的文旅产业链。街区以非遗文化展示、特色文化产品设计、特色餐饮、民宿酒店等为主要业态。开街活动中，《中国报道·双创中国》风物实验室揭牌成立。国家级历史人文类期刊《中国国家地理·中华遗产》与支塘镇签订战略合作协议。（邹巨豪）

表85　　2022年支塘镇各村（社区）基本情况一览表

村（社区）	户数（户）	户籍人口（人）	集体经济总收入（万元）	总资产（万元）	党组织书记	村（社区）主任
市镇社区	2107	5746	1300.16	5287	王国峰	黄军英
阳桥村	371	1514			王国峰	—
八字桥村	1177	4654	1598	7055	陆庆丰	陆庆丰
窑镇村	851	3356	1103	9119	陶文冲	陶文冲
枫塘村	1215	4840	1894	6393	吴叶锋	吴叶锋
长桥村	968	3619	1678	6470	顾卫东	顾卫东
支东村	1300	4417	1116	5288.2	刘军良	刘军良
任阳社区	1236	4011	280.59	1148.89	戴建峰	—
蒋巷村	227	873	2850	36448	蒋玉英	蒋玉英
凤泾村	896	3368	1496	4587	王利娟	王利娟
盛泾村	625	2486	862	4662	周　舟	周　舟
徐政村	717	2824	1373	3423	王文清	王文清
丰联村	892	3674	3548	7559	张虎荣	张虎荣
任南村	986	3545	2144	6947	杨　飞	杨　飞
何市社区	885	2354	—	—	刘志平	刘志平
何东村	1112	4502	1362.13	4443.81	姚利军	姚利军

续表85

村（社区）	户数（户）	户籍人口（人）	集体经济总收入（万元）	总资产（万元）	党组织书记	村（社区）主任
项桥村	1143	4074	1740	5523.81	周　慧	周　慧
何南村	1237	4348	1088	5627	马庆峰	马庆峰
何北村	1781	5753	2740	4718	李　平	李　平

（资料来源：支塘镇）

沙家浜镇

【概况】 沙家浜位于常熟东南，北倚东南街道，南接昆山市巴城镇，东靠太仓市双凤镇，西邻苏州市相城区。年末，区域面积65平方千米，辖13个村、2个社区，总人口8万人，其中户籍人口4.09万人。2022年，沙家浜镇完成一般公共预算收入5.19亿元，财政总收入10.34亿元。

【社会事业】 2022年，沙家浜镇推进“千村美居”工程，通过验收村（组）26个，获评苏州特色康居乡村13个。开展整村（组）归并移位，启动横泾村泾西、沙南村裴家庄、朗城村陈家桥3处试点，惠及农户72户。垃圾分类“三定一督”小区完成“低值可回收物”回收设施全覆盖，华阳村获评苏州市垃圾分类示范村，万丰家园获评江苏省生活垃圾分类达标小区。推进万丰家园一期、二期项目建设，完成安置房分配151套。发出全市首批定向安置房票，安置群众35户。启动沙阳线改造，完成金唐市路、金兴路、水南路等道路新改扩建。通过江苏省文明镇复评和全国文明镇省测复检。

【文旅融合】 2022年，沙家浜镇加快唐市古镇保护修缮，累计完成投资超1亿元，修缮民宅240户，15户商家率先进入试运营。古镇基础设施建设进一步完善，时光桥、繁荣桥等建成投用，完成夜景灯光亮化。发展欢乐田园板块，推进下段泾民宿集聚区建设，启动欢乐田园综合服务中心改造，打造常熟南部全域旅游文创片区。举办2022年江苏省城市龙舟公开赛，歌曲《虞山汲古情》获常熟市宣传文化发展专项资金。杨彝纪念馆、江抗东路司令部筹备会议旧址、老宅楼等文保单位对外开放，接待访客超13万人次。

【“礼赞新时代 追梦复兴路”主题宣讲活动】 6月15日，苏州市“礼赞新时代 追梦复兴路”主题宣讲活动启动仪式在沙家浜镇新时代文明实践所举行。活动现场，苏州市“百姓名嘴”“时代新人”等基层宣讲骨干代表进行基层理论宣讲经验分享。常熟市2022年度“百姓名嘴”风采展示活动暨苏州市新时代基层理论宣讲名师工作站（常熟市）孵化对象拔节培育推进工程启动，苏州市新时代基层理论宣讲名师工作站（常熟市）孵化对象“宣研汇”情景小剧展示等活动举行。（马静怡）

9月20日，“喜迎二十大 文明润万家”常熟市2022年公民道德宣传日主题活动暨学习贯彻习近平总书记给“中国好人”重要回信精神主题活动在沙家浜镇举行。图为“最美芦花”颁奖仪式（沙家浜镇　提供）

表86　2022年沙家浜镇各村（社区）基本情况一览表

村（社区）	户数（户）	户籍人口（人）	集体经济总收入（万元）	总资产（万元）	党组织书记	村（社区）主任
新湖村	780	2521	1312	3519	张红杰	张红杰
华阳村	918	952	1185	3929	周纪忠	周纪忠
唐东村	670	2566	1513	6019	郁俊明	郁俊明
唐北村	835	3318	1783	7381	胡雪强	胡雪强
常昆村	898	2814	1654	6282	平敏佳	平敏佳

续表86

村（社区）	户数（户）	户籍人口（人）	集体经济总收入（万元）	总资产（万元）	党组织书记	村（社区）主任
朗城村	630	2128	1040	4426	姚志江	姚志江
苏南村（唐市社区）	2621	8326	1225	5077	王春雷	王春雷（谭振宏）
沙南村	605	2252	1566	6972	吴伟良	吴伟良
横泾村	801	2964	1503	5871	金建新	金建新
昆承湖村	492	1919	1171	5786	苏国明	苏国明
昆南村	739	2671	1259	8195	赵志明	赵志明
芦荡村	602	2111	2258	8455	张忆妍	张忆妍
红石村	696	2802	893	3816	张耀明	张耀明
芦荡社区	1268	3600	372	1431	奚杰	奚　杰

（资料来源：沙家浜镇）

董浜镇

【概况】董浜镇位于常熟市东部，东南邻支塘镇，西北接梅李镇，西南与古里镇接壤，东北与碧溪街道相邻。沪武高速、沈海高速、常台高速在此交汇，沪苏通铁路穿境而过。区域面积62.5平方千米，下辖14个行政村、2个社区，户籍人口5.11万人，常住人口约6.6万人。2022年，全年完成同口径一般公共预算收入3.12亿元。完成规模以上工业产值117.01亿元，比上年增长9.27%；实现工业开票销售收入156.25亿元，比上年增长10.82%。完成全社会固定资产投资22亿元，比上年增长2.14%。其中，完成工业投资18.24亿元，比上年增长3.17%；服务业投资3.76亿元。

【经济发展】2022年，董浜镇实施智改数转项目143个，完成60个智能化数字化改造项目，智能化设备总投资3.31亿元。新增苏州市级以上智能示范车间4家，苏州市级以上智能示范车间15家。深化重点产业链培育，汽车零部件产业产值占比28%，化学纤维产业产值占比18%。涤纶公司新生产基地投用，产值增长41%。新落户声谷、新能源汽车等产业项目6个。开工市级重点项目14个，计划外新开工项目13个，综合开工率192%。启动常熟市首个“一镇一特”标杆项目，新增苏州及以上智能化信息化荣誉24个，涤纶公司获评省五星级上云企业，创美公司获评省智能制造示范车间，郡是公司获评苏州跨国公司地区总部。认定高新技术企业15家，新增发明专利45件，获评“昆承英才”科技创业领军人才3人，华德公司、沧海真空入选“瞪羚企业”培育库。实施原地盘活项目11个、老旧更新项目2个，累计盘活存量土地20.47公顷。工业拆旧完成签约23.73公顷，验收入库18公顷。落实减税降费政策，缓税退税7467万元，其中增值税留抵退税3638万元。

【社会事业】2022年，董浜镇社会保险参保率91%，居民医保参保率超99%。发放各类救助金490万元、尊老金1113万元、计生奖励金960万元。建设生态美丽河湖10条，打造杨塘省级生态清洁小流域，断面水质稳定达标。里睦塘整治二期、村庄污水治理一期工程完工，累计建成“333”达标区7个。建成苏州蔬菜保供基地542.67公顷，完成蔬菜区土地规模流转93.2公顷。黄金小玉米国家农产品地理标志保护工程通过省级验收，董浜黄金小玉米入选全国名特优新农产品名录、获评省优质特粮特经产品金奖。PODW影像数字化中心、海棠铺子六号店投用，乡野创e坊一期建设完工，“悦乡·悦生活”全域旅游路线获评苏州乡村旅游精品线路，智林钟家巷通过第九批省特色田园乡村验收。

9月9日，董浜镇“我们的节日·中秋”“沪虞田园·月夕与共”中秋游园会举行
（董浜镇　提供）

董徐大道东延二期B段开工建设，华烨大道改造路面半幅施工基本完成，华青路、星站路大中修全面完工。建成“千村美居”自然村庄60个、特色康居乡村15个，“千村美居”覆盖率81%。完成“镇中村”自主更新，启动网船湾自主更新项目。加快推进沪通、南沿江铁路线型征地补偿安置扫尾工作，滨河嘉园、越雪佳苑等5个安置小区办证工作基本完成。发挥新型生产经营主体辐射带动作用，建成省级合作社示范社1家、苏州市级8家。加快打工小镇及智慧小区建设，完成越雪佳苑、天星集宿区技防设施升级改造工程。

【董浜镇获首批苏州市特色康居示范区】 2022年，董浜镇获评首批苏州市特色康居示范区，是常熟市唯一优秀等次。“乐享田园·大美智林”特色康居示范区位于董浜镇北部片区内，覆盖智林村、陆市村、杨塘村，涉及46个自然村庄，农户1278户，总面积10平方千米。其中37个自然村庄已创建“千村美居”和特色康居乡村。根据区域特点，重点围绕智林村农文旅融合发展区、陆市村绿美农耕文化区、杨塘村红色文化区三个区域开展建设。智林村钟家巷、蒲场、荷花浜、钱家宅、钱家桥、陶家坝获评第九批次江苏省特色田园乡村。

【汽车轻量化新材料产业对接交流暨项目集中签约】 11月21日，2022年常熟市金秋经贸洽谈会系列活动之一，常熟（董浜）汽车轻量化新材料产业对接交流暨项目集中签约活动在董浜镇举行。活动现场，海鑫新能源车电子连接件生产项目、盖兹汽车车标及轮毂加装件生产项目、通优新材料车用防火阻燃新材料研发及生产项目、鋆冠科技新能源汽车驱动部件及控制系统研发生产项目等7个项目的企业代表与董浜镇进行集中签约，总投资达15.8亿元。签约项目主要涉及汽车零部件、先进装备制造、产业载体平台等领域。 （肖海云）

表 87　2022 年董浜镇各村（社区）基本情况一览表

村（社区）	户数（户）	户籍人口（人）	集体经济总收入（万元）	总资产（万元）	党组织书记	村（社区）主任
北港村	904	3269	1883	6433	马　悦	马　悦
东盾村	1004	3540	1498	8132	谢　磊	谢　磊
里睦村	773	2834	1295	4350	顾　雁	顾　雁
黄石村	658	2326	1602	4316	徐恩庭	徐恩庭
智林村	1105	3828	1574	9914	姚贤军	姚贤军
陆市村	1061	3599	2668	9362	钱晓斌	钱晓斌
杨塘村	1075	3691	1228	6777	庹卫平	庹卫平
旗杆村	601	2076	1469	5357	邵　飞	—
天星村	1236	4631	995	4748	王　飞	—
新民村	736	2783	1462	7633	孙佳丽	—
永安村	834	3087	967	5714	沈志强	沈志强
杜桥村	822	3442	1500	6409	朱振荣	朱振荣
红沙村	620	2550	1149	7634	王　进	王　进
观智村	846	3459	2031	7369	何　军	何　军
市镇社区	550	1158	99.74	34.42	潘　炬	—
徐市社区	1711	4777	164.27	23.7	沈晓波	沈晓波

（资料来源：董浜镇）

尚湖镇

【概况】 尚湖镇东靠虞山街道、常福街道，南接辛庄镇，西接无锡市锡山区，西北与江阴市顾山镇交界，北邻张家港市凤凰镇。2022年，区域面积112.5平方千米，下辖22个行政村和3个社区，总人口12.5万人，其中户籍人口8.03万人。2022年，尚湖镇实现一般公共预算收入5.1亿元，全年减税降费3.3亿元，还原退税、缓税等因素，实现一般公共预算收入6.64亿元，比上年增长6.7%；工业总产值212亿元；服务业开票110亿元，比上年增长11.0%；限上零售业销售额2.01亿元，比上年增长18.3%；规上战新产值18.4亿元，比上年增长10.1%；进出口总额5.5亿美元，比上年增长10.4%；实现到账外资1200万美元。

【经济发展】 2022年，尚湖镇计划内项目11个、计划外项目6个开工，综合开工率130.8%。万宝桥梁、因达孚碳高温保温材料等14个项目竣工，仕泰得、城时精密等9个项目投产。星尚智造谷一期、创源科技园建成投用，企业入驻率98%；星尚智造谷二期、翁家庄梦飞地块加快建设，中集激光智造产业园、创裕科技园完成地块整理。启动实施各类"智改数转"项目149个，实施苏州、常熟两级智能制造投入67家。高强激光智能制造技术研究所建成投用，创星智谷备案省级"众创空间"。因达孚等3家企业立项"昆承英才"人才计划，创轩激光立项姑苏人才计划，众捷汽车等6家获评省专精特新中小企业，风范电力入选省创新领军企业，博众优浦、首誉机械、雷得双入选苏州市"瞪羚企业"。村均稳定性收入938万元，比上年增长5.9%，颜巷村成立"强村富民"基金会，吉桥村"壮大村级集体经济发展"项目入选省级示范。王庄西瓜种植地块启动统筹发包，流转收入提高25%，通过省级绿色食品申报6个，建成省级示范型家庭农场1家，获评苏州市"平安农机"示范镇。促进农业科技成果转化，实施稻鸭共作15.33公顷、稻虾共作4公顷。

【社会事业】 2022年，尚湖镇完成农宅新建开工515户，验收652户，宅基地定位优化率24%，研究实施王庄片区农宅移位归并工作。通苏嘉甬铁路、站点及交通枢纽配套工程拆搬迁项目启动工作准备就绪，围绕尚湖中学、练塘小学南侧结转项目推动征收搬迁工作。完成"千村美居"联合审图点位179个，完成创建点位131个，创建覆盖率67%，累计建成美丽乡村点位394个。实施尚湖幼儿园扩建、尚湖中心小学老教学楼维修改造工程，王庄中心小学新教学楼建成投用。25个村（社区）老年人日间照料中心社会化运行、健康自助检测点实现全覆盖，迎阳护理院完成建设，海阳护理院启用运营。新设电动助力车点位32个，投放助力车200辆。开展文化惠民活动51场。失业人员实现再就业4820人，帮扶就业困难人员248人，提供高校毕业生就业岗位763个，拓宽社会保险覆盖面，养老覆盖率、老年保障率分别达99.72%、99.78%。发放65周岁以上老人尊老金22.2万人次1466万元；推进"15分钟"养老圈建设，为3352名80周岁以上、低保、散居特困老人提供2.2万人次7.4万小时免费上门服务，尚湖镇"连心家园"获评省级"暖心家园"示范点。推行乡村公益医疗互助项目，完成"福村宝"线上缴费5.4万人，参与率71.3%。7个村级安息堂建成启用，1.4万穴完成入室安放。

7月9日，中国工程院院士范滇元（左二）走访调研尚湖镇激光产业

（尚湖镇　提供）

【尚湖镇首家企业嵌入式消防体验馆投运】 2月20日，尚湖镇首家企业嵌入式消防体验馆投入运行。该消防体验馆位于江苏中和贸易有限公司厂区内。体验馆利用VR等先进技术，实现火灾场景模拟、灭火器械操作、逃生技能训练、火灾隐患排查、消防知识普及等多种功能，可同时满足30人以上消防体验。

【苏州产研院高强激光智能制造技术研究所落户尚湖镇】 6月21日，苏州市产业技术研究院高强激光智能制造技术研究所成立揭牌。高强激光智能制造技术研究所由常熟市人民政府、苏州市产业技术研究院及徐剑秋博士团队三方共建。研究所将对接常熟产业需求，聚焦激光智能制造行业领域高功率和智能化2大主题，围绕高功率激光制造技术及其生产线、高功率激光器及核心器件、图像识别和信息处理技术三大研究方向开展高功率激光制造设备、加工工艺、核心器件和技术服务等业务，建成具有公共服务能力的激光制造技术平台。当天，深圳大学二维材料光电科技教育部国际合作联合实验室与常熟（尚湖）激光产业园合作签约，长三角G60科创走廊激光产业联盟与市科技局、市科协、尚湖镇全面战略合作协议签约同步举行。

【尚湖百姓戏曲大舞台年度总决赛】 9月4日，2021—2022年尚湖百姓戏曲大舞台——"阿尔泰杯"锡剧票友大赛年度总决赛在常熟大剧院举行。来自上海、无锡、镇江、泰州、苏州等地10组选手先后登场，演唱《沙家浜·军民鱼水情》《孟丽君·君臣游园》《攀弓带·恩爱夫妻结同心》《玉蜻蜓·庵堂认母》等锡剧经典唱段。选手年龄最小18岁，最大66岁。无锡市选手郭炜以《孟丽君·君臣游园》摘得总决赛桂冠。尚湖镇是锡剧发源地之一，尚湖百姓戏曲大舞台曾入选文化和旅游部"全国优秀公共文化服务品牌风采展示"推荐项目。

（杨曼珺）

表 88　　2022 年尚湖镇各村（社区）基本情况一览表

村（社区）	户数（户）	户籍人口（人）	集体经济总收入（万元）	总资产（万元）	党组织书记	村（社区）主任
王庄社区	433	1023	—	66	贡卫东	贡卫东
冶塘社区	548	1150	—	296	屠雪华	屠雪华
冶塘社区	1002	2110	—	682	张建平	张建平
河金村	590	2241	1292	5249	钱　云	钱　云
车路坝村	894	3039	996	5078	夏士江	夏士江
福寿村	933	3568	1656	9082	钱　华	—
东桥村	759	2921	1538	6152	张　斌	张　斌
张村村	450	1635	1361	6036	陆伟新	陆伟新
家鑫村	830	2967	1357	6936	丁　锋	丁　锋
南村坝村	323	1135	913	4504	钱建国	钱建国
山鑫村	636	2400	1009	5084	顾新伟	顾新伟
大河村	1108	3856	1912	8773	王学忠	王学忠
湖庄村	1518	5396	1287	8522	陈　江	—
新和村	960	3409	1264	5180	沈国英	—
新鑫村	781	2847	1400	6172	—	—
新巷村	774	2650	1353	6366	周小江	周小江
蒋巷镇村	901	3534	1229	9674	宣杰洲	—
新裕村	1299	4363	1598	7230	徐敬国	徐敬国
常兴村	1056	4058	1971	8805	高立锋	高立锋
鸳鸯桥村	813	3247	1729	8232	丁　晓	—
吉桥村	1714	5950	2654	10632	孙　仁	孙　仁
罗墩村	1548	5490	1818	8699	陆　军	陆　军
练南村	830	2965	1223	7008	—	—
颜巷村	842	3155	1153	4569	金卫良	金卫良
翁家庄村	1548	5232	2368	12188	查志明	—

（资料来源：尚湖镇）

责任编辑　汤　涵

人　物

新闻人物

冯志强

1980年6月生，江苏常熟人，中共党员，2008年8月从部队转业至公安系统，现任常熟市公安局巡特警大队教导员。从警十五年，冯志强打造“团结、睿智、坚韧”的常熟便衣“狼之队”，破获各类案件2400多起，端掉犯罪团伙100多个，抓获刑事案件犯罪嫌疑人1600多人。15年来，冯志强先后获个人二等功1次、三等功2次，获评全国公安机关成绩突出个人，江苏省优秀人民警察、江苏省政法系统先进工作者、江苏省政法先进典型、江苏“好人”、全省公安机关优秀共产党员、全省公安机关“巡防之星”，苏州市“百佳文明职工”、苏州市公安局“十佳军转干部”“十佳民警”，常熟市“新长征突击手”“十佳政法干警”“十佳共产党员”及常熟“最美人物”等称号。2022年，冯志强获评全国公安系统二级英雄模范。

李　俊

1990年6月生，贵州普安人，常熟云开智能科技有限公司工人。2022年5月10日，李俊在董浜镇某处河道边钓鱼时，发现河中有1名小女孩落水，小女孩的母亲下河救人，不料这对母女都不会游泳，面临溺水危险。李俊不顾年少时因意外落下的腿部残疾，跳入河中，先后把母女俩救上岸。母女2人最终脱险。6月，李俊登上“江苏好人榜”，后又登上全国2022年第三季度“见义勇为”勇士季度榜。因救人展现出良好的水性，李俊被苏州市残联教练相中，经过培训、选拔，当年参加江苏省第十一届残疾人运动会，获1银1铜2枚奖牌。

张依瑶

2002年3月生，江苏常熟人，2009年进入常熟市体校游泳队训练，2015年转项花样游泳。在2017年的第十三届全运会中，她获得花样游泳集体自由组合亚军。2018年，她入选国家青年花泳队，获第16届世界青少年花样游泳锦标赛混双技术自选亚军和混双自由自选亚军。2021年第十四届全运会，张依瑶在花样游泳女子团体自由组合以及女子集体组合两项比赛中均获第四，并入选国家花样游泳队。2022年6月20日，在布达佩斯游泳世锦赛上，张依瑶和石浩玙组合，获花样游泳混双双人技术自选决赛铜牌；在2022年全国花样游泳锦标赛获混双项目金牌。

表89　2022年常熟市接收服役期间获二等功以上奖励退役军人一览表

姓名	性别	出生年月	籍贯	政治面貌	入伍时间	服役部队（代号）	获得奖励名称	获得奖励时间	批准单位	退役时间
严晨涛	男	1994年12月	江苏常熟	中共党员	2014年9月	中国人民解放军77646部队	二等功	2019年1月20日	西藏日喀则军分区政治工作部	2022年9月

逝世人物

黎 明

原名程瑞，女，1922年出生于常熟徐市东街，其兄程飞白是常熟早期中共党员。1936年黎明就读于常熟淑琴女子中学，1937年11月日军侵入常熟，家乡被占领，被迫辍学。1939年8月黎明参加革命，在江南抗日义勇军后方医院做护士工作。1940年5月正式加入中国共产党，由后方医院调到新四军18旅大众剧团做民运、宣传工作。1941年8月，跟随组织经上海转移到苏中区党委。1941年10月，黎明开始接触无线电，在新四军一师无线电训练班学习。1942年3月至1942年6月在苏中区党委电台当见习员。1942年至1947年间，黎明跟随部队转战南北，先后在新四军《前哨报》、东北野战军辽东军区《辽东日报》等单位从事电台报务工作。1949年7月黎明跟随部队南下，到1954年4月期间，先后在浙江杭州电讯局任科员、党支部书记等职。1954年5月至1956年8月，在杭州市委支部工作科任科长、杭州市交电公司任经理等职。1956年9月到1958年10月，在邮电部机关党委任纪检干事、宣传部长。1958年10月后担任上海电报局党委副书记、党委书记等职，1983年12月离休。2022年5月9日黎明在上海逝世，享年100岁。

表 90　　2022 年常熟市享受副县（处）级以上政治待遇的离休干部逝世情况表

姓　名	性别	出生年月	籍　贯	离休前职务	逝世时间
戈谨伍	男	1929年7月15日	常熟	梅李中学教导主任	3月26日
焦　洪	男	1926年9月15日	常熟	市第五中学副校长	4月8日
秦润生	男	1929年5月12日	常熟	市农业局副局长	4月10日
何　忠	男	1928年9月12日	常熟	县财贸办公室副主任	5月30日
许耀辉	男	1927年6月30日	海门	市港务处干部	10月18日
陈必华	男	1924年11月30日	射阳	市塑料厂党支部书记	10月29日
许　铭	男	1928年5月29日	兴化	市色织四厂保卫科长	12月12日
马翠华	女	1922年11月12日	海宁	市总工会副主席	12月24日
范承章	男	1928年11月12日	大丰	市文教局调研员	12月30日

（资料来源：市委老干部局）

责任编辑　汤　涵

重要文献

坚定拥护“两个确立”坚决做到“两个维护”在新征程上全面推进中国式现代化常熟新实践

——在市委十四届五次全会上的讲话

中共常熟市委书记　周勤第

（2022年12月15日）

一、坚持用党的二十大精神统一思想、统一意志、统一行动，坚定拥护“两个确立”、坚决做到“两个维护”

学习宣传贯彻好党的二十大精神，是当前和今后一个时期全市上下的首要政治任务。我们要坚决贯彻习近平总书记提出的“五个牢牢把握”“三个全面”重要要求，按照省委、苏州市委部署，深刻认识党的二十大的主题和主要成果，准确把握党的二十大的“灵魂”和党和国家事业发展的“总纲”；深刻认识新时代十年伟大变革的深远历史意义，紧跟习近平总书记奋进新征程、建功新时代；深刻认识习近平新时代中国特色社会主义思想的世界观和方法论、贯穿其中的立场观点方法，自觉用以武装头脑、指导实践、推动工作；深刻认识中国式现代化的中国特色和本质要求，在新征程上全面推进中国式现代化常熟新实践；深刻认识党的中心任务和未来五年重大部署，加快建设更高品质“江南福地”；深刻认识以党的自我革命引领社会革命的重大要求，以永远在路上的政治自觉推动全面从严治党向纵深发展；深刻认识江山就是人民、人民就是江山的根本政治立场，全面落实以人民为中心的发展思想，始终同人民站在一起、想在一起、干在一起；深刻认识统筹发展和安全的重大原则，着力提升城市安全韧性发展水平；深刻认识“三个务必”的谆谆教导和团结奋斗的时代要求，弘扬伟大建党精神，依靠顽强斗争、团结奋斗打开事业发展新天地。

学习贯彻党的二十大精神，最重要最根本的是要深刻领悟“两个确立”的决定性意义，深刻理解其历史逻辑、理论逻辑、实践逻辑，切实增进政治认同、思想认同、理论认同、情感认同，以实际行动和实际成效坚定拥护“两个确立”、坚决做到“两个维护”。党的十八大以来，百年变局叠加世纪疫情，党和国家面临的形势之复杂、斗争之严峻、改革发展稳定任务之艰巨，世所罕见、史所罕见。习近平总书记在风云变幻中举旗定向、掌舵领航，在大战大考中指挥若定、运筹帷幄，在惊涛骇浪中力挽狂澜、砥柱中流，充分彰显了作为马克思主义政治家、思想家、战略家的恢宏气魄、远见卓识、雄韬伟略，不愧为党的核心、人民领袖、军队统帅，不愧为中华民族伟大复兴号巨轮的掌舵者、领航人。新时代的伟大实践充分证明，“两个确立”是党的十八大以来党和国家事业取得历史性成就、发生历史性变革的决定性因素，是新时代十年最大政治成果、最重要历史经验、最客观实践结论，是我们应对一切不确定性的最大确定性、最大底气、最大保证，是走好新的赶考之路必须始终坚持的重大政治原则、必须全面贯彻的重大实践要求。现在，“两个确立”已经成为全党全军全国各族人民的高度共识和共同意志。奋进新征程，我们要更加坚定地忠诚核心、信赖核心、紧跟核心、维护核心，坚决维护党中央权威和集中统一领导，紧跟习近平总书记走好新的赶考之路，不断夺取新的伟大胜利。

二、学通弄懂做实习近平新时代中国特色社会主义思想，持之以恒用以武装头脑、指导实践、推动工作

党的十八大以来，习近平总书记洞察时代风云、把握时代脉搏、引领时代潮流，以全新的视野深化对共产党执政规律、社会主义建设规律、人类社会发展规律的认识，不断回答中国之问、世界之问、人民之问、时代之问，创立了习近平新时代中国特色社会主义思想这一当代中国马克思主义、二十一世纪马克思主义，这是中华文化和中国精神的时代精华，实现了马克思主义中国化时代化新的飞跃，是我们不断实现新时代新征程各项事业伟大胜利的思想灯塔和行动指南。

我们要深刻把握习近平新时代中国特色社会主义思想的世界观和方法论，坚持好、运用好贯穿其中的立场观点方法，把党的二十大提出的"两个结合""六个必须坚持"作为学深悟透习近平新时代中国特色社会主义思想的"金钥匙"，自觉用于改造客观世界和主观世界的全部实践，真正让这一伟大思想在常熟绽放出更加璀璨的真理光芒。要坚持学以求真，深刻领会精髓要义。坚持原汁原味学、全面系统学、及时跟进学、联系实际学，真正理解把握习近平新时代中国特色社会主义思想的核心要义、精神实质、丰富内涵、实践要求，充分领会内在本质和客观规律，做到知其言更知其义、知其然更知其所以然。要坚持学以致用，自觉用以指导实践。大力弘扬理论联系实际的学风，正确处理好速度和质量、发展和安全等重大关系，着力解决实践遇到的新问题、改革发展稳定存在的深层次问题、人民群众急难愁盼问题、党的建设面临的突出问题，提高运用党的创新理论指导实践的能力。要坚持学以增信，切实做到笃信笃行。在学习实践中常悟常进，体悟蕴含其中的真理力量和实践伟力，体悟贯穿其中的坚定信仰信念、强烈历史担当、真挚为民情怀，不断内化为自觉、上升为信仰，真正成为习近平新时代中国特色社会主义思想的坚定信仰者和忠实实践者。

三、牢牢把握党的中心任务，在新征程上全面推进中国式现代化常熟新实践

党的二十大阐述了中国式现代化的中国特色和本质要求，明确了"两步走"战略安排和未来五年目标任务，向全党全国发出了全面建设社会主义现代化国家、全面推进中华民族伟大复兴的动员令。省委吴政隆书记、苏州市委常委会专题调研，都对常熟未来发展提出了明确要求。站在新的历史起点，我们要坚决贯彻省委、苏州市委最新部署要求，进一步完善思路举措，守正创新，勇毅前行，以美丽常熟建设为路径，全面推进中国式现代化常熟新实践。

（一）坚定不移走高质量发展之路。要加快建设现代化产业体系，全面推进汽车、声学、新能源三大产业创新集群发展壮大，加快纺织服装、印染、化工等传统产业转型步伐，大力发展直播电商等新经济新模式新业态，推动数字经济与实体经济、先进制造业与新兴服务业深度融合发展。全力抓好有效投入，更加注重项目质量，强化要素保障，提升存量发展质效，建立土地利用预算制度，打造一批连片集中、品质高端的产业园。要抢抓苏州市域一体化发展机遇，加快建设融合创新区，围绕"产业在沿江转型，创新在城区集聚"，对标学习上海临港，深化与兄弟板块联动协同，打造沿江先进制造业高地；要强化交通基础设施互联互通，全力推动"公铁水"均衡协调发展，持续构建"两个一小时、四个半小时"大交通格局，打造常熟至周边区县30分钟通勤圈。要加速农业农村现代化进程，全面推进种业振兴，筑牢粮食安全根基，深化"千村美居"工作，谋划乡村振兴片区化发展，打造新时代鱼米之乡常熟样板。

（二）大力实施科教强市、人才兴市战略。坚持教育优先发展，深入推进教育领域综合改革，围绕片区开发优化教育资源布局，全面推进基础教育优质均衡、职业教育创新提质，规范民办学校发展，擦亮"学在常熟、幸福教育"品牌。坚持以集群式创新为目标、国家首批创新型县（市）为引领、产创融合"十百千"平台载体建设工程为抓手，积极探索创新驱动高质量发展的常熟路径。强化人才引领，加快引育具备产业引领性、带动性的高层次人才，以"昆承英才伙伴计划"为依托，建好人才企业全生命周期服务平台，用好现代产业技能实训中心，持续打响全国"人才福地"品牌。

（三）扎实推进高水平共同富裕。深化收入分配制度改革，推进中等收入群体不断壮大，拓宽城乡居民增收渠道。扎实做好稳岗就业工作，持续推进"社保扩面"专项行动，健全常住人口基本公共服务制度，持续完善托育服务体系和医养融合服务体系，提升人民群众获得感。持续推进医疗资源优化布局，深化紧密型县域医共体建设，加快等级医院创建，健全公共卫生体系。全面推进全民健身场地设施、运动健康中心建设，不断扩大全民健身品牌赛事活动影响力。着力解决群众急难愁盼问题，加快城市更新步伐，深入开展"停车难"综合治理，持续提升城市舒适度。

（四）加快绿色低碳转型升级。深入打好污染防治攻坚战，集中攻坚臭氧污染、湖泊总磷超标等重点难点问题，加快"无废城市"建设，抓好中央、省生态环保督察整改，加快环境基础设施建设，不断提升环境治理能力。协同推进降碳、减污、扩绿、增长，大力调整优化产业、能源结构，坚决遏制"两高"项目盲目发展，持续淘汰落后低端产能，大力发展分布式光伏等绿色能源，探索建设一批低碳园区，积极稳妥推进碳达峰碳中和。坚决抓好长江大保护，推进长江岸线清理整治和绿化美化，打造长江最美岸线。持续加强生态系统保护修复，深入推进长江禁渔长效管理，持续释放"国际湿地城市"示范效应，深化"一山一策""一湖一策"保护，呵护江南水乡整体风貌和生态本底。

（五）坚持和发展全过程人民民主。加强和改进地方人大工作，加强人大代表能力建设，完善人大代表"统一接待日"等机制，进一步拓展吸纳民意、汇集民智渠道。充分发挥人民政协"重要阵地、重要平台、重要渠道"作用，健全发挥民主党派和无党派人士在政协有效履职的机制，组织好"有事好商量"协商议事活动，创新完善协商机制，提高政治协商制度化规范化程序化水平。充分发挥统一战线凝聚人心、汇聚力量的强大法宝作用，用好常熟精英资源，完善大统战工作格局，巩固和发展最广泛的爱国统一战线。

（六）有效推进法治常熟建设。加快法治政府建设，健全完善职责明确、依法行政的政府治理体系，深化行政执法体制改革，强化关系群众切身利益的重点领域执法。深入实施优化营商环境创新行动，持续完善企业大走访、重点企业重点服务等机制，依法平等保护各类市场主体产权和合法权益，以法治手段服务保障民营企业健康发展。坚持依法行政和公正司法，严格执行防止干预司法"三个规定"，健全完善内部监督机制，优化行政争议预防化解机制，推动行政诉讼案件量、败诉率双下降。推进法治社会建设，全面实施"八五"普法规划，推进领导干部法治素养提升行动国家级试点，完善公共法律服务体系，增强全民法治观念。

（七）坚持文化自信自强。充分发挥社会主义核心价值观引领作用，抓好"四史"宣传教育，挖掘用好"沙家浜"等红色资源，推进理想信念教育常态化制度化。全面落实意识形态工作责任制，坚持用党的创新理论武装头脑、教育人民，坚决守牢意识形态阵地。深入实施公民道德建设工程，推进新时代文明实践指导中心建设，全力争创全国文明典范城市。持续繁荣文化事业和文化产业，高品质推进长江国家文化公园建设，加强历史文化遗产发掘和保护，推进西泾岸历史街区有机更新，探索古城保护常熟路径。以创建国家全域旅游示范区为契机，推动"风景区"向"度假区"转变，提升文旅消费供给质量，加强与上海等大城市团建产业联盟合作，彰显"一城山水、自在生活"的旅游品牌魅力。

（八）深化改革开放。加快国有资本布局优化和结构调整，深化要素市场化、财税体制等重点领域改革。持续推进"放管服"改革，巩固提升"一网通办""一件事"，加快实现政务服务标准化规范化便利化。加快建设数字经济、数字社会、数字政府"三位一体"的数字常熟，以数字化改革驱动生产方式、生活方式和治理方式变革。做优做强江苏"市采通"平台，巩固市场采购贸易"江苏模式"的独特优势，加快全国推广应用，积极融入丝路电商合作机制，更好帮助中小微企业合规便捷出口。推动招商工作，完善产业项目（招商）协同机制，落实外资总部等支持政策，加快培育一批跨国公司地区总部和功能性机构，推动单一生产基地向"生产+总部""生产+研发"转变。

（九）统筹发展和安全。全面落实总体国家安全观，以政治安全为根本、经济安全为基础、社会安全为保障，建设更高水平的平安常熟。毫不动摇贯彻"三个坚定不移"，科学精准抓好常态化疫情防控，加强救治体系和应急能力建设，最大限度减少疫情对经济社会发展的影响。严格落实安全生产责任制，深化重点领域安全生产专项整治，抓好省纪委监委专项督导化工园区反馈问题整改，提升本质安全水平。全力化解信访维稳、房地产、劳资纠纷、非法金融等领域风险，加大隐性债务化解力度，确保债务风险等级不返色。坚持和发展新时代"枫桥经验"，夯实社会治理体系基层基础，推进扫黑除恶常态化，健全信访接待与矛盾调处一体化运行机制，擦亮"虞城善治"品牌。

四、坚持以伟大自我革命引领伟大社会革命，深入推进新时代党的建设新的伟大工程

党的二十大报告强调，全面建设社会主义现代化国家、全面推进中华民族伟大复兴，关键在党。江苏是习近平总书记全面从严治党重大要求的首先提出地，我们要以更强责任担当落实新时代党的建设总要求，健全全面从严治党体系，以党的自我革命引领社会革命，为建设更高品质"江南福地"提供坚强保证。

一要坚持和加强党的全面领导。坚决维护党中央集中统一领导，坚持和落实"第一议题"制度，推动习近平总书记重要指示和省委、苏州市委决策部署不折不扣落地落实。健全总揽全局、协调各方的党的领导制度体系，充分发挥党委议事协调机构职能作用，支持人大、政府、政协和监察机关、审判机关、检察机关依法依章履行职责。

二要努力建设高素质干部队伍。落实新时代好干部标准，从严从实把好政治关、廉洁关，突出抓好干部教育培训，加强干部斗争精神和斗争本领养成。落实优秀年轻干部培养选拔"登峯"计划，深入推进"一线工程"，确保党的事业青蓝相继。坚持严管厚爱并重，进一步完善高质量发展综合考核评价体系，推动干部"能上能下、能进能出"，真正让有为者有位、能干者能上、优秀者优先、躺平者靠边。

三要坚持大抓基层鲜明导向。进一步增强党组织政治功能和组织功能，全面推进基层党建"五聚焦五落实"深化提升行动，持续推进党建引领乡村治理和重点村分类管理全国试点，擦亮"海棠系列"品牌，统筹推进各领域党建工作，不断扩大党在新兴领域和新就业群体中的影响力号召力。建强基层党组织骨干队伍，持续深化"三个一线"行动，加快培育一批新时代优秀基层带头人。

四要驰而不息正风肃纪。严格执行中央八项规定及其实施细则精神，突出"关键少数"以上率下，带头弘扬党的光荣传统和优良作风，严于律己、严负其责、严管所辖，推动党风政风持续向好。坚决防范"四风"隐形变异、反弹回潮，重点防治形式主义、官僚主义，持续巩固基层减负工作成效，用好监督执纪"四种形态"，推进作风建设常态化长效化。

五要坚决打赢反腐败斗争攻坚战持久战。坚持"三不腐"一体推进，始终以零容忍态度反腐惩恶，聚焦重点领域深化整治，更加有力遏制增量，更加有效清除存量。健全完善监督体系，用好巡察利剑和问责利器，增强对"一把手"和领导班子监督实效。加强新时代廉洁文化建设，深挖常熟廉洁元素，大力弘扬"清慎勤"优良作风，努力建设人民满意的廉洁常熟。

同志们，蓝图已经绘就，前景无比光明。让我们更加紧密地团结在以习近平同志为核心的党中央周围，全面贯彻党的二十大精神，坚定拥护"两个确立"、坚决做到"两个维护"，牢记"三个务必"，团结带领全市人民奋进新征程、建功新时代，为全面建设社会主义现代化国家、全面推进中华民族伟大复兴作出新的更大贡献！

政府工作报告

——在市十六届人大二次会议上

常熟市人民政府市长 秦 猛

（2023年1月3日）

2022年政府工作回顾

2022年是本届政府的开局之年，也是全市人民共同走过的极不平凡、值得铭记的奋斗之年。一年来，市政府以习近平新时代中国特色社会主义思想为指导，坚持稳中求进工作总基调，坚决落实"疫情要防住、经济要稳住、发展要安全"的重大要求，聚焦绘就"六美集大美"精彩画卷、建设更高品质的"江南福地"目标，在中共常熟市委的正确领导下，团结依靠全市人民，紧抓快干、真抓实干，高效统筹疫情防控和经济社会发展，较好地完成了市十六届人大一次会议确定的各项目标任务。这一年，我们在奋进中求突破。谋划了近500平方公里的苏州市域一体化（常熟）融合创新区，构筑"一轴六组团"城市新格局，探索国企改革、职技融通等改革新路径，为未来发展打下坚实基础。这一年，我们在克难中显担当。以责任压实、举措创新筑牢平安防线，成功抵御"2·14""11·21"等疫情强力冲击，安全生产事故起数和死亡人数实现"双下降"，群众安全感指数再创新高，主要经济指标始终保持稳健，为苏州高质量发展勇挑大梁。这一年，我们在竞争中赢先机。三甲医院实现零的突破，首批国家创新型县（市）通过验收，国家级旅游度假区成功逆袭，获得国家级荣誉161项、省级464项，一系列成绩振奋人心。预计实现地区生产总值2780亿元、增长2%以上，同口径一般公共预算收入250.4亿元、增长4.4%，社会消费品零售总额1188亿元，全社会固定资产投资715亿元、增长1.5%，进出口总额238亿美元，综合实力继续保持全国百强县第四。

1.疫情防控在科学应对中精准有效。慎终如始抓好疫情防控关键要事，充分展现了常熟的韧性与温度。我们坚持系统防控。全市"一张网"，指挥体系处于随时激活状态，流调溯源高效迅捷，构筑"四道防线"，有效应对多轮疫情。面对突如其来的"11·21"疫情，全市上下众志成城，与时间赛跑、同病毒较量，打赢了这场"遭遇战"，为稳定苏州疫情防控大局作出了贡献，为防疫"新十条"平稳过渡争取了时间，有效保障了市民身体健康和生命安全。我们坚持群防群控。全市"一条心"，12.8万名党员干部及志愿者挺身而出，奋战防疫一线；搭建覆盖57万户家庭的"微信群矩阵"应急联络体系，畅通便民服务热线等诉求渠道，解答、处办市民咨询建议52.6万件、办结率100%，市民群众对疫情防控工作给予了充分的理解、支持和配合；医护人员在本土抗疫中作出重大贡献，更有1.3万人次分赴多地逆行驰援，在大战大考中彰显常熟担当。我们坚持有效防控。全市"一股劲"，全力减少疫情对经济社会秩序的影响。创新开发"常i企"服务平台及"调研通""供求通"等信息模块，打通企业诉求反馈和供需对接渠道，率先启用货车电子通行证，力保重点产业链供应链畅通稳定。

2.发展蓝图在高位谋划中愈发清晰。全方位、多层次融入区域一体化协同发展大局，区位优势进一步彰显。城市发展方向更为明确。坚持"城市向南"，与姑苏区、苏州工业园区、昆山和相城分别签订战略合作框架协议，形成常熟古城与姑苏古城双城联袂、昆承湖与金鸡湖双湖联姻、常熟高新区与昆山高新区两区联动、苏州高铁北城与苏州高铁新城两翼联合的融合创新发展格局。开发建设重点更为突出。建立组团片区开发建设指挥体系，城市开发力度空前。中新昆承湖园区概念规划与城市设计基本完成，UWC+创新岛主体建筑地下结构全面完成，引进新经济项目63个。苏州高铁北城与央企达成战略合作，确定"特许经营+联合开发"模式，城市设计方案基本稳定。云裳消费小镇范围确定，2800亩的核心区土地整理加快实施。虞山尚湖古城文保建筑修缮和老旧公寓整治有序推进，西泾岸核心区域房屋使用权集中签约完成70%。数字科技新城常熟数字智能产业园暨松下协创中心成功落地，小型示范数据中心等重点项目加速推进。红色沙家浜文旅资源有效统筹，"芦荡火种"项目入选省首批红色旅游融合发展示范项目。资源要素保障更为有力。通苏嘉甬高速铁路开工建设，助力常熟更好融入长三角一体化；市内第一条轨道交通线———苏州市轨道交通10号线（苏虞张段）有效串联起重点组团，直连苏州主城区；"三区三线"划定成果获批启用，国土空间总体规划（2021—2035年）完成公示，生态空间管控区域优化调整方案、水域保护规划取得省级同意；存量发展启动探索，盘活存量建设用地1.3万亩；白鹤滩虞城换流站顺利投产，年输电能力312亿千瓦时；苏州"产业在沿江转型、创新在城区集聚"的总体部署，为我们承接先进制造业转移、高端科创成果转化构建了更多渠道，蓝图变成现实拥有了更充足的交通、土地、产业等要素支撑。

3.经济发展在统筹调度中平稳运行。及时出台助企纾困系列措施，建立重点企业重点服务机制，减税降费超280亿元、其中留抵退税60.8亿元，助力市场主体尤其是中小微企业共克时艰，力保经济大盘稳定。工业量质齐升。规上工业总产值达4870亿元、增长5%，三大支柱产业产值近2700亿元、占规上工业总产值比重55%。入围中国民营企业500强3家、苏州民营企业100强11家。富士莱、常润股份先后登陆创业板和上交所主板，英华特创业板首发过会。完成智能化改造数字化转型项目1668个，提前1年完成规上工业企业全覆盖目标，工业机器人保有量突破2.8万台（套）；新增省级工业互联网标杆工厂4家、五星上云企业12家、AAA级两化融合管理体系贯标示范培育企业6家，数量均居苏州第一，波司登获评国家首批数字领航企业、苏州唯一，常熟开关获评全国工业互联网平台应用领军者、全省唯一。获准牵头建设苏州汽车、新能源和声学三大产业创新集群，汽车产业实现营收超1500亿元、占苏州近30%，新能源产业产值逆势上涨20%，锂电级PVDF（聚偏氟乙烯）全球市场份额占有率95%，战略性新兴产业产值占规上工业总产值比重超50%。新增省级以上专精特新企业97家，数量创历年新高，索特传动挖掘机部件获国家制造业单项冠军产品认定。17家企业获苏州市质量奖，古建园林公司获苏州市市长质量奖，新增“江苏精品”认证产品4个、“苏州制造”认证产品7个。制修订国家标准、行业标准26项，每十亿元地区生产总值发明专利拥有量提升至30.75件。服务业承压趋稳。举办“虞城烟火”购物节等活动，全力提振市场信心和活力。新增苏州市总部企业2家、苏州市生产性服务业领军企业1家。持续放大“市采通”平台带动效应，成立跨境电商企业服务中心，建成阿里巴巴速卖通（常熟）跨境电商产业园，完成市采贸易出口20.5亿美元、增长34%。云裳小镇电商产业集聚区获评省首批县域电商产业集聚区，电商竞争力居全国第六、全省首位。常熟港转型步伐加快，万吨级以上开放泊位达到18个。农业优质高效。科技赋能农业成效显著，受邀在全国农业高新技术成果交易活动交流经验，获评全国县域农业农村信息化发展先进县。种业振兴加快推进，农科所获评国家农作物品种展示评价基地。粮食生产再获丰收，总产量26.4万吨、增长2.2%，“常熟大米”“常熟鸭血糯”等6个品牌入选全国名特优新农产品目录，成功创建省农产品质量安全县。新增高标准农田2.9万亩，获评省高标准农田建设成效显著单位。农业人才引育力度持续加强，签约委培涉农大学生55名，培训新型职业农民1800人次，连续两年承办“中国新农民”故事会。

4.*发展动能在转型升级中快速积蓄*。始终坚持创新驱动和投资拉动协同发力，发展后劲显著增强。有效投入持续发力。工业投资“三年千亿”目标顺利达成，今年完成330亿元，连续4年苏州第一。2个省重大项目、43个苏州市重点项目投资进度保持苏州前列。建立产业项目招商协同推进机制，组织金秋经贸洽谈会、省氢能产业合作交流会等招商推介活动，克服疫情影响赴日本、法国、德国等开展境外招商，全年签约项目186个、总投资397亿元。创新要素加速集聚。加大人才引育，全面打响“人到苏州必有为、常来常熟最倾心”工作品牌，人才归谷·常春藤国际人才港开工建设，入选市级以上双创领军人才253项、增长53.3%，亨通海洋陶雄强团队入选苏州市顶尖人才团队。新认定高新技术企业412家、科技型中小企业1302家，新增产学研合作超300项，数量均创新高。深化“揭榜挂帅”项目组织形式，引导标杆企业牵头攻关行业“卡脖子”技术，促成省级科技项目立项71个、全省领先。全社会研发经费支出占GDP比重达3.85%，位列全国科技创新百强县第三，获评“科创江苏”试点县（市、区）、苏州唯一。创成全国科普示范市。平台载体日益丰富。出台产创融合“十百千”平台载体建设五年行动计划，系统谋划金字塔型科技创新平台体系建设。“苏州·中国声谷”加速崛起，苏州产研院常熟创新基地成功落户，国际声学产业技术研究院实质性运转，引进声学产创项目92个、总投资120亿元。苏州产研院高强激光所、声光微纳所等一批苏州新型研发机构启动建设，新增国家级众创空间1家，省级科技企业孵化器1家、众创空间4家。亨通海洋获推荐争创全国重点实验室、获批省级院士工作站，新增苏州市级以上工程技术研究中心38家，苏州中欧氢能技术创新中心获评中欧能源技术创新合作专项最佳案例，大中型工业企业和规上高企研发机构建有率超90%。加快推进长三角（常熟）国际先进制造产业园、漕河泾绿洲芯城等一批重点产业园区建设，新开工苏高新智能制造产业园等载体项目10个，新增产业载体面积超200万平方米，有力赋能产创融合。

5.*城市品质在建管并举中全面改善*。坚持规划、建设、管理有机统一，城市颜值、品质和内涵进一步提升。交通互联更加顺畅。苏州市轨道交通10号线（苏虞张段）正式开工，南沿江城际铁路常熟段桥梁架设完成，常台高速高新区互通顺利完工，524国道常熟莫城至辛庄段改扩建工程整体通车。沪武高速扩建、海太过江通道先导段开工。衡山路、琴湖路等4条城市道路完成改造，困扰群众出行多年的莲花路全线贯通，城区交通压力有效缓解。新增公交线路10条，开通首条校园快线和微循环公交线，获评省首批城乡公交一体化达标县（市、区）。城市更新更加深入。持续探索城市更新路径，名城保护案例入选住建部“城乡历史文化保护传承手册”，低效产业提升联合自主更新项目入选省首批城市更新试点。深入推进历史街区整理更新，集中房屋使用权超1.6万平方米，蓝·原茸森林文旅产业园盛装开园。“组团式”推进城中村自主更新，完成老旧民宅改造273户。滚动实施老旧小区改造更新，完工17万平方米、新开工15万平方米。分类推进既有建筑更新改造，新启动项目20个、竣工22个，华联宾馆等闲置多年的老旧建筑重获新生。城市治理更加精细。新增停车泊位2.5万个，智能化改造道路泊位1348个，部分热点路段车位日均周转量从2次提升至12次，“停车难”有效缓解。拆除违法建设超350万平方米、违规户外广告5900多处，新建电动自行车充电桩近1.5万个，市容市貌有效改善，文明典范城市创建迈出坚实步伐。科学应对“梅花”等强台风和1961年以来最严重的气象干旱，城市运行平稳有序。

6.*社会事业在提质增效中全面进步*。10项民生实事项目推进有序，民生支出占一般公共预算支出比重超80%。公共服务显著提升。新建改扩建学校14所，新增学位8550个。高考主要指标连续12年领跑苏州，清北录取人数再攀新高。“双减”工作推进有力，义务教育学校课后延时服务实现全覆盖。民办义务教育规范发展，为符合条件的每位在常务工人员子女提供义务教育学位。职业教育与技工教育融合发展，现代产业技能实训中心启动建设，获评省2021年度职业教育改革发展成效明显地区、苏州唯一。卫生健康事业取得突破进展，市二院创成三甲综合性医院，市中医院通过三甲中医医院现场评审，市一院启动三甲医院评审准备工作。市二院获国家自然科学基金面上项目立项，填补市医疗卫生系统该领域空白。家庭医生签约服务累计98.6万人次，重点人群签约率达70%。慈善事业稳步发展，社会各界自觉参与，超1.3亿元善款善物助力疫情防控、乡村振兴和扶贫济困，市慈善总会被省政府授予“最具影响力慈善组织”称号。保障体系日益健全。全面落实稳岗留工等系列就业政策，新增就业2.5万人。开展社保“扩面提质”专项行动，城镇养老保险参保缴费人数超56万，入选省社会保障卡居民服务“一卡通”综合试点城市、县级城市唯一。完成基本医疗保险和生育保险苏州市级统筹各项任务，“15分钟医保服务圈”建设全覆盖。新增备案托育机构29家，在苏州率先完成托育机构“一街道一乡镇一普惠”建设。建成区域性养老服务中心7家、综合为老服务中心3家，新增养老床位1800张，古里镇康博村获评全国示范性老年友好型社区。积极落实各项社会救助政策，发放救助资金2.4亿元。建成投用安置房1942套、23.3万平方米。蝉联省双拥模范城“九连冠”。文体旅融合走向深入。位列“2022年全国县域旅游综合实力百强县”第二，获评中国文旅融合创新典范城市和中国最佳绿色休闲名城，虞山文化旅游度假区在激烈竞争中脱颖而出、成为年度全省唯一入选的国家级旅游度假区，海虞镇铜官山村获评省级乡村旅游重点村。常熟籍运动健儿在花样游泳世锦赛等竞技场勇创佳绩，全国青少年体育舞蹈锦标赛、尚湖马拉松等精品赛事顶住疫情压力如期开办。大科园获评省级文化产业示范园区。《常熟年鉴（2022）》获评省精品年鉴，苏州唯一。美丽乡村全面提质。试点开展农宅归并移位，验收“千村美居”村庄812个，培育省生态宜居美丽示范镇1个、示范村18个，建成省级特色田园乡村3个、苏州特色精品乡村6个、特色康居乡村225个，累计建设各类美丽乡村3772个、覆盖率80%。完成供水老旧管网改造5155户、农村生活污水治理4597户，农村生活污水治理率达到99.4%。因地制宜拓宽增收渠道，集体经营性建设用地入市成交金额超5亿元，村均集体可支配收入达1420万元。

7.*社会大局在精进治理中保持稳定*。更大力度统筹发展和安全，发展环境更和谐、更优美、更温馨。安全治理更具力度。安委会和18个专委会工作体系进一步优化，应急管理综合行政执法改革全面推进。扎实开展安全生产“三年大灶”、危化品安全风险集中治理等专项行动，整治隐患11.2万处。探索“部门联动监管+智慧平台赋能”新模式，深化“一带一帽”等四项执法，非亡人事故压降27.1%。推行重点行业领域企业“班前班后五分钟”安全教育培训，安全文化体验馆和体验基地建成投用。深入推进省纪委监委督查两个化工园区反馈问题整改，重大危险源企业双重预防机制数字化建设实现全覆盖。建立健全金融风险化解工作机制，有效防范重点企业债务违约等突出风险。生态治理更具深度。湿地保护常熟模式广受赞誉，城市发展与湿地保护创新模式斩获国际“保尔森可持续发展奖”，常熟长江重要湿地志愿巡护案例获评第二届省“绿篱笆环境奖”。启动“无废城市”建设，地下水环境调查和分区划定全面完成。大力推进环保基础设施建设，洪洞水质净化厂一期土建工程全面完工，日处理能力达200吨的厨余垃圾项目建成投用，南湖生活垃圾焚烧厂正式关停，“天网”信息化环境监管系统投入运行。生物多样性本底调查全面完成，在苏州地区率先发布生态系统生产总值（GEP）核算报告，省级生态文明镇实现全覆盖。连续开展两轮空气质量强化提升百日攻坚行动，完成企业挥发性有机物专项治理2091家，淘汰国三及以下柴油货车4100辆，$PM_{2.5}$浓度降至27微克／立方米以下。扎实开展水环境治理，完成城镇污水处理提质增效达标区建设和长江入河排污口整治，整治劣Ⅴ类水体99条，建成生态美丽幸福河湖216条，国省考断面达标率100%、优Ⅲ率93.3%。第二轮中央环保督察组交办的36件信访件提前1年全部办结。社会治理更具温度。积极开展特殊困难群体救助帮扶和妇女儿童权益保障、防范打击养老诈骗等专项行动，刑事发案数实现“十五连降”。投用市社会矛盾纠纷调处化解中心，建立“20+N”重大涉稳风险动态排查化解督办机制，258件中央信访联席办交办的重复信访事项全部报结。深化拓展新时代文明实践中心建设，建成法治乡村实训教育基地，推行“村规民约履约评议”机制，335个村（社区）实现“援法议事”全覆盖，基层治理水平持续提升。

8.*履职能力在深化改革中明显提升*。深刻领会“两个确立”的决定性意义，严格落实全面从严治党主体责任，深入纠治“四风”，认真抓好巡视整改，强化审计监督，深化预算绩效管理，“三公经费”下降6.9%。大力压降融资平台，做好债务管控，确保债务风险等级“不返色”、债务率“不倒涨”。持续推进法治政府建设，获批实施“领导干部法治素养提升行动”国家级试点，成功创建省第二批法治政府建设示范地区、苏州唯一。数字政府建设扎实推进，大数据中心载体建成投用，信息化项目建设启动36个、完成12个。办复人大建议179件、政协提案246件，办结率均为100%。国企改革三年行动计划全面完成，形成7大市级国企架构体系，出台新一轮国企高质量发展三年行动计划。营商环境持续优化，企业开办0.5个工作日实现常态化，个体工商户登记实现秒拿证，新登记各类市场主体4.1万户、苏州第二，办理“一件事”8.7万件、苏州第一，获评企业家幸福感最强市。

此外，共青团、妇女儿童、残疾人、红十字等事业加快发展，民族宗教、侨台事务、人民防空、外事、档案、电力、供销等工作取得了新的进步。各位代表！在过去的一年里，面对复杂多变的宏观形势、叠加多发的风险挑战，全市上下同心同向、团结拼搏，付出了超乎寻常的努力，取得了极为不易的成果。在此，我谨代表常熟市人民政府，向全体人大代表、政协委员，向全市广大干部群众和离退休老同志，向驻常部队、武警官兵,向各民主党派、工商联和无党派人士、人民团体,向所有关心支持常熟经济社会发展的海内外朋友,表示衷心的感谢和崇高的敬意!荣誉和成绩只能代表过去,我们也清醒看到,经济社会发展还面临很多困难和挑战,政府工作还存在很多短板和不足,主要是:支撑高质量发展的根基还要进一步夯实。外部不确定不稳定因素仍然较多,重大平台载体、重大产业项目的支撑还不够强,数字经济等新兴产业的成长还不够快,传统产业转型、资源要素保障和生态环境承载的压力依然较大。支撑高质量发展的城市承载力还要进一步增强。城区空间布局、功能品质仍需加快优化,对高端人才、优质项目的吸引力仍需加快提高,乡村振兴工作仍需加快推进,优质公共服务多元化供给渠道仍需加快拓展。支撑高质量发展的治理水平还要进一步提升。精准高效治理能力与市场主体和市民群众的期盼还有差距,部分领域风险隐患依然突出,政府系统少数干部的思维方式、精神状态、专业素养和担当意识还不能完全适应新形势新要求。对此,我们必须坚持问题导向,采取有力措施,切实加以解决。

2023年工作安排

2023年是全面贯彻落实党的二十大精神的开局之年,也是全面融入苏州市域一体化发展的关键之年,更是破"疫"复苏的重振之年。新的一年,我们将以习近平新时代中国特色社会主义思想为指导,全面贯彻落实党的二十大精神,坚持稳字当头、稳中求进,完整、准确、全面贯彻新发展理念,加快服务构建新发展格局,着力推动高质量发展,更好统筹疫情防控和经济社会发展,更好统筹发展和安全,以更坚定的信心,以更主动的作为,以开局就是决战、起步就是冲刺的奋进姿态谋发展、抓落实,突出做好稳增长、稳就业、稳物价工作,竭尽全力将疫情耽误的时间追回来,全面推进中国式现代化常熟新实践,奋力绘就"六美集大美"精彩画卷,加快建设更高品质的"江南福地"。

2023年经济社会发展的主要预期目标是:地区生产总值增长5%以上,一般公共预算收入增长6%,规上工业总产值增长6%以上,全社会固定资产投资700亿元以上,社会消费品零售总额增长10%,到账外资8.8亿美元以上,外贸进出口总额238亿美元以上,企业研发投入增长8%以上,居民人均可支配收入与经济增长基本同步,完成节能环保等各类约束性指标。思维决定思路,思路决定出路,站在"后疫情时代"转向"疫情后时代"的风口上,实现上述目标,必须树牢四种思维。

*一是树牢系统思维,聚常熟发展之势。*习近平总书记告诫我们,眉毛胡子一把抓,是做不好工作的。要坚持统筹兼顾,各类议事协调机构都应切实发挥牵头抓总作用,部门板块服从大局更需服务大局,在协同中向前多迈一步、多干一分,坚决杜绝各自为战、内卷内耗。要做好顶层设计,置身长三角一体化、苏州市域一体化等大背景下谋划和开展工作,立足提高整体性和协同性的角度制定政策、出台措施,既防止头痛医头、零敲碎打,也避免出现"合成谬误",充分激发全社会敢为敢闯敢干敢首创的干事创业活力。要把握工作节奏,结合财力情况和发展实际,分清轻重缓急,既不贪功冒进、寅吃卯粮,也不故步自封、起个大早赶个晚集。

二是树牢创新思维,促常熟发展之变。"旧钥匙"永远打不开"新锁",守正更要创新。要加强学习,提高对形势的洞察力预见力,时刻保持清醒头脑精准识变。要摆脱路径依赖,坚决摒弃经验主义,用好大数据、市场化等新理念新手段科学应变。要坚持自我完善,聚焦片区开发、政府扶持、服务供给等重点领域,用好改革关键一招,在破除体制性障碍、打通机制性梗阻、推动政策性创新中主动求变。

*三是树牢落实思维,强常熟发展之要。*实现美好蓝图,唯有狠抓落实。要锚定关键抓落实,找准要害、捏住"七寸",将有限的资源用来抓主要矛盾和矛盾的主要方面,花小钱办大事办要事。要保持定力抓落实,秉持"功成不必在我、功成必定有我"的胸襟,既立足长远抓好规划设计和基础补短,又保持定力将一张蓝图绘到底,不懈怠、不折腾,稳扎稳打向前走。要雷厉风行抓落实,以清单化、项目化、节点化的招式干工作,以等不起、跑起来的状态去争政策、抢项目和解难题,让所有工作形成"闭合环"、按下"快进键"。

*四是树牢底线思维,固常熟发展之基。*底线守不住,发展就没保障。要增强忧患意识,更好地统筹发展与安全,用大概率思维应对小概率事件,以确定性措施应对不确定性变化,着力防范化解各类风险隐患,决不能在民生、安全、稳定等领域发生冲击道德底线事件和系统性区域性风险。要守规矩遵章法,依法履职,依规干事,绝不踩红线、不碰高压线。

推动2023年经济社会高质量发展,重点做好六个方面工作。

一、坚持"高质量发展"导向,全力提高经济发展的质量和效益实施先进制造业强市战略,把发展经济的着力点锚定在实体经济上,全力以赴扩投资、促消费、稳外贸,推动经济实现质的有效提升和量的合理增长。

*1.推动投资由量增向质优迈进。*紧紧围绕"产业在沿江转型、创新在城区集聚"的工作部署,积极对标学习上海临港经验,瞄准上海等地的溢出产业、研发机构和楼宇经济等重点领域招商引资,不求多而全,但求专而精,不断提升投资质量和效益。招商方向更聚焦,围绕"354"产业布局及三大产业创新集群建设,编制新一轮重点产业招商图谱,紧盯行业"头部"和细分领域龙头,精准实施强链、补链、延链招商,引进超20亿元内资项目3个、超10亿元内资项目8个、超亿美元外资项目2个。项目准入更严格,聚焦产业先进性、技术创新性、投入强度、产出效益等关键指标,加强项目供地评价和要素支撑,切实将宝贵的资源配置到优质项目上。项目建设更高效,出台重点项目推进管理办法,依托项目管理平台,强化项目全流程动态跟踪和精准服务,确保170个市级以上重点项目如期开工,完成工业投资超280亿元。投资保障更有力,加快落后产能淘汰,深入推进"一图一表"和存量发展,确保拆旧复垦3000亩、原地盘活提升6000亩。

2.推动消费由传统向新兴升级。聚焦市民群众对美好生活的追求，全力推动消费结构优化、品质提升，不断增强消费对经济的拉动力和贡献度。推动商业载体提档，大力培育楼宇经济，打造专业特色楼宇；全面建成"琴湖会客厅"，加快方塔东街步行街整体提升改造，新增尚湖、体育中心等夜经济载体，推动沙家浜风景区创建省级夜间文旅消费集聚区，持续擦亮"虞歌畅晚"夜经济品牌；不断丰富消费场景，持续推进一刻钟便民生活圈建设。大力推动电子商务高质量发展，构建电商直播人才培育、扶持体系，强化与知名电商平台的合作，提升电商园区的运营服务水平，全面推动电商产业品牌化、时尚化、差异化转型。

3.推动外贸由单一向多元突破。全面创新和拓展外贸的业态和渠道，进一步激发外贸新活力。加强自贸区联动创新区建设，推进改革创新经验的复制推广和先行先试，探索实施"区港联动"监管模式，不断提升综保区和常熟港联动发展水平。大力发展外贸新业态新模式，积极布局海外仓、跨境物流、跨境直播，加快推动"市采通"平台跨境物流、资金流、信息流"三流合一"，力争实现市采贸易出口22亿美元。加强跨国公司地区总部和功能性机构培育，力争新认定苏州市级以上跨国公司地区总部和功能性机构3家，新增AEO高级认证企业4家。鼓励企业扩大境外投资，积极抢占国际市场。

二、坚持"产业创新集群建设"导向，全力激发产业转型的动力和潜能持续深化产创融合，更大力度建设产业创新集群，着力推动"产业链、创新链、资金链、人才链"四链融合，促进创新和产业的主体相互作用、产生聚合效应，不断提升产业体系的活力与竞争力。

1.增强集群发展势能。聚焦汽车、新能源、声学等重点领域，推动产业迭代升级和集群创新能力提升，培育一批更具竞争力和话语权的骨干企业，吸引集聚更多配套企业和项目，加快形成具有常熟特色的高水平产业创新集群。汽车以三电、智能网联、智能座舱等为核心发展方向，推动汽车及零部件产业链向高端化发展，加快打造汽车及核心零部件高新技术产业化基地，产业规模突破1600亿元。新能源以氢能、锂电、光伏为主要方向，充分发挥丰田研发中心、未势能源、重塑、英特模等头部企业创新优势，更深更广融入国家首批氢燃料电池汽车示范应用上海城市群建设，全力打造新能源和电子信息领域新材料生产基地，产业规模达到750亿元。声学以加快推进"苏州·中国声谷"建设为着力点，聚焦声功能材料、智能电声、海洋声学等重点方向，赋能汽车、海洋通信、半导体材料等优势产业，引育产创项目100个，新增投资超100亿元，力争产业规模迈上400亿元台阶。

2.积聚创新驱动动能。深入实施首批国家创新型县（市）新三年行动计划，着力打造科技与产业创新融合样板城市。持续深化产创融合"十百千"平台载体建设工程，推进存量载体提档和增量载体布局，力争国际声学产业技术研究院、省产研院金属所、北大分子所等更多材料领域科创载体纳入苏州实验室创新体系。加快推进氢能源研究院、智能座舱创新联合体等重大产创融合基地建设，新增苏州市级以上产业创新平台10家、企业研发载体30家，提升科技企业孵化器绩效4家，新增科创载体100万平方米。发挥基金招商作用，吸引更多优质资本参与创新体系建设。依托"汇科创"大数据平台搭建创新主体预备库、提优库和成长库，滚动式、全周期服务科创企业2000家，加快推动瞪羚和独角兽企业提质扩面、力争科创板企业实现零的突破。进一步强化与南京大学的全方位合作，持续深化与上海交通大学、浙江大学等产学研协同，充分发挥常熟理工学院、常熟国家大学科技园等平台优势，用好UWC、常春藤校友联盟等国际化引才渠道，新增科技招商项目1000个、各级各类科技领军人才项目200个。启动实施省职教"双优计划"，建成现代产业技能实训中心，探索构建"订单班"技能培训模式，新增专业技术人才、高技能人才各5000人。

3.提升产业转型效能。更加注重细分领域数智应用和场景赋能，完成智能化改造和数字化转型项目800个，新增工业机器人2000台、标杆荣誉200个。出台品牌服装和化工产业高质量发展提升计划，推动传统服装企业向"微笑曲线"两端攀升，化工产业向集成电路、新能源领域先进材料转型。抓好中小企业梯队培育，新增省级以上专精特新企业50家，培育市级以上企业技术中心30个。推进质量强市和标准化战略，制修订国家标准、行业标准12项以上，新增"江苏精品""苏州制造"认证产品不少于4个。加强知识产权强市建设，每十亿元地区生产总值发明专利拥有量达到32件。打造"虞城上市通"一站式服务平台，鼓励优势企业通过合并、股权收购和资产收购等方式做大做强，新增境内外上市企业2家、报会企业3家。推动文化产业高质量发展，力争文化产业规上企业突破110家。加快农业现代化转型步伐，推进种业公司育繁推平台建设，新开工建设高标准农田2.5万亩、绿色蔬菜高质量发展示范基地2个，确保粮食总产量达到4.6亿斤。

三、坚持"市域一体化"导向，全力优化城市成长的空间和形态围绕区域协调联动发展，拉大城市框架，优化功能布局，加快"城市向南、产业沿江、老城更新"发展，推动城市能级跃升。

1.以片区开发助力南向发展。聚焦苏州市域一体化（常熟）融合创新区建设，围绕G524南融发展轴，统筹推动组团及重点片区开发建设。中新昆承湖园区强化与苏州工业园区全方位合作，依托中新集团先进规划理念，深化北半岛及湖西片区等城市设计，全面启动园区基础设施建设，加快UWC+创新岛、低碳数字产业园等项目进度，启动中新昆承湖绿发产业园、中新智地产业园等载体建设，竣工投用日航、波司登凯悦等高端酒店，推动创新智慧低碳湖区和科技产城融合高地加速崛起。苏州高铁北城全面启动开发建设，积极融入苏州高铁新城长三角区域枢纽中心建设，有序推进片区搬迁安置，加快区域骨架交通体系构建，聚力打造面向沪苏的先进制造业产业园集聚区。数字科技新城完成常春藤国际人才港、常熟数字智能产业园暨松下协创中心项目主体结构，利用高铁、地铁、轨道交通优势，加快新一代信息技术、汽车智能网联等数字产业以及面向全市重要企业的研发、销售等功能性机构导入。云裳消费小镇高标开展核心区以及莫城南部新型工业园区规划，加快时尚产业集聚和数字化产业生态建设，培育一批新零售品牌设计研发中心和互联网交易平台总部，打造线上线下融合的特色消费新地标。历史街区加强与姑苏古城在保护利用、文化旅游等方面的合作，完成西泾岸核心区院落更新修缮、街巷立面整饰、市政配套等基础工程，启动酒店地块项目建设，着力提升街区的居住体验。红色沙家浜启动温泉酒店项目盘活，完成民宿酒店、入口景观、商业街区等改造提升，加快发展红色演艺、红色培训、红色文创等红色产业，放大沙家浜红色IP影响力。“苏州·中国声谷”片区完成水系及核心区骨干路网搭设，加快推进声谷科创中心建设进度，启动医疗超声研发中心建设，规划布局海洋水声研发平台、声光融合技术创新中心，争创国家声功能材料及器件技术创新中心。琴川·双湖未来城完成片区控制性详细规划调整编制，加快房屋征收搬迁，启动道路及河道贯通工程。高铁西站片区优化城市设计方案，启动征地拆迁，加快推进基础设施建设。

2.以交通建设加速融合发展。聚焦长三角一体化，全力保障南沿江城际铁路开通运行，稳步推进通苏嘉甬铁路、海太通道工程建设；启动通常高速何市至白茆段前期、342省道常熟西段快速路省级立项工作，配合做好苏通二通道和苏张高速方案研究；充分利用桥、渡、隧等多个过江通道优势，密切与长江以北的联系，当好跨江融合“桥头堡”。聚焦苏州市域一体化，稳步推进苏州市轨道交通10号线（苏虞张段）建设；加快实施青墩塘路快速化改造、广济路北延、沙阳线改造等工程，研究青墩塘路东延连接昆山长江北路北延、204国道东段快速路、昆承快速路连接昆山外环快速通道建设方案，启动常昆路及辛渭线改造工程前期工作，全面构建联通周边区域的“30分钟”交通圈；做大做强常熟港，全面提升常熟港专用航道通航能力，加快码头提档升级，积极融入苏州港整体发展格局，完成港口货物吞吐量6200万吨；加快推动望虞河拓浚、航道“五改三”提级、入江枢纽外迁，建设高等级内河航道，构建直达苏州腹地的多式联运通道。聚焦市内一体化，做好常熟西站连接线工程立项、用地报批和PPP入库，力争主体工程开工，加快补齐西部交通短板；完成扬子江大道改扩建，实施农村公路大中修；以524国道市政化改造为示范，推进全市干线公路沿线环境提升工程。

3.以城乡统筹推动协同发展。全力争创全国文明城市“三连冠”。大力提升城市功能品质，新增一批口袋公园，建设改造绿地6250平方米，打造一批“席地而坐”城市客厅示范区。启动省级城市更新试点项目建设，完成城中村自主更新10个单元；加快破题老集镇更新，以“镇中村”自主更新为路径，因地制宜制定实施方案，先行启动更新试点2处；扩面推进既有建筑更新改造，新纳入试点项目15个、竣工15个；压茬推进老旧小区改造更新，完成15万平方米、启动8.4万平方米。深化违建常态治理，强化新增违建防控体系建设。高水平建设美丽乡村，深入推进乡村振兴片区化建设，全域推进农宅归并移位，加快推进村庄配套项目建设，改善农村住房条件总数达5000户，持续推进“千村美居”建设，建成苏州特色康居示范区1个、特色康居乡村120个，新增省市级特色田园乡村3个，“五治融合”乡村治理模式实现行政村全覆盖。严格管控古镇、古村风貌，打造新时代“鱼米之乡”常熟样板。

四、坚持“生活高品质”导向，全力提升民生福祉的质感和温度既尽力而为又量力而行，从群众最关心、最直接、最现实的需求出发，小处着手、难处发力，切实提升市民“幸福指数”。

1.持续提升公共服务水平。以创建全国义务教育优质均衡发展县（市、区）为引领，以服务片区开发和产业发展为目标，优化教育资源配置，实施学校建设项目12个。加快推动新市民子弟学校转型提升。公办和普惠性民办幼儿园在园幼儿比例提升至90.5%，争创省学前教育普及普惠县。全力支持常熟理工学院申报硕士学位授权点。深化紧密型县域医共体全国试点改革，更大力度统筹全市医疗资源，进一步优化分级诊疗体系和基层医疗资源布局，做强区域医疗中心，提高医疗资源利用率，提升群众就医便利性和获得感。全力推进市一院创建三甲医院，市五院、梅李及支塘人民医院创建二甲医院，鼓励民营医疗机构错位发展，启动海吉亚医院建设，提升医院救治水平和运营能力。健全完善全市中医药服务体系，推动吴门医派虞山医学流派传承创新发展。启动“虞心”青少年心理关爱项目，完成30所初高中在校生心理健康筛查。推进友好便利城市打造，新建汽车公共充电站30个、安康驿站5家，建成儿童友好社区8个。优化构建多层级的公交运营体系，推进公交车型优化更新，新能源车型占比提升至80%。通过车位智能改造、错时共享等方式，持续缓解停车难题。

2.持续健全社会保障体系。坚持就业优先，持续完善公共就业服务体制机制，城镇新增就业2.3万人，解决企业用工3.5万人。实施高校毕业生就业能力提升项目，高校毕业生就业率保持在95%以上。推动区域性养老服务中心全面投用、入住率持续提升，推广“物业+养老”服务模式，实施适老化改造1000户，全面提升社区居家养老能力。持续开展社保“扩面提质”，积极稳妥推进个人养老金试点工作。持续推进居民服务“一卡通”，实现第三代社保卡常住人口全覆盖。深化“15分钟医保服务圈”示范点建设，延伸医保服务进村（社区）。健全预防、补偿、康复“三位一体”工伤保险体系，开展新业态从业人员职业伤害保险试点。做好重要民生商品保供稳价工作。坚持房住不炒，进一步优化定向房票安置政策，支持刚性和改善性住房需求，推动房地产市场平稳健康发展，新增公积金缴存职工4万人。扎实做好退役军人服务保障，推进全国双拥模范城“六连冠”创建工作。

3.持续彰显城市文化实力。深入整合和发掘利用历史文化、旅游和生态等优势资源，推进长江国家文化公园常熟段建设，加快古籍地方文献数字化步伐，扩大对外文化交流与合作，做优做强“一城山水，自在生活”国家级虞山文化旅游度假区品牌，放大历史文化名城效应。深化文旅融合，全力推动“风景区”向“度假区”转型，强化重点文化旅游街区建设，新增旅游民宿5家，打造省级旅游休闲街区1条；提升“常塾·研学堂”、沪虞团建等研学游、团建游品牌影响力，优化精品旅游线路10条，打响“长三角旅游目的地”新IP，做好国家全域旅游示范区验收准备，争创国家红色旅游融合发展示范区、红豆山庄AAAA级景区。办好尚湖铁人三项、半程马拉松等精品赛事，围绕“小鲨鱼”水上运动、大湖甸村龙舟等户外运动基地，打造体育产业新“爆点”。推进地域文明探源工程，建成投用马家浜文化展示馆。加强公共文体服务体系建设，建成投用工人文化宫；以建设“省内一流”的现代化综合性公共博物馆为目标，实施常熟博物馆提升改造工程；完成市图书馆适儿化改造，新增“图书馆+”流通点5个。

五、坚持“发展与安全相统筹”导向，全力确保城市环境的宜居和稳定秉持问题导向、底线思维，创新治理方式、优化发展环境、推动社会稳定，精心打造安全绿色暖心家园。

1.科学精准抓公卫安全。坚持“人民至上、生命至上”，加强统筹协调，因时因势调整重大疫情防控举措，从防感染到保健康、防重症转变，平稳有序开展各项医疗救治工作，最大限度减少疫情对经济社会发展的影响。进一步优化公共卫生体系，加强传染病监测预警，强化应急能力建设。健全城乡三级医疗网络，规范就医流程，全面提升诊疗效率。加强重症医疗资源储备，加快重症床位扩容改造，新增可转换ICU床位140张，充分满足人民群众就医需求，最大程度保护市民群众生命安全和身体健康。

2.毫不动摇抓生态环保。紧扣“碳达峰、碳中和”目标，全面推进“十四五”生态环境保护规划和“清新美景”三年行动计划，落实“两高”项目生态环境源头防控措施，深入推进印染行业高质量发展，积极培育绿色发展领军企业和绿色环保产业。高标准做好第二轮中央和省生态环保督察交办问题整改。深入打好新一轮污染防治攻坚战，突出$PM_{2.5}$和臭氧协同控制，空气质量优良率达83%，$PM_{2.5}$均值低于27微克／立方米。编制实施长江保护修复攻坚行动方案，加快推进昆承湖“一湖一策”水质提升工程，建成投运洪洞水质净化厂。持续开展生态美丽幸福河湖建设，实施徐六泾治理工程，全面消除劣Ⅴ类水体，国省考断面水质优Ⅲ率不低于93.3%。深化危险废物规范化达标建设和全生命周期管理，全面启动南湖垃圾填埋场生态治理项目，持续推进“无废城市”建设。

3.不遗余力抓安全生产。落实事故压降总体方案，深化工业集中区、群租厂房专项整治，扎实推进“一带一帽”、“四有四必有”、委外作业等专项执法行动，持续压实企业安全主体责任。深入开展安全生产督导和重大隐患挂牌整改工作，抓好省纪委督查反馈问题“四张清单”整改，加快推进化工园区规范化建设。建立完善应急管理体系，加强应急救援力量建设，进一步理顺“331”治理机制，持续压降高层建筑、人员密集场所、出租房等火灾隐患。推动科技赋能安全生产，深化工业企业风险报告动态监管，加强安全生产风险监测预警，将更多风险隐患消除在萌芽状态，确保安全生产事故起数和死亡人数“双下降”。

4.精准高效抓社会稳定。深化平安常熟建设，持续巩固治安重点区域整治成效，常态化推进“扫黑除恶”斗争，严厉打击电信网络诈骗等违法犯罪行为，抓牢食品、药品安全监管。发挥社会矛盾纠纷调处化解中心作用，聚焦劳资纠纷、问题楼盘等领域，全面推进诉源治理，推动一批信访积案实质性化解。持续优化“一网统管”平台功能，深化智能感知技防应用，深入推进“精网微格”工程和“红色社工站”打造，全面加强“枫桥式”村（社区）建设，不断提升基层治理效能。持续优化金融生态，分类施策、精准拆弹，防范化解金融和政府性债务风险。

六、坚持“有为政府”导向，全力增强政府履职的能力和水平紧紧围绕政府治理体系和治理能力建设，持续增强自我净化、自我革新、自我提高的能力，不断提升政府公信力、执行力和凝聚力。

1.坚持依法行政。运用法治思维和法治手段，有效破解高质量发展、存量发展阶段面临的新矛盾新问题。深入推进法治政府建设，严格规范行政执法行为，探索构建“综合执法+”创新谱系，进一步强化执法协同，力争做到无事不扰、有求必应。持续开展行政争议实质性化解专项行动，全力压降行政诉讼案件数量和败诉率，确保顺利通过全国“八五”普法中期考核。严格行政规范性文件制定、评估和清理等工作，研究完善公众参与重大行政决策工作机制，提高决策科学化、民主化、法治化水平。自觉接受人大及其常委会法律监督和政协民主监督，加强政府内部督查监督，重视司法、舆论、社会监督，让行政权力在阳光下运行。

2.坚持深化改革。加快推进政府数字化转型，基本建成市场主体、实有人口、既有建筑“三位一体”的全生命周期管理服务平台，强化数据共享，支撑条块联动，让政府治理更高效、更精准、更透明。加快国资国企市场化转型，持续推进布局优化和结构调整，在做强做优做大中增强对产业创新集群打造、融合创新区建设的支撑度。深化“放管服”改革，加快政务服务平台系统互联、数据互通、电子证照互认，推进政务服务运行标准化、服务供给规范化、企业和群众办事便利化，打造便捷高效的政务环境。

3.坚持作风建设。深入学习宣传贯彻党的二十大精神，以强烈的政治责任感和历史使命感履职尽责，奋力开创发展新局面。坚定不移推进全面从严治党，严格落实政府系统党风廉政建设“一岗双责”，驰而不息纠治“四风”。统筹用好容错纠错、风险备案、澄清正名等干部激励保护机制，大力营造想干事、干实事、能干事、干成事的浓厚氛围。认真落实“过紧日子”要求，大力压减非急需、非刚性行政开支，严控一般性支出，有效发挥审计监督作用，切实提高财政资金使用绩效。全力做好第五次全国经济普查各项工作。

各位代表，跋山涉水不改一往无前，山高路远但见风光无限。站在蓄势待发的新起点，紧握时代赋予的接力棒，我们深感责任重大、使命光荣。让我们在中共常熟市委的坚强领导下，同心同德、踔厉奋发、勇毅前行，更大力度推进高质量发展，更快速度建设更高品质的“江南福地”，在新征程中扛起新使命、谱写新篇章！

组织机构及负责人名录

（截至2022年12月31日）

常熟市四套班子领导机构及市纪委监委领导机构

中共常熟市第十四届委员会

书　　记　周勤第
副 书 记　秦　猛　潘志嘉
　　　　　韩华溢（挂职，9月任）
常　　委　薛　啸　王建国
　　　　　潘　浩　宋　刚
　　　　　吴晓红（女）　陈国栋
　　　　　周　晓（女）　万晓军

常熟市第十五届人民代表大会常务委员会

党组书记　王建国
主　　任　王建国（1月任）
副 书 记　张建强
副 主 任　张月明（1月任）
　　　　　浦梅萍（女）
　　　　　陈邵东（1月任）

常熟市人民政府

党组书记　秦　猛
市　　长　秦　猛
党组副书记　韩华溢（挂职，9月任）
　　　　　吴晓红（女）
副 市 长　韩华溢（挂职，9月任）
　　　　　吴晓红（女）　万晓军
　　　　　杨晓峰　史　纲
　　　　　李汉中（挂职）
　　　　　程　锋（1月任）
　　　　　王志军　徐　正
　　　　　俞　翔（1月任）

中国人民政治协商会议常熟市第十四届委员会

党组书记　沈晓东
主　　席　沈晓东（1月任）
党组副书记　周　晓（女）
　　　　　邓国华（1月任）
副 主 席　邓国华　阚国良
　　　　　金健峰
　　　　　钱向前（1月任）

中共常熟市纪律检查委员会

书　　记　薛　啸
副 书 记　沈剑峰　李　燕（女）
常　　委　周志新　李彦久
　　　　　戴　丹（女）
　　　　　万晓峰（9月任）

常熟市监察委员会

主　　任　薛　啸
副 主 任　沈剑峰　李　燕（女）
委　　员　李彦久　戴　丹（女）
　　　　　尹　伟（9月任）
　　　　　魏少鹏（9月任）

常熟市人民武装、审判、检察机构

市人民武装部

政治委员　宋　刚
部　　长　杨海生

市人民法院

党组书记　祁　锋
院　　长　祁　锋（1月任）
副 院 长　俞惠中（3月任）
　　　　　周　薇（女）
　　　　　马建锋（3月任）
　　　　　郭　玮（挂职，5月任）
政治处主任　张　波（9月任）

市人民检察院

党组书记　明文建
检 察 长　明文建（1月任）
党组副书记　胡　烨（女）
副检察长　胡　烨（女）
　　　　　邢桂霞（女）
　　　　　姜兆军
政治部主任　邓　樱（女）

中共常熟市委工作机构及部门管理机构

市委办公室

挂市委研究室、市委机要局、市国家保密局、市国家密码管理局、市档案局牌子

主　　任　徐惠东
副 主 任　朱　钰（女）　王越飞
　　　　　黄亦范（3月任）
　　　　　张　伟

市委研究室

副 主 任　刘　祎（兼）
　　　　　王越飞（兼）

市委机要局

局　　长　徐惠东（兼，5月任）
副 局 长　俞进锋

市国家保密局

局　　长　徐惠东（兼，5月任）

市国家密码管理局

局　　长　徐惠东（兼，5月任）

市档案局

局　　长　徐惠东(兼,5月任)
副 局 长　刘　祎

市委组织部

挂市委非公有制企业和社会组织工作委员会、市委市级机关工作委员会、市委党建工作领导小组办公室、市公务员局牌子

部　　长　潘　浩
副 部 长　潘　伟　丁建刚
　　　　　高延君(女,5月任)
　　　　　陆　珩(女,9月任)
　　　　　王正国(兼)
部务委员　于　珂(女)
　　　　　周　赟(10月任)

市委非公有制企业和社会组织工委

书　　记　潘　伟(兼)
副 书 记　于　珂(女)

市委市级机关工作委员会

书　　记　高延君(女,兼,10月任)

市委党建工作领导小组办公室

主　　任　高延君(女,10月任)
副 主 任　周　赟

市公务员局

局　　长　丁建刚
副 局 长　张志新(10月任)

市委宣传部

挂市政府新闻办公室、市精神文明建设指导委员会办公室、市新闻出版局(市版权局)、市互联网信息办公室牌子,市哲学社会科学界联合会挂靠

部　　长　潘志嘉(11月任)
副 部 长　奚　坚　王　燕(女)
　　　　　方　宇　程　立
部务委员　王启罡　徐　雯(女)

市精神文明建设指导委员会办公室

主　　任　王　燕(女)
副 主 任　朱宇骋

市互联网信息办公室

主　　任　奚　坚(兼)
副 主 任　王启罡

市哲学社会科学界联合会

主　　席　程　立
副 主 席　徐　雯(女)

市委统一战线工作部

挂市委台湾工作办公室、市政府台湾事务办公室、市民族宗教事务局、市政府侨务办公室牌子

部　　长　周　晓(女)
副 部 长　吴文进
　　　　　贾宇烨
　　　　　戴亚芳(女)
　　　　　赵　军(兼)

市委台湾工作办公室

主　　任　朱国清
副 主 任　刘益举

市民族宗教事务局

局　　长　戴亚芳(女)
副 局 长　顾文婷(女)

市政府侨务办公室

主　　任　贾宇烨

市委政法委员会

书　　记　潘志嘉
副 书 记　王志军(兼)
　　　　　许晓东
　　　　　张志强(12月任)
　　　　　黄　剑(3月任)
政治处主任　施国芳(10月任)

市委机构编制委员会办公室

挂市事业单位登记管理局牌子

主　　任　陆　珩(女)
副 主 任　葛　刚

市事业单位登记管理局

副 局 长　王　晴(女)

市委巡察办

主　　任　周志新
副 主 任　王　臻　徐懿亭

市委巡察组

组　　长　李　艳(女)
　　　　　王　曦　陆志强
　　　　　蔡晓军
副 组 长　薛　政　毛建锋
　　　　　马可玮(女)
　　　　　吴夏阳
　　　　　赵庆锋
　　　　　沈　锋(10月任)
　　　　　钱敏霞(女)
　　　　　陈韦勤(女)

市纪委监委派驻纪检监察组

派驻市委办公室纪检监察组组长
　　褚卫东
派驻市委组织部纪检监察组组长
　　郑　霞(女)
派驻市委宣传部纪检监察组组长
　　陆　坚(女)
派驻市公安局纪检监察组组长
　　尹春华
派驻市发展和改革委员会纪检监察组组长　韩世林
派驻市教育局纪检监察组组长
　　王志明
派驻市财政局纪检监察组组长
　　张培新
派驻市住房和城乡建设局纪检监察组组长　陈虎刚(9月任)
派驻市交通运输局纪检监察组组长
　　朱洁琼(女)

派驻市农业农村局纪检监察组组长
唐文俊
派驻市卫生健康委员会纪检监察组组长
陈建良
派驻市行政审批局纪检监察组组长
唐晓毅（女，10月任）
派驻市市场监督管理局纪检监察组组长
汤　涌
派驻市人民法院纪检监察组组长
朱云涛
派驻市人民检察院纪检监察组组长
陆　斌
派驻市城投公司纪检监察组组长
王雪军

市委老干部局

局　　长　王正国
副 局 长　马建新
　　　　　杨　恺（女，9月任）

市委离退休干部工作委员会

书　　记　王正国
副 书 记　杨　恺（女，9月任）

常熟市人大常委会工作机构

市人大常委会办公室

挂市人大常委会研究室牌子

党组书记、主任　陆益斌
副 主 任　梁　盾
　　　　　卜蕾蕾（女）
　　　　　陈　玲（女）

市人大常委会研究室

主　　任　梁　盾（兼）

市人大社会建设委员会

主任委员　邹燕兰（女）
副主任委员　杨　林

市人大常委会人事代表联络工作委员会

主　　任　费卫东
副 主 任　宗　霞（女）

市人大常委会监察和司法工作委员会

主　　任　戴玉华（女）
副 主 任　张　英（女）

市人大常委会财政经济工作委员会

主　　任　沈　军
副 主 任　顾军明

市人大常委会农业农村工作委员会

主　　任　范国华
副 主 任　曹　华（女）

市人大常委会城建环保工作委员会

主　　任　王　维
副 主 任　章伟东

市人大常委会教科文卫工作委员会

挂市人大常委会外事民宗侨台工作委员会牌子

主　　任　浦明霞（女）
副 主 任　华　胜

常熟市人民政府工作部门及派出机构

市政府办公室

挂市政府研究室、市政府外事办公室、市大数据管理局牌子

党组书记、主任　须亚军
副 主 任　王　刚　洪　卫
　　　　　高　宇
　　　　　陈琰新（9月任）
　　　　　费春明　刘恩原（兼）

市政府研究室

主　　任　（空缺）

市政府外事办公室

主　　任　王　刚（兼）

市大数据管理局

局　　长　须亚军（兼）
副 局 长　张井明

常熟市发展研究中心

主　　任　王　刚

市发展和改革委员会

挂市粮食和物资储备局牌子

党委书记、主任　温献民
副 主 任　陈　岚（女）　殷　伟
　　　　　王　陶
　　　　　秦剑霞（女，挂职）
　　　　　周晓丽（女，3月任）
　　　　　王晓龙（9月任）
总工程师　水　淼

中共常熟市委教育工作委员会

书　　记　赵明华

市教育局

局　　长　杨俊达
副 局 长　赵明华　顾　泳（女）
　　　　　邹科惠（女）

市政府教育督导室

主　　任　杨俊达（兼）
副 主 任　潘一兵

市科学技术局

党组书记、局长　顾晓丹（女）
副 局 长　王　天　田雪峰
　　　　　钱人杰（10月任）

市科技创新办公室

主　　任　花雪东

市工业和信息化局

局长、党委书记　马建峰

副局长　周　伟　邵志达
　　　　俞　平（女）　曹　滨

市公安局

党委书记、局长、督察长　王志军
政治委员　吴　宏
党委副书记　吴　宏　李伟国
副局长　管卫东　许　琦
　　　　张　达　朱　翔
　　　　唐　宇
政治处主任　李伟国

市外来人员服务和管理办公室
（市新市民事务中心）

主　任　吴　伟
副主任　殷志江　沈　午
　　　　平　江

市民政局

党委书记、局长　唐　晓（9月任）
党委副书记　徐　健
副局长　姚彩莲（女）
　　　　袁　丰（女）

市司法局

党组书记、局长　唐剑锋
副局长　高　虎
　　　　吴文龙（10月任）
　　　　王　强　孙　玮
政治处主任　汤　妍（女）

市财政局
挂市政府国有资产监督管理办公室牌子

党组书记、局长　范立军
副局长　殷新勇
　　　　钱　瑛（女）
　　　　吴志鹤（5月任）
　　　　胡国平

市政府国有资产监督管理办公室

主　任　范立军（兼）
副主任　姚　胜（7月任）

市人力资源和社会保障局

党委书记、局长　陈晓宇
副局长　顾文杰
　　　　姚　亮（女）
　　　　杨　晨
　　　　祝　锋（5月任）

市自然资源和规划局
挂市林业局牌子

党组书记、局长　董国新
副局长　徐雪峰　邹云英（女）
　　　　严丽萍（女）
　　　　赵学峰（5月任）
总规划师　陈　雷

市林业局

局　长　董国新（兼，2月任）

市土地储备中心

主　任　吴志平（5月任）
副主任　冯　可
　　　　杨益平（5月任）

市住房和城乡建设局
挂市人民防空办公室牌子

党委书记、局长　钱建平
党委副书记　陈　立
副局长　陈　立　仲春剑
　　　　陆志明　王海晖
　　　　张　宇（9月任）
总工程师　姚文龙

市人民防空办公室

主　任　钱建平（兼）
副主任　季建宏

市房产管理处

主　任　仲春剑
副主任　刘顺根
　　　　袁卫东（5月任）
　　　　查　枫

市城市建设基金管理中心

主　任　姚文龙
副主任　薛　青（5月任）

市房屋征收管理办公室

主　任　顾利东

市历史文化名城保护管理办公室

主　任　王　奕
副主任　陈文彬（5月任）

市城市管理局
挂市综合行政执法局牌子

党委书记、局长　薛建伟
副局长　周　政
　　　　秦　怡（12月任）

市环境卫生指导中心

主　任　陆卫民（12月任）
副主任　朱明华　浦晓峰

市交通运输局

党委书记、局长　陈　义
党委副书记　黄若葵（女）
副局长　杨　燕
　　　　姚哲翊（3月任）
　　　　殷文新
总工程师　仲崇谨（3月任）

市港口管理处

主　任　陈　义
副主任　顾炜标
　　　　周　竣（12月任）
　　　　钱　俊（3月任）

市水务局

党委书记、局长　瞿文明
副局长　闻振东　金　辉
　　　　张　琪（3月任）
总工程师　沈　应（女，10月任）

市农业农村局
挂市乡村振兴局牌子

党委书记、局长　乔小力
副　局　长　陈宏　邹拥军
　　　　　　陆　益　时利锋
　　　　　　顾维嘉
市乡村振兴局副局长　吴　俊
市委农村工作领导小组办公室
　副主任　高　飞
总畜牧师　王　中
总农艺师　钱　彪

市商务局
挂市口岸办公室牌子

党委书记、局长　徐国强
党委副书记　张　毅
副　局　长　张　毅
　　　　　　许　柳（女，3月任）
　　　　　　李　薇（女）

市口岸办公室

主　　任　徐国强（兼）
副　主　任　钱以临（女，10月任）

市文体广电和旅游局
挂市文物局牌子

党委书记、局长　钱　强
副　局　长　戚晓维（女）
　　　　　　余　阳
　　　　　　王纪渊
　　　　　　陆　晗（3月任）

市文物局

局　　长　钱　强（兼）
副　局　长　韦剑章（3月任）

市卫生健康委员会

党委书记、主任　黄晓东
党委副书记　马汉青（5月任）
副　主　任　马汉青　唐佩军
　　　　　　徐晓萍（女）
　　　　　　姚　慧

市退役军人事务局

党组书记、局长　施珉珏（女）
副　局　长　秦建明　陆培新
　　　　　　李　程（兼，5月任）

市应急管理局

党组书记、局长　俞　铁（5月任）
副　局　长　蒋永卫　应正球
　　　　　　王　诚　罗来一
　　　　　　顾宇飞
总工程师　李　铭
市安委办专职副主任　周　剑

市审计局

党组书记、局长　王海燕（女）
副　局　长　张军波　袁建军
　　　　　　查银华　王裕安
总审计师　陈志英（女）

市行政审批局
挂市政务服务管理办公室牌子

党委书记、局长（主任）　桑国成
党委副书记　柴　畅
副局长（副主任）　吕　松
　　　　　　　　　王　韵（12月任）
总工程师　浦方勇

市市场监督管理局
挂市知识产权局牌子

党委书记、局长　潘　健
副　局　长　朱建中　沈　琴（女）
　　　　　　张旦红（女）　吴　东
　　　　　　陆建峰
食品安全总监　郁志坚（9月任）

市知识产权局

局　　长　潘　健（兼）

市统计局

党组书记、局长　吴　鹏（3月任）
副　局　长　章　虹（女）
　　　　　　张　惠（女）
总统计师　周建峰

市医疗保障局

党组书记、局长　黄熙枚（3月任）
副　局　长　李　军
　　　　　　周宇峰（7月任）

市信访局

党组书记、局长　刘恩原
副　局　长　徐家农
　　　　　　阮　超（3月任）
信访督查专员　王文红（3月任）

市地方金融监督管理局
挂市政府金融工作办公室牌子

党组书记、局长　顾　麟
副　局　长　顾　晨　黄　伟

市政府金融工作办公室

主　　任　顾　麟（兼）
副　主　任　顾　晨

常熟市政协工作机构

市政协秘书处

秘　书　长　范建峰
副秘书长　沈靖波
　　　　　朱立新
　　　　　衡成军
　　　　　项　颖（女）

市政协办公室
挂市政协研究室、
委员服务联络办公室牌子

主　　任　沈靖波
副　主　任　朱立新　衡成军
　　　　　　项　颖（女）

市政协研究室

主　　任　衡成军（兼）

政协委员服务联络工作办公室

主　　任　朱立新（兼）

市政协提案委员会

主　　任　钱晓东
副 主 任　顾永忠

市政协经济科技和农业农村委员会

主　　任　徐学东
副 主 任　陆敏学

市政协城乡建设委员会

主　　任　陈向忠
副 主 任　陈建刚

市政协社会事业委员会

主　　任　季建农
副 主 任　张建华

市政协港澳台侨（民族宗教）委员会

主　　任　唐建军
副 主 任　苗卫东（12月任）

市政协文史委员会

主　　任　李　忠
副 主 任　何君良

常熟市委、市政府直属事业单位

市合作交流中心

主　　任　朱一鸣（女）
副 主 任　庄明明
　　　　　李　锐（3月任）

市档案馆

党组书记、馆长　唐　坚
副 馆 长　殷　红（女）
　　　　　朱凤伟
　　　　　钱棣华（女）

市委党校

挂市行政学校、沙家浜党性教育学院牌子

校　　长　潘志嘉
常务副校长　时映光
副 校 长　王永前　陈云水
　　　　　邵　镭

市行政学校

校　长　时映光（兼）

市委党史工作办公室

（市地方志编纂委员会办公室）

党组书记、主任　潘志英（女）
副 主 任　金国锋　归岳嵚　张　军

市级机关事务管理中心

党组书记、主任　丁　雷
党组副书记　王剑江
副 主 任　王剑江　石建东　谈晓枫
　　　　　周锦芳（女，12月任）

市供销合作总社

党委书记、理事会主任　顾雪峰
理事会副主任　范惠清（5月任）
　　　　　　　徐国兴
监事会主任　桑建刚

市融媒体中心（市传媒集团）

党委书记、主任（董事长、党委书记）
　　　　　陆　清
党委副书记、总编辑　夏玲慧（女）
副主任（副总编辑）　巴泽民
　　　　　陶　胜
　　　　　杨　绮（女）
　　　　　祁晓霞（女）
纪委书记　王振荣
传媒集团副总经理　支建新（7月任）
　　　　　杨怡芳（女，5月任）

市检验检测中心

党组书记、主任　（空缺）
党组副书记、副主任　赵洲洋（主持工作）
党组副书记　诸雪梅（女）
副 主 任　孔　巍
　　　　　任　星（9月任）

市便民服务中心

（市社会治理现代化综合指挥中心）
挂常熟市网格化服务管理中心牌子

主　　任　沈卫东
副 主 任　夏　健（9月任）
　　　　　邹　瑛（女）

垂直条线管理机构

常熟邮政管理局

局　　长　郝　磊

国家税务总局常熟市税务局

局长、党委书记　朱　青（2月任）
副 局 长　顾伟国（8月任）
　　　　　龚婷瑜（女）
　　　　　包军英（女）
　　　　　陆　强
纪检组长　孙　军

国家税务总局
苏州常熟经济技术开发区税务局

党委书记、局长　丁　锋（2月任）
党委副书记、副局长　王　玮（9月任）

苏州市常熟生态环境局

党组书记、局长　王晓东
副 局 长　刘家鹏　刘　玮
　　　　　时晓波　张金宗

江苏省统计局常熟调查局

局　　长　徐冰炎（女）

苏州市住房公积金管理中心常熟分中心

主　　任　冯　超
副 主 任　沈利亚（女）
　　　　　瞿丽霞（女）

市消防救援大队

党委副书记、大队长　姜修德
党委书记、政治教导员　钟移峰
副大队长　赵　帅　孙朗彤

中国人民银行常熟市支行
国家外汇管理局常熟支局

党组书记、行（局）长　钱晓萍（女）
副 行 长　金耀良
　　　　　蔡　铭
纪检组长　金耀良

中国银行保险监督管理委员会苏州监管分局常熟监管组

组　　长　空缺
副 组 长　赵　冲（5月任，主持工作）

常熟市烟草专卖局
（苏州市烟草公司常熟分公司）

局长、经理　王　渊（3月任）
副 经 理　王　彤（5月任）
副 局 长　高　琪（5月任）

常熟市气象局

党组书记、局长　孟祥飞
副 局 长　郭　倩（女）

常熟市民主党派、工商联及社会团体

中国民主同盟常熟市委员会

主　　委　俞　翔
副 主 委　金振飞
　　　　　唐佩军（兼）
　　　　　徐丽娟（女，兼）

中国民主建国会常熟市委员会

主　　委　张月明
副 主 委　胡益梅（女）
　　　　　屈建龙（兼）
　　　　　陈　梅（女，兼）

中国民主促进会常熟市委员会

主　　委　金健峰
副 主 委　缪晓东
　　　　　王筱虹（女，兼）
　　　　　朱　震（兼）

中国农工民主党常熟市委员会

主　　委　钱向前（女）
副 主 委　徐醒尉
　　　　　韩　冷（兼）
　　　　　王俊良（兼）

中国国民党革命委员会常熟市基层委员会

主　委　查银华

九三学社常熟市支社委员会

主　委　施　杨

市工商业联合会
（市总商会）

党组书记　赵　军
主　　席　王春华（兼）
副 主 席　赵　军　陈芳勇
　　　　　王金良　罗卫刚
　　　　　冯文澜（女，9月任）

市总工会

党组书记、主席　贺勇胜
副 主 席　朱　炬
　　　　　龚春霞（女）
　　　　　朱文勇　黄晓刚
　　　　　王志强（挂职）

共青团常熟市委员会

党组书记、书记　吴　晓
副 书 记　杨潇澜（女）
　　　　　陈　谈（11月任）
　　　　　马芯怡（女，11月任）
　　　　　宋浩亮（挂职）
　　　　　孙嘉维（兼）

市妇女联合会

党组书记、主席　李　梅（女，6月任）
副 主 席　秦雅红（女）　毛　华（女）
　　　　　高　怡（女）

市科学技术协会

党组书记、主席　戴庆仁
副 主 席　吕廷钧　祝　丹（女）

市文学艺术界联合会

党组书记、主席　张　怡（女）
副 主 席　李向东
　　　　　戚晓维（女，兼，12月任）
　　　　　陆建华（兼）
　　　　　朱　晞（兼）

市归国华侨联合会

党组书记、主席　贾宇烨
副 主 席　杜建刚
　　　　　冯文澜（女，兼）

市残疾人联合会

党组书记、理事长　童建清
副理事长　孙　坚　吴　洁（女）
　　　　　钱卫定（挂职）
　　　　　曹　深（兼）

市红十字会

会　　长　徐　正（兼）
常务副会长　陈伟娟（女）

常熟市无党派知识分子联谊会

会　　长　戚晓维（女，兼）
副 会 长　章伟东　邢桂霞（女）
　　　　　龚　政　吴颖锋

开发区、口岸管理机构

常熟经济技术开发区党工委

书　　记　周勤第

副 书 记 陈国栋
委　　员 顾伟明 顾志强（5月任）
唐志军 徐 峰
姚卫东

常熟经济技术开发区管理委员会

主　　任 空缺
副 主 任 陈国栋 顾伟明
顾志强（5月任）
唐志军 徐 峰
姚卫东
陈 飞（挂职）

常熟经济技术开发区纪工委

书　　记 空 缺
副 书 记 王 宏（3月任）

常熟经济技术开发区党政办公室

副 主 任 常晓晨（3月任，主持工作）
陈维佳 周莲珠（女）

常熟经济技术开发区财政局

局　　长 郑 健（3月任）
副 局 长 冯 静（女）
王 佳（女）

常熟经济技术开发区组织人事劳动局
（党群工作办）

局长（主任） 陈正东
副局长（副主任） 吴燕婷（女）
郭 浩（5月任）
黄晓红（女，挂职）

常熟经济技术开发区经济发展局

局　　长 蔡恒宇
副 局 长 金 红（女，3月任）
王亚南
李 佳（10月任）

常熟经济技术开发区招商局

局　　长 许 俊（3月任）

副 局 长 周军丽（女）
吴 健
黄 俊（9月任）
唐琼烨（女，9月任）

常熟经济技术开发区规划建设局

局　　长 马 新
副 局 长 盛振琪 孙 磊

常熟经济技术开发区安全生产监督管理和环境保护局
（社会综合治理办公室）

局　　长（主任） 鞠庆丰
副 局 长 陈 璇（女）
吴 晓（女，10月任）
严 涛

常熟经济技术开发区行政审批局

局　　长 王井刚

常熟经济技术开发区科技创新局

局　　长 钱 韧
副 局 长 唐建峰

常熟化工集中区管理办公室

主　　任 鞠庆丰
副 主 任 李 虎（5月任）

常熟科创园管理服务中心

主　　任 仲建军
副 主 任 葛 龙 应春雷

江苏省常熟高新技术产业开发区党工委

书　　记 王建国
副 书 记 芮卫国
委　　员 张宁江 沈建平
蒋向阳 王晓东
陶传龙（5月任）

江苏省常熟高新技术产业开发区管委会

副 主 任 芮卫国 张宁江
蒋向阳 王晓东
陶传龙（5月任）

江苏省常熟高新技术产业开发区纪工委

书　　记 沈建平
副 书 记 高向军

高新技术产业开发区党政办公室

主　　任 毛雨东
副 主 任 李 斌
陆秀芳（女，9月任）

高新技术产业开发区组织人事劳动局

局　　长 俞 敬
副 局 长 田菊芳（女，9月任）

高新技术产业开发区规划建设局

局　　长 张国庆
副 局 长 姚晓锋（3月任）
沈建刚

高新技术产业开发区招商局

局　　长 石 梅（女，9月任）
副 局 长 章 晖（9月任）
孙 晗（挂职，12月任）

高新技术产业开发区经济发展和统计局

局　　长 空 缺
副 局 长 王 蓝（女，5月任）
黄 莺（女）

高新技术产业开发区安全生产监督管理和环境保护局

局　　长 李 俊（3月任）
副 局 长 曹仁明

高新技术产业开发区科技与知识产权局

局　　长 张 健
副 局 长 杨 晋 钱芝英（女）

高新技术产业开发区财政局

局　　长 李军良

副 局 长　刘耀东
　　　　　徐志良（10月任）
　　　　　王　琳

高新技术产业开发区服务业发展局

局　　长　李索一

高新技术产业开发区社会事业局

局　　长　吴　勇（9月任）
副 局 长　于　宙（9月任）

常熟国家大学科技园党工委

书　　记　空缺
副 书 记　王奇峰
委　　员　董国新
　　　　　玛依拉·吾斯曼

常熟国家大学科技园管委会

主　　任　王奇峰
副 主 任　董国新
　　　　　玛依拉·吾斯曼

大学科技园科技招商部

部　　长　王　翼
副 部 长　罗　丽（女）　徐　旖

大学科技园企业服务部

部　　长　梁红梅（女）
副 部 长　陈　疆（9月任）

大学科技园综合事务部

部　　长　沈晓明
副 部 长　袁学文（9月任）

大学科技园投融资管理部

部　　长　空　缺
副 部 长　孙　诚（9月任）
　　　　　胡宇鹏（10月任）

江苏高科技氟化学工业园（江苏常熟新材料产业园）党工委

书　　记　朱惠明
副 书 记　金永青　凌建东
委　　员　马卫江
　　　　　俞建军
　　　　　王　成
　　　　　陈瑞洲（9月任）

江苏高科技氟化学工业园（江苏常熟新材料产业园）管委会

主　　任　金永青
副 主 任　凌建东　马卫江
　　　　　俞建军　王　成
　　　　　陈瑞洲（9月任）

常熟国家农业科技园区管委会

主　　任　空　缺
副 主 任　王志丰　朱方明
　　　　　王文青

中华人民共和国常熟海关

党委书记、关长　吴　敏
副 关 长　王澍军　李信军

中华人民共和国江苏常熟海事局

党委书记、局长　武　骁
政委、党委副书记、纪委书记
　　　　　黄　梅（女）
副 局 长　周　勇　方志成
　　　　　杨宗保
　　　　　曹志章（挂职）

中华人民共和国常熟出入境边防检查站

党委书记、政治委员　吴　勇
党委副书记、站长　张　莉（女）
副 站 长　杨　任　张文勇

长江引航中心常熟引航站

副 站 长　赵留旗（主持工作）
　　　　　杨永生　田河伟

市属企业

市城市经营投资有限公司

党委书记、董事长　田维兴（7月任）
总 经 理　常　旭（7月任）
党委副书记　常　旭（7月任）
　　　　　沈架飞
副总经理　金　科
　　　　　徐　键（7月任）
党委委员　王　悦
总经理助理　程　璐（7月任）
　　　　　薛正晖（5月任）

市保障房开发建设有限公司

董事长、总经理　田维兴（7月任）
总经理助理　王志强

常熟经开控股有限公司

党委书记、董事长、总经理
　　　　　李春洪（7月任）
副总经理　周　杨（7月任）
　　　　　陶立雄（7月任）

市昆承湖开发建设有限公司

党委书记、董事长　徐学峰（7月任）
总 经 理　王　远（7月任）
党委副书记　王　远（7月任）
　　　　　黄延飞（7月任）
副总经理　黄延飞（7月任）

市发展投资有限公司

党委书记、董事长　徐学峰
总 经 理　蒋　伟（7月任）
党委副书记　蒋　伟（7月任）
副总经理　倪　佳（女）
纪委书记　曹　俊

市环境保护科技有限公司

党委书记、董事长、总经理
　　　　　顾洪良（7月任）
副总经理　杨世怡（7月任）
　　　　　鲁　成

总经理助理　汪叶枫

江苏江南商贸集团有限责任公司

党委书记、董事长　游立志
总 经 理　钱晓锋
党委副书记　钱晓锋　陈剑江
副总经理　叶永盛（7月任）
纪委书记　王建平
总经理助理　周宏雷

常熟文旅发展有限责任公司

党委书记、董事长、总经理　陈　勇
党委副书记　吴　颖（女，7月任）
副总经理　吴　颖（女，7月任）
　　顾晓强
　　史晓滨（7月任）
纪委书记　许卫明

高等学校、中专、省重点中学及市直属医院

常熟理工学院

党委书记　王培君（7月任）
院　　长　姜建明（7月任）
党委副书记　姜建明（7月任）
　　李俊峰（7月任）
副 院 长　张根华　王　任（女）
　　徐惠钢（7月任）
　　王继元（7月任）
　　冯　勇（7月任）
常　　委　张根华　王　任（女）
　　闫海波（7月任）
　　徐惠钢（7月任）
　　王继元（7月任）
　　冯　勇（7月任）
纪委书记　闫海波（7月任）

江苏省常熟职业教育中心校

党委副书记　苏建青
校　　长　徐丽娟（女，9月任）

江苏省常熟中学

党委书记、校长　龚胜强

常熟市中学

党委书记、校长　马　宁

市第一人民医院

党委书记　陈　波（3月任）
院　　长　叶宏伟（3月任）

市第二人民医院

党委书记　王志强
院　　长　薛建中（5月任）

市中医院（新区医院）

党委书记　叶文华
院　　长　邓正泊

各镇、街道（场）领导机构

虞山街道

党工委书记　苏利刚
党工委副书记　许　杰（9月任）
　　高　平　周春阳
党工委委员　陈晓华（女）
　　李媛媛（女）
　　朱　徽
　　曾昊清　汪志军
　　金　卫（挂职）
　　蒋　丰（挂职）
纪工委书记　陈晓华（女）
人大工委主任　朱卫东
办事处主任　许　杰（9月任）
副 主 任　支晓东　邵雪明
　　钱佳倩（女）
　　朱敏敏（女）
政协工委主任　周春阳

常熟虞山文化旅游度假区管理办公室

主　　任　钱建平（12月任）
副 主 任　高　平

虞山林场

场　　长　许　杰（9月任）
副 场 长　邹红斌
　　秦剑霞（女）
　　邓志英（女）

常福街道

党工委书记　韩晓诚（3月任）
党工委副书记　凌志勇（3月任）
　　余盛州（5月任）
　　孔丹枫（10月任）
党工委委员　陆建青　顾　玮（女）
　　陈莉莉（女）　黄之雄
　　王建明（5月任）
　　石　益（女，挂职）
　　左东亮（挂职，5月任）
纪工委书记　陆建青（5月任）
人大工委主任　邹　捷（女）
人大工委副主任　徐建良
办事处主任　凌志勇（3月任）
副 主 任　贝宝芬（女）　陈　杰
　　钱　洁（女）　朱　剑
政协工委主任　余盛州（5月任）

常熟虞山高新技术产业开发区（筹）

党工委书记　韩晓诚（3月任）
党工委副书记　凌志勇（3月任）
　　姚　君
党工委委员　蔡　胜（10月任）
管委会主任　凌志勇（3月任）
副 主 任　蔡　胜（10月任）

莫城街道

党工委书记　许晓挺
党工委副书记　章一帆（3月任）
　　周　青（女）
党工委委员　钱志国　顾亿春
　　江　夏（女）
　　朱仪沁（女）
　　吴文超（10月任）
　　陆　铭（挂职，12月任）
　　吕　军（挂职）
人大工委主任　张建明
办事处主任　章一帆（3月任）
副 主 任　张志军　姚　蕾（女）
　　金　宇
政协工委主任　周　青（女，9月任）

常熟服装城

党工委书记　许晓挺
副 书 记　章一帆
党工委委员　唐国林　李　艳(女)
　顾辛辛
纪工委书记　李　艳(女)
管委会主任　章一帆
副 主 任　唐国林　顾辛辛

琴川街道

党工委书记　顾　锋
党工委副书记　刘　飞　张蔼琦(女)
　张　戟(5月任)
党工委委员　徐　强(5月任)
　颜　容(女)
　罗文中
　王浩强　胡敏钰(女)
　钱敏亚(女)
　沈怡萍(女,挂职)
纪工委书记　王浩强
人大工委主任　汪　群(女)
办事处主任　刘　飞
副 主 任　徐　强　吴宇昇
　薛文磊　叶文光
　吴　胜
政协工委主任　张蔼琦(女)

常熟国家大学科技园琴川分园综合管理办公室

主　　任　王　峰
副 主 任　徐　强　朱　铭(12月任)

碧溪街道

党工委书记　赵　斌
党工委副书记　王伟东　沈　成
　黄晓红(女)
党工委委员　黄一鼎(10月任)
　吴　飞　陆海空
　邓　雪(女)
　曹敏丹(女,挂职)
　陶雪江(挂职,5月任)
纪工委书记　陆海空
人大工委主任　袁建军
办事处主任　王伟东
副 主 任　季黎明　陶培雄
　朱　慧　尤　军
　吴　骏(10月任)
　盛振琪(挂职)
　严　涛(挂职)
政协工委主任　沈　成

东南街道

党工委书记　吴　勇
党工委副书记　于　宙(9月任)
　陈建良(5月任)
党工委委员　周丽芳(女)
　陈燕薇(女)
　俞晓燕(女)
　郎　平(女)
　刘　强
　张秋霞(女,挂职)
　宋卫峰(挂职,5月任)
纪工委书记　陈燕薇(女)
人大工委主任　郭晓峰
人大工委副主任　钱晓东(3月任)
　陈志军
办事处主任　于　宙(9月任)
副 主 任　钱闻波(10月任)
　邹　斌
政协工委主任　陈建良

海虞镇

党委书记　朱惠明
副 书 记　李志刚　窦明春
　周雯霞(女,9月任)
　杨　云(挂职,5月任)
党委委员　吴　江　沈　彬
　钱敏蕾(女)
　俞灵芝(女)　曹寅骁
　周文虎(5月任)
　顾为红(女,挂职)
　尤德丰(挂职,9月任)
纪委书记　沈　彬(5月任)
人大主席　陶俊明(1月任)
人大副主席　王卫东　窦卫东
镇　　长　李志刚(1月任)
副 镇 长　苏剑峰　余振荣
　吕　宏　陈　荣(1月任)
　张子真(1月任)
政协工委主任　窦明春(9月任)

梅李镇

党委书记　许晓波
副 书 记　褚宏伟　冯利明
　倪佳慧(9月任)
党委委员　陆超群　周琴花(女)
　朱志春　秦　珺(女)
　许永峰　徐　斌
　艾　萌(5月任)
　杨文晓(挂职,12月任)
　陆耀明(挂职,5月任)
纪委书记　朱志春
人大主席　顾玉芬(女)
人大副主席　仲建东
镇　　长　褚宏伟(1月任)
副 镇 长　陆超群　薛建国
　陆建东　陆瑜雯(女)
　戴志健(1月任)
　王　宸(1月任)
政协工委主任　冯利明

辛庄镇

党委书记　杨晓峰(1月任)
副 书 记　周振洪　吴利锋
　章晓熠(10月任)
党委委员　姚　成　王　吉(女)
　奚新科　彭谏明
　顾　辰(女)
　季子牛(10月任)
　沈益明(挂职,12月任)
纪委书记　奚新科
人大主席　龚　强(1月任)
镇　　长　周振洪
副 镇 长　陈伟忠　陆建佑(9月任)
　陶丽阳(1月任)
　仇　雷　王　熙
　李　铮(10月任)
政协工委主任　吴利锋

古里镇

党委书记　谈晓华
副 书 记　石　君(6月任)
　赵红芳(女,3月任)
　查仁芳(女)
党委委员　刘　呈　何静芬(女)
　金晓燕(女)　徐　强

邹辰平　刘　喆
潘　宁（挂职）
黄建良（挂职）
纪委书记　金晓燕（女，10月任）
人大主席　顾小燕（女）
人大副主席　严晓波（1月任）
镇　　长　石　君（6月任）
副 镇 长　刘　呈　万拥东
管国军　陈新华
陈　琦　唐　青（1月任）
政协工委主任　赵红芳（3月任）

支塘镇

党委书记　周志坚
副 书 记　张志强　付春秀（女）
邹建安（3月任）
党委委员　李晓明　张　健（9月任）
陈　军　石　星
李　庆　徐佳瑜（女）
顾春燕（女，挂职）
夏　强（挂职）
纪委书记　张　健（9月任）
人大主席　沈振新
副 主 席　张丽芳（女）
镇　　长　张志强（1月任）
副 镇 长　顾　俊　吴启帆
朱　晔（1月任）
朱　晓（1月任）
周宇衡（1月任）

政协工委主任　付春秀（女）

沙家浜镇

党委书记　沈育军
副 书 记　徐　玉　沈建环
廖旭晖（9月任）
党委委员　朱惠江　钱英杰
马伟宇　李文平
张亚明（9月任）
陆建双　陶晓英（女）
杜　燕（女，挂职，12月任）
刘英俊（挂职，5月任）
纪委书记　钱英杰
人大主席　夏　冬
镇　　长　徐　玉
副 镇 长　朱惠江　陈　剑
黄立冬（1月任）
张红杰（1月任）
陆伊婷（9月任）
政协工委主任　沈建环（9月任）

董浜镇

党委书记　朱晓峰
副 书 记　倪烨敏（女）
叶　斌　袁　瑜（女）
党委委员　陆耀光　聂加敏（女）
姚玉婷（女）　袁英杰
张怡冬（女）

朱　曦（挂职，12月任）
王建国（挂职）
纪委书记　姚玉婷（女）
人大主席　顾建东
人大主席　俞拥军　章伟平
镇　　长　倪烨敏（女、1月任）
副 镇 长　陆耀光　王静良
杨　萌　吴　强（1月任）
政协工委主任　叶　斌

尚湖镇

党委书记　金　晓
副 书 记　葛昊旻　吕　刚
顾丽娟（女）
党委委员　金雪良　浦利明
王丽红（女）
王　一（女）
尹　睿　张征宇
张历青（女，挂职，12月任）
朱奕骏（挂职）
纪委书记　尹　睿
人大主席　吕　刚
人大副主席　周冬青　曹建国
镇　　长　葛昊旻（1月任）
副 镇 长　金雪良　陆任协
陶文军　王晓楠（女）
王平平
严　虹（女，1月任）
政协工委主任　顾丽娟（女）

统 计 资 料

2022年常熟市国民经济和社会发展公报

2022年，全市上下以习近平新时代中国特色社会主义思想为指导，坚持稳中求进工作总基调，坚决落实“疫情要防住、经济要稳住、发展要安全”的重大要求，聚焦绘就“六美集大美”精彩画卷、建设更高品质的“江南福地”目标，高效统筹常态化疫情防控和经济社会发展，全市经济回稳向好，发展动能加速积蓄，城市品质显著提升，居民生活持续改善，高质量发展取得新成效。

一、综合

经济运行稳中有进。全年实现地区生产总值2773.97亿元，比上年增长2.0%。其中：第一产业增加值41.45亿元，比上年增长5.2%；第二产业增加值1402.74亿元，增长1.6%；第三产业增加值1329.78亿元，增长2.2%；三次产业结构比例为1.49∶50.57∶47.94。按常住人口计算，人均地区生产总值164213元。

财政收支总体平衡。全年实现一般公共预算收入220.00亿元，扣除全部增值税留底退税后同口径增长4.4%。其中，税收收入170.65亿元，同口径下降3.0%。全年实现一般公共预算支出287.81亿元，同口径增长5.3%。

物价水平温和上涨。全年居民消费价格总水平比上年上涨2.3%。八大类消费品和服务项目价格全面上涨，其中生活用品及服务类价格上涨5.3%，交通和通信类价格上涨2.6%，食品烟酒类价格上涨2.5%，居住类价格上涨2.3%，医疗保健类价格上涨2.1%，其他用品和服务类价格上涨1.6%，教育文化和娱乐类价格上涨1.1%，衣着类价格上涨0.5%。

就业形势保持稳定。全年新增就业人员2.86万人，城镇失业人员就业9924人，就业困难人员就业4852人。本市籍高校毕业生就业率达97.9%。发放稳岗返还资金1.49亿元，惠及企业2.23万户。

二、农业

农业生产增长有力。全年粮食总产量23.87万吨，比上年增长1.7%，其中，夏粮产量6.70万吨，比上年增长8.7%；秋粮产量17.17万吨，下降0.8%；蔬菜及食用菌总产量72.30万吨，增长2.0%。肉类总产量6948吨，比上年增长155.1%；禽蛋产量927吨，下降7.7%。水产品产量24862吨，比上年增长1.2%。

现代农业活力焕发。全年实施1.70万亩高标准农田提档升级，开展高标准池塘生态化改造1.33万亩、建成“菜篮子”工程绿色蔬菜保供基地2.14万亩，新增现代农业园区1万亩，全市17家规模养殖场实现美丽生态牧场建设全覆盖，新增苏州共享农庄（乡村民宿）5个、省级农民合作示范社5家，农业电商销售额达56.79亿元，获评“全国县域农业农村信息化发展先进县”。

三、工业和建筑业

工业生产平稳有序。全年实现规模以上工业总产值4848.53亿元，比上年增长4.8%。按企业规模分，大型企业产值1337.21亿元，占规上工业总产值的比重为27.6%；中型企业产值1639.52亿元，占比33.8%；小微企业产值1871.80亿元，占比38.6%。按注册类型分，内资企业产值2682.93亿元，占规上工业总产值的比重为55.3%；外资及港澳台企业产值2165.60亿元，占比44.7%。

全市规模以上工业33个行业大类中，有19个行业产值实现增长，占行业总数的57.6%，其中11个行业增速超过10%。前十大行业合计实现产值3894.92亿元，占规上产值的80.3%。

支柱产业占比过半。全市三大支柱产业实现产值2660.34亿元，比上年增长3.7%，占规上工业总产值的比重为54.9%。其中，装备制造产业产值1150.82亿元，增长5.1%；汽车零部件产业产值999.61亿元，增长6.7%；纺织服装产业产值509.92亿元，下降4.4%。

建筑行业总体向好。全年资质以上总承包和专业承包建筑业企业实现建筑业总产值219.54亿元，比上年增长0.3%；竣工产值169.43亿元，下降0.9%。资质以上总承包和专业承包建筑业企业房屋施工面积1607.72万平方米，比上年增长14.4%，其中新开工面积453.73万平方米，增长5.2%；竣工面积442.34万平方米，增长2.3%。

四、固定资产投资

投资规模稳步扩张。全年完成固定资产投资731.08亿元，比上年增长3.8%。分行业看，工业投资完成330.06亿元，比上年增长1.6%；服务业投资完成400.36亿元，增长6.1%。分投资主体看，国有投资完成130.94亿元，比上年增长9.5%；港澳台及外商投资完成105.70亿元，增长22.2%；民间投资完成494.43亿元，下降0.7%。

投资结构持续调优。全年完成新兴产业投资275.55亿元，比上年增长6.8%，占固定资产投资的比重为37.7%；高技术产业投资151.65亿元，增长19.6%，占固定资产投资的比重为20.7%；工业技改投资145.29亿元，增长4.7%，占工业投资的比重为44.0%。

房产市场运行平稳。全年完成房地产开发投资280.35亿元，比上年下降4.3%；房屋施工面积1021.04万平方米，下降8.2%。全年实现商品房销售面积225.46万平方米，比上年下降13.3%；销售额258.50亿元，下降24.5%。

五、国内贸易

消费市场缓慢复苏。全年实现社会消费品零售总额1200.37亿元，比上年下降1.1%。按行业分，批发和零售业零售额1147.23亿元，比上年下降1.0%；住宿和餐饮业零售额53.14亿元，下降3.5%。

全年限额以上单位商品零售额中，服装、鞋帽、针纺织类增长18.7%，石油及制品类下降0.4%，汽车类下降2.4%，家用电器和音像器材类下降12.3%，日用品类下降23.8%，通讯器材类下降27.5%，化妆品类下降33.1%，粮油、食品类下降40.8%，建筑及装潢材料类下降78.3%。

六、开放型经济

利用外资持续推进。全年新增注册外资3.62亿美元，其中新设项目57个，注册外资2.78亿美元；实际使用外资6.55亿美元。

对外贸易规模稳定。全年实现进出口总额240.04亿美元，比上年增长0.9%。其中，进口73.11亿美元，比上年下降9.8%；出口166.93亿美元，增长6.5%。进出口差额（出口减进口）93.82亿美元，比上年增加18.03亿美元。分进出口方式看，加工贸易进出口50.05亿美元，比上年下降6.2%；一般贸易进出口159.32亿美元，增长3.4%。

外经外包稳健发展。全年新设及增资境外企业18家，新批中方境外协议投资额0.46亿美元，历史累计17.75亿美元。全年新签境外劳务及承包工程合同额300万美元，完成营业额747万美元。全年服务外包接包合同额4.75亿美元，比上年增长9.5%；离岸接包执行额3.05亿美元，比上年增长15.1%。

七、交通、邮电和旅游

交通运输尚待恢复。全年旅客运输量549.97万人次，比上年下降16.8%；旅客周转量4.57亿人公里，下降17.5%。全年货物运输量1813万吨，比上年下降12.1%；货物周转量38.45亿吨公里，下降9.3%。全年常熟港货物吞吐量达6352万吨，比上年下降2.8%。其中，外贸货物吞吐量1154万吨，比上年下降11.1%；集装箱吞吐量20.86万标箱，与去年持平。

汽车保有量不断增加。年末民用汽车保有量达56.86万辆，比上年增长4.2%，其中私家车保有量50.12万辆，增长4.5%。

交通体系提档升级。南沿江城际铁路常熟段完成铁路桥梁全线贯通；通苏嘉甬铁路初步设计已批复，常熟西站明确落地；524国道常熟莫城至辛庄段改扩建工程全线建成通车，新世纪大道北延常昭路至海虞镇段完工；常台高速公路常熟高新区互通建成投用；常福街道高新园公交首末站建设工程、经开区兴港路公交首末站一期工程建成投用。

邮电业务稳中有进。全年实现邮电业务总收入36.77亿元，比上年增长6.7%。其中，邮政业务收入11.14亿元，比上年增长13.7%；电信业务收入25.63亿元，增长3.9%。

旅游市场有待复苏。A级景区全年接待境内游客352.8万人次，比上年下降61.0%；全年实现旅游收入6791.90万元，下降55.4%。虞山文化旅游度假区成功入围国家级旅游度假区，“芦荡火种”红色旅游融合发展项目入选第一批江苏省红色旅游融合发展示范项目，海虞镇铜官山村获评江苏省乡村旅游重点村。

八、金融、证券和保险业

金融信贷增势较好。年末金融机构本外币各项存款余额4798.99亿元，比年初增加716.37亿元，其中人民币存款余额4599.76亿元，增加709.57亿元。年末金融机构本外币各项贷款余额4210.69亿元，比年初增加602.56亿元，其中人民币贷款余额4110.77亿元，增加568.82亿元。

证券交易总体平稳。年末证券交易股票开户总数71.85万户，比上年增长0.6%；全年各证券营业点股票交易额6587.26亿元，下降14.9%。年末证券机构托管股票市值744.68亿元，比上年增长28.8%。

保险业务增长较快。全年保险机构保费收入70.58亿元，比上年增长10.6%。其中，寿险业务保费收入44.51亿元，增长8.3%，财产险业务保费收入26.07亿元，增长15.0%。全年支付各类赔款及给付20.24亿元，比上年增长6.0%。

九、科学技术和教育

创新能力显著提升。全社会研发经费支出占地区生产总值比重预计达3.9%。“苏州·中国声谷”加速建设，苏州产研院声谷创新基地揭牌，声光微纳技术研究所落地运营。以“三区一园”为主阵地，培育认定5家常熟市级创新联合体，其中声功能材料与器件创新联合体、新能源汽车零部件创新联合体纳入苏州市级创新联合体培育库。新认定高新技术企业412家、科技型中小企业1291家，获评省、苏州潜在独角兽企业24家、瞪羚企业73家。

创新成果持续涌现。2022年，全市专利授权量达11085件，其中发明专利授权量1226件。年末拥有有效发明专利8732件，按常住人口计算，万人发明专利拥有量达51.79件，比上年增加6.85件。

人才资源加速集聚。2022年末，全市人才总量为43.00万人，其中高层次人才3.70万人，高技能人才10.82万人，比上年分别增长6.1%、10.1%和9.6%。

教育供给持续增加。全年竣工学校14所、开工5所，学位供需基本平衡。高中教育再攀新高，本科上线比例达91.9%，连续12年领跑苏州。年末拥有各类学校131所，在校学生数17.43万人，毕业生数3.75万人，专任教师1.26万人；拥有幼儿园131所，在园幼儿数3.97万人。

十、文化、卫生和体育

文化事业全面繁荣。成功举办2022虞山文化暨沙家浜旅游节、“欢乐虞城夜”2022夏季嘉年华、文庙“不亦乐乎”孔子文化周等节庆活动。年末拥有备案博物馆6个，艺术表演场馆4家，美术馆2个；公共图书馆1个，图书分馆14个、流通点70个、24小时自助借还点20个、村级图书室336个，总流通47.26万人次；文化馆1个，社区文化活动室114个，村文化活动室210个，实现全覆盖。

卫健事业加速提升。“常熟智慧健康”微信服务平台服务范围由公立医疗机构向部分社会办医院覆盖，全力配合完成国家医保平台上线。年末拥有各类医疗卫生机构559个，拥有床位11511张。年末拥有卫生技术人员12435人，其中执业医师（助理）5093人，注册护士5304人；乡村医生205人。

体育事业蓬勃发展。成功举办第十九届全国青少年体育舞蹈锦标赛、江苏省第二十届运动会青少年部跳水比赛、2022江苏省城市龙舟公开赛等品牌赛事。大力推广全民健身活动，举办群众性体育活动100余次，参加人数达10万人次。全市健身步道2480条，步道总长1273.05公里，全市免费向社会开放的公办中小学校达72所，人均体育场地面积3.90平方米。江苏省第二十届运动会获43金、21银、23铜。

十一、环境保护、节能降耗和安全生产

环境质量持续改善。全年空气质量优良率78.9%，$PM_{2.5}$平均浓度26.3微克/立方米。国省考重点断面优于Ⅲ类水的比例达到93.3%，长江干流常熟段水质达到二类水标准。完成营造林面积667亩，自然湿地保护率达67.5%。加快推进“千村美居”工作，年内完成812个村庄的优化提升，成功创建3个省特色田园乡村、6个苏州特色精品乡村、3个苏州特色康居示范区、225个苏州特色康居乡村。

资源利用显著提升。继续开展化工产业安全环保整治提升，关闭退出化工生产企业1家。完成生态美丽幸福河湖建设216条，整治劣Ⅴ类水体99条。完成洪洞水质净化厂一期土建工程；完成12公里互联互通管网、30公里污水主管网，消除直排口200个、整治工业企业排水215家、“小散乱”946家，完成50个达标区建设、涉及面积74.33平方公里；完成130个自然村、4597户生活污水治理。城镇、农村生活污水治理率分别为99.2%，99.5%。全年盘活存量建设用地13374亩。

安全生产巩固提升。全年发生各类安全生产安全事故6起，死亡6人，比上年分别下降53.8%和40.0%。其中，道路交通运输事故4起，死亡3人，事故起数比上年下降33.3%，死亡人数持平。亿元GDP生产安全事故死亡人数为0.0022人。

十二、人口、人民生活和社会保障

人口总量保持稳定。年末全市户籍人口105.66万人，比上年末减少0.44万人。全年出生4036人，人口出生率3.81‰；死亡10067人，人口死亡率9.51‰；人口自然增长率为-5.70‰。年末常住人口169.24万人，比上年末增加0.63万人，城镇化率为74.04%，比上年末提高0.34个百分点。

居民收入持续增长。全年城乡居民人均可支配收入68421元，比上年增长4.1%。其中，城镇常住居民人均可支配收入80054元，比上年增长3.5%；农村常住居民人均可支配收入44308元，增长5.5%。全年城乡居民人均生活消费支出41500元，比上年增长3.2%。其中，城镇常住居民人均生活消费支出46210元，比上年增长2.7%；农村常住居民人均生活消费支出31738元，增长4.6%。

社会保障纵深推进。民生支出占一般公共预算支出比重达82.0%。年末城镇职工基本养老保险参保人数（含参保离退休人员）92.78万人，城镇职工基本医疗保险参保人数（含参保离退休人员）95.69万人，失业保险、工伤保险、生育保险参保人数分别达49.52万人、57.80万人、50.31万人。年末城乡居民基本养老保险参保人数（含参保退休人员）7.72万人，城乡居民基本医疗保险参保人数32.56万人。主要险种保险覆盖率均超99%，居民基本医疗保险（含大病补充医疗保险）人均筹资标准达到1226.1元。城乡低保标准提高至1095元/月，发放各类救助帮扶资金3.9亿元，优租房累计安置648套1528人。新增实际缴存住房公积金职工5.48万人。

养老事业提质升级。全市共有养老机构31家，其中公办1家、民办12家、公建民营18家。新建成区域性养老服务中心7家，民办养老机构1家，区域性养老服务中心实现镇（街道）全覆盖。新建日间照料中心12家、综合为老服务中心3家，全市社区养老服务设施累计建有391家，保持村（社区）全覆盖；全市拥有各类养老床位数达1.38万张，每千名老年人拥有养老床位数超39张。动态掌握高龄困难失能老年人底数，开展居家养老上门服务，对重点空巢独居老人进行巡访关爱，保障率达100%，完成老年人家庭适老化改造2113户，累计完成3753户。

注释：

[1]本文中数据均为初步统计数。部分数据因四舍五入的原因，存在着与分项合计不等的情况。

[2]地区生产总值、各产业增加值和人均地区生产总值绝对数按现价计算，增长速度按不变价格计算。

[3]新兴产业包括新能源产业，新材料产业，生物技术和新医药产业，节能环保产业，集成电路产业，智能电网和物联网产业，平板显示产业，高端装备制造产业。

[4]高技术制造业包括医药制造业，航空、航天器及设备制造业，电子及通信设备制造业，计算机及办公设备制造业，医疗仪器设备及仪器仪表制造业，信息化学品制造业。

[5]邮政业务收入统计口径包含邮政（不含邮政储蓄银行直接营业收入）、EMS和规模以上社会快递公司。

[6]各类学校统计口径包含新市民子弟学校，幼儿园统计口径包含社会办幼儿园。普通中等专业学校在校学生数只包括普通中专一至三年级。

[7]总流通人次是指本年度内到图书馆场馆接受图书馆服务的总人次，包括借阅书刊、咨询问题以及参加各类读者活动等。

[8]常住人口是指实际经常居住在某地区一定时间（半年以上，含半年）的人口。常住人口城镇化率是指一个地区常住于城镇的人口占该地区常住总人口的比重。

[9]养老床位数统计口径包含机构和社区养老床位数。

媒体聚焦

让百万市民更幸福，常熟瞄准这些领域发力

近年来，江苏省常熟市坚持完整、准确、全面贯彻新发展理念，将协调发展放在统筹全局的重要位置，以精细化治理推动经济社会协调发展、城乡区域统筹发展，高效统筹疫情防控和经济社会发展，让人民群众拥有更多的获得感、幸福感、安全感。

完善基础设施　快速提升城市能级

我国步入新发展阶段，基础设施建设需要服务于高质量发展。常熟坚持以“把正确的事做正确”的执着持续推进环保基础设施和“环射衔接”通道建设，快速提升城市能级。

*补齐环境基础设施短板。*2021年以来，常熟推动实施20项重大环境基础设施建设，中电常熟燃气热电项目主体工程厂房已经结顶，金陵海虞热电替代扩建项目两台机组投运等。新建城东水质净化厂一期工程，扩建3座污水处理厂，新增污水处理能力10.5万吨/日；新建互联互通管网29.1公里，新建污水主支管网363公里；建设1个通沟污泥处置设施，规模60吨/日；对全市10座城镇污水厂进行提标改造；建设5个尾水生态湿地净化系统，规模10.9万吨/日。农村分散式生活污水治理一期、二期PPP项目投入运营，三期PPP项目完成建设。建成危险废物焚烧处置中心1处、垃圾焚烧厂2座，生活垃圾实现全量收集、全量焚烧，危险废物得到妥善处置，全市环境治理能力得到全面提升。

*便捷交通托起城市“骨架”。*常熟以“接轨上海都市圈、融入苏州主城区”为引领，构建起“高铁、高速、高架”三位一体交通体系和四通八达的交通路网。目前全市三条高铁纵横交会、高架快速路达70公里，一小时可达南京、杭州，半小时到达虹桥、硕放两个国际机场。两个“一小时”、四个“半小时”的长三角核心通勤圈已建成，城市交通“骨架”全面拉开。

全域空间治理　为可持续发展腾空间

向存量挖空间、向低效挖效益，是常熟走出“开发强度偏高、资源瓶颈约束”困境的现实路径。常熟创新实施工业企业“零地增长”“一图一表”工程，通过企业内部挖潜、拆旧复垦等举措盘活存量资源，高效推动全域空间治理。

*“零地增长”向存量要空间。*2018年以来，常熟鼓励现有工业企业在不增加用地指标的前提下，经过批准，在自有土地上实施改建、扩建，增加生产和研发用建筑，引导企业向存量要效益。实施以来，新增或改扩建建筑物570万平方米、节约用地4040亩，有效帮助企业挖掘自身潜力，盘活发展空间，在“螺蛳壳”里做出了“大道场”。

*“一图一表”向低效要效益。*2021年，常熟启动实施“一图一表”（一图指生产、生活、生态三大空间现状图和规划图；一表指生产、生活、生态三大空间涉及的相关资源要素指标表）工作，围绕存量空间实施拆旧复垦和原地盘活，推动空间流量指标在市域各板块之间流动，努力向土地存量要发展增量，促进要素资源向优势地区集中、向优质项目集聚。实施至今，“一图一表”拆旧复垦4296亩、原地盘活1.7万亩，有力支撑了城市发展由外延扩张向内涵发展转型。

老旧更新改造　焕发城乡新面貌

常熟发展起步早，城镇化进程中遗留下大量老旧建筑，不仅制约发展空间，有的还脏乱差、安全隐患大。常熟坚持把城市更新融入到城市治理中，细节入手、久久为功，让千年古城更加美丽，让百万市民更加幸福。

*用村庄面貌更新撕掉“旧标签”。*常熟深入实施“千村美居”工程，以自然村落为单元，按照每户5万~7万元的补助标准，统筹农房翻建更新和农村基础设施更新，全域提升农村人居环境。2019年起共投入31亿元，实施村组2870个，覆盖率超过6成。针对以往村庄环境整治行动存在示范性多、普遍性少，局部性多、全局性少，突击性多、常态化少的“三多三少”现象，常态化开展“村庄清洁”和“两清两治”行动，创新“周六下沉”制度，落实党员干部“宅前屋后三包”示范，推动广大干部主动深入农村开展人居环境整治大扫除。以“千村美居”工程为引领，推动村庄全域整治，破解了农村人居环境瓶颈，形成“村民自建房、政府美环境”的共建格局。

*用既有建筑更新破除“旧束缚”。*2019年，服装城云裳小镇开始“既有建筑更新改造”试点，随着大批时尚设计、品牌总部、平台经济的入驻，老建筑变成了“艺术品”，“散乱污”变成了“高大上”。近几年，常熟以部门协作、流程再

造，逐一破解缺乏不动产登记权属证书、抗震消防等级不够等瓶颈问题，开展既有建筑更新试点115个，涉及改造面积102.4万平方米，已经竣工项目66个，有效突破老旧建筑框架束缚，实现了产业更新。

用老旧工业区更新打破“旧框架”。常熟原有众多工业集中区，这些区域建筑残旧、消防设施老化，且现有存量载体功能单一、配套落后、形态不合时宜，限制了高标准、高层次业态的发展。常熟从载体提标改造入手，启动总面积近3000亩、总建筑面积约327万平方米的老旧工业区更新改造工程，通过镇村小园区、小企业的异地归并整合，推动21个特色产业园改造升级，提升了土地空间的集约利用水平，推动老旧工业区从外在面貌到内在肌理的华丽变身。

聚焦民生关切　推进城市精细化服务

以“改善民生、落实民声、惠及民生”为出发点与落脚点，常熟聚焦民生关切，深化社会事业体制机制改革，推进城市精细化服务，不断增强群众获得感。

解决群众身边“关键小事”。停车难是许多城市的通病，常熟也不例外。常熟坚持一手抓泊位供给、一手抓科学治理，通过新增立体车位、建设智慧管理平台、价格杠杆撬动泊位快循环、机关单位泊位错时共享等方式，有效缓解停车难。泊位周转率由原来平均2次/天，提高到平均医院周边6次/天、商圈周边13次/天、菜场周边14次/天，泊位周转率最高达38次/天，群众满意度不断增强。

推进养老服务体系建设。常熟近乎每三个人中就有一名老人。我们以满足老年人多样化、多层次服务需求为导向，完成乡镇（街道）公办养老机构社会化改革，开放运营养老机构17家，形成公办养老机构兜底保障特困老人、公建民营和民办养老机构满足老人多元需求的养老服务体系，建成376家老年人日间照料中心，完成老年人家庭适老化改造1700户，构建居家社区机构相协调、医养康养相结合的养老服务体系，成功创建省级居家社区养老服务创新示范地区。

深入推进公立医疗卫生体制改革。医疗是最重要的民生之一。我们以“让居民少生病、早发现、看好病、得实惠”为目标，组建以3家市级医院为核心、8个区域医疗中心为枢纽的“1+N”三个区域医共体和27家基层医疗卫生机构为成员的专科医共体，推动优质医疗资源集约共享，新增三级医院1家、二级医院3家，市级医院帮扶基层补短补缺专科70个，完成双向转诊近55万人次，参保人员县域就诊率达96%，入选全国紧密型县域医共体建设试点县。

（摘自新华社客户端2022年9月14日）

表91　　2022年国家级主流媒体对常熟市部分报道一览表

时间	媒体	标　题
3月5日	人民日报	百度智能云　助力苏州常熟打造“AI+工业互联网”发展新标杆
6月4日	人民日报	江苏多措并举保丰收（粮食生产一线探行）
9月14日	人民日报	江苏常熟以党建引领社区精细化治理　党员干部带头　共建美丽家园
3月2日	光明日报	喜看田间万物生
5月7日	光明日报	“南繁”种子回家了
9月24日	光明日报	鱼米之乡溢稻香
12月6日	光明日报	互帮互助　不误农时
12月12日	光明日报	检察院工作人员对孩子们进行普法宣讲
10月12日	经济日报	喜迎党的二十大特刊　绿色绘就发展底色（江苏省常熟市支塘镇蒋巷村）
1月7日	新华社客户端	江苏常熟：“小线杆”破解大难题　亮出农村“整齐美”
1月11日	新华社客户端	美！鸟瞰苏州常熟
2月17日	新华社客户端	点点手机“云种菜”看海归硕士咋务农
4月7日	新华社客户端	赏花好时节！常熟尚湖牡丹进入最佳观赏期
4月13日	新华社客户端	江南红豆园邀您“云”赏牡丹
6月6日	新华社客户端	常熟：青山绿水共建“大美湿地”
7月1日	新华社客户端	原创沃土丨小镇梅李

续表91

时间	媒体	标题
7月30日	新华社客户端	专家走进常熟共话农商银行改革发展
8月15日	新华社客户端	每周一景丨苏州：常熟市古里镇古里体育公园
8月20日	新华社客户端	新华社｜徐克彪，你救火的事情瞒不住了！
8月31日	新华社客户端	半月谈｜常熟：守良田，稳增收
9月11日	新华社客户端	新华全媒+｜苏州有个“反诈妈妈团”
9月13日	新华社客户端	瞭望丨常熟：以精细化治理推动城市协调发展
9月14日	新华社客户端	瞭望｜让百万市民更幸福，常熟瞄准这些领域发力
9月20日	新华社客户端	追光｜那个救人的残疾小伙站上了省残运会领奖台
10月2日	新华社客户端	特写丨节日里的调研
10月3日	新华社客户端	温度·荷花浜的歌声
10月4日	新华社客户端	别样打卡 畅游古城河
10月5日	新华社客户端	温度·爱上这里的理由
10月6日	新华社客户端	共享美好环境 看鱼儿的幸福生活
10月7日	新华社客户端	温度·江湖“掌门人”
10月24日	新华社客户端	助力国际标准化创新应用 波司登承办第十五届ISO/TC133国际年会
11月11日	新华社客户端	新华社｜江苏常熟：“电商小镇”迎战“双十一”
11月14日	新华社客户端	江苏常熟：小龙虾“洋亲戚”铺就别样致富路
11月15日	新华社客户端	江苏常熟：澳洲淡水龙虾错峰上市 蹚出乡村振兴致富路
11月17日	新华社客户端	农民歌手窦叙法：稻田音乐会传递“好乡音”
11月17日	新华社客户端	新华社｜（大美湿地城市）常熟
6月27日	新华网	走进苏州常熟海虞 零距离感受非遗魅力
8月2日	新华网	常熟海虞电子商务产业园获评A级苏州市创业孵化示范基地
11月14日	新华网	第二届“中国新农民”故事会在常熟海虞举行
12月13日	新华网	江苏常熟锡剧精品走进澳门社区
5月28日	央视新闻客户端	小伙跳河救回落水母女！获救后她们竟发现……
10月10日	央视新闻客户端	遇见你丨水里一托挽救两条生命！“平民英雄”在残运会中斩获奖牌
11月10日	央视新闻客户端	中小企业数字化转型评测指标和指南发布 数字化转型赋能中小企业降本增效
11月19日	央视新闻客户端	开通新航线、开启新空间 RCEP红利加速释放
11月30日	央视新闻客户端	助力长三角一体化发展 南通至宁波高铁开工建设
12月3日	央视新闻客户端	跨境电商、市场采购贸易……新业态新模式助力外贸高质量发展
4月24日	央广网	江苏常熟出台人才购房新政：首套自住商品房补贴购房总价1%
4月11日	光明网	疫情期间不用跑 同城通办解烦恼
8月30日	光明网	留抵退税：见实效　增信心

（资料来源：市委宣传部）

文件目录

表 92　　2022 年中共常熟市委员会部分文件目录一览表

日期	文号	标题
1月30日	常发〔2022〕1号	关于2021年度综合考核情况的通报
1月25日	常发〔2022〕2号	关于印发《十四届常熟市委巡察工作规划（试行）》的通知
1月25日	常发〔2022〕3号	关于市委常委工作分工的通知
2月14日	常发〔2022〕6号	关于市委常委会党史学习教育专题民主生活会情况的通报
2月22日	常发〔2022〕7号	关于印发《中共常熟市委常委会2022年工作要点》的通知
2月23日	常发〔2022〕8号	中共常熟市委关于成立中共常熟市委人才工作领导小组的通知
2月28日	常发〔2022〕9号	印发《关于加强人才引领产业高质量发展的若干政策举措》的通知
3月1日	常发〔2022〕10号	关于转发《政协常熟市第十五届委员会常务委员会2022年工作要点》的通知
3月14日	常发〔2022〕11号	关于做好2022年全面推进乡村振兴重点工作率先基本实现农业农村现代化的实施意见
3月14日	常发〔2022〕12号	关于2021年度常熟市推进农业农村现代化工作先进集体和先进个人的通报
3月17日	常发〔2022〕14号	关于转发《常熟市人大常委会2022年工作要点和工作安排》的通知
3月17日	常发〔2022〕15号	关于印发《常熟市贯彻落实〈苏州市贯彻落实江苏省第十四次党代会报告重点任务分解方案〉的实施细则》的通知
4月12日	常发〔2022〕16号	关于给予周志新等345名同志记个人三等功的决定
5月16日	常发〔2022〕18号	批转《常熟市人大常委会关于对法官检察官开展履职评议的实施方案》的通知
6月20日	常发〔2022〕20号	批转《常熟市人大常委会关于组织代表评议部门工作的实施意见》的通知
6月24日	常发〔2022〕21号	关于庆祝中国共产党成立101周年活动安排的通知
7月8日	常发〔2022〕23号	关于授予2022年第一批常熟市“昆承英才”科技创新创业领军人才称号的决定
7月8日	常发〔2022〕24号	关于授予2022年第一批常熟市“昆承英才”高层次人才称号的决定
9月6日	常发〔2022〕26号	关于常熟市双拥模范单位和先进个人的通报
9月27日	常发〔2022〕27号	关于印发《常熟市法治政府建设实施方案（2021—2025年）》的通知
10月12日	常发〔2022〕28号	关于成立常熟推动苏州市域一体化工作领导小组的通知
11月20日	常发〔2022〕31号	关于调整常熟市委领导工作分工的通知
11月20日	常发〔2022〕32号	印发《关于深入打好污染防治攻坚战的工作方案》的通知
12月1日	常发〔2022〕33号	关于印发《常熟市共青团基层组织改革实施方案》的通知
12月25日	常发〔2022〕34号	关于授予2022年第二批常熟市“昆承英才”科技创新创业领军人才称号的决定

（资料来源：市委办）

表 93　　2022 年常熟市人民政府部分文件目录一览表

日期	文号	标题
1月24日	常政发〔2022〕1号	市政府关于印发《2022年度常熟市政府民生实事项目建设计划书》的通知
1月25日	常政发〔2022〕2号	市政府关于明确沙家浜旅游度假区管辖范围的通知

续表93

日期	文号	标题
1月26日	常政发〔2022〕3号	市政府关于市长副市长工作分工的通知
1月30日	常政发〔2022〕4号	市政府关于2021年度纳税百强企业、亩均税收50强工业企业和纳税十强金融企业的通报
2月17日	常政发〔2022〕5号	市政府关于对2022年安全生产重大隐患进行挂牌整改的通知
3月2日	常政发〔2022〕6号	市政府关于聘任政府法律顾问的决定
3月3日	常政发〔2022〕7号	市政府关于印发《2022年度常熟市高标准池塘建设项目（任务）》的通知
3月24日	常政发〔2022〕8号	市政府关于印发《常熟市2022年度国有建设用地供应计划》的通知
4月3日	常政发〔2022〕9号	市政府关于表彰首届常熟市市长质量奖获奖组织的决定
2月21日	常政发〔2022〕10号	市政府关于落实《政府工作报告》2022年主要目标任务分工方案的通知
4月20日	常政发〔2022〕11号	市政府关于印发《常熟市2022年度住房保障申请条件和保障标准》的通知
4月26日	常政发〔2022〕12号	市政府印发《关于进一步帮助市场主体纾困解难着力稳定经济增长的若干政策措施》的通知
5月10日	常政发〔2022〕13号	市政府关于印发《常熟市妇女发展规划（2021—2025）》的通知
5月10日	常政发〔2022〕14号	市政府关于印发《常熟市儿童发展规划（2021—2025）》的通知
5月10日	常政发〔2022〕15号	市政府关于全市2021年度质量工作考核情况的通报
5月23日	常政发〔2022〕16号	市政府关于颁发首届常熟市青少年科技创新市长奖的决定
5月30日	常政发〔2022〕17号	常熟市人民政府常熟市人民武装部关于印发《常熟市2022年度民兵力量结构和建设布局调整方案》的通知
5月30日	常政发〔2022〕18号	常熟市人民政府常熟市人民武装部关于印发《常熟市2022年基干民兵军事训练计划》的通知
5月30日	常政发〔2022〕19号	市政府关于对2022年度重大火灾隐患单位进行挂牌整改的通知
6月1日	常政发〔2022〕20号	市政府关于印发《常熟市全民科学素质行动规划（2021—2035年）》的通知
9月6日	常政发〔2022〕21号	市政府关于对2022年常熟市安全生产（消防）重大隐患单位（第二批）进行挂牌整改的通知
9月19日	常政发〔2022〕22号	市政府关于印发《常熟市“十四五”教育事业发展规划》的通知
10月8日	常政发〔2022〕23号	市政府关于印发《2022年度常熟市优质稻米示范区、田美乡村示范点建设项目（任务）》的通知
10月8日	常政发〔2022〕24号	市政府关于公布2020—2021年度常熟市自然科学优秀学术论文的通知
10月9日	常政发〔2022〕25号	市政府关于公布常熟市被征地农民社会保障相关标准的通知
10月21日	常政发〔2022〕26号	市政府关于公布市级行政执法主体的通知
11月3日	常政发〔2022〕27号	市政府关于责成各镇人民政府（街道办事处）采取查封现场、强制拆除等措施的通知
11月11日	常政发〔2022〕28号	市政府关于公布常熟市第四批历史建筑及调整历史建筑名称的通知
11月14日	常政发〔2022〕29号	市政府关于印发《常熟市全域旅游发展规划（2021—2030）》的通知
11月23日	常政发〔2022〕30号	市政府关于调整2023年度新市民积分管理有关政策的通知
11月23日	常政发〔2022〕31号	关于调整常熟市政府领导工作分工的通知
11月25日	常政发〔2022〕32号	市政府关于印发《常熟高新技术产业开发区首批承接事项清单》的通知
12月5日	常政发〔2022〕33号	市政府关于公布第十二批常熟市文物保护单位和调整一处文物保护单位名称的通知
12月29日	常政发〔2022〕34号	市政府关于授予马克思等10名外国公民“常熟市荣誉市民”称号的决定
12月29日	常政发〔2022〕35号	市政府关于授予吴冠莹等2名中国台湾籍人士为“常熟市名誉市民”称号的决定

（资料来源：市政府办）

常熟市部分机构全称、简称对照表

表 94

全 称	简 称	全 称	简 称
中国共产党常熟市委员会	市委	常熟市统计局	市统计局
常熟市人民代表大会常务委员会	市人大常委会	常熟市退役军人事务局	市退役军人事务局
常熟市人民政府	市政府	常熟市医疗保障局	市医保局
中国人民政治协商会议常熟市委员会	市政协	常熟市信访局	市信访局
中共常熟市纪律检查委员会	市纪委	常熟市地方金融监督管理局	市金融监管局
常熟市监察委员会	市监委	常熟市档案馆	市档案馆
中共常熟市委办公室	市委办	中共常熟市委党校	市委党校
常熟市人大常委会办公室	市人大办	中共常熟市委党史工作委员会办公室	市委党史工办
常熟市人民政府办公室	市政府办	常熟市地方志编纂委员会办公室	市地方志办
政协常熟市委员会办公室	市政协办	常熟市市级机关事务管理中心	市机关事务中心
常熟市人民武装部	市人武部	常熟市供销合作总社	市供销合作总社
常熟市人民法院	市法院	常熟市融媒体中心	市融媒体中心
常熟市人民检察院	市检察院	常熟市检验检测中心	市检验检测中心
中共常熟市委组织部	市委组织部	常熟市新市民事务中心	市新市民事务中心
中共常熟市委宣传部	市委宣传部	常熟市房屋征收管理办公室	市征收办
中共常熟市委网络安全和信息化委员会办公室	市委网信办	常熟市总工会	市总工会
中共常熟市委统一战线工作部	市委统战部	共青团常熟市委员会	团市委
中共常熟市委政法委员会	市委政法委	常熟市妇女联合会	市妇联
中共常熟市委机构编制委员会办公室	市委编办	常熟市科学技术协会	市科协
中共常熟市委巡察工作办公室	市委巡察办	常熟市文学艺术界联合会	市文联
中共常熟市委老干部局	市委老干部局	常熟市归国华侨联合会	市侨联
常熟市发展和改革委员会	市发改委	常熟市残疾人联合会	市残联
常熟市教育局	市教育局	常熟市红十字会	市红十字会
常熟市科学技术局	市科技局	常熟市工商业联合会	市工商联
常熟市工业和信息化局	市工信局	常熟市关心下一代工作委员会	市关工委
常熟市公安局	市公安局	常熟市哲学社会科学界联合会	市社科联
常熟市民政局	市民政局	中国国民党革命委员会常熟市基层委员会	民革常熟基层委
常熟市司法局	市司法局	中国民主同盟常熟市委员会	民盟常熟市委
常熟市财政局	市财政局	中国民主建国会常熟市委员会	民建常熟市委
常熟市人力资源和社会保障局	市人社局	中国民主促进会常熟市委员会	民进常熟市委
常熟市自然资源和规划局	市资规局	中国农工民主党常熟市委员会	农工党常熟市委
常熟市住房和城乡建设局	市住建局	九三学社常熟市支社委员会	九三学社常熟支社
常熟市城市管理局	市城管局	常熟市无党派知识分子联谊会	市知联会
常熟市交通运输局	市交通运输局	常熟经济技术开发区	常熟经开区
常熟市水务局	市水务局	常熟高新技术产业开发区	常熟高新区
常熟市农业农村局	市农业农村局	常熟国家大学科技园	常熟大科园
常熟市商务局	市商务局	江苏省常熟虞山高新技术产业开发区	虞山高新区
常熟市文体广电和旅游局	市文体旅局	江苏常熟新材料产业园	新材料产业园
常熟市卫生健康委员会	市卫健委	常熟市消防救援大队	市消防大队
常熟市应急管理局	市应急管理局	国家税务总局常熟市税务局	市税务局
常熟市审计局	市审计局	国家税务总局苏州常熟经济技术开发区税务局	经开区税务局
常熟市行政审批局	市行政审批局	苏州市常熟生态环境局	常熟生态环境局
常熟市市场监督管理局	市市场监管局	中国人民银行常熟市支行	常熟人行

索 引

说明：

一、本索引依照国家标准《索引编制规则（总则）（GB/T 22466—2008）》的相关规则进行编制。

二、本索引分为主题索引、表格索引和随文图片索引。

三、主题索引，以题目、条目和正文的主题为标目和主要来源进行标引；中文标目按汉语拼音排序，阿拉伯数字和外文标目按数字或字母排序；标目后的阿拉伯数字是主题内容所在的页码，页码之后的字母a、b、c分别表示从左至右第一、二、三栏的栏号；重复出现的标目只排列一次，按顺序排列，页码之间以“，”分隔；标目为原文中一级标题时，以粗体字表示。

四、表格索引，以表格题名为标目，标目后的数字表示表格所在的页码。索引按照表格在全书中的先后顺序排列。

五、随文图片索引，以图片主题为标目，标目后的数字表示图片所在页码。中文标目按汉语拼音排序。

主题索引

C

D

E

F

G

H

表格索引

随文图片索引